Carlo Westbrook

Windows Server 2012 R2

Der schnelle Einstieg

CertPro PRESS

an Imprint of CertPro Limited

Bibliografische Informationen der Deutschen Nationalbibliothek

Die Deutsche Nationalbibliothek verzeichnet diese Publikation in der Deutschen Nationalbibliografie; detaillierte bibliografische Daten sind im Internet über *http://dnb.d-nb.de* abrufbar.

Kommentare und Fragen können Sie gerne an uns richten unter E-Mail:
info@certpro-press.de

Druck-ISBN 978-3-9447-4900-6
ebook-ISBN 978-3-9447-4906-8

Einbandgestaltung: CertPro Limited
Bilder und Grafiken: CertPro Limited
Herstellung: CertPro Limited
Druck und Verarbeitung: BoD GmbH, Hamburg
Printed in Germany

Auf einen Blick

Website zum Buch

Liebe Leserin, lieber Leser,

zu diesem Buch bieten wir Ihnen zusätzliche Materialien, wie z. B. Zusatzdokumentation, eine Übersicht der im Buch enthaltenen Weblinks, sowie Beispieldateien, die Sie bei Bedarf gerne direkt aus unserer Verlagswebsite im Internet herunterladen können unter:

http://www.CertPro-Press.de/9006.html

Inhaltsverzeichnis

Der Autor

Carlo Westbrook ist seit über 28 Jahren u. a. als IT-Trainer, Senior Consultant sowie als Learning Consultant und Kursdesigner für technische Kurse & Workshops tätig. Als Fachautor publizierte er neben einer Vielzahl an Fachbüchern, sowie mittlerweile weit über 60 verschiedener Kurs- und Workshop-Unterlagen u.a. auch Fachbeiträge bei verschiedenen Verlagen. Zu seinen Schwerpunkten zählen u.a. die Windows-Betriebssysteme, Active Directory, Gruppenrichtlinien, Microsoft Exchange Server, Microsoft SharePoint Server, Microsoft TMG Server, die Microsoft System Center-, sowie Cloud- und Virtualisierungstechnologien und IT-Sicherheit. Nach dem Studium der Informatik hat er bislang eine Vielzahl an Herstellerzertifizierungen u.a. zum MCSA-S, MCSE-S, MCTS, MCITP und MCT erworben. Als ein von Mile2 Security/USA zertifizierter Penetration Testing Specialist (CPTS) unterstützt er Firmen, Behörden und Institutionen bei der Planung, dem Aufbau und der Optimierung von Schutzmaßnahmen gegen mögliche Hackerangriffe.

Vorwort

Mit Windows Server 2012 R2 (Release 2) hat Microsoft wieder einmal einen Meilenstein in der Betriebssystementwicklung für Serversysteme geschaffen. Die in der neuen Version enthaltenen Rollen und Funktionen wurden gegenüber den Vorversionen nicht nur optimiert, sondern wiederum um eine Vielzahl weiterer, für die tägliche Praxis sicher notwendige Dienste und Funktionen erweitert. Auch hat Microsoft auf die vielen Stimmen gehört, die man noch zu Windows Server 2012 und den darin fehlenden Start-Knopf vernehmen konnte - dieser ist unter Windows Server 2012 R2 (Release 2), sowie parallel auch unter Windows 8.1 endlich wieder enthalten.

Mit Windows Server 2012 R2 setzt Microsoft den Fokus an der aktuellen Entwicklung in Richtung des „Cloud Computing" weiter fort. Das neue Betriebssystem lässt sich problemlos in Private, Public oder auch Hybrid-Cloud-Umgebungen betreiben. Noch weiter verbessert wurde das neue Serverbetriebssystem unter Windows Server 2012 R2 (Release 2) unter anderem auch mit dem kostenfreien Update (1), was in diesem Buch ebenso bereits berücksichtigt ist.

Dieses Buch bietet Ihnen den schnellen Einstieg in die Installation, Konfiguration, Verwaltung und auch die Wartung von Windows Server 2012 R2. Neben den grundlegenden Informationen zu den im neuen Betriebssystem enthaltenen Rollen und Features (Funktionen) enthält dieses auch einen Überblick über die für die Praxis oft relevanten Neuerungen und Verbesserungen - und das im direkten Vergleich nicht nur zu Windows Server 2012, sondern natürlich auch gegenüber den älteren Vorgängern, wie Windows Server 2008 und Windows Server 2008 R2.

Das Buch richtet sich an Einsteiger mit grundlegenden Vorkenntnissen in der Bedienung und Konfiguration von Windows-Betriebssystemen, als auch an fortgeschrittene Netzwerk- und Systemadministratoren. Unterstützend finden Sie in dem Buch viele der im Internet verfügbaren Quellen, in denen man das auf den nachfolgenden Seiten bereits dokumentierte Wissen stets aktualisieren und erweitern kann.

An dieser Stelle möchte ich mich bei meiner Familie, dabei insbesondere bei meiner Frau Nadja, für ihre Unterstützung während der Zeit der Erstellung dieses Buches bedanken. Natürlich möchte ich mich auch bei Ihnen, liebe Leser, für den Kauf dieses Buches bedanken und wünsche Ihnen nun eine interessante Zeit beim Lesen.

Ihr

Carlo Westbrook

Konventionen und Symbole

Um bestimmten Textpassagen dieses Buches etwas hervorzuheben, wurden die folgenden typografischen Konventionen und Symbole verwendet:

Konvention/Symbol	Bedeutung
`Befehl`	Stellt die Befehlssyntax oder auch Befehlsausführung von Kommandozeilen- oder Windows PowerShell-Befehlen dar.
Weiter	Kennzeichnet die Ausführung einer bestimmten Programmfunktion, beispielsweise den Mausklick auf eine Schaltfläche.
Hinweis	Weist auf einen allgemeinen Hinweis zu bestimmten Themenbereichen hin.
Wichtig!	Gibt einen Hinweis auf wichtige Funktionen oder auch Situationen, die unbedingt beachtet werden sollten.
VORSICHT	Kennzeichnet Informationen oder auch Situationen, die ein Risiko oder eine Bedrohung darstellen können.
Praxistipp	Kennzeichnet Tipps für die praktische Anwendung bzw. Umsetzung.
Internet	Weist auf weitere Informationsquellen zu bestimmten Themenbereichen im Internet hin.

KAPITEL 1
Einführung in Windows Server 2012 R2

Der neue Windows Server 2012 R2 stellt aktuell die modernste und attraktivste Server-Betriebssystemplattform von Microsoft dar. Im Vergleich zur direkten Vorgängerversion, dem Windows Server 2012, enthält der neue Server durch die darin enthaltenen Neuerungen und Verbesserungen wiederum viele Vorteile für den unternehmensweiten Einsatz. Bevor man jedoch über die Einführung des neuen Serverbetriebssystems oder über die Aktualisierung vorhandener Serversysteme nachdenkt, sollte man sich zunächst einen Überblick über die verfügbaren Editionen sowie die damit verbundenen Einsatz- und Lizenzierungsmöglichkeiten zum neuen Windows Server 2012 R2 (Release 2) verschaffen.

Modernstes Server-Betriebssystem mit vielen Neuerungen und Verbesserungen

1.1 Windows Server 2012 R2 und die Cloud

Microsoft hat sich auch bei der Entwicklung des neuen Serverbetriebssystems an dem seit Jahren bereits anhaltenden Trend zum Cloud Computing orientiert. Deutlich wurde dies auch, wenn man sich die in den Standard- und Datacenter-Editionen von Windows Server 2012 R2 enthaltenen Virtualisierungsrechte anschaut. Die Standard Edition von Windows Server 2012 R2 ist, wie bereits ihr direkter Vorgänger, mit der Unterstützung von 2 virtuellen Instanzen eher für den Einstieg in das Cloud Computing konzipiert, wogegen die Datacenter Edition von Windows Server 2012 R2 durch die Verwendung von unbegrenzten Instanzen klar auf stark virtualisierte Serverlandschaften im Umfeld

Virtualisierungsrechte als grundlegendes Unterscheidungsmerkmal von Private oder auch Hybrid Cloud-Umgebungen zielt. Dies wird durch die neu enthaltene, automatische Aktivierung virtueller Server durch den Einsatz in Hyper-V unter Windows Server 2012 R2 nochmals deutlich.

Die Virtualisierung von Computersystemen kommt insbesondere auch in VDI-Umgebungen (*Virtual Desktop Infrastructure*) zum Einsatz, in denen man Windows-Clientbetriebssysteme als virtuelle Computer auf einem Serversystem im Rechenzentrum bereitstellt. Der Zugriff auf die in einer VDI-Umgebung zentral verwaltbaren, virtuellen Computer kann dabei beispielsweise von einem Thin-Client, einem anderen Computersystem oder bei Bedarf sogar über einen Webbrowser erfolgen. Zur Realisierung solcher Szenarien empfiehlt sich der Einsatz von Windows Server 2012 R2 als Virtualisierungsplattform auch aufgrund der vielen Neuerungen in Hyper-V, die in den späteren Kapiteln dieses Buches noch detailliert erklärt werden.

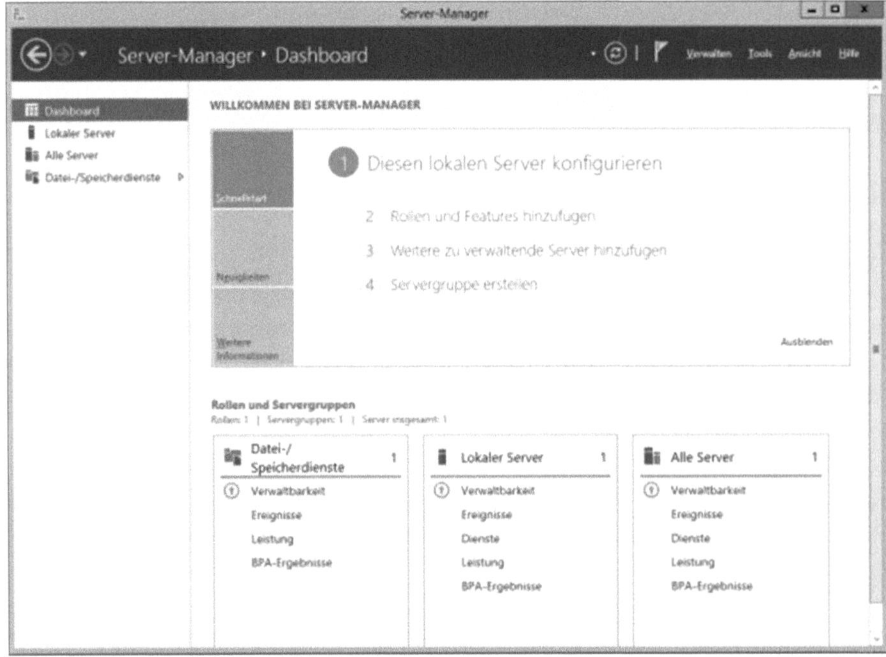

Abb. 1.1: *Der Server-Manager unter Windows Server 2012 R2*

Datensicherung in die Microsoft-Cloud möglich

Kleinere und mittlere Unternehmen finden in Windows Server 2012 R2, insbesondere auch im Zusammenspiel mit der Möglichkeit zur Anbindung an die Cloud-Dienste von Microsoft, eine in vielen Fällen passende Plattform. So ist beispielsweise der Windows Server 2012 R2 Essentials bereits für die mögliche Verwendung von Cloud-Diensten, wie zum Beispiel *Microsoft Exchange Online* (externe Maildienste) entsprechend angepasst. Auch unterstützt der neue Windows Server 2012 R2 wie auch bereits sein direkter Vorgänger die Onlinesicherung von Daten mittels *Windows Azure Online Backup* direkt in die Microsoft-Cloud im Internet. Auch hierzu werden die notwendigen Details im weiteren Verlauf dieses Buches noch detailliert dargestellt.

1.2 Verfügbare Editionen

Wie bereits auch unter Windows Server 2012 stehen unter dem neuen Serverbetriebssystem Windows Server 2012 R2 (Release 2) wiederum lediglich vier unterschiedliche Betriebssystemeditionen zur Verfügung. Die noch unter Windows Server 2008 R2 erhältliche Enterprise Edition existiert auch unter dem neuesten Serverbetriebssystem nicht mehr. Die Editionen von Windows Server 2012 R2 richten sich in erster Linie nach der Größe des jeweiligen Unternehmens, sowie nach dem möglichen Bedarf an Virtualisierung und Cloud Computing.

Windows Server 2012 R2 wird von Microsoft in den folgenden Editionen angeboten:

Edition	Einsatzbereich	Enthaltene Funktionen
Datacenter	Große virtualisierte Private- und Hybrid-Cloud-Umgebungen	Vollständige Windows-Server-Funktionalität
Standard	Unternehmensweiter Einsatz in kleinen, mittleren und in großen Unternehmen, Behörden und Instituten	Vollständige Windows-Server-Funktionalität
Essentials	Kleine und mittlere Unternehmen	Eingeschränkte Windows Server-Funktionalität, unterstützt maximal 25 Benutzer und 50 Geräte
Foundation	Einstiegsserver für kleine Unternehmen, Kanzleien und Freiberufler	Grundlegende Windows Server-Funktionalität, unterstützt bis zu 15 Benutzer

Tab. 1.1: *Verfügbare Editionen von Windows Server 2012 R2*

Hinweis

Die *Windows Server 2012 R2 Essentials Edition* wird von Microsoft als der Nachfolger des *Microsoft Small Business Server 2011 Standard/Essentials* angeboten und ist für die Verwendung Cloud-basierter Dienste konzipiert. Im Vergleich zum *SBS 2011* enthält die neue *Essentials Edition* jedoch die zuvor noch im Umfang enthaltenen Exchange- und SQL-Server-Funktionalitäten nicht mehr. Diese Produkte müssen – alternativ zur Nutzung der von Microsoft angebotenen Cloud-basierten Dienste – bei Bedarf nunmehr zusätzlich beschafft und lizenziert werden.

Standard Edition unterstützt auch Failover-Clustering

Seitens der im Umfang enthaltenen Serverrollen und -funktionen bestehen überhaupt keinerlei Unterschiede zwischen der *Standard Edition* und der *Datacenter Edition* von Windows Server 2012 R2. Bereits seit Windows Server 2012 unterstützt selbst die Standard Edition zum Beispiel sogar das Failover-Clustering. Lediglich in den Virtualisierungsrechten unterscheiden sich die beiden Betriebssystem-Editionen. Im Vergleich dazu fehlt in *Windows Server 2012 R2 Essentials* unter anderem die Unterstützung von Hyper-V und der Active Directory-Verbunddienste (engl. *Active Directory Federation Services, AD FS*). Der *Windows Server 2012 R2 Foundation* wird, wie bereits sein direkter Vorgänger, als „Einstiegsserver" noch weiter eingeschränkt. Man erhält ihn lediglich als OEM-Version (*Original Equipment Manufacture*) in Verbindung mit dem gleichzeitigen Erwerb von Server-Hardware.

Hinweis

Eine spätere Aktualisierung von Windows Server 2012 R2 Essentials auf z. B. Windows Server 2012 R2 Standard ist von Microsoft bereits berücksichtigt. Hierzu wurde die Essentials-Umgebung als optionale Serverrolle auch zur Standard- und Datacenter Edition von Windows Server 2012 R2 hinzugefügt. Beim Aktivieren dieser Rolle unterstützt das betreffende Serversystem in den Active Directory-Domänendiensten (im direkten Vergleich zur Essentials-Edition) bis zu 100 Benutzer oder 200 Geräte. Nähere Details hierzu finden Sie in den nachfolgenden Seiten dieses Fachbuchs.

1.3 Microsoft Hyper-V Server 2012 R2

Parallel zu den kostenpflichtigen Editionen von Windows Server 2012 R2 hat Microsoft, wie bereits auch bei den vorangegangenen Windows-Serverbetriebssystemen, den Hyper-V Server 2012 R2 (*Release 2*) als kostenfrei verfügbare Edition veröffentlicht. Diese lässt sich bei Bedarf direkt von der Microsoft-Website im Internet herunterladen. Diese Edition entspricht dem Windows Server 2012 R2 als *„Server-Core"*-Installation (*quasi ohne grafische Benutzeroberfläche*), unterstützt jedoch lediglich Hyper-V als Serverrolle und ist somit nur für die Bereitstellung einer Virtualisierungsplattform konzipiert. Für die Ausfallsicherheit unterstützt *Hyper-V Server 2012 R2* das Failover-Clustering, wodurch sich (durch den Einsatz mehrerer physikalischer Serverbetriebssysteme als Clusterknoten) die Verfügbarkeit von virtuellen Computern bedeutend erhöhen lässt.

Remoteverwaltung der virtuellen Computersysteme

Die Konfiguration und Verwaltung von Microsoft Hyper-V 2012 R2 als Betriebssystem erfolgt mittels der im Umfang enthaltenen *Eingabeaufforderung* sowie mit einem darin enthaltenen Programmskript *sconfig* oder der *Windows PowerShell*. Zur Verwaltung von virtuellen Computersystemen auf dem Hyper-V Server 2012 benötigt man einen weiteren Computer unter Windows 8 bzw. 8.1 oder Windows Server 2012 (R2) mit installiertem *Hyper-V-Manager*, von dem aus man sich remote auf das Serversystem verbinden kann.

Der *Hyper-V-Manager* ist im Umfang von Windows Server 2012, Windows Server 2012 R2, Windows 8 bzw. Windows 8.1 Professional und Enterprise bereits enthalten und muss - anders als das noch zu Zeiten von Windows 7 der Fall war - nicht gesondert aus dem Internet heruntergeladen werden.

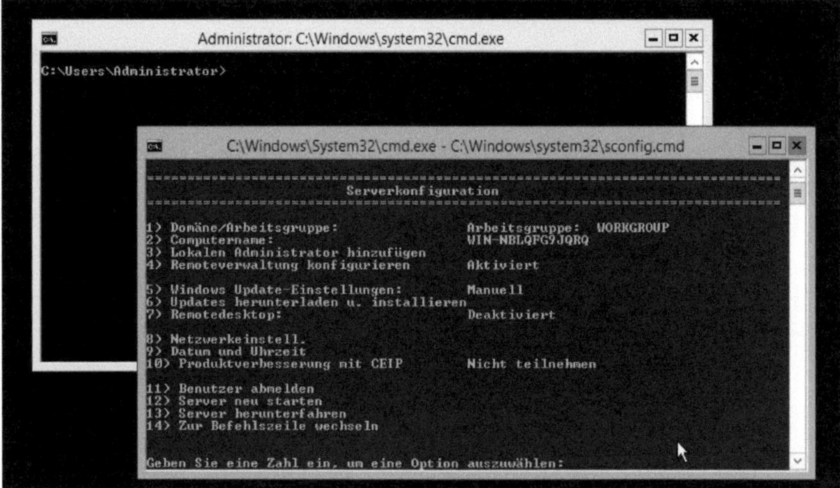

Abb. 1.2: *Die „Oberfläche" von Hyper-V Server 2012 R2*

Für den Einsatz des *Microsoft Hyper-V Server 2012 R2* (Release 2) benötigt man keine gesonderte Lizenz. Man muss jedoch beachten, dass alle auf diesem Server installierten und als virtuelle Computer genutzten Betriebssysteme und Anwendungen - abhängig von den jeweiligen Lizenzbedingungen - mitunter kostenpflichtig lizenziert werden müssen.

Weitere Informationen zum *Microsoft Hyper-V Server 2012 R2* (Release 2) sowie die Möglichkeit zum Download finden Sie auf der Microsoft-Website im Internet unter:

http://technet.microsoft.com/de-de/evalcenter/dn205299.aspx

1.4 Virtualisierungsrechte

Nicht in allen Editionen enthalten

Microsoft hat die Rechte zum Einrichten und Betreiben virtueller Computersysteme unter Windows Server 2012 R2, wie bereits auch unter Windows Server 2012, auf die Bedürfnisse von Unternehmen abgestimmt. Durch die Reduktion der verfügbaren Betriebssystem-Editionen ergeben sich unter Windows Server 2012 R2 und Windows Server 2012 somit die folgenden Virtualisierungsrechte:

Edition	Virtualisierungsrechte
Datacenter	Unbegrenzte Anzahl an virtuellen Instanzen
Standard	Maximal 2 virtuelle Instanzen je Serverlizenz
Essentials	Keine Virtualisierungsrechte
Foundation	Keine Virtualisierungsrechte

Tab. 1.2: *Virtualisierungsrechte unter den verschiedenen Editionen*

Die Tabelle 1.2 verdeutlicht, dass lediglich die Standard Edition sowie die Datacenter Edition als einzige über die Virtualisierungsrechte für die Ausführung von virtuellen Maschinen in Hyper-V verfügen. Die Hyper-V-Serverrolle ist bei den beiden anderen Editionen nicht im Umfang enthalten.

1.4.1 Erweiterbarkeit

Zukauf weiterer Lizenzen jederzeit möglich

Die Begrenzung von Windows Server 2012 R2 in der Standard Edition auf die Unterstützung von maximal zwei virtuellen Serverinstanzen stellt für manche Unternehmen womöglich ein Problem dar. Im Bedarfsfall lässt sich die Windows Server 2012 R2 Standard Edition durch den Zukauf weiterer Serverlizenzen in der Anzahl der maximal erlaubten virtuellen Instanzen problemlos um jeweils zwei weitere Instanzen erweitern.

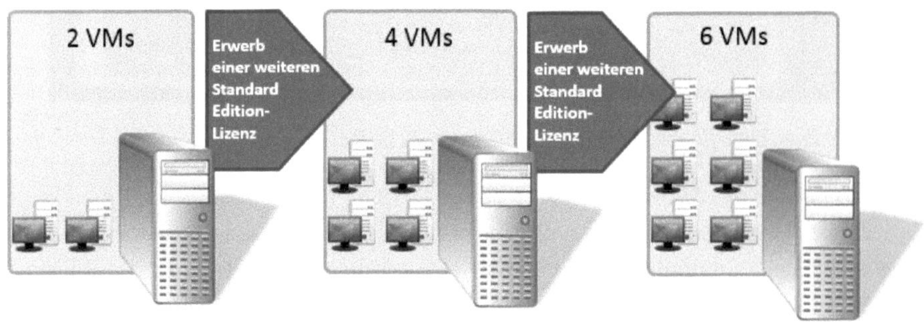

Abb. 1.3: *Einfache Erweiterung der Virtualisierungsrechte durch den Erwerb weiterer Standard Edition-Lizenzen von Windows Server 2012 R2*

1.5 Unterstützte Serverrollen und -funktionen

Kein Unterschied zwischen Standard Edition und Datacenter Edition

Windows Server 2012 R2 enthält, wie bereits sein direkter Vorgänger, eine Vielzahl der in den Computernetzwerken von Unternehmen notwendigen Serverrollen und -funktionen. Ihr jeweiliger Umfang unterscheidet sich dabei zwischen den jeweiligen Betriebssystem-Editionen von Windows Server 2012 R2. Er wird in den nachfolgenden Tabellen verdeutlicht.

1.5.1 Unterstützte Serverrollen

Die folgende Tabelle enthält eine Übersicht über die in den verschiedenen Editionen von Windows Server 2012 R2 enthaltenen Serverrollen:

Unterstützte Serverrolle	Foundation	Essentials	Standard	Datacenter
Active Directory Lightweight Directory Services (AD LDS)	•	•	•	•
Active Directory-Domänendienste (AD DS)		• (max. 25 Benutzer	•	•

Unterstützte Serverrolle	Foundation	Essentials	Standard	Datacenter
	• (max. 15 Benutzer)	und 50 Geräte)		
Active Directory-Rechteverwaltungsdienste (AD RMS)	•	•	•	•
Active Directory-Verbunddienste (AD FS)	•	•	•	•
Active Directory-Zertifikatdienste (AD CS)	•	•	•	•
Anwendungsserver	•	•	•	•
Datei- und Speicherdienste	•	•	•	•
DHCP-Server	•	•	•	•
DNS-Server	•	•	•	•
Druck- und Dokumentdienste	•	•	•	•
Faxserver	•	•	•	•
Hyper-V			•	•
Netzwerkrichtlinien- und Zugriffsdienste	•	•	•	•
Remotedesktopdienste	•	•	•	•
Remotezugriff	•	•	•	•
Volumenaktivierungsdienste	•	•	•	•
Webserver (IIS)	•	•	•	•
Windows Server Essentials-Umgebung		•	•	•
Windows Server Update Services (WSUS)			•	•
Windows-Bereitstellungsdienste	•	•	•	•

Tab. 1.3: *Unterstützte Serverrollen in den verschiedenen Editionen von Windows Server 2012 R2*

Die einzelnen Serverrollen werden in der (Online-)Hilfe von Windows Server 2012 R2 detailliert erklärt. Viele der in der Tabelle 1.3 aufgezählten Serverrollen von Windows Server 2012 R2 werden in den nachfolgenden Kapiteln noch detailliert erläutert und im praktischen Zusammenhang verdeutlicht.

1.5.2 Unterstützte Features (Funktionen)

Die folgende Tabelle enthält eine Übersicht über die in den verschiedenen Editionen von Windows Server 2012 R2 enthaltenen Features (Funktionen):

Unterstütztes Feature	Beschreibung
.NET Framework 3.5-Funktionen	Kombiniert die Leistungsfähigkeit der .NET Framework 2.0-APIs mit neuen Technologien zum Erstellen von Anwendungen mit ansprechenden Benutzeroberflächen, die vertrauliche Identitätsinformationen schützen, für eine nahtlose und sichere Kommunikation sorgen und das Modellieren einer Reihe von Geschäftsprozessen ermöglichen.
.NET Framework 4.5-Funktionen	Bietet ein umfassendes und konsistentes Programmierungsmodell, um Anwendungen für verschiedene Plattformen, wie Desktop-PCs, Server, Smartphones und öffentliche und private Clouds, rasch und einfach zu erstellen und auszuführen.
Benutzeroberflächen und Infrastruktur	Enthält die verfügbaren Optionen der Benutzerschnittstelle und Infrastruktur.
BitLocker-Laufwerksverschlüsselung	Hilft dabei, die Daten auf verlorenen, gestohlenen oder nicht ordnungsgemäß außer Dienst gestellten Computern zu schützen, indem das gesamte Volume verschlüsselt und die Integrität der vorrangigen Startkomponenten geprüft wird. Die Daten werden nur entschlüsselt, wenn diese Komponenten erfolgreich überprüft wurden und sich das verschlüsselte Laufwerk im Originalcomputer befindet. Für die Integritätsprüfung ist ein kompatibles TPM (*Trusted Platform Module*) erforderlich.
BitLocker-Netzwerkentsperrung	Ermöglicht die Verwendung einer netzwerkbasierten Schlüsselschutzvorrichtung zur automatischen Entsperrung eines mit BitLocker geschützten Betriebssystemlaufwerks in einem Domänencomputer, wenn der Computer neu gestartet wird. Dies ist hilfreich, wenn Sie außerhalb der regulären Betriebszeiten Wartungsvorgänge durchführen, die einen Neustart des Computers erfordern, damit der Vorgang abgeschlossen werden kann.
BranchCache	Installiert die zum Konfigurieren dieses Computers als gehosteter Cacheserver oder BranchCache-aktivierter Inhaltsserver erforderlichen Dienste. Bei der Bereitstellung als Inhaltsserver muss der Computer außerdem als HTTP-Webserver oder BITS-basierter Anwendungsserver konfiguriert werden.

Unterstütztes Feature	Beschreibung
Client für NFS	Ermöglicht auf diesem Computer den Zugriff auf Dateien auf UNIX-basierten NFS-Servern. Wenn das Feature installiert ist, kann man einen Computer so konfigurieren, dass eine Verbindung mit UNIX-NFS-Freigaben hergestellt wird, bei denen anonymer Zugriff zulässig ist.
Data Center Bridging	Ist eine Reihe von IEEE-Standards zur Optimierung lokaler Ethernet-Netzwerke durch hardwarebasierte Bandbreitengarantien und einen zuverlässigen Datentransport.
DirectPlay	DirectPlay-Komponenten.
Einfache TCP/IP-Dienste	Unterstützen die folgenden TCP/IP-Dienste: Zeichengenerator, Daytime, Discard, Echo und Zitat des Tages. Einfache TCP/IP-Dienste werden zur Abwärtskompatibilität bereitgestellt und sollten nur bei Bedarf installiert werden.
Erweitertes Speichern	Ermöglicht den Zugriff auf zusätzliche Funktionen, die von erweiterten Speichergeräten bereitgestellt werden. Erweiterte Speichergeräte bieten integrierte Sicherheitsfeatures, mit denen man steuern kann, wer auf die Daten auf dem Gerät zugreifen kann.
Failoverclustering	Ermöglicht die Zusammenarbeit mehrerer Server zum Bereitstellen hochverfügbarer Serverrollen. Sie wird häufig für Dateidienste, virtuelle Computer sowie Datenbank- und E-Mail-Anwendungen verwendet.
Freihand- und Handschriftdienste	Umfassen die Freihandunterstützung und die Schrifterkennung. Die Freihandunterstützung ermöglicht die Verwendung von Eingabestiften (Tablet-Stiften), einschließlich Stiftbewegungen, sowie von APIs zum Aufrufen der Schrifterkennung.
Gruppenrichtlinienverwaltung	Ein skriptfähiges MMC-Snap-In. Dieses stellt ein einzelnes Verwaltungstool für das Verwalten von Gruppenrichtlinien über das gesamte Unternehmen dar. Die Gruppenrichtlinienverwaltung ist das Standardtool zum Verwalten von Gruppenrichtlinien.
Hostfähiger Webkern für Internetinformationsdienste	Ermöglicht das Schreiben von benutzerdefiniertem Code zum Hosten der IIS-Kernfunktionen in Ihrer eigenen Anwendung. HWC ermöglicht Ihrer Anwendung, HTTP-Anforderungen zu verarbeiten

Unterstütztes Feature	Beschreibung
	und die eigenen Konfigurationsdateien zu verwenden.
IIS-Erweiterungen für OData Services for Management	Ein Framework, mit dem sich Windows PowerShell-Cmdlets einfach über einen ODATA-basierten Webdienst bereitstellen lassen, der unter IIS ausgeführt wird.
Intelligenter Hintergrund-übertragungsdienste (BITS)	Von BITS werden Dateien asynchron im Vorder- oder Hintergrund übertragen, wird der Fluss der Übertragung gesteuert, um die Reaktionsfähigkeiten anderer Netzwerkanwendungen beizubehalten, und werden Dateiübertragungen automatisch fortgesetzt, nachdem eine Trennung vom Netzwerk erfolgte oder der Computer neu gestartet wurde.
Interne Windows-Datenbank	Ein relationaler Datenspeicher, der nur von Windows-Rollen und Funktionen verwendet werden kann, z. B. vom Active Directory-Rechteverwaltungsdienst, von Windows Server Update Services und dem Windows-Systemressourcen-Manager.
Internetdruckclient	Ermöglicht Clients die Verwendung des Internet Printing-Protokolls (IPP) zum Herstellen einer Verbindung mit Netzwerk- oder Internetdruckern zum Drucken.
IP-Adressverwaltungsserver (IPAM-Server)	Bietet ein zentrales Framework zum Verwalten des IP-Adressraums und der entsprechenden Infrastrukturserver (wie DHCP- und DNS-Server). IPAM unterstützt die automatische Erkennung von Infrastrukturservern in einer Active Directory-Gesamtstruktur und ermöglicht die Verwaltung dynamischer und statischer IPv4- und IPv6-Adressräume sowie die Nachverfolgung von IP-Adressverwendungstrends.
iSNS-Serverdienst	Stellt Erkennungsdienste für iSCSI-SANs bereit und verarbeitet Registrierungsanforderungen, Registrierungsaufhebungsanforderungen und Anfragen von iSNS-Clients.
LPR-Portmonitor	Ermöglicht das Drucken auf mithilfe des LPD-Dienstes (Line Printer Daemon) freigegebenen Druckern. LPD wird oft von UNIX-basierten Computern und Geräten für die Druckfreigabe verwendet

Unterstütztes Feature	Beschreibung
Media Foundation	Bietet - mit Windows Media Foundation, Windows Media Format SDK und einer Teilmenge von DirectShow für Server - die erforderliche Infrastruktur, damit Anwendungen und Dienste Miniaturansichten für Mediendateien transcodieren, analysieren und generieren können. Media Foundation ist für die Desktopdarstellung erforderlich.
Message Queuing	Bietet garantierte Nachrichtenübermittlung, effizientes Routing, Sicherheit und prioritätsbasiertes Messaging zwischen Anwendungen.
Multipfad-E/A	Unterstützt in Verbindung mit dem Microsoft-DSM oder einem Drittanbieter-DSM die Verwendung mehrerer Datenpfade zu einem Speichergerät unter Windows.
Netzwerklastenausgleich	Verteilt mithilfe des TCP/IP-Netzwerkprotokolls Datenverkehr auf mehrere Server. Mit dem Netzwerklastenausgleich kann sichergestellt werden, dass zustandslose Anwendungen wie Webserver durch das Hinzufügen weiterer Server bei zunehmender Last skalierbar sind.
Peer Name Resolution-Protokoll	Durch PNRP können von Anwendungen Namen auf dem Computer registriert und aufgelöst werden, was die Kommunikation anderer Computer mit diesen Anwendungen ermöglicht.
RAS-Verbindungs-Manager-Verwaltungskit (CMAK)	Dient zum Erstellen von Profilen zum Herstellen von Verbindungen mit Remoteservern und -netzwerken.
Remotedifferenzialkomprimierung	Berechnet und überträgt die Unterschiede zwischen zwei Objekten über ein Netzwerk bei minimaler Bandbreitenbeanspruchung.
Remoteserver-Verwaltungstools	Enthalten Snap-Ins und Befehlszeilentools für die Remoteverwaltung von Rollen und Features.
Remoteunterstützung	Ermöglicht es, Benutzer bei Problemen oder Fragen zum PC zu unterstützen.
RPC-über-HTTP-Proxy	Leitet RPC-Datenverkehr von Clientanwendungen über HTTP zum Server. Dies ist eine Alternative zu den Clients, die über eine VPN-Verbindung auf den Server zugreifen.
SMB Bandwith Limit	Unterstützt einen Mechanismus zur Überwachung von SMB-Datenverkehr und erlaubt die Steuerung. Wird standardmäßig verwendet, um die Bandbreite bei der Live-Migration über SMB zu limitieren.

Unterstütztes Feature	Beschreibung
SMTP-Server	Unterstützt die Übertragung von E-Mail-Nachrichten zwischen Mailsystemen.
SNMP-Dienst	Umfasst Agents zum Überwachen der Aktivitäten von Netzwerkgeräten sowie zum Erstellen von Berichten für die Netzwerkkonsolen-Arbeitsstation.
Standardbasierte Windows-Speicherverwaltung	Stellt eine Möglichkeit zum Erkennen, Verwalten und Überwachen von Speichergeräten mithilfe von Verwaltungsschnittstellen bereit, die dem SMI-S-Standard entsprechen.
Telnet-Client	Verwendet das Telnet-Protokoll zum Herstellen einer Verbindung mit einem Telnet-Remoteserver und zum Ausführen von Anwendungen auf diesem Server.
Telnet-Server	Ermöglicht Remotebenutzern das Verwalten über die Befehlszeile und das Ausführen von Programmen mithilfe eines Telnet-Clients, einschließlich UNIX-basierter Clients.
TFTP-Client	Wird zum Lesen von Dateien von einem oder Schreiben von Dateien auf einen TFTP-Remoteserver verwendet.
Unterstützung für die SMB 1.0/CIFS-Dateifreigabe	Unterstützung für das SMB 1.0/CIFS-Protokoll zur Dateifreigabe und das Computerbrowserprotokoll.
Verbessertes Windows-Audio-/Video-Streaming	Ist eine Netzwerkplattform für Audio/Video (AV)-Streaminganwendungen in IP-Heimnetzwerken. qWave stellt die Netzwerk-QoS (Quality of Service) für AV-Anwendungen sicher und verbessert so die AV-Streamingleistung und -zuverlässigkeit.
Windows Identity Foundation 3.5	Stellt einen Satz von .NET Framework-Klassen bereit, mit deren Hilfe man eine anspruchsbasierte Identität in .NET 3.5- und .NET 4.0-Anwendungen implementieren kann.
Windows PowerShell	Ermöglicht das Automatisieren der lokalen Verwaltung und Remoteverwaltung von Windows.
Windows Search	Stellt schnelle Dateisuchvorgänge auf einem Server von Clients aus bereit, die mit Windows Search kompatibel sind. Windows Search eignet sich für die Desktopsuche oder die Suche auf kleineren Dateiservern, jedoch nicht für komplexere Szenarien.
Windows Server-Migrationstools	Umfassen PowerShell-Cmdlets, die die Migration von Serverrollen, Betriebssystemeinstellungen, Dateien und Freigaben von Computern, die unter früheren Versionen von Windows Server oder

Unterstütztes Feature	Beschreibung
	Windows Server 2012 ausgeführt werden, zu Computern unter Windows Server 2012 erleichtern.
Windows Server-Sicherung	Hiermit können das Betriebssystem, Anwendungen und Daten gesichert und wiederhergestellt werden.
Windows-Biometrie-framework	Ermöglicht die Verwendung von Fingerabdruckgeräten zur Bestimmung und Überprüfung von Identitäten und zur Anmeldung bei Windows.
Windows-Feedback-weiterleitung	Dient zum automatischen und sicheren Feedback an Microsoft.
Windows-Prozess-aktivierungsdienst	Generalisiert das IIS-Prozessmodell und entfernt die Abhängigkeit von HTTP. Alle Funktionen von IIS, die zuvor nur für HTTP-Anwendungen verfügbar waren, stehen nun Anwendungen zur Verfügung, die WCF-Dienste (Windows Communication Foundation) hosten, wenn sie Nicht-HTTP-Protokolle verwenden.
Windows-TIFF-IFilter	Nimmt die optische Zeichenerkennung (OCR) in mit TIFF 6.0 kompatiblen Dateien (.TIF oder .TIFF) vor und ermöglicht so eine Indizierung dieser Dateien sowie eine Volltextsuche in den Dateien.
WinRM-IIS-Erweiterung	Ermöglicht einem Server das Empfangen von Verwaltungsanforderungen von einem Client mithilfe der WS-Verwaltung.
WINS-Server	Stellt eine verteilte Datenbank zum Registrieren und Abfragen dynamischer NetBIOS-Namenszuordnungen für Computer und Gruppen bereit, die im Netzwerk verwendet werden. WINS ordnet NetBIOS-Namen IP-Adresse zu.
WLAN-Dienst	Startet und konfiguriert den WLAN-Autokonfigurationsdienst unabhängig davon, ob der Computer über Funkadapter verfügt.
WoW64-Unterstützung	Enthält die gesamte WoW64 zur Unterstützung von ausgeführten 32-Bit-Anwendungen in Server Core-Installationen. Dieses Feature ist für vollständige Serverinstallationen erforderlich. Beim Deinstallieren der WoW64-Unterstützung wird eine vollständige Serverinstallation in eine Server Core-Installation konvertiert.
XPS-Viewer	Mit dem XPS-Viewer können XPS-Dokumente gelesen, digital signiert und Berechtigungen für die XPS-Dokumente festgelegt werden.

Tab. 1.4: *Unterstützte Features (Funktionen) von Windows Server 2012 R2*

Wichtig!

Wie in der oberen Tabelle zu ersehen ist, unterstützt Windows Server 2012 R2 SMB 1.0-Freigaben lediglich noch optional. Bei Bedarf kann man diese Unterstützung in der Windows-Registry des Serverbetriebssystems aktivieren. Nähere Informationen hierzu finden Sie in den späteren Kapiteln dieses Fachbuchs.

Es sei erwähnt, dass der ***Windows System Ressourcen-Manager*** (*WSRM*), sowie auch die ***Windows Services for Unix*** (Unterstützung *Posix-kompatibler Anwendungen*) aus dem neuen Windows Server 2012 R2 vollständig entfernt wurden.

Hinweis

Detaillierte Informationen zu den einzelnen Features finden Sie in der (Online-)Hilfe von Windows Server 2012 R2. Viele der in der Tabelle aufgezählten Features von Windows Server 2012 R2 werden in den nachfolgenden Kapiteln dieses Fachbuches noch detailliert erklärt und im praktischen Zusammenhang verdeutlicht.

1.6 Lizenzierung

Passend zu den neuen Editionen von Windows Server 2012 R2 hat Microsoft auch die Lizenzierung entsprechend angepasst und vereinfacht. Bevor man sich für den Einsatz von Windows Server 2012 R2 jedoch entscheidet, sollte man sich erst einmal mit den aktuellen Lizenzbedingungen für das neue Betriebssystem befassen.

Hinweis

Im Vergleich zu Windows 8 und Windows 8.1 ist der Wechsel von Windows Server 2012 zu Windows Server 2012 R2 i.d.R. nicht kostenfrei möglich. Windows Server 2012 R2 stellt *kein* kostenfreies Update sondern eine eigene, *kostenpflichtige* Serverversion dar - die auch eigens lizenziert werden muss. Lediglich Kunden mit Software-Assurance-Vertrag profitieren von ihrem darin definierten Upgrade-Recht. Diesen stellt Microsoft den neuen Windows Server 2012 R2 als kostenfreie Aktualisierung zur Verfügung.

1.6.1 Benötigte Serverlizenz

Processor+-Lizenz

Microsoft verwendet für die Lizenzierung von Windows Server 2012 R2 und Windows Server 2012 Standard und Enterprise Edition ein prozessorbasierendes Lizenzmodell, die **Processor+-Lizenzierung**. Eine Serverlizenz für den Einsatz von Windows Server 2012 R2 und Windows Server 2012 gilt grundsätzlich für den Einsatz auf jeweils einem (1) Serversystem mit maximal 2 physikalischen Prozessoren - die Anzahl der darin enthaltenen Prozessorkerne ist für die Lizenzierung jedoch völlig unerheblich. Für weitere Prozessoren wird somit – unabhängig davon ob es sich um die Standard oder Datacenter Edition handelt – jeweils eine weitere Serverlizenz benötigt. Windows Server 2012 R2 Essentials unterstützt maximal 1 oder 2 physikalische Prozessoren, wogegen Windows Server 2012 R2 Foundation auf maximal 1 physikalischen Prozessor beschränkt ist. Hierbei spielt die Anzahl der Prozessorkerne ebenso keine Rolle.

1.6.2 Benötigte Clientzugriffslizenzen (CALs)

Neben der **Processor+-Serverlizenz** benötigt man für den Zugriff auf ein Serversystem unter Windows Server 2012 R2 und Windows Server 2012 zusätzlich noch **Clientzugriffslizenzen** (engl. *Client Access Licenses, CALs*), die man für die Zugriffe auf das neue Serverbetriebssystem für jeden Benutzer oder alternativ jedes Geräte, das für den Zugriff auf den Server verwendet wird, beschaffen muss. Die Verwendung von Windows Server 2008 R2-CALs ist für den Zugriff auf Serversysteme unter Windows Server 2012 R2 oder auch Windows Server 2012 nicht zulässig. Microsoft ermöglicht jedoch die Verwendung bestehender Windows Server 2012-CALs für den Zugriff auf das neue Windows Server 2012 R2. Dies gilt auch für den Zugriff mittels Remote-Desktop auf ein Serversystem unter Windows Server 2012 R2 oder Windows Server 2012 als Remotedesktop-Sitzungshost (engl. *Remote Desktop Session Host, RDSH*), für den wiederum spezielle **Clientzugriffslizenzen für Remote-Desktop** (*RD-CALs*) benötigt werden.

CALs nicht bei allen Editionen erforderlich

Für die Verwendung von Windows Server 2012 R2 Foundation Edition benötigt man keine Clientzugriffslizenzen, jedoch werden lediglich 15 Benutzer maximal für die Benutzung des Serversystems unterstützt. Für Windows Server 2012 R2 Essential werden ebenso keine Clientzugriffslizenzen benötigt, jedoch auch hier maximal 25 Benutzer oder 50 Geräte unterstützt.

Die Lizenz von Windows Server 2012 R2 Essentials kann bei Bedarf zu einem späteren Zeitpunkt auf die Lizenz der Windows Server 2012 R2 Standard Edition aktualisiert werden, und unterstützt dann maximal bis zu 100 Benutzer oder 200 Geräte. Windows Server 2012 R2 Standard und Datacenter beinhalten hierfür das optional installierbare *Essentials Experience*-Feature. Weitere Informationen zur Lizenzierung von Windows Server 2012 R2 finden Sie u. a. auf der Microsoft-Website im Internet unter:

http://www.microsoft.com/de-de/licensing/produktlizenzierung/windows-server-2012.aspx

1.7 Neuerungen und Verbesserungen

Im direkten Vergleich zu Windows Server 2008 R2 hatte Microsoft bereits schon in Windows Server 2012 eine Vielzahl an Neuerungen und auch Verbesserungen in das Betriebssystem, sowie die darin enthaltenen Rollen und Funktionen eingearbeitet. Aber auch im neuen Windows Server 2012 R2 (Release 2) finden sich wiederum viele, für die tägliche Praxis sicher interessante Neuerungen und Verbesserungen. Die Verwaltung der neuen Serverbetriebssysteme wurde noch weiter an die Anforderungen in modernen Computernetzwerken angepasst und verbessert. Die Möglichkeit der zentralen Verwaltung von Serversystemen stand bei der Überarbeitung insbesondere des grafischen Server-Managers sicher bedeutend im Fokus.

Oberfläche: neu und anders

Microsoft hat auch viele der zuvor bereits vorhandenen Serverrollen und -funktionen vielfach überarbeitet und optimiert. Ausgesuchte Neuerungen und Verbesserungen werden Ihnen in den nächsten Seiten dieses Buches vorgestellt.

1.7.1 Neuerungen in der Oberfläche

Nach der Installation von Windows Server 2012 R2 fällt auf, dass Microsoft mögliche Neuerungen nicht nur innerhalb des Serverbetriebssystems eingearbeitet hat. Auch der Startbildschirm zeigt sich in neuem Gewand. Deutlich sichtbar ist dabei die Anzeige für Datum und Uhrzeit.

Kontrolle der Kennworteingabe möglich

Nach der Eingabe der Tastenkombination Strg+Alt+Entf zeigt sich dann der überarbeitete Anmeldebildschirm. Wenn man Zeichen in das darin enthaltene Kennwortfeld eingegeben hat, so kann man dies durch einen Klick auf das daneben enthaltene Symbol kontrollieren. Solange man die Maustaste gedrückt hält, werden die in das Kennwortfeld eingegebenen Zeichen im Klartext angezeigt. Hierdurch lässt sich problemlos feststellen, ob man sich bei der Eingabe des Benutzerkennworts womöglich vertan hat.

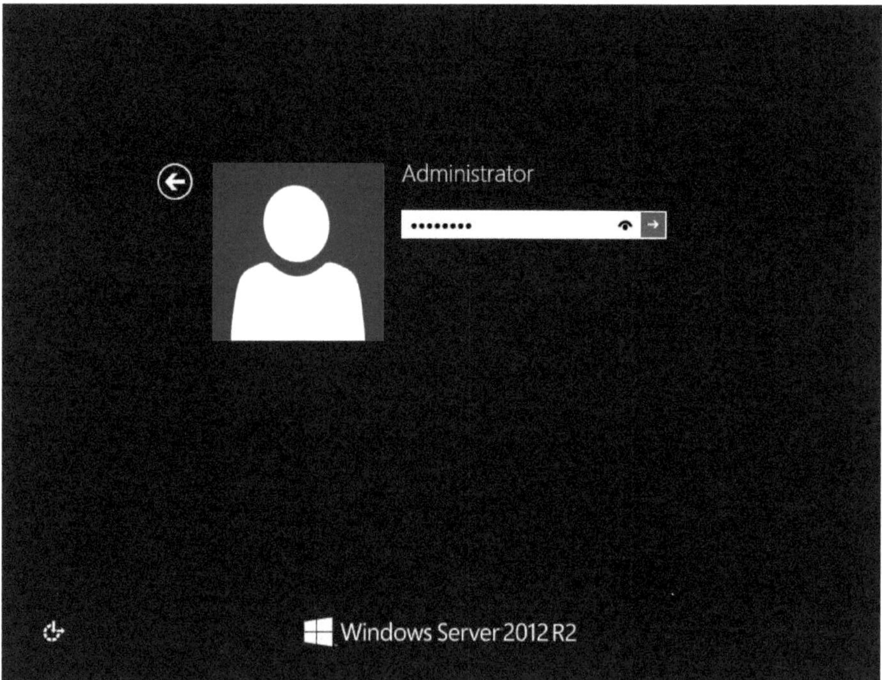

Abb. 1.4: *Der Anmeldebildschirm von Windows Server 2012 R2*

Die Funktion für die visuelle Kontrolle des im Kennwortfeld eingegebenen Kennworts findet sich parallel auch in Windows 8 bzw. Windows 8.1, wodurch sich die Anzahl von Kontosperrungen von Benutzerkonten durch die Falscheingabe von Kennwörtern - und somit auch der damit verbundene Supportaufwand - möglicherweise reduzieren lassen kann.

1.7.2 Die grafische Benutzeroberfläche

Grafische Oberfläche - jetzt wieder MIT Startknopf

Gleich nach der Anmeldung an Windows Server 2012 R2 als Server mit grafischer Benutzeroberfläche startet automatisch der grafische Server-Manager. Am unteren Rand fällt in der unter Windows-Betriebssystemen gewohnten Taskleiste auf, dass Microsoft den Startknopf unter Windows Server 2012 R2, sowie parallel auch unter Windows 8.1 wieder hinzugefügt hat. Das von früheren Windows-Version gewohnte Startmenü ist unter den aktuellen Windows-Betriebssystemen nicht enthalten. Es findet sich im Gegensatz dazu ein auf die wichtigsten Funktionen hin reduziertes (Ersatz-)Startmenü, das durch einen Klick mit der rechten Maustaste auf den Startknopf angezeigt wird.

Unter dem neuen Serverbetriebssystem wie parallel auch unter Windows 8.1 findet sich ein auf die mögliche „*Touch*"-Steuerung abgestimmter Startbildschirm (technisch engl. *Modern UI*), in dem sich standardmäßig bereits einige Verknüpfungen befinden. So steht zum Beispiel bereits eine entsprechende *Kachel* (engl. *Tile*) zum Aufruf der Systemsteuerung, der Windows PowerShell, der Verwaltung, sowie auch des Internet Explorers bereit.

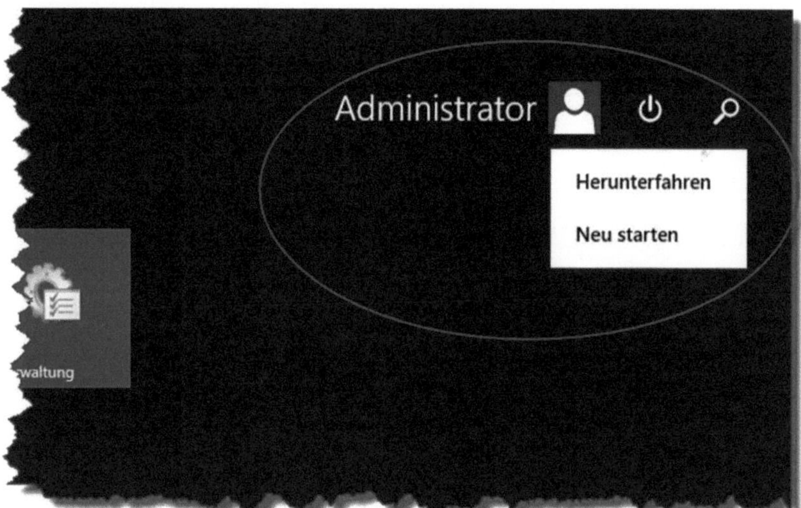

Abb. 1.5: *Neue Verknüpfungen im Startbildschirm von Windows Server 2012 R2 mit Update (1)*

In der grafischen Benutzeroberfläche des Startbildschirms hat Microsoft unter Windows Server 2012 R2 und Windows 8.1 auch die zuvor bereits unter Windows 8 bzw. Windows Server 2012 zur Navigation eingeführte, sogenannte „Charms"-Leiste integriert. Hierüber besteht neben der Maussteuerung auch die Möglichkeit, das Serversystem beispielsweise von einem Tablet-PC mit Touch-Bildschirm oder vergleichbaren Geräten mit den Fingern zu steuern.

Hinweis Umfangreiche Details zur Navigation und Verwaltung von Serversystemen unter Windows Server 2012 R2, sowie auch zur Nutzung der grafischen Benutzeroberfläche und der Charms-Leiste finden Sie im Kapitel 3 dieses Fachbuches.

1.7.3 Der grafische Server-Manager

Der bereits seit Windows Server 2008 auf den Serversystemen als zentrale Verwaltungskonsole enthaltene Server-Manager wurde bereits unter Windows Server 2012 nochmals völlig überarbeitet. Neben einer neu konzipierten Oberfläche findet man darin nicht nur verbesserte, sondern auch viele neue Funktionen. So kann man im grafischen Server-Manager unter Windows Server 2012 R2 nicht nur andere Serversysteme im Netzwerk remoteverwalten, sondern auch Serverrollen und -features über das Netzwerk auf anderen Servern installieren bzw. bei Bedarf auch wieder entfernen.

Hinweis Im Vergleich zu Windows Server 2012 finden sich im grafischen Server-Manager unter Windows Server 2012 R2 (Release 2) keine Änderungen.

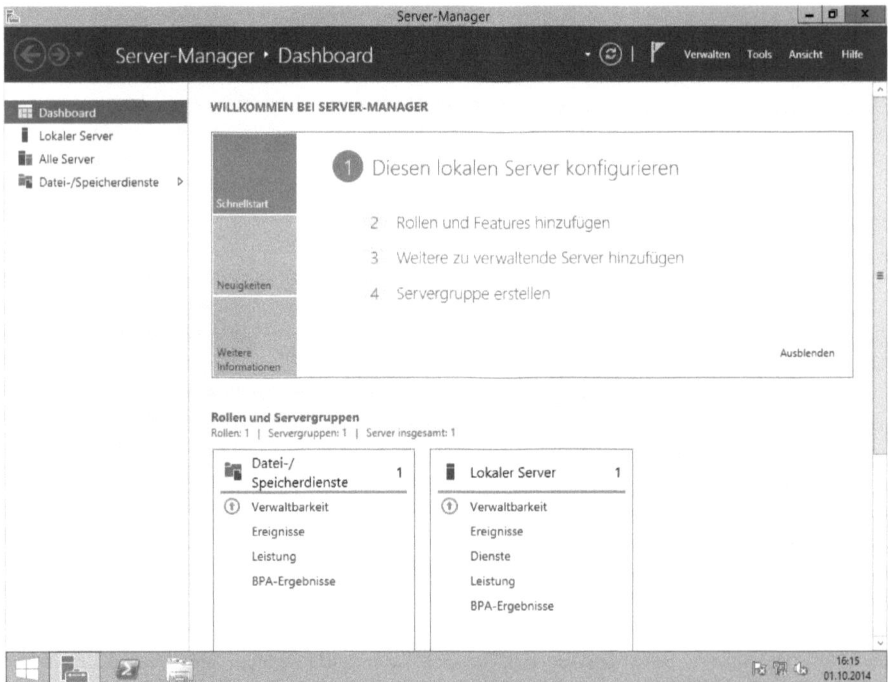

Abb. 1.6: *Der grafische Server-Manager von Windows Server 2012 R2*

Gleich nach dem Aufruf der grafischen Server-Manager-Konsole zeigt dieser das Dashboard, in dem man u. a. einen Überblick über die damit verwalteten Server und Serverrollen erhält. Installierte Serverrollen werden im Server-Manager automatisch angezeigt, und gleichwertige Serversysteme darin völlig dynamisch gruppiert. Serversysteme im Netzwerk können für die zentrale Verwaltung problemlos in den Server-Manager aufgenommen werden. Die notwendige Funktion findet man im Server-Manager unter *Verwalten* und *Server hinzufügen*. Bei Bedarf kann man auch eigene Servergruppen erstellen, und diesen die zu verwaltenden Serversysteme manuell zuordnen. Die für die Verwaltung von Serversystemen notwendigen Tools und Konsolen findet man nach mitunter im oberen *Tools*-Menü.

1.7.4 Server Core - Grafikoberfläche noch einfacher (re)aktivierbar

Wechselspiel: mit oder ohne grafische Oberfläche

Die Möglichkeit zur Installation von Windows-Serverbetriebssystemen als Server Core hatte Microsoft schon mit Windows Server 2008 erstmalig eingeführt. Um die Sicherheit und Stabilität von Serversystemen zu erhöhen, sowie gleichsam die Angriffsfläche gegenüber Hackern zu vermindern, fehlt den Core-Servern die grafische Oberfläche. Die lokale Verwaltung dieser Systeme erfolgt mithilfe der Eingabeaufforderung, sowie unter Windows Server 2008 R2 (*Release 2*) zusätzlich mittels der darin im Umfang enthaltenen PowerShell. Auch lassen sich Core-Server für die Remoteverwaltung konfigurieren, so dass man die darauf ausgeführten Serverrollen und -funktionen von einem anderen Computersystem im Netzwerk somit problemlos auch grafisch verwalten kann.

In der Praxis regte sich seitens der IT-Administratoren oft bereits Interesse am Einsatz von Serversystemen als Server Core-Installation, jedoch wurde die fehlende Grafikoberfläche u. a. als Nachteil bei der möglichen Fehlerbehebung oder auch einer späteren Neukonfiguration der Serversysteme betrachtet. Der Grund dafür war, dass sich die Grafikoberfläche unter Windows Server 2008 und Windows Server 2008 R2 auf den Core-Servern nachträglich ohne Neuinstallation des Betriebssystems nämlich nicht mehr reaktivieren oder nachinstallieren lässt. Microsoft hat die Stimmen aus der Praxis wahrgenommen - bereits unter Windows Server 2012 kann man die grafische Benutzeroberfläche auf den als Core-Server installierten Serversystemen als optionales Server-Feature bei Bedarf jederzeit nachinstallieren. Hierzu verwendet man in der Server Core-Installation von Windows Server 2012 das Windows PowerShell-Cmdlet ***Install-WindowsFeature***. In Windows Server 2012 R2 wurde dieser Vorgang noch vereinfacht: Im Verwaltungsprogramm ***sconfig*** steht auf dem Server Core der Menübefehl ***Wiederherstellen der grafischen Benutzeroberfläche*** zur Verfügung.

Im umgekehrten Fall ist es natürlich ebenso auch unter Windows Server 2012 R2 wie auch bereits unter Windows Server 2012 möglich, einen zuvor vollständig installierten Server über die Verwaltung der Serverrollen und -features im Server-Manager problemlos zu einem Core-Server umzuwandeln.

Beim nachträglichen Installieren der grafischen Benutzeroberfläche auf Serversystemen unter Windows Server 2012 R2 und Windows Server 2012 als Server-Core-Installation bleiben alle Einstellungen und Serverrollen erhalten.

Hinweis

Auf Serversystemen unter Microsoft Hyper-V Server 2012 R2 gehört die grafische Benutzeroberfläche nicht zum Umfang und kann - anders als bei der Standard und Datacenter Edition von Windows Server 2012 R2 - auch zusätzlich nicht hinzugefügt werden. Alternativ lässt sich der Hyper-V Server 2012 R2 jedoch von Windows 8 bzw. 8.1 mit dessen bereits im Umfang enthaltenen Hyper-V-Manager grafisch verwalten, ohne dass man auf dem Clientcomputer dazu erst die Remoteserver-Verwaltungstools (engl. *Remote Server Administration Tools, RSAT*) installieren muss.

1.7.5 Erweiterungen im Task-Manager

Endlich: der Überblick, was wirklich läuft

Der überarbeitete Task-Manager in Windows Server 2012 R2 und auch Windows Server 2012 ermöglicht einen im Vergleich zu den vorherigen Windows-Versionen weitaus detaillierteren Einblick in die auf dem System ausgeführten Anwendungen, Dienste und Prozesse. Endlich ist es mit „Bordmitteln" u. a. möglich, auch die in Abhängigkeit mit der *„svchost.exe"* (den Diensthosts in Windows) ausgeführten Prozesse anzeigen zu lassen. Darüber hinaus kann man sich in einer erweiterten Ansicht im Task-Manager in Echtzeit nunmehr auch detailliert anzeigen lassen, welche CPU- und Arbeitsspeichernutzung von welchem der am System angemeldeten Benutzer ausgeht. Unter Windows Server 2012 R2 hat Microsoft hier keine Änderungen mehr eingearbeitet.

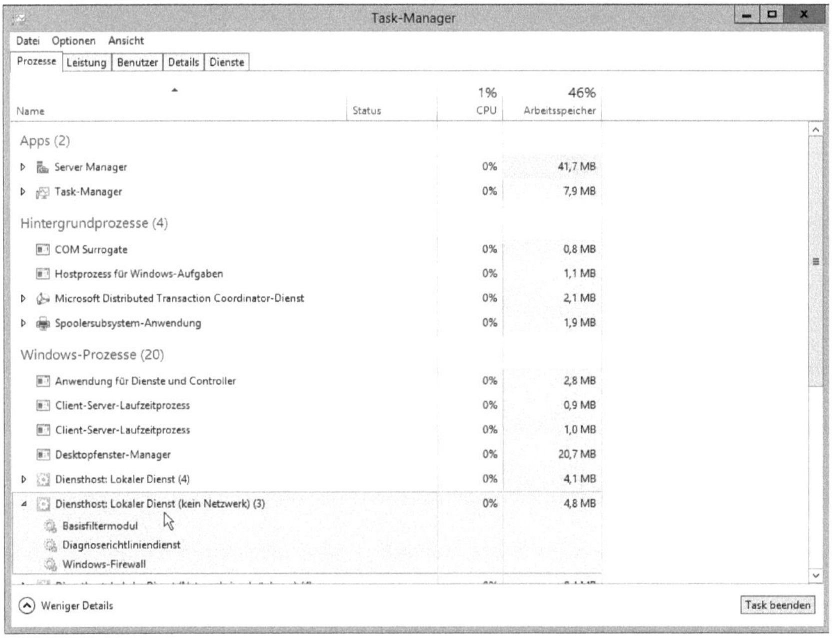

Abb. 1.7: *Der Task-Manager in Windows Server 2012 R2*

1.7.6 Neuerungen im Windows-Explorer

Praktischer Zugriff auf die Verwaltungs-optionen

Bereits im Windows-Explorer unter Windows Server 2012 hatte Microsoft ebenso einige interessante Neuerungen und Verbesserungen eingebracht. Am oberen Rand des Windows Explorers findet man unter Windows Server 2012 R2 das parallel ebenso wie in Windows 8/8.1 enthaltene Menüband - wie die aus Office-Anwendungen bekannte „*Ribbon*-Leiste". Dieses lässt sich bei Bedarf dauerhaft ausklappen, so dass die darin enthaltenen, der Funktion nach kategorisierten Optionen für den schnellen Zugriff stets angezeigt werden.

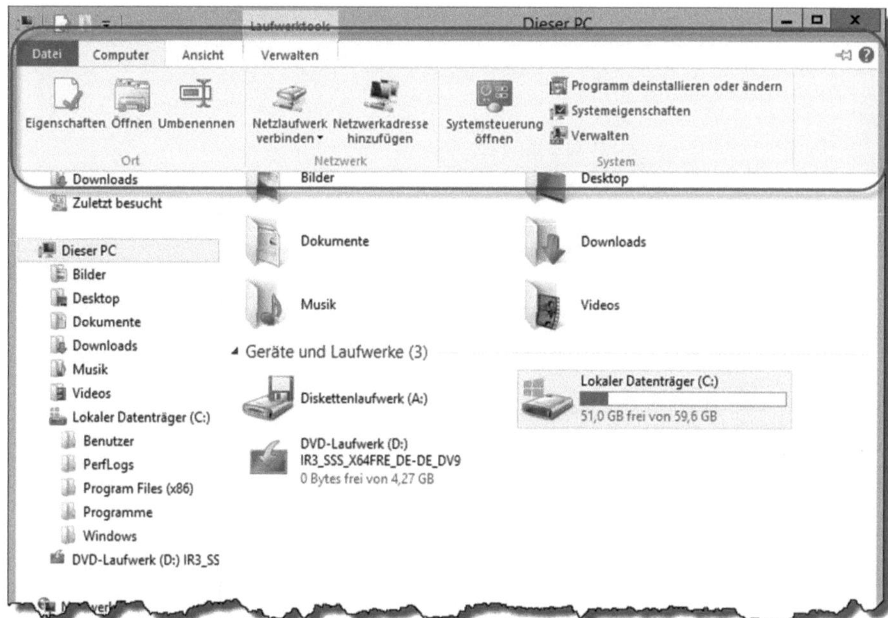

Abb. 1.8: *Erweiterte Verwaltungsoptionen im Windows-Explorer*

Bei einem Klick im Windows-Explorer in der linken Konsolenstruktur auf **Dieser PC** werden im Menüband u. a. Schaltflächen zum Aufruf der Systemeigenschaften, sowie noch weitere Verwaltungsoptionen eingeblendet.

1.7.7 Die neue Windows PowerShell 4.0

Universelle Werkzeuge für (fast) die komplette Serverver-waltung

In Windows Server 2012 R2 ist die Windows PowerShell nun in der umfangreich erweiterten Version 4.0 mit einer Vielfalt neuer PowerShell-Befehle (engl. *CommandLets, CmdLets*), sowie vielen neuen Modulen für die Systemverwaltung enthalten. In der neuen Version der Windows PowerShell lassen sich unter Windows Server 2012 R2 nunmehr neben den Netzwerkeinstellungen, Dateifreigaben, z. B. auch alle im Umfang des Servers enthaltenen Dienste mittels der Windows PowerShell verwalten. Insbesondere in größeren Computernetzwerken lassen sich durch diese umfangreichen Erweiterungen der Windows PowerShell viele der Verwaltungsschritte durch den Einsatz von PowerShell-Skripts automatisieren. Damit auch weniger erfahrene Administratoren einfacher in die Windows Power-Shell hineinfinden können, hat man den Umgang damit vereinfacht. Zum Beispiel werden in der neuen Windows PowerShell 4.0 die für die Ausführung oft notwendigen PowerShell-Module schon beim Aufruf bestimmter CmdLets automatisch geladen. Das manuelle Laden von Modulen entfällt somit weitgehend.

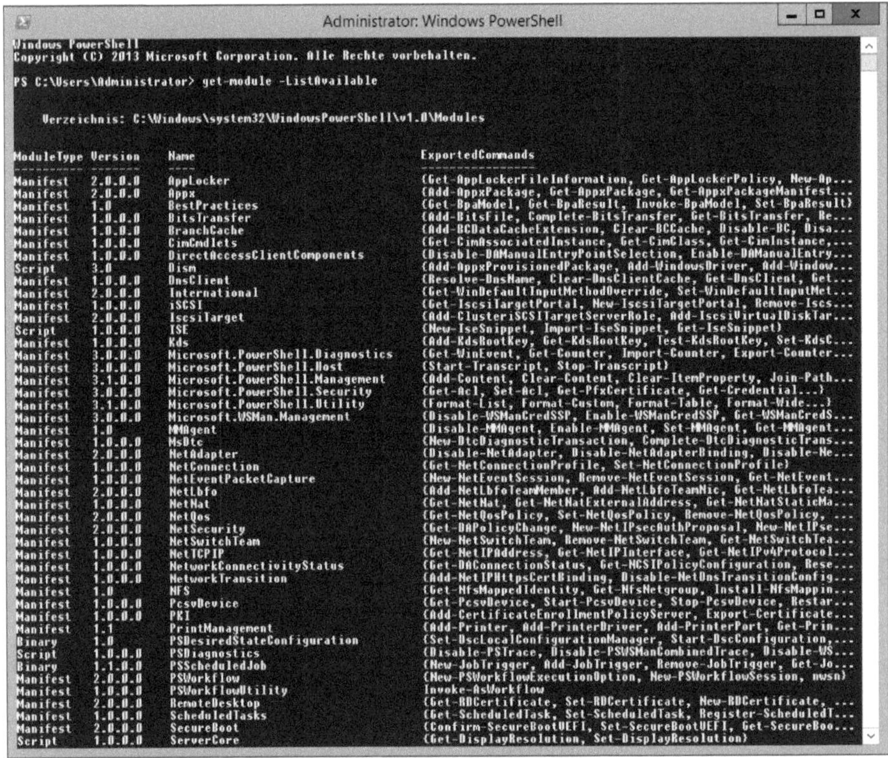

Abb. 1.9: *Vielzahl neuer Module in der Windows PowerShell 4.0 unter Windows Server 2012 R2*

Webzugriff auf die Windows PowerShell möglich

Wie ebenso bereits unter Windows Server 2012 lässt sich auch unter Windows Server 2012 R2 der **Windows PowerShell-Web Access** als Feature aktivieren. Dieses Feature dient als Windows PowerShell-Gateway und umfasst eine webbasierte Windows PowerShell-Konsole für die Remoteverwaltung. Zum Zugriff auf die webbasierte Windows PowerShell-Konsole benötigt man lediglich ein Computersystem, einen Tablet-PC oder ein Smartphone mit einem Browser, der JavaScript unterstützt und Cookies akzeptiert.

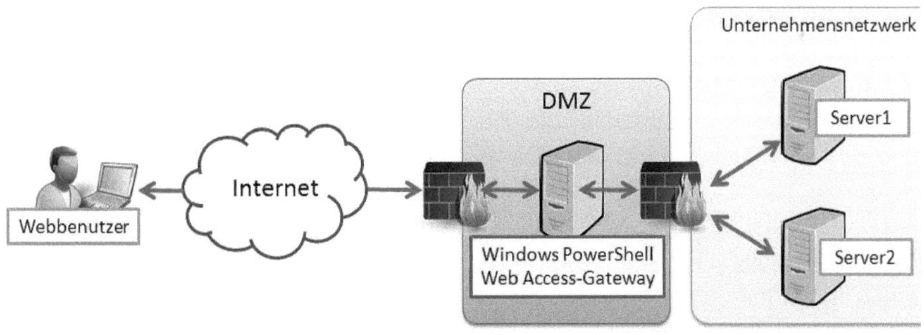

Abb. 1.10: *Webbasierter Remotezugriff auf die Windows PowerShell durch den Einsatz eines Windows PowerShell Web Access-Gateways*

1.7.8 Neues Active Directory-Verwaltungscenter

Unterstützt auch die Automatisierung von Verwaltungsschritten

Das mit Windows Server 2008 R2 eingeführte, auf Windows PowerShell-basierte Active Directory-Verwaltungscenter (engl. *Active Directory Administrative Center, AD AC*) wurde bereits schon in Windows Server 2012 um viele Funktionen erweitert und verbessert. So besteht darin neben vielen weiteren Optionen nunmehr sogar die Möglichkeit, die darin getätigten Verwaltungsschritte für die spätere Automatisierung als PowerShell-Skript zu speichern.

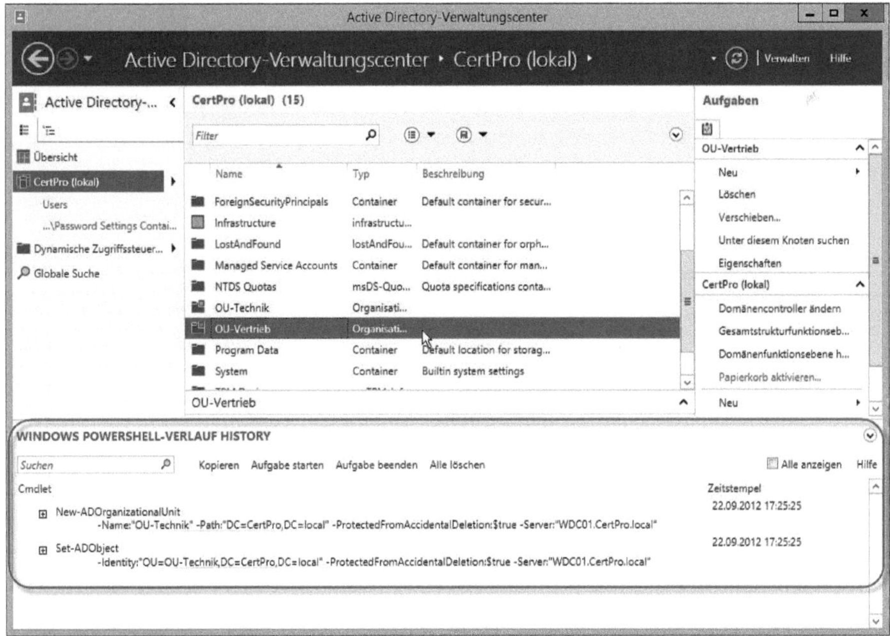

Abb. 1.11: *„Windows PowerShell-Verlauf History" im Active Directory-Verwaltungscenter von Windows Server 2012 R2*

Beim Ausführen von Aktionen in der Benutzeroberfläche werden die entsprechenden Windows PowerShell-Befehle innerhalb von *AD AC* in Windows Server 2012 R2 im **Windows PowerShell History Viewer** angezeigt. Man kann diese in *AD AC* als Aufgaben abschnittsweise gruppieren oder über die Zwischenablage in einen Editor kopieren und als PowerShell-Skript für die spätere Verwendung speichern.

1.7.9 Neuerungen in der Virtualisierung von Domänencontrollern

Eine für die tägliche Praxis in virtualisierten Computernetzwerken sicher wichtige Neuerung findet man unter Windows Server 2012 R2 erstmalig in der Möglichkeit zum Erstellen und Anwenden von Snapshots (Momentaufnahmen) von Domänencontrollern in Hyper-V. Die Domänencontroller können somit selbst im laufenden Betrieb auf einen vorherigen Stand des Betriebssystems zurückgesetzt werden - i.d.R. völlig problemlos. Microsoft empfiehlt hierbei den Einsatz von Hyper-V als Virtualisierungsplattform.

1.7.10 Klonen von Active Directory-Domänencontrollern

Schnelle Bereitstellung weiterer Domänencontroller

Die Active Directory-Domänendienste (engl. *Active Directory Domain Services, AD DS*) unter Windows Server 2012 ermöglichen ein effektiveres Bereitstellen weiterer, u. a. für die Ausfallsicherheit, sowie auch die Lastverteilung notwendigen Domänencontroller innerhalb einer Active Directory-Domäne. Microsoft ermöglicht hierzu das einfache Klonen eines in der Domäne zuvor eingerichteten, virtuellen Domänencontrollers. Die Verwaltungsschritte wurden noch unter Windows Server 2012 mit dafür bereitgestellten Windows PowerShell-Cmdlets durchgeführt. Unter Windows Server 2012 R2 hat Microsoft das Klonen von Domänencontrollern nochmals vereinfacht. Man kopiert einfach die virtuelle Maschine des zu klonenden Domänencontrollers in Hyper-V, und weist dem Klon einfach einen neuen Namen zu. Das virtuelle Serversystem bindet sich nachfolgend Problemlos in Active Directory als Domänencontroller ein.

Die Details zum Klonen von Domänencontrollern unter Windows Server 2012 werden in der Website von Microsoft detailliert beschrieben. Informationen hierzu findet man im Internet unter:

http://technet.microsoft.com/de-de/library/hh831734.aspx

1.7.11 Grafischer Active Directory-Papierkorb

Wiederherstellen (endlich) leicht gemacht

Bereits in Windows Server 2008 R2 konnte man auf den Active Directory-Domänencontrollern den sogenannten Active Directory-Papierkorb aktivieren, um (versehentlich) gelöschte Objekte wieder herstellen zu können. Die Wiederherstellung war in der vorherigen Betriebssystemversion jedoch lediglich mithilfe von PowerShell-CmdLets möglich. Seit Windows Server 2012 lässt sich die Wiederherstellung gelöschter Objekte bequem im grafischen *Active Directory-Verwaltungscenter* (engl. *Active Directory Administrative Center, AD AC*) durchführen. Vorausgesetzt werden hierbei zumindest die

Windows Server 2008 R2-Gesamtstrukturfunktionsebene, sowie die zuvor durchgeführte Aktivierung des Active Directory-Papierkorbs als Feature.

1.7.12 Verbesserte Kennwortrichtlinienverwaltung

Endlich effektive Verwaltungsmöglichkeiten

Die in Windows Server 2008 erstmalig eingeführten, differenzierten Kennwortrichtlinien (engl. *Fine-Grained Password Policy, FGPP*) können in Windows Server 2012 und auch in Windows Server 2012 R2 als Kennworteinstellungen nunmehr direkt im Active Directory-Verwaltungscenter (engl. *Active Directory Administrative Center, AD AC*) erstellt und verwaltet werden. Kennwortrichtlinieneinstellungen ermöglichen die von Gruppenrichtlinienobjekten unabhängige, granulare Definition unterschiedlicher Kennwortvorgaben für einzelne Benutzer oder Sicherheitsgruppen innerhalb einer Active Directory-Domäne. So ist es beispielsweise möglich, für Administratoren durch den Einsatz spezifischer Objekte für die Kennworteinstellungen höhere Kennwortanforderungen als den einfachen Benutzern innerhalb einer selben Domäne zu definieren. Der Umweg zur Konfiguration von Kennworteinstellungen über den ADSI-Editor oder gar der Einsatz von Drittanbietersoftware (beispielsweise *SpecOps Password Policy Basic*, u. ä.), wie dies noch unter Windows Server 2008 und Windows Server 2008 R2 notwendig war, bleibt den Administratoren für dieses in Punkto Sicherheit doch so wertvolle Feature endlich erspart.

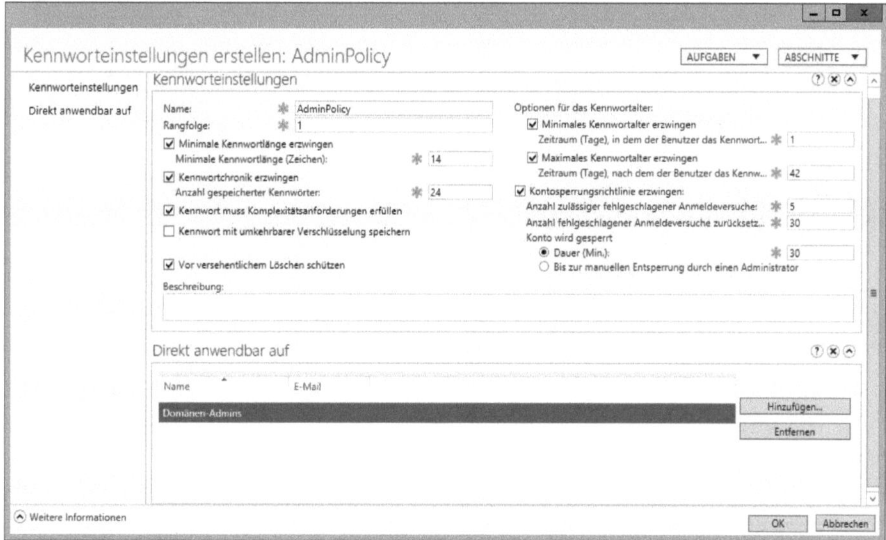

Abb. 1.12: *Grafischer Dialog für die Konfiguration differenzierter Kennwortrichtlinien im Active Directory-Verwaltungscenter unter Windows Server 2012 R2*

Die Kennworteinstellungen-Objekte werden in den Active Directory-Domänendiensten, wie bereits auch unter Windows Server 2008 R2 im Container **System\Password**

Domänen-funktions-ebene Windows Server 2008 erforderlich

Settings Container der betreffenden Active Directory-Domäne gespeichert. Vorausgesetzt wird für den Einsatz differenzierter Kennwortrichtlinien zumindest die *Windows Server 2008-Domänenfunktionsebene.*

Die Details zur Bereitstellung und Konfiguration abgestimmter Kennwortrichtlinien unter Windows Server 2012 R2 findet man zum Nachlesen im Kapitel 8 dieses Fachbuches.

1.7.13 Active Directory-basierte Aktivierung

Einfach und automatisch

Für die einfache Betriebssystem-Aktivierung in Unternehmen kann die in Windows Server 2012 erstmalig eingeführte, Active Directory-basierte Aktivierung (engl. *Active Directory Based Activation, AD BA*) für Computersysteme unter Windows 8 oder Windows 8.1 verwendet werden. Hierbei muss der von Microsoft bereitgestellte, kundenspezifische Volumenlizenzschlüssel (engl. *Volume License Key, VLK*) lediglich einmalig beim *Microsoft Activation Service* im Internet aktiviert werden. Anschließend erfolgt die Betriebssystemaktivierung für die in der Active Directory-Gesamtstruktur enthaltenen Computersysteme unter Windows 8, Windows 8.1, Windows Server 2012 sowie Windows Server 2012 R2 völlig automatisch. Es wird allerdings für diese Computersysteme die Domänenmitgliedschaft in einer der in der Gesamtstruktur vorhandenen Active Directory-Domänen vorausgesetzt.

Die Active Directory-basierte Aktivierung findet man unter Windows Server 2012 R2 in der Serverrolle der **Volumenaktivierungsdienste**. Der Betrieb eines KMS (*Key Management Service*)-Systems, beispielsweise zur zentralen Aktivierung von Windows 7-Systemen und Microsoft Office 2010, ist parallel zu der Active Directory-basierten Aktivierung innerhalb des gleichen Computernetzwerks problemlos möglich. Für die Verwendung der Active Directory-basierten Aktivierung muss das Active Directory-Schema der betreffenden Gesamtstruktur auf Windows Server 2012 erweitert sein, man benötigt hierfür jedoch keine Domänencontroller unter Windows Server 2012 oder höher.

1.7.14 Dynamische Zugriffssteuerung

Effektiv, dynamisch - und sicher

Seit Windows Server 2012 kann man die Zugriffe auf die auf Dateiservern gespeicherten Daten durch die Verwendung der dazu neu entwickelten dynamischen Zugriffssteuerung (engl. *Dynamic Access Control, DAC*) steuern. Unternehmen können in diesem Zusammenhang zentrale Zugriffs- und Steuerungsrichtlinien in Active Directory definieren, um zu steuern, wer auf die auf Dateiservern gespeicherten Daten zugreifen kann. Die Identifizierung der Daten kann auch durch die automatische oder manuelle Klassifizierung von Dateien erfolgen, damit die dynamische Zugriffssteuerung auf diese angewendet werden kann. Die Unterstützung der Option „Zugriff verweigert" ermöglicht im Zusammenhang mit der dynamischen Zugriffssteuerung, dass Sie für die Benutzer auf einem Computersystem unter Windows 8/8.1, denen der Zugriff auf Dateien verweigert wurde, eine angepasste Fehlermeldung innerhalb eines Dialogfensters erhält. Dieses Dialogfenster kann so konfiguriert werden, dass er darin die Möglichkeit erhält, den Zugriff auf die Datei einfach anzufordern. Im Ressourcen-Manager für Dateiserver lässt sich eine Benutzergruppe angeben, an welche die Zugriffsanforderung des Benutzers gesendet werden soll.

Weitere Informationen und Details zur dynamischen Zugriffssteuerung unter Windows Server 2012 bzw. Windows Server 2012 R2 erhalten Sie im Internet auf der Website von Microsoft unter:

http://technet.microsoft.com/de-de/library/hh831746.aspx

1.7.15 Neuerungen in Hyper-V

Replikation virtueller Maschinen - im laufenden Betrieb

Eine der bedeutendsten Neuerungen rund um Hyper-V ist sicher die Bereitstellung der Hyper-V-Technologie als **Hyper-V-Client** unter Windows 8 und 8.1 als Desktopbetriebssystem. Für die Virtualisierung von Betriebssystemen ist zumindest für Test- und Entwicklungssysteme demnach nicht mehr zwangsläufig ein Serversystem mit installierter Hyper-V-Serverrolle erforderlich. Aber auch in Windows Server 2012 R2 hat Microsoft im Vergleich zum direkten Vorgänger, Windows Server 2012, wiederum viele Neuerungen und Verbesserungen in Hyper-V eingearbeitet.

Seit Windows Server 2012 steht das ebenso **Hyper-V-Modul für Windows PowerShell** mit über 160 Cmdlets für die Verwaltung von Hyper-V, virtuellen Computern und virtuellen Festplatten zur Verfügung. Die virtuellen Festplatten können bereits seit Windows Server 2012 als ***.vhdx***-Dateien mit einer maximalen Kapazität von **bis zu 64 Terabyte** erstellt und für virtuelle Computersysteme verwendet werden. Diese VHDX-Dateien können als virtuelle Festplatten nunmehr sogar im laufenden Betrieb bei Bedarf vergrößert oder auch verkleinert werden. Die zuvor als VHD-Dateien angelegten, virtuellen Festplatten können in Hyper-V unter Windows Server 2012 und Windows Server 2012 R2 bei Bedarf in das neue VHDX-Format konvertiert werden. Neu in Windows Server 2012 R2 sind die neuen virtuellen Computersysteme der **Generation 2**. Diese Generation 2 steht zwar lediglich für Betriebssysteme ab Windows 8 und Windows Server 2012 zur Verfügung, bietet dafür aber einige praxisrelevante Neuerungen.

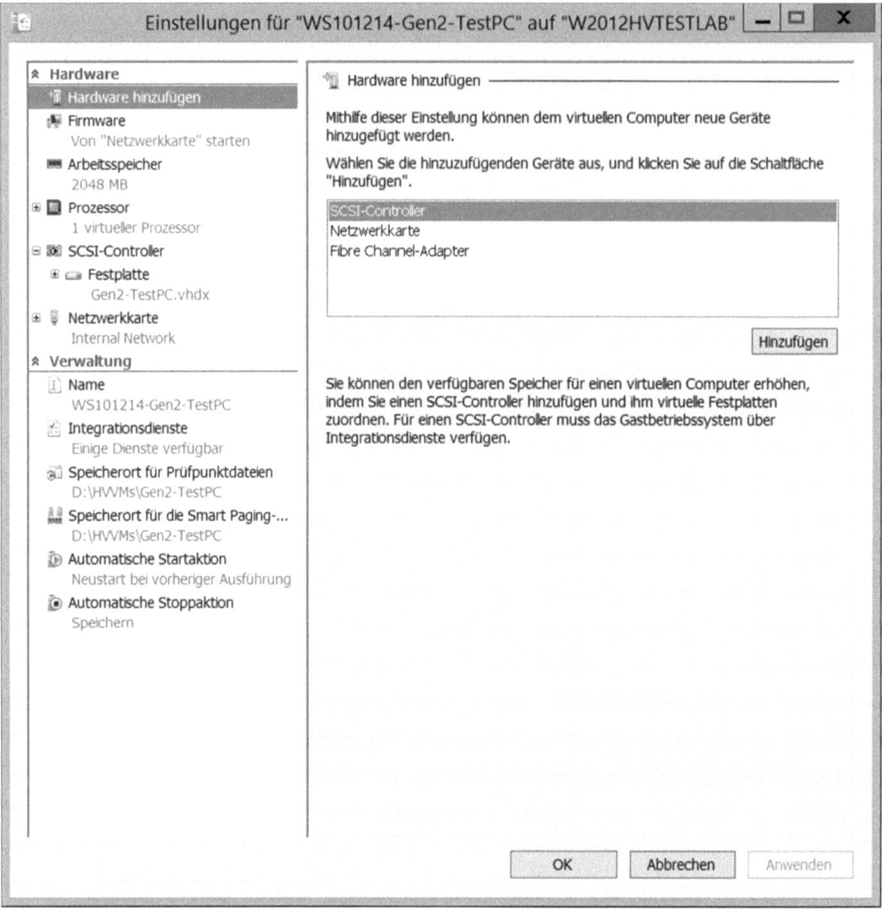

Abb. 1.13: *Einstellungen eines virtuellen Computers der Generation 2*

So lassen sich die virtuellen Computersysteme durch die Verwendung eines synthetischen VMBus nunmehr sogar mittels virtueller SCSI-Festplatte oder gar von einem Netzwerkadapter booten. Auch verwenden die virtuellen Computersysteme der Generation 2 jetzt UEFI statt des ursprünglich verwendeten BIOS. Somit lassen sich diese nunmehr auch für Secure Boot konfigurieren.

Eine weitere Verbesserung hat Microsoft in die Funktion **Hyper-V-Replikat** zum Replizieren virtueller Computer zwischen Speichersystemen, Clusterknoten und Rechenzentren in Windows Server 2012 integriert. Diese Funktion ermöglicht es, virtuelle Computer von einem Hyper-V-Serversystem als Primärserver zu einem als konfigurierte Replikatserver im Netzwerk zu replizieren, ohne dass diese hierzu ausgeschaltet oder heruntergefahren werden müssen. Sollte der Primärserver, auf dem das Original der betreffenden, virtuellen Maschine bereitgestellt ist, ausfallen, so kann man die vorweg replizierte Kopie davon auf dem Replikatserver mittels Failover weiterhin bereitstellen. Die Replikation virtueller Maschinen kann in Windows Server 2012 R2 zum ersten Mal zeitlich in Intervallen von 30 Sekunden, 5 Minuten und 15 Minuten angepasst werden.

Live-Migration - auch ohne Clustering

Die in Windows Server 2008 R2 (*Release 2*) erstmalig enthaltene **Live-Migration** von virtuellen Computern wurde im Vergleich zur Vorversion nochmals verbessert. So ist es in Hyper-V seit Windows Server 2012 möglich, eine **Live-Migration in einer nicht geclusterten Umgebung**, sowie bei Bedarf auch mehrere Live-Migrationen gleichzeitig durchzuführen, um eine Vielzahl an virtuellen Computern schnell von einem Hyper-V-Server auf einen anderen im Netzwerk zu verschieben.

Virtuelle Computersysteme können in Hyper-V unter Windows Server 2012 R2 erstmalig im laufenden Betrieb exportiert werden - ohne dass diese seitens des darin eingesetzten Betriebssystems zuvor heruntergefahren werden müssen. Dies begünstigt u. a. auch das Klonen von virtuellen Computersystemen in Hyper-V.

Weitere Details zu den genannten und noch weiteren Neuerungen und Verbesserungen in Hyper-V unter Windows Server 2012 R2 erhalten Sie im Kapitel 12 dieses Fachbuches, sowie auch im Internet auf der Website von Microsoft unter:

http://technet.microsoft.com/de-de/library/dn282278.aspx

1.7.16 NIC-Teaming

Netzwerkkarten-Teaming für Lastenausgleich und Failover

Ein von vielen Administratoren erwartetes, neues Feature fand man bereits in Windows Server 2012 unter dem Namen **Netzwerkadapter-Teamvorgang** (engl. *Network Interface Card Teaming, NIC-Teaming*), den man allgemein auch als Lastenausgleich und Failover bezeichnet. NIC-Teaming ermöglicht es, mehrere Netzwerkadapter innerhalb eines Computersystems zu einem Team zusammenzufassen, um somit ein Datenverkehrsfailover bei einem möglichen Ausfall einer Netzwerkkarte, sowie auch eine Bandbreitenaggregation zu erreichen.

NIC-Teaming unterstützt aus Gründen der Kompatibilität verschiedene Modi:

- **switchunabhängiger Modus** - hierbei können die Netzwerkadapter mit unterschiedlichen Netzwerkswitches verbunden sein.
- **switchabhängiger Modus** - hierbei müssen alle Netzwerkadapter eines Teams i.d.R. mit demselben Netzwerkswitch verbunden sein.

Unter Windows Server 2012 R2 bzw. Windows Server 2012 stehen die folgenden zwei switchabhängigen Modi zur Auswahl:

- *Generischer oder statischer Teamvorgang (IEEE 802.3ad Draft v1)* - Bei diesem Modus müssen der Netzwerkswitch und der Computer so konfiguriert sein, dass sie gegenseitig identifizieren können, welche Links das Team bilden. Die Konfiguration erfolgt in diesem Modus statisch.

- *Dynamischer Teamvorgang (IEEE 802.1ax, LACP)* - hierbei wird das Link Aggregation Control Protocol (LACP) verwendet, um Links zwischen dem Computer und einem Netzwerkswitch dynamisch zu identifizieren. Der Einsatz des Protokolls ermöglicht die automatische Erstellung von Teams.

Bis zu 32 Netzwerkkarten in einem Team

Das NIC-Teaming in Windows Server 2012 R2 und auch in Windows Server 2012 unterstützt bis zu 32 Netzwerkkarten in einem Team, und funktioniert auch bei virtuellen Computersystemen. Die Konfiguration kann man einfach in der *NIC-Teaming-Konsole* durchführen, die sich mit dem Befehl **lbfoadmin** aufrufen lässt. Alternativ ist die Konfiguration auch mittels entsprechender Windows PowerShell-Befehle möglich.

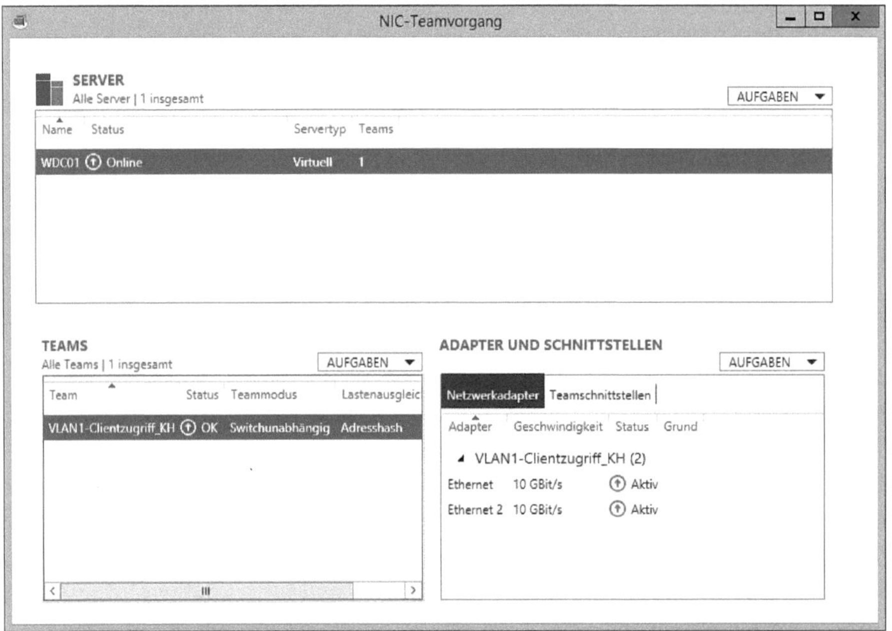

Abb. 1.14: *Konfigurationsdialog für das Netzwerkkarten-Teaming*

Windows Server 2012 und Windows Server 2012 R2 nutzen das verbesserte und erweiterte SMB-Protokoll in der Version 3.0 für die Netzwerkkommunikation mit anderen Computersystemen unter Windows Server 2012 (R2) und Windows 8/8.1.

1.7.17 Zentrale IP-Adressverwaltung mittels IPAM

Bereits in Windows Server 2012 hat Microsoft erstmalig die zentrale **IP-Adressverwaltung** (engl. *IP Address Management, IPAM*) integriert. IPAM kann von Administratoren in domänenbasierten Computernetzwerken u. a. für die folgenden Zwecke verwendet werden:

- zum Auffinden von Domänencontrollern, sowie DHCP-, DNS- und Netzwerkrichtlinienserver unter Windows Server 2008 oder höher,

- zum Überwachen der Dienstverfügbarkeit von DHCP- und DNS-Servern von Microsoft innerhalb einer Active Directory-Gesamtstruktur,
- zum Überprüfen von Änderungen an der Serverkonfiguration von DHCP-Servern,
- der Nachverfolgung der Verwendung von IP-Adressen, sowie damit verbundenen „Nutzungstrends" für IPv4-Adressen,
- zum Verwalten des IP-Adressbereiches in Active Directory-basierten Computernetzwerken von Unternehmen.

Kontrolle der IP-Adressvergabe und -nutzung möglich

Die IPAM basiert auf einem Serversystem unter Windows Server 2012 bzw. Windows Server 2012 R2, auf dem das Feature ***IP-Adressverwaltungsserver*** (*IPAM-Server*) installiert und konfiguriert wird. Der IPAM-Server versucht in regelmäßigen Zeitabständen in einem zuvor festgelegten Suchbereich, DNS- und DHCP-Server im Computernetzwerk zu ermitteln. Man kann hierbei festlegen, welche der vorhandenen Serversysteme von IPAM verwaltet und auch welche der Serversysteme von der Überwachung durch IPAM ausgenommen werden sollen. Der IPAM-Server kommuniziert mit den verwalteten Serversystemen über eine RPC- oder WMI-Schnittstelle. Darüber hinaus überwacht der IPAM-Server die vorhandenen Domänencontroller und Netzwerkrichtlinienserver (engl. *Network Policy Server, NPS*) für die Nachverfolgung von IP-Adressen.

Noch unter Windows Server 2012 konnte für IPAM lediglich eine Windows-interne Datenbank verwendet werden. Dies ist auch unter Windows Server 2012 R2 standardmäßig so vorgesehen. Als Neuerung findet sich unter Windows Server 2012 R2 nunmehr die Unterstützung einer SQL-basierten Datenbank.

Weitere Informationen zu IPAM finden Sie im nachfolgenden Kapitel 7 dieses Fachbuchs, sowie auch im Internet unter:

https://technet.microsoft.com/de-de/library/hh831353.aspx

1.7.18 Work Folders (Arbeitsordner)

Neu integriert hat Microsoft in Windows Server 2012 R2 die Möglichkeit zur Einrichtung und Nutzung sogenannter *Work Folders* (dt. *Arbeitsordner*) für den Zugriff auf Dateien von Geräten unter Windows 8.1 sowie auch Windows 8.1 RT.

Alternativ zu Windows 8/8.1 bietet Microsoft die Unterstützung von Work Folders auch als Download für die Windows 7 Professional, Enterprise oder Ultimate Edition, 32- bzw. 64-Bit-Edition an. Diese Abwärtskompatibilität setzt jedoch zwingend die Domänenmitgliedschaft des jeweiligen Clientcomputers in der entsprechenden Active Directory-Domäne voraus. Nähere Informationen hierzu finden sich im Internet unter:

http://support.microsoft.com/kb/2891638/de

Die *Work Folders* (*Arbeitsordner*) werden auf einem Serversystem unter Windows Server 2012 R2 als Dateiserver angelegt, und dann für den sicheren Zugriff mittels HTTPS-Protokoll durch die Verwendung der *Active Directory-Verbunddienste* (engl. *Active Directory Federation Services, AD FS*) 3.0 im Netzwerk bereitgestellt. Der Zugriff auf die Work Folders wird hierdurch auch für Nicht-Domänencomputer ermöglicht.

Die jeweils individuellen Work Folders können für die Offline-Benutzung entsprechend synchronisiert, und somit auf dem Gerät des Benutzers auch ohne ständigen Internetverbindung bearbeitet und sicher gespeichert werden. Hierzu kann man die Verschlüsselung der gespeicherten Daten durch den Einsatz entsprechender Richtlinien sicherstellen. Allgemeine Dateifreigaben können jedoch nicht synchronisiert werden.

In der Praxis kann man die *Work Folders* - zumindest grob - zum Beispiel mit der Datenspeicherung in Microsofts *OneDrive* (ehemals *SkyDrive*) vergleichen. Die Daten liegen jedoch im Gegensatz zur Cloud-Technologie von Microsoft bei den *Work Folders* auf den unternehmensinternen Dateiservern.

Weitere Informationen zu Work Folders findet man unter anderem auf der Website von Microsoft im Internet unter:

http://technet.microsoft.com/de-de/library/dn265974.aspx

1.7.19 Essentials Experience - für kleine Firmen und Institutionen

Völlig neu in Windows Server 2012 R2 findet sich das Essentials Experience-Feature. Dieses Feature wird in den Standard- und Datacenter-Editionen von Windows Server 2012 R2 als optional installierbare Serverrolle bereitgestellt. Die Installation der Windows Server Essentials-Umgebung in Windows Server 2012 R2 stellt alle Funktionen (wie das Dashboard, Clientcomputersicherungen und Remotewebzugriff) von Windows Server 2012 R2 Essentials ohne Einschränkungen bereit.

Hinweis

Die Windows Server 2012 R2 Standard und Datacenter Edition unterstützen nach der installierten Essentials Experience-Serverrolle maximal 100 Benutzer oder 200 Geräte.

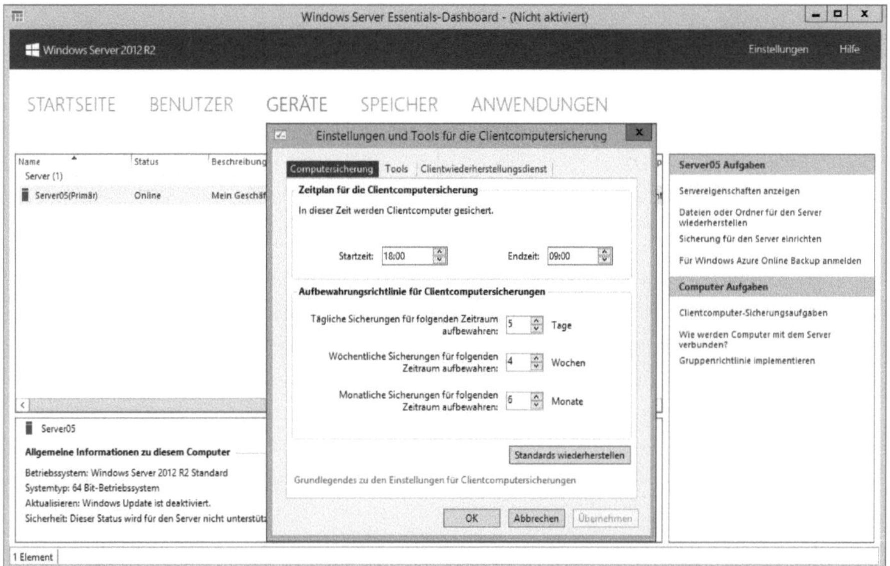

Abb. 1.15: *Dashboard der Windows Server Essentials-Serverrolle unter Windows Server 2012 R2*

1.7.19.1 Merkmale der Essentials Experience-Serverrolle

Die Essentials Experience-Serverrolle lässt sich anhand der folgenden Merkmale beschreiben:

- **Datenspeicherung und -schutz** - Daten können an einem zentralen Ort gespeichert und Server- und Clientcomputer im Netzwerk gesichert werden.
- **Benutzerverwaltung** - Benutzer und Gruppen können über das vereinfachte Server-Dashboard verwaltet werden. Darüber hinaus ermöglicht die Integration in Microsoft Azure Active Directory (Azure AD) den einfachen Datenzugriff auf Microsoft Online Services (z. B. Office 365, Exchange Online und SharePoint Online). Dazu müssen Benutzer nur ihre Anmeldeinformationen eingeben.
- **Dienstintegration** - Der Server lässt sich einfach in Microsoft Online Services integrieren (z. B. Office 365 SharePoint Online und Microsoft Azure Backup). Der Server kann aber auch in eigene Dienste oder in Dienste von Drittanbietern integriert werden.
- **Zugriff überall** - Mitarbeiter können von nahezu überall aus und mit fast jedem Gerät auf Server, Netzwerkcomputer und Daten zugreifen, sofern sie über eine Internetverbindung verfügen. Mit dem Remotewebzugriff können sie über eine optimierte Browserumgebung, auf Anwendungen und Daten zugreifen.

- **Medienstreaming** - Wenn das Medienpaket auf einem Server mit aktivierter Windows Server Essentials Experience installieren, können die Benutzer Musik, Videos und Fotos in freigegebenen Ordnern speichern und anschließend über Computer im Netzwerk oder per Remotewebzugriff auf diese Mediendateien zugreifen.
- **Statusüberwachung** - Die Integrität des Netzwerks kann überwacht und benutzerspezifische Statusberichte abgerufen werden.

Windows Server Essentials Experience als Serverrolle in den Standard- und Datacenter-Editionen von Windows Server 2012 R2 kann als Mitgliedsserver in einer bereits vorhandenen Active Directory-Domäne installiert werden. Falls noch keine Active Directory-Domäne vorhanden ist, wird bei der Installation der Serverrolle eine Active Directory-Domäne erstellt, und der Server wird zum Domänencontroller der Stammdomäne der Gesamtstruktur, und enthält alle FSMO-Rollen. Man kann problemlos mehrere Server im Netzwerk einsetzen, auf denen die Windows Server Essentials-Serverrolle installiert ist.

Weitere Informationen zu Essentials Experience in Windows Server 2012 R2 erhalten Sie im Internet u. a. auf der Website von Microsoft unter:

https://technet.microsoft.com/de-de/library/dn280940.aspx

1.7.19 Weitere Verbesserungen und Neuerungen

Insgesamt betrachtet erkennt man an der Vielfalt und Vielzahl der Neuerungen und Verbesserungen in Windows Server 2012 R2, dass Microsoft sehr viel Mühe in die Entwicklung des neuen Serverbetriebssystems investiert hat. Einige der bereits in den vorherigen Versionen von Windows Server 2008 bzw. Windows Server 2008 R2 (Release 2) eingeführten Features wurden bereits in Windows Server 2012 verbessert, andere hingegen teils völlig neu konzipiert und realisiert. Windows Server 2012 R2 trägt diese Features fort, und enthält dazu noch eine Vielzahl weiterer Neuerungen und Verbesserungen.

Neben den in den vorangegangenen Seiten aufgeführten Neuerungen und Verbesserungen sind von Microsoft noch viele weitere in Windows Server 2012 R2 eingearbeitet worden. Diese werden zum Teil in den nachfolgenden Kapiteln dieses Fachbuches vorgestellt.

Eine vollständige Übersicht über alle Neuerungen und Verbesserungen in Windows Server 2012 R2 kann man sich im Internet auf der Website von Microsoft anzeigen lassen unter:

http://technet.microsoft.com/de-de/library/dn250019.aspx

Um sich mit den Serverrollen, Rollendiensten und -funktionen in Windows Server 2012 R2 vertraut zu machen, muss man dieses neue Serverbetriebssystem im praktischen

Einsatz erfahren. Im nächsten Kapitel finden Sie alle notwendigen Informationen, die Sie benötigen, um Windows Server 2012 R2 erfolgreich auf einem Serversystem zu installieren und in den grundlegenden Eigenschaften zu konfigurieren.

KAPITEL 2

Installation, Aktualisierung und Migration

Die Installation von Windows Server 2012 R2 (Release 2) lässt sich prinzipiell ähnlich einfach durchführen, wie dies bereits unter Windows Server 2008, Windows Server 2008 R2 oder auch unter Windows Server 2012 möglich war. Den Servernamen, sowie auch die Netzwerkeinstellungen konfiguriert man bei Bedarf erst nach der erfolgreichen Installation des Betriebssystems. Microsoft liefert Windows Server 2012 R2 auf DVD-ROM sowie auch als ISO-Datei zum Download für Volumenlizenzkunden, sowie MSDN-Abonnenten aus. Die Test- und Evaluierungsversionen von Windows Server 2012 R2 können ebenso einfach entweder als ISO-Datei oder aber direkt auch als fertige virtuelle Maschine in einer VHD-Datei für Hyper-V aus der Website von Microsoft heruntergeladen werden.

Mit nur ein paar Schritten zum neuen Betriebssystem

Die Test- und Evaluierungsversionen von Windows Server 2012 R2 (Release 2) stellt Microsoft als ISO-Datei bzw. als fertige virtuelle Maschinen im VHD-Formt für Hyper-V kostenfrei im Internet zum Download bereit. Diese sind i.d.R. für 180 Tage verwendbar und können bei Bedarf später sogar zu einer vollwertigen Lizenz freigeschaltet werden. Microsoft bietet den Download in der eigenen Website im Internet an unter:

http://www.microsoft.com/de-de/server-cloud/products/windows-server-2012-r2/try.aspx

Bevor man mit der Installation von Windows Server 2012 R2 beginnt, sollte man die notwendigen Systemvoraussetzungen für das Betriebssystem beachten. Hierbei sollte man sich vorweg ebenso bereits Gedanken über die auf dem betreffenden Serversystem bereitzustellenden Serverrollen, Rollendienste und -funktionen machen. Entsprechend der daraus ableitbaren Anforderungen sollte man das Serversystem dann hardwareseitig auch planen und bereitstellen. Beispielsweise benötigt ein Dateiserver in der Regel mehr Festplattenspeicher als ein Domänencontroller. Ein weiteres Beispiel stellt die Planung eines Serversystems unter Windows Server 2012 R2 als Virtualisierungsplattform mit Hyper-V dar, bei dem man den zu verwendenden Arbeitsspeicher für die darauf bereitzustellenden virtuellen Maschinen in die Planung der einzusetzenden Hardware ebenso bereits vorweg mit hineinkalkulieren muss. Wenn man die jeweiligen Einsatzzwecke des Servers vorweg bereits bestimmt, kann man die Hardware entsprechend darauf auslegen. Es gelten jedoch bestimmte Mindestvoraussetzungen für die Installation von Windows Server 2012 R2, wie zuvor bereits auch für Windows Server 2012.

2.1 Systemanforderungen

Für die Installation von Windows Server 2012 R2 und auch Windows Server 2012 R2 gelten hardwareseitig die folgenden Minimalanforderungen:

- **1,4 GHz 64-Bit-Prozessor**, oder besser
- **512 MByte Arbeitsspeicher** (RAM), oder besser
- **32 GByte Festplattenspeicher**
- **Bildschirm** mit einer Auflösung von **mindestens 800x600 Bildpunkten**
- **DVD-ROM-Laufwerk**
- **Tastatur und Maus** (oder andere kompatible Zeigegeräte)

Bedenken Sie bei der Planung der einzusetzenden Serverhardware, dass Windows Server 2012 R2, wie auch Windows Server 2012 lediglich noch als reines 64-Bit-Betriebssystem erhältlich ist. x86-Plattformen können für die Installation nicht verwendet werden, so dass auch ein direktes Upgrade von einer vorherigen x86-Installation beispielsweise unter Windows Server 2008 auf Windows Server 2012 R2 nicht möglich ist.

Ein praxiserfahrener Administrator wird aus den oben dargestellten Systemanforderungen leicht ableiten können, dass es sich dabei lediglich um empfohlene Mindestvoraussetzungen für die Installation von Windows Server 2012 R2 handelt. In der Praxis sollte man sich wenigstens eines aktuellen Prozessortyps (gerne Dualcore-Prozessor oder besser) mit x64-Unterstützung bedienen, sowie auch seitens des Arbeitsspeichers wenigstens 2 GByte oder mehr für den Betrieb von Windows Server 2012 R2 in das betreffende Serversystem einbauen. Bei der Planung eines Serversystems für den Einsatz von Hyper-V als Serverrolle sollte man beachten, dass hier noch weitere Anforderungen an die dabei eingesetzte Hardware bestehen. So muss der im System eingesetzte Prozessor die Intel-VT- oder AMD-V-Technologie unterstützen, sowie das Intel XD-Bit (*Execute Disable Bit*) bzw. AMD NX-Bit (*No Execute Bit*) im BIOS vorhanden und aktiviert sein. Erst dann lassen sich die Virtualisierungsdienste von Hyper-V überhaupt ausführen.

2.2 Überprüfung der Kompatibilität vor der Installation

Nicht immer reibungslos

Nicht in allen Fällen installiert man Windows Server 2012 R2 alleine ohne weitere Serveranwendungen auf einem Serversystem. Insbesondere bei der Planung der Bereitstellung der Remotedesktopdienste (engl. *Remote Desktop Services, RDS*), vorweg Terminaldienste (engl. *Terminal Services, TS*), werden in der Regel auch unternehmensbezogene Anwendungen auf dem Serversystem installiert und mithilfe des Remotedesktop-Protokolls (engl. *Remote Desktop Protocol, RDP*) für eine Vielzahl an Benutzern im Netzwerk zur Nutzung bereitgestellt. Um „böse Überraschungen" während oder nach der Installation solcher Anwendungen auf einem Serversystem unter Windows Server 2012 R2 zu vermeiden, sollte man die mögliche Kompatibilität bereits vorab anhand bestimmter Tools und Methoden überprüfen. Microsoft bietet hierzu kostenfrei nutzbare Tools direkt zum Download im Internet an.

2.2.1 Microsoft Assessment and Planning Toolkit

Vor dem Start der Installationsroutine von Windows Server 2012 R2 sollte man ein vorhandenes Serversystem zuerst auf mögliche Kompatibilitätsprobleme testen. Hierfür stellt Microsoft das *Microsoft Assessment and Planning Toolkit (MAP)* zum kostenfreien Download im Internet bereit. Mit diesem Toolkit kann ein vorhandenes Serversystem noch vor Beginn der Installation inventarisiert und anschließend ein Migrationsreport für Windows Server 2008 generiert werden. Ab der Version 7.0 unterstützt MAP auch die Migration zu Windows Server 2012 R2.

Weitere Informationen zum Microsoft Assessment and Planning Toolkit (*MAP*), sowie die Möglichkeit zum kostenfreien Download finden Sie im Internet unter:

https://technet.microsoft.com/de-de/solutionaccelerators/dd537566.aspx

2.2.2 Microsoft Windows Assessment and Deployment Kit (ADK)

Umfangreiches Kit zum kostenlosen Download

Microsoft bietet einen vollständigen **Windows Assessment and Deployment Kit (ADK)** zum kostenfreien Download im Internet an. Dieses Kit umfasst u. a. eine Vielzahl von praktischen Tools und Programmen für die Vorbereitung und Durchführung der Installation von beispielsweise Windows 7, Windows 8, Windows 8.1, Windows Server 2008 (R2), Windows Server 2012 und auch Windows Server 2012 R2. Es stellt den direkten Nachfolger des *Windows Automated Installation Kit (WAIK)* dar, den man noch zu Zeiten von Windows Vista und Windows 7, sowie Windows Server 2008 (R2) beispielsweise für die Vorbereitung der Betriebssysteminstallation verwenden konnte.

Zur Überprüfung der Kompatibilität von Anwendungsprogrammen, um diese auf Windows Server 2012 R2 zu installieren und für Benutzer bereitzustellen, umfasst das ADK den *Microsoft Application Compatibility Toolkit (ACT)*. Mit den darin enthaltenen Tools lassen sich Anwendungen, insbesondere auch x86-kompatible Anwendungen, noch vor der Installation auf mögliche Probleme mit Windows Server 2012 R2 testen. Darüber hinaus umfasst das ADK auch Bereitstellungstools mit denen man Windows-Images anpassen, verwalten und bereitstellen kann. Zusätzlich findet sich im Umfang des Kits neben anderen auch *User State Migration Tool* (*USMT*) als skriptfähiges Befehlszeilenprogramm, mit dem man Benutzerdaten von vorherigen Windows-Installationen zu einer neuen Windows-Installation migrieren kann.

Weitere Informationen zum Umfang, zum Download des Microsoft Windows Assessment and Deployment Kit (*ADK*), sowie zur Bereitstellung des Kits auf Computersystemen ohne Internetzugang finden Sie im Internet unter:

http://www.microsoft.com/de-de/download/details.aspx?id=39982

2.3 Betriebssystemauswahl

Überschaubare Auswahl

Bedenken Sie bei der Betriebssystemauswahl, dass Windows Server 2012 R2 - wie bereits auch sein direkter Vorgänger, Windows Server 2012 - von Microsoft lediglich noch in vier verschiedenen Editionen zur Verfügung gestellt wird. Bedenken Sie insbesondere in Hinsicht der *Standard Edition* zur *Datacenter Edition*, dass sich beide Betriebssysteme prinzipiell nicht mehr im unterstützten Funktionsumfang, sondern lediglich noch in den Virtualisierungsrechten unterscheiden.

Durch die Reduktion der verfügbaren Betriebssystem-Editionen ergeben sich unter Windows Server 2012 R2 somit die folgenden Virtualisierungsrechte:

Edition	Virtualisierungsrechte
Datacenter	Unbegrenzte Anzahl an virtuellen Instanzen
Standard	Maximal 2 virtuelle Instanzen je Serverlizenz
Essentials	Keine Virtualisierungsrechte
Foundation	Keine Virtualisierungsrechte

Tab. 2.1: *Virtualisierungsrechte unter den verschiedenen Editionen von Windows Server 2012 R2*

Eine spätere Erweiterung der Lizenz von der Standard Edition auf die Datacenter Edition ist von Microsoft aktuell vorgesehen. Die notwendigen Schritte hierzu erfahren Sie in den späteren Seiten dieses Kapitels.

2.4 Schritte zur Vorbereitung der Installation

Problemen vorbeugen

Nach der Entscheidung über die benötigte Edition von Windows Server 2012 R2, sowie der möglichen Überprüfung der Kompatibilität von Anwendungen müssen vor der eigentlichen Installation des Betriebssystems noch einige wichtige Schritte unternommen werden.

Führen Sie noch vor der Installation von Windows Server 2012 R2 die folgenden Schritte aus:

- **Trennen von USV-Geräten** Sollte das Serversystem, auf dem Windows Server 2012 R2 installiert werden soll, mit Geräten für die unterbrechungsfreie Stromversorgung (*USV-Geräte*) verbunden sein, so trennen Sie das serielle Kabel dieser Geräte unbedingt vor Beginn der Installation. Der Setup-Prozess versucht u.a., die seriellen Schnittstellen an dem betreffenden Serversystem zu ermitteln. Ein angeschlossenes USV-Gerät kann hierbei zu Problemen führen, da es mitunter nicht oder nicht richtig erkannt wird.
- **Sichern vorhandener Server** Sichern Sie vor der Installation von Windows Server 2012 R2 unbedingt noch alle erforderlichen Daten und Konfigurationsinformationen, insbesondere auch Informationen zu vorhandenen Infrastrukturservern (beispielsweise zu DNS-, WINS- oder DHCP-Servern). Diese Daten können im Bedarfsfall bei einer möglichen späteren Wiederherstellung (beispielsweise nach einer fehlgeschlagenen Installation oder einem Serverausfall) verwendet werden, um die ursprüngliche Konfiguration bzw. das ursprüngliche Serversystem wieder herbeizuführen.
- **Bereitlegen notwendiger Treiber** Legen Sie die für die Installation notwendigen und vom jeweiligen Hardware-Hersteller bereitgestellten, digital signierten 64-Bit-Treiber (beispielsweise für die Installation eines speziellen SCSI-Controllers) vor der Installation auf Diskette, CD oder einem USB-Flashlaufwerk (*Universal Serial Bus*) bereit. Beachten Sie hierbei, dass x86-kompatible oder auch nicht signierte Treiber unter Windows Server 2012 R2 standardmäßig nicht installiert werden können.
- **Deaktivieren von Virenschutzprogrammen vor der Aktualisierung** Wenn statt der Neuinstallation ein bereits vorhandenes Betriebssystem auf Windows Server 2012 R2 aktualisiert werden soll, so könnte ein auf dem System bereits vorhandenes Virenschutzprogramm den Installationsprozess mitunter falsch interpretieren und somit zum Fehlschlag der Installation führen. Deaktivieren Sie deshalb möglicherweise vorhandene Virenschutzprogramme noch vor dem Beginn der Installation des Betriebssystems. Anschließend sollten Sie die betreffenden Programme

jedoch unbedingt wieder aktivieren, um den Schutz vor potentiellen Schädlingen nicht zu gefährden.

- **Ausführen des Windows-Speicherdiagnosetools** Dieses Tool wird von Microsoft kostenfrei bereitgestellt und überprüft den im betreffenden Serversystem vorhandenen Arbeitsspeicher auf mögliche Probleme, die sonst vielleicht erst während oder gar nach der Installation des Betriebssystems auftreten würden. Weitere Informationen zum Verwenden des Windows-Speicherdiagnosetools finden Sie in der (Online-)Hilfe von Windows Server 2012 R2.
- **Die Windows-Firewall muss standardmäßig aktiviert sein** Bei der Aktualisierung von vorhandenen Serversystemen auf Windows Server 2012 R2 muss die Windows-Firewall aktiviert sein, damit entsprechende, eingehende Regeln für die darauf ausgeführten Serveranwendungen erstellt werden können. Detaillierte Informationen zur Windows-Firewall finden Sie im Internet auf der Website von Microsoft unter: *http://go.microsoft.com/fwlink/?LinkID=84639*

2.4.1 Installation von einem USB-Stick vorbereiten

Wenn Sie die Installation von Windows Server 2012 R2 nicht von der Installations-DVD-ROM, sondern alternativ von einem USB-Stick durchführen möchten, erfordert dies einige zusätzliche Konfigurationsschritte. Der für die Vorbereitung der Installation erforderliche, freie Speicherplatz auf dem USB-Stick umfasst rund 3,5 Gigabyte.

Hinweis Für die Installation von Windows Server 2012 R2 von einem USB-Stick muss das Starten von einem solchen Speichergerät im Computer-BIOS unterstützt, und bei Bedarf in der Reihenfolge entsprechend angepasst werden.

Gehen Sie wie folgt vor, um einen USB-Stick als Installationsmedium für die Installation von Windows Server 2012 R2 vorzubereiten:

1. Verbinden Sie den USB-Stick mit einem Computersystem unter Windows Vista, Windows 7 (*oder höher*) bzw. Windows Server 2008 (*oder höher*).
2. Starten Sie die *Eingabeaufforderung* über das Kontextmenü im *Administratormodus*.
3. Geben Sie **`diskpart`** ein, und drücken Sie die ↵-Taste.
4. Geben Sie **`list disk`** ein, und drücken Sie die ↵-Taste.
5. Geben Sie den Befehl `select disk` *<Nummer des USB-Sticks aus der Ausgabe von list disk>* ein, und drücken Sie die ↵-Taste.
6. Geben Sie **`clean`** ein, und drücken Sie die ↵-Taste.
7. Geben Sie **`create partition primary`** ein, und drücken Sie die ↵-Taste.
8. Geben Sie **`active`** ein, um die Partition für den Bootvorgang zu aktivieren, und drücken Sie die ↵-Taste.

9. Geben Sie den Befehl **`format fs=fat32 quick`** ein, um den USB-Stick zu formatieren, und drücken Sie die [↵]-Taste.
10. Geben Sie den Befehl **`assign`** ein, um dem USB-Stick einen Laufwerksbuchstaben zuzuweisen, und drücken Sie die [↵]-Taste.
11. Geben Sie **`exit`** zum Beenden von Diskpart ein, und drücken Sie die [↵]-Taste.
12. Kopieren Sie den vollständigen Inhalt des Installationsdatenträgers von Windows Server 2012 R2 in den Stammordner des USB-Sticks.
13. Belassen Sie den USB-Stick im Rechner, und starten Sie diesen neu - die Installationsroutine wird aus dem USB-Stick heraus gestartet.

Vorausgesetzt wird für diesen Installationsprozess natürlich, dass der Boot-Vorgang von einem USB-Laufwerk im BIOS des betreffenden Computersystems unterstützt wird. Prüfen Sie dies, bzw. fragen Sie hierzu bei Bedarf Ihren PC-Hersteller.

Hinweis

2.4.2 Digital signierte Treiber erforderlich

Wie bereits seit Windows Server 2008 R2, unterstützt auch Windows Server 2012 R2, von Hause her lediglich digital signierte Kernelmodustreiber. Bei der Installation eines Plug & Play-Gerätes wird man unter Umständen darauf hingewiesen, dass der Treiber nicht digital signiert ist. Bei der Installation einer Anwendung, die einen nicht digital signierten Treiber enthält, wird man durch die Setup-Routine jedoch nicht zwangsläufig eine Fehlermeldung angezeigt. In beiden Fällen wird aber der nicht signierte Treiber von Windows Server 2012 R2 nicht geladen. Sollten im Anschluss an die Installation von Treibern womöglich Probleme auftreten, oder das Computersystem sich mit dem (vermeintlich) nicht signierten Treiber nicht mehr ordnungsgemäß starten lassen, so können Sie die folgende Vorgehensweise nutzen, um den nicht signierten Treiber wieder zu entfernen.

Gehen Sie wie folgt vor, um die Signaturanforderung für die Treiberinstallation unter Windows Server 2012 R2 für den aktuellen Startvorgang zu deaktivieren:

1. Starten Sie den Computer neu, und drücken Sie beim Start die [F8]-Taste.
2. Wählen Sie die **Erweiterten Startoptionen** aus.
3. Wählen Sie **Erzwingen der Treibersignatur deaktivieren** aus.
4. Starten Sie den Computer neu, und deinstallieren Sie den nicht signierten Treiber.

Weitere Informationen zu der Signaturanforderung von Treibern unter den Windows-Betriebssystemen erhalten Sie u. a. im Internet auf der Website von Microsoft unter:

http://go.microsoft.com/fwlink/?LinkId=66577

Internet

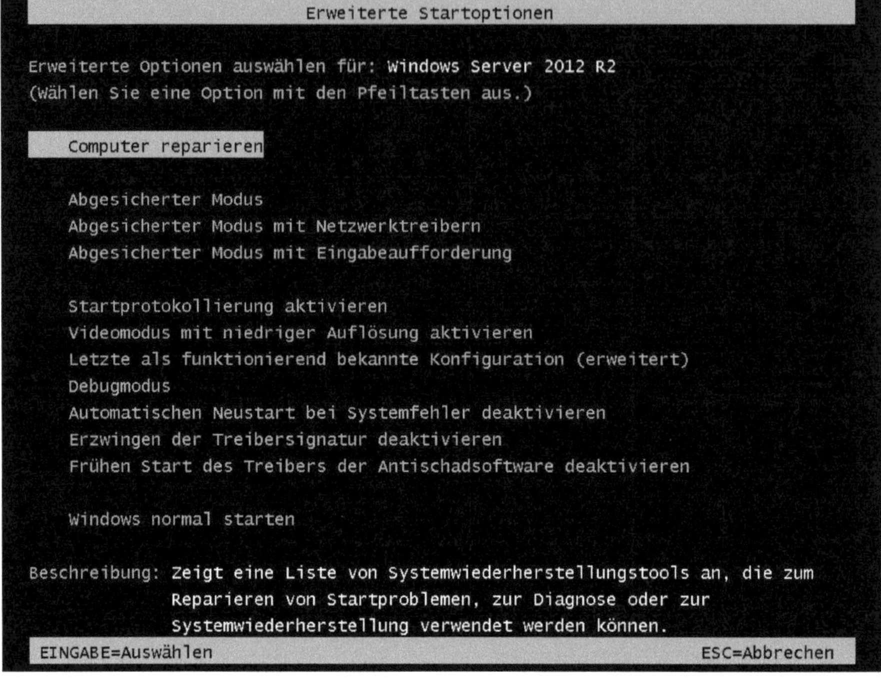

Abb. 2.1: *Option zur Deaktivierung der Treibersignaturerzwingung beim Start von Windows Server 2012 R2*

2.5 Installationsmethoden

Für die Installation von Windows Server 2012 R2 mit „Boardmitteln" bieten sich verschiedene Methoden an:

- **manuelle Installation** von der Installations-DVD (oder einer Netzwerkfreigabe)
- **unbeaufsichtigte Installation**

Es existieren noch weitere Methoden, wie die Installation mithilfe einer Windows-Imagedatei. Nähere Informationen hierzu finden Sie in der Dokumentation zum ADK zu Windows Server 2012 R2. Auch ist es u. a. möglich, Windows Server 2012 R2 mittels Windows-Bereitstellungsdienste, Microsoft Deployment Toolkit 2012 SP1 oder auch Microsoft System Center Configuration Manager (SCCM) 2012 R2 auf Computersysteme im Netzwerk zu verteilen. Nähere Informationen hierzu finden Sie in der jeweiligen Produktdokumentation.

2.5.1 Manuelle Installation

Die manuelle Installation lässt sich, wie man das oft bereits von den vorherigen Windows-Betriebssystemen gewohnt ist, problemlos von der Installations-DVD von Windows Server 2012 R2 starten. Alternativ lässt sich der Windows Server 2012 R2 auch von einem USB-Stick aus installieren. Die Installationsschritte sind hierbei die gleichen.

Die Installationsroutine selbst greift auf eine Windows-Imagedatei (*Windows Image Format, WIM*) mit dem Namen *Install.wim* im Ordner **\Sources** auf dem DVD-Datenträger zurück, in der sich die zu installierenden Daten befinden.

Hinweis

Achten Sie darauf, dass das BIOS des betreffenden Computersystems für den Start von der DVD-ROM konfiguriert ist. Lesen Sie im Bedarfsfall in der Dokumentation des Hardware-Herstellers, wie Sie das DVD-Laufwerk im BIOS des betreffenden Computersystems als Boot-Laufwerk konfigurieren, um dieses von der DVD-ROM starten zu können. Achten Sie darauf, dass Windows Server 2012 und Windows Server 2012 R2 lediglich noch Computersysteme mit x64-Prozessoren unterstützt.

Die Installationsschritte in Windows Server 2012 R2 sind simultan zu denen unter Windows Server 2012.

Führen Sie die folgenden Schritte durch, um eine manuelle Neuinstallation von Windows Server 2012 R2 Standard oder Datacenter Edition auf einem physikalischen Computer durchzuführen:

1. Starten Sie das Computersystem von der Installations-DVD.
2. Wählen Sie im Bildschirm *Windows Setup* von Windows Server 2012 R2 bei Bedarf die gewünschte Installationssprache, die Sprache für Uhrzeit und Währungsformat sowie die Tastatur- oder Eingabemethode aus und klicken Sie dann auf **Weiter**.

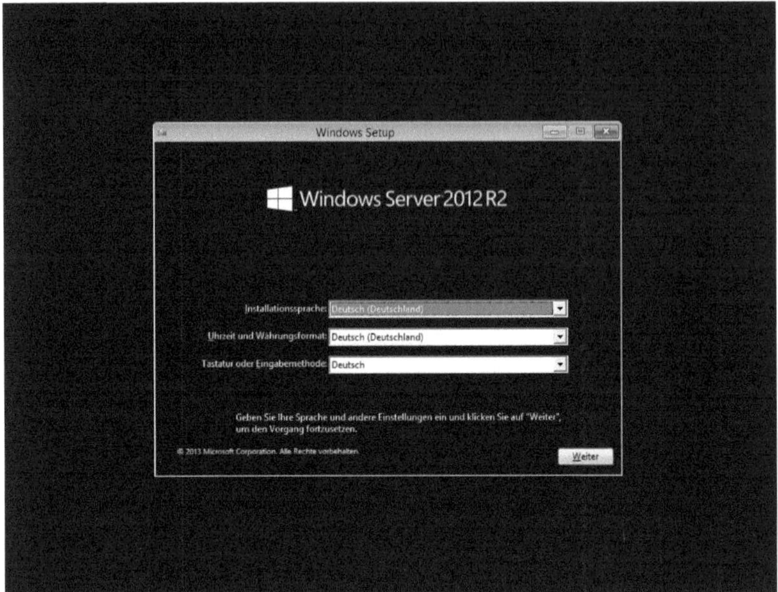

Abb. 2.2: *Auswahl der Installationssprache und Tastaturlayout*

3. Klicken Sie im folgenden Dialog auf **Jetzt installieren**.

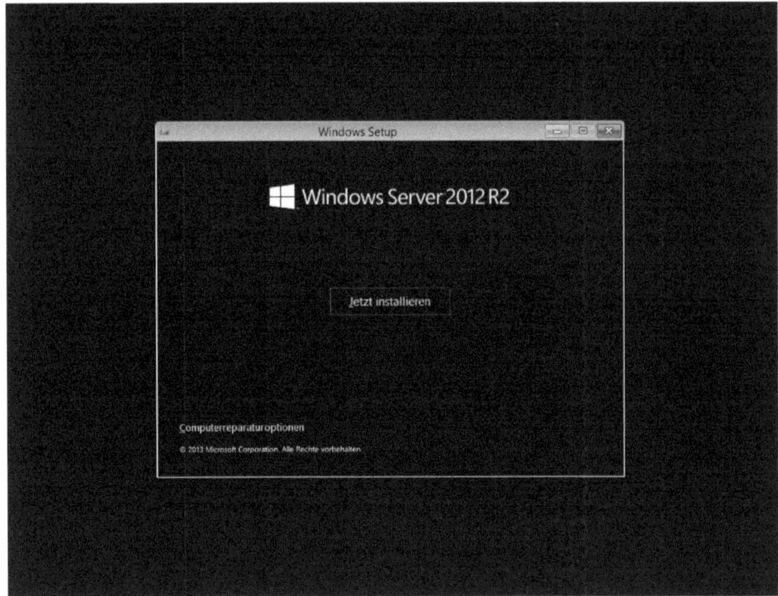

Abb. 2.3: *Installationsdialog von Windows Server 2012 R2*

4. Geben Sie den Produkt-Key in das Eingabefeld ein, und klicken Sie dann auf **Weiter**.

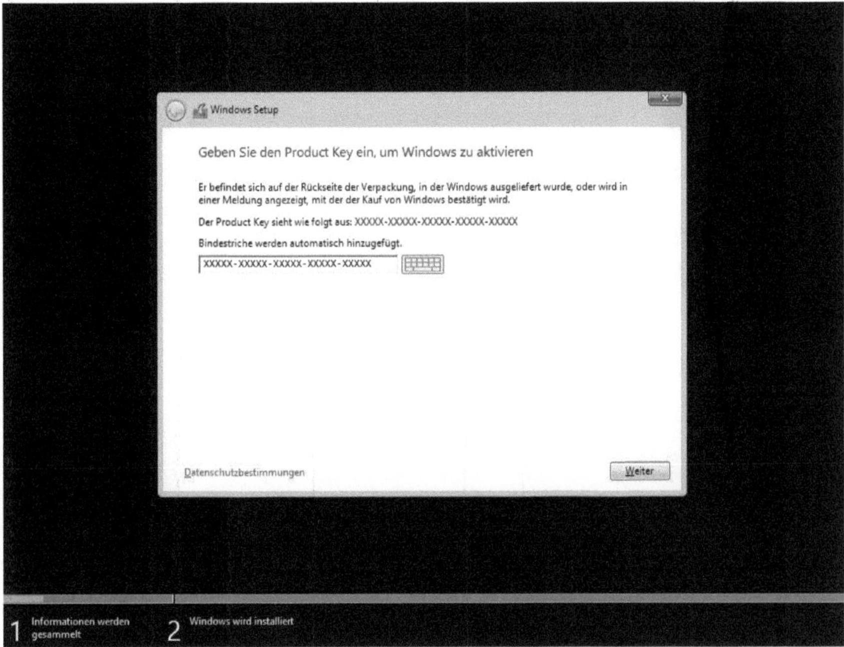

Abb. 2.4: *Eingabedialog für den Produkt-Key von Windows Server 2012 R2*

Hinweis

Anders als noch bei Windows Server 2008 R2 entscheidet unter Windows Server 2012 sowie auch unter Windows Server 2012 R2 nunmehr direkt der eingegebene Produkt-Key über die anschließend auswählbare, und somit auch installierbare Edition. Ohne die Eingabe eines korrekten Produkt-Keys lässt sich die Installation nicht weiter durchführen. Bei Bedarf können Sie durch einen Klick auf das **Tastatursymbol** rechts neben dem Eingabefeld die Bildschirmtastatur einblenden, und den Produkt-Key darüber eingeben.

5. Wählen Sie den zu installierenden Betriebssystemmodus (*als Server Core-Installation, oder als Server mit grafischer Benutzeroberfläche*) aus, und klicken Sie auf **Weiter**.

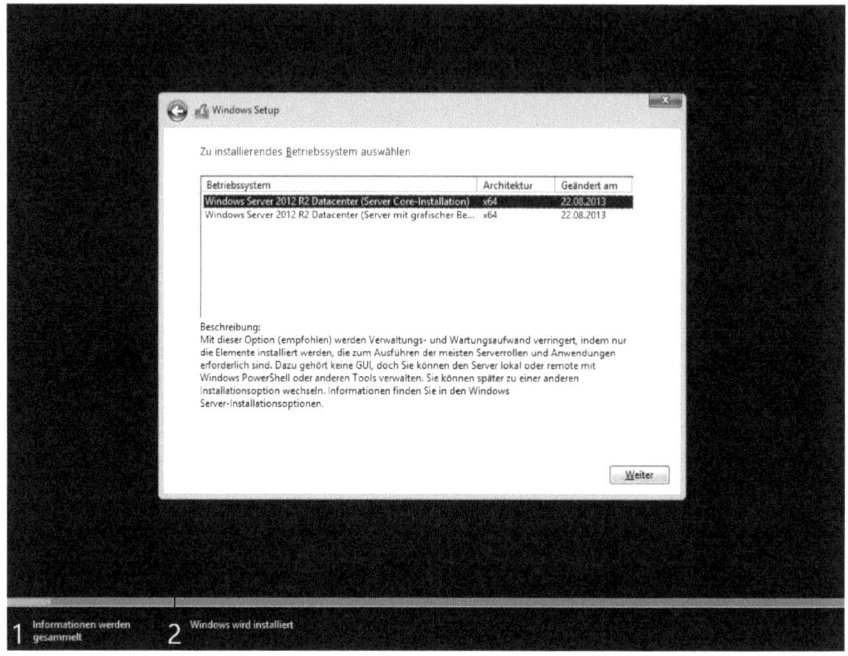

Abbildung 2.5: *Auswahl des Betriebssysteminstallationsmodus (grafisch oder als Server Core-Installation)*

Hinweis Beachten Sie, dass Sie - anders noch als es unter Windows Server 2008 R2 der Fall war - eine Server Core-Installation zu einem späteren Zeitpunkt wiederum durch die mögliche Nachinstallation zu einem Server mit grafischer Oberfläche umstellen können. Weitere Informationen hierzu finden Sie in den weiteren Kapiteln dieser Kursunterlage.

6. Akzeptieren Sie die Lizenzbedingungen, und klicken Sie auf **Weiter**.

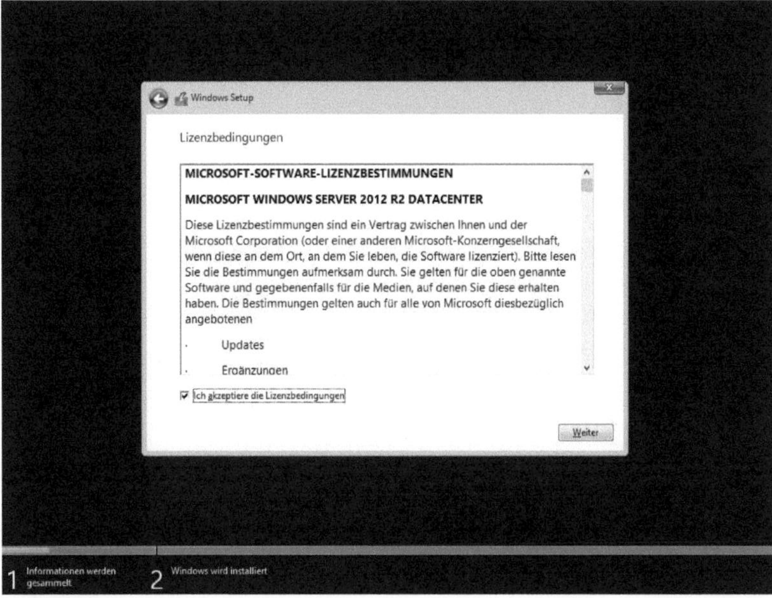

Abb. 2.6: *Lizenzbedingungen von Windows Server 2012 R2*

7. Klicken Sie auf die Option **Benutzerdefiniert: nur Windows installieren (für fortgeschrittene Benutzer)**.

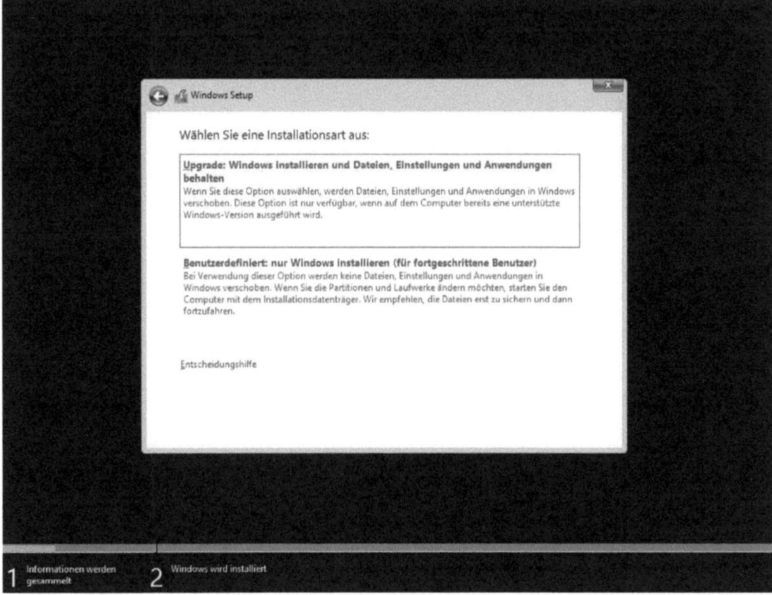

Abb. 2.7: *Auswahl der benutzerdefinierten Installation*

Hinweis Die Installationsoption „**Upgrade: Windows installieren und Dateien, Einstellungen und Anwendungen behalten**" ist für die Aktualisierung von bereits installierten Betriebssystemen im Vorgang eines „Inplace-Upgrades" vorgesehen.

8. Im folgenden Dialogfenster wählen Sie die für die Installation zu verwendende Festplattenpartition aus. Um Windows Server 2012 R2 in die angezeigte Partition zu installieren, klicken Sie einfach auf **Weiter**.

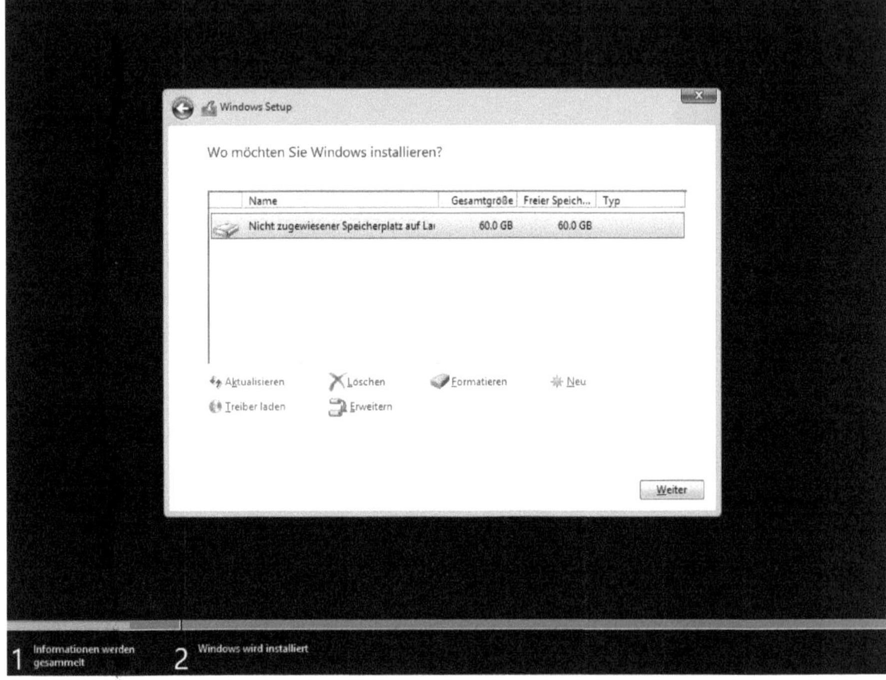

Abb. 2.8: *Auswahl der Zielpartition für die Betriebssysteminstallation*

Hinweis Im Bedarfsfall können Sie über die Auswahl Laufwerksoptionen (erweitert) vorweg noch Partitionen anlegen. Sollte in diesem Dialogfenster keinerlei Festplattenpartition angezeigt werden, so können Sie im Bedarfsfall über die Option Treiber laden einen womöglich für den im Serversystem vorhandenen Festplattencontroller notwendigen Treiber von einer CD/DVD-ROM, oder einem USB-Laufwerk laden.

9. Der Installationsprozess installiert Windows Server 2012 R2 nunmehr völlig selbständig auf dem betreffenden Computersystem. Der Fortschritt wird dabei auf dem Bildschirm angezeigt. Das Computersystem wird automatisch neu gestartet.

10. Nach der erfolgreichen Installation werden Sie aufgefordert, ein Kennwort für das integrierte Administratorkonto einzugeben, und dieses in einem weiteren

Kennwortfeld zu wiederholen. Geben Sie das gewünschte *Kennwort* ein, und klicken Sie dann auf **Fertig stellen**.

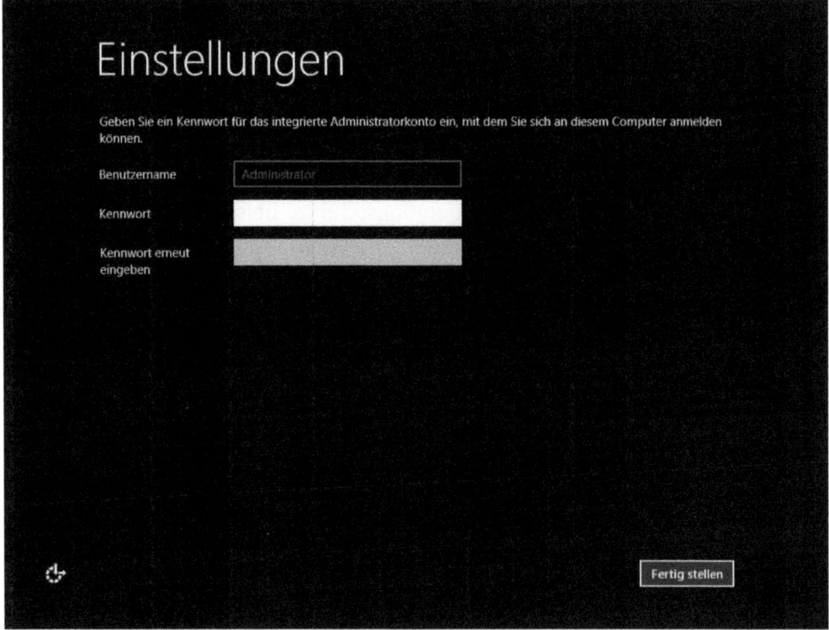

Abb. 2.9: *Hinweis auf die notwendige Eingabe eines Kennworts für das integrierte Administratorkonto von Windows Server 2012 R2*

Hinweis

Das eingegebene Kennwort können Sie im Klartext über einen Klick über das Symbol rechts neben dem jeweiligen Eingabefeld anzeigen lassen und auf mögliche Eingabefehler hin kontrollieren.

Nach der ersten Anmeldung wird der neue Server-Manager von Windows Server 2012 R2 automatisch geladen und auf dem Bildschirm angezeigt. Die Installation von Windows Server 2012 R2 ist damit erfolgreich abgeschlossen.

Erst-Konfiguration nach der Installation erforderlich

Wie Sie sicherlich bemerkt haben, wurden - wie bereits auch unter Windows Server 2008 (R2) - eigentlich notwendige Informationen wie der Servername, die Netzwerkkonfiguration sowie beispielsweise auch die Entscheidung zum Beitritt zu einer womöglich vorhandenen Arbeitsgruppe oder Active Directory-Domäne im Verlauf der Installation von Windows Server 2012 R2 überhaupt nicht abgefragt. Diese Informationen müssen im Rahmen einer ersten Konfiguration nach der Installation noch vorgenommen werden.

2.5.2 Unbeaufsichtigte Installation

Alternativ zur manuellen Installation kann man Windows Server 2012 R2 in Verbindung mit einer Datei, in der die Installationsparameter angegeben sind, auch unbeaufsichtigt installieren. Der hiermit verbundene Mehraufwand rechnet sich, wenn man Windows Server 2012 R2 als Betriebssystem für eine Vielzahl von Serversystemen installieren muss.

Vereinfachung von Massen-Rollouts

Zur Vorbereitung einer solchen Installation bietet Microsoft das **Windows Assessment and Deployment Kit (ADK)** als kostenfreien Download im Internet an. Das Kit stellt sich prinzipiell als Nachfolger des *Windows Automated Installation Kit (WAIK) für Windows 7 und Windows Server 2008 R2* dar. Im Umfang dieses Installations-Kits ist u. a. auch der *Windows System Image-Manager* (*WSIM*) enthalten, mit dem man eine Datei für die unbeaufsichtigte Installation (*Unattend.xml*) im XML-Format erstellen kann. In dieser Datei können alle einzelnen Konfigurationsschritte, beispielsweise der Computername und sogar die Netzwerkkonfiguration, enthalten sein. Auf diese Weise kann das betreffende Serversystem bereits während der Installation automatisch anhand der in der Datei für die unbeaufsichtigte Installation (*Unattend.xml*) enthaltenen Vorgaben konfiguriert werden.

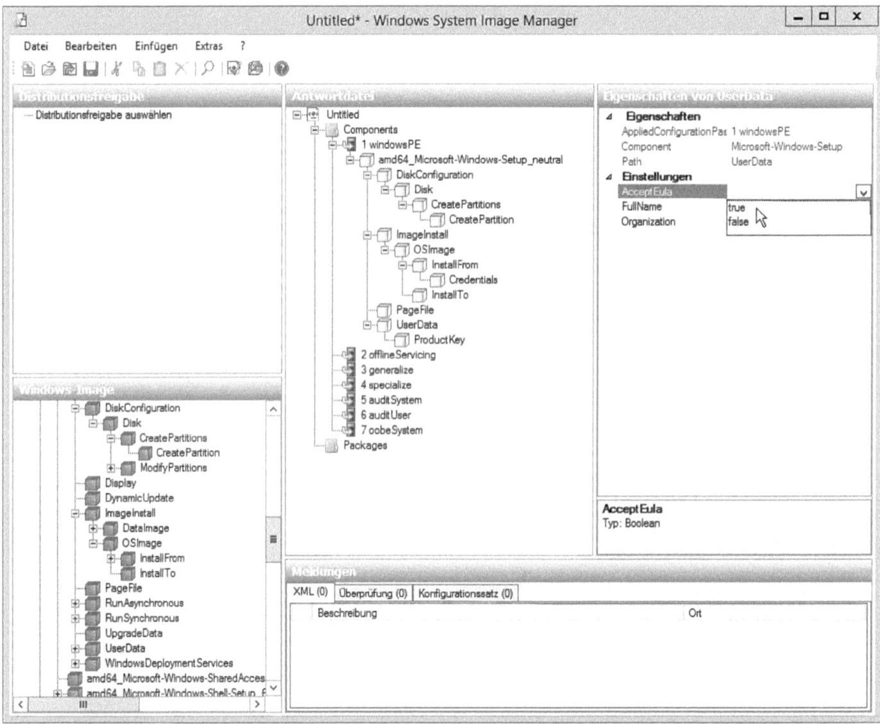

Abb. 2.10: *Windows System Image Manager (WSIM) zum Erstellen einer Datei für die unbeaufsichtigte Installation*

Das **Windows Assessment and Deployment Kit (ADK)** enthält auch das Tool **imageX.exe**, welches mitunter dazu verwendet werden kann, um beispielsweise

Windows Images (.WIM-Dateien) von bereits installierten Computersystemen zu erstellen. Diese Images können anschließend für das vollständige Betriebssystem-Rollout in Unternehmensnetzwerken genutzt werden.

Nähere Informationen für die Planung und Durchführung einer unbeaufsichtigten Installation finden Sie in der Dokumentation von ADK, sowie in der Microsoft-Webseite.

2.6 Konfigurationsschritte nach der Installation

Festlegen wichtiger Systemeigenschaften

Nach der erfolgreichen Installation von Windows Server 2012 R2 kann das Serversystem nun für den Praxiseinsatz vorbereitet werden. Bestimmte Informationen, wie die Netzwerkkonfiguration, den Servernamen, die mögliche Domänenmitgliedschaft und ähnliches wurden während der Betriebssysteminstallation noch nicht festgelegt. Diese Konfigurationsschritte werden in einer weiteren Phase durch den Administrator noch festgelegt.

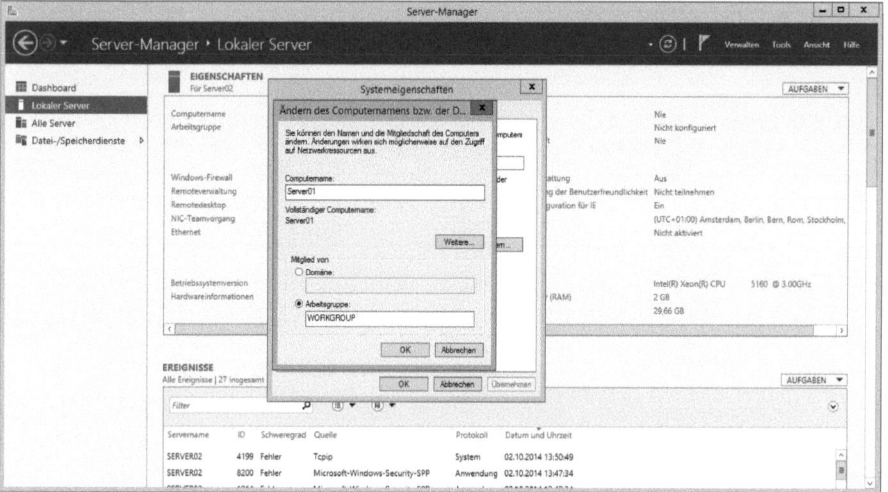

Abb. 2.11: *Konfigurierbare Systemeigenschaften im grafischen Server-Manager unter Windows Server 2012 R2*

2.6.1 Systemeigenschaften im Server-Manager

Die konfigurierbaren Systemeigenschaften findet man zentral im grafischen Server-Manager von Windows Server 2012 R2. Dort kann man sie bequem über einen einfachen Klick aufrufen und die jeweilige Konfiguration vornehmen. Die im Server-Manager konfigurierbaren Systemeigenschaften umfassen:

Option	Beschreibung
Computername	Ermöglicht das Festlegen bzw. das Ändern des Computernamens
Arbeitsgruppe / Domäne	Ermöglicht den Beitritt des Computersystems als Mitglied zu einer Arbeitsgruppe oder Active Directory-Domäne.
Zuletzt installierte Updates	Zeigt eine Übersicht über zuletzt installierte Updates, und ermöglicht den Wechsel zum Konfigurationsdialog.
Windows Update	Zeigt den aktuellen Status der Konfiguration zu Windows Update, und ermöglicht den Wechsel zum Konfigurationsdialog.
Zuletzt auf Updates geprüft	Zeigt den aktuellen Status, und ermöglicht den Wechsel zum Konfigurationsdialog.
Windows-Firewall	Zeigt den Status der Windows-Firewall, und ermöglicht den Wechsel zur Konfigurationskonsole.
Remoteverwaltung	Zeigt den Aktivierungsstatus, und ermöglicht den Wechsel zum Konfigurationsdialog.
Remotedesktop	Zeigt den Aktivierungsstatus, und ermöglicht den Wechsel zum Systemeigenschaften-Dialog zur Konfiguration.
NIC-Teamvorgang	Zeigt den Status, und ermöglicht den Wechsel zum Konfigurationsdialog für das Netzwerkkarten-Teaming.
Ethernet, Ethernet 2, ...	Zeigt die aktuelle Konfiguration, und ermöglicht die Netzwerkkonfiguration, wie IP-Adressen, Subnet-Mask, usw.
Windows-Fehlerberichterstattung	Zeigt den aktuellen Status, und ermöglicht die Konfiguration zur Windows-Fehlerberichterstattung.
Programm zur Verbesserung der Benutzerfreundlichkeit	Zeigt den aktuellen Status, und ermöglicht die Konfiguration zur Teilnahme am Programm zur Verbesserung der Benutzerfreundlichkeit.
Verstärkte Sicherheitskonfiguration für IE	Zeigt den aktuellen Status, und ermöglicht die Anpassung der verstärkten Sicherheitskonfiguration für Administratoren und Benutzer.
Zeitzone	Zeigt den aktuellen Status, und ermöglicht die Anpassung der Einstellungen für die Zeitzone, in der das System eingesetzt ist, sowie das Datum und die Uhrzeit. Darüber hinaus lassen sich über das Register Zusätzliche Uhren noch bis zu zwei weitere Uhren für weitere Zeitzonen konfigurieren.

Option	Beschreibung
Produkt-ID	In diesem Feld werden die Produkt-ID, sowie der Aktivierungsstatus angezeigt. Darüber hinaus kann man zum Dialog zur Eingabe des Produkt-Key wechseln und das System hierüber bei Bedarf manuelle aktivieren.

Tab. 2.2: *Konfigurationsoptionen in den Eigenschaften eines Serversystems im Server-Manager unter Windows Server 2012 R2*

2.6.2 Schritte zur Konfiguration der Systemeigenschaften

Die Konfiguration der Systemeigenschaften lässt sich zentral direkt im neuen Server-Manager unter Windows Server 2012 R2 durchführen. Alle die in der Tabelle genannten Konfigurationsoptionen stehen dort mitsamt dem aktuellen Status zur Verfügung.

Gehen Sie wie folgt vor, um die Systemeigenschaften eines zuvor neu installierten oder auch bereits verwendeten Serversystems unter Windows Server 2012 R2 direkt lokal im Server-Manager zu konfigurieren:

1. Melden Sie sich am betreffenden Computersystem unter Windows Server 2012 R2 als Administrator an.
2. Öffnen Sie den *Server-Manager* (soweit dies nicht automatisch geschieht), und klicken Sie auf **Lokaler Server**.
3. Klicken Sie dann unter *Eigenschaften für <Servername>* auf die zu konfigurierende *Systemeigenschaft*, und folgen Sie den Anweisungen des jeweiligen Konfigurationsdialogs.

2.7 Aktivierung des Betriebssystems

Schutz vor Raubkopierern

Mit der Installation alleine ist es in der Praxis nicht getan. Wie auch bereits die vorangegangene Betriebssystemversion muss auch eine Installation von Windows Server 2012 R2 nachfolgend aktiviert werden, damit diese dauerhaft genutzt werden kann. Windows 8, Windows 8.1, Windows Server 2012 und auch Windows Server 2012 R2 müssen direkt bei der Installation aktiviert werden. Bleibt die Aktivierung von Windows-Betriebssystemen aus, können die Benutzer bestimmte Anpassungen nach der Installation nicht abschließen. Diese Aktivierung von Windows Server 2012 R2 soll die missbräuchliche Nutzung von nicht-lizenzierten Windows-Versionen verhindern.

Hinweis

Eine Besonderheit ergibt sich für die virtuellen Computersysteme mit Windows Server 2012 R2, die in Hyper-V unter Windows Server 2012 R2 in der Datacenter Edition eingesetzt werden. Diese werden nach der Aktivierung des Hyper-V-Hostsystems automatisch aktiviert.

Beim Vorgang der Aktivierung werden keine personenbezogenen Daten an den Hersteller Microsoft übertragen. Lediglich bestimmte, Hardware- und Softwarebezogene Informationen dienen zur Identifikation des betreffenden Serversystems.

2.7.1 Produktaktivierung oder „Volume Activation"

Produkt-Key ist entscheidend

Microsoft unterscheidet bei der Aktivierung von Windows Server 2012 R2 zwischen der Produktaktivierung auf der einen und der Volumenaktivierung auf der anderen Seite. Die Produktaktivierung beschreibt hierbei die Einzelaktivierung von Windows Server 2012 R2.

Entscheidend für die Art der Aktivierung ist der bei der Installation angegebene Produkt-Key.

2.7.2 Volumenaktivierung

Für größere Unternehmen bietet Microsoft ein vereinfachtes Aktivierungsverfahren, um den dabei anfallenden Aufwand zur Aktivierung von mehreren Serversystemen zu reduzieren. Die Volumenaktivierung wird für die Automatisierung und Verwaltung des Aktivierungsprozesses für Volumeneditionen von Windows Server 2008, Windows Server 2008 R2, Windows Server 2012, Windows Server 2012 R2, Windows Vista, Windows 7, Windows 8 und auch Windows 8.1 verwendet.

2.7.2.1 MAK oder KMS?

MAK als Alternative zu KMS

Für die Aktivierung von Windows Server 2012 R2 stellt Microsoft verschiedene, den jeweiligen Volumen-Lizenzvereinbarungen entsprechende, Schlüsseltypen bereit. Einerseits kommt hierbei ein *Mehrfachaktivierungsschlüssel* (engl. *Multiple Activation Key, MAK*), andererseits ein *Schlüsselverwaltungsdienstschlüssel* für die Einrichtung eines Schlüsselverwaltungsdienstes (engl. *Key Management Service, KMS*), welcher auf einem der Server integriert werden kann, zum Einsatz. Der Rechner, welcher den KMS ausführt, muss von allen anderen, zu aktivierenden Servern unter Windows Server 2012 R2 erreichbar sein. Ebenso muss der betreffende Rechner über eine Verbindung zum Internet verfügen. Sollte eine Verbindung von Serversystemen unter Windows Server 2012 R2 zum KMS-System nicht möglich sein, so stellt hierzu die MAK-Aktivierung eine Alternative dar.

2.7.2.2 Schlüsselverwaltungsdienstschlüssel (KMS)

Mit dem Schlüsselverwaltungsdienstschlüssel wird ein lokaler Aktivierungsdienst, der Schlüsselverwaltungsdienst (engl. *Key Management Service, KMS*), auf einem der vorhandenen Computersysteme in einer Netzwerkumgebung eingerichtet. Dieser Schlüssel kann verwendet werden, um standardmäßig bis zu sechs verschiedene KMS-Systeme innerhalb eines Netzwerks zu aktivieren. Für den Einsatz des Schlüsselverwaltungsdienstes ist hierbei kein dediziertes Computersystem notwendig. Der Dienst kann auf einem Serversystem beispielsweise problemlos neben anderen, vorhandenen

Diensten betrieben werden. Zwecks eigener Aktivierung müssen diese Systeme einmalig über das Internet oder auch telefonisch bei Microsoft aktiviert werden. Die im Netzwerk installierten Windows Server 2008-, Windows Server 2008 R2-, Windows Server 2012-, Windows Server 2012 R2-, Windows 7-, Windows 8-, Windows 8.1- oder Windows Vista-Systeme müssen zur Aktivierung selbst nicht zum Internet, sondern lediglich zum vorhandenen KMS-System kommunizieren.

Jedes KMS-System ermöglicht eine unbegrenzte Aktivierung von physikalischen und virtuellen Systemen. Die Voraussetzung für den Einsatz eines Schlüsselverwaltungsdienstes (engl. *Key Management Service, KMS*) wird von Microsoft mit mindestens 5 Servern unter Windows Server 2012 R2 und 25 Computern unter Windows 8 bzw. 8.1 angegeben. Die Mindestanzahl wird zwischen den Betriebssystemen kumuliert.

Wiederholte Aktivierung alle 6 Monate

Alle Computersysteme unter Windows Server 2008, Windows Server 2008 R2, Windows Server 2012, Windows Server 2012 R2, Windows 7, Windows 8, Windows 8.1 und auch Windows Vista, die mittels KMS aktiviert wurden, müssen anschließend mindestens alle 6 Monate eine Verbindung mit einem KMS-System herstellen, um die für 180 Tage gültige Aktivierung zu erneuern. Standardmäßig versucht deshalb jedes mittels KMS aktiviertes Computersystem alle 7 Tage erneut, eine Verbindung zu einem der vorhandenen KMS-Systeme herzustellen.

Weitere Informationen zu Volumenaktivierung und zum Schlüsselverwaltungsdienst (*KMS*) erhalten Sie im Internet unter:

http://technet.microsoft.com/de-de/library/hh831612.aspx

2.7.2.3 *Mehrfachaktivierungsschlüssel (MAK)*

Im Gegensatz zur Volumenaktivierung wird der ***Mehrfachaktivierungsschlüssel*** (engl. *Multiple Activation Key, MAK*) dazu eingesetzt, eine vorweg definierte, vertraglich vereinbarte Anzahl an Serversystemen, jeweils einmalig direkt bei Microsoft zu aktivieren. Die Anzahl der zulässigen Aktivierungen mittels eines bestimmten Mehrfachaktivierungsschlüssels kann über das *Microsoft-Aktivierungscenter* jederzeit nach Bedarf erhöht werden. Die eigentliche Aktivierung der betreffenden Systeme kann beim Einsatz eines Mehrfachaktivierungsschlüssels online, telefonisch oder mithilfe des ***Volume Activation Management Tools*** (*VAMT*) von Microsoft durchgeführt werden. Bei diesem Verfahren ist eine erneute Aktivierung, beispielsweise nach einem bestimmten Zeitraum, nicht notwendig.

Weitere Informationen zur Aktivierung mittels eines Mehrfachaktivierungsschlüssels (*MAK*) erhalten Sie im Internet unter:

http://technet.microsoft.com/de-de/library/hh831612.aspx

2.7.3 Aktivierung über Active Directory

Weitere Vereinfachung der Aktivierung

Die Aktivierung über Active Directory ist ein Rollendienst, mit dem man Active Directory-Domänendienste (engl. *Active Directory Domain Services, AD DS*) zum Speichern von Aktivierungsobjekten verwenden kann. Hierdurch kann man die Aufrechterhaltung der Volumenaktivierungsdienste für ein Netzwerk noch weiter vereinfachen. Bei der Active Directory-basierten Aktivierung ist kein zusätzlicher Server erforderlich, und die Aktivierungsanforderungen werden während des Computerstarts verarbeitet.

Auf Computern, auf denen Windows 8 bzw. 8.1 oder Windows Server 2012 bzw. Windows Server 2012 R2 mit einem generischen Volumenlizenzschlüssel ausgeführt wird und die mit der Active Directory-Domäne verbunden sind, erfolgt die Aktivierung des Betriebssystems völlig automatisch und transparent. Die Systeme bleiben so lange aktiviert, wie sie Mitglieder der Domäne sind, und halten regelmäßigen Kontakt zu einem Domänencontroller. Die Aktivierung erfolgt nach dem Start des Lizenzierungsdienstes. Beim Start dieses Dienstes kontaktiert der Computer unter Windows 8, Windows 8.1, Windows Server 2012 oder Windows Server 2012 R2 automatisch die Active Directory-Domänendienste, empfängt das Aktivierungsobjekt und führt die Aktivierung automatisch durch - völlig ohne Benutzeraktion.

Domänenfunktionsebene „Windows Server 2012“ (oder höher) erforderlich

Die Active Directory-Domänendienste müssen auf der Funktionsebene von Windows Server 2012 (oder höher) ausgeführt werden, damit Aktivierungsobjekte in den AD DS gespeichert werden können.

Hinweis

Weitere Informationen zur Aktivierung über Active Directory erhalten Sie in der Windows-(Online-)Hilfe von Windows Server 2012 R2.

2.7.4 (Einzel-)Produktaktivierung

Je nachdem, welcher Produkt-Key bei der Installation eines Servers unter Windows Server 2012 R2 zum Einsatz kommt, ist mitunter die (Einzel-) Produktaktivierung des Betriebssystems erforderlich. Hierbei muss jeder der installierten Server manuell aktiviert werden. Mechanismen, wie der Key Management Service (*KMS*), der bei der Volumenaktivierung zum Einsatz kommt, sind hierbei nicht verwendbar.

Die Produktaktivierung von Windows Server 2012 R2 kann hierbei wahlweise entweder über das Internet oder auch telefonisch erfolgen.

2.7.4.1 Aktivierung über das Internet

Bei der Aktivierung über das Internet muss die Kommunikation des Servers unter Windows Server 2012 R2 mit dem Internet möglich sein. Hierfür muss nach der Installation die notwendige Netzwerkkonfiguration vorgenommen werden.

In der Regel erfolgt die Aktivierung von Windows Server 2012 R2 automatisch, sobald das Computersystem eine Verbindung zum Internet, und damit zu den Aktivierungsdiensten von Microsoft aufnehmen kann. Alternativ kann man das Betriebssystem auch manuell über das Internet aktivieren.

Aktivierung erfolgt automatisch

Gehen Sie zur manuellen Aktivierung von Windows Server 2012 R2 über das Internet wie folgt vor:

1. Melden Sie sich am Serversystem als Administrator an.
2. Wechseln Sie durch Drücken der ⊞-Taste (bzw. durch das Drücken der Tasten Strg+Esc innerhalb eines virtuellen Computers) zum *Startbildschirm*.
3. Klicken Sie mit der rechten Maustaste anschließend auf **Computer**, und klicken Sie dann unten in der *Befehlsleiste* auf **Eigenschaften**.
4. Klicken Sie am unteren Rand auf **Details in der Windows-Aktivierung anzeigen**.
5. Klicken Sie im folgenden Dialog auf die Schaltfläche ***Aktivieren***. Der Vorgang dauert mitunter einige Minuten.
6. Klicken Sie nach erfolgreicher Aktivierung auf den Schalter ***OK***.

2.7.4.2 Telefonische Aktivierung

Die telefonische Aktivierung erfolgt über ein automatisches Sprachsystem. Bei der Auswahl der telefonischen Aktivierung wird die zu wählende Telefonnummer länderbezogen angezeigt.

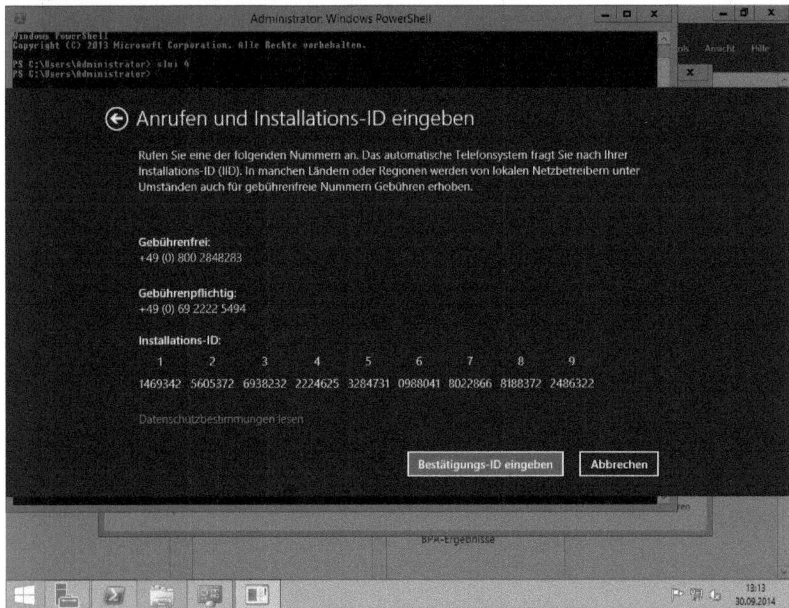

Abb. 2.12: *Telefonische Aktivierung von Windows Server 2012 R2*

Gehen Sie zur telefonischen Aktivierung des Betriebssystems von Windows Server 2012 R2 wie folgt vor:

1. Klicken Sie im Windows Server 2012 R2 auf ***Start/Systemsteuerung/System und Sicherheit*** und anschließend mit einem Doppelklick auf ***System***.
2. Scrollen Sie im Fensterinhalt an den unteren Rand und klicken Sie auf ***Aktivieren Sie Windows jetzt.***
3. Klicken Sie im folgenden Dialog auf die Verknüpfung ***Weitere Methoden zur Aktivierung***.
4. Klicken Sie auf ***Automatisches Telefonsystem verwenden***, und wählen Sie im folgenden Dialog nun das Ihrem Standort nächstgelegene Land aus (beispielsweise Deutschland). Klicken Sie nachfolgend auf ***Weiter***.
5. Wählen Sie die im Dialog angegebene Telefonnummer an, um sich mit dem Sprachsystem zur Produktaktivierung zu verbinden. Folgen Sie den telefonischen Anweisungen.

2.7.4.3 Aktivierung über die Kommandozeile

Aktivierung von Server Core

Die Aktivierung kann im Bedarfsfall auch über die Kommandozeile erfolgen. Dies ist bei einem Serversystem unter Windows Server 2012 bzw. Windows Server 2012 R2 als Server Core alterativ zu der ebenso in der Kommandozeile bereitgestellten Konsolenverwaltung **sconfig** sonst die einzige Möglichkeit, das Serversystem dauerhaft zu verwenden. Ein Serversystem unter Server Core enthält standardmäßig erst einmal nicht die notwendigen Grafiktools und Assistenten, die in den vorangegangenen Seiten für die Aktivierung des Serversystems beschrieben wurden. Grundsätzlich kann man die grafische Benutzeroberfläche auf einem Serversystem seit Windows Server 2012 als Server Core nachinstallieren, jedoch ist dies nur alleine für die Aktivierung des Betriebssystems i.d.R. nicht notwendig, wenn nicht sogar unverhältnismäßig.

Zur Aktivierung eines Serversystems über die Kommandozeile kann ein in Windows Server 2012 und Windows Server 2012 R2 vorhandenes VB-Script mit dem Namen **slmgr.vbs** verwendet werden. Informationen zur Aktivierung von Windows Server 2012 über die Kommandozeile oder mittels der in der Server Core-Installation von Windows Server 2012 R2 enthaltenen Konsolenverwaltung **sconfig** erhalten Sie im Kapitel 13 dieses Buches.

2.7.4.4 Erneute Aktivierung?

In der Regel selten notwendig

Mitunter ist es notwendig, das Betriebssystem eines Servers unter Windows Server 2012 R2 zu einem späteren Zeitpunkt erneut aktivieren zu müssen. Dies kann in den folgenden Situationen erforderlich werden:

- **Neuinstallation des Servers** Wenn Sie das bereits installierte Betriebssystem auf einem anderen Server erneut installieren, ist eine erneute Aktivierung erforderlich.

- **Änderungen an der Hardware** Wenn Sie verschiedene Hardware-Komponenten des Serversystems austauschen, kann dies eine erneute Aktivierung unter Umständen erforderlich machen.
- **Formatieren der Festplatte** Wenn Sie die Festplatte eines bereits installierten Servers unter Windows Server 2012 R2 formatieren, so muss das Betriebssystem nach einer anschließenden Neuinstallation wiederum aktiviert werden.
- **Virusbefall** Bei einem Virusbefall ist es möglich, dass die Aktivierungsdaten auf dem betreffenden Serversystem unter Windows Server 2012 R2 verloren gehen oder beschädigt werden. Hiernach kann eine erneute Aktivierung erforderlich werden.

Wenn nach Eintritt der beschriebenen Szenarien eine Meldung über die Notwendigkeit der Aktivierung des Serversystems unter Windows Server 2012 R2 erfolgt, sollten Sie alsbald handeln. Wenn Sie den angegebenen Zeitraum der (Zwangs-)Aktivierung ohne Reaktion verstreichen lassen, kann das Serversystem bis zur Aktivierung nicht mehr verwendet werden.

2.8 Spätere Lizenzaktualisierung

Lizenzwechsel problemlos möglich

Viele kleinere und mittelständische Unternehmen werden sich bei der Auswahl der Betriebssystemedition von Windows Server 2012 R2 oft zuerst für die Standard Edition entscheiden. Diese genügt zu Beginn sicher für die meisten Einsatzmöglichkeiten von Serversystemen in Unternehmen. Wenn sich später herausstellen sollte, dass man im betreffenden Unternehmen doch zunehmend auf die Virtualisierung von Serversystemen zurückgreift, kann man die Standard Edition-Lizenz problemlos auf eine Enterprise Edition-Lizenz aktualisieren. Dies wird von Microsoft in deren Webseiten so auch dokumentiert.

Da sich Windows Server 2012 und auch Windows Server 2012 R2 Standard und Datacenter Edition vom Umfang der installierbaren Serverrollen, Rollendienste und Features völlig gleichen, müssen Sie für die Lizenzaktualisierung keine weiteren Vorbereitungen treffen.

Geben Sie auf dem Serversystem unter Windows Server 2012 R2 Standard Edition als Administrator den folgenden Befehl in der Kommandozeile ein, um die Aktualisierung der Lizenz von Windows Server 2012 R2 in der Standard Edition auf die Datacenter Edition durchzuführen,:

```
dism /online /set-edition:ServerDatacenter
/ProductKey:XXXX-XXXX-XXXX-XXXX-XXXX /AcceptEula
```

Hinweis

Verwenden Sie statt der Zeichenfolge *XXXX-XXXX-XXXX-XXXX-XXXX* den von Microsoft bereitgestellten Produkt-Key für die Datacenter Edition von Windows Server 2012 R2.

Nach der Aktualisierung der Lizenz von Windows Server 2012 R2 Standard auf die Datacenter Edition räumt Ihnen Microsoft die uneingeschränkte Virtualisierungslizenz auf dem betreffenden Serversystem ein.

2.9 Aktualisierung vorhandener Serversysteme

Inplace Upgrade - nur von x64-basierten Systemen möglich

Ein vorhandenes Serversystem kann unter bestimmten Voraussetzungen auf Windows Server 2012 R2 aktualisiert werden. Vorhandene Windows-Server lassen sich häufig im Verlauf eines einfachen *„Inplace Upgrades"* auf das neue Serverbetriebssystem aktualisieren. Abhängig von den auf dem zu aktualisierenden Serversystem ausgeführten Serverrollen und Rollendienste kann es jedoch notwendig sein, vorweg die vorhandene Active Directory-Gesamtstruktur bzw. das darin vorhandene Active Directory-Schema zu aktualisieren.

Noch bevor man den Aktualisierungsvorgang eines vorherigen Betriebssystems zu Windows Server 2012 R2 startet, muss man sich darüber informieren, ob der gewünschte Aktualisierungsvorgang technisch oder auch lizenzrechtlich überhaupt unterstützt wird. Auch zeigt sich für viele der Administratoren ein weiteres Problem: Das neue Serverbetriebssystem ist lediglich noch als 64-Bit-Edition erhältlich. Eine vorherige 32-Bit-Betriebssystemversion, beispielsweise von Windows Server 2003, oder Windows Server 2008 kann auf eine 64-Bit-Betriebssystemversion von Windows Server 2012 oder Windows Server 2012 R2 überhaupt nicht aktualisiert werden. Hierbei käme dann nur eine Migration der auf dem ursprünglichen Serversystem aktuell ausgeführten Serverrollen, Rollendienste oder -funktionen auf ein neu installiertes Serversystem unter Windows Server 2012 bzw. Windows Server 2012 R2 in Frage. Bevor man jedoch die Aktualisierung eines älteren Serversystems planen kann, sollte man sich über die unterstützten Aktualisierungspfade zu Windows Server 2012 R2 informieren.

2.9.1 Unterstützte Aktualisierungspfade

Erst ab Windows Server 2008 R2 mit Service Pack 1

Die erste Überlegung bei einer zu planenden Serveraktualisierung sollte in Richtung des angedachten sowie des im Vergleich dazu stehenden, realisierbaren Aktualisierungspfades zu Windows Server 2012 R2 gehen. Die folgende Tabelle enthält die möglichen, von Microsoft unterstützten Aktualisierungspfade von vorherigen Betriebssystemversionen zu Windows Server 2012 R2:

Aktuell ausgeführtes Betriebssystem	Mögliche Zieledition(en)
Windows Server 2008 R2 Datacenter mit Service Pack 1 (SP1)	Windows Server 2012 R2 Datacenter
Windows Server 2008 R2 Standard mit Service Pack 1 (SP1) *oder*	Windows Server 2012 R2 Standard *oder wahlweise* Windows Server 2012 R2 Datacenter

Aktuell ausgeführtes Betriebssystem	Mögliche Zieledition(en)
Windows Server 2008 R2 Enterprise mit Service Pack 1 (SP1)	
Windows Web Server 2008 R2 mit Service Pack 1 (SP1)	Windows Server 2012 R2 Standard
Windows Server 2012 Datacenter	Windows Server 2012 R2 Datacenter
Windows Server 2012 Standard	Windows Server 2012 R2 Standard *oder wahlweise* Windows Server 2012 R2 Datacenter
Hyper-V Server 2012	Hyper-V Server 2012 R2
Windows Storage Server 2012 Standard	Windows Storage Server 2012 R2 Standard
Windows Storage Server 2012 Workgroup	Windows Storage Server 2012 R2 Workgroup

Tab. 2.3: *Unterstützte Aktualisierungspfade von vorherigen Windows-Betriebssystemen zu Windows Server 2012 R2*

Hardwareseitig gleiche Voraussetzungen wie bei Neuinstallation

Wie in der Tabelle zu sehen, existieren umfangreiche Aktualisierungsmöglichkeiten von bereits installierten Serversystemen unter Windows Server 2008 R2 bzw. Windows Server 2012 nach Windows Server 2012 R2. Eine Aktualisierung von älteren Betriebssystemen zu Windows Server 2012 R2 wird jedoch nicht unterstützt. Im Übrigen gelten prinzipiell die gleichen Voraussetzungen, wie bei einer Neuinstallation. Die durchzuführenden Schritte zur eigentlichen Aktualisierung eines bereits installierten Serversystems auf Windows Server 2012 R2 sind wiederum sehr überschaubar und lassen sich sehr übersichtlich erklären.

2.9.2 Notwendige vorbereitende Schritte

Noch vor Beginn der eigentlichen Serveraktualisierung auf Windows Server 2012 R2 müssen verschiedene, vorbereitende Schritte durchgeführt werden. Diese gleichen denen bei der Vorbereitung einer Neuinstallation, wie sie bereits vorweg in diesem Kapitel detailliert erläutert wurden. Zu den vorbereitenden Schritten zählt u. a.:

- **Trennen von USV-Geräten**
- **Sichern vorhandener Server**
- **Bereitlegen notwendiger Treiber**
- **Deaktivieren von Virenschutzprogrammen vor der Aktualisierung**
- **Ausführen des Windows-Speicherdiagnosetools**

- **Die Windows-Firewall muss standardmäßig aktiviert sein**
- **Überprüfung der Anwendungskompatibilität**

2.9.3 Digital signierte Treiber erforderlich

Nicht-signierte Treiber - nicht unterstützt

Wie auch bei einer Neuinstallation unterstützt Windows Server 2012 R2 auch bei der Aktualisierung von älteren Windows-Betriebssystemen von Hause her lediglich digital signierte Kernelmodustreiber. Über die *erweiterten Startoptionen* von Windows Server 2012 R2 lässt sich das *Erzwingen der Treibersignatur* bei Bedarf deaktivieren, um unsignierte Treiber installieren zu können. Sollten im Anschluss an die Installation von Treibern womöglich Probleme auftreten, oder das Computersystem sich mit dem (vermeintlich) nicht signierten Treiber nicht mehr ordnungsgemäß starten lassen, so können Sie die folgende Vorgehensweise nutzen, um den nicht signierten Treiber wieder zu entfernen.

Gehen Sie wie folgt vor, um die Signaturanforderung für die Treiberinstallation unter Windows Server 2012 R2 für den aktuellen Startvorgang zu deaktivieren:

1. Starten Sie den Computer neu, und drücken Sie beim Start die [F8]-Taste.
2. Wählen Sie die **Erweiterten Startoptionen** aus.
3. Wählen Sie **Erzwingen der Treibersignatur deaktivieren** aus.
4. Starten Sie den Computer neu, und deinstallieren Sie den nicht signierten Treiber.

Weitere Informationen zu der Signaturanforderung von Treibern unter den Windows-Betriebssystemen erhalten Sie u. a. im Internet auf der Website von Microsoft unter:

http://go.microsoft.com/fwlink/?LinkId=66577

Erst wenn Sie alle der notwendigen Schritte zur Vorbereitung der Serveraktualisierung auf Windows Server 2012 R2 durchgeführt haben, sollten Sie mit der eigentlichen Aktualisierung des Betriebssystems beginnen. Mitunter kann es notwendig sein, sogar noch weitere Schritte zur Vorbereitung der Aktualisierung vorhandener Serversysteme auf Windows Server 2012 R2 durchzuführen. Insbesondere, wenn das zu aktualisierende Serversystem bislang als Domänencontroller einer Active Directory-Domäne eingesetzt wurde, muss diese auf den Einsatz des neuen Serverbetriebssystems mitsamt seiner darin enthaltenen Neuerungen vorbereitet werden.

2.9.4 Vorbereitung der Active Directory-Umgebung

Mehr Schritte bei der Aktualisierung von Domänencontrollern

Als Mitgliedsserver lassen sich Serversysteme i.d.R. problemlos und ohne große Vorbereitungen in aktuellen Active Directory-Domänen, sowie auch als Mitglieder in Arbeitsgruppen betreiben. Im Zusammenhang mit der Aktualisierung eines bereits vorhandenen, bislang als Domänencontroller eingesetzten Serversystems unter Windows Server 2008 R2 (Release 2) auf Windows Server 2012 R2, sind vorweg aber noch weitere Schritte notwendig. In einem ersten Schritt muss die Active Directory-

Gesamtstruktur (engl. *forest*), in der das zu aktualisierende Serversystem bisher eingesetzt wurde, seitens des Active Directory-Schemas für den Einsatz von Windows Server 2012 R2 aktualisiert werden. In einem weiteren Schritt muss dann noch die Aktualisierung der betreffenden Active Directory-Domäne für den Einsatz eines Domänencontrollers unter Windows Server 2012 R2 durchgeführt werden. Erst im Anschluss folgt dann die eigentliche Aktualisierung des Betriebssystems des betreffenden Serversystems.

Es sei erwähnt, dass die Vorbereitung vorhandener Active Directory-Gesamtstrukturen und Domänen gleich während dem Heraufstufen eines Serversystems unter Windows Server 2012 bzw. Windows Server 2012 R2 zu einem Domänencontroller bereits automatisch erfolgen kann. Die *„Adprep"*-Funktionalität ist in den grafischen Assistenten zum Heraufstufen eines Serversystems zum Domänencontroller bereits seit Windows Server 2012 integriert. Da die Rollen der verantwortlichen Administratoren in größeren Active Directory-Infrastrukturen oft jedoch getrennt werden setzt man auch in heutiger Sicht gerne noch die gewohnten Befehlsoptionen rund um Adprep.exe zur Vorbereitung der Active-Directory-Gesamtstrukturen und -Domänen ein.

Die Aktualisierung vorhandener Domänencontroller einer Active Directory-Domäne auf Windows Server 2012 R2 setzt voraus, dass sich die Active Directory-Infrastruktur mindestens in der Gesamtstrukturfunktionsebene auf Windows Server 2008 oder höher befindet. Gleichsam müssen demnach auch alle vorhandenen Domänencontroller mindestens auf Windows Server 2008 oder höher ausgeführt werden, und auch alle Domänen vorweg bereits auf die Domänenfunktionsebene von Windows Server 2008 umgestellt worden sein. Domänencontroller unter Windows Server 2003 oder niedriger werden parallel zu Domänencontrollern unter Windows Server 2012 R2 in den aktualisierten Active Directory-Domänen nicht mehr unterstützt.

Beachten Sie in diesem Zusammenhang unbedingt, dass das Heraufstufen der Domänenfunktionsebene und auch der Gesamtstrukturfunktionsebene von Windows Server 2008 auf eine höhere Funktionsebene nicht mehr rückgängig gemacht werden kann. Lediglich von der Funktionsebene unter Windows Server 2012 sowie in einem bestimmten Fall unter Windows Server 2008 R2 besteht ggf. die Möglichkeit, die Funktionsebene auf die niedrigere Funktionsebene von Windows Server 2008 umzustellen.

Weitere Informationen hierzu finden Sie u. a. im Internet unter:

http://technet.microsoft.com/en-us/library/hh994618.aspx

Das für die manuelle Aktualisierung der Active Directory-Gesamtstruktur und -Domäne notwendige Tool **adprep.exe** finden Sie im Ordner ***\Support\Adprep*** auf der Installations-DVD von Windows Server 2012 R2.

Hinweis Das Tool **adprep32.exe** für die mögliche Aktualisierung der vorhandenen Active Directory-Umgebung auf einem 32-Bit-basierten Serversystem unter Windows Server 2003 oder Windows Server 2008 ist auf der Installations-DVD von Windows Server 2012 R2 nicht mehr enthalten. Vereinheitlicht findet sich darauf lediglich noch das Tool **adprep.exe** im Ordner ***\Support\Adprep*** der Installations-DVD.

2.9.4.1 Vorbereitung der Active Directory-Gesamtstruktur (forestprep)

Aktualisierung auf dem Schema-Master

Führen Sie zur Vorbereitung einer bereits vorhandenen Active Directory-Gesamtstruktur auf die Aktualisierung von vorhandenen Domänencontrollern unter Windows Server 2008 R2 (Release 2) oder Windows Server 2012 auf Windows Server 2012 R2 den folgenden Befehl auf dem Domänencontroller aus, der als Schemamaster der Gesamtstruktur fungiert:

```
Adprep /forestprep
```

Zum Ausführen dieser Aktualisierung muss man über die entsprechenden Rechte in der Gesamtstruktur verfügen. Standardmäßig sind lediglich die Mitglieder der Sicherheitsgruppen der Organisations-Administratoren und der Schema-Administratoren in der Lage, die Aktualisierung auf der Ebene einer Active Directory-Gesamtstruktur vorzunehmen.

Anschließend muss noch die betreffende Active Directory-Domäne, in welcher der zu aktualisierende Domänencontroller eingesetzt wird, für die Aktualisierung auf Windows Server 2012 R2 vorbereitet werden.

2.9.4.2 Vorbereitung der Active Directory-Domäne (domainprep)

Domänenfunktionsebene „Windows Server 2008" erforderlich

Zur Vorbereitung einer Active Directory-Domäne auf die Aktualisierung eines Domänencontrollers von Windows Server 2008 R2 (Release 2) oder Windows Server 2012 auf Windows Server 2012 R2 muss sich diese zumindest in der Domänenfunktionsebene von Windows Server 2008 (oder höher) befinden. Zur Aktualisierung der betreffenden Active Directory-Domäne müssen Sie den folgenden Befehl auf einem der vorhandenen Domänencontroller ausführen:

```
Adprep /domainprep
```

Die Aktualisierung einer Active Directory-Domäne kann problemlos von einem der Domänen-Administratoren durchgeführt werden. Höhere Rechte sind hierzu nicht erforderlich. Der Befehl muss in *jeder* der Domänen einer Active Directory-Gesamtstruktur ausgeführt werden, in denen die Domänencontroller auf Ebene von Windows Server 2012 R2 eingesetzt werden sollen.

Nach Abschluss der Domänenvorbereitung können Sie im nächsten Schritt mit der eigentlichen Aktualisierung des Serverbetriebssystems der Domänencontroller auf Windows Server 2012 R2 beginnen.

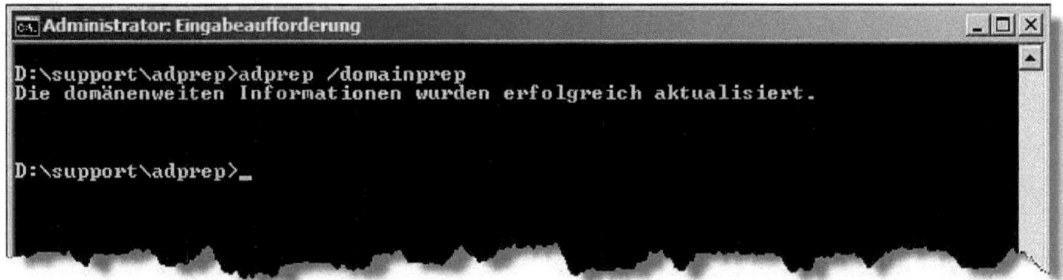

Abb. 2.13: *Erfolgreiche Domänenaktualisierung mithilfe des Befehls adprep.exe auf einem Serversystem als Domänencontroller unter Windows Server 2008 R2*

2.9.5 Durchführung der Serveraktualisierung

Die Aktualisierung eines vorhandenen Serversystems auf Windows Server 2012 R2 lässt sich mit einfachen Schritten durchführen.

> **Hinweis**
> Beachten Sie unbedingt nochmals, dass es nicht möglich ist, ein x86-basiertes Serversystem unter Windows Server 2003 (*R2*) oder Windows Server 2008 zu Windows Server 2012 oder gar Windows Server 2012 R2 als x64-basiertes Betriebssystem zu aktualisieren.

Wenn Sie die entsprechenden Schritte zur Vorbereitung der Aktualisierung auf Windows Server 2012 R2 abgeschlossen haben, so gehen Sie nun wie folgt vor:

1. Legen Sie die Installations-DVD für Windows Server 2012 R2 in das DVD-Laufwerk des zu aktualisierenden Serversystems ein. Der *Installationsassistent* startet in der Regel automatisch und wird auf dem Bildschirm angezeigt.

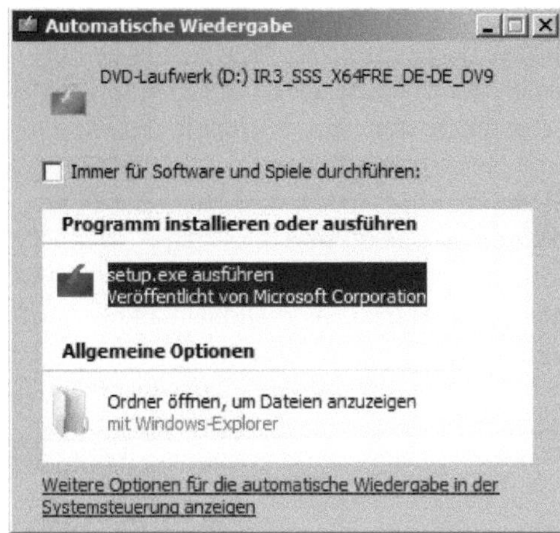

Abb. 2.14: *Automatische Wiedergabe unter Windows Server 2012 R2*

Hinweis

Alternativ können Sie die Installationsdateien auf einem anderen Server im Netzwerk freigeben. Starten Sie in diesem Fall die Aktualisierung durch das Ausführen des Befehls **Setup.exe** im Stammverzeichnis des Installationsmediums.

2. Klicken Sie im Dialog *Windows Setup* auf **Jetzt installieren**.

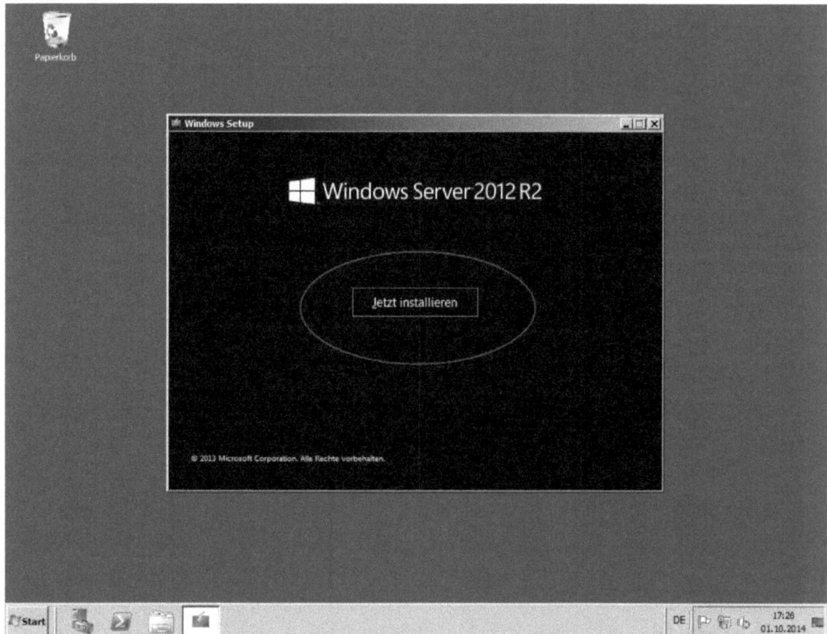

Abb. 2.15: *Installationsdialog von Windows Server 2012 R2*

3. Im nächsten Dialog wird angeboten, die neuesten Updates für das Betriebssystem herunterzuladen und zu installieren. Hierzu muss der betreffende Server über eine Verbindung zu den Aktualisierungsdiensten von Microsoft (*Windows-Update*) oder intern zu einem Server mit den installierten und konfigurierten Windows Server Update Services (*WSUS*) verfügen. Zusätzlich wird Ihnen die Option angeboten, zur **Verbesserung der Windows-Installation** beizutragen. Wenn Sie diese Option aktivieren, sammelt das Computersystem Informationen zum Verlauf der Windows-Installation, und sendet diese anschließend anonym an Microsoft. Zum Fortfahren klicken Sie einfach auf die gewünschte Option.

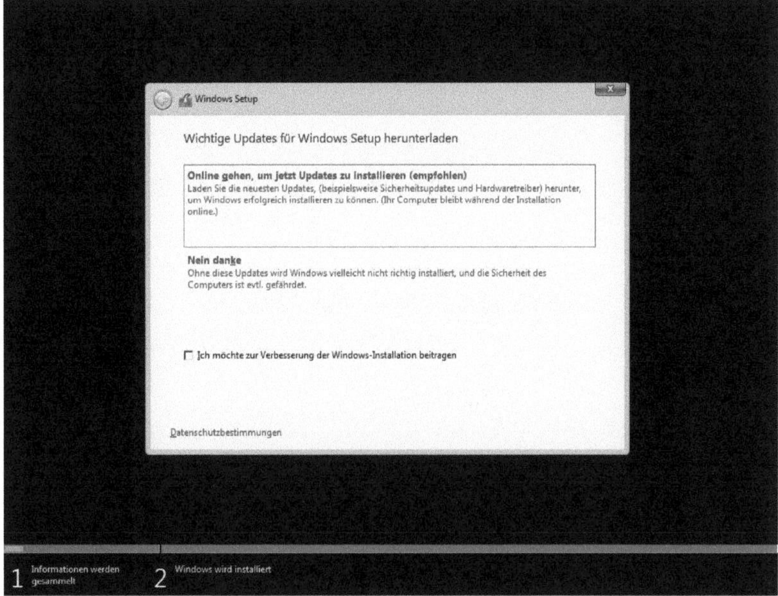

Abb. 2.16: *Möglichkeit zur Installation von Updates vor der Aktualisierung*

4. Im nächsten Dialog müssen Sie den *Produkt-Key* von Windows Server 2012 R2 eingeben. Klicken Sie anschließend auf **Weiter**.

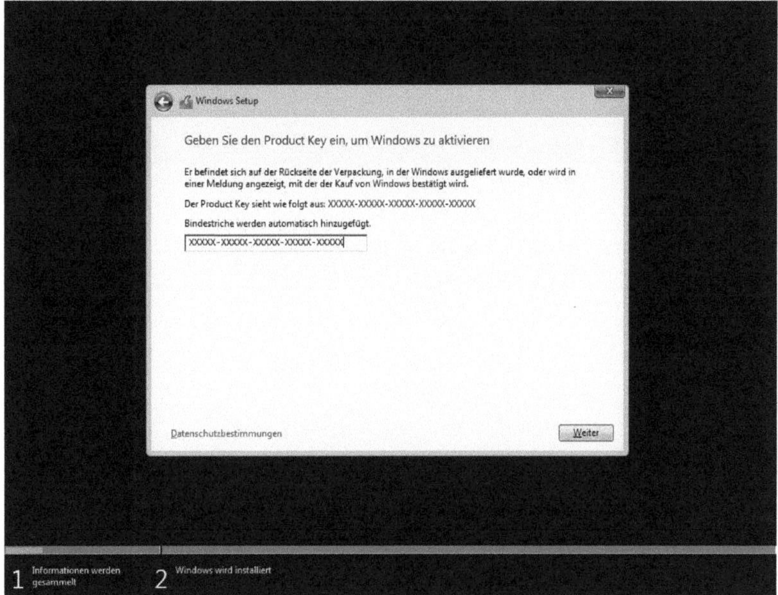

Abb. 2.17: *Dialog zur Eingabe des Produkt-Key für Windows Server 2012 R2*

5. Wählen Sie den gewünschten Installationsmodus aus, um Windows Server 2012 R2 als *Server Core-Installation* oder als *Server mit grafischer Benutzeroberfläche* zu installieren, und klicken Sie dann auf **Weiter**.

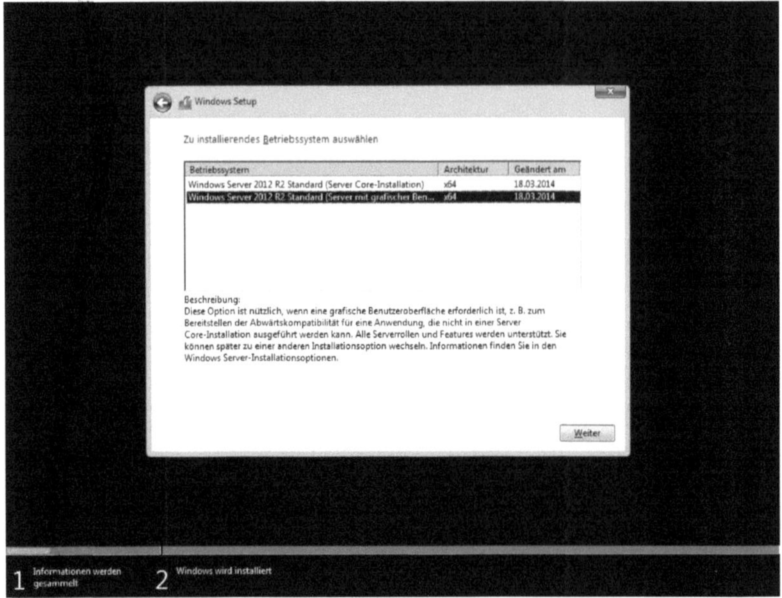

Abb. 2.18: *Auswahl des zu installierenden Betriebssystemmodus*

6. Nehmen Sie die Lizenzbedingungen an, und klicken Sie auf **Weiter**.

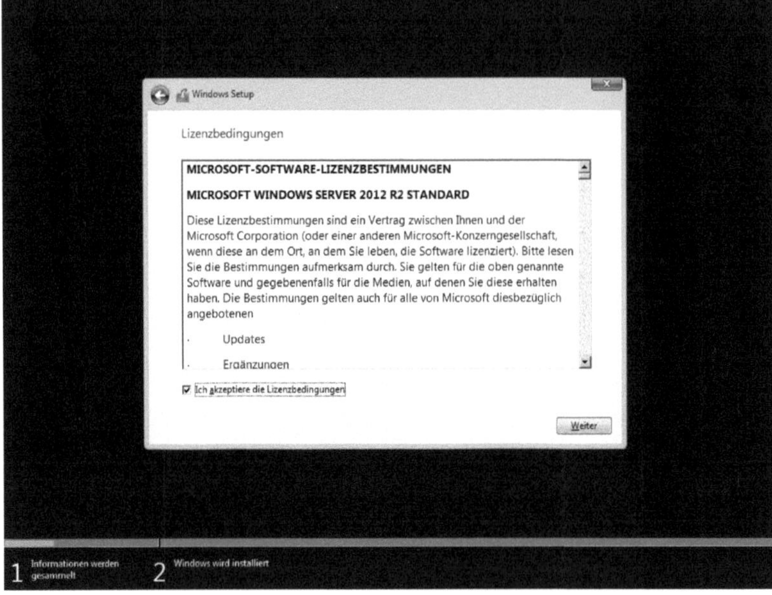

Abb. 2.19: *Lizenzbedingungen von Windows Server 2012 R2*

7. Wählen Sie als Installationsart ***Upgrade: Windows installieren und Dateien, Einstellungen und Anwendungen behalten*** aus.

   Bei Auswahl der *Benutzerdefinierten Installation* ist es nicht möglich, ein vorhandenes Serversystem zu aktualisieren. Diese Option dient der Neuinstallation eines Serversystems (ggf. als *Parallelinstallation* neben einem bereits vorhandenen Betriebssystem, sprich: *Dualboot*). Wenn Sie diese Option wählen, werden keine der Dateien oder Konfigurationsinformationen des bereits vorhandenen Betriebssystems übernommen.

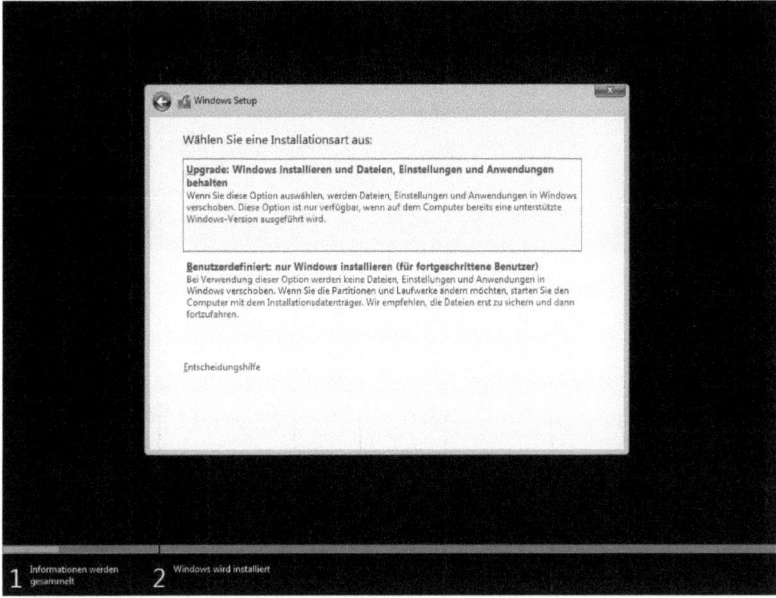

Abb. 2.20: *Auswahl der Installationsart*

8. Im nun erscheinenden Dialog werden Sie nochmals auf die Notwendigkeit der *Überprüfung der Anwendungskompatibilität* von möglicherweise auf dem zu aktualisierenden Serversystem vorhandener Anwendungssoftware hingewiesen. Im Bedarfsfall haben Sie die Möglichkeit, die Installation mittels eines Klicks auf das Kreuz in der oberen rechten Ecke des Dialogfensters abzubrechen. Bislang wurden noch keine Änderungen an dem bestehenden Serversystem vorgenommen.

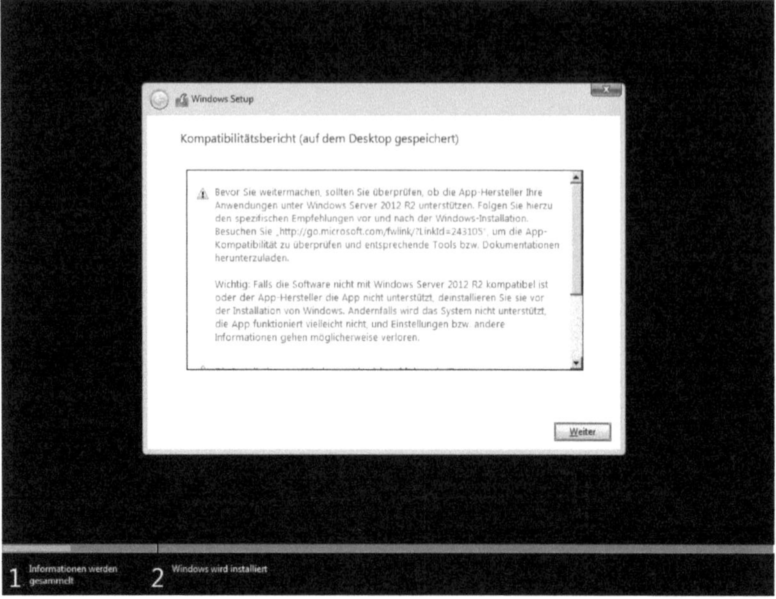

Abb. 2.21: *Hinweis auf die Notwendigkeit der Überprüfung möglicher Kompatibilitätsprobleme*

Wenn Sie die Aktualisierung des vorhandenen Betriebssystems nach Windows Server 2012 R2 jetzt starten möchten, so klicken Sie auf die Schaltfläche **Weiter**.

Im Rahmen der Aktualisierung werden alle vorhandenen Einstellungen des ursprünglichen Betriebssystems auch unter Windows Server 2008 R2 oder Windows Server 2012 beibehalten.

Die Aktualisierung des Serversystems wird durchgeführt.

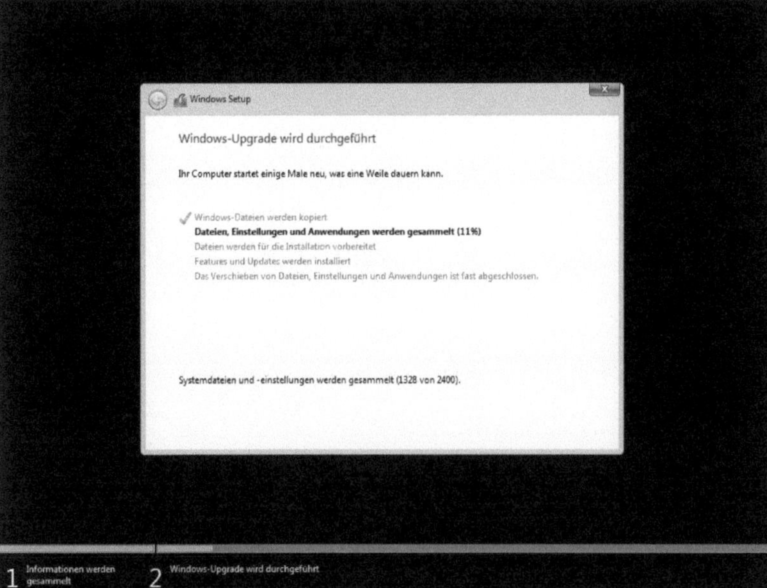

Abb. 2.22: *Aktualisierung von Windows Server 2008 R2 auf Windows Server 2012 R2*

Hinweis

Der Upgrade-Vorgang kann (je nach Leistungsvermögen des zu aktualisierenden Serversystems) mitunter mehrere Stunden dauern. Dies sollten Sie in Ihre Planung der Aktualisierung von vorhandenen Serversystemen mit einbeziehen.

Während der Aktualisierung werden alle vorhandenen Einstellungen und Dateien des ursprünglichen Serversystems vollständig übernommen. Der Installationsprozess startet den Server im Bedarfsfall selbständig neu.

Zum Ende der Installation wird Ihnen der Bildschirm von Windows Server 2012 R2 angezeigt. Nach der ersten Anmeldung am System wird standardmäßig der neue Server-Manager von Windows Server 2012 R2 gestartet und die auf dem System vorhandenen Serverrollen, Rollendienste und Funktionen ermittelt. Diese werden anschließend innerhalb des Server-Managers angezeigt.

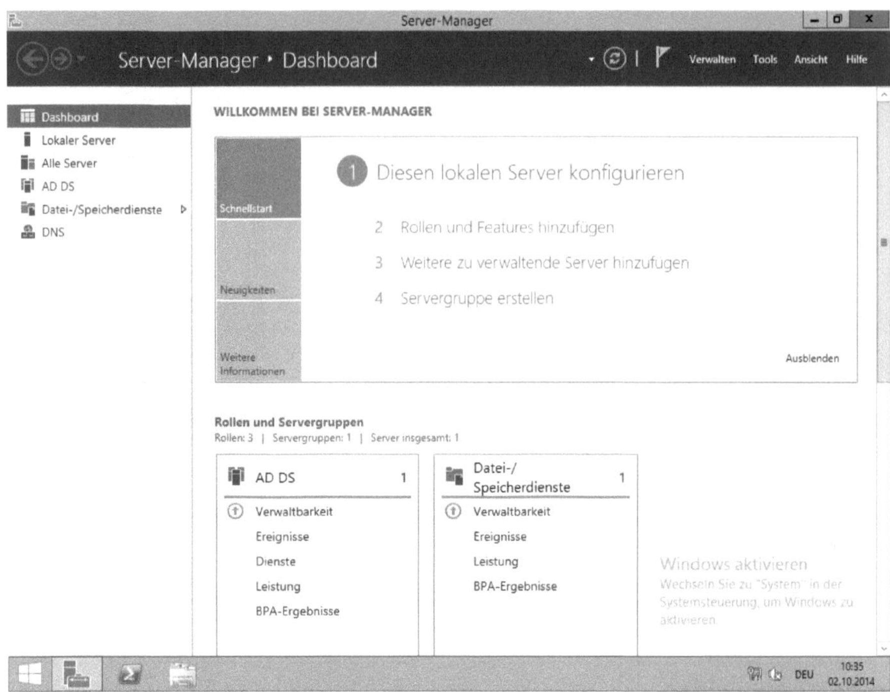

Abb. 2.23: *Der grafische Server-Manager auf dem von Windows Server 2008 R2 auf Windows Server 2012 R2 aktualisierten Serversystem*

2.9.6 Überprüfung der erfolgreichen Aktualisierung

Kontrolle zu möglichen Problemen

Nachfolgend sollten Sie nun die erfolgreiche Aktualisierung des betreffenden Serversystems anhand der Einträge in der Ereignisanzeige überprüfen. Mögliche Probleme oder auch Fehler u. a. auch im Zusammenhang mit der Aktualisierung des Serversystems werden dort neben den allgemeinen Informationen in Form von Ereignisanzeigeneinträgen festgehalten.

Gehen Sie zur Anzeige der Ereignisanzeigeneinträge des zuvor aktualisierten Serversystems unter Windows Server 2012 R2 wie folgt vor:

1. Klicken Sie im Server-Manager oben auf **Tools**, und dann auf ***Ereignisanzeige***.
2. Klicken Sie in der Ereignisanzeige auf das gewünschte Ereignisprotokoll, beispielsweise unter *Anwendungs- und Dienstprotokolle* auf *Verzeichnisdienst*.

Prüfen Sie das Ereignisprotokoll auf eventuelle Warnungen und Fehlermeldungen.

2.10 Mögliche Probleme nach der Aktualisierung

Windows Server 2012 R2 sowie auch Windows Server 2012 bieten die Möglichkeit, den Betriebssystemodus von einem Server mit grafischer Benutzeroberfläche in einen

Server im Server Core-Modus zu wechseln. Dabei werden die grafischen Verwaltungselemente, sowie die grafische Benutzeroberfläche aus dem Serversystem entfernt. Zu einem späteren Zeitpunkt kann man die grafische Benutzeroberfläche bei Bedarf problemlos wieder installieren, und so von einem als Server Core-betriebenen Serversystem unter Windows Server 2012 R2 wiederum zu einem Server mit grafischer Benutzeroberfläche wechseln.

Mögliche Probleme beim Moduswechsel

Bei neu installierten Serversystemen unter Windows Server 2012 R2 bzw. Windows Server 2012 stellt der Wechsel zwischen beiden Modi überhaupt kein Problem dar. Bei der Aktualisierung eines Serversystems von Windows Server 2008 R2 auf Windows Server 2012 bzw. Windows Server 2012 R2 im Modus *„Server mit grafischer Benutzeroberfläche"* muss man jedoch auf ein mögliches Problem achten, das sich bei einem späteren Wechsel des Betriebssystemmodus ergeben kann.

Hinweis

Wenn man das von einer vorherigen Betriebssystemversion auf Windows Server 2012 R2 aktualisierte Betriebssystem zu einem späteren Zeitpunkt in den *„Server Core-Modus"* umstellt, so schlägt der Wechsel zurück in den Modus *„Server mit grafischer Benutzeroberfläche"* fehl.

Um das Problem zu vermeiden, muss man vor dem Wechsel von Windows Server 2012 R2 bzw. Windows Server 2012 in den Modus *Server mit grafischer Benutzeroberfläche* auf dem betreffenden Serversystem die folgenden Registrierungsschlüssel mit den dabei angegebenen Befehlen entfernen:

```
reg delete
HKLM\SOFTWARE\Microsoft\Windows\CurrentVersion\WINEVT\
Publishers\{bc2eeeec-b77a-4a52-b6a4-dffb1b1370cb}

reg delete
HKLM\SOFTWARE\Microsoft\Windows\CurrentVersion\WINEVT\
Publishers\{57e0b31d-de8c-4181-bcd1-f70e880b49fc}

reg delete
HKLM\SOFTWARE\Microsoft\Windows\CurrentVersion\WINEVT\
Publishers\{8c9dd1ad-e6e5-4b07-b455-684a9d879900}
```

Im Anschluss kann man die Aktualisierung in den Modus Server mit grafischer Benutzeroberfläche durchführen.

Da eine Aktualisierung von bestehenden x86-Systemen zum x64-basierten Windows Server 2012 R2 technisch nicht möglich ist, hat Microsoft, wie bereits in Windows Server 2008 R2, sowie in Windows Server 2012 und auch in Windows Server 2012 R2 im Umfang um die Windows Server-Migrationstools ergänzt. Mit diesen Tools kann man

Serverrollen und Features (Funktionen) bestehender Serversysteme zu neuen Serversystemen unter Windows Server 2012 R2 migrieren.

2.11 Migration von Serverrollen und -funktionen

Umfangreiche Migrationsmöglichkeiten

In den Umfang von Windows Server 2012 und Windows Server 2012 R2 hat Microsoft wie bereits unter Windows Server 2008 R2 die *Windows Server-Migrationstools* für die Migration bestimmter Serverrollen, Features (*Funktionen*), Betriebssystemeinstellungen, Freigaben und sonstigen Daten von Computern, auf denen bestimmte Editionen von Windows Server 2003, Windows Server 2003 R2, Windows Server 2008, Windows Server 2008 R2, Windows Server 2012 und Windows Server 2012 R2 ausgeführt werden, um diese zu Computersystemen unter Windows Server 2012 R2 zu migrieren.

Die *Windows Server-Migrationstools* findet man in Windows Server 2012 R2 unter der Auswahl der installierbaren Features, so dass man sie einem Serversystem problemlos über den *Assistent zum Hinzufügen von Rollen und Features* hinzufügen kann. Ebenso einfach lassen sich diese nach der Verwendung wiederum von den Quell- und Zielservern entfernen. Nach der Installation lassen sie sich u. a. über die Tools im Server-Manager aufrufen.

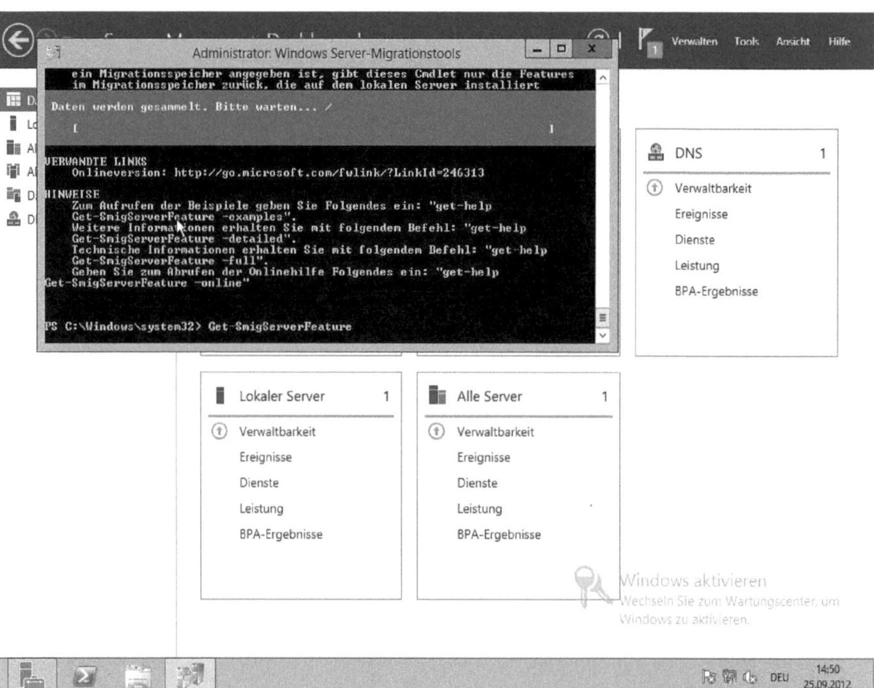

Abb. 2.24: *Konsole der Windows Server-Migrationstools*

Dem Migrationsvorgang mithilfe der Windows Server-Migrationstools liegt die *Windows PowerShell* zugrunde, was den Vorgang für viele Administratoren etwas undurchsichtig erscheinen lässt. Selbst auf den Quellserversystemen (beispielsweise unter Windows Server 2003 mit Service Pack 2) wird das Microsoft .Net Framework 2.0 sowie die Windows PowerShell 1.0 benötigt, um die Migration von Serverrollen, Funktionen oder auch Diensten auf Zielsysteme unter Windows Server 2012 bzw. Windows Server 2012 R2 zu realisieren.

Windows PowerShell-Cmdlets als Migrationstools

Hinweis

Windows Server 2008 als Server Core-Installation kann seitens der darauf installierten Rollen nicht als Quellserver für die Migration verwendet werden, da auf diesem System das für die Durchführung der Migration mit den Windows Server-Migrationstools notwendige Microsoft .NET Framework nicht verfügbar ist.

Die Windows Server-Migrationstools ermöglichen es, wie bereits erwähnt, Serverrollen, Funktionen oder auch mehr sogar zwischen Betriebssystemen mit unterschiedlichen Plattformen, sprich: die von x86-basierten Serversystemen auf Windows Server 2012 bzw. Windows Server 2012 R2 als 64-Bit-Betriebssystem zu migrieren.

Migration von x86 nach x64 möglich

Die folgende Tabelle enthält eine *Übersicht* der von den Windows Server-Migrationstools unterstützten Betriebssysteme:

Betriebssystem und Prozessor des Quellsystems	Betriebssystem und Prozessor des Zielsystems
Windows Server 2003 mit Service Pack 2 (x86- oder x64-basiert)	Windows Server 2012 R2 (x64-basiert) als Server Core- oder vollständige Installation
Windows Server 2003 R2 (x86- oder x64-basiert)	Windows Server 2012 R2 (x64-basiert) als Server Core- oder vollständige Installation
Windows Server 2008, vollständige Installation (x86- oder x64-basiert)	Windows Server 2012 R2 (x64-basiert) als Server Core- oder vollständige Installation
Windows Server 2008 R2 (x64-basiert)	Windows Server 2012 R2 (x64-basiert) als Server Core- oder vollständige Installation
Windows Server 2008 R2 als Server Core-Installation (x64-basiert)	Windows Server 2012 R2 (x64-basiert) als Server Core- oder vollständige Installation

Betriebssystem und Prozessor des Quellsystems	Betriebssystem und Prozessor des Zielsystems
Windows Server 2012 (x64-basiert)	Windows Server 2012 R2 (x64-basiert) als Server Core- oder vollständige Installation
Windows Server 2012 als Server Core-Installation (x64-basiert)	Windows Server 2012 R2 (x64-basiert) als Server Core- oder vollständige Installation
Windows Server 2012 R2 (x64-basiert)	Windows Server 2012 R2 (x64-basiert) als Server Core- oder vollständige Installation
Windows Server 2012 als Server Core-Installation (x64-basiert)	Windows Server 2012 R2 (x64-basiert) als Server Core- oder vollständige Installation

Tabelle 2.4: *Unterstützte Betriebssysteme und Plattformen der Windows Server-Migrationstools*

Zusätzlich zu den oben aufgeführten Voraussetzungen für die Unterstützung der Windows Server-Migrationstools gelten darüber hinaus noch die folgenden:

- Die Migration zwischen physikalischen und virtuellen Betriebssystemen wird ebenso unterstützt.
- Die Sprachversion der für die Migration zu nutzenden Quell- und Zielserver müssen gleich sein.

Die Migration von Serverrollen, Rollendiensten und -funktionen stellt einen auch zeitlich mitunter umfangreichen Vorgang dar, weshalb ich in diesem Buch lediglich kurz auf das Thema eingehen kann. Weitere Informationen, sowie auch vollständige Handbücher für die Migration einzelner Serverrollen, Funktionen und Dienste findet man direkt auf der Website von Microsoft unter:

https://technet.microsoft.com/library/jj134202.aspx

In diesem Kapitel wurden Ihnen die Systemanforderungen, sowie die verschiedenen Installationsmethoden von Windows Server 2012 R2 vorgestellt. Neben der Neuinstallation wurde auch der mögliche Pfad für eine Aktualisierung sowie die Möglichkeit der Migration älterer Betriebssysteme zu Windows Server 2012 R2 erklärt. Im nächsten Kapitel dreht sich alles um die Navigation und Verwaltungstools und -möglichkeiten in Windows Server 2012 R2.

KAPITEL 3
Navigation und Verwaltung

Anders als man es vorher je gewohnt war, fand man unter Windows Server 2012 sowie parallel auch unter Windows 8 keinen Start-Button, sowie auch kein Startmenü mehr. Microsoft hatte diese zur „Vereinheitlichung" der grafischen Benutzeroberfläche - entgegen aller Erwartungen derer Kunden - einfach entfernt, und durch die „Modern UI"-Oberfläche (Kacheloberfläche, ehemals Metro-Design genannt) ersetzt. Die Kaufzurückhaltung der Kunden hat wohl doch letztlich zu einem Umdenken der Verantwortlichen bei Microsoft geführt: Windows Server 2012 R2 sowie auch parallel Windows 8.1 verfügen beide wieder über den gewohnten *Start-Button*. Das *Startmenü* jedoch ist einem - lediglich über die rechte Maustaste aufrufbaren - vereinfachten Startmenü gewichen, in dem nur die wichtigsten Verknüpfungen, z. B. zum Wechsel zur Systemsteuerung, der Computerverwaltung und ähnlichem enthalten sind.

Windows wieder mit Startknopf

Eine weitere Verbesserung in der Bedienbarkeit ermöglicht das für Windows Server 2012 R2 und auch Windows 8.1 optional verfügbare Update (1). In diesem hat Microsoft kleine Veränderungen eingearbeitet, die zum Beispiel gestartete Apps nunmehr in der Task-Leiste anzeigt, sowie auch einen neuen Button auf dem Startbildschirm zum Herunterfahren oder Neustarten des Computersystems.

Weitere, wichtige Neuerungen durch Update (1)

Trotz der Verbesserungen in der aktuellen Benutzeroberfläche muss man sich etwas Zeit nehmen, um sich in die Vielfalt der Änderungen in der Navigation und Verwaltung von Windows Server 2012 R2 hineinzuarbeiten. In den nächsten Seiten werden die häufigsten Navigationsschritte dargestellt, um den Einstieg in das neue Serverbetriebssystem zu vereinfachen.

3.1 Der Startbildschirm

Kacheloptik wie bei Windows 8.1

Das erste, was einem in Windows Server 2012 R2 ins Auge fällt, ist die in Windows 8.1 integrierte Kacheloptik, die Microsoft auch in das neue Serverbetriebssystem übernommen hat. In diesem werden Verknüpfungen, wie zum Beispiel zum Server-Manager, dem Internet Explorer, dem Task-Manager aber auch zur Windows PowerShell anhand von farbigen Kacheln mit der entsprechenden Beschriftung dargestellt. Die Kacheln sind in der Größe bereits darauf abgestimmt, den Startbildschirm mitunter auch aus einem Tablet-PC oder einem Smartphone heraus von Remote mit einem Touch-Screen zu bedienen.

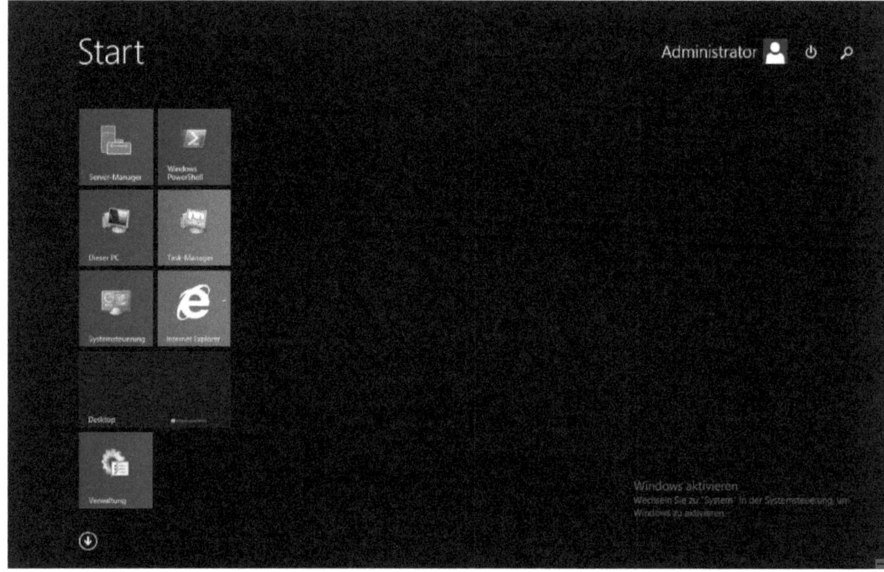

Abb. 3.1: *Der Startbildschirm von Windows Server 2012 R2*

Anwendungen wurden zu Apps

Bei Bedarf kann man jederzeit weitere Verknüpfungen zu Anwendungen, die in Windows Server 2012 sowie auch in Windows Server 2012 R2 als *„Apps“* bezeichnet werden, auf dem Startbildschirm unterbringen. Auch kann man die vorhandenen Verknüpfungen einfach anders anordnen, oder diese von Startbildschirm entfernen.

3.1.1 Anpassungsmöglichkeiten der Kacheloptik

Wenn man mit der rechten Maustaste auf die einzelnen Kacheln klickt, so öffnet sich am unteren Rand eine farbig herausgehobene Leiste mit verschiedenen (Verwaltungs-)Optionen. So kann man die jeweilige Kachel mithilfe der Option **Von „Start" lösen** beispielsweise vom Startbildschirm entfernen, oder auch bestimmen, in welchem Benutzerkontext die betreffende App ausgeführt werden soll. Hier finden sich auch die (in Windows Server 2008 R2 oft noch im Kontextmenü versteckten) Optionen **Als Admin ausführen** bzw. **Als anderer Benutzer ausführen**.

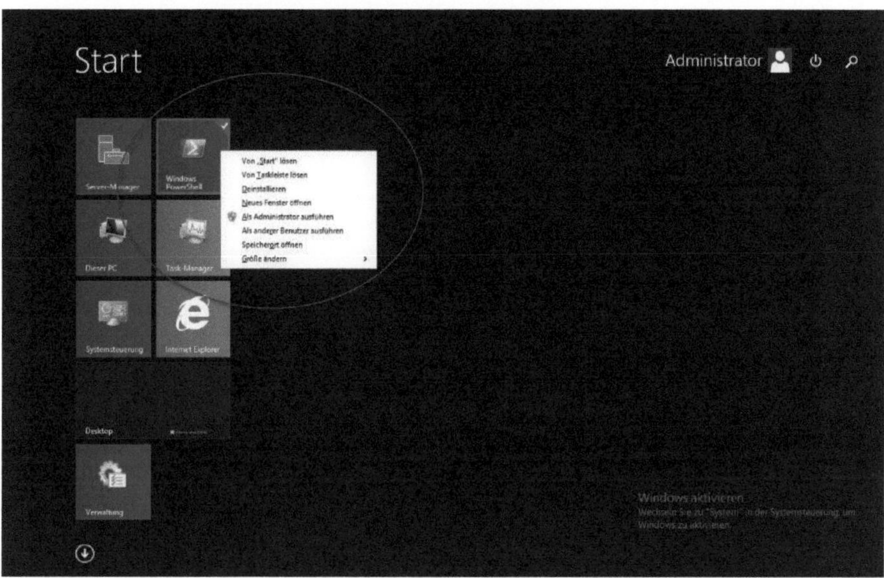

Abb. 3.2: *Konfigurierbare Optionen der im Startbildschirm angezeigten Programmverknüpfungen bzw. Kacheln*

3.1.2 Übersicht über alle vorhandenen Apps

Schneller Zugriff auf Apps

Die in Windows Server 2012 R2 vorhandenen Tools und Anwendungen werden, wie dies parallel auch in Windows 8, Windows 8.1 und auch in Windows Server 2012 der Fall ist, einheitlich als Apps bezeichnet. Eine Übersicht über alle im System vorhandenen Apps kann man sich in Windows Server 2012 R2 auf einfachem Weg verschaffen. Klicken Sie dazu mit der Maustaste am unteren, linken Rand des Startbildschirms auf das **Pfeilsymbol**.

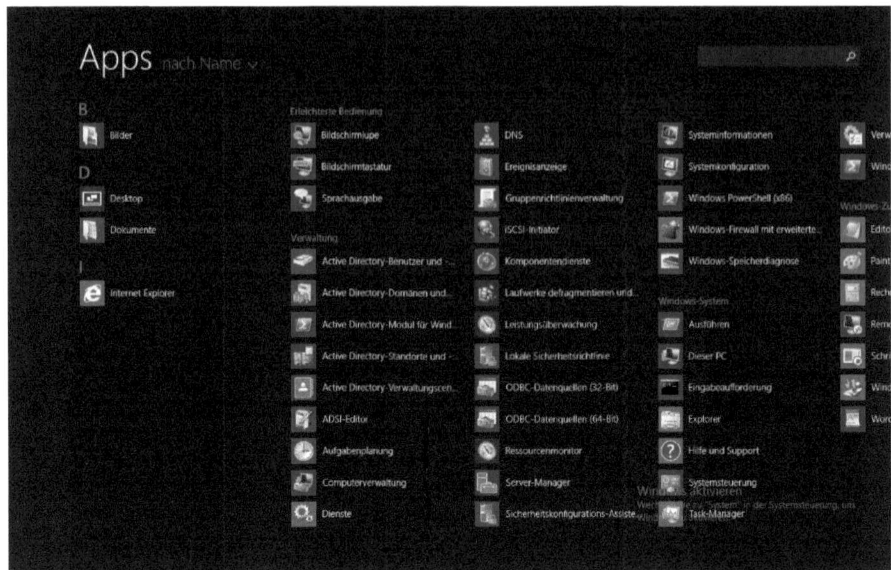

Abb. 3.3: *Anzeige der in Windows Server 2012 R2 vorhandenen Apps im Startbildschirm*

Die Apps werden in der Ansicht in Kategorien unterteilt dargestellt. Mit der Scroll-Leiste am unteren Bildschirmrand kann man sich durch das Fenster bewegen. Mit der rechten Maustaste auf eine der Apps kann man wiederum bestimmte Optionen anzeigen lassen.

3.1.3 Effektive Suche im Startbildschirm

Damit man sich in der Vielzahl der vorhandenen Apps gut zurechtfindet, hat Microsoft die Suche nach den Apps im Startbildschirm vereinfacht. Im Startbildschirm löst die Eingabe von Zeichen die Ausführung der *Suche* im System automatisch aus, so dass man auf diesem Weg recht schnell und einfach zu der gerade benötigten App gelangt. Alternativ steht ein entsprechendes Icon (*Lupe*) auf dem Startbildschirm unter Windows Server 2012 R2 mit Update 1 für den Aufruf der Suchfunktion zur Verfügung.

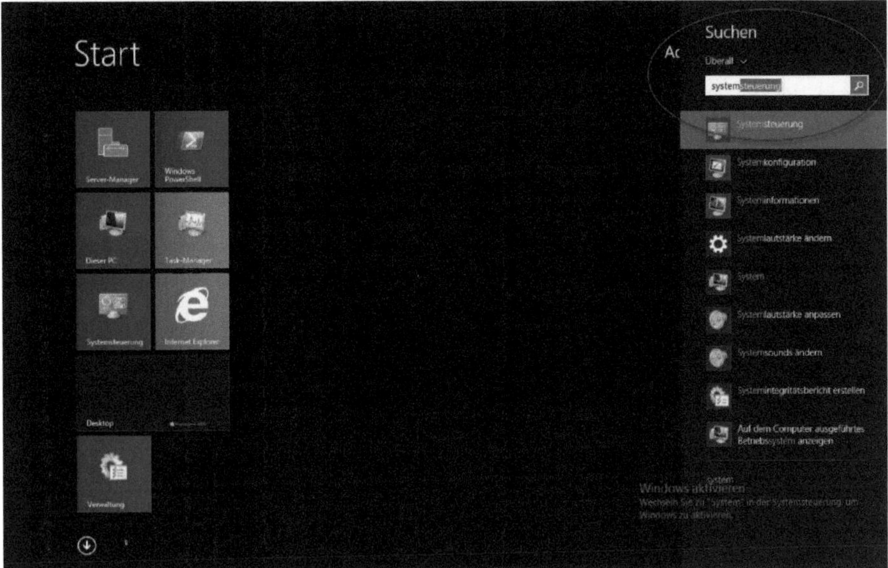

Abb. 3.4: *Einfache Suche nach Apps durch die Eingabe von Zeichen im Startbildschirm*

Wie in der oberen Grafik zu sehen ist, reicht es oft bereits aus, wenn man nur einen Teil des Namens der gesuchten App eingibt. Alle im System vorhandenen Apps, in deren Name oder auch Beschreibung die eingegebenen Zeichen enthalten sind, werden als Ergebnis auf dem Bildschirm angezeigt. Durch einen einfachen Klick lassen sich die Apps anschließend aufrufen. Ohne den Start einer App gelangt man wiederum durch das Drücken der [Esc]-Taste zum Startbildschirm zurück.

3.2 Der Desktop

Überbleibsel: Papierkorb und Taskleiste

Den aus früheren Windows-Versionen bereits bekannte Desktop findet man auch in Windows Server 2012 R2 wieder. Links oben in der Ecke des Desktop findet man gewohnter Weise den Papierkorb. Je nachdem, ob man das verfügbare, optionale Update für Windows Server 2012 R2 bereits eingespielt hat, sieht man in der unteren Ecke des Windows-Desktop den wieder eingeführten *Start-Button*. Ohne installiertes Update zeigt sich beim Hineinbewegen der Maus in die untere linke Ecke lediglich das Vorschaufenster für den Startbildschirm.

Wenn man den Mauszeiger unten links in die Ecke führt, so erscheint ein Vorschaubild für den Wechsel zum *Startbildschirm*.

Abb. 3.5: *Startbildschirm statt des Start-Buttons noch unter Windows Server 2012 R2 ohne Update (1)*

Abb. 3.6: *Windows Start-Button unter Windows Server 2012 R2 mit Update (1)*

Wenn man mit der *rechten Maustaste auf das Vorschaubild des Startbildschirms* bzw. den Start-Button klickt, so öffnet sich ein Kontextmenü mit einer Vielzahl an Programmverknüpfungen zu verschiedenen Verwaltungsprogrammen und -optionen.

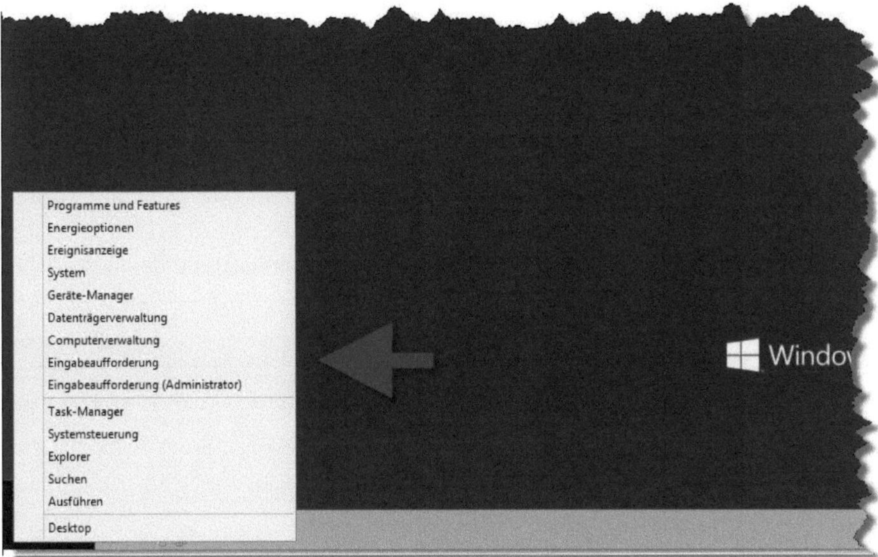

Abb. 3.7: *Kontextmenü zum Schnellaufruf von Verwaltungsprogrammen und -optionen in Windows Server 2012 R2 - ohne Update (1)*

Nach der Installation von Update (1) für Windows Server 2012 R2 findet man dort im Kontextmenü zusätzlich auch die Optionen zum Herunterfahren bzw. Neustarten, oder auch zum Abmelden.

Abb. 3.8: *Kontextmenü zum Schnellaufruf von Verwaltungsprogrammen und -optionen in Windows Server 2012 R2 mit installiertem Update (1)*

Mit einem *Klick in die rechte untere Ecke* gelangt man auch bei geöffneten Apps stets zurück zum Desktop.

3.3 Die „Charms"-Leiste

Bedienkonzept wie in Windows 8.1

Ideal für die Touch-Steuerung des Windows-Betriebssystems entwickelt, findet sich die so genannte „*Charms*"-Leiste auch in Windows Server 2012 R2. Diese wird automatisch eingeblendet, sobald man mit der Maus in die obere oder untere rechte Ecke des Desktops fährt, und die Maus dann langsam ein kleines Stück in Richtung der in der Mitte sanft eingeblendeten Symbole führt.

Abb. 3.9: Die *„Charms"-Leiste unter Windows Server 2012 R2*

Die „*Charms*"-Leiste dient nicht nur zur Anzeige der aktuellen Uhrzeit und des Datums, sondern birgt auch wichtige Konfigurationsmöglichkeiten, und auch die Option, das Computersystem *herunterzufahren* oder *neu zu starten*.

Hinter den Einstellungen in der „*Charms*"-Leiste findet man verschiedene, wichtige Konfigurationsoptionen. In der Anordnung der darin enthaltenen Symbole und Verknüpfungen wird es wiederum deutlich, dass Microsoft auch hierbei klar die Touch-Bedienung auf Tablet-PCs oder Smartphones berücksichtigt hat.

Die in den Einstellungen der „*Charms*"-Leiste enthaltenen Verknüpfungen und Symbole sind in der folgenden Tabelle zusammengefasst:

Konfigurationsoption	Beschreibung
Desktop	Bietet den Wechsel zum Desktop.
Systemsteuerung	Ruft die Systemsteuerung von Windows Server 2012 R2 auf.
Anpassung	Bietet die Möglichkeit zur Bildschirmanpassung.
Serverinfo	Zeigt die Systemeigenschaften des Servers an.
Hilfe	Ruft die Startseite der Hilfe auf.
CertPro.local	Zeigt die aktuellen Verbindungen des Servers auf.
Deaktiviert	Dient der Steuerung des Audio-Ausgabegerätes (soweit vorhanden)
Nicht verfügbar	Dient zum Steuern der Helligkeit des Displays.
Benach-richtigungen	Dient zum Steuern, wie lange Benachrichtigungen im System ausgeblendet werden sollen.
Ein/Aus	Ermöglicht das **Herunterfahren** oder **Neu starten** des Computersystems.
Tastatur	Dient zum Aufruf der Bildschirmtastatur.

Tab. 3.1: *Symbole in den Einstellungen der „Charms"-Leiste von Windows Server 2012 R2*

Weitere Optionen, wie das Abmelden oder Sperren des Computers wiederum sind in diesen Einstellungen nicht vorhanden. Diese Optionen stehen u. a. direkt im Startbildschirm von Windows Server 2012 R2 nach einem Klick auf das Benutzerkontensymbol zur Verfügung.

3.3.2 Optionen: Herunterfahren, Neu starten, Abmelden und Sperren

Auf den Benutzer fokussiert

Wichtige Funktionen, wie das *Abmelden* vom Computer oder gar das *Sperren* des Computersystems stehen in den Einstellungen der „*Charms*"-Leiste nicht zur Verfügung.

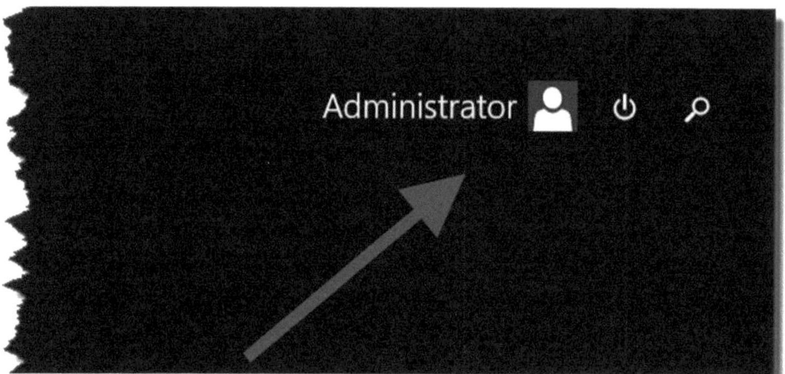

Abb. 3.10: *Optionen im Startbildschirm*

Diese Optionen erreicht man unter Windows Server 2012 R2 mit Update (1) u. a. über die entsprechenden Symbole in der rechten oberen Ecke des Startbildschirms. Mit einem Klick auf das entsprechende Symbol stehen die gewünschten Optionen zur Verfügung:

Konfigurationsoption	Beschreibung
Administrator	Ermöglicht nach einem Klick das Abmelden und Sperren des Benutzerkontos.
	Bietet nach einem Klick die Auswahloptionen für das Herunterfahren oder Neu starten des Computersystems.
	Ruft die Windows-Suche auf.

Tabelle 3.2: *Symbole im Startbildschirm von Windows Server 2012 R2*

Damit man die für die Verwaltung und Steuerung notwendigen Funktionen, Apps und Optionen in Windows Server 2012 R2 findet, muss man sich insbesondere die erste Zeit mit den neuartigen Navigationsmöglichkeiten im neuen Serverbetriebssystem befassen. Um den Einstieg zu vereinfachen, finden Sie in den nächsten Seiten wichtige Informationen rund um die Navigation in Windows Server 2012 R2.

3.4 Navigation in Windows Server 2012 R2

Tastenkombinationen zur einfacheren Navigation

Die Navigation in Windows Server 2012 R2 ist - prinzipiell wie auch in Windows Server *2012* - im Vergleich zu den vorangegangen Windows-Betriebssystemen oft noch völlig ungewohnt.

Wie vorweg bereits erwähnt, ist das bislang so gewohnte Start-Menü auch unter Windows Server 2012 R2 nicht vorhanden. Trotzdem findet man sich in der neuen Oberfläche eigentlich recht schnell zurecht. Man sollte sich zur Vereinfachung der Navigation auf dem neuen Serversystem einfach ein paar der möglichen Tastenkombinationen einprägen - diese gelten ebenso unter Windows 8/8.1. Umso einfacher fällt es sicher, sich an die neue Navigation und auch die grafische Benutzeroberfläche zu gewöhnen.

3.4.1 Navigationsschritte in Windows Server 2012 R2

Navigation mit Maus und Tastatur - statt mit den Fingern - möglich

Die Navigation in Windows Server 2012 R2 wurde bereits in der Vorversion, dem Windows Server 2012, von Microsoft prinzipiell völlig neu konzipiert und an die neue Kacheloptik von Windows 8 angepasst. Sicher erfordert sie zu Beginn ein wenig Zeit, bis sie in „Fleisch und Blut" übergegangen ist. Die ersten Feedbacks von Administratoren, die das neue Serversystem jedoch bereits im Livebetrieb einsetzen, erklärten die schnelle Gewöhnung an die neuen Navigationswege. Damit auch Ihnen die Navigation unter dem neuen Windows Server 2012 R2 gleich zu Beginn schon einfach fällt, finden Sie hier nun die wichtigsten Navigationsschritte:

Aktion	Tastatureingabe bzw. Mausklick
Öffnen des Startbildschirms	start-Taste
	Auf einem virtuellen Computer unter Windows Server 2012 R2 alternativ die Strg+Esc-Taste.
	Zeigen Sie mit dem Mauszeiger auf die obere rechte Ecke des Bildschirms, und klicken Sie auf ***Start***.
	Zeigen Sie auf dem Desktop mit dem Mauszeiger auf die untere linke Ecke des Bildschirms, und klicken sie auf die **Miniaturansicht der Startseite**.
Schließen des Startbildschirms	Esc-Taste

Aktion	Tastatureingabe bzw. Mausklick
Herunterfahren und Neustarten des Computers	1. Zeigen Sie mit dem Mauszeiger auf die obere rechte Ecke des Bildschirms, und klicken Sie auf **Start**, und dann auf **Einstellungen**. 2. Klicken Sie auf **Ein/Aus** und dann auf **Herunterfahren**.
Neustarten des Computers	Zeigen Sie mit dem Mauszeiger auf die obere rechte Ecke des Bildschirms, und klicken Sie auf **Start**, und dann auf **Einstellungen**. Klicken Sie auf **Ein/Aus** und dann auf **Neu starten**.
Abmelden am Computer	Klicken Sie im Startbildschirm in der oberen rechten Ecke auf Ihren **Benutzernamen**, und klicken Sie dann auf **Abmelden**.
Sperren des Computers	start + L.
	Klicken Sie im *Startbildschirm* in der oberen rechten Ecke auf Ihren ***Benutzernamen***, und klicken Sie dann auf **Sperren**.
Zugreifen auf die Systemsteuerung	Klicken Sie auf der *Startseite* auf **Systemsteuerung**.
	Zeigen Sie auf dem Desktop mit dem Mauszeiger auf die obere rechte Ecke des Bildschirms, und klicken Sie dann auf **Einstellungen**. Klicken Sie auf **Systemsteuerung**.
Zugreifen auf die Verwaltung	Klicken Sie in der Server-Manager-Menüleiste auf **Extras**, um auf den Inhalt des Ordners ***Verwaltung*** zuzugreifen.
	Geben Sie auf der Startseite **Verwaltung** ein, und klicken Sie auf der Suchleiste auf **Einstellungen**. Klicken Sie in den Ergebnissen für **Einstellungen** auf **Verwaltung**.
Öffnen des Dialogfelds „Ausführen"	start + R
Starten der Windows-PowerShell	Klicken Sie auf der Startseite auf **Windows PowerShell**.
	Klicken Sie auf der Taskleiste auf **Windows PowerShell**.

Aktion	Tastatureingabe bzw. Mausklick
Öffnen der Eingabeaufforderung	Geben Sie auf der Startseite **cmd** ein. Klicken Sie in den Ergebnissen für ***Apps*** auf **cmd**. Drücken Sie auf dem Desktop start + R, um das Dialogfeld **Ausführen** zu öffnen. Geben Sie im Dialogfeld **Ausführen** den Befehl **cmd** ein, und drücken Sie die ↵-Taste.
Öffnen der Remotedesktopverbindung	Geben Sie auf der Startseite **mstsc** ein. Klicken Sie in den Ergebnissen für **Apps suchen** auf **mstsc**.

Tabelle 3.3: *Navigationsschritte unter Windows Server 2012 R2*

Neben den in der Tabelle aufgeführten Navigationsschritten ist es für den praktischen Umgang mit Windows Server 2012 R2 wichtig, die neuen Tastenkombinationen zu kennen.

3.4.2 Tastenkombinationen unter Windows Server 2012 R2

Vereinfachen die Navigation und Verwaltung

Unter Windows Server 2012, Windows Server 2012 R2 sowie auch parallel unter Windows 8/8.1 hat Microsoft eine Vielfalt an neuen Tastenkombinationen geschaffen, die es ermöglichen, bestimmte Funktionen auf dem Computersystem direkt anzusteuern. Zusätzlich zu den bisherigen Tastenkombinationen, wie man sie bereits aus den vorangegangenen Windows-Versionen wie Windows 7 und Windows Server 2008 R2 kannte, bereichern diese nochmals die Navigations- und Verwaltungsmöglichkeiten in den neuen Windows-Betriebssystemen.

Eine Übersicht über die wichtigsten Tastenkombinationen in Windows Server 2012, Windows Server 2012 R2 sowie auch in Windows 8/8.1 finden Sie in der nachfolgenden Tabelle:

Tastenkombination	Funktionalität
start + ␣ (Leertaste)	Wechseln der Eingabesprache und des Tastaturlayouts
start + O	Sperren der Geräteausrichtung
start + Y	Vorübergehendes Anzeigen des Desktops

Tastenkombination	Funktionalität
Start + V	Navigieren durch Benachrichtigungen
Start + ⇧ + V	Navigieren durch Benachrichtigungen in umgekehrter Reihenfolge
Start + ↵	Öffnen der Sprachausgabe
Start + Bild ↑	Verschieben von Windows-Apps links auf den Monitor
Start + Bild ↓	Verschieben von Windows-Apps rechts auf den Monitor
Start + ⇧ + .	Öffnen der App-Leiste
Start + .	Verschieben des Bundstegs nach links (dockt eine Anwendung an)
Start + C	Verschieben des Bundstegs nach rechts (dockt eine Anwendung an)
Start + I	Öffnen der Kopfleiste
Start + K	Öffnen des Bereichs „Einstellungen"
Start + H	Öffnen des Bereichs „Geräte"
Start + Q	Öffnen des Bereichs „Teilen"
Start + W	Öffnen des Bereichs „Suchen"
Start + F	Öffnen der App „Einstellungssuche"
Start + ⇆	Öffnen der App „Dateisuche"
Start + ⇧ + ⇆	Navigieren durch Windows-Apps
Start + Strg + ⇆	Navigieren durch Windows-Apps in umgekehrter Reihenfolge
Start + Z	Navigieren durch Windows-Apps und Andocken dieser nach dem Navigieren
Start + ␣ (Leertaste)	Öffnen der App-Leiste

Tab. 3.4: *Wichtige Tastenkombinationen in Windows Server 2012 R2 und Windows 8.1*

Wenn man sich mit der Navigation in Windows Server 2012 R2 etwas vertraut gemacht hat, ist es an der Zeit, sich zunächst einmal einen Überblick über die Möglichkeiten der Verwaltung des Servers und der darauf konfigurierbaren Serverrollen und -funktionen schaffen.

3.5 Verwaltung von Windows Server 2012 R2

Verschiedene Möglichkeiten - ganz nach Bedarf

Die Verwaltung von Windows Server 2012 R2 wurde von Microsoft ebenso an die in Unternehmen vielfältigen, notwendigen Verwaltungsmöglichkeiten angepasst. In kleineren Unternehmen bedienen sich die Administratoren oft der grafischen Verwaltungsoberfläche. Dabei dient der grafische Server-Manager sicher als die wichtigste der Verwaltungskonsolen. Sobald die Anzahl der Server-systeme ansteigt, muss man unweigerlich auf die Automatisierung von Verwaltungsvorgängen ausweichen - auch dazu bietet der neue Windows Server 2012 R2 die notwendigen Werkzeuge: als CommandLets (*Cmdlets*) in den vielen neuen oder auch erweiterten Modulen der Windows PowerShell. Natürlich hat Microsoft parallel auch noch viele der bislang verwendeten Tools und Programme im neuen Serverbetriebssystem belassen, so dass man sich seitens der bisherigen Verwaltungsschritte nicht sofort völlig neu orientieren muss.

Damit man die Verwaltung des neuen Serverbetriebssystems effektiv betreiben kann, muss man sich mit den zur Verfügung stehenden Konsolen, Tools und Methoden befassen.

3.5.1 Der grafische Server-Manager

Wie man es nach dem ersten Anmelden bereits vernehmen kann, stehen für die Verwaltung von Windows Server 2012 R2 zum Großteil völlig überarbeitete Verwaltungswerkzeuge zur Verfügung. Markant ins Auge fällt dabei der grafische Server-Manager, der standardmäßig gleich nach der Anmeldung am Server unter Windows Server 2012 R2 automatisch geladen und angezeigt wird. Erstmals enthalten war diese neue, grafische Verwaltungsoberfläche bereits auch unter Windows Server 2012.

Sollte der Server-Manager nach dem Anmelden nicht automatisch angezeigt werden, so kann man ihn einfach über einen Klick auf die betreffende Kachel im Startbildschirm bzw. einen Klick auf das Symbol für den Server-Manager in der Task-Leiste auf dem Desktop von Windows Server 2012 R2 manuell starten.

Der Server-Manager in Windows Server 2012 R2 ermöglicht zuerst einmal die Verwaltung des lokalen Serversystems. Das fällt insbesondere dann auf, wenn man sich das beim ersten Start standardmäßig angezeigte *Dashboard* betrachtet. Dort wird ganz oben die Kachel *Willkommen bei Server-Manager*, wie Microsoft sie bezeichnet, angezeigt. In dieser findet man neben der Aufforderung zur Konfiguration auch Neuigkeiten, sowie weitere Informationen zu Windows Server 2012 R2.

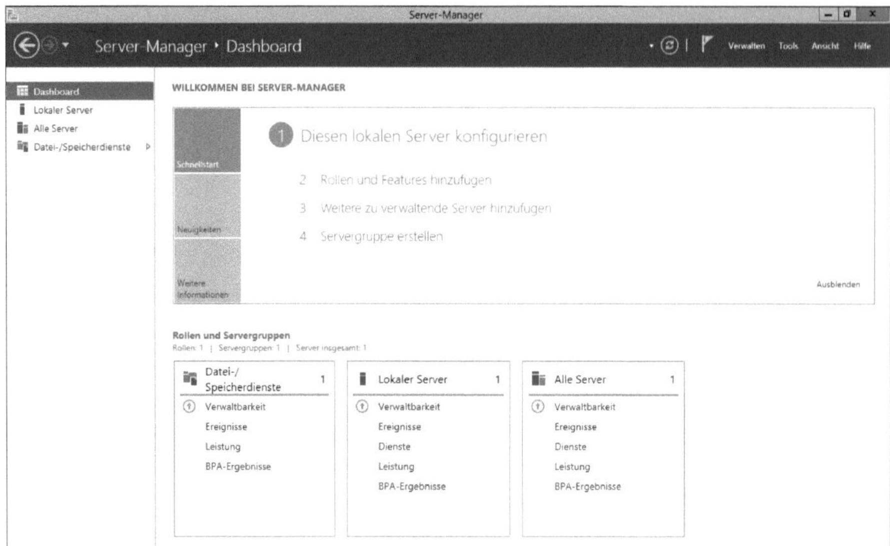

Abb. 3.11: *Der grafische Server-Manager in Windows Server 2012 R2*

Die *Willkommenskachel* kann man über einen Klick auf **Ansicht** und dann auf **Kachel für Willkommen ausblenden**, bzw. über die Verknüpfung in der rechten unteren Ecke der Kachel bei Bedarf einfach ausblenden, und über die Ansicht später jederzeit wiederum einblenden lassen.

3.5.1.1 Das Dashboard

Schneller Blick über den Status der Serversysteme

Eine der wichtigen Funktionen in Windows Server 2012 R2 ist das *Dashboard* im *Server-Manager*, in dem ein Administrator gleich nach dem Start der Verwaltungskonsole den Status aller damit verwalteten Serversysteme, sowie der darauf ausgeführten Serverrollen des Unternehmens einsehen kann. Beim Aufruf des Server-Managers aktualisiert dieser die Statusdaten über jedes der darin verknüpften Serversysteme.

Die im Dashboard vorhandenen Kacheln zu den jeweiligen Serverrollen färben sich rot ein, um auf mögliche Probleme hinzuweisen. Beispielsweise tritt dies ein, wenn in der Ereignisanzeige eines der innerhalb der jeweiligen Servergruppe enthaltenen Systeme ein Problem dokumentiert hat. Durch einen Klick auf die (Rollen-)Beschriftung der jeweiligen Kachel wechselt man in die jeweilige Servergruppe, und erfährt dort dann die Ursache zu dem jeweiligen Problem.

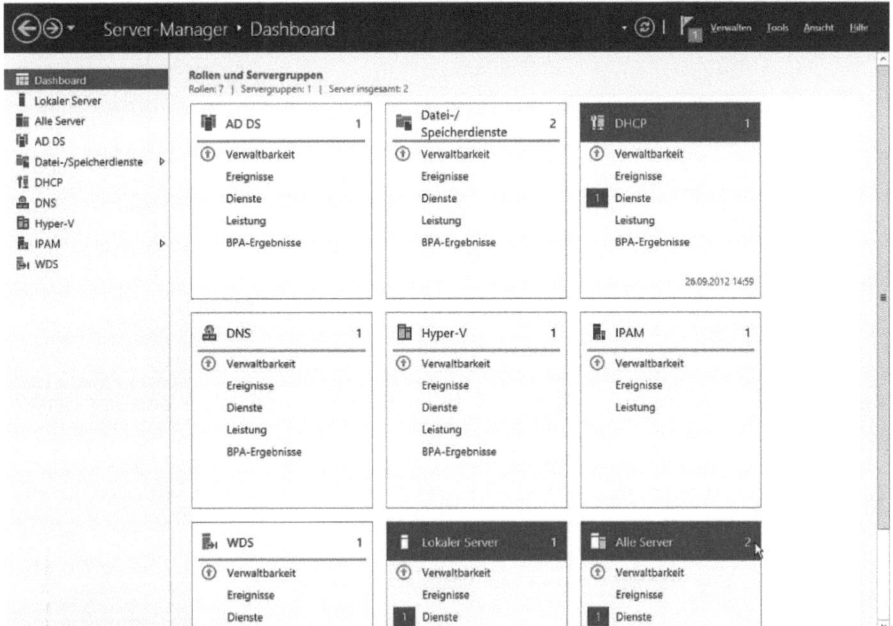

Abb. 3.12: *Kenntlichmachung von ermittelten Problemen im Dashboard des neuen Server-Managers*

3.5.1.2 Standardmäßiges Aktualisierungsintervall

Aktualisierung zeitlich anpassbar

Nach dem Aufruf aktualisiert der Server-Manager die Statusinformationen alle 10 Minuten. Dieser Wert kann in den Eigenschaften des Server-Managers bei Bedarf angepasst werden. Gehen Sie dazu wie folgt vor:

1. Klicken Sie im *Server-Manager* auf **Verwalten**, und dann auf **Server-Manager-Eigenschaften**.

2. Nehmen Sie die Konfiguration der Datenaktualisierungsperiode für den Server-Manager vor, und klicken Sie dann auf **OK**.

Bei Bedarf kann man die zeitlich gesteuerte Datenaktualisierung des Server-Managers auch völlig abschalten. Dann findet die Aktualisierung der darin angezeigten Statusinformationen zu den verwalteten Serversystemen lediglich noch beim Start des Server-Managers statt.

Abb. 3.13: *Anpassungsmöglichkeit für die Datenaktualisierungsperiode des Server-Managers unter Windows Server 2012 R2*

Zusätzlich kann in den Server-Manager-Eigenschaften ebenso noch festlegen, ob dieser beim Anmelden nicht automatisch starten soll.

3.5.1.3 Manuelle Aktualisierung des Server-Managers

Man kann auch unabhängig von der zeitlich definierten Datenaktualisierungsperiode für den Server-Manager die Statusinformationen zu den mit diesem verwalteten Serversysteme abrufen. Dazu muss man lediglich auf das Aktualisierungssymbol in der Kopfleiste des Server-Managers klicken.

Man sollte stets bedenken, dass der Aktualisierungsvorgang im Server-Manager bei der Ermittlung von Statusdaten von Remoteserversystemen im Unternehmen einen gewissen Datenverkehr im Computernetzwerk auslöst. Darüber hinaus entsteht auch für das jeweilige, lokale, für die Ausführung des Server-Managers genutzte System zu einem gewissen Grad ebenso eine mehr oder weniger spürbare Auslastung, die sich nach der Anzahl der zu aktualisierenden Serversysteme, Serverrollen und den damit verbundenen Daten richtet

3.5.1.4 Systemeigenschaften des lokalen Servers

Der grafische Server-Manager ermöglicht einen umfassenden Einblick in das jeweilige Serversystem unter Windows Server 2012 R2. Hierzu stellt er die wichtigsten Systemeigenschaften in einer Übersicht zusammen. Man erreicht die Ansicht durch einen Klick im linken Menü im Server-Manager auf **Lokaler Server**.

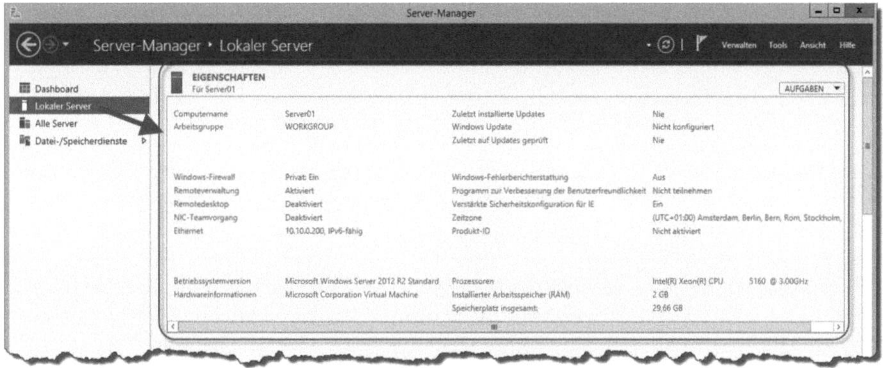

Abb. 3.14: *Anzeige der Systemeigenschaften des lokalen Servers*

Durch einen einfachen Klick auf die farbig blau herausgehobene Verknüpfung kann man die jeweiligen Systemeigenschaften bei Bedarf einfach anpassen.

Die im Server-Manager konfigurierbaren Systemeigenschaften umfassen:

Durch einen einfachen Klick auf die farbig blau herausgehobene Verknüpfung kann man die jeweiligen Systemeigenschaften bei Bedarf einfach anpassen.

Die im Server-Manager konfigurierbaren Systemeigenschaften umfassen:

Option	Beschreibung
Computername	Ermöglicht das Festlegen bzw. das Ändern des Computernamens
Arbeitsgruppe / Domäne	Ermöglicht den Beitritt des Computersystems als Mitglied zu einer Arbeitsgruppe oder Active Directory-Domäne.
Zuletzt installierte Updates	Zeigt eine Übersicht über zuletzt installierte Updates, und ermöglicht den Wechsel zum Konfigurationsdialog.
Windows Update	Zeigt den aktuellen Status der Konfiguration zu Windows Update, und ermöglicht den Wechsel zum Konfigurationsdialog.
Zuletzt auf Updates geprüft	Zeigt den aktuellen Status, und ermöglicht den Wechsel zum Konfigurationsdialog.
Windows-Firewall	Zeigt den Status der Windows-Firewall, und ermöglicht den Wechsel zur Konfigurationskonsole.

Option	Beschreibung
Remoteverwaltung	Zeigt den Aktivierungsstatus, und ermöglicht den Wechsel zum Konfigurationsdialog.
Remotedesktop	Zeigt den Aktivierungsstatus, und ermöglicht den Wechsel zum Systemeigenschaften-Dialog zur Konfiguration.
NIC-Teamvorgang	Zeigt den Status, und ermöglicht den Wechsel zum Konfigurationsdialog für das Netzwerkkarten-Teaming.
Ethernet, Ethernet 2, ...	Zeigt die aktuelle Konfiguration, und ermöglicht die Netzwerkkonfiguration, wie IP-Adressen, Subnet-Mask, usw.
Windows-Fehlerbericht-erstattung	Zeigt den aktuellen Status, und ermöglicht die Konfiguration zur Windows-Fehlerberichterstattung.
Programm zur Verbesserung der Benutzerfreundlichkeit	Zeigt den aktuellen Status, und ermöglicht die Konfiguration zur Teilnahme am Programm zur Verbesserung der Benutzerfreundlichkeit.
Verstärkte Sicherheits-konfiguration für IE	Zeigt den aktuellen Status, und ermöglicht die Anpassung der verstärkten Sicherheitskonfiguration für Administratoren und Benutzer.
Zeitzone	Zeigt den aktuellen Status, und ermöglicht die Anpassung der Einstellungen für die Zeitzone, in der das System eingesetzt ist, sowie das Datum und die Uhrzeit. Darüber hinaus lassen sich über das Register Zusätzliche Uhren noch bis zu zwei weitere Uhren für weitere Zeitzonen konfigurieren.
Produkt-ID	In diesem Feld werden die Produkt-ID, sowie der Aktivierungsstatus angezeigt. Darüber hinaus kann man zum Dialog zur Eingabe des Produkt-Key wechseln und das System hierüber bei Bedarf manuelle aktivieren.

Tab. 3.5: *Konfigurierbare Systemeigenschaften eines Serversystems im Server-Manager unter Windows Server 2012 R2*

3.5.1.5 Vorgehensweise zur Konfiguration der Systemeigenschaften

Die Konfiguration der Systemeigenschaften lässt sich zentral im grafischen Server-Manager unter Windows Server 2012 R2 auf einfache Weise durchführen. In der Regel benötigt man zur Anpassung der Eigenschaften die Administratorrechte.

Gehen Sie wie folgt vor, um die Systemeigenschaften eines Serversystems unter Windows Server 2012 R2 lokal im Server-Manager anzupassen:

1. Öffnen Sie den *Server-Manager* (soweit dies nicht automatisch geschieht), und klicken Sie auf **Lokaler Server**.
2. Klicken Sie dann unter *Eigenschaften für <Servername>* auf die zu konfigurierende *Systemeigenschaft*, und folgen Sie den Anweisungen des jeweiligen Konfigurationsdialogs.

3.5.1.6 Rollen und Servergruppen

Gruppierung auch nach Serverrollen

Gegenüber den noch unter Windows Server 2008 R2 verwendeten Versionen wurde der Server-Manager nicht nur optisch aufgefrischt wurde. Er dient seit Windows Server 2012 nunmehr fest der zentralen Verwaltung des lokalen, sowie auch von Remoteservern und ganzen Serverfarmen.

Eigene Servergruppen möglich

Damit die Verwaltung im grafischen Server-Manager ist besonders effizient stattfinden kann, ermittelt dieser beim Hinzufügen von weiteren Servern die darauf ausgeführten Serverrollen und Rollendienste. Anschließend vereint er die Server mit gemeinsam ausgeführten Serverrollen in entsprechenden Servergruppen.

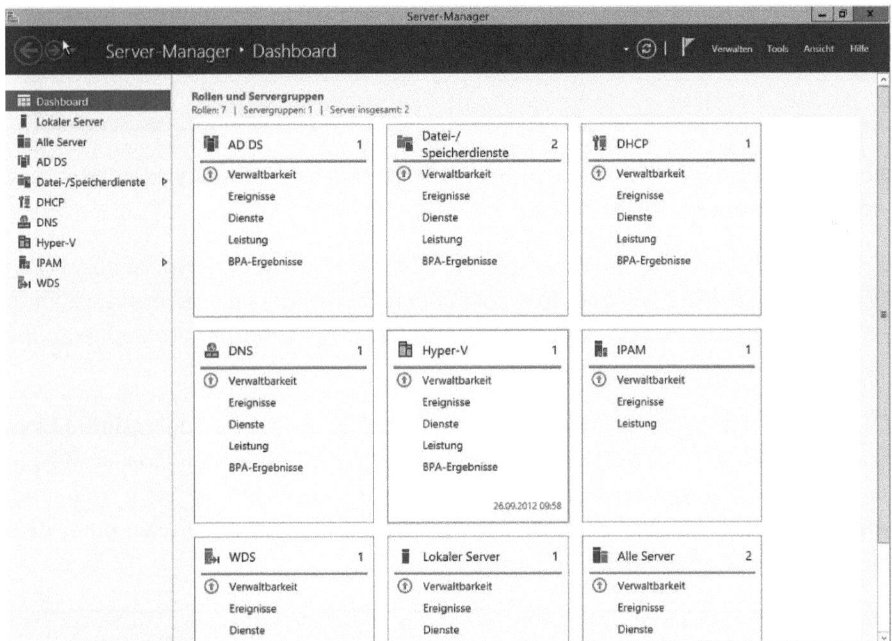

Abb. 3.15: *Rollen und Servergruppen im grafischen Server-Manager*

Durch die Gruppierung der zu verwaltenden Serversysteme nach der darauf ausgeführten Serverrolle lassen sich diese somit auch gezielt verwalten. Nähere Informationen zu der Verwaltung der Serverrollen, Rollendienste und -funktionen in Windows Server 2012 R2 erfahren Sie in den späteren Kapiteln dieses Fachbuches.

3.5.1.7 Verwaltungskonsolen und -tools im Server-Manager

Im Server-Manager werden die für die Verwaltung der auf den Serversystemen installierten Serverrollen, Rollendienste und -funktionen notwendigen Verwaltungskonsolen und -tools zentral bereitgestellt. Diese findet man übersichtlich direkt über den Aufruf der Tools in der Kopfleiste des Server-Managers in Windows Server 2012 R2.

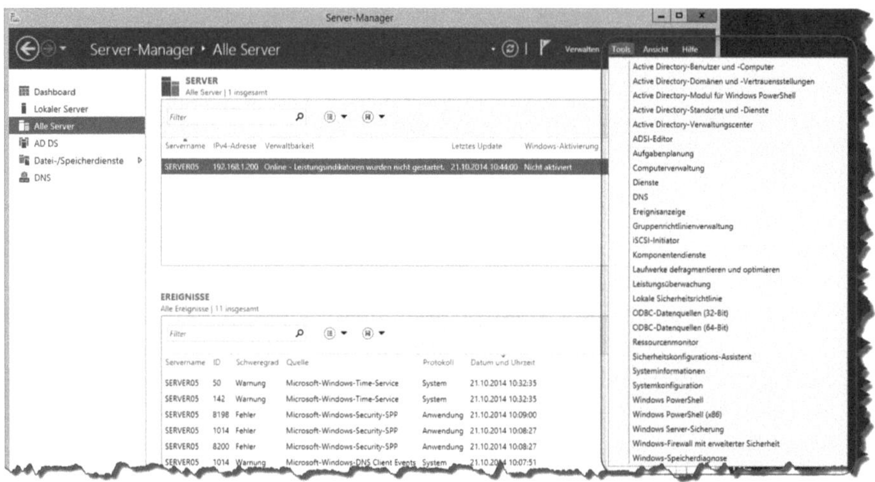

Abb. 3.16: *Übersicht der im Server-Manager verknüpften Verwaltungskonsolen und -tools unter Windows Server 2012 R2*

Die vorhandenen Verwaltungskonsolen und -tools werden im Server-Manager von Windows Server 2012 R2 unter der Verknüpfung *Tools* angezeigt, wie man sie ähnlich in Windows Server 2008 oder Windows Server 2008 R2 unter der Programmgruppe *Verwaltung* im Startmenü vorfand.

Zentraler Zugriff auf Verwaltungswerkzeuge

Das von den vorherigen Windows-Versionen oft bereits bekannte Tool **msinfo32.exe** fand unter dem Namen ***Systeminformationen*** im neuen Server den direkten Weg in die im Server-Manager verknüpften Tools und Konsolen. Ebenso erging es dem Tool **msconfig.exe**, das sich in der Liste der verknüpften Tools und Konsolen unter dem Namen ***Systemkonfiguration*** verbirgt.

Hinter dem Begriff *Verwalten* finden sich in der Kopfleiste des grafischen Server-Manager von Windows Server 2012 R2 hingegen u. a. die Assistenten zum Hinzufügen und Entfernen von (Server-)Rollen und Features (Funktionen), zum Hinzufügen von weiteren, zu verwaltenden Serversystemen, und dem Erstellen weiterer Servergruppen.

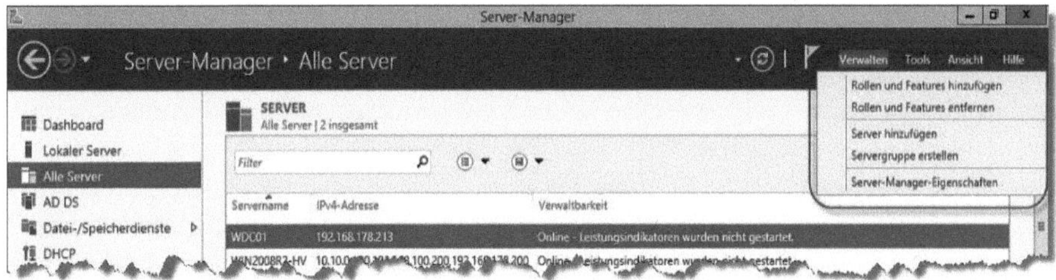

Abb. 3.17: *Verwaltungsfunktionen im Server-Manager*

3.5.1.8 Aufruf der Verwaltungstools

Die im Server-Manager für die Verwaltung von Serversystemen, sowie der darauf installierten Serverrollen, Rollendienste und -funktionen notwendigen Konsolen und Tools lassen sich i.d.R. auch gezielt über einen *Rechtsklick mit der Maus* auf das jeweilige Serversystem im Kontextmenü auswählen.

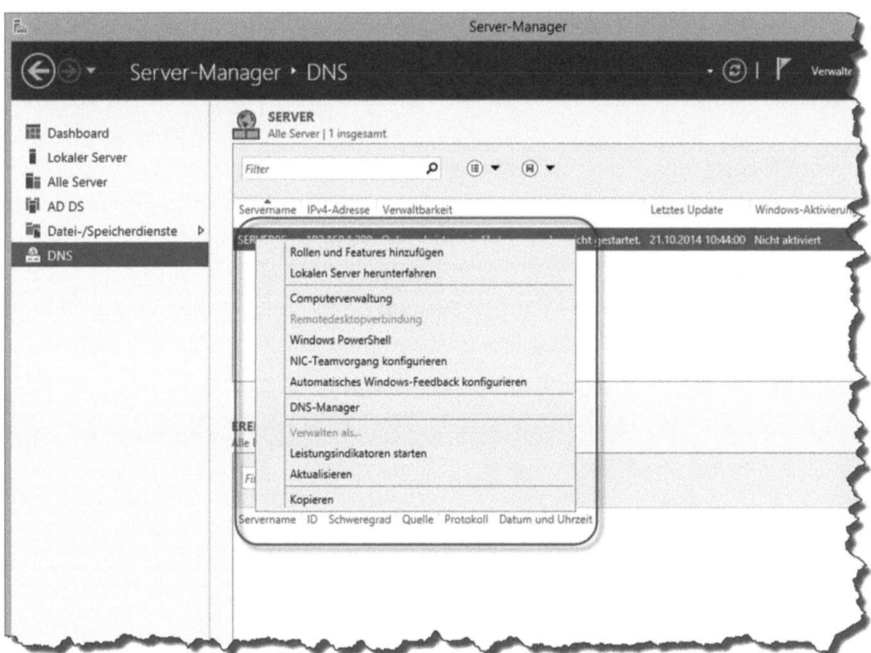

Abb. 3.18: *Aufruf der Verwaltungstools im Server-Manager*

Hinweis Die in Windows Server 2012 R2 enthaltenen Verwaltungskonsolen sind nicht allesamt abwärtskompatibel, und können somit nicht pauschal auch für die Verwaltung älterer Serverbetriebssysteme, wie Windows Server 2008 und Windows Server 2008 R2 eingesetzt werden. Insbesondere deutlich wird dies, wenn man mit dem Hyper-V-Manager unter Windows Server 2012 R2 versucht, die virtuellen Maschinen auf einem unter Windows Server 2008 R2 ausgeführten Serversystem mit installierter Hyper-V-Rolle zu verwalten. Der Versuch wird mit einer Fehlermeldung und dem Hinweis auf die Inkompatibilität quittiert. Details zu den koexistenten Verwaltungsmöglichkeiten erhalten Sie innerhalb der späteren Kapiteln dieses Fachbuches.

3.6 Remoteverwaltung von Servern

Verschiedene Methoden - ganz nach Bedarf

Für die Remoteverwaltung von Serversystemen unter Windows Server 2012 R2 existieren viele Möglichkeiten. So findet man wie bereits bei den vorangegangenen Serverbetriebssystemen die Möglichkeit vor, sich mittels Remotedesktop zur Verwaltung auf die Serversysteme aufzuschalten. Der Server-Manager unter Windows Server 2012 R2 ermöglicht ebenso die zentrale Verwaltung von ganzen Serverlandschaften eines Unternehmens. Ungünstig ist es jedoch für Administratoren zumeist, sich für die zentrale Verwaltung der Serversysteme mit dem Server-Manager jeweils zuerst auf eines der vorhandenen Serversysteme aufschalten zu müssen, um dann anschließend von da aus verwaltungstechnisch im Netzwerk wirken zu können. Alternativ besteht zudem beispielsweise auch die Möglichkeit, die **Remoteserver-Verwaltungstools** (engl. *Remote Server Administration Tools, RSAT*) **für Windows 8.1** von der Download-Website von Microsoft aus dem Internet herunterzuladen, und auf einem Clientcomputer unter Windows 8.1 Professional oder Enterprise zu installieren. Der Remotezugriff kann dann einfach mit den im Umfang von RSAT enthaltenen Verwaltungskonsolen und -tools erfolgen.

Hinweis Die Windows PowerShell kann für Remotezugriffe auf Serversysteme unter Windows Server 2012 R2 ebenso verwendet werden. Die dazu notwendigen Anforderungen, sowie u. a. auch die praktische Vorgehensweise werden im Kapitel 4 dieses Fachbuches detailliert erklärt.

Als Administrator muss man lediglich noch die für die jeweilige Verwaltung oder Konfiguration passende Vorgehensweise wählen, um Serversysteme unter Windows Server 2012 oder auch Windows Server 2012 R2 remote zu verwalten.

3.6.1 Remoteverwaltung mit dem Server-Manager

Zentrales Verwaltungswerkzeug

Wie in den vorangegangen Seiten bereits erwähnt dient der grafische Server-Manager unter Windows Server 2012 R2 als zentrale Verwaltungskonsole für den lokalen, aber auch Remoteserver eines Unternehmens. Dabei ist es möglich, nicht nur Serversysteme unter dem neuen Windows Server 2012 oder Windows Server 2012 R2 mit dem Server-Manager remote zu verwalten, auch Server Windows Server 2008 mit Service Pack 2

(SP2) und Windows Server 2008 R2 (Release 2) mit mindestens Service Pack 1 (SP1) können dabei - wenn auch etwas eingeschränkt - mit einbezogen werden.

Hinweis

Das Hinzufügen oder auch Entfernen von Rollen und Funktionen auf Remoteservern lässt sich aus dem neuen Server-Manager lediglich unter Windows Server 2012 bzw. Windows Server 2012 R2 durchführen. Bei der Verwaltung von Serversystemen unter Windows Server 2008 oder Windows Server 2008 R2 steht diese Funktion nicht zur Verfügung und wird daher im Kontextmenü des Server-Managers bei Klick auf den jeweiligen Server ausgegraut angezeigt.

Einfache Aktivierung in Windows Server 2008 R2

Um die Remoteverwaltung mit dem Server-Manager durchführen zu können, fügen Sie das zu verwaltende Serversystem einfach als Mitglied in die Active Directory-Gesamtstruktur oder -Domänen hinzu, und schalten Sie die Remoteverwaltung frei. Dies kann man in Windows Server 2008 R2 (Release 2) direkt im Server-Manager über die Aktivierung der Option *Remoteverwaltung für Server-Manager* erledigen.

3.6.1.1 Abwärtskompatibilität: Windows Server 2008

Auf Serversystemen unter Windows Server 2008 kann man die Remoteverwaltung nicht im Server-Manager freischalten. Zwar ist der WinRM-Dienst unter Windows Server 2008 standardmäßig bereits gestartet, jedoch muss man auf solchen Systemen erst noch einen entsprechenden *Listener* für die Remoteverwaltung einrichten. Dazu kann man auf einem solchen System - im Kontext eines Administrators - den folgenden Befehl verwenden, um einen sogenannten *Listener* für Zugriffe mittels *http-Protokoll* von einer *beliebigen IP-Adresse* im Netzwerk zu erstellen:

```
winrm create
winrm/config/listener?Address=*+Transport=HTTP
```

Zusätzlich müssen bei Bedarf noch entsprechende Firewall-Ausnahmen eingerichtet werden, um den Zugriff mittels Remoteverwaltung auf das jeweilige Serversystem zu ermöglichen.

Nähere Informationen zum Einrichten der Remoteverwaltung und zum Konfigurieren von HTTP- und auch HTTPS-Listener erhalten Sie im Internet unter:

http://msdn.microsoft.com/en-us/library/aa384291(VS.85).aspx

Im Anschluss an die Konfiguration kann man das zu verwaltende Serversystem einfach in die Konsole des Server-Managers unter Windows Server 2012 R2 über die Option *Server hinzufügen* aufnehmen. Die notwendigen Schritte hierzu werden im nächsten Absatz dargestellt.

Für die Remoteverwaltung von Serversystemen unter Windows Server 2008 mit Service Pack 2 (SP2) sowie Windows Server 2008 R2 mit Service Pack 1 (SP1) mit dem Server-Manager von Windows Server 2012 (R2) wird *Windows Remote-Management (WinRM) in der Version 3.0* inklusive der Windows PowerShell 3.0 benötigt. Microsoft hat dies aktuell als Bestandteil des **Windows Management Framework 3.0** freigegeben und zum Download im Internet veröffentlicht. Beachten Sie bitte, dass die Installation von WinRM 3.0 das **Microsoft .NET Framework 4.0** voraussetzt. Informationen und die Möglichkeit zum direkten Herunterladen von WinRM 3.0 finden Sie auf der Website von Microsoft unter:

http://www.microsoft.com/en-us/download/details.aspx?id=34595

Gehen Sie wie folgt vor, um ein zu verwaltendes Serversystem in den Server-Manager unter Windows Server 2012 R2 aufzunehmen:

1. Melden Sie sich als *Administrator* am Serversystem unter Windows Server 2012 R2 an.
2. Öffnen Sie den *Server-Manager* (soweit dies nicht automatisch geschieht) über einen Klick in der *Taskleiste* auf das **Symbol für den Server-Manager** bzw. im *Startbildschirm* auf die entsprechende **Kachel**.
3. Klicken Sie oben im *Server-Manager* auf **Verwalten**, und dann auf **Server hinzufügen**.
4. Geben Sie im Feld *Name (CN):* den Namen (oder den Anfang des Namens) des Servers an, und klicken Sie auf **Suche starten**.
5. Klicken Sie auf den *Namen* des zu verwaltenden Servers, und übernehmen Sie ihn mit einem Klick in der Mitte auf die **Schaltfläche** (mit dem Pfeil) nach rechts in den Fensterausschnitt *Ausgewählt.* Klicken Sie anschließend auf die Schaltfläche **OK**, um den Vorgang abzuschließen.

Der zu verwaltende Server wird im Server-Manager unter Windows Server 2012 R2 in der Servergruppe *Alle Server* sowie (je nach installierten Serverrollen) womöglich auch in anderen Servergruppen angezeigt, und kann nach dem erfolgreichen Hinzufügen zentral von dort aus verwaltet werden.

Hinweis

Die Remoteverwaltung muss auch in den Regeln der Windows-Firewall der zu verwaltenden Serversysteme unter Windows Server 2012 R2 freigeschaltet sein. Kontrollieren Sie dies, falls Probleme beim Zugriff auf das zu verwaltende Serversystem auftreten. Beim Ausführen von `WinRM quickconfig` sollten die Firewallregeln eigentlich bereits entsprechend angepasst sein.

3.6.2 Remoteverwaltung von Nicht-Domänenmitgliedern

Innerhalb einer Active Directory-Gesamtstruktur herrscht zwischen den darin eingesetzten Serversystemen eine grundlegende Vertrauensbasis. Die Systeme können sich gegenseitig „authentifizieren" (i.d.R. mittels Kerberos-Protokoll) und tauschen dementsprechend offen Daten zueinander aus. Anders gestaltet sich die Verwaltung von Serversystemen mittels grafischem Server-Manager, wenn die betreffenden Systeme sich außerhalb der Verwaltungsgrenzen von Active Directory-Domänen befinden. Hier muss zuerst einmal eine entsprechende, sichere Vertrauensbasis zwischen den Computersystemen geschaffen werden.

Ein einfacher Weg, die außerhalb der Verwaltungsgrenzen von Active Directory-Domänen eingesetzten Serversysteme mit dem grafischen Server-Manager gemeinsam veralten zu können, beschreibt sich durch die ***„Liste vertrauenswürdiger Hostsysteme"*** (engl. *Trusted Host List*), die lokal in den Windows-Systemen unter ***WSMan*** (*Web Services for Management*) im Container ***Clients*** geführt wird. Wenn man Computersysteme in den darin enthaltenen Container mit dem Namen *TrustedHosts* aufnimmt, vertraut das lokale Computersystem diesem, und tauscht u. a. mittels NTLM (*NT Lan-Manager-Protokoll*) die Authentifizierungsinformationen des für den Remotezugriff verwendeten Benutzerkontos - gesichert - aus. Für die notwendige Konfiguration stehen in der Windows-Power-Shell die entsprechenden CmdLets zur Verfügung.

3.6.2.1 Schritte zum Aufnehmen von Computersystemen in die TrustedHosts-Liste

Gehen Sie wie folgt vor, um ein oder mehrere Computersysteme für die Remoteverwaltung mit dem grafischen Server-Manager unter Windows Server 2012 R2 in die lokale Liste der vertrauenswürdigen Hostsysteme aufzunehmen.

1. Starten Sie auf dem Computersystem, von dem aus die Remoteverwaltung weiterer Serversysteme mittels grafischem *Server-Manager* erfolgen soll, die *Windows PowerShell*, geben Sie den folgenden Befehl ein, und drücken Sie anschließend die [↵]-Taste:

   ```
   set-Item -Path WSMAN:\localhost\Client\TrustedHosts
   -Value "<Servername>"
   ```

   Drücken Sie anschließend nochmals die [↵]-Taste, um die Abfrage zur Änderung der Liste mit **Ja** (Standard) zu bestätigen.

   Mit dem folgenden Befehl können Sie sich die Liste der vertrauenswürdigen Computer in der *Windows PowerShell* anzeigen lassen:

   ```
   get-Item -Path WSMAN:\localhost\Client\TrustedHosts
   ```

Hinweis

Mit dem zuvor angegebenen Befehl ändert man die Liste der vertrauenswürdigen Computersysteme, mit denen der lokale Server mittels NTLM die für den Zugriff notwendigen Anmeldedaten austauschen darf. Alternativ sollte man in der Praxis statt dem „*" (was für beliebige Computersysteme steht) den jeweiligen Computernamen oder die IP-Adresse der vertrauten Computersysteme eintragen. Innerhalb von Active Directory-Domänen ist dies nicht notwendig, da sich die darin eingesetzten Computersysteme gegenseitig bereits vertrauen.

2. Fügen Sie den in die *TrustedHosts*-Liste aufgenommenen Server (<*Servername*>) im grafischen *Server-Manager* über einen Klick auf **Verwalten**, und dann auf **Server hinzufügen** über die Suche in der Registerkarte **DNS** als weiteren, zu verwaltenden Server hinzu.

3. Klicken Sie im *Server-Manager* unter **Alle Server** mit der rechten Maustaste auf das neu hinzugefügte Serversystem, und wählen Sie den Eintrag **Verwalten als...**. Verwenden Sie für den Zugriff auf den Server den auf dem Remoteserver vorhandenen Anmeldenamen für das zu verwendende Administrator-Konto mit dem zugehörigen Kennwort.

3.6.2.2 Entfernen der Einträge aus der TrustedHosts-Liste

Die Einträge in der TrustedHost-Liste lassen sich zu einem späteren Zeitpunkt bei Bedarf wieder entfernen. Verwenden Sie zum Löschen vorhandener Einträge die *Windows PowerShell*, und geben Sie dazu den folgenden Befehl ein, und drücken Sie anschließend die [↵]-Taste:

```
Clear-Item WSMan:\localhost\Client\TrustedHosts
```

Nach der Anwendung dieses Befehls ist die TrustedHosts-Liste geleert, und das zuvor ausgesprochene Vertrauen zu Fremdsystemen im Netzwerk somit widerrufen.

Nähere Informationen zum Entfernen von Einträgen aus der TrustedHosts-Liste unter Windows erhält man u. a. im Internet unter:

https://social.technet.microsoft.com/Forums/scriptcenter/en-US/254407bb-7651-4b28-a655-b58221208ecb/powershell-remove-wsman-trustedhosts-value

3.6.3 Exportieren von Server-Manager-Einstellungen auf andere Computer

Im grafischen Server-Manager werden die Liste verwalteter Server, Änderungen an den Server-Manager-Konsoleneinstellungen und eigens erstellte, benutzerdefinierte Servergruppen in zwei verschiedenen Dateien auf dem jeweiligen Computersystem gespeichert. Diese Einstellungen kann man auf andere Computer unter Windows Server 2012, Windows Server 2012 R2, Windows 8 oder Windows 8.1 exportieren, um sie dort verwenden zu können. Dies spart das mühevolle Anpassen der Server-Manager-Einstellungen bei einem Rechnerwechsel.

Die Remoteserver-Verwaltungstools (RSAT) müssen auf Computersystemen unter Windows 8 bzw. Windows 8.1 bereits installiert sein, damit die Server-Manager-Einstellungen dort verwendet werden können.

Hinweis

3.6.3.1 Exportieren der Server-Manager-Einstellungen auf andere Computer in einer Domäne mittels Roaming-Profil

Gehen Sie unter Windows Server 2012 R2 wie folgt vor, um die Server-Manager-Einstellungen auf anderen Computern in einer Active Directory-Domäne mittels eines Roaming-Profils bereitzustellen:

1. Öffnen Sie in der Konsole *Active Directory-Benutzer und Computer* die Eigenschaften des betreffenden Benutzerkontos.
2. Fügen Sie auf der Registerkarte ***Profil*** einen Pfad zu einer Netzwerkfreigabe für die Speicherung des Benutzerprofils hinzu.
3. Kopieren Sie die beiden folgenden Dateien von dem Computer, auf dem der Server-Manager ausgeführt wird, auf die Netzwerkfreigabe, die zum Roamingprofil des Benutzers gehört.

   %appdata%\Roaming\Microsoft\Windows\ServerManager**ServerList.xml**

   %appdata%\Local\Microsoft_Corporation\ServerManager.exe_StrongName_*GUID*\6.3.0.0**user.config**

4. Klicken Sie auf **OK**, um die Änderungen zu speichern und das Dialogfeld Eigenschaften zu schließen.

Innerhalb einer Arbeitsgruppe von Serversystemen muss man die beiden Dateien lediglich auf das Zielsystem kopieren, und dabei die vorhandenen Dateien überschreiben.

3.6.4 Zugriff mittels Remotedesktop

Vollständiger Zugriff auf den kompletten Desktop

Wie bereits auch unter den vorherigen Windows-Versionen ist es auch unter Windows Server 2012 R2 möglich, sich mithilfe des Remotedesktopprotokolls (engl. *Remote Desktop Protocol, RDP*) und dem RDP-Client auf die Serversysteme aufzuschalten, um diese zu verwalten. Die Vorgehensweise ist hier prinzipiell die gleiche. Einzig muss man auch unter Windows Server 2012 R2 den RDP-Zugriff freischalten - am einfachsten geschieht dies direkt im Server-Manager von Windows Server 2012 R2.

3.6.4.1 Remotedesktop aktivieren

Gehen Sie wie folgt vor, um Remotedesktop für den Remotezugriff auf einem Serversystem unter Windows Server 2012 R2 zu aktivieren:

1. Melden Sie sich als *Administrator* am Serversystem unter Windows Server 2012 R2 an.
2. Öffnen Sie den *Server-Manager* (soweit dies nicht automatisch geschieht) über einen Klick in der *Taskleiste* auf das **Symbol für den Server-Manager** bzw. im *Startbildschirm* auf die entsprechende **Kachel**.
3. Klicken Sie im *Server-Manager* auf **Lokaler Server**, und in den *Eigenschaften* dann neben *Remotedesktop* auf **Deaktiviert**.
4. Wählen Sie im Dialog *Systemeigenschaften* die Option **Remoteverbindung mit diesem Computer zulassen.**
5. Klicken Sie auf **Benutzer auswählen...**, fügen Sie über die Schaltfläche **Hinzufügen...** die für den Remotezugriff gewünschte Sicherheitsgruppe bzw. das Benutzerkonto hinzu, und klicken Sie dann auf **OK**.

Hinweis Beachten Sie, dass das integrierte Administratorkonto nach der Aktivierung von Remotedesktop bereits über die Zugriffsrechte mithilfe des Remotedesktopclients auf das Serversystem unter Windows Server 2012 R2 verfügt.

6. Klicken Sie auf **OK**, um die Konfiguration abzuschließen.

In den Eigenschaften des Serversystems wird neben *Remotedesktop* im Server-Manager jetzt **Aktiviert** angezeigt. Mitunter müssen Sie die angezeigten Eigenschaften im Server-Manager über einen Klick auf die ***Aktualisierungsschaltfläche*** im Server-Manager aktualisieren lassen.

3.6.4.2 Remotezugriff durchführen

Die Verbindung zu einem Serversystem unter Windows Server 2012 R2 mit dem Remotedesktop-client ist nach der Aktivierung problemlos möglich. Die in der Firewall notwendige Regelanpassung wurde während der Aktivierung von Remotedesktop ebenso bereits durchgeführt.

Gehen Sie wie folgt vor, um sich mithilfe des Remotedesktopclient von einem Computersystem unter Windows oder Windows 8.1 Professional auf ein Serversystem unter Windows Server 2012 R2 zu verbinden:

1. Geben Sie im *Startbildschirm* von Windows 8.1 den Programmnamen **mstsc** ein, und drücken Sie die [↵] -Taste.
2. Geben Sie den Namen des *Serversystems* bzw. dessen IP-Adresse ein, mit dem Sie sich mit Remotedesktop verbinden möchten, und drücken Sie die [↵] -Taste.

3. Wenn Sie dazu aufgefordert werden, geben Sie Ihren Benutzernamen, sowie Ihr Kennwort ein, und klicken Sie dann auf **OK**.

4. Die Remotedesktop-Sitzung auf dem Serversystem unter Windows Server 2012 R2 können Sie problemlos beenden, indem Sie im *Startbildschirm* auf Ihren *Benutzernamen* klicken, und dann die Option **Abmelden** auswählen. Wenn Sie beabsichtigen, die Sitzung jedoch lediglich zu trennen, um sie zu einem späteren Zeitpunkt wieder aufzunehmen, so zeigen Sie in die *rechte untere oder obere Ecke*, klicken Sie auf **Einstellungen**, dann auf **Ein/Aus**, und wählen Sie die Option **Trennen**.

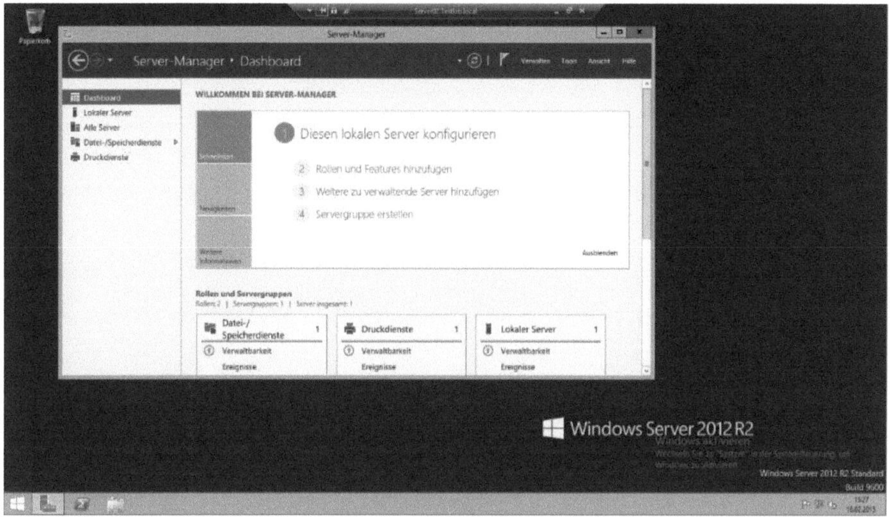

Abb. 3.19: *Remotezugriff mittels Remotedesktop auf einen Server unter Windows Server 2012 R2*

Hinweis

Wenn Sie eine Remotedesktop-Sitzung zu einem anderen Computersystem trennen, so bleibt diese für eine spätere Wiederaufnahme i.d.R. erhalten. Weitere Informationen hierzu finden Sie in der Windows-Hilfe.

Alternativ zur Verbindung mit dem Remotedesktop kann man bei Bedarf die Verwaltungskonsolen und -tools zur Remoteverwaltung auf dem Clientcomputer unter Windows 8.1 Professional oder Enterprise installieren. Statt auf den gesamten Desktop des zu verwaltenden Remoteservers, verbindet man sich mit den Verwaltungskonsolen aus dem RSAT gezielt mit einer bestimmten Serverrolle oder Funktion.

3.6.5 Die Remoteserver-Verwaltungstools

Noch unter Windows Server 2003 fand man die für die Remoteverwaltung nutzbaren Konsolen, Tools und Programme auf der Produkt-CD, sowie auf den bereits installierten

Umfangreiches Verwaltungspaket (optional) zum Herunterladen aus dem Internet

Serversystemen vor - damals noch als Microsoft-Installerpaket (.msi) mit dem Dateinamen *Adminpak.msi*. Wenn man dieses Paket auf einem Clientcomputer unter Windows XP Professional installierte, so fand man sofort alle darin enthaltenen Verwaltungskonsolen, Tools und Programme auf dem jeweiligen Rechner vor. Zu den Zeiten von Windows Server 2008 und Windows Vista änderte sich dies. Microsoft bot hierzu erstmalig die Möglichkeit, sich die für die Remoteverwaltung von Serversystemen nutzbaren *Remoteserver-Verwaltungstools* (engl. *Remote Server Administration Tools, RSAT*) nur noch direkt aus dem Internet herunterzuladen, und auf einem für die Verwaltung von Serversystemen vorgesehenen Clientcomputer zu installieren. Die im Umfang des Servers enthaltenen Konsolen und Tools konnte man somit nicht mehr einfach auf den Clientcomputer kopieren, um sie anschließend darauf zu installieren. Dies setzte sich anschließend auch unter Windows Server 2008 R2 und Windows 7 ebenso fort. Für die Verwaltung des jeweils aktuellsten Serverbetriebssystems musste man sich, um alle neuen Rollen und Features verwalten zu können, somit stets auch den passenden RSAT-Download auf dem parallel zum Server veröffentlichten Clientcomputer installieren.

Hinweis

Beachten Sie, dass Microsoft die im Umfang der jeweiligen Version von RSAT auf die betreffende Zielplattform anpasst. Zu den Zeiten von Windows Server 2008 benötigte man clientseitig somit den RSAT-Download für Windows Vista. Anschließend stellte Microsoft den RSAT-Download für Windows 7 zur Verfügung, um damit die Serversysteme unter Windows Server 2008 R2 (Release 2) vollständig verwalten zu können. Zu Zeiten von Windows Server 2012 fand man das clientseitige Gegenstück in Windows 8. Um Windows Server 2012 R2 mithilfe der Remoteserver-Verwaltungstools (*RSAT*) von einem Clientcomputer aus vollständig remote verwalten zu können, muss man diese für Windows 8.1 herunterladen, und anschließend auf einem solchen Betriebssystem bereitstellen.

Zwar ist i.d.R. auch mit einer niedrigeren Version der Remoteserver-Verwaltungstools (*RSAT*) von einem älteren Clientcomputer aus der Verwaltungszugriff auf aktuellere Serverbetriebssystemversionen möglich, dann jedoch oft nur mit Einschränkungen in der Funktionalität.

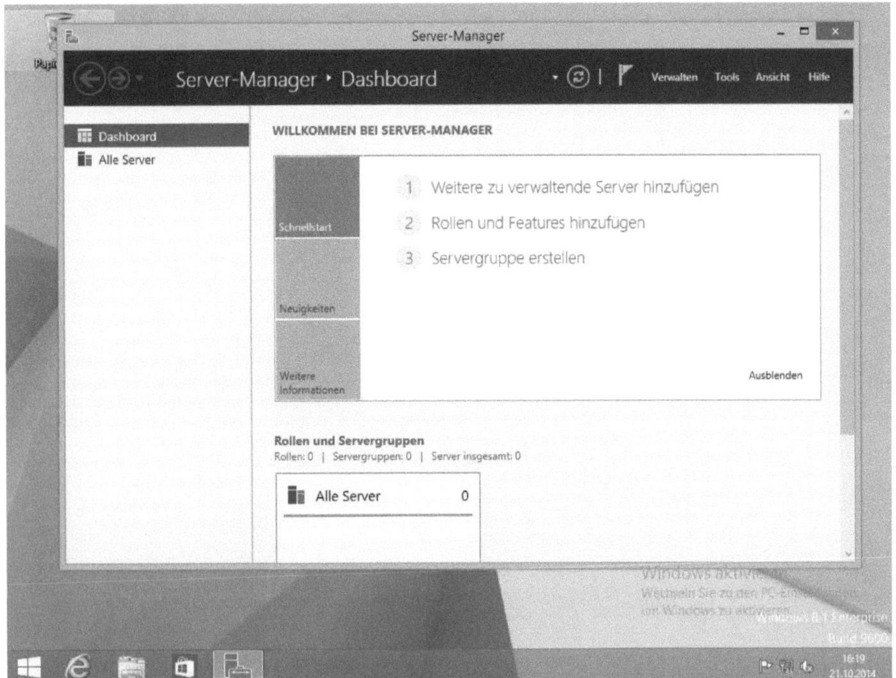

Abb. 3.20: *Server-Manager unter Windows 8.1*

Die Remoteserver-Verwaltungstools (engl. *Remote Server Administration Tools, RSAT*) für Windows 8.1 sind im Umfang von Windows 8.1 Professional und Enterprise standardmäßig nicht enthalten. Diese können als Update für Windows 8.1 als x86- oder x64-Version kostenfrei von der Microsoft-Website aus dem Internet heruntergeladen und auf einem Clientcomputer unter Windows 8.1 installiert werden. Weitere Informationen, sowie die Möglichkeit zum Download finden Sie im Internet unter:

http://www.microsoft.com/de-de/download/details.aspx?id=39296

3.6.5.1 Installation der Remoteserver-Verwaltungstools

Nach der Installation automatisch aktiviert

Nach dem Herunterladen der Remoteserver-Verwaltungstools (engl. *Remote Server Administration Tools, RSAT*) für Windows 8.1 müssen diese auf dem Computersystem installiert werden. Im Gegensatz noch zu Windows 7 werden die Remoteserver-Verwaltungstools unter Windows 8 bzw. 8.1 nach der Installation automatisch auch allesamt aktiviert.

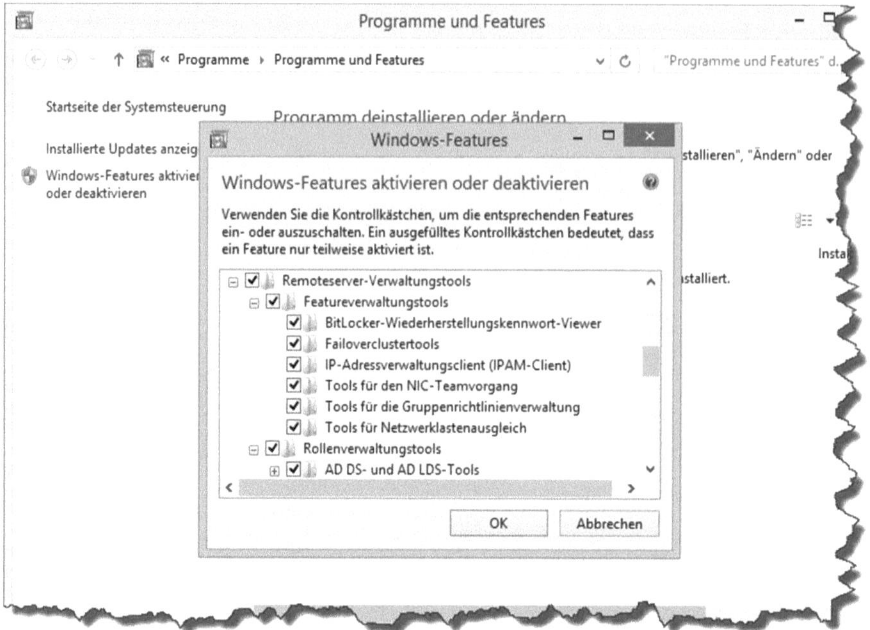

Abb. 3.21: *Remoteserver-Verwaltungstools nach der Installation in Windows 8.1*

Gehen Sie wie folgt vor, um die Remoteserver-Verwaltungstools (*RSAT*) für Windows 8.1 auf einem Computersystem unter Windows 8.1 Professional oder Enterprise zu installieren:

1. Melden Sie sich als Administrator an dem Computersystem an.
2. Wechseln Sie zum Speicherort der aus dem Internet heruntergeladenen Installationsdatei für die Remoteserver-Verwaltungstools (*Windows8.1-KB2693643-x64* oder *Windows8.1-KB2693643-x86*), und doppelklicken Sie auf die Update-Datei.
3. Klicken Sie im Dialog *Datei öffnen - Sicherheitswarnung* auf **Öffnen**.
4. Klicken Sie im Dialog *Eigenständiges Windows Update-Installationsprogramm* auf **Ja**.
5. Lesen Sie die *Lizenzbedingungen*, und klicken Sie auf **Ich stimme zu**.
6. Klicken Sie nach Abschluss der Installation auf **Schließen**.

3.6.5.2 Zugriff auf die Remoteserver-Verwaltungstools

Einfacher Zugriff über den Startbildschirm

Die im Umfang der Remoteserver-Verwaltungstools (*RSAT*) enthaltenen Verwaltungskonsolen und Tools stehen gleich nach der Installation des Update-Pakets unter Windows 8.1 zur Verfügung. Diese werden jedoch im Startbildschirm von Windows 8.1 standardmäßig nicht auch als Kacheln (engl. *Tiles*) angezeigt, sondern stehen erst einmal nach einem Klick auf das untere, linke Pfeilsymbol unter Alle Apps bereit.

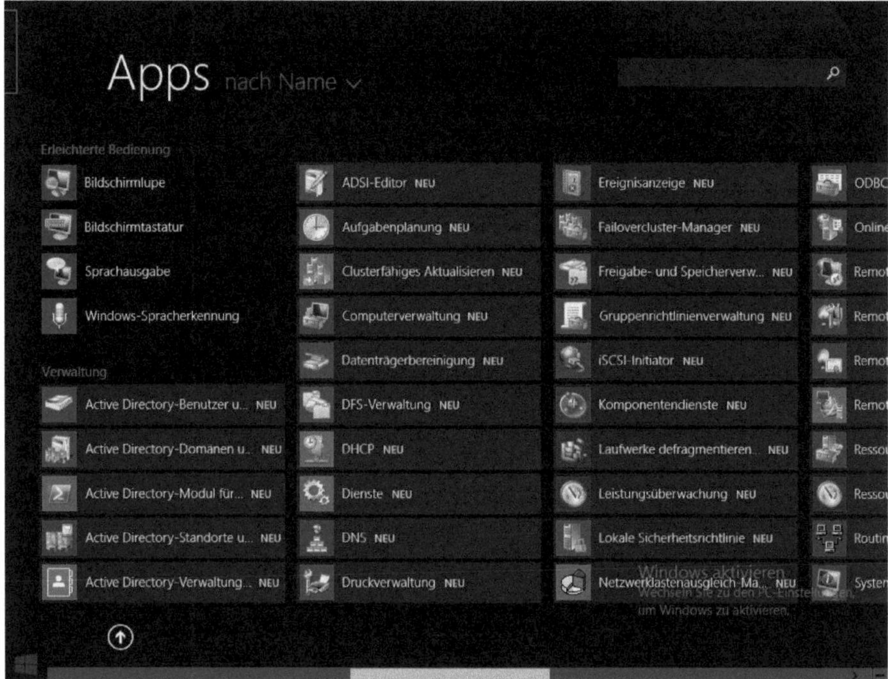

Abb. 3.22: *Verwaltungskonsolen und Tools aus den Remoteserver-Verwaltungstools (RSAT) als Apps im Startbildschirm von Windows 8.1 - inklusive installiertem Update (1)*

Wenn Sie die Remoteserver-Verwaltungstools (RSAT) unter Windows 8.1 - inklusive installiertem Update (1) - nach der Installation aufrufen möchten, so gehen Sie wie folgt vor:

1. Klicken Sie im *Startbildschirm* von Windows 8.1 in der linken *unteren Ecke* des Bildschirms auf das **Pfeilsymbol**.
2. Scrollen Sie in der Übersicht aller *Apps* nach rechts bis zum Abschnitt *Verwaltung*, und klicken Sie anschließend auf die gewünschte ***Verwaltungskonsole***.

Bei Bedarf können Sie die einzelnen Verwaltungskonsolen bei häufigerem Gebrauch mittels eines Rechtsklicks einfach als Kachel an den Startbildschirm, oder aber als Verknüpfung in die Task-Leiste anheften.

Nachdem Sie sich in den vorangegangenen Seiten dieses Buches mit den Möglichkeiten der grafischen Verwaltung von Serversystemen unter Windows Server 2012 R2 befassen konnten, ist es nunmehr an der Zeit, sich im nächsten Kapitel mit den Möglichkeiten der Verwaltung solcher Serversysteme mit der Windows PowerShell zu beschäftigen.

KAPITEL 4 Einführung in die Verwaltung mit Windows PowerShell 4.0

Umfassende Verwaltungswerkzeuge - auch für sehr große Serverfarmen

Neben der klassischen Verwaltung von Windows-Systemen mithilfe der grafischen Verwaltungskonsolen kam bereits unter Windows Server 2008 die erste Version der Windows PowerShell zum Einsatz. Diese besaß entgegen der Erwartungen vieler Administratoren jedoch noch einige Einschränkungen, welche Microsoft anschließend im Umfang von Windows Server 2008 R2 (*Release 2*) durch die Implementierung der Windows PowerShell 2.0 weitgehend beseitigte. In dieser Version konnte man bereits ohne die Hinzunahme spezifischer PowerShell-CommandLets von Quest Software oder anderen Unternehmen endlich mit den darin enthaltenen Befehlen bereits nutzen, um beispielsweise die Objekte der Active Directory-Domänendienste (engl. *Active Directory Domain Services, AD DS*) sowie mittels PowerShell-Remoting auch andere Computersysteme im Netzwerk verwalten.

In der vorherigen Version 3.0 fügte Microsoft unter Windows Server 2012, sowie auch unter Windows 8 nochmals eine Vielzahl neuer Module für die Verwaltung vieler der Windows-Komponenten, wie die Netzwerkeinstellungen, und auch weiterer Rollen und Funktionen hinzu. Auch enthielt diese Version mit den Windows PowerShell Web Services (*PSWS*) zum ersten Mal die Möglichkeit der Bereitstellung eines webbasierten Zugriffs mittels eines Windows PowerShell-Gateways für die Remoteverwaltung. In der neuen Version 4.0 hat Microsoft dieses, sowie weitere Features der Windows Power-

Shell zum Teil nochmals verbessert, jedoch auch wieder neue Features hinzugefügt. Details hierzu finden sich neben der Einführung in die Windows PowerShell ebenso in den nachfolgenden Seiten.

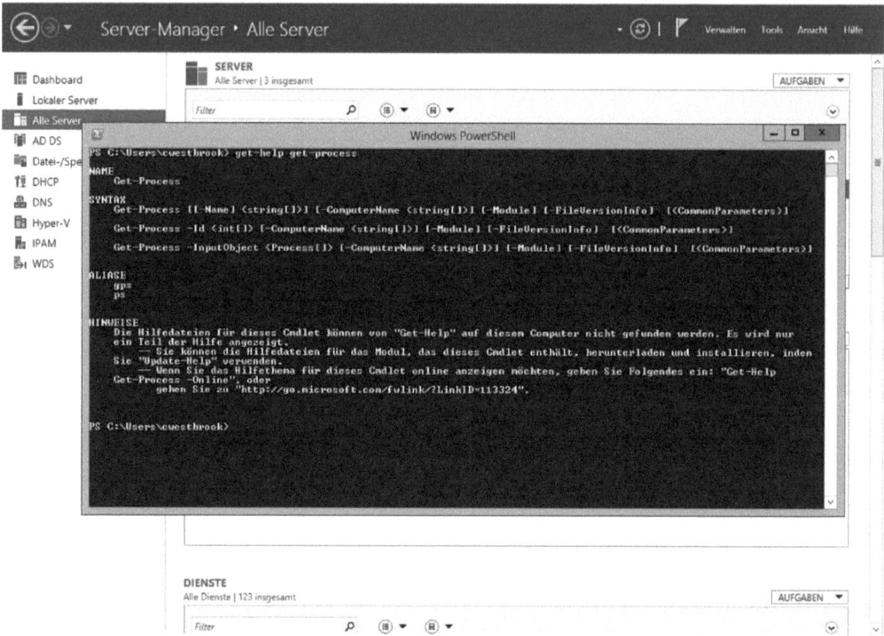

Abb. 4.1: *Die Windows PowerShell unter Windows Server 2012 R2*

4.1 Einsatzgebiete

Umfangreiche Möglichkeiten der Verwaltung und Konfiguration

Mit der Windows PowerShell lassen sich viele der Verwaltungsschritte der täglichen Verwaltungspraxis im Umfeld von Computernetzwerken durchführen. Insbesondere die Automatisierungsmöglichkeit durch das Erstellen und den Einsatz von Skriptdateien gleich auf mehreren Computersystemen parallel mit der Windows PowerShell stellt für viele der Administratoren in gerade größeren Unternehmen eine wichtige Bereicherung dar. Die Windows PowerShell kann u. a. zu den folgenden Verwaltungszwecken eingesetzt werden:

- **Verwaltung des Dateisystems** - Erstellen ändern, löschen von Dateien und Ordnern, sowie das Konfigurieren von Berechtigungen.
- **Verwaltung von Diensten** - Auflisten, starten, stoppen, neustarten von Diensten, sowie das Konfigurieren der Diensteigenschaften.
- **Verwaltung von Prozessen** - Auflisten, überwachen, starten und beenden von Prozessen.

- **Verwaltung der Windows-Registry** - Abfragen, erstellen, ändern und löschen von Registrierungsschlüsseln und -schlüsselwerten.
- **Verwaltung der Rollen und Features** - Hinzufügen, Entfernen oder Auflisten von installierten Rollen und Features in Windows Server 2012 R2.
- **Verwenden von Windows Management Instrumentation (WMI)** - Umfangreiche Verwaltungsmöglichkeiten zum Abrufen, Löschen oder Modifizieren von Konfigurationseinstellungen u. a. im Windows-Betriebssystem, sowie in diversen Serverrollen und Diensten.
- **Durchführung von Verwaltungsaufgaben** - Umfangreiche Verwaltungsmöglichkeiten vom Zurücksetzen eines Benutzerkennworts über die Änderung der TCP/IP-Einstellungen eines Computersystems, über das Hinzufügen eines IP-Adressbereiches zu einem DHCP-Server bis hin zum Konfigurieren von virtuellen Maschinen in Hyper-V.
- **Durchsetzen der einheitlichen Konfiguration - mittels Desired State Configuration (DSC)** - Installation oder auch Deinstallation von Rollen und Features mittels vorbereiteter Vorlagendateien.

Möglichkeit zur Verwaltung von Rollen bis hin zu WSUS

In der aktuellen Version 4.0 stellt die Windows PowerShell ein umfassendes Verwaltungswerkzeug für die praktische Serververwaltung und Automatisierung dar, mit dem man nicht nur Systemeigenschaften abfragen oder verändern, sondern auch Serverrollen, wie beispielsweise die DHCP-Dienste, Hyper-V, die Active Directory-Domänendienste (*AD DS*), die Active Directory-Zertifikatdienste (*AD CS*) und sogar die Windows Server Update Services (*WSUS*) verwalten kann.

4.2 Neuerungen und Verbesserungen

Wenn man die Windows PowerShell in Windows Server 2012 R2 zum ersten Mal starten, fallen die Neuerungen, die Microsoft hineingearbeitet hat, im direkten Vergleich zur Vorversion erst einmal nicht auf. Erst wenn man sich einmal genauer mit ihr und beispielsweise den darin enthaltenen PowerShell-Befehlen, den sogenannten CommandLets (*Cmdlets*), sowie den standardmäßig ebenso enthaltenen PowerShell-Module befasst, wird einem das Ausmaß der Neuerungen und Erweiterungen ein wenig deutlicher. Es finden sich wiederum neue PowerShell-CmdLets, die man als Administrator in der täglichen Praxis u. a. für die Automatisierung von Verwaltungsschritten einsetzen kann. Aber auch einige, für die Praxis sicher sehr interessante Verbesserungen wurden in die Windows PowerShell eingearbeitet.

Hinweis

Die Windows PowerShell in der Version 4.0, so wie sie standardmäßig in Windows Server 2012 R2 enthalten ist, wurde von Microsoft bereits in der vorherigen Version um ein Vielfaches an zusätzlichen Modulen und den darin jeweils enthaltenen PowerShell-Befehlen (*Cmdlets*) erweitert.

4.2.1 Module der Windows PowerShell 4.0

Umfangreiche Modulvielfalt

Die Windows PowerShell 4.0 umfasst viele der zumeist bereits unter der Version 3.0 erstmalig eingeführten Module, welche ihrerseits u. a. die für bestimmte Verwaltungszwecke notwendigen Power-Shell-Cmdlets enthalten. Wenn man sich die Masse an neuen Modulen und CmdLets anschaut, wird es einem rasch deutlich, dass Microsoft offensichtlich kaum Mühen gescheut hat, den Ruf eines umfassenden Verwaltungswerkzeuges (den man der PowerShell zwischenzeitlich teils auch nachsagt) zu unterstreichen.

In der nachfolgenden Tabelle finden Sie eine Auswahl der in der aktuellen Windows PowerShell 4.0 unter Windows Server 2012 R2 enthaltenen Module:

PowerShell-Modul	Beschreibung
ActiveDirectory	Enthält CmdLets zur Verwaltung von Active Directory-Infrastrukturen und -objekten.
ADDSDeployment	Enthält CmdLets zum Einrichten sowie Entfernen der AD DS-Rollendienste.
AppLocker	Enthält CmdLets zum Erstellen, Konfigurieren und Testen von AppLocker-Richtlinien.
Appx	Enthält CmdLets zum Bereitstellen, Überprüfen und Entfernen von Apps für Benutzer.
BestPractices	Enthält CmdLets zum Best Practice Analyzer (BPA).
BitsTransfer	Enthält CmdLets zum Einrichten und Konfigurieren des BITS-Transfers.
BranchCache	Enthält CmdLets zum Einrichten und Konfigurieren von BranchCache-Einstellungen.
Dism	Enthält eine Sammlung von CmdLets zur Verwaltung von Windows-Images.
DnsClient	Enthält CmdLets zur Verwaltung der DNS-Clientkonfiguration.
DnsServer	Enthält CmdLets zur Verwaltung der DNS-Serverrolle.
GroupPolicy	Enthält CmdLets zum Erstellen und Verwalten von Gruppenrichtlinienobjekten.
iSCSI	Enthält CmdLets zur Verwaltung von iSCSI-Verbindungen zu iSCSI-Zielservern.
IscsiTarget	Enthält CmdLets zum Einrichten und Verwalten von iSCSI-Zielservern.
NetAdapter	Enthält CmdLets für die Verwaltung der Netzwerkkarten.

PowerShell-Modul	Beschreibung
NetLbfo	Enthält CmdLets für die Einrichtung und Verwaltung von Netzwerkkarten-Teaming.
NetSecurity	Enthält CmdLets u. a. für die Erstellen Verwaltung von Firewall-Regeln der Windows-Firewall, sowie auch von IPSec-Verbindungen.
NetTCPIP	Enthält CmdLets zur Konfiguration der TCP/IP-Einstellungen.
NFS	Enthält CmdLets zur Erstellen und Verwaltung von NFS-Freigaben und -Sitzungen.
PKI	Enthält CmdLets zum Import, Export und zur Verwaltung von digitalen Zertifikat.
PrintManagement	Enthält CmdLets zur Drucker- und Druckverwaltung.
RemoteDesktop	Enthält CmdLets zur Verwaltung der Remotedesktopdienste und -Sitzungen.
ScheduledTasks	Enthält CmdLets zum Einrichten und Verwalten von geplanten Tasks.
ServerManager	Enthält CmdLets zum Hinzufügen und Entfernen von Rollen und Funktionen.
SmbShare	Enthält CmdLets zum Erstellen und Verwalten von SMB-Freigaben und -Sitzungen.
StartScreen	Enthält CmdLets zum Export, Import und Verwalten der Startbildschirmeinstellungen.
Storage	Enthält umfangreiche CmdLets zur Verwaltung von Volumes, Speicher und Speicherpools.
TrustedPlatformModule	Enthält CmdLets zur TPM-Verwaltung.
VpnClient	Enthält CmdLets für das Einrichten und Verwalten von clientseitigen VPN-Verbindungen.
WDAC	Enthält CmdLets für u. a. die Abfrage, sowie die Konfiguration, das Hinzufügen und Entfernen von ODBC-Treibern, sowie deren Leistungsbewertung.
WindowsErrorReporting	Enthält CmdLets zum Aktivieren, Deaktivieren sowie zu Überprüfen des Status der Windows-Fehlerberichterstattung.
WindowsSearch	Enthält CmdLets zum Abfragen und Konfigurieren der Windows-Sucheinstellungen.

Tab. 4.1: *Auszug der in der Windows PowerShell 4.0 enthaltenen Module in Windows Server 2012 R2*

Neben den in der Tabelle aufgeführten Modulen existieren noch viele weitere, die der Windows PowerShell u. a. durch das Aktivieren von Serverrollen und -funktionen automatisch hinzugefügt werden.

4.2.1.1 Anzeigen der im Umfang der PowerShell enthaltenen Module

Eine Übersicht der in der Windows PowerShell verfügbaren Module können Sie sich mit dem folgenden Befehl anzeigen lassen:

```
Get-Module -ListAvailable
```

Die vorhandenen Module werden in einer Liste untereinander aufgereiht.

4.2.1.2 Anzeigen der in einem Modul enthaltenen CmdLets

Um sich einen Überblick über die in den einzelnen Modulen enthaltenen CmdLets zu verschaffen, können Sie den folgenden Befehl in der Windows PowerShell eingeben:

```
get-Command -Module <Modulname>
```

Abhängig vom jeweiligen Modul werden einige oder gar viele der darin enthaltenen Windows PowerShell-CmdLets angezeigt.

4.2.2 Windows PowerShell ISE

Einheitliche Konfiguration mittels Windows PowerShell

Die bedeutendste Neuerung der PowerShell 4.0 ist sicher die Desired State Configuration (DSC). Mit dieser kann man u. a. die Konfiguration bestimmter Dienste, Rollen und Features in einer Konfigurationsdatei speichern, um diese anschließend auf vorhandene Serversysteme zu verteilen und anzuwenden. Diese Art der Konfigurationsbereitstellung und -vereinheitlichung erweitert die Möglichkeiten zur Automation in Multi-Server-Umgebungen - die PowerShell DSC übernimmt hierbei das Einrichten und Überwachen der vordefinierten *„Wunschkonfiguration"*.

Mögliche Konfigurationsvorgaben mit der Windows PowerShell DSC (Auswahl):

- bestimmen, ob und wo Verzeichnisse oder Dateien vorhanden sein sollen,
- festlegen, welche Windows-Rollen und/oder -Features aktiviert sind,
- bestimmen, welche Software installiert ist,
- festlegen von Registry-Einstellungen,
- ob und wenn ja, welche Gruppen und Benutzerkonten vorhanden sein sollen,
- u.v.m.

Ein einfaches Beispiel für die von DSC anwendbaren Konfigurationsdateien erhält man durch die Tastenkombination Strg + J in der *Windows PowerShell ISE* (*Integrated Scripting Environment*).

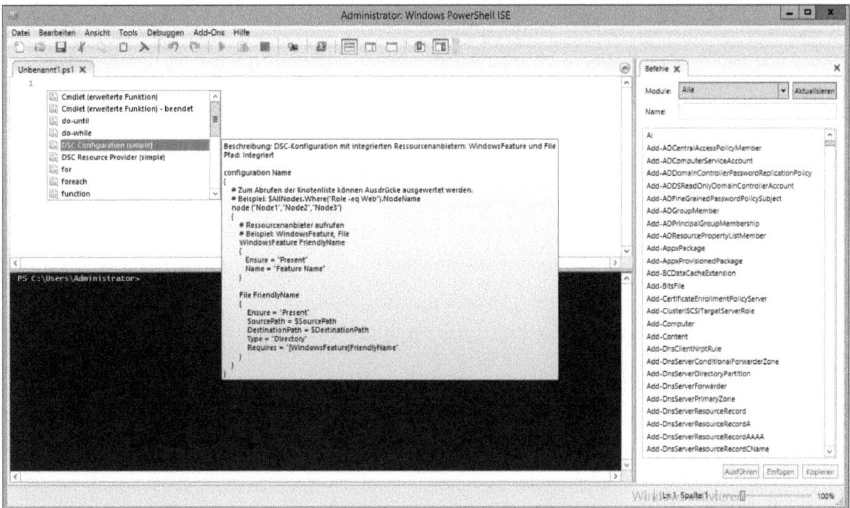

Abb. 4.2: *Beispielsyntax in der Windows PowerShell ISE*

Die Syntax der Konfigurationsdatei ist in dem Beispiel mit entsprechenden Kommentaren versehen, so dass man diese sehr einfach lesen und zuordnen kann.

Unbenannt1.ps1*

```
configuration Name
{
    # Zum Abrufen der Knotenliste können Ausdrücke ausgewertet werden.
    # Beispiel: $AllNodes.Where("Role -eq Web").NodeName
    node ("Node1","Node2","Node3")
    {
        # Ressourcenanbieter aufrufen
        # Beispiel: WindowsFeature, File
        WindowsFeature FriendlyName
        {
           Ensure = "Present"
           Name = "Feature Name"
        }

        File FriendlyName
        {
            Ensure = "Present"
            SourcePath = $SourcePath
            DestinationPath = $DestinationPath
            Type = "Directory"
            Requires = "[WindowsFeature]FriendlyName"
        }
    }
}
```

Abb. 4.3: *Beispielsyntax der „DSC Configuration (simple)" in der Windows PowerShell ISE*

Die Details zur Windows PowerShell DSC erfahren sie in den späteren Seiten dieses Kapitels.

4.2.3 Erweiterte Windows PowerShell ISE

IntelliSense: Klickbare Menüs wie in Visual Studio

Die in Windows Server 2008 R2 erstmalig enthaltene Windows PowerShell ISE (*Integrated Scripting Environment*) stellt eine Anwendung dar, mit der man Skripts und Module für die Windows Power-Shell schreiben, ausführen und testen kann. Sie enthält wichtige Features wie die farbliche Syntaxkennzeichnung, Tab-Vervollständigung, visuelles Debuggen und eine kontextbezogene Hilfe.

Während der Eingabe in der ISE zeigt **IntelliSense** klickbare Menüs übereinstimmender Cmdlets, Parameter, Parameterwerte Dateien oder Ordner an - prinzipiell so, wie die in Visual Studio der Fall ist. Das Erstellen von Skripts wird somit um ein Vielfaches vereinfacht.

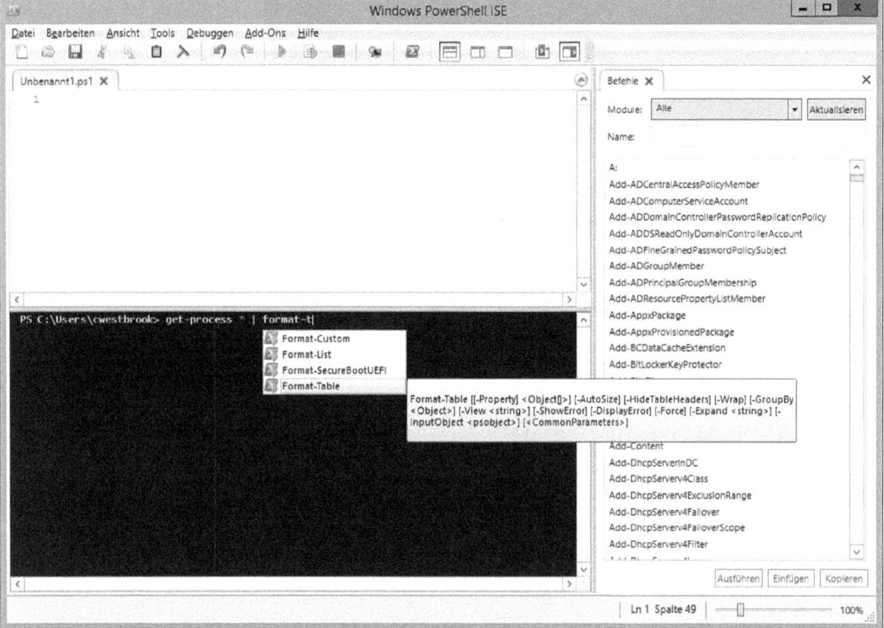

Abb. 4.4: *Klickbare Menüs von IntelliSense in der Windows PowerShell ISE*

Als Erweiterung unterstützt die Windows PowerShell ISE u. a. nun auch die **Desired State Configuration (DSC)**, sowie auch **PowerShell-Workflows** mit entsprechenden CmdLets und Funktionen. Zudem unterstützt die ISE nunmehr auch die CmdLets **Start-Transcript**, sowie **Stop-Transcript** zum Aufzeichnen der manuell während einer Sitzung eingegebenen Befehle in einer Textdatei.

4.2.4 Get-StartApps

Mithilfe des Moduls *StartScreen* besteht für Administratoren in der Windows PowerShell 4.0 erstmalig die Möglichkeit, die Einstellungen, wie die Anordnung von Kacheln (Tiles) auf einem Computersystem unter Windows Server 2012 R2 oder Windows 8.1 in eine XML-Datei zu exportieren, und diese Einstellungen auf einem anderen Computersystem wieder zu importieren. Auch lässt sich die exportierte Konfiguration zur Vereinheitlichung der Desktopumgebungen der Anwender zum Beispiel auch mittels Gruppenrichtlinien im Umfeld der Active Directory-Domänendienste verwenden.

4.2.5 Windows PowerShell-Webzugriff

Windows PowerShell-Zugriff - von überall

Eine große Bereicherung der Windows PowerShell 4.0 stellt das Feature Windows PowerShell-Zugriff (engl. *Windows PowerShell Web Access*) unter Windows Server 2012 R2 dar. Dieses wurde bereits unter Windows Server 2012 erstmalig eingeführt, und dient als Windows PowerShell-Gateway und umfasst eine webbasierte Windows PowerShell-Konsole für die Remoteverwaltung. Zum Zugriff auf die webbasierte Windows PowerShell-Konsole benötigt man lediglich ein Computersystem, einen Tablet-PC oder ein Smartphone mit einem Browser, der JavaScript unterstützt und Cookies akzeptiert.

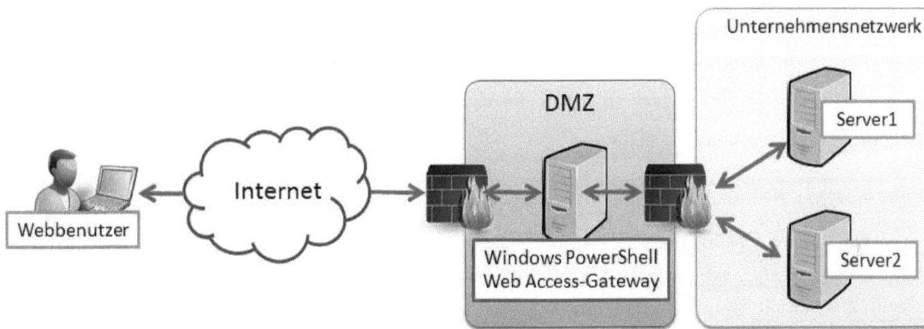

Abb. 4.5: *Webbasierter Remotezugriff auf die Windows PowerShell durch den Einsatz eines Windows PowerShell Web Access-Gateways*

4.2.5 Weitere Neuerungen und Verbesserungen

Darüber hinaus existieren noch weitere, interessante Neuerungen und Verbesserungen in der Windows PowerShell 4.0. Zu diesen zählt u. a. die Verwendung von Workflows, die auf Windows Workflow Foundation basieren, und die Verwendung umfangreicherer und komplexerer Verwaltungsmöglichkeiten mit der Windows PowerShell ermöglichen. Auch sind noch weitere Neuerungen in die Windows PowerShell eingeflossen, über die man sich bei Bedarf direkt auf der Microsoft-Website im Internet informieren kann.

Die umfangreichen Neuerungen und Verbesserungen in der Windows PowerShell 4.0 werden im Internet in der Website von Microsoft detailliert erklärt unter:

http://technet.microsoft.com/en-us/library/hh857339.aspx

Um sich einen eigenen Eindruck von den Neuerungen, sowie auch einen Einblick in die Windows PowerShell verschaffen zu können, muss man sich praktisch mit ihr befassen. Die nächsten Seiten zeigen Ihnen die ersten Schritte und enthalten Tipps und praktische Beispiele zum Umgang mit der neuen Windows PowerShell 4.0 unter Windows Server 2012 R2.

4.3 Starten der Windows PowerShell

Die Windows PowerShell wird gleich während der Betriebssysteminstallation von Windows Server 2012 automatisch installiert und steht somit auch gleich zur Verfügung. Für den schnellen Start der Windows PowerShell hat Microsoft in Windows Server 2012 R2 gleich verschiedene Wege vorgesehen:

4.3.1 Starten der Windows PowerShell über den Startbildschirm

Im Startbildschirm von Windows Server 2012 R2 hat Microsoft man eine Kachel für die Windows PowerShell angebracht. Über einen Klick darauf kann man die PowerShell direkt starten. Wenn man einen Rechtsklick mit der Maus darauf ausführt, so kann man u. a. zusätzlich entscheiden, ob man die Windows PowerShell in einem anderen Benutzerkontext ausführen möchte.

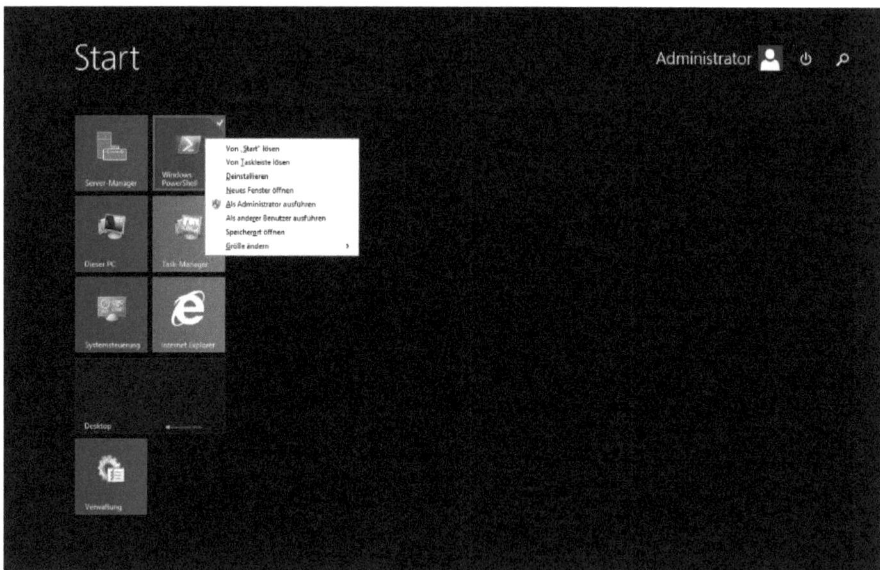

Abb. 4.6: *Starten der Windows PowerShell im Startbildschirm*

Alternativ kann man den Begriff `power` direkt im Startbildschirm in die Tastatur eingeben. Dadurch wird die Suche in Windows Server 2012 R2 ausgelöst, und jedes der vorhandenen Apps (Programme und Tools) mit dem Begriff `power` im Namen bzw. der Beschreibung wird als Ergebnis angezeigt.

Starke Suchfunktion führt auch zur Windows PowerShell

Abb. 4.7: *Suche nach der Windows PowerShell im Startbildschirm von Windows Server 2012 R2*

4.3.2 Starten der Windows PowerShell über die Taskleiste

Zum Starten der Windows PowerShell hat Microsoft, wie dies bereits auch bei dem vorherigen Serverbetriebssystem unter Windows Server 2008 R2 oder auch Windows Server 2012 der Fall war, in der Task-Leiste eine entsprechende Verknüpfung angebracht. Durch einen Klick auf die Schaltfläche wird die Windows PowerShell gestartet.

Alte Gewohnheiten - Verknüpfung in der Task-Leiste

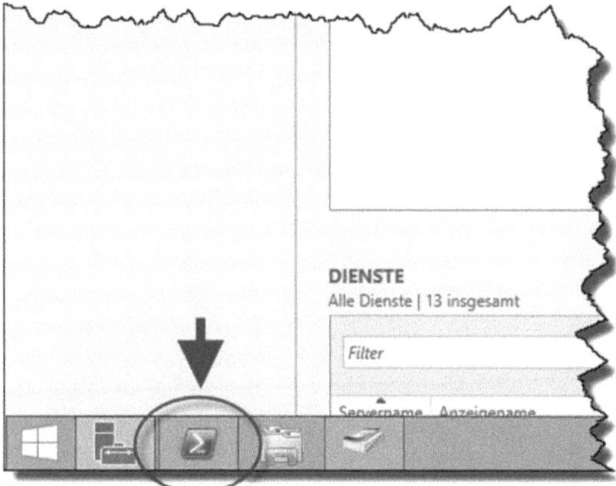

Abb. 4.8: *Verknüpfung zum Starten der Windows PowerShell in der Task-Leiste unter Windows Server 2012 R2*

Mit einem Rechtsklick mit der Maus auf die Schaltfläche der Windows PowerShell in der Task-Leiste kann man u. a. noch die Option *Als Administrator ausführen* auswählen, um diese in höheren Rechten aufzurufen.

4.3.3 Über die Ausführung von Skriptdateien in Windows-Explorer

Verknüpfung gleich im Windows-Explorer

Eine weitere Möglichkeit zum Aufruf der Windows PowerShell findet man im Windows Explorer unter Windows Server 2012 R2. Wenn man darin mit der rechten Maustaste auf eine PowerShell-Skriptdatei klickt, so kann man dabei auswählen, dass dieser direkt in der Windows PowerShell ausgeführt wird.

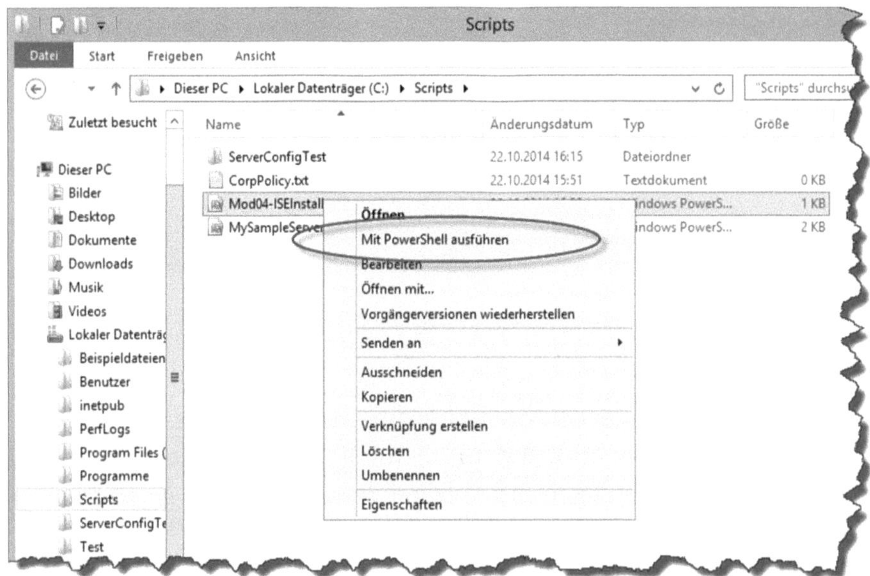

Abb. 4.9: *Starten der Windows PowerShell zum Ausführen einer Skriptdatei im Windows-Explorer von Windows Server 2012 R2*

4.4 Die Oberfläche

Die Oberfläche der Windows PowerShell zeigt sich nach dem ersten Aufruf erst einmal sehr vertraut.

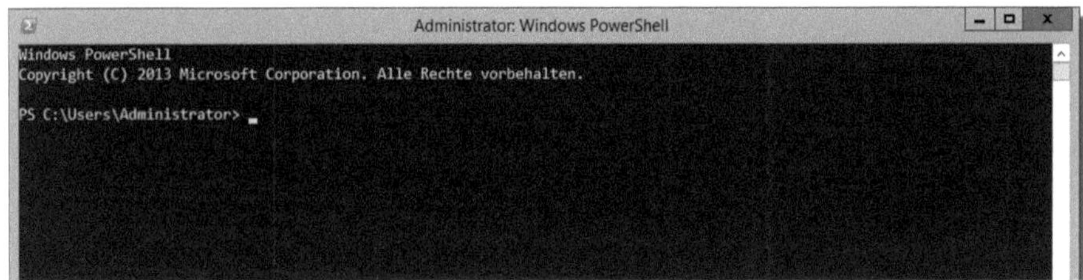

Abb. 4.10: *Eingabefenster der Windows PowerShell unter Windows Server 2012 R2*

Kaum Unterschiede zu erkennen - mit Absicht

Wer es gewohnt war, unter den vorangegangenen Betriebssystemversionen bereits mit der Eingabeaufforderung von Windows zu arbeiten, wird (mit Ausnahme der standardmäßig blauen Hintergrundfarbe) deutliche Ähnlichkeiten zur Windows PowerShell entdecken.

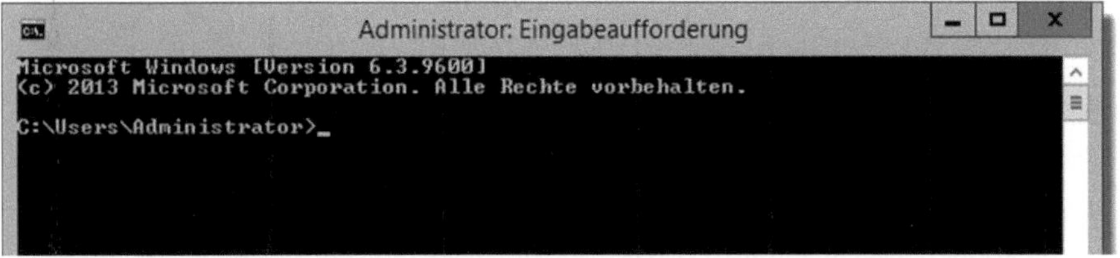

Abb. 4.11: *Eingabefenster der Windows-Eingabeaufforderung (cmd.exe) unter Windows Server 2012 R2*

Es war sicherlich beabsichtigt, eine gewisse Ähnlichkeit der Windows PowerShell mit der Eingabeaufforderung in den Windows-Betriebssystemen zu schaffen. So fällt es letztlich sicher leichter, sich in die für viele Administratoren noch immer neue Verwaltungsumgebung hineinzufinden.

4.5 Erste Schritte

Wenn Sie die Windows PowerShell zum ersten Mal starten, sollten Sie sich mit den darin enthaltenen Befehlen (*Cmdlets*) und Funktionen vertraut machen.

```
Administrator: Windows PowerShell
Windows PowerShell
Copyright (C) 2013 Microsoft Corporation. Alle Rechte vorbehalten.

PS C:\Users\Administrator> get-command

CommandType     Name                                   ModuleName
-----------     ----                                   ----------
Alias           Add-ProvisionedAppxPackage             Dism
Alias           Add-WindowsFeature                     ServerManager
Alias           Apply-WindowsUnattend                  Dism
Alias           Expand-IscsiVirtualDisk                IscsiTarget
Alias           Flush-Volume                           Storage
Alias           Get-ProvisionedAppxPackage             Dism
Alias           Initialize-Volume                      Storage
Alias           Move-SmbClient                         SmbWitness
Alias           Remove-ProvisionedAppxPackage          Dism
Alias           Remove-WindowsFeature                  ServerManager
Alias           Write-FileSystemCache                  Storage
Function        A:
Function        Add-BCDataCacheExtension               BranchCache
Function        Add-DnsClientNrptRule                  DnsClient
Function        Add-DtcClusterTMMapping                MsDtc
Function        Add-InitiatorIdToMaskingSet            Storage
Function        Add-NetEventNetworkAdapter             NetEventPacketCapture
Function        Add-NetEventPacketCaptureProvider      NetEventPacketCapture
Function        Add-NetEventProvider                   NetEventPacketCapture
Function        Add-NetEventVmNetworkAdapter           NetEventPacketCapture
Function        Add-NetEventVmSwitch                   NetEventPacketCapture
Function        Add-NetIPHttpsCertBinding              NetworkTransition
Function        Add-NetLbfoTeamMember                  NetLbfo
Function        Add-NetLbfoTeamNic                     NetLbfo
```

Abb. 4.12: *Aufruf einer Übersicht der in der Windows PowerShell vorhandenen Cmdlets und weiterer Elemente mit dem Befehl get-Command*

Geben Sie zum Aufruf grundlegender Informationen zu Cmdlets und anderen Elementen von Windows PowerShell-Befehlen den Befehl **get-command** ein und drücken Sie anschließend die [↵]-Taste. So erhalten Sie eine erste Übersicht der im Umfang der Windows PowerShell enthaltenen Befehle und Cmdlets. Eine weitere Übersicht erhalten Sie durch die Eingabe des Befehls **get-help *** und dem anschließenden Drücken der [↵]-Taste.

Alternativ können Sie auch Informationen zu einzelnen Befehlen anzeigen lassen. Hierzu dient das Cmdlet **get-help**, wobei Sie alternativ auch den Alias **help** (wie in der alten DOS-Welt) oder man (wie man es vielleicht aus der UNIX-Welt kennt) verwenden können. Das Resultat ist hierbei prinzipiell jeweils das gleiche.

Bei der Eingabe von **get-help** (bzw. den Aliasnamen help oder man) gilt die folgende Syntax:

- **get-help** gibt die Hilfe zur Verwendung der Hilfe aus.
- **get-help *** listet alle Windows PowerShell-Befehle auf.
- **get-help** <*Cmdlet-Name*> listet die Hilfe zu dem jeweiligen Befehl auf.
- **get-help** <*Cmdlet-Name*> **-Online** ruft die Onlinehilfe zum jeweiligen Befehl aus der Microsoft-Website im Webbrowser auf.
- **update-help** dient dem Herunterladen und Installieren der aktuellen Hilfedateien.
- **save-help** dient zum Speichern von aktuellen Hilfedateien in einem dabei anzugebenden Pfad.

Hinweis

Beachten Sie, dass die noch in der Windows PowerShell 2.0 vorhandenen, erweiterten Anzeigemöglichkeiten der Hilfe zu PowerShell-Cmdlets mit den Optionen *-detailed*, *-examples* und *-full* in der Hilfe der neuen Windows PowerShell 4.0 standardmäßig lokal erst einmal nur noch sehr eingeschränkt zur Verfügung stehen. Die Hilfe lässt sich jedoch mittels *Update-Help* wiederum ergänzen, wobei die Hilfe-Inhalte aus dem Internet aktualisiert und automatisch im lokalen Computer gespeichert werden.

4.5.1 Verwendbare Befehle

Mehrere Tausend Befehle enthalten

Die Windows PowerShell ist, wie bereits auch ihre Vorversion, so konstruiert, dass Benutzer ihre *„historischen"* Kenntnisse zu Befehlszeilenprogrammen weiter nutzen können. Zu den in der Windows PowerShell verwendbaren Befehlen zählen die folgenden:

- CommandLets (Cmdlets) der Windows PowerShell
- Cmd.exe- und UNIX-Befehle
- Externe Befehle

Die Windows PowerShell 4.0 unter Windows Server 2012 R2 verfügt mit der Vielfalt seiner Windows PowerShell-Module nunmehr über 2.000 verschiedene Befehle, die man als *Commandlet* (*Cmdlet*) bezeichnet. Bei Bedarf kann man zwischenzeitlich eine Vielzahl an weiteren Cmdlets teils kostenfrei von Drittanbietern aus dem Internet beziehen.

4.5.1.1 Wildcards und die Pipe

In der Windows PowerShell kann in vielen Fällen mit dem Sternzeichen (*) als Wildcard gearbeitet werden. Ein Beispiel hierfür ist die folgende Befehlseingabe:

```
get-help a*
```

In diesem Beispiel werden alle Befehle angezeigt, die mit dem Buchstaben „a" beginnen.

4.5.1.2 Verwenden von Copy & Paste

Anders als man es von der Eingabeaufforderung unter Windows gewohnt ist, steht in der Windows PowerShell das Kopieren und Einfügen von Textpassagen über die Zeichenfolgen [Strg]+[C] und [Strg]+[V] *nicht* zur Verfügung. Bequem lässt sich die Zwischenablage jedoch über die Maus – oder alternativ über den Menübefehl *Bearbeiten/Kopieren* bzw. *Einfügen* – zum Kopieren und Einfügen von Inhalten verwenden.

Markieren Sie in der Windows PowerShell zur Übergabe von Zeichenfolgen in die Zwischenablage den betreffenden Text mit der Maus und klicken Sie dann mit der rechten Maustaste auf den markierten Bereich. Zum Einfügen klicken Sie nachfolgend einfach mit der rechten Maustaste auf die Stelle, an welcher die betreffende Textpassage wieder eingefügt werden soll.

4.5.2 Die Befehlssyntax

Die Commandlets der Windows PowerShell (so werden die kleinen Befehlsprogramme genannt) folgen einer klar definierten Richtlinie. Sie bestehen aus einem Verb und einem Nomen (Substantiv, immer in Einzahl), die durch einen Bindestrich (-) getrennt werden. Die Befehle sind im Englischen gehalten. Ein Beispiel dazu stellt der Aufruf der Online-Hilfe mithilfe des Cmdlets **`get-help`** dar. Die mit den CommandLets verwendbaren Parameter werden mit einem vorangestellten Bindestrich (-) gekennzeichnet, beispielsweise wie folgt:

```
get-help get-process -online
```

Um Tippfehler zu vermeiden, kann man in vielen Fällen die Tabulator-Taste ([⇆]) während der Eingabe von Cmdlets und Befehlen verwenden. Hiermit werden viele der Befehle durch die automatisch vervollständigt.

Es besteht eine weitere Möglichkeit, sich die Syntax der einzelnen Befehle anzeigen zu lassen. Dazu steht in der Windows PowerShell in Verbindung mit ***get-Help*** oder der Funktion ***help*** der Paramater ***-ShowWindow*** zur Verfügung. Die Syntax wird bei Verwendung dieses Parameters in einem eigenen Hilfe-Fenster geöffnet.

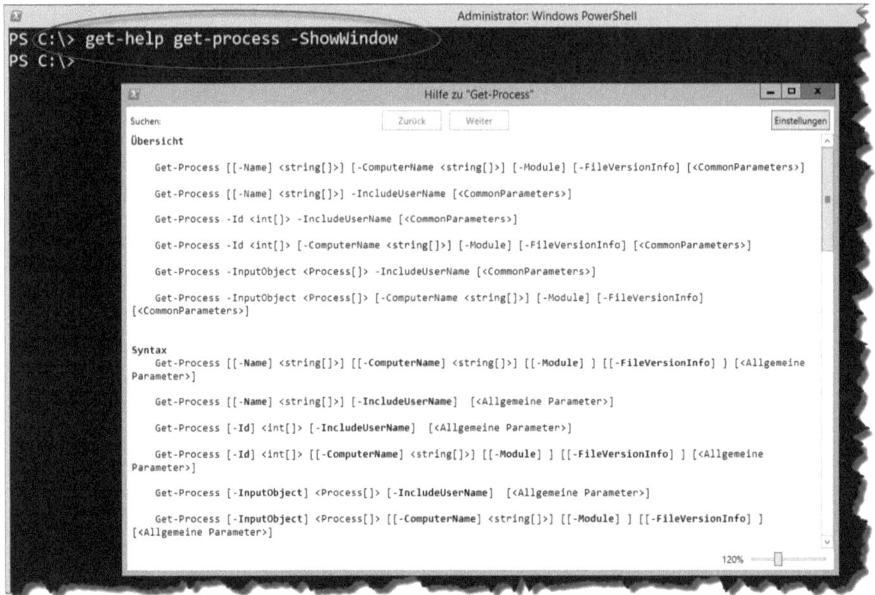

Abb. 4.13: *Aufruf der Syntax mit dem Parameter -ShowWindow*

4.5.3 Bekannte Befehle in der Windows PowerShell

Bekannte Befehle sind noch anzutreffen

Microsoft hatte sich bereits in der ersten Version bemüht, den Einstieg in die Windows PowerShell für Windows-Admins als auch für Unix-Erfahrene zu vereinfachen. Dafür wurden viele bekannte Befehle in Form von Aliasnamen verfasst und in die Windows PowerShell integriert. Beim Aufruf des jeweiligen Aliasnamens in der Windows PowerShell wird die gleiche Funktionalität ausgeführt, als wäre das eigentliche Cmdlet direkt mit Namen angesprochen worden.

4.5.3.1 Zuordnung von Aliasnamen zu bekannten (Windows-)Befehlen

In der folgenden Tabelle sehen Sie einen Auszug der von Microsoft bereits definierten Aliasnamen in Zuordnung zu den einzelnen, betreffenden Cmdlets (und Funktionen):

Cmdlet (Befehl)/Funktion	Zugeordnete(r) Aliasname(n)
clear-host	cls
copy-item	cpi, copy, cp

Cmdlet (Befehl)/Funktion	Zugeordnete(r) Aliasname(n)
get-childitem	dir, gci, ls
get-command	gcm
get-content	cat, gc, type
get-help	help, man
get-location	gl, pwd
move-item	mi, move, mv
remove-item	del, ri, rd, rm. rmdir
remove-item	del, ri, rd, rm. rmdir
rename-item	ren, rni
set-location	chdir, cd
foreach-object	foreach, %

Tab. 4.2: *Zuordnung von Cmdlets zu den dazu definierten Aliasnamen*

4.5.3.2 Anzeige aller Aliasnamen

Eine Liste aller in der Windows PowerShell 4.0 enthaltenen Aliasnamen mitsamt der Zuordnung zu den jeweiligen Windows PowerShell-Cmdlets erhalten Sie durch die Eingabe des folgenden Befehls:

```
get-alias
```

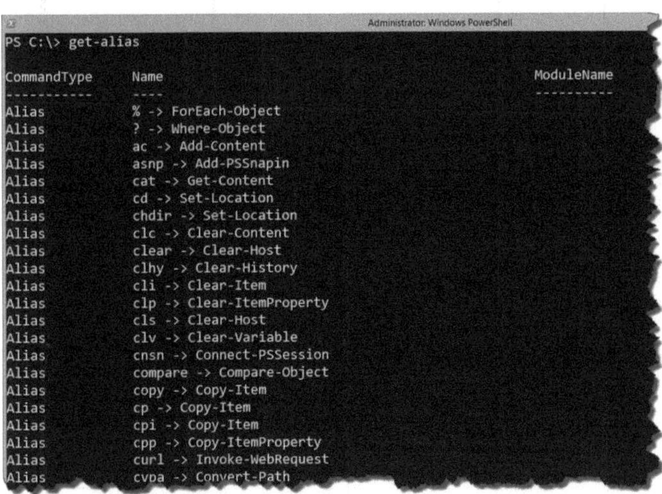

Abb. 4.14: *Anzeige aller in der Windows PowerShell 4.0 enthaltenen Aliasnamen*

Aliasnamen können den Cmdlets frei zugeordnet werden. Hierzu dient das Cmdlet **`set-alias`**. Beispielsweise können Sie dem Cmdlet **`get-date`** zur Anzeige des Datums einen eigenen Aliasnamen (`gd`) zuordnen. Geben Sie dazu den folgenden Befehl in der Windows PowerShell ein:

```
set-alias gd get-date
```

Das Ergebnis sehen Sie in der folgenden Grafik:

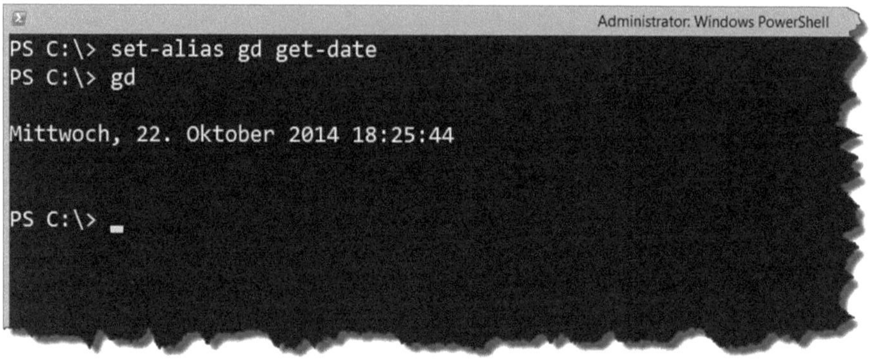

```
Administrator: Windows PowerShell
PS C:\> set-alias gd get-date
PS C:\> gd

Mittwoch, 22. Oktober 2014 18:25:44


PS C:\> _
```

Abb. 4.15: *Aufruf eines Cmdlets mithilfe eines zuvor selbst definierten Aliasnamens in der Windows PowerShell unter Windows Server 2012 R2*

Hinweis

Die Windows PowerShell dient nicht nur für die manuelle Eingabe einzelner Befehle. Man kann in ihr beispielsweise auch Stapelverarbeitungsdateien (*.bat oder .cmd*) sowie auch Windows PowerShell-Skriptdateien ausführen.

Da die Ausführungsmöglichkeiten auch insbesondere durch Skriptdateien fast unbegrenzt sind, muss man sich auch Gedanken um die Sicherheit und das Verhindern des möglichen Missbrauchs von Skripts in der Windows PowerShell machen.

4.5.4 „show-Command"

Mit dem Windows PowerShell-CmdLet ***Show-Command***, was bereits in Windows PowerShell 3.0 zum ersten Mal verfügbar war, kann man sich die vorhandenen *PowerShell-Module*, sowie alle darin ebenso enthaltenen *PowerShell-CmdLets* in einem grafischen Fenster anzeigen lassen. Zusätzlich kann man diesen in der Grafikumgebung teils sogar bestimmte Parameter und Optionen zuordnen, und sie aus dem Dialog heraus kopieren oder gleich sogar ausführen.

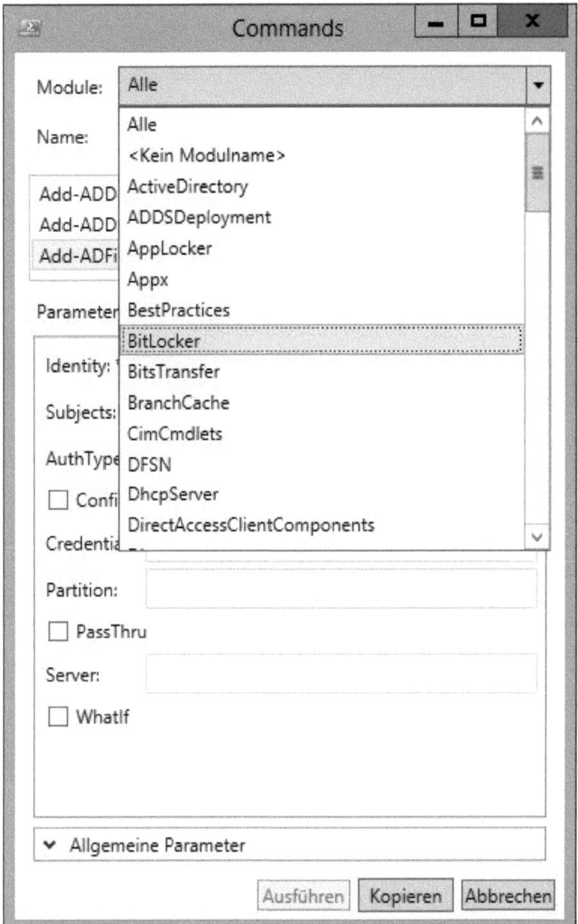

Abb. 4.16: *Durchsuchen der vorhandenen Module in Show-Command*

4.5.5 Sicherheit in der Windows Powershell

In der Grundeinstellung der Windows PowerShell unter Windows 8, Windows Server 2012, sowie auch Windows 8.1 können aus Sicherheitsgründen keine Shell-Scripts ausgeführt werden. Diese Funktion muss durch einen Administrator über die Registrierung des betreffenden Rechners freigeschalten werden. Sollte also ein Benutzer nach der Installation der Windows PowerShell (versehentlich oder unbeabsichtigt) auf eine Datei mit der Endung *.ps1* doppelklicken, so wird nichts passieren. Anders ist dies unter Windows Server 2012 R2 (Release 2) - hier wurde die Grundeinstellung auf ***Remote-Signed*** eingestellt, womit sich zumindest lokale Shell-Scripts auch ohne eine digitale Signatur ausführen lassen.

Hinweis

Windows PowerShell-Scriptdateien werden in der Regel mit der Dateinamenserweiterung .ps1 gekennzeichnet. Um sicherstellen zu können, dass z. B. keinerlei Manipulationen an Scriptdateien vorgenommen wurden, kann man diese anhand eines entsprechenden, digitalen Zertifikats mit einer digitalen Signatur versehen. Die Sicherheitseinstellungen der Windows PowerShell können dann - je nach Anforderung - an die Sicherheitsanforderungen eines Unternehmens angepasst werden.

```
Auswählen Administrator: Windows PowerShell
Windows PowerShell
Copyright (C) 2013 Microsoft Corporation. Alle Rechte vorbehalten.

PS C:\Users\Administrator> Get-ExecutionPolicy
RemoteSigned
PS C:\Users\Administrator> _
```

Abbildung 4.17: *Standardmäßige Sicherheitseinstellung für die Skriptausführung in der Windows PowerShell 4.0 unter Windows Server 2012 R2*

Die Sicherheitseinstellung für die Skriptausführung in der Windows PowerShell erlaubt es einem Administrator eine bestimmte Abstufung zu wählen, welche sich aus den aktuellen Sicherheitsanforderungen eines Unternehmens richtet. Hierzu stehen ihm zwei Cmdlets zur Verfügung:

- **get-executionpolicy** - Abfrage der aktuellen Sicherheitseinstellungen.
- **set-executionpolicy** - Festlegen der Sicherheitseinstellung.

4.5.5.1 Definierbare Sicherheitsstufen

Wichtig: Sicherheit erst durch digitale Signatur!

Die Sicherheitsstufe für die Ausführung von Skriptdateien in der Windows PowerShell lässt sich mithilfe des Cmdlets **set-ExecutionPolicy** bzw. anhand einer entsprechenden Gruppenrichtlinieneinstellung festlegen. Hierzu stehen in der Windows PowerShell die in der folgenden Tabelle enthaltenen, definierbaren Sicherheitsstufen zur Verfügung:

Sicherheitseinstellung	Beschreibung
Restricted (*Standardeinstellung unter Windows Server 2012, Windows 8 und Windows 8.1*)	Es können keine Skripte ausgeführt werden.
Allsigned	Nur signierte Skripte können ausgeführt werden.

Sicherheitseinstellung	Beschreibung
RemoteSigned (Standardeinstellung unter Windows Server 2012 R2)	Lokal erstellte Skripte sind erlaubt, andere Skripte müssen digital signiert sein.
Unrestricted	Alle Skripte können ausgeführt werden.

Tab. 4.3: *Definierbare Sicherheitseinstellungen für die Skriptausführung in der Windows PowerShell*

Hinweis

Beachten Sie, dass die Windows PowerShell unter Windows Server 2012 R2 unter administrativen Rechten ausgeführt werden muss, um die Sicherheitseinstellungen für die Skriptausführung verändern zu können. Darüber hinaus ist eine manuelle Änderungen der in der Windows-Registry definierten Sicherheitseinstellungen lokal auf einem Serversystem nur möglich, wenn keine domänenbasierte Gruppenrichtlinie für die Konfiguration der Sicherheitseinstellungen für die Skriptausführung in der Windows PowerShell angewendet wird.

Die Sicherheitseinstellungen sollten bei Bedarf entsprechend angepasst werden, um die CmdLets der Windows PowerShell gleich auch mithilfe von Shell-Skripten ausführen zu können. Wie aber werden diese Cmdlets denn überhaupt verwendet?

4.5.5.2 (Un)Sicherheits-Bypass - bei Bedarf

Die Sicherheitseinstellungen der Windows PowerShell können das betreffende Computersystem durch Zuhilfenahme eines digitalen Zertifikates und der damit anwendbaren, digitalen Signatur vor einer möglichen Manipulation einer Scriptdatei bewahren. Hinderlich wird dies jedoch, wenn z. B. *„Gefahr im Verzuge"* ist, und ein Administrator mittels unsigniertem Windows PowerShell-Script mitunter eine wichtige Systemänderung vornehmen muss. Hierzu sieht Microsoft einen Bypass der voreingestellten Sicherheit für die Ausführung solcher nicht signierter Scriptdateien vor.

Beispiel für das Umgehen der Sicherheitseinstellungen

Am nachfolgenden Beispiel sieht man den Befehlsaufruf für das Umgehen der Sicherheitseinstellung der Windows PowerShell bei der Scriptausführung eines unsignierten Shell-Scripts auf einem Computersystem unter Windows Server 2012 R2 - durch den Aufruf der Windows PowerShell aus der Windows-Kommandozeile (*Cmd.exe*):

```
c:\>powershell.exe Scriptsample.ps1 -ExecutionPolicy
unrestricted
```

Hinweis

Der Parameter ***-ExecutionPolicy*** legt die Standardausführungsrichtlinie für die aktuelle Sitzung fest. Die in der Windows-Registry festgelegte Windows PowerShell-Ausführungsrichtlinie wird hierbei nicht geändert.

4.5.6 Cmdlets und der Umgang mit Objekten

Vielzahl verfügbarer Parameter

Cmdlets sind die Befehle in der Windows PowerShell, welche über ihren eigenen oder über einen dafür definierten Aliasnamen angesprochen werden können. Diese Cmdlets werden in der Regel gemeinsam mit zusätzlichen Informationen, wie beispielsweise Parametern, aufgerufen. Die Vielzahl der verfügbaren Parameter ist abhängig vom jeweiligen Cmdlet.

Um die Syntax eines Cmdlets mitsamt der jeweils vorhandenen Parameter anzeigen zu lassen, kann man in der Windows PowerShell einfach den Befehlsnamen, gefolgt vom Parameter **`-?`** eingeben.

Ein Beispiel für die Verwendung von Parametern zeigt sich anhand des Cmdlets **`copy-item`** in dem folgenden Beispiel:

```
copy-item -path *.txt -destination d:\test
```

In dem angegebenen Beispiel kommen die Parameter `-path` und `-destination` gefolgt von einem jeweiligen Wert (`*.txt` und `d:\test`) zum Einsatz.

4.5.6.1 Arten von Parameter

Ausführung mitunter auch ohne Parameter möglich

Die Windows PowerShell ist in Bezug auf die Benennung von Parametern sehr flexibel. Gerade in Bezug auf das Cmdlet **`copy-item`** funktioniert die Befehlsausführung sogar völlig *ohne* Angabe der Parameter anhand der dabei benannten Werte. Hierzu ein passendes Beispiel:

```
copy-item *.txt d:\test
```

In diesem Beispiel erkennt die Windows PowerShell anhand der Position der Werte, dass es sich bei **`*.txt`** um die kopierenden Dateien (entspricht dem Parameter **`-path`**) und bei **`d:\test`** um das Zielverzeichnis (entspricht dem Parameter **`-destination`**) handelt. Bei **`-path`** und **`-destination`** handelt es sich um sogenannte *Positionsparameter*.

Umfangreiche Online-Hilfe im Internet

Nicht alle Parameter eines Cmdlets werden für die Befehlsausführung benötigt. Ob ein Parameter optional ist, zeigt sich beispielsweise bei Aufruf der Online-Hilfe des jeweiligen Cmdlets. Für das Cmdlet **`copy-item`** lässt sich diese anhand des folgenden Befehls anzeigen:

```
get-help copy-item -online
```

Das Ergebnis zeigt sich anschließend im Webbrowser wie folgt:

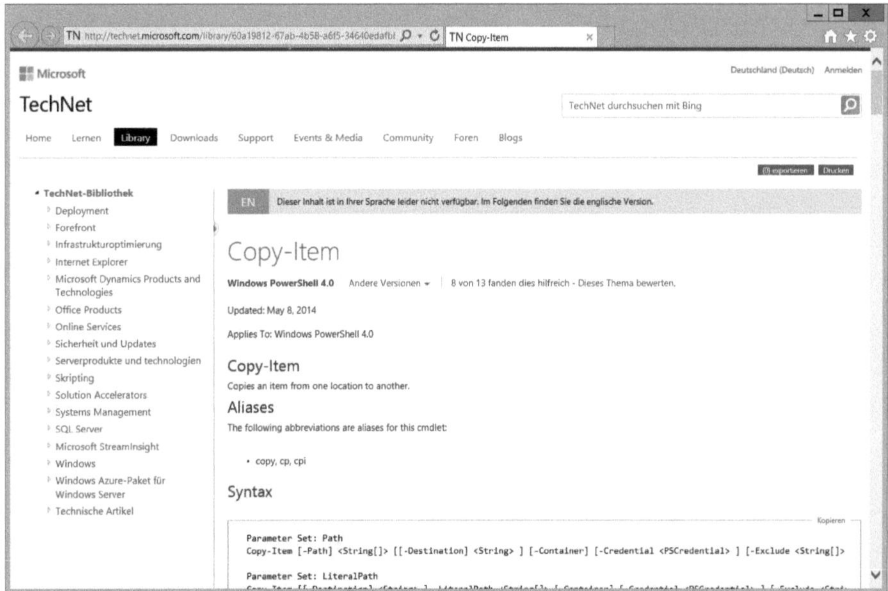

Abb. 4.18: *Ausführliche Hilfe zu PowerShell-Cmdlets in der Online-Hilfe*

Spätestens in der nach dem Aufruf der Online-Hilfe des jeweiligen Cmdlets zeigt sich anhand der Option „***Erforderlich?***" (engl. „*Required?*"), ob der jeweilige Parameter optional ist (***true***) oder nicht (***false***).

Die folgende Grafik verdeutlicht die verschiedenen Parametertypen eines Cmdlets der Windows PowerShell:

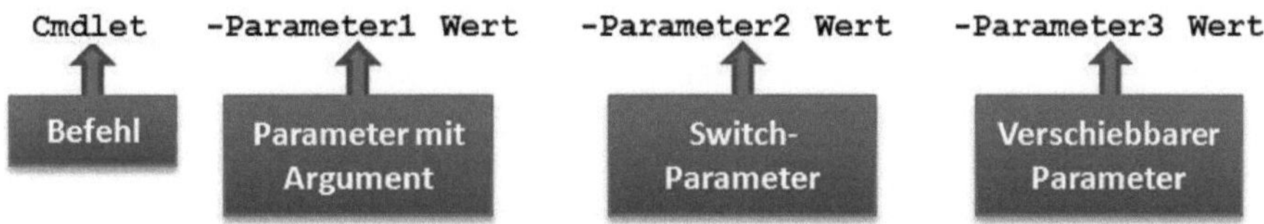

Abb. 4.19: *Die verschiedenen Parametertypen der Cmdlets der Windows PowerShell*

Hinweis

Für die meisten Parameter existieren bestimmte Abkürzungen (beispielsweise „`inc`" für „`include`" oder „`rec`" für „`recursive`"). Es existiert leider keine Liste der Abkürzungen, jedoch können die Parameter so lange gekürzt werden, solange die Namen in Bezug auf die übrigen Parameter eindeutig bleibt.

Um zu verstehen, wie mächtig die Windows PowerShell im Umfeld der Verwaltung von Windows-Betriebssystemen eingesetzt werden kann, muss man sich neben den Cmdlets auch mit den Verwendungsmöglichkeiten befassen.

4.5.7 Die Provider der Windows PowerShell

Vielzahl an unterstützten Providern

Die umfangreichen Verwendungsmöglichkeiten der Windows PowerShell unter Windows Server 2012 R2 werden durch die Sicht auf die darin unterstützten Provider erst deutlich. In Bezug auf die Windows PowerShell stellt ein Provider einen Namensraum (engl. *Namespace*) dar. Die verschiedenen Provider ermöglichen es einem Administrator, nicht nur Dateien und Verzeichnisse, sondern auch andere Objekte des betreffenden Windows-Systems, wie beispielsweise die Windows-Registry oder die Umgebungsvariablen, gleich auch aus der Windows PowerShell zu verwalten.

Der Wechsel zwischen den einzelnen Providern geschieht über den **`cd`**-Alias (steht für das Cmdlet **`set-location`**) gefolgt von der Providerbezeichnung und einem Doppelpunkt (**`:`**), beispielsweise „**`cd env:`**".

Abb. 4.20: *Wechsel zwischen verschiedenen Providern der Windows PowerShell unter Windows Server 2012 R2*

4.5.7.1 Die wichtigsten Provider der Windows PowerShell

Die folgende Tabelle enthält eine Übersicht der wichtigsten, der von der Windows PowerShell unter Windows Server 2012 unterstützten Provider:

Providername	Beschreibung
C, D, E, A, ...	Stehen einzeln für den Zugriff auf das Dateisystem und bezeichnen dabei das betreffende Laufwerk.
hklm	Steht für den *HKEY_LOCAL_MACHINE*-Teilbaum der Windows-Registry.
hkcu	Steht für den *HKEY_CURRENT_USER*-Teilbaum der Windows-Registry.
env	Ermöglicht den einfachen Zugriff auf die Umgebungsvariablen.
cert	Ermöglicht den einfachen Zugriff auf die hierarchisch strukturierte Zertifikatablage in Windows sowie auf die darin gespeicherten, digitalen Sicherheitszertifikate.
alias	Ermöglicht den Zugriff auf die definierten Aliase in der Windows PowerShell.
function	Ermöglicht den Zugriff auf interne Funktionen der Windows PowerShell.
variable	Ermöglicht den Zugriff auf die internen Variablen der Windows PowerShell.

Tab. 4.4: *Die Provider der Windows PowerShell*

Wie in der Tabelle zu erkennen ist, existiert in der Windows PowerShell kein Provider für die Unterstützung der Active Directory-Domänendienste. Für diese steht nach der Installation der Active Directory-Domänendienste (*AD DS*) ein eigenes, ursprünglich erstmals in der Windows PowerShell 2.0 unter Windows Server 2008 R2 implementiertes *Active Directory-Modul für Windows PowerShell* zur Verfügung, auf das in den späteren Seiten noch detailliert eingegangen wird.

Eine Übersicht aller von dem jeweiligen Computersystem bereitgestellten und unterstützten Provider der Windows PowerShell erhält man durch den Aufruf des Cmdlets **`get-psprovider`**.

Im Umgang mit der Windows PowerShell stellt man sehr schnell noch weitere Besonderheiten in der Verwendung der Shell-Umgebung fest.

4.5.7.2 Sonderzeichen in der Windows PowerShell

Eine besondere Bedeutung kommt den in der Windows PowerShell verwendbaren Sonderzeichen zu. In der nachfolgenden Tabelle erhalten Sie eine Übersicht der wichtigsten Sonderzeichen, die in der Windows PowerShell unterstützt werden.

Sonderzeichen	Beschreibung
|	Pipe-Operator (Pipeline)
~	Aktuelles Verzeichnis
$	Leitet einen Code-Block ein.
%	Alias für das Cmdlet foreach-object
?	Alias für das Cmdlet where-object
!	Not-Parameter
#	Leitet einen Kommentar ein.
*	Platzhalter
?	Platzhalter
..	Repräsentiert einen Zahlenbereich (bspw. 1..10).
$_	Steht für das aktuelle Pipeline-Objekt, bspw. in Verwendung mit select-object oder foreach-object.
&	Leitet einen Skriptblock ein.
>	Umleitungsoperator
>>	Umleitungsoperator, der den Inhalt an eine Datei anhängt.
2>	Leitet eine Fehlermeldung in eine Datei oder ins „Nichts" ($Null), so dass sie nicht angezeigt wird.
2>>	Die betreffende Fehlermeldung wird an eine Datei angehängt.

Tab. 4.5: *Übersicht der wichtigsten, unterstützten Sonderzeichen der Windows PowerShell*

Eine ausführliche Übersicht der unterstützten Sonderzeichen erhält man Windows PowerShell-Benutzerhandbuch. Dieses ist u. a. im Internet verfügbar unter:

https://technet.microsoft.com/de-de/library/cc196356.aspx

Natürlich könnte man jetzt noch weitere Details zu den Verwendungsmöglichkeiten und Besonderheiten der Windows PowerShell aufzeigen. Da dieses Kapitel jedoch lediglich eine Einführung in die Windows PowerShell darstellen soll, gehe ich jetzt noch etwas auf den praktischen Teil der Verwendung der Windows PowerShell ein.

4.5.8 Umgang mit Prozessen

Um ein wenig in den Umgang mit Windows PowerShell zu finden, wende ich mich erst einmal den Prozessen auf einem Windows-System zu. Zum Arbeiten mit Prozessen stehen in der Windows PowerShell die folgenden Cmdlets zur Verfügung:

Cmdlet	Aliasname	Verwendung
debug-Process		Dient zum Debuggen eines oder mehrerer Prozesse auf einem Computer.
get-Process	**ps** oder **gps**	Dient zum Anzeigen der auf einem Computer ausgeführten Prozesse.
start-Process		Dient zum Starten von einem oder mehreren Prozessen auf einem Computer.
stop-Process	**kill** oder **spps**	Dient zum Beenden eines oder mehrerer Prozesse.
wait-Process		Wartet, bis die Prozesse beendet wurden, bevor weitere Eingaben angenommen werden.

Tab. 4.6: *Cmdlets der Windows PowerShell für den Umgang mit Prozessen*

4.5.8.1 Prozesse anzeigen lassen mit get-process

Mit dem Cmdlet **`get-process`** der Windows PowerShell kann man alle laufenden Prozesse auf einem Windows-System inklusive der jeweiligen Prozesskennung (*PID*) auflisten lassen.

Formatierte Auflistung möglich

Die Ausgabe der laufenden Prozesse kann man sortieren, filtern oder auch nach bestimmten Kriterien formatieren. Weitere Informationen hierzu finden Sie in der Produktdokumentation der Windows PowerShell. Mit der Windows PowerShell unter Windows Server 2012 R2 ist man sogar in der Lage, die Prozesse auf einem Remote-Computer zu steuern.

Nähere Informationen hierzu erhalten Sie in der Online-Hilfe sowie in der Dokumentation zu Windows PowerShell unter Windows Server 2012 R2. Alternativ bietet sich hier das Tool **PSList.exe** der *Sysinternals*-Tools an, welches kostenfrei von der Microsoft-Website aus dem Internet heruntergeladen werden kann unter:

http://technet.microsoft.com/de-de/sysinternals/default.aspx

Die Ausführung von Prozessen auf einem Windows-System kann auch beendet werden. Hierzu steht ein eigenes Cmdlet zur Verfügung.

```
Administrator: Windows PowerShell
PS C:\> get-process

Handles  NPM(K)    PM(K)      WS(K) VM(M)   CPU(s)     Id ProcessName
-------  ------    -----      ----- -----   ------     -- -----------
     45       7     1828       7868    60     3,48   3792 conhost
    236      12     1296       3508    44     4,53    364 csrss
    221      13     1564      20320    57    23,34    416 csrss
    115       9     1204      12232    51     0,38   4440 csrss
    253      23     6320      14792   322    25,14   1388 dfsrs
    134      13     1984       5552    30     0,66   1836 dfssvc
     86       7     1120       4296    53     0,17   4328 dllhost
  10227    7275    88412      87940   124    22,70   1480 dns
    202      19    26636      52140   136    44,44    844 dwm
    160      17     9952      30856   116     1,63   4520 dwm
   1457     110    42632      98828   615    79,23   2292 explorer
    820      44    14960      42644   306     2,75   4032 explorer
      0       0        0         20     0               0 Idle
     91      11     1612       4012    26     0,19   1516 ismserv
   1624     132    24584      31796  1413   154,20    520 lsass
    432      51    47024      57196   588    12,06   1308 Microsoft.ActiveDirectory.WebServices
    154      17     2792       6712    61     0,08   2568 msdtc
    108      11     1416       5008    34     0,16   4532 plasrv
    568      47   108904     126388   691     7,98    112 powershell
    200      10     1524       5792    80     0,19   3816 rdpclip
    703      58   135976     165720   825    23,31   3872 ServerManager
    406      46    90696       4580   761    32,44   4224 ServerManager
    316      13     5176       9720   291    38,55    512 services
     53       3      304        960     5     0,59    260 smss
    307      24    28012      26984   537     0,73   1536 SMSvcHost
    427      24     5560      13264    92     6,25   1284 spoolsv
    487      42   162436      27368  -861 3.836,84   1452 sqlservr
     84       9     1324       5296    39     0,06   1740 sqlwriter
    384      13     2984       8584    38     7,55    696 svchost
    422      20     4144       8276    37    15,08    752 svchost
    618      21    23296      27604    84   227,27    816 svchost
    347      32     8272      12356    48     6,44    832 svchost
   2517      50    32876      47832   179   251,81    884 svchost
    516      27     6088      12964    91     3,86    908 svchost
    561      41    20876      28328  1402    25,38   1004 svchost
    101      17     3000       6880    36     0,20   1360 svchost
    133      15     3032       7016    39     0,25   1716 svchost
    105      10     1484       4488    21     0,19   2496 svchost
    155      13     2120       7164    40     5,33   2512 svchost
    403      28    13284      16552   877    18,25   2540 svchost
    265      31   131044      28544  1505    13,72   3616 svchost
    492      22     6284      13424   112    14,94   3840 svchost
    711       0      116        248     3 1.593,08      4 System
    204      19     5144       9312   478     1,44    108 taskhostex
    144      11     1800       5424    82     0,08   3680 taskhostex
    184      16     1996       7564    45     0,80   2428 vds
```

Abb. 4.21: *Anzeige der laufenden Prozesse mithilfe der Windows PowerShell*

4.5.8.2 Prozesse beenden mit stop-process

Bitte mit Bedacht

Mit dem Cmdlet **`stop-process`** der Windows PowerShell kann man einen laufenden Prozess auf einem Windows-System anhand des Prozessnamens oder der Prozesskennung (*PID*) beenden.

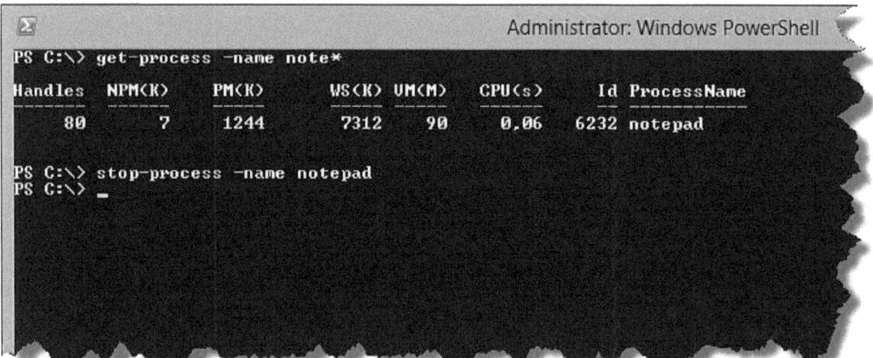

Abb. 4.22: *Beispiel für das Anzeigen und das anschließende Beenden eines Prozesses mithilfe der Windows PowerShell*

Hinweis

Beim Beenden von Prozessen mithilfe des Cmdlets **stop-process** der Windows PowerShell erfolgt von Windows aus keine Rückfrage mehr. Man sollte unbedingt darauf achten, nicht (versehentlich) den falschen Prozess zu „killen". Dies könnte im schlimmsten Fall in Form eines ungewollten Neustarts des betreffenden Computersystems enden.

Neben den Prozessen stellt auch die Verwaltung der Dienste eines Windows-Systems eine wichtige Aufgabe dar. Auch hierzu kann man die Windows PowerShell einsetzen.

4.5.9 Arbeiten mit Diensten

Die in einem Windows-System vorhandenen Dienste können mithilfe der Windows PowerShell abgefragt, gestartet oder auch beendet werden. Hierzu stehen in der Windows PowerShell neben anderen auch die in der folgenden Tabelle enthaltenen Cmdlets zur Verfügung:

Cmdlet	Aliasname	Verwendung
get-service	**gsv**	Listet einen oder mehrere Dienste auf.
start-service	**sasv**	Startet einen (zuvor) beendeten Dienst.
stop-service	**spsv**	Beendet einen Dienst.
restart-service		Beendet einen Dienst und startet ihn anschließend neu.
suspend-service		Hält einen Dienst in seiner Ausführung an.
resume-service		Setzt die Ausführung eines angehaltenen Dienstes fort.
new-service		Registriert einen bereits vorhandenen Dienst, sodass dieser anschließend gestartet werden kann.
set-service		Ändert bestimmte Eigenschaften eines Dienstes, bspw. den Anzeigenamen oder den Startmodus.

Tab. 4.7: *Cmdlets der Windows PowerShell zum Arbeiten mit Diensten*

4.5.9.1 Anzeige der aktuell ausgeführten Dienste

Anhand der in der Windows PowerShell enthaltenen Cmdlets kann man die aktuell ausgeführten Dienste eines Windows-Systems anzeigen lassen. Diese Ausgabe kann man mithilfe des Cmdlets **`where-object`** in Verbindung mit einer Status-Abfrage gezielt steuern.

Die Befehlseingabe in der Windows PowerShell kann dabei wie folgt aussehen:

```
get-service | where-object {$_.Status -eq „Running"}
```

In diesem Beispiel werden die Dienste mithilfe des Cmdlets **`get-service`** abgefragt. Die Ausgabe des Ergebnisses wird mithilfe der Pipe (|) an das Cmdlet **`where-object`** übergeben, welches seinerseits den Status des jeweiligen Dienstes mit den Vorgaben **`-eq „Running"`** (`-eq` steht für *„**entspricht**"*) vergleicht. Die anschließende Ausgabe auf dem Bildschirm ist demnach entsprechend gefiltert.

```
Administrator: Windows PowerShell
PS C:\> get-service | Where-Object {$PSItem.Status -eq "Running"}

Status   Name               DisplayName
------   ----               -----------
Running  ADWS               Active Directory-Webdienste
Running  BFE                Basisfiltermodul
Running  BITS               Intelligenter Hintergrundübertragun...
Running  BrokerInfrastru... Infrastrukturdienst für Hintergrund...
Running  CertPropSvc        Zertifikatverteilung
Running  CryptSvc           Kryptografiedienste
Running  DcomLaunch         DCOM-Server-Prozessstart
Running  DeviceInstall      Geräteinstallationsdienst
Running  Dfs                DFS-Namespace
Running  DFSR               DFS-Replikation
Running  Dhcp               DHCP-Client
Running  DNS                DNS-Server
Running  Dnscache           DNS-Client
Running  DPS                Diagnoserichtliniendienst
Running  DsmSvc             Geräteinstallations-Manager
Running  EventLog           Windows-Ereignisprotokoll
Running  EventSystem        COM+-Ereignissystem
Running  FontCache          Windows-Dienst für Schriftartencache
Running  gpsvc              Gruppenrichtlinienclient
Running  iphlpsvc           IP-Hilfsdienst
Running  IsmServ            Standortübergreifender Messagingdienst
```

Abb. 4.23: *Beispiel für die gefilterte Abfrage der aktuell ausgeführten Dienste eines Windows-Systems mithilfe der Windows PowerShell*

Die Abfrage von Diensten, sowie auch die Ergebnisdarstellung lassen sich ebenso sehr umfangreich anpassen und individualisieren. Nähere Informationen hierzu erhalten Sie in der Online-Hilfe oder der Dokumentation zur Windows PowerShell unter Windows Server 2012 R2.

4.5.9.2 Starten und Beenden von Diensten

Neben der Anzeige des Ausführungsstatus von Diensten lassen sich diese mithilfe der Windows PowerShell ebenso auch beenden oder starten. Hierzu stehen die beiden Cmdlets **`start-service`** und **`stop-service`** zur Verfügung. Natürlich kann man in der Windows PowerShell auch weiterhin mit den unter Windows bekannten Befehlen **net start** und **net stop** operieren.

4.5.9.3 Ermittlung der Abhängigkeit ausgeführter Dienste

Vor dem Beenden von Diensten sollte man sich vorweg informieren, ob nicht auch Abhängigkeiten anderer Dienste bestehen. Diese Überprüfung kann mitunter vor *„unvorhergesehenen Reaktionen"* des betreffenden Windows-Systems schützen.

Abhängigkeiten beachten

Nachfolgend sehen Sie ein Beispiel für die Befehlseingabe in der Windows PowerShell, um vorweg die möglichen Abhängigkeiten anderer Dienste vom Arbeitsstationsdienst zu ermitteln:

```
Administrator: Windows PowerShell
PS C:\> (get-service "Arbeitsstationsdienst").DependentServices | ForEach-Object {$PSItem.Displayname}
Konfiguration für Remotedesktops
Anmeldedienst
Computerbrowser
PS C:\>
```

Abb. 4.24: *Abfrage der Abhängigkeiten von Diensten mithilfe der Windows PowerShell unter Windows Server 2012 R2*

Die in dem oberen Beispiel gezeigte Ermittlung der Abhängigkeit weiterer Dienste vom Arbeitsstationsdienst wurde mithilfe der Pipe (**|**) und der nachfolgenden Anweisung anhand des jeweiligen *Anzeigenamens* (engl. *Displayname*) gefiltert.

Wie Sie sehen, kann man die Windows PowerShell sehr gezielt einsetzen, um Dienste auf einem Windows-System zu administrieren. Hierzu und noch zu vielen anderen Möglichkeiten finden Sie Informationen und Hinweise in der Produktdokumentation der Windows PowerShell.

4.5.10 Arbeiten mit Active Directory-Objekten

In der Windows PowerShell unter Windows Server 2012 R2 ist es möglich, auch Active Directory-Objekte zu verwalten. Hierzu hat Microsoft das *Active Directory-Modul für Windows PowerShell* entwickelt, und bereits in Windows Server 2008 R2 erstmalig integriert. Dieses steht auf einem Serversystem unter Windows Server als Domänencontroller nach der Installation der Serverrolle der *Active Directory-Domänendienste* (engl. *Active Directory Domain Services, AD DS*) oder auch der *Active Directory-Lightweight Directory Services* (*AD LDS*) zur Verfügung.

Jetzt aber richtig - mit der richten Auswahl an Cmdlets

4.5.10.1 Aufruf des Active Directory-Modul für Windows PowerShell

Auf einem Domänencontroller unter Windows Server 2012 R2 kann das *Active Directory-Modul für Windows PowerShell* bei Bedarf auf verschiedenen Wegen aufgerufen werden:

- **im Startbildschirm** - durch Eingabe der Zeichenfolge **active** im Startbildschirm auf einem Domänencontroller unter Windows Server 2012 R2 werden durch die automatische Suche als Ergebnis alle Apps (Tools und Programme) angezeigt, in denen die Zeichenfolge im Namen oder der Beschreibung enthalten ist (u.a. auch das Active Directory-Modul für Windows PowerShell), und kann durch einen einfachen Klick geladen werden.

- **im Server-Manager** - das *Active Directory-Modul für Windows PowerShell* findet sich auf Domänencontrollern unter Windows Server 2012 R2 im Server-Manager unter **Tools**, und kann darüber durch einen einfachen Mausklick geladen werden.
- **in der Windows PowerShell** - durch die Eingabe des Befehls **import-module** Active Directory kann das Active Directory-Modul für Windows PowerShell, wie auch jedes andere, optional vorhandene Windows PowerShell-Modul importiert werden.

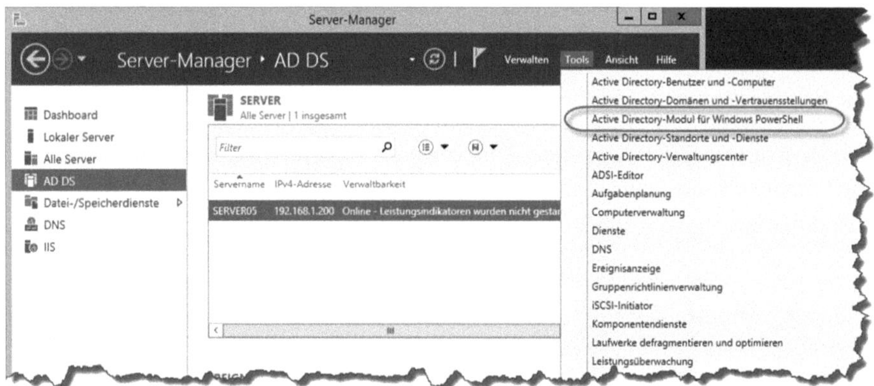

Abb. 4.25: *Das Active Directory-Modul für Windows PowerShell im Server-Manager*

Hinweis

Wenn Sie eines der im *Active Directory-Modul für Windows PowerShell* enthaltenen PowerShell-CmdLets (bspw. **new-ADUser**) in der Windows PowerShell aufrufen, so wird das für die Ausführung notwendige Modul bei Bedarf automatisch geladen. Das betreffende PowerShell-CmdLets kann dann ohne weiteres Zutun ausgeführt werden.

Erstellen und Verwalten von AD-Objekten und mehr

Das Modul umfasst eine Vielfalt an Windows PowerShell-CmdLets für die Verwaltung von Objekten der Active Directory-Domänendienste (*AD DS*) bzw. der Active Directory-Lightweight Directory Services (*AD LDS*).

4.5.10.2 Beispiel für die Verwaltung von Active Directory-Objekten

Anhand der im Active Directory-Modul für Windows PowerShell enthaltenen Cmdlets können u.a. die Objekte der Active Directory-Domänendienste (*AD DS*) verwaltet, sowie auch neue Objekte erstellt werden. Um ein neues Benutzerkonto anzulegen, verwendet man beispielsweise den folgenden Befehl in der Windows PowerShell:

```
New-ADUser -Name "Carlo Westbrook" -SamAccountName
"CWestbrook" -GivenName "Carlo" -Surname "Westbrook"
-DisplayName "Carlo Westbrook" -Path
"OU=Autoren,DC=CertPro,DC=local"
```

In diesem Beispiel wird ein neues Benutzerkonto mit dem Anmeldenamen „`CWestbrook`" in der Organisationseinheit „`Autoren`" der Domäne „`CertPro.local`" erstellt.

Eine Übersicht aller verwendbaren Parameter und Optionen zum Cmdlet **New-ADUser** erhalten Sie durch die Eingabe des folgenden Befehls in der Windows PowerShell:

```
help New-ADUser -online
```

Weitere Informationen zur Verwendung des Active Directory-Moduls für Windows PowerShell unter Windows Server 2012 R2 sowie der darin enthaltenen PowerShell-Cmdlets finden Sie in der Online-Hilfe.

4.6 Verwendung der Desired State Configuration

Die Desired State Configuration (DSC) stellt eine Erweiterung der PowerShell-Funktionalitäten in Windows Server 2012 R2 sowie Windows 8.1 dar. Die DSC kann für eine Reihe an Anpassungen und Konfigurationsschritten verwendet werden. Zu diese zählt man u. a.:

- Installation oder Entfernen von Serverrollen und Features,
- Verwaltung von Windows-Registry-Einstellungen,
- Verwaltung von Dateien und Ordnern,
- Starten, Beenden und Verwalten von Prozessen und Diensten,
- Verwaltung von Umgebungsvariablen,
- Ausführung von Windows PowerShell-Scripts,
- Verwaltung von Benutzerkonten und (Sicherheits-)Gruppen,
- Installation und Verwaltung von Installationspaketen, wie .MSI oder .EXE,
- Ermitteln des aktuellen Konfigurationsstatus eines Computersystems,
- Bereinigen der Konfiguration von Computersystemen nach dem vorgegebenen Konfigurationsstatus bei (*unbeabsichtigten*) Veränderungen.

Die Konfigurationsvorgaben werden von der DSC aus dafür zu erstellenden **MOF-Dateien** (*Management Object Format*) ermittelt. Diese MOF-Dateien lassen sich mittels Windows-PowerShell ISE einfach und in der passenden Syntax erstellen und anpassen. Eine Anpassung mit **Notepad.exe** wäre prinzipiell ebenso möglich.

Ein einfaches Beispiel für die von DSC anwendbaren Konfigurationsdateien erhält man durch die Tastenkombination Strg + J in der Windows PowerShell ISE (*Integrated Scripting Environment*).

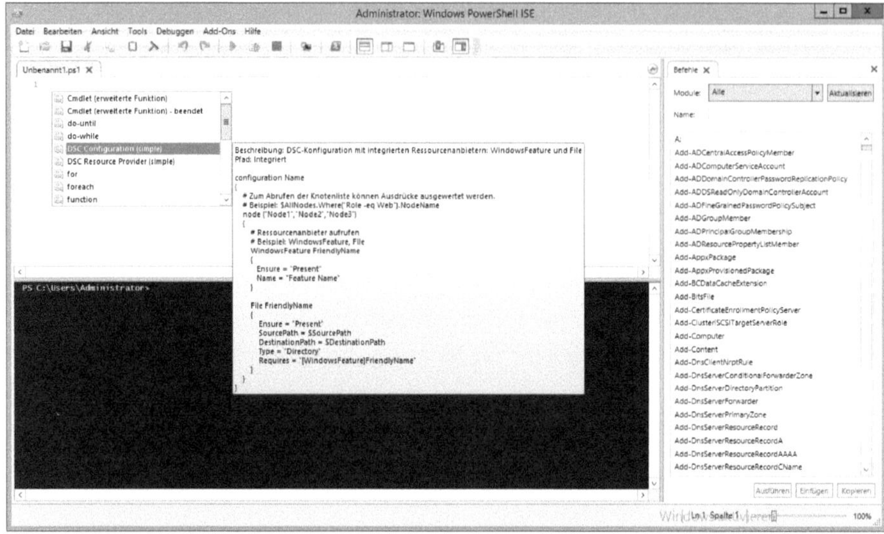

Abb. 4.26: *Beispielsyntax in der Windows PowerShell ISE*

Die Syntax der Konfigurationsdatei ist in dem Beispiel mit entsprechenden Kommentaren versehen, so dass man diese sehr einfach lesen und zuordnen kann.

Unbenannt1.ps1*

```
configuration Name
{
    # Zum Abrufen der Knotenliste können Ausdrücke ausgewertet werden.
    # Beispiel: $AllNodes.Where("Role -eq Web").NodeName
    node ("Node1","Node2","Node3")
    {
        # Ressourcenanbieter aufrufen
        # Beispiel: WindowsFeature, File
        WindowsFeature FriendlyName
        {
           Ensure = "Present"
           Name = "Feature Name"
        }

        File FriendlyName
        {
            Ensure = "Present"
            SourcePath = $SourcePath
            DestinationPath = $DestinationPath
            Type = "Directory"
            Requires = "[WindowsFeature]FriendlyName"
        }
    }
}
```

Abb. 4.27: *Beispielsyntax der „DSC Configuration (simple)“ in der Windows PowerShell ISE*

4.6.1 Windows PowerShell Desired State Configuration (DSC)-CmdLets

Zum Konfigurieren von Computersystemen, sowie zum späteren Auslesen der bereits angewendeten DSC-Konfiguration stehen in der Windows PowerShell im Modul **PSDesiredStateConfiguration** standardmäßig die folgenden Windows PowerShell-CmdLets zur Verfügung:

PowerShell-CmdLet	Beschreibung
Get-DscConfiguration	Ermitteln der aktuellen DSC-Konfiguration auf einem Computersystem.
Start-DscConfiguration	Wendet die DSC-Konfiguration durch die beim Aufruf angegebene Konfigurationsdatei auf ein Computersystem an.

Tab. 4.8: *Windows PowerShell-CmdLets für die Desired State Configuration (DSC)*

4.6.2 Beispiel eines einfachen Konfigurationsscripts für DSC

Ein einfaches Konfigurationsscript kann beispielsweise so aussehen:

MySampleServerconfig.ps1* ×

```
configuration ServerConfigTest
{
param ([string]$Computername)
    # Zum Abrufen der Knotenliste können Ausdrücke ausgewertet werden.
    # Beispiel: $AllNodes.Where("Role -eq Web").NodeName
    node ($Computername)
    {
        # Ressourcenanbieter aufrufen
        # Beispiel: WindowsFeature, File
        WindowsFeature Webserver
        {
           Ensure = "Present" # Alternativ "Absent" zum Sicherstellen, dass nicht installiert
           Name = "Web-Server" # Name-Eigenschaft aus Get-WindowsFeature
        }

        WindowsFeature Telnet
        {
           Ensure = "Present" # Alternativ "Absent" zum Sicherstellen, dass nicht installiert
           Name = "Telnet-Client" # Name-Eigenschaft aus Get-WindowsFeature
        }

        WindowsFeature WINS-Server
        {
           Ensure = "Present" # Alternativ "Absent" zum Sicherstellen, dass nicht installiert
           Name = "WINS" # Name-Eigenschaft aus Get-WindowsFeature
        }


        Group Testgruppe
        {
           Ensure = "Present" # Alternativ "Absent" zum Sicherstellen, dass nicht vorhanden
           GroupName = "IT-Supporter" # Name der anzulegenden Gruppe
        }

    }
}
```

Abb. 4.28: *Beispielkonfigurationsscript für die Desired State Configuration (DSC)*

Die Beispieldatei ***MySampleServerconfig.ps1*** kann für Übungszwecke, wie z. B. die unter dem nächsten Punkt aufgezeigte Demonstration, als Bestandteil der zum Buch angebotenen Zusatzinhalte gerne direkt aus unserer Verlagsseite im Internet heruntergeladen werden unter:

http://www.certpro-press.de/9006.html

4.6.3 Verwendung von Konfigurationsscripts mit DSC

Zum Laden des Konfigurationsscripts muss man dieses einmal ausführen. Anschließend wird die darin enthaltene Configuration mitsamt des entsprechenden Rechnernamens aufgerufen. Dieser Vorgang erstellt dann die für den Konfigurationsvergleich notwendige MOF-Datei (Konfigurationsdatei). Diese wird in einem weiteren Schritt auf das betreffende Computersystem angewendet und sorgt für die einheitliche Konfiguration - ganz nach den Vorgaben innerhalb der MOF-Datei.

Die Details zur Verwendung von Konfigurationsscripts mit DSC werden Ihnen in dem folgenden Beispiel erläutert. Verwenden Sie zum Nachmachen ein entsprechendes Test- bzw. Demosystem unter Windows Server 2012 R2. Gehen Sie darauf wie folgt vor:

1. Melden Sie sich am Serversystem unter Windows Server 2012 R2 - das nach Möglichkeit für diese Beispielkonfiguration auch als Active Directory-Domänencontroller konfiguriert ist - als Administrator an.
2. Installieren Sie, soweit noch nicht geschehen, die ***Windows PowerShell ISE*** auf dem betreffenden Computersystem.
3. Laden Sie sich anschließend die Beispieldatei **MySampleServerconfig.ps1** aus unserer Verlagswebsite aus dem Internet (Weblink siehe oben) auf den Server in einen neuen Dateiordner **c:\Script**.
4. Wechseln Sie in den Ordner ***c:\Script***, klicken Sie anschließend mit der rechten Maustaste auf die Beispieldatei **MySampleServerconfig.ps1**, und wählen Sie die Option **Bearbeiten**.
5. Drücken Sie die F5-Taste zum Ausführen der Scriptdatei.
6. Drücken Sie zum Wechsel in die Konsole der *PowerShell ISE* die Tastenkombination Strg + D, geben Sie dort den folgenden Befehl ein, und drücken Sie anschließend die ↵-Taste:

   ServerConfigTest -Computername *<Computername>* **-OutputPath** c:\Script\

Hinweis

Durch die Ausführung des Befehls wurde aus dem Konfigurationsscript eine MOF-Datei im Ordner ***C:\Script*** mit dem Namen *<Servername>*.**mof** erzeugt. Diese Datei dient zum Anwenden der darin enthaltenen Konfigurationsanweisungen auf das betreffende Zielsystem. Eine solche MOF-Datei wird stets individuell mit dem Namen des betreffenden Computersystems versehen.

7. Geben Sie den folgenden Befehl in der Konsole der *Windows PowerShell ISE* den folgenden Befehl ein, und drücken Sie anschließend die ↵-Taste:

   Start-DscConfiguration -Path c:\Test -verbose **-wait**

Hinweis

Durch die Ausführung des Befehls werden alle im Pfad *c:\Script* gespeicherten MOF-Dateien abgearbeitet. Dadurch wird *Webserver* als Serverrolle, sowie der *WINS-Dienst* und der *Telnet-Client* im unter *<Servername>* angegebenen Serversystem aktiviert. Zusätzlich erstellt das Script (soweit zutreffend) eine neue Sicherheitsgruppe mit dem Namen *IT-Support* in den Active Directory-Domänendiensten (*AD DS*) auf dem betreffenden Serversystem - vorausgesetzt, die AD DS sind auf diesem bereits installiert.

8. Prüfen Sie, ob die Serverrolle **Webserver**, sowie die Features „**WINS-Server**", sowie der „**Telnet-Client**" aktuell installiert sind. Zusätzlich kontrollieren Sie mit der Konsole *Active Directory-Benutzer und Computer*, dass im Container *Users* der *Active Directory-Domänendienste (AD DS)* die Sicherheitsgruppe **IT-Support** nun ebenso existiert.

Weitere Informationen zur *Windows PowerShell Desired State Configuration (DSC)* findet man u. a. im Internet auf der Microsoft-Website unter:

http://technet.microsoft.com/en-us/library/dn249912.aspx

4.7 Bereitstellung des Windows PowerShell-Webzugriffs

Auf Wunsch: Zugriff auf die Windows PowerShell aus dem Internet möglich

Bereits unter Windows Server 2012 hat Microsoft in der Windows PowerShell 3.0 die Möglichkeit der Bereitstellung des Windows PowerShell-Webzugriffs (engl. *Windows PowerShell Web Access integriert*). Wie der Name es bereits ableiten lässt, ermöglicht diese Implementierung den Zugriff auf die Windows PowerShell über einen Webbrowser. In der Windows PowerShell 4.0 wurde dieses Feature im Detail nochmals etwas verbessert.

Nicht jedem Administrator ist es wohl beim Gedanken, dass man ein so mächtiges Verwaltungswerkzeug wie die Windows PowerShell nunmehr von überall aus aufrufen und verwenden kann - bei Bedarf sogar von einem beliebigen Rechner aus dem Internet heraus. Dieses Feature von Windows Server 2012 bzw. Windows Server 2012 R2 bietet für andere jedoch eine bislang ungeahnte Möglichkeit der Verwaltungsvielfalt. Man kann so beispielsweise aus dem Homeoffice oder von unterwegs aus auf sichere Weise auf die Verwaltung von Serversystemen zurückgreifen - und der Zugriff lässt sich natürlich auch gezielt steuern, so dass die Sicherheit auf jeden Fall gewahrt bleibt.

Die Bereitstellung des Windows PowerShell-Webzugriffs lässt sich im Verhältnis recht einfach realisieren. Diese erfolgt i.d.R. in den folgenden Phasen:

- Schritt 1: Installieren von **Windows PowerShell Web Access**

- Schritt 2: Konfigurieren des **Windows PowerShell Web Access Gateway**
- Schritt 3: Konfigurieren von **Autorisierungsregeln** und **Websicherheit**

Ein Beispiel für die Implementierung von Windows PowerShell-Webzugriff erfahren Sie in den nächsten Seiten. Dabei werden Ihnen die einzelnen Schritte - orientiert an der möglichen Implementierung in einer Testumgebung - entsprechend dargestellt.

Detaillierte Informationen über die Bereitstellung des Windows PowerShell-Webzugriffs unter Windows Server 2012 (R2) erhalten Sie in der Website von Microsoft im Internet unter:

https://technet.microsoft.com/de-de/library/hh831611.aspx

Damit man sich des Windows PowerShell-Webzugriffs bedienen kann, muss man die damit verbundenen Anforderungen beachten.

4.7.1 Anforderungen für die Ausführung von Windows PowerShell Web Access

Auf dem Windows PowerShell Web Access Gateway, das für die Bereitstellung der Weboberfläche für den Zugriff auf die Windows PowerShell verwendet wird, muss zwingend der Webserver (IIS), das Microsoft .NET Framework 4.5, sowie die Windows PowerShell 3.0 oder Windows PowerShell 4.0 ausgeführt werden. Windows PowerShell Web Access kann auf Windows Server 2012 oder Windows Server 2012 R2 installiert und bereitgestellt werden.

Beachten Sie, dass der Remotezugriff auf die Windows PowerShell von außerhalb auf das Computernetzwerk eines Unternehmens stets ein Sicherheitsrisiko darstellt. Sie müssen die Implementierung des Windows PowerShell-Webzugriffs und insbesondere des dabei eingesetzten Gateways deshalb so sicher als nur möglich gestalten. Insbesondere das Härten des Serversystems, sowie der Schutz durch eine Firewall sind hier beispielsweise als obligatorisch zu betrachten. Das nachfolgende Beispiel kann wegen seines Umfangs nicht alle Gesichtspunkte rund um die Sicherheit des Windows PowerShell-Webzugriffs abdecken, und sollte deshalb lediglich für „Best Practice"-Zwecke in einer Testumgebung bereitgestellt werden.

4.7.2 Anforderungen an die Browser

Die für den Zugriff auf den Windows PowerShell-Webzugriff zu verwendenden Browser müssen die folgenden Anforderungen erfüllen:

- Öffnen und Lesen von HTTPS-Seiten
- Öffnen und Ausführen von Websites, die JavaScript verwenden
- Zulassen von Cookies von der Windows PowerShell Web Access-Gatewaywebsite.

Natürlich sollten die für den webbasierten Zugriff auf die Windows PowerShell verwendeten Geräte durch aktuelle Firewalls gegenüber unerlaubten Zugriffen, sowie durch aktuelle und aktive Antivirenschutzsoftware vor Viren, Würmern und Trojanern geschützt sein.

4.7.2.1 Unterstützte Desktopcomputerbrowser

Der Windows PowerShell-Webzugriff unterstützt eine Vielzahl an Browsern für den Remotezugriff auf die Windows PowerShell. Zu den aktuell unterstützten Browsern zählen:

- Internet Explorer 8.0, 9.0, 10.0 und 11.0
- Mozilla Firefox 10.0.2
- Goggle Chrome 17.0.963.56m für Windows
- Apple Safari 51.1.2 for Windows
- Apple Safari 51.1.2 for Mac OS

4.7.2.2 Weitere unterstützte Geräte und Browser

Darüber hinaus hat Microsoft bestimmte Geräte oder Browser bislang in einem „Minimaltest" auf die Verwendbarkeit in Verbindung mit dem Windows PowerShell-Webzugriff getestet. Diese umfassen u. a. die folgenden:

- Windows Phone 7 und 7.5
- Apple Safari für iPhone-Betriebssystem 5.0.1
- Apple Safari für iPad 2-Betriebssystem 5.01
- Google Android WebKit 3.1 Browser Android 2.2.1 (Kernel 2.6)

4.7.3 Schritt 1: Installieren von Windows PowerShell Web Access

Als Windows-Feature in Windows Server 2012 R2 enthalten

Die Implementierung von Windows PowerShell Web Access erfolgt in mehreren Schritten. In einem ersten Schritt wird dabei das Feature Windows PowerShell-Webzugriff auf einem Serversystem unter Windows Server 2012 R2 installiert. Es bestehen verschiedene Möglichkeiten, um die Installation der Windows PowerShell-Webzugriffs auf einem Server unter Windows Server 2012 R2 durchzuführen - entweder mittels grafischem Assistenten oder beispielsweise auch direkt in der Windows PowerShell. Um die Installationsphasen besser zu verdeutlichen, zeige ich im folgenden Beispiel die notwendigen Schritte zur Installation von Windows PowerShell-Webzugriff über den grafischen Server-Manager.

Gehen Sie folgt vor, um Windows PowerShell-Webzugriff im Server-Manager unter Windows Server 2012 R2 zu installieren:

1. Öffnen Sie auf dem Server unter Windows Server 2012 R2 den *Server-Manager* entweder über:
   - eine Klick auf das **Server-Manager-Symbol** in der *Task-Leiste*, oder
   - über einen Klick in der Windows-*Startseite* auf die **Kachel** für den *Server-Manager*.
2. Klicken Sie in der Seite *Vorbemerkungen* auf **Weiter**.
3. Klicken Sie im Menü *Verwalten* auf **Rollen und Features hinzufügen**.
4. Wählen Sie auf der Seite *Installationstyp auswählen* die Option **Rollenbasierte oder featurebasierte Installation** aus, und klicken Sie auf **Weiter**.
5. Wählen Sie auf der Seite *Zielserver auswählen* den für die Installation geplanten Server unter Windows Server 2012 R2 aus, und klicken Sie anschließend auf **Weiter**.
6. Klicken Sie auf der Seite *Serverrollen auswählen* auf **Weiter**.
7. Erweitern sie auf der Seite *Features auswählen* die Auswahl für *Windows PowerShell*, und wählen Sie dann **Windows PowerShell Web Access** aus.
8. Wenn Sie gefragt werden, ob die für die Installation erforderlichen Features hinzugefügt werden sollen, so klicken Sie auf **Features hinzufügen**.
9. Klicken Sie auf die Schaltfläche *Weiter*.
10. Klicken Sie unter *Rolle „Webserver" (IIS)* auf **Weiter**.
11. Klicken Sie unter *Rollendienst auswählen* auf **Weiter**.
12. Klicken Sie unter *Installationsauswahl bestätigen* auf **Installieren**.

    Die Installation von Windows PowerShell-Webzugriff wird mitsamt aller dafür notwendigen Features und Komponenten auf dem Serversystem unter Windows Server 2012 R2 installiert.
13. Klicken Sie zum Abschluss der Installation auf *Schließen*.

Nach der erfolgreichen Installation folgt nun in einem weiteren Schritt die Konfiguration des Windows PowerShell Web Access Gateway. Die hierbei notwendigen Schritte werden Ihnen auf den nächsten Seiten erklärt.

4.7.4 Schritt 2: Konfigurieren des Windows PowerShell Web Access Gateway

Anlegen und Konfigurieren der Webanwendung und Website

Nach der Installation von Windows PowerShell-Webzugriff auf einem Server unter Windows Server 2012 R2 folgt nun der zweite Schritt: die Konfiguration des Windows PowerShell Web Access Gateway. Es bestehen verschiedene Möglichkeiten, um die Konfiguration des Windows PowerShell Web Access Gateway auf einem Server unter Windows Server 2012 R2 durchzuführen - entweder mit dem grafischen *IIS-Manager* oder beispielsweise auch direkt in der Windows PowerShell. Um den Vorgang vereinfacht darzustellen, zeige ich im folgenden Beispiel die für die Konfiguration des Gateway notwendigen Schritte in Verbindung mit dem *Install-PswaWebApplication*-Cmdlet der Windows PowerShell unter Windows Server 2012 R2.

Gehen Sie wie folgt vor, um den Windows PowerShell Web Access Gateway mithilfe des PowerShell-Cmdlet „*Install-PswaWebApplication*" auf einem Server unter Windows Server 2012 R2 zu konfigurieren:

1. Öffnen Sie die *Windows PowerShell* entweder:
   - durch einen Rechtsklick mit der Maus auf das **Windows-PowerShell-Symbol** in der *Task-Leiste*, oder
   - durch einen Rechtsklick mit der Maus auf die **Kachel** der *Windows PowerShell* im Windows-Startbildschirm.

   Wählen Sie aus, dass die Windows PowerShell *als Administrator* ausgeführt wird.
2. Geben Sie den folgenden Befehl in der Windows PowerShell ein:
   ```
   Install-PswaWebApplication -UseTestCertificate
   ```

Hinweis

Beachten Sie, dass die Verwendung von **UseTestCertificate** in diesem Beispiel zur Darstellung des „*Best Practice*" erfolgt, und lediglich in Testumgebungen eingesetzt werden sollte. In einer Produktivumgebung sollten Sie zur Erhöhung der Sicherheit grundsätzlich ein gültiges Zertifikat einsetzen, das von einer Zertifizierungsstelle signiert wurde.

Durch die Ausführung des PowerShell-Cmdlet wird die *Windows PowerShell Web Access-Webanwendung* im Standardwebsite-Container von IIS auf dem Server installiert. Darüber hinaus wird die Infrastruktur, die für das Ausführen von Windows PowerShell Web Access notwendig ist, auf der Standardwebsite als ***https://<Servername>/pswa*** erstellt. Bei Bedarf kann man auch einen anderen Namen für das virtuelle Verzeichnis wählen. Informationen hierzu entnehmen Sie bitte der Windows-Hilfe.

```
PS C:\> Install-PswaWebApplication -UseTestCertificate
WARNUNG: Aus Sicherheitsgründen wird von der Verwendung eines Testzertifikats in einer Produktionsumgebung
abgeraten. Dieses Zertifikat sollte nur für interne Tests von Windows PowerShell Web Access verwendet werden.
 Das Testzertifikat läuft in 90 Tagen ab.
Anwendungspool pswa_Pool wird erstellt...

Name                     State        Applications
----                     -----        ------------
pswa_Pool                Started


Webanwendung pswa wird erstellt...

Path               : /pswa
ApplicationPool    : pswa_Pool
EnabledProtocols   : http
PhysicalPath       : C:\Windows\Web\PowerShellWebAccess\wwwroot



Selbstsigniertes Zertifikat wird erstellt...


HTTPS-Bindung wird erstellt...
```

Abb. 4.29: *Konfigurieren des Windows PowerShell Web Access Gateway in der Windows PowerShell unter Windows Server 2012 R2*

Wenn Sie die Konfiguration des Windows PowerShell Web Access Gateway abgeschlossen haben, müssen Sie noch entsprechende Autorisierungsregeln erstellen, mit denen der Zugriff auf die Windows PowerShell über das Gateway ermöglicht werden soll.

4.7.5 Schritt 3: Konfigurieren von Autorisierungsregeln und Websicherheit

Im Anschluss an die Konfiguration des Windows PowerShell Web Access Gateway müssen im letzten Schritt noch die Autorisierungsregeln und die Websicherheit konfiguriert werden.

Hinweis

Die Anmeldeseite des Windows PowerShell Web Access Gateway kann über den Aufruf des URL im Webbrowser nach der Konfiguration des Gateways in Schritt 2 zwar bereits angezeigt werden, jedoch ist eine Anmeldung erst nach der expliziten Gewährung des Zugriffs durch den Administrator möglich.

Die Windows PowerShell Web Access-Zugriffssteuerung erfolgt über eine Auswahl dafür bereitgestellter Windows PowerShell-Cmdlets. Eine entsprechende grafische Konsole steht für diese Konfiguration in Windows Server 2012 R2 nicht zur Verfügung. Die folgende Tabelle enthält die für die Zugriffssteuerung zu verwendenden Windows PowerShell-Cmdlets:

Cmdlet	Beschreibung	Konfigurierbare Parameter
Add-PswaAuthorizationRule	Dient zum Erstellen und Hinzufügen neuer Windows PowerShell Web Access-Autorisierungsregeln	• ComputerGroup-Name • ComputerName • ConfigurationName • RuleName • UserGroupName • UserName
Remove-PswaAuthorization-Rule	Dient zum Entfernen einer angegebenen Autorisierungsregel.	• Id • RuleName
Get-PswaAuthorizationRule	Dient zum Ermitteln von Autorisierungsregeln.	• Id • RuleName
Test-PswaAuthorizationRule	Dient zum Testen von Autorisierungsregeln.	• ComputerName • ConfigurationName • RuleName • UserName

Tab. 4.9: *Windows PowerShell-Cmdlets zur Konfiguration von Autorisierungsregeln für den Zugriff auf den Windows PowerShell Web Access unter Windows Server 2012 R2*

4.7.5.1 Erstellen einer expliziten Autorisierungsregel

Der Zugriff auf die Windows PowerShell eines Serversystems unter Windows Server 2012 R2 über den Windows PowerShell Web Access Gateway wird lediglich nach der Erstellung einer expliziten Autorisierungsregel ermöglicht.

Die zuvor erstellten Autorisierungsregeln für den Zugriff auf den Windows PowerShell Web Access Gateway lassen sich anschließend bei Bedarf jederzeit wieder entfernen, um damit zu einem späteren Zeitpunkt den Zugriff zu verhindern. Weitere Informationen hierzu erhalten Sie auf der Website von Microsoft im Internet unter:

https://technet.microsoft.com/de-de/library/hh831611.aspx

Gehen Sie wie folgt vor, um eine explizite Autorisierungsregel für den Zugriff auf Windows Power-Shell Web Access mit der Windows PowerShell unter Windows Server 2012 R2 zu gewähren:

1. Öffnen Sie die *Windows PowerShell* entweder:
   - Durch einen Rechtsklick mit der Maus auf das **Windows-PowerShell-Symbol** in der *Task-Leiste*, oder
   - Durch einen Rechtsklick mit der Maus auf die **Kachel** der *Windows PowerShell* im Windows-Startbildschirm.
2. Wählen Sie aus, dass die Windows PowerShell *als Administrator* ausgeführt wird.
3. Geben Sie den entsprechenden Befehl im folgenden Format in der Windows PowerShell ein, und drücken Sie anschließend die [↵]-Taste:

   ```
   Add-PswaAuthorizationRule -UserName <Domäne\Benutzer | Computername\Benutzer> -ComputerName <Computername> -ConfigurationName <Sitzungskonfigurationsname>
   ```

   Hierzu ein praktisches Beispiel für die Autorisierung eines Benutzers:

   ```
   Add-PswaAurorizationRule -UserName CertPro\CWestbrook -ComputerName wdc01.certpro.local -ConfigurationName Microsoft.PowerShell
   ```

4. Wenn Sie dazu aufgefordert werden, so geben Sie „**J**" für Ja in der Windows PowerShell ein, und drücken Sie die [↵]-Taste.

Die soeben erstellte Regel wird in der Windows PowerShell angezeigt.

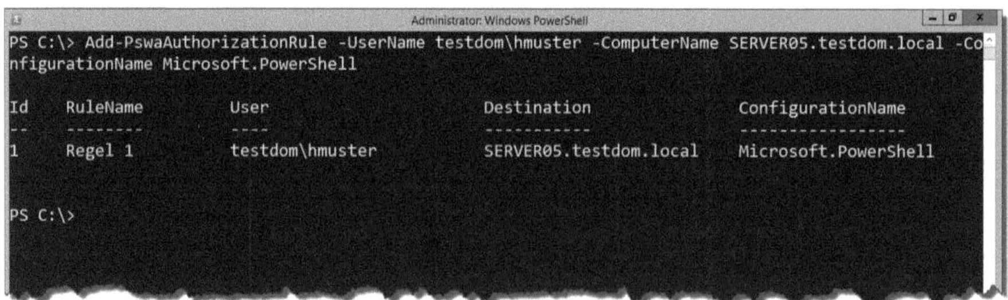

Abb. 4.30: *Neu erstellte Autorisierungsregel für den Zugriff auf die Windows Power-Shell mithilfe des Windows PowerShell Web Access Gateway*

4.7.5.2 Anmelden am Windows PowerShell Web Access Gateway

Nachdem die explizite Zugriffsregel erstellt wurde, kann man sich mithilfe des Webbrowsers den Anmeldebildschirm am Windows PowerShell Web Access Gateway anzeigen lassen. Geben Sie dazu in unserem Beispiel den folgenden URL in der Adressleiste des Browsers ein:

`https://localhost/pswa`

Wenn beim Aufruf der Webseite eine Fehlermeldung anzeigt, dass das verwendete Zertifikat nicht gültig ist, so klicken Sie - in unserem Beispiel - dennoch auf *Laden dieser Website fortsetzen (nicht empfohlen)*, da wir bewusst ein *Testzertifikat* für die Konfiguration verwendet haben. Diese Meldung umgeht man in der Praxis durch die Verwendung eines durch eine vertrauenswürdige Zertifizierungsstelle ausgestelltes Zertifikat.

Weitere Hinweise hierzu, wie auch die Erklärung der notwendigen Schritte zum Einbinden eines solchen Zertifikats in den IIS unter Windows Server 2012 (R2) finden Sie im Internet unter:

https://technet.microsoft.com/de-de/library/hh831611.aspx

Geben Sie im Anmeldefenster die für Sie gültigen **Anmeldedaten** ein, wählen Sie als *Verbindungstyp:* **Computername**, geben Sie im darunterliegenden Eingabefeld den **Servernamen** ein, und klicken Sie dann auf **Anmelden**.

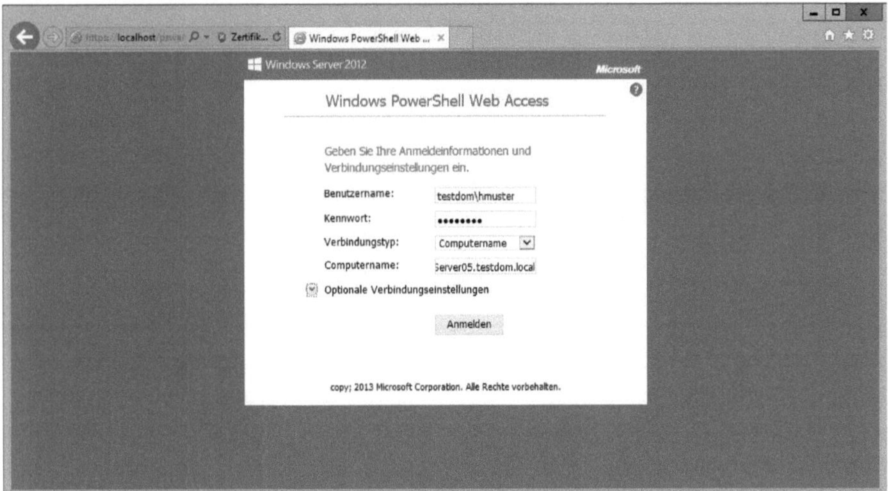

Abb. 4.31: *Formularbasierter Anmeldebildschirm am Windows PowerShell Web Access Gateway unter Windows Server 2012 R2*

Nach erfolgreicher Anmeldung erhält man Zugriff auf die Windows PowerShell des zuvor in der Konfiguration angegebenen Servers unter Windows Server 2012 R2.

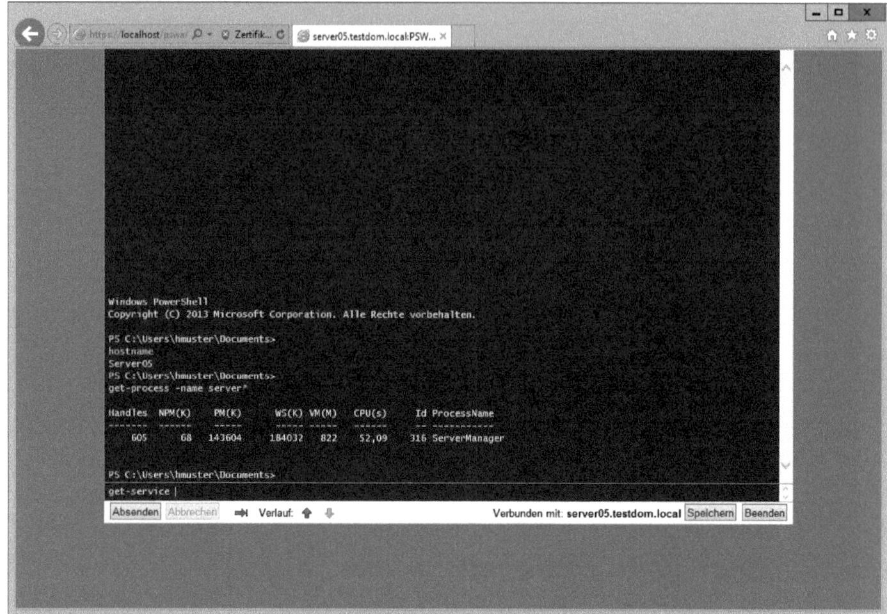

Abb. 4.32: *Zugriff auf die Windows PowerShell auf Windows Server 2012 R2 nach erfolgreicher Anmeldung am Windows PowerShell Web Access Gateway*

Inaktivität trennt standardmäßig nach 15 Minuten

Beachten Sie, dass der Zugriff auf Windows PowerShell Web Access standardmäßig nach einer Zeit von 15 Minuten der Inaktivität automatisch wieder beendet wird.

Neu integriert hat Microsoft in Windows Server 2012 R2 in der Weboberfläche des Windows PowerShell Web Access den Schalter **Speichern**, womit sich Sitzungen zwischenspeichern (pausen) lassen, so dass sie zu einem späteren Zeitpunkt - maximal bis zum Ablauf der Sitzung (standardmäßig 15 Minuten) - wieder aufgenommen werden können.

4.7.6 Sitzungsverwaltung

Standardmäßig ist die Anzahl gleichzeitiger Sitzungen in Windows PowerShell Web Access auf drei je Benutzer begrenzt. Man kann die Datei **web.config** der Webanwendung im IIS-Manager bearbeiten, um einen anderen Wert für die Anzahl pro Benutzer zu konfigurieren. Die Datei **web.config** findet man auf dem Server unter Windows Server 2012 R2 unter:

```
$Env:windir\web\PowerShellWebAccess\wwwroot\web.config
```

Auch kann die Zeitspanne für die Inaktivität eines Benutzers verändert werden, nach der eine Benutzersitzung automatisch beendet wird (*standardmäßig 15 Minuten*), bei Bedarf in der Websiteeinstellungen im IIS-Manager verändert werden.

4.8 Weitere Informationen

Wie es in den vorangegangenen Seiten zu lesen war, stellt Windows PowerShell Web Access ein sicher für viele Administratoren interessantes Feature dar. Aber natürlich konnte ich in einem Buch, das den schnellen Einstieg in den Windows Server 2012 R2 mitsamt seinen wichtigsten Rollen und Features verfolgt, leider nicht jedes Detail der Konfiguration und Verwaltung aufzeigen. Wenn man das Feature jedoch ernsthaft in der Praxis einsetzen möchte, so sollte man sich insbesondere in Punkto Sicherheit noch weiter in das Thema einarbeiten. Auch hierzu findet man wichtige Informationen direkt auf der Microsoft Website im Internet.

Weitere Informationen zu Windows PowerShell Web Access, der Konfiguration, Installation, sowie auch zum Entfernen findet man im Internet auf der Microsoft-Website unter:

https://technet.microsoft.com/de-de/library/hh831611.aspx

Im nächsten Kapitel dreht sich nun alles um die Bereitstellung und Verwaltung von Serverrollen, Rollendiensten und Features (Funktionen).

KAPITEL 5
Bereitstellen und Verwalten von Rollen und Features

Vielfältige Möglichkeiten - ganz nach Bedarf

Das Konzept fest definierter Serverrollen, Rollendienste und -funktionen hat Microsoft erstmalig unter Windows Server 2008 in die Serverbetriebssysteme eingeführt. Hierdurch wurde die Implementierung und Verwaltung der vom Betriebssystem unterstützten Serverrollen und -funktionen (Features) um ein Vielfaches übersichtlicher und zudem ebenso auch vereinfacht. Zur Verwaltung der einzelnen Serverrollen, Rollendienste und -funktionen finden sich auf dem Serversystem unter Windows Server 2012 R2 der seit Windows Server 2012 nochmals völlig überarbeitete und um Funktionen erweiterte Server-Manager mitsamt der darin enthaltenen Server-Manager-Assistenten sowie auch eine Vielzahl an Windows PowerShell-Befehlen, die sogenannten Cmd-Lets, welche auch für die skriptbasierte Verwaltung von Serversystemen verwendet werden können.

Angriffsfläche verringern

Zugegeben, der Einsatz von Serverrollen ist nicht neu. Bereits unter Windows 2000 konnte man Serversystemen mithilfe des *Sicherheitskonfigurations-Assistent* (engl. *Security Configuration Wizard, SCW*) feste Serverrollen zuordnen und somit auch die primäre(n) Funktion(en) des jeweiligen Servers definieren. Durch diese Art der Konfiguration konnte der überflüssige Einsatz von nicht benötigten Serverrollen und -funktionen vermieden und somit letztlich auch die Angriffsfläche gegenüber potentiellen Hackern verringert werden (sog. *Server Hardening*).

Seit Windows Server 2012 hat Microsoft das Sicherheitskonzept nochmals verfeinert, so dass sich darin selbst die grafischen Benutzeroberflächenelemente als (optionale) Features (*Funktionen*) wiederfinden.

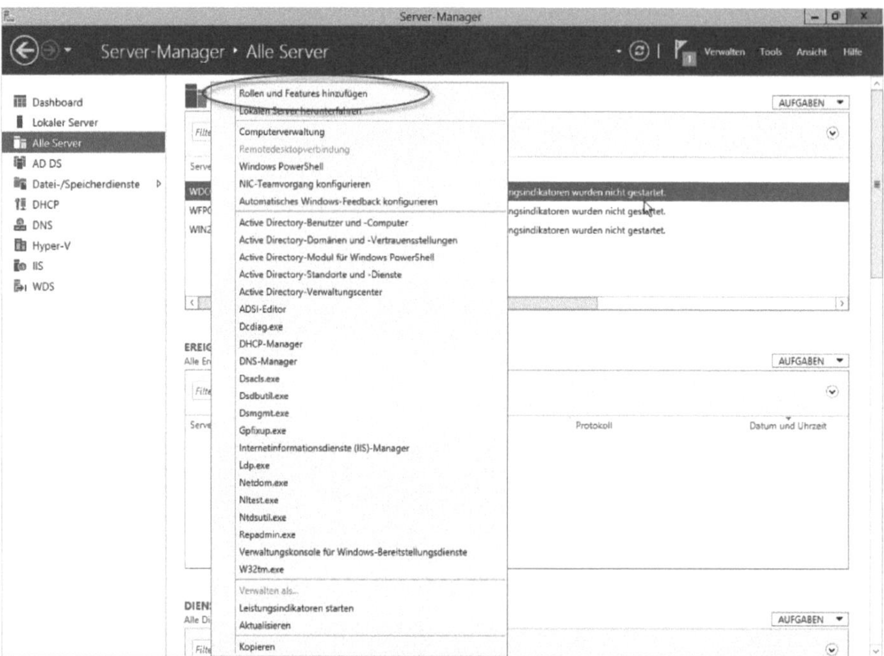

Abb. 5.1: *Verwaltung von Rollen und Features im grafischen Server-Manager*

Durch die Implementierung der grafischen Benutzeroberfläche als Features des neuen Serverbetriebssystems besteht seit Windows Server 2012 die Möglichkeit, eine zunächst *vollständige Installation* (inkl. der grafischen Benutzeroberfläche) auf die Ebene einer *Server Core-Installation* (ohne grafische Benutzerelemente) zu reduzierten. Auch umgekehrt ist diese „Wandlung" wiederum durch das nachträgliche Hinzufügen der grafischen Benutzeroberfläche problemlos möglich. Mehr Details hierzu erfahren Sie im Kapitel 13 dieses Fachbuches.

5.1 Umfang der Rollen und Features

Windows Server 2012 R2 unterstützt ebenso wie auch bereits sein Vorgänger eine Vielzahl verschiedener Serverrollen, Rollendienste und Features (Funktionen). Diese wurden im Umfang des neuen Serverbetriebssystems nochmals erweitert.

5.1.1 Enthaltene Rollen und Rollendienste

Ungleiche Editionen

Nicht jede der von Windows Server 2012 R2 erhältlichen Betriebssystem-Editionen enthält auch alle verfügbaren Serverrollen, Rollendienste und -funktionen. Lediglich die Standard und die Datacenter Edition von Windows Server 2012 R2 sind im Umfang der darin enthaltenen Serverrollen, Rollendienste und -funktionen exakt gleich. Die Foundation Edition hingegen ist, wie auch die Essentials Edition (welche ihrerseits zum Nachfolger des Microsoft Small Business Server erklärt wurde) im Umfang der darin enthaltenen Rollen und Features eingeschränkt.

Die nachfolgende Tabelle gibt Ihnen nochmals einen Überblick zu den unter Windows Server 2012 R2 Standard und Datacenter Edition verfügbaren Serverrollen:

Serverrolle	Beschreibung
Active Directory Lightweight Directory Services (AD LDS)	Stellt für verzeichnisfähige Anwendungen, welche die Infrastruktur der Active Directory-Domänendienste nicht benötigen, einen Speicher für anwendungsspezifische Daten bereit. Auf einem einzelnen Serversystem werden mehrere AD LDS-Instanzen mit eigenem Schema unterstützt.
Active Directory-Domänendienste (Active Directory Domain Services, AD DS)	Werden zum Speichern von Informationen zu Objekten im Netzwerk und zur Bereitstellung dieser Informationen für Benutzer und Netzwerkadministratoren verwendet. Die AD DS verwenden Domänencontroller, um den Netzwerkbenutzern über eine einmalige Anmeldung Zugriff auf erlaubte Ressourcen im Netzwerk zu gewährleisten.
Active Directory-Rechteverwaltungsdienste (Active Directory Rights Management Services, AD RMS)	Schützen Informationen vor nicht autorisierter Verwendung. AD RMS weist die Identität von Benutzern nach und stellt autorisierten Benutzern Lizenzen für geschützte Informationen bereit.
Active Directory-Verbunddienste (Active Directory Federation Services, AD FS)	Bieten einen vereinfachten und sicheren Identitätsverbund sowie Funktionen für einmalige Webanmeldung. Die AD FS umfassen einen Verbunddienst zur browserbasierten einmaligen Webanmeldung, einen Verbunddienstproxy zur Anpassung des Clientzugriffs und zum Schutz interner Ressourcen, sowie Web-Agents, durch die Verbunddienstbenutzern der Zugriff auf intern gehostete Anwendungen gewährt wird.
Active Directory-Zertifikatdienste (Active Directory Certificate Services, AD CS)	Werden zum Erstellen von Zertifizierungsstellen und dazugehörigen Rollendiensten verwendet, die Ihnen das Ausstellen und Verwalten von Zertifikaten ermöglichen, die in einer Vielzahl von Anwendungen verwendet werden.

Serverrolle	Beschreibung
Anwendungsserver	Ermöglicht das zentrale Verwalten und Hosten von verteilten und hochleistungsfähigen Geschäftsanwendungen, z.B. mit Enterprise Services und .NET Framework 4.5 erstellte Anwendungen.
Datei- und Speicherdienste	Stellen nützliche Technologien zum Verwalten von Speicher und SMB-Dateifreigaben, der Datendeduplizierung, das Aktivieren der Dateireplikation, Verwalten freigegebener Ordner, BranchCache, Durchführen schneller Dateisuchen und Aktivieren des Zugriffs auf UNIX-Clientcomputer bereit.
DHCP-Server	Mit DHCP-Server (Dynamic Host Configuration-Protokoll) können Sie temporäre IP-Adressen und dazugehörige Informationen für Clientcomputer zentral konfigurieren, verwalten und bereitstellen.
DNS-Server	Stellt eine Namensauflösung für TCP/IP-Netzwerke bereit. DNS-Server ist einfacher zu verwalten, wenn die Anwendung auf dem gleichen Server wie die Active Directory-Domänendienste (AD DS) installiert ist. Wenn Sie die Rolle Active Directory-Domänendienste ausgewählt haben, können Sie DNS-Server und Active Directory-Domänendienste installieren und konfigurieren, sodass die Anwendungen zusammenarbeiten können.
Druck- und Dokumentdienste	Die Rolle Druck- und Dokumentendienste ermöglicht das Zentralisieren von Druckserver- und Netzwerkdrucker-Verwaltungsaufgaben. Diese Rolle ermöglicht zudem das Empfangen gescannter Dokumente von Netzwerkscannern und das Weiterleiten der Dokumente an eine freigegebene Netzwerkressource, eine Windows SharePoint Services-Website oder an E-Mail-Adressen.
Faxserver	Sendet und empfängt Faxe und ermöglicht Ihnen das Verwalten von Faxressourcen, z.B. Aufträgen, Einstellungen, Berichten und Faxgeräten auf diesem Computer oder im Netzwerk.
Hyper-V	Stellt Dienste bereit, mit denen Sie virtuelle Computer und deren Ressourcen erstellen und verwalten können. Jeder virtuelle Computer ist ein virtualisiertes Computersystem, das in einer isolierten Ausführungsumgebung betrieben wird. Dadurch wird die gleichzeitige Ausführung von mehreren Betriebssystemen ermöglicht.

Serverrolle	Beschreibung
Netzwerkrichtlinien- und Zugriffsdienste	Stellen Netzwerkrichtlinienserver (Network Policy Server, NPS), Routing und RAS, Integritätsregistrierungsstelle (HRA) und HCAP (Host Credential Authorization-Protokoll) bereit, um die Integrität und Sicherheit eines Netzwerks zu schützen.
Remotedesktopdienste	Von den Remotedesktopdiensten (ehemals Terminaldienste) werden Technologien bereitgestellt, die Benutzern den Zugriff auf Windows-basierte Programme, die auf einem Remotedesktop-Sitzungshostserver installiert sind, sowie auf den vollständigen Windows-Desktop ermöglichen. Mit den Remotedesktopdiensten können Benutzer über das firmeninterne Netzwerk oder über das Internet auf einen Remotedesktop-Sitzungshostserver oder einen virtuellen Computer zugreifen.
Remotezugriff	Umfasst die Netzwerkdienste zum Bereitstellen von Remotezugriff (mittels VPN oder RAS), DirectAccess sowie Routing.
Volumen-aktivierungsdienste	Die Dienste ermöglichen die Installation und Bereitstellung eines Schlüsselverwaltungsdiensthosts (Key Management Services-Host, KMS-Host), sowie die Konfiguration der Microsoft Active Directory-basierten Aktivierung für die Bereitstellung der Volumenaktivierung für Systeme, die Mitglied einer Active Directory-Domäne sind.
Webserver (IIS)	Stellt eine zuverlässige, verwaltbare und skalierbare Webanwendungsinfrastruktur bereit.
Windows Server Essentials-Umgebung	Stellt die IT-Infrastrukturdienste für kleine und mittlere Unternehmen, sowie leistungsfähige Funktionen wie die Computersicherung für den Schutz von Daten, sowie auch den Remotewebzugriff für den Zugriff auf Geschäftsinformationen von praktisch überall aus bereit. Für die Realisierung dieser Anforderungen lässt sich diese Rolle ebenso mit vielen der in Microsoft Azure angebotenen Dienste, wie Office 365 oder auch Online-Backup verbinden.

Serverrolle	Beschreibung
Windows Server Update Services (WSUS)	Mit WSUS können Netzwerkadministratoren die zu installierenden Microsoft-Updates angeben, separate Gruppen von Computern für verschiedene Sätze von Updates erstellen und Berichte über die Kompatibilitätsstufen der Computer und über die zu installierenden Updates abrufen.
Windows-Bereitstellungsdienste	Bieten eine einfache und sichere Möglichkeit, für Computer im Netzwerk schnell und im Remotemodus Windows-Betriebssysteme bereitzustellen.

Tab. 5.1: *Serverrollen in den verschiedenen Editionen von Windows Server 2012 R2*

Neben den Serverrollen und Rollendiensten unterstützt Windows Server 2012 R2 ebenso eine Vielzahl an Funktionen (engl. *Features*). Im Vergleich zu Windows Server 2008 und Windows Server 2008 R2 (Release 2) wurden dem neuen Serverbetriebssystem zudem einige von Microsoft neu entwickelte Funktionen hinzugefügt.

5.1.2 Enthaltene Features (Funktionen)

Viele neue und überarbeitete Funktionen

Neben den Rollen steht unter Windows Server 2012 R2 ergänzend eine Vielzahl an Features (*Funktionen*) zur Verfügung, die im Umfang gegenüber den vorherigen serverseitigen Windows-Versionen nochmals um einige für die tägliche Praxis interessante Features erweitert wurden. Auch hat Microsoft einige der bereits vorweg vorhandenen Features im Detail überarbeitet oder teils auch um Funktionen erweitert.

Wie bereits unter der vorherigen Serverbetriebssystemversion werden auch unter Windows Server 2012 R2 einige wichtige Funktionen (beispielsweise die *Windows Server-Sicherung*) nicht automatisch installiert. Diese können bei Bedarf beispielsweise mithilfe des bereits erwähnten Server-Managers jedoch jederzeit problemlos nachinstalliert werden.

Die folgende Tabelle enthält nochmals eine Übersicht über die von Windows Server 2012 R2 Standard und Datacenter Edition unterstützten Funktionen (*Features*):

Feature (Funktion)	Beschreibung
.NET Framework 3.5-Funktionen	Kombiniert die Leistungsfähigkeit der .NET Framework 2.0-APIs mit den neuen Technologien zum Erstellen von Anwendungen mit ansprechenden Benutzeroberflächen, die die persönlichen Identitätsinformationen der Kunden schützen, nahtlose und sichere Kommunikation unterstützen und das Entwerfen einer Reihe von Geschäftsprozessen ermöglicht.

Feature (Funktion)	Beschreibung
.NET Framework 4.5-Funktionen	Bietet ein umfassendes und einheitliches Programmiermodell für schnelles und einfaches Erstellen von Anwendungen für verschiedene Plattformen, einschließlich Desktop-PCs, Server, Smartphones sowie die öffentliche und die private Cloud.
Benutzeroberflächen und Infrastruktur	Enthält die verfügbaren Optionen der Benutzerschnittstelle und Infrastruktur. Umfasst Tools und Infrastruktur für die grafische Verwaltung, Desktopdarstellung und Grafische Shell für Server.
BitLocker-Laufwerksverschlüsselung	Hilft dabei, die Daten auf gestohlenen oder nicht ordnungsgemäß außer Dienst gestellten Computer zu schützen, indem das gesamte Volume verschlüsselt und die Integrität der vorrangigen Startkomponenten geprüft wird. Die Daten werden nur entschlüsselt, wenn diese Komponenten erfolgreich überprüft wurden und sich das verschlüsselte Laufwerk im Originalcomputer befindet. Für die Integrität ist ein kompatibles TPM erforderlich.
BitLocker-Netzwerkentsperrung	Ermöglicht die Verwendung einer netzwerkbasierten Schlüsselschutzvorrichtung zur automatischen Entsperrung eines mit BitLocker geschützten Betriebssystemlaufwerks in einem Domänencomputer, wenn der Computer neu gestartet wird. Dies ist hilfreich, wenn man außerhalb der regulären Betriebszeiten Wartungsvorgänge durchführt, die einen Neustart des Computers erfordern, damit der Vorgang abgeschlossen werden kann.
BranchCache	Dient zum Installieren der Dienste, die zur Bereitstellung der BranchCache-Clientfunktion erforderlich sind. Zudem steht BrancheCache-Serverunterstützung für das HTTP-Protokoll, den gehosteten Cache und andere Dienste als den BrancheCache für den Netzwerkdatei-Rollendienst zur Verfügung.
Client für NFS	Ermöglicht auf dem jeweiligen Computer den Zugriff auf Dateien auf UNIX-basierten NFS-Servern. Wenn das Feature installiert ist, kann man den Computer so konfigurieren, dass eine Verbindung mit UNIX-NFS-Freigaben hergestellt wird, bei denen anonymer Zugriff zulässig ist.
Data Center Bridging	Bezeichnet eine Reihe von IEEE-Standards zur Optimierung lokaler Ethernet-Netzwerke durch hardwarebasierte Bandbreitengarantien und einen zuverlässigen Transport.

Feature (Funktion)	Beschreibung
Einfache TCP/IP-Dienste	Unterstützen folgende TCP/IP-Dienste: Zeichengenerator, Daytime, Discard, Echo und Zitat des Tages. Einfache TCP/IP-Dienste werden zur Abwärtskompatibilität bereitgestellt und sollten nur bei Bedarf installiert werden.
Erweitertes Speichern	Ermöglicht die Unterstützung des Zugriffs auf zusätzliche Funktionen, die von erweiterten Speichergeräten und verschlüsselten Festplatten verfügbar gemacht werden. Erweiterte Speichergeräte verfügen über integrierte Sicherheitsfeatures, mit denen man steuern kann, wer auf die Daten auf dem Gerät zugreifen kann.
Failoverclustering	Ermöglicht die Zusammenarbeit mehrerer Server, um hochverfügbare Dienste und Anwendungen bereitzustellen. Die Failover-Clusterunterstützung wird häufig für Datei- und Druckdienste sowie Datenbank- und E-Mail-Anwendungen verwendet.
Freihand- und Handschriftdienste	Bietet u.a. die Unterstützung für die Verwendung eines Stifts/Tablet-Stifts, einschließlich der Unterstützung von Stiftbewegungen.
Gruppenrichtlinienverwaltung	Ist ein skriptfähiges MMC-Snap-In mit einem Verwaltungsprogramm für die Verwaltung von Gruppenrichtlinien im gesamten Unternehmen. Die Gruppenrichtlinienverwaltung ist das Standardprogramm für die Verwaltung von Gruppenrichtlinien.
Hostfähiger Webkern für Internetinformationsdienste	Kernkomponenten können von anderen Anwendungen genutzt oder gehostet werden. Dadurch können HTTP-Dienstanforderungen von IIS-Komponenten direkt in einer Anwendung bereitgestellt werden. Dies ist nützlich, um grundlegende Webserverfunktionen für benutzerdefinierte Anwendungen oder das Debuggen von Anwendungen zu aktivieren.
IIS-Erweiterung für OData Services for Management	Dient dem einfachen Bereitstellen von Windows PowerShell-Cmdlets über einen ODATA-basierten Webdienst, der unter IIS ausgeführt wird. Nach Aktivierung dieser Funktion muss der Benutzer eine Schemadatei (welche die Definitionen der bereitgestellten Ressourcen enthält) und eine Implementierung von Rückrufschnittstellen bereitstellen, damit der Webdienst funktionsfähig wird.

Feature (Funktion)	Beschreibung
Intelligenter Hintergrundübertragungsdienst (Background Intelligent Transfer Service, BITS)	Mit BITS können Dateien asynchron im Vordergrund oder Hintergrund übertragen werden, die Reaktionsfähigkeit anderer Netzwerkanwendungen durch Drosseln der Dateiübertragungen nach Netzwerkausfällen und Computerneustarts automatisch fortgesetzt werden.
Interne Windows-Datenbank	Die interne Windows-Datenbank ist ein relationaler Datenspeicher, der nur von Windows-Rollen und -Features verwendet werden kann, z.B. UDDI-Dienste, Active Directory-Rechteverwaltungsdienste, Windows Server Update Services (WSUS) und Windows Systemressourcen-Manager.
Internetdruckclient	Ermöglicht Clients die Verwendung des Internet Printing-Protokolls (IPP) für Verbindungen mit und zum Drucken auf Drucker im Netzwerk oder im Internet.
IP-Adressverwaltungsserver (IPAM-Server)	Bietet ein zentrales Framework zum Verwalten des IP-Adressraums und der entsprechenden Infrastrukturserver (wie DHCP und DNS). IPAM unterstützt die automatische Erkennung von Infrastrukturservern in einer Active Directory-Gesamtstruktur und ermöglicht die Verwaltung dynamischer und statischer IPv4- und IPv6-Adressräumen sowie die Nachverfolgung von IP-Adressverwendungstrends. Darüber hinaus wird die Überwachung und Verwaltung von DNS- und DHCP-Diensten im Netzwerk unterstützt.
iSNS-Serverdienst	Stellt Erkennungsdienste für iSCSI-SANs (Internet Small Computer System Interface) bereit und verarbeitet Registierungsanforderungen, Registrierungsaufhebungsanforderungen und Anfragen von iSCSI-Clients.
LPR-Portmonitor	Ermöglicht dem Computer, mithilfe des LPD-Dienstes auf freigegebenen Druckern zu drucken. (Der LPD-Dienst wird häufig von UNIX-basierten Computern und Druckerfreigabegeräten verwendet.)
Media Foundation	Bietet mit Windows Media Foundation, Windows Media Format SDK und einer Teilmenge von DirectShow für Server die erforderliche Infrastruktur, damit Anwendungen und Dienste Miniaturansichten für Mediendateien transcodieren, analysieren und generieren können. Media Foundation ist für die Desktopdarstellung erforderlich.

Feature (Funktion)	Beschreibung
Message Queuing	Bietet garantierte Nachrichtenübermittlung, effizientes Routing, Sicherheit und prioritätenbasierte Nachrichtenübermittlung zwischen Anwendungen. Message Queuing ermöglicht zudem die Nachrichtenübermittlung zwischen Anwendungen, die unter verschiedenen Betriebssystemen ausgeführt werden, unterschiedliche Netzwerkinfrastrukturen verwenden, vorübergehend offline sind oder zu verschiedenen Zeiten ausgeführt werden.
Multipfad-E/A	Unterstützt in Verbindung mit dem Microsoft-DSM oder einem Drittanbieter-DSM die Verwendung mehrerer Datenpfade zu einem Speichergerät unter Windows.
Netzwerklasten-ausgleich	Verteilt Datenverkehr mithilfe des TCP/IP-Protokolls auf mehrere Server. NLB ist besonders hilfreich, um die Skalierbarkeit statusfreier Anwendungen (z.B. Webserver, auf denen Internetinformationsdienste (IIS) ausgeführt werden) sicherzustellen, indem bei zunehmender Last weitere Server hinzugefügt werden.
Peer Name Resolution-Protokoll	Ermöglicht Anwendungen, Namen auf dem Computer zu registrieren und aufzulösen, damit andere Computer mit diesen Anwendungen kommunizieren können.
RAS-Verbindungs-Manager-Verwaltungs-kit (CMAK)	Das Verbindungs-Manager-Verwaltungskit (Connection Manager Administration Kit, CMAK) generiert Verbindungs-Manager-Profile.
Remotedifferenzial-komprimierung	Bei der Remotedifferenzialkomprimierung werden die Unterschiede zwischen zwei Objekten berechnet und mit minimaler Bandbreite über ein Netzwerk übertragen.
Remoteserver-Verwaltungstools	Enthalten Snap-Ins und Befehlszeilentools für die Remoteverwaltung von Rollen und Features.
Remoteunterstützung	Die Remoteunterstützung ermöglicht Ihnen (oder einem Mitarbeiter des technischen Supports), Benutzern mit Computerproblemen oder Fragen Hilfe anzubieten. Mit der Remoteunterstützung können Sie zur Problembehandlung den Desktop des Benutzers anzeigen und die Steuerung freigeben. Benutzer können auch Freunde oder Kollegen um Hilfe bitten.
RPC-über-HTTP-Proxy	Leitet RPC-Datenverkehr von Clientanwendungen über HTTP zum Server. Dies ist eine Alternative zu den Clients, die über eine VPN-Verbindung auf den Server zugreifen.

Feature (Funktion)	Beschreibung
SMB Bandwith Limit	Bietet einen Mechanismus, um SMB-Datenverkehr seitens der verwendbaren Bandbreite zu steuern.
SMTP-Server	Unterstützt die Übertragung von E-Mail-Nachrichten zwischen E-Mail-Systemen.
SNMP-Dienst	Umfassen den SNMP-Dienst und den SNMP-WMI-Anbieter.
Standardbasierte Windows-Speicherverwaltung	Bietet Funktionen zum Erkennen, Verwalten und Überwachen von Speichervorrichtungen mithilfe von SMI-S-konformen Verwaltungsschnittstellen. Diese Funktionen werden in Form von WMI-Klassen und Windows PowerShell-Cmdlets verfügbar gemacht.
Telnet-Client	Verwendet das Telnet-Protokoll, um eine Verbindung mit einem Telnet-Remoteserver herzustellen und Anwendungen auf diesem Server auszuführen.
Telnet-Server	Ermöglicht Remotebenutzern das Verwalten über die Befehlszeile und das Ausführen von Programmen mithilfe eines Telnet-Clients, einschließlich UNIX-basierter Clients.
TFTP-Client	Wird verwendet, um Dateien von einem Remote-TFTP-Server zu lesen bzw. auf einen Remote-TFTP-Server zu schreiben. TFTP wird hauptsächlich von eingebetteten Geräten oder Systemen verwendet, die während des Startvorgangs Firmware, Konfigurationsinformationen oder ein Systemabbild von einem TFTP-Server abrufen.
Unterstützung für SMB 1.0/CIFS-Dateifreigabe	Bietet Unterstützung für das SMB 1.0/CIFS Dateifreigabeprotokoll und das Computerbrowser-Protokoll.
Verbesserte Windows-Audio-/Video-Streaming	Ist eine Netzwerkplattform für Audio-/Video (AV)-Streaming-Anwendungen in IP-Heimnetzwerken. qWave verbessert die AV-Streaming-Leistung und -zuverlässigkeit durch Sicherstellen des Netzwerk-QoS für AV-Anwendungen. qWave bietet Mechanismen für Zugangssteuerung, Laufzeitüberwachung und -erzwingungen, Anwendungsfeedback sowie Datenverkehrspriorisierung. Auf Windows Server-Plattformen sind für qWave nur Übertragungsraten- und Prioritätsdienste verfügbar.

Feature (Funktion)	Beschreibung
Windows Identity Foundation 3.5	Ist ein Satz von .NET Framework-Klassen, mit deren Hilfe eine anspruchsvolle Identität in .NET 3.5- und .NET 4.0-Anwendungen implementiert werden kann. WIF 3.5 wurde durch WIF-Klassen ersetzt, die als Bestandteil von .NET 4.5 bereitgestellt werden. Es wird daher empfohlen, .NET 4.5 für die Unterstützung anspruchsvoller Identitäten für Anwendungen zu verwenden.
Windows PowerShell	Ermöglicht die Automatisierung der lokalen Verwaltung und der Remoteverwaltung von Windows. Aufgabenbasierte Befehlszeilenshell und Skripterstellungssprache ist in Microsoft .NET Framework integriert. Umfasst Windows PowerShell 4.0 und Windows PowerShell 2.0, sowie Windows PowerShell Integrated Scripting Environment (ISE).
Windows Search	Mit Windows Search werden schnelle Dateisuchvorgänge auf einem Server für Clients bereitgestellt, die mit Windows Search kompatibel sind.
Windows Server-Migrationstools	Umfassen Windows PowerShell-Cmdlets, die die Migration von Serverrollen, Betriebssystemeinstellungen, Dateien und Freigaben von Computern, auf denen eine Vorgängerversion von Windows Server 2008 oder Windows Server 2008 R2 ausgeführt wird, zu Computern mit Windows Server 2012 vereinfachen.
Windows Server-Sicherung	Mithilfe der Windows Server-Sicherung können Sie das Betriebssystem, Anwendungen und Daten sichern und wiederherstellen. Sie können Sicherungen planen, die einmal täglich oder häufiger ausgeführt werden, und Sie können den kompletten Server oder bestimmte Volumes schützen.
Windows-Biometrieframework	Windows-Biometrie-Framework (Windows Biometric Framework, WBF) ermöglicht die Verwendung von Fingerabdruckgeräten zur Bestimmung und Überprüfung von Identitäten und zur Anmeldung bei Windows. WBF beinhaltet die Komponenten, die für die Verwendung von Fingerabdruckgeräten erforderlich sind.
Windows-Feedback-weiterleitung	Ermöglicht das automatische Feedback an Microsoft. Nach der Konfiguration und dem Beitritt zum Programm zur Verbesserung der Benutzerfreundlichkeit sammelt Windows regelmäßig statistische Informationen und übersendet diese an Microsoft.

Feature (Funktion)	Beschreibung
Windows-Prozessaktivierungsdienst	Der Windows-Prozessaktivierungsdienst (Windows Process Activation Service, WPAS) generalisiert das IIS-Prozessmodell und beseitigt dadurch die Abhängigkeiten von HTTP. Alle IIS-Features, die zuvor nur in HTTP-Anwendungen verfügbar waren, stehen jetzt auch für Anwendungen zur Verfügung, die als Host für WCF-Dienste (Windows Communication Foundation) fungieren und keine HTTP-Protokolle verwenden. IIS 8.0 verwendet WPAS auch für die meldungsbasierte Aktivierung über HTTP.
Windows-TIFF-IFilter	Von Windows-TIFF-iFilter wird eine optische Zeichenerkennung (Optical Character Recognition, OCR) für TIFF 6.0-kompatible Dateien (Dateierweiterungen "TIF" und "TIFF") ausgeführt. Dies ermöglicht eine Indizierung der Dateien sowie die Volltextsuche in den Dateien.
WinRM-IIS-Erweiterung	Die IIS-Erweiterung für die Windows Remoteverwaltung (WinRM) ermöglicht einem Server den Empfang einer Verwaltungsanforderung von einem Client mithilfe der WS-Verwaltung. WinRM ist die Microsoft-Implementierung des WS-Verwaltungsprotokolls, das einen sicheren Kommunikationsweg zwischen lokalen Computern und Remotecomputern mithilfe von Webdiensten bereitstellt.
WINS-Server	Stellt eine verteilte Datenbank zum Registrieren und Abfragen von dynamischen NetBIOS-Namenszuordnungen für Computer und Gruppen bereit, die im Netzwerk verwendet wird. WINS ordnet NetBIOS-Namen den IP-Adressen zu und behebt die Probleme, die auf die NetBIOS-Namensauflösung in Routingumgebungen zurückzuführen sind.
WLAN-Dienst	Konfiguriert und startet den WLAN AutoConfig-Dienst, unabhängig davon, ob der Computer über Drahtlosadapter verfügt. Der WLAN AutoConfig-Dienst zählt die Drahtlosadapter auf und verwaltet sowohl Drahtlosverbindungen als auch Drahtlosprofile. Drahtlosprofile enthalten die Einstellungen, die zum Konfigurieren eines Drahtlosclients für das Herstellen einer Verbindung mit einem Drahtlosnetzwerk erforderlich sind.

Feature (Funktion)	Beschreibung
WoW64-Unterstüzung	Umfasst alle WoW64-Bestandteile, die für die Unterstützung von 32-Bit-Anwendungen unter Server Core-Installationen von Windows Server 2012 R2 erforderlich sind.
XPS-Viewer	Mit dem XPS-Viewer werden XPS-Dokumente gelesen, digital signiert und die Berechtigung für XPS-Dokumente festgelegt.

Tab. 5.2: *Enthaltene Features in Windows Server 2012 R2*

Beachten Sie, dass die im Umfang von Windows Server 2012 R2 enthaltene Windows Server-Sicherung bereits seit Windows Server 2008 keine Sicherung auf Bandlaufwerken unterstützt. Datensicherungen, die zuvor mit **ntbackup.exe** als Datensicherungsprogramm bis einschließlich Windows Server 2003 R2 (Release 2) erstellt wurden, sind zu der neuen Windows Server-Sicherung nicht kompatibel. Microsoft bietet das Tool **ntbackup.exe** als kostenfreien Download im Internet an, mit welchem man die vorweg mit dem Tool unter älteren Windows-Betriebssystemen erstellten Sicherungen wiederherstellen kann. Das Tool findet man im Internet unter:

http://www.microsoft.com/de-de/download/details.aspx?id=4220

5.2 Installation von Serverrollen, Rollendiensten und Features

Wie eingangs dieses Kapitels bereits erwähnt, stehen unter Windows Server 2012 R2 für das Hinzufügen, Verwaltung und Entfernen von Serverrollen, Rollendiensten und -funktionen verschiedene Tools zur Verfügung:

- **Assistent zum Hinzufügen von Rollen und Features** im Server-Manager als grafische Verwaltungskonsole
- **Deployment Image Servicing and Management** (*DISM*) als Kommandozeilentool
- **Windows PowerShell-Befehle** (sog. *Cmdlets*)

Hinweis

Das noch unter Windows Server 2008 R2 (Release 2) enthaltene Tool ***servermanagerCMD.exe*** als kommandozeilenbasierte Version des grafischen Server-Managers ist im Umfang seit Windows Server 2012 nicht mehr enthalten. Alternativ bietet ***DISM.exe*** (*Deployment Image Servicing and Management*) nunmehr als Kommandozeilentool die Möglichkeit der Verwaltung von Rollen und Features u. a. in Windows-Imagedateien (WIM-Dateien), als auch in aktiven Windows-Betriebssystemen unter Windows Server 2012, Windows Server 2012 R2, Windows 8 und Windows 8.1.

Hinweis

Da DISM.exe neben dem Hinzufügen und Entfernen von Rollen und Features noch weitere Funktionen bietet, wird dieses in einem eigenen Abschnitt in den späteren Seiten dieses Kapitels behandelt.

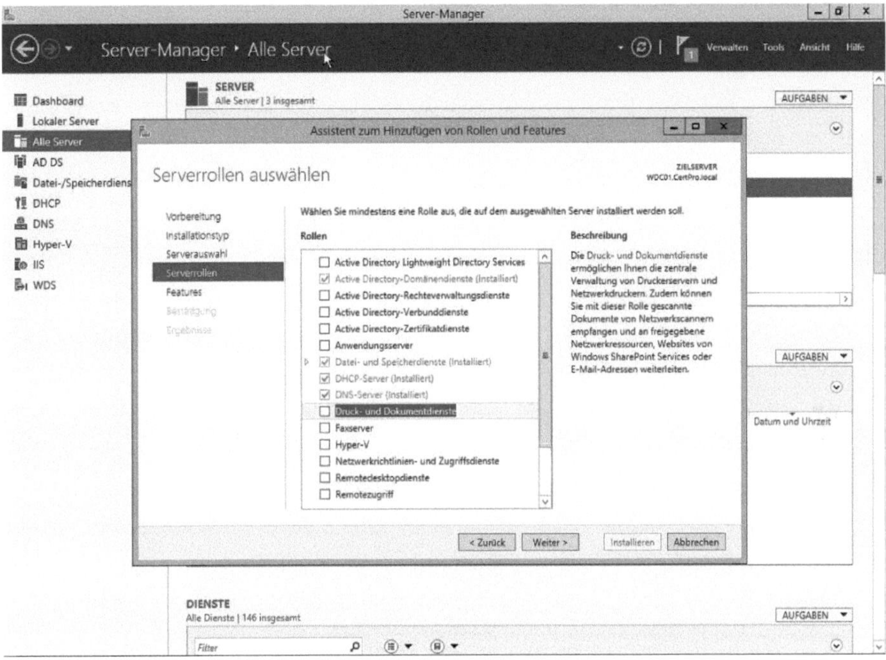

Abb. 5.2: *Hinzufügen von Serverrollen im grafischen Server-Manager*

5.2.1 Hinzufügen von Rollen und Features mit dem grafischen Server-Manager

Vereinfachter Assistent

Noch in Windows Server 2008 R2 (Release 2) wurde das Hinzufügen von Rollen und Funktionen durch einen jeweils eigens zu startenden Assistenten im Server-Manager unterstützt. Seit Windows Server 2012 wurden diese beiden Assistenten zum grafischen Assistenten zum Hinzufügen von Rollen und Features im grafischen Server-Manager zusammengefasst. Es lassen sich in einem einzigen Vorgang bei Bedarf somit neben den zu installierenden Serverrollen auch gleich noch die ebenso notwendigen Features (*Funktionen*) auswählen.

5.2.1.1 Lokal oder Remote

Neu ist seit Windows Server 2012 auch die Möglichkeit, Rollen und Features nicht nur auf dem lokalen, sondern auch auf einem Remoteserver im Netzwerk bereitzustellen. Dies setzt voraus, dass das Zielsystem unter Windows Server 2012 R2 oder Windows

Server 2012 ausgeführt, und für die Remoteverwaltung mit dem Server-Manager konfiguriert wurde (die notwendigen Schritte hierzu sind im Kapitel 3 dieses Fachbuches aufgeführt).

5.2.1.2 Schritte zum Hinzufügen von Rollen und Features mit dem grafischen Server-Manager

Gehen Sie wie folgt vor, um Rollen oder Features mithilfe des Assistenten zum *Hinzufügen von Rollen und Features* im grafischen Server-Manager von Windows Server 2012 R2 hinzuzufügen:

1. Melden Sie sich als *Administrator* am Serversystem unter Windows Server 2012 R2 an.
2. Öffnen Sie den *Server-Manager* (soweit dies nicht automatisch geschieht) über einen Klick in der *Taskleiste* auf das **Symbol für den Server-Manager** bzw. im *Startbildschirm* auf die entsprechende **Kachel**.
3. Klicken Sie oben im *Server-Manager* auf **Verwalten**, und dann auf **Rollen und Features hinzufügen**.
4. Klicken Sie im Dialog *Vorbemerkungen* auf **Weiter**.
5. Wählen Sie im Dialog *Installationstyp auswählen* die Option **Rollenbasierte oder featurebasierte Installation**, und klicken Sie auf **Weiter**.
6. Klicken Sie im Dialog *Zielserver auswählen* auf den Namen des gewünschten Servers, und klicken Sie dann auf **Weiter**.

Hinweis Wenn Sie bei der Auswahl des Zielservers ein Serversystem für die Remoteinstallation von Rollen oder Features auswählen, so muss auf diesem als Betriebssystem Windows Server 2012 R2 oder Windows Server 2012 ausgeführt werden. Zusätzlich muss auf dem Zielsystem die Remoteverwaltung für den Server-Manager aktiviert sein.

7. Wählen Sie die zu installierende Rolle aus, und klicken Sie auf **Weiter**.

   Wenn Sie dazu aufgefordert werden sollten, so klicken Sie auf die Schaltfläche **Features hinzufügen**, um die für die ausgewählte Rolle erforderlichen Features hinzuzufügen.
8. Wählen Sie bei Bedarf die zu installierenden Features aus, und klicken Sie anschließend auf **Weiter**.
9. Falls gewünscht, aktivieren Sie die Option *Zielserver bei Bedarf automatisch neu starten*, und klicken Sie dann auf **Installieren**.
10. Sie können auf die Schaltfläche **Schließen** klicken, um das Dialogfenster zu schließen. Der Vorgang wird im Hintergrund ohne Unterbrechung weitergeführt. Den Status der Installation können Sie sich anzeigen lassen, indem Sie in der Befehlsleiste des Server-Managers auf **Benachrichtigungen** (*Fähnchen-Symbol*) klicken.

Alternativ zur Installation von Rollen und Features mit dem grafischen Server-Manager kann hierzu die im Umfang von Windows Server 2012 R2 enthaltene Windows-PowerShell verwendet werden.

5.2.2 Hinzufügen von Rollen und Features mit Windows PowerShell

Das Hinzufügen von Rollen und Features mit der Windows-PowerShell stellt insbesondere für Administratoren großer Serverlandschaften eine wirkliche Bereicherung dar. Die für den Installationsprozess notwendigen Befehle kann man in einer Skriptdatei hinterlegen, um diese automatisiert oder auch parallel gleich auf mehrere Serversysteme anzuwenden.

5.2.2.1 Schritte zum Hinzufügen von Rollen und Features mit der Windows PowerShell

Gehen Sie wie folgt vor, um Rollen oder Features mithilfe Windows PowerShell in Windows Server 2012 R2 hinzuzufügen:

1. Öffnen Sie die *Windows PowerShell* entweder:
   - Durch einen Rechtsklick mit der Maus auf das **Windows-PowerShell-Symbol** in der *Task-Leiste*, oder
   - Durch einen Rechtsklick mit der Maus auf die **Kachel** der *Windows PowerShell* im Windows-Startbildschirm.

   Wählen Sie aus, dass die Windows PowerShell *als Administrator* ausgeführt wird.

2. Geben Sie den folgenden Befehl in der Windows PowerShell ein, um eine Liste aller auf dem System unter Windows Server 2012 R2 verfügbaren Rollen und Features anzeigen zu lassen. Drücken Sie im Anschuss die [↵]-Taste:

   ```
   Get-WindowsFeature
   ```

   Wenn Sie den Server von einem anderen Computer aus im Netzwerk remote verwalten, so können Sie den folgenden Befehl verwenden, um sich die Liste aller verfügbaren Rollen und Features von einem *Remotecomputer* anzeigen zu lassen. Drücken Sie im Anschuss die [↵]-Taste:

   ```
   Get-WindowsFeature -Computername <Computername>
   ```

3. Geben Sie den folgenden Befehl in der Windows PowerShell ein, um die gewünschte Rolle oder das gewünschte Feature auf dem Zielcomputer zu installieren. Drücken Sie im Anschuss die [↵]-Taste:

   ```
   Install-WindowsFeature -Name <Feature-Name>
   -Computername <Computername> -Restart
   ```

   Der Parameter **-Restart** bewirkt, dass (nur wenn erforderlich) ein automatischer Neustart nach der Installation der Rolle oder des Features auf dem Zielcomputer durchgeführt wird.

Bei der Befehlseingabe zur Installation von Rollen oder Features mithilfe der Windows PowerShell unter Windows Server 2012 R2 können bei Bedarf gleich mehrere Rollen bzw. Features , getrennt voneinander durch ein einfaches Komma-Zeichen (,), angegeben und somit gleich in einem Vorgang nacheinander installiert werden.

```
Administrator: Windows PowerShell

PS C:\Windows\system32> Install-WindowsFeature telnet-server

Success Restart Needed Exit Code      Feature Result
------- -------------- ---------      --------------
True    No             Success        {Telnet-Server}
WARNUNG: Die automatische Aktualisierung von Windows ist nicht aktiviert. Aktivieren Sie "Windows Update", um
sicherzustellen, dass die neu installierte Rolle oder das neu installierte Feature automatisch aktualisiert wird.

PS C:\Windows\system32>
```

Abb. 5.3: *Rückmeldung über die erfolgreiche Installation eines Windows-Features in der Windows PowerShell*

Nach der Installation von Rollen und Features mithilfe der Windows PowerShell sollte man stets überprüfen, ob diese erfolgreich verlief. Die dazu notwendigen Schritte werden Ihnen in den nachfolgenden Seiten noch erklärt.

5.3 Entfernen von Serverrollen, Rollendiensten und Features

Ganz nach praktischem Bedarf auf verschiedenen Wegen möglich

Der *Assistent zum Entfernen von Rollen und Features* im Server-Manager bietet die übersichtlichste Möglichkeit, sowie ebenso auch die Gewissheit, dass alle mitunter in Abhängigkeit notwendigen, zusätzlichen Softwarekomponenten und Rollendienste mitsamt der betreffenden Serverrolle, oder auch Features (Funktionen) von dem Serversystem unter Windows Server 2012 R2 wieder entfernt werden. Auf einem Serversystem unter Windows Server 2012 R2 als Server Core-Installation steht dieser grafische Assistent standardmäßig nicht zur Verfügung, so dass man hier entweder auf Windows PowerShell-Befehle (sog. *Cmdlets*) oder das Kommandozeilentool DISM.exe (*Deployment Image Servicing and Management*) zurückgreifen muss, um das Entfernen der gewünschten Rollen und Funktionen durchzuführen.

Unter Windows Server 2012 R2 stehen für das Entfernen von Serverrollen, Rollendiensten und -funktionen die folgenden Tools zur Verfügung:

- **Assistent zum Entfernen von Rollen und Features** im Server-Manager als grafische Verwaltungskonsole
- **Deployment Image Servicing and Management** (*DISM*) als Kommandozeilentool
- **Windows PowerShell-Befehle** (sog. *Cmdlets*)

Hinweis

Das noch unter Windows Server 2008 R2 (Release 2) enthaltene Tool ***servermanagerCMD.exe*** als kommandozeilenbasierte Version des grafischen Server-Managers ist im Umfang von Windows Server 2012 R2 nicht mehr enthalten. Alternativ bietet ***DISM.exe*** (Deployment Image Servicing and Management) nunmehr als Kommandozeilentool die Möglichkeit der Verwaltung von Rollen und Features u. a. in Windows-Imagedateien (WIM-Dateien), als auch in aktiven Windows-Betriebssystemen unter Windows Server 2012 R2, Windows Server 2012, Windows 8 und Windows 8.1.

Da DISM.exe neben dem Hinzufügen und Entfernen von Rollen und Features noch weitere Funktionen bietet, wird dieses in einem eigenen Abschnitt in den späteren Seiten dieses Kapitels behandelt.

5.3.1 Entfernen von Rollen und Features mit dem grafischen Server-Manager

Noch in Windows Server 2008 R2 (Release 2) wurde das Entfernen von Rollen und Funktionen durch einen jeweils eigens zu startenden Assistenten im Server-Manager unterstützt. In Windows Server 2012 R2 wurden diese beiden Assistenten nunmehr zum grafischen Assistenten zum Entfernen von Rollen und Features im neuen Server-Manager zusammengefasst. Es lassen sich in einem einzigen Vorgang bei Bedarf somit neben den zu entfernenden Serverrollen auch gleich noch die ebenso zu entfernenden Features (*Funktionen*) auswählen.

5.3.1.1 Lokal oder Remote

Hinzufügen und das Entfernen von Serverrollen - lokal und auf und Remoteservern möglich

Neu ist seit Windows Server 2012 auch die Möglichkeit, Rollen und Features nicht nur auf dem lokalen, sondern auch auf einem Remoteserver im Netzwerk zu entfernen. Dies setzt voraus, dass das Zielsystem unter Windows Server 2012 R2 oder Windows Server 2012 ausgeführt, und für die Remoteverwaltung mit dem Server-Manager konfiguriert wurde (die notwendigen Schritte hierzu sind im Kapitel 3 dieses Fachbuches aufgeführt).

5.3.1.2 Schritte zum Entfernen von Rollen und Features mit dem grafischen Server-Manager

Gehen Sie wie folgt vor, um Rollen oder Features mithilfe des Assistenten zum *Hinzufügen von Rollen und Features* im grafischen Server-Manager von Windows Server 2012 R2 zu entfernen:

1. Melden Sie sich als *Administrator* am Serversystem unter Windows Server 2012 R2 an.
2. Öffnen Sie den *Server-Manager* (soweit dies nicht automatisch geschieht) über einen Klick in der *Taskleiste* auf das **Symbol für den Server-Manager** bzw. im *Startbildschirm* auf die entsprechende **Kachel**.
3. Klicken Sie oben im *Server-Manager* auf **Verwalten**, und dann auf **Rollen und Features entfernen**.

4. Klicken Sie im Dialog *Vorbemerkungen* auf **Weiter**.
5. Klicken Sie im Dialog *Zielserver auswählen* auf den Namen des gewünschten Servers, und klicken Sie dann auf **Weiter**.

Hinweis Wenn Sie bei der Auswahl des Zielservers ein Serversystem zum Entfernen von Rollen oder Features auswählen, so muss auf diesem als Betriebssystem Windows Server 2012 R2 ausgeführt werden. Zusätzlich muss auf dem Zielsystem die Remoteverwaltung für den Server-Manager aktiviert sein.

6. Wählen Sie die zu entfernende Rolle aus, und klicken Sie auf **Weiter**.

   Wenn Sie dazu aufgefordert werden sollten, so klicken Sie auf die Schaltfläche **Features entfernen**, um die mit der ausgewählten Rolle gemeinsam installierten Features zu entfernen.
7. Wählen Sie bei Bedarf die zu entfernenden Features aus, und klicken Sie anschließend auf **Weiter**.
8. Falls gewünscht, aktivieren Sie die Option *Zielserver bei Bedarf automatisch neu starten*, und klicken Sie dann auf **Entfernen**.
9. Sie können auf die Schaltfläche **Schließen** klicken, um das Dialogfenster zu schließen. Der Vorgang wird im Hintergrund ohne Unterbrechung weitergeführt. Den Status zum Entfernen von Rollen und Features können Sie sich anzeigen lassen, indem Sie in der Befehlsleiste des Server-Managers auf **Benachrichtigungen** (*Fähnchen-Symbol*) klicken.

Alternativ zum Entfernen von Rollen und Features mit dem grafischen Server-Manager kann hierzu die im Umfang von Windows Server 2012 R2 enthaltene Windows-PowerShell verwendet werden.

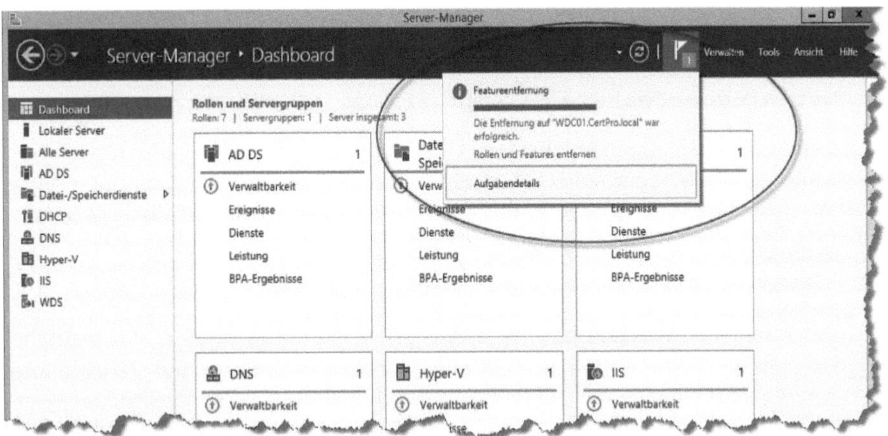

Abb. 5.4: *Meldung über das erfolgreiche Entfernen von Rollen und Features im grafischen Server-Manager*

5.3.2 Entfernen von Rollen und Features mit Windows PowerShell

Das Entfernen von Rollen und Features mit der Windows-PowerShell stellt insbesondere für Administratoren großer Serverlandschaften eine wirkliche Bereicherung dar. Die für den Entfernungsprozess notwendigen Befehle kann man in einer Skriptdatei hinterlegen, um diese automatisiert oder auch parallel gleich auf mehrere Serversysteme anzuwenden.

5.3.2.1 Schritte zum Entfernen von Rollen und Features mit der Windows PowerShell

Gehen Sie wie folgt vor, um Rollen oder Features mithilfe Windows PowerShell von einem Serversystem unter Windows Server 2012 R2 zu entfernen:

1. Öffnen Sie die *Windows PowerShell* entweder:
   - durch einen Rechtsklick mit der Maus auf das **Windows-PowerShell-Symbol** in der *Task-Leiste*, oder
   - durch einen Rechtsklick mit der Maus auf die **Kachel** der *Windows PowerShell* im Windows-Startbildschirm.

   Wählen Sie aus, dass die Windows PowerShell *als Administrator* ausgeführt wird.

2. Geben Sie den folgenden Befehl in der Windows PowerShell ein, um eine Liste aller auf dem System unter Windows Server 2012 R2 verfügbaren Rollen und Features anzeigen zu lassen. Drücken Sie im Anschuss die [↵]-Taste:

   ```
   Get-WindowsFeature
   ```

   Wenn Sie den Server von einem anderen Computer aus im Netzwerk remote verwalten, so können Sie den folgenden Befehl verwenden, um sich die Liste aller verfügbaren Rollen und Features von einem *Remotecomputer* anzeigen zu lassen. Drücken Sie im Anschuss die [↵]-Taste:

Get-WindowsFeature -Computername *<Computername>*

3. Geben Sie den folgenden Befehl in der Windows PowerShell ein, um die gewünschte Rolle oder das gewünschte Feature von dem Zielcomputer unter Windows Server 2012 R2 zu entfernen. Drücken Sie im Anschuss die [↵]-Taste:

   Uninstall-WindowsFeature -Name *<Feature-Name>*
   -Computername *<Computername>* **-Restart**

   Der Parameter **-Restart** bewirkt, dass (nur wenn erforderlich) ein automatischer Neustart nach dem Entfernen der Rolle oder des Features auf dem Zielcomputer durchgeführt wird.

Bei der Befehlseingabe zum Entfernen von Rollen oder Features mithilfe der Windows PowerShell unter Windows Server 2012 R2 können bei Bedarf gleich mehrere Rollen bzw. Features , getrennt voneinander durch ein einfaches Komma-Zeichen (,), angegeben und somit gleich in einem Vorgang nacheinander entfernt werden.

Nach dem Entfernen von Rollen und Features mithilfe der Windows PowerShell sollte man stets überprüfen, ob dieser Vorgang erfolgreich verlief. Die dazu notwendigen Schritte werden Ihnen in den nachfolgenden Seiten noch erklärt.

5.4 Verwaltung von Rollen und Features mit DISM.exe

Altbewährt - und im Umfang bereits enthalten

Alternativ zu den Möglichkeit der Installation oder der Deinstallation von Rollen und Features mit dem grafischen Server-Manager und der Windows PowerShell bietet auch das Kommandozeilentool **DISM.exe (*Deployment Image Servicing and Management*)** u. a. die folgenden Möglichkeiten der Verwaltung:

- **Anzeigen der verfügbaren Windows-Features für ein ausgeführtes Betriebssystem**
- **Anzeigen der verfügbaren Windows-Features für** eine WIM- (Windows Image) oder VHD-Datei (Virtual Hard Disk).
- **Online-Aktivieren oder -deaktivieren** von Windows-Features für ein ausgeführtes Betriebssystem.
- **Offline-Aktivieren oder -deaktivieren** von Windows-Features für eine WIM- (Windows Image) oder VHD-Datei (Virtual Hard Disk).
- **Entfernen** von Windows-Features zur **Installation bei Bedarf**
- **Wiederherstellen von zuvor entfernten Windows-Features**

Das Befehlszeilentool **DISM.exe** (*Deployment Image Servicing and Management*) ist in Windows Server 2012 R2, Windows 8 sowie auch in Windows 8.1 Professional und Enterprise bereits enthalten. Alternativ findet man dieses Tool im *Windows Assessment and Deployment Kit* (*ADK*) für Windows 8. Diesen kann man kostenfrei aus dem Internet von der Microsoft Website downloaden unter:

http://www.microsoft.com/de-DE/download/details.aspx?id=39982

5.4.1 Anzeigen von Windows-Features

Mithilfe des Befehlszeilentools `DISM.exe` (*Deployment Image Servicing and Management*) kann man die im Umfang von Windows Server 2012 R2 verfügbaren Windows-Features eines bereits ausgeführten Betriebssystems oder aber auch als Bestandteil einer WIM- oder auch VHD-Datei im Offline-Zustand anzeigen lassen, um sie anschließend bei Bedarf zu aktivieren oder zu deaktivieren.

Hinweis

Weitere Informationen zum Verwalten von VHD-Dateien mit **DISM.exe** (*Deployment Image Servicing and Management*) finden Sie in der Dokumentation zum Windows Assessment and Deployment Kit (ADK) von Microsoft.

5.4.1.1 Anzeigen von Windows-Features für ein ausgeführtes Betriebssystem

Gehen Sie wie folgt vor, um sich mit **DISM.exe** (*Deployment Image Servicing and Management*) die verfügbaren Windows-Features in der Kommandozeile unter Windows Server 2012 R2 anzeigen zu lassen:

1. Öffnen Sie die *Eingabeaufforderung* mit Administratorrechten.
2. Geben Sie an der Eingabeaufforderung den folgenden Befehl ein, und drücken Sie im Anschuss die [↵]-Taste:

   `Dism /online /Get-Features`

Hinweis

Um die Befehlsausgabe von **dism.exe** in der Eingabeaufforderung von Windows Server 2012 R2 seitenweise anzeigen zu lassen, können Sie den Befehl wie folgt eingeben:

`Dism /online /Get-Features | more`

Wenn Sie anschließend die [ ]-Taste (Leertaste) drücken, wird die Ausgabe um jeweils eine ganze Seite, mit der [↵]-Taste um jeweils eine einzelne Zeile fortgesetzt.

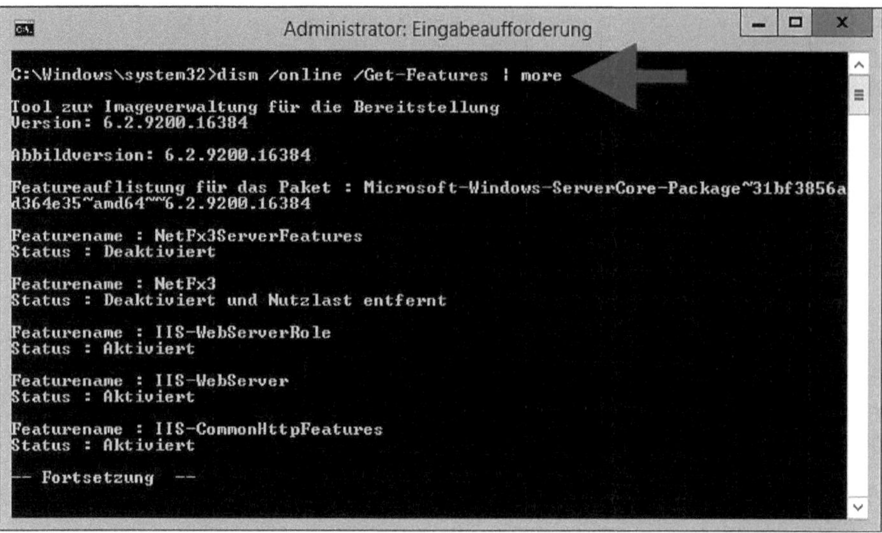

Abb. 5.5: *Seitenweise Ausgabe der Windows-Features mit dism.exe in der Eingabeaufforderung*

5.4.1.2 Anzeigen von Windows-Features für eine WIM- (Windows Image) oder VHD-Datei (Virtual Hard Disk)

Das Kommandozeilentool *DISM.exe* ermöglicht u. a., wie oben bereits erwähnt, die verfügbaren Windows-Features in einer vorhandenen WIM-Datei im Offline-Zustand zu aktivieren bzw. zu deaktivieren. Um diesen Vorgang durchzuführen, kann man sich zuvor erst einmal eine Übersicht schaffen, in der die verfügbaren Windows-Features überhaupt erst einmal angezeigt werden.

Hinweis

Um ein Offlineimage mit **DISM.exe** (*Deployment Image Servicing and Management*) bearbeiten zu können, benötigen Sie die Schreib-/Lese-Berechtigung auf die jeweilige Datei (bspw. die Datei *Install.wim*). Bei Bedarf kopieren Sie diese vom Installationsdatenträger oder aber einer Dateifreigabe in einen Ordner, auf den Sie mindestens mit Schreib-/Leseberechtigungen zugreifen dürfen.

Mit dem Schalter **/Readonly** von **DISM.exe** kann man mit nur „Lesezugriff" in die Image-Datei hineinsehen, jedoch keinerlei Änderungen, wie das Aktivieren oder Deaktivieren sowie das Hinzufügen oder Entfernen von Features bei Bedarf durchführen.

Gehen Sie wie folgt vor, um sich mit *DISM.exe* (*Deployment Image Servicing and Management*) die verfügbaren Windows-Features in der Kommandozeile unter Windows Server 2012 R2 anzeigen zu lassen:

1. Öffnen Sie die *Eingabeaufforderung* mit Administratorrechten.

2. Geben Sie an der Eingabeaufforderung den folgenden Befehl ein, um der in der Imagedatei enthaltenen Windows-Images (bspw. *„Windows Server 2012 R2 SERVERSTANDARD"* oder aber die Index-Nummer des jeweiligen Windows-Images (bspw. *Index: „4"*) zur Auswahl des zu bearbeitenden Images anzeigen zu lassen. Drücken Sie im Anschuss die ↵-Taste:

```
Dism /get-ImageInfo
/ImageFile:C:\Test\<Imagedateiname>
```

3. Geben Sie den folgenden Befehl in der Eingabeaufforderung ein, um das gewünschte Windows-Image aus der Imagedatei offline im angegebenen Ordner bereitzustellen (*Beispiel*). Drücken Sie im Anschuss die ↵-Taste:

```
Dism /Mount-Image /ImageFile:C:\Test\install.wim
/Name:"Windows Server 2012 R2 SERVERSTANDARD"
/MountDir:C:\Test\offline
```

Hinweis

In diesem Beispiel wird aus der Datei *install.wim* im Ordner *C:\Test* das darin enthaltene Windows-Image mit dem Namen *„Windows Server 2012 R2 SERVERSTANDARD"* im Ordner *C:\Test\offline* bereitgestellt. Beachten Sie, dass die im Beispiel angegebenen Ordner *C:\Test* und *C:\Test\offline* zuvor manuell erstellt werden müssen.

Anschließend kann man das Image seitens der verfügbaren Windows-Features ganz nach Bedarf bearbeiten.

4. Geben Sie den folgenden Befehl ein, um sich die verfügbaren Windows-Features des zu vor bereitgestellten Windows-Images anzeigen zu lassen. Drücken Sie im Anschuss die ↵-Taste:

```
Dism /Image:C:\Test\offline /Get-Features
```

Um die Befehlsausgabe in der Eingabeaufforderung von Windows Server 2012 R2 in eine Textdatei ausgeben zu lassen, können Sie die folgenden Zeichen hinter die Befehlseingabe setzen: **> FeatureList.txt**

Der Befehlszusatz bewirkt, dass die Auflistung der verfügbaren Windows-Features in eine Datei mit dem Namen *FeatureList.txt* umgeleitet wird. Diese Datei kann dann in einem Texteditor bequem nach den Namen der Windows-Features und dem jeweiligen Status durchsucht werden.

Nach dem Bereitstellen eines Windows-Images für die Auflistung der darin enthaltenen Windows-Features, kann man dieses in einem nächsten Schritt bearbeiten.

5.4.2 Online-Aktivieren oder -Deaktivieren von Windows-Features

Die im Umfang von Windows Server 2012 R2 enthaltenen Rollen und Features kann man - alternativ zu der Vorgehensweise im Server-Manager oder der Windows PowerShell - auch mit *DISM.exe* (*Deployment Image Servicing and Management*) bei Bedarf jederzeit aktivieren oder deaktivieren.

5.4.2.1 Online-Aktivieren von Windows-Features

Gehen Sie wie folgt vor, um Windows-Features auf einem Serversystem unter Windows Server 2012 R2 mithilfe von *DISM.exe* (*Deployment Image Servicing and Management*) in der Eingabeaufforderung zu aktivieren:

1. Öffnen Sie die *Eingabeaufforderung* mit Administratorrechten.
2. Geben Sie an der Eingabeaufforderung den folgenden Befehl ein, und drücken Sie im Anschuss die [↵]-Taste:

   Dism /online /Enable-Feature /FeatureName:*<Name>*

Hinweis Das unter *<Featurename>* angegebene Windows-Feature wird nach der erfolgreichen Verarbeitung der Befehlseingabe auf dem Serversystem unter Windows Server 2012 R2 aktiviert und steht anschließend darauf zur Verfügung.

5.4.2.2 Online-Deaktivieren von Windows-Features

Das Deaktivieren von Windows-Features auf einem Serversystem unter Windows Server 2012 R2 lässt sich - alternativ zu der Vorgehensweise im Server-Manager oder der Windows PowerShell - auch mit *DISM.exe* (*Deployment Image Servicing and Management*) bei Bedarf jederzeit einfach durchführen.

Gehen Sie wie folgt vor, um Windows-Features auf einem Serversystem unter Windows Server 2012 R2 mithilfe von *DISM.exe* (*Deployment Image Servicing and Management*) in der Eingabeaufforderung zu deaktivieren:

1. Öffnen Sie die *Eingabeaufforderung* mit Administratorrechten.
2. Geben Sie an der Eingabeaufforderung den folgenden Befehl ein, und drücken Sie im Anschuss die [↵]-Taste:

   Dism /online /Enable-Feature /FeatureName:*<Name>*

Hinweis Beachten Sie, dass das deaktivierte Windows-Feature im Umfang von Windows Server 2012 R2 auf dem betreffenden Serversystem für eine spätere Reaktivierung physikalisch erhalten bleibt. Durch die Deaktivierung wird demnach auch kein Speicherplatz freigegeben.

Das Deaktivieren von Windows-Features lässt sich nicht nur auf bereits ausgeführten Serversystemen unter Windows Server 2012 R2 durchführen - auch das Offline-Aktivieren oder -Deaktivieren von Windows-Features ist möglich.

5.4.3 Offline-Aktivieren oder -Deaktivieren von Windows-Features

Die im Umfang einer auf dem Installationsdatenträger enthaltenen oder später erstellten WIM-Datei (*Windows-Image*) von Windows Server 2012 R2 oder auch die in einer bereits installierten VHD-Datei (*Virtual Hard Disk*) mit Windows Server 2012 R2 enthaltenen Windows-Features können im Offline-Zustand mithilfe von *DISM.exe* (*Deployment Image Servicing and Management*) gezielt aktiviert oder deaktiviert werden. Wie der Name es bereits ableiten lässt, wird das Betriebssystem unter Windows Server 2012 R2, das in den Dateien bereits enthaltenen ist, in diesem Zustand nicht ausgeführt.

Weitere Informationen zum Verwalten von VHD-Dateien mit *DISM.exe* (*Deployment Image Servicing and Management*) finden Sie in der Dokumentation zum Windows Assessment and Deployment Kit (ADK) von Microsoft.

5.4.3.1 Offline-Aktivierung von Windows-Features

Gehen Sie wie folgt vor, um Windows-Features offline in einer WIM-Datei mithilfe von *DISM.exe* (*Deployment Image Servicing and Management*) in der Eingabeaufforderung von Windows Server 2012 R2 zu aktivieren:

1. Öffnen Sie die *Eingabeaufforderung* mit Administratorrechten.
2. Geben Sie an der Eingabeaufforderung den folgenden Befehl ein, um der in der Imagedatei enthaltenen Windows-Images (bspw. *„Windows Server 2012 R2 SERVERSTANDARD"* oder aber die Index-Nummer des jeweiligen Windows-Images (bspw. *Index: „4"*) zur Auswahl des zu bearbeitenden Images anzeigen zu lassen. Drücken Sie im Anschuss die [↵]-Taste:

   ```
   Dism /get-ImageInfo
   /ImageFile:C:\Test\<Imagedateiname>
   ```

3. Geben Sie den folgenden Befehl in der Eingabeaufforderung ein, um das gewünschte Windows-Image aus der Imagedatei offline im angegebenen Ordner bereitzustellen (*Beispiel*). Drücken Sie im Anschuss die [↵]-Taste:

   ```
   Dism /Mount-Image /ImageFile:C:\Test\install.wim
   /Name:"Windows Server 2012 R2 SERVERSTANDARD"
   /MountDir:C:\Test\offline
   ```

4. Geben Sie den folgenden Befehl in der Eingabeaufforderung ein, um das gewünschte Windows-Feature im Offline-Image zu aktivieren. Drücken Sie im Anschuss die [↵]-Taste:

   ```
   Dism /Image:C:\Test\offline /Enable-Feature
   /FeatureName:<Name>
   ```

5. Um die zuvor durchgeführte Änderung an dem Windows-Image zu übernehmen, geben Sie den folgenden Befehl in der Eingabeaufforderung ein. Die Bereitstellung des Images wird dadurch aufgehoben. Drücken Sie im Anschuss die [↵]-Taste:

   ```
   Dism /Unmount-Image /MountDir:C:\Test\offline /Commit
   ```

Hinweis

Das in der oberen Befehlsauflistung unter `<Featurename>` angegebene Windows-Feature wird auf dem betreffenden Computersystem unter Windows Server 2012 R2 durch die Ausführung des Befehls aktiviert, und kann bei Bedarf zu einem späteren Zeitpunkt jederzeit wieder deaktiviert werden.

5.4.3.2 Offline-Deaktivierung von Windows-Features

Gehen Sie wie folgt vor, um Windows-Features offline in einer WIM-Datei mithilfe von *DISM.exe* (*Deployment Image Servicing and Management*) in der Eingabeaufforderung zu deaktivieren:

1. Öffnen Sie die *Eingabeaufforderung* mit Administratorrechten.
2. Geben Sie an der Eingabeaufforderung den folgenden Befehl ein, um der in der Imagedatei enthaltenen Windows-Images (bspw. *„Windows Server 2012 R2 SERVERSTANDARD"* oder aber die Index-Nummer des jeweiligen Windows-Images (bspw. *Index: „4"*) zur Auswahl des zu bearbeitenden Images anzeigen zu lassen. Drücken Sie im Anschuss die [↵]-Taste:

   ```
   Dism /get-ImageInfo
   /ImageFile:C:\Test\<Imagedateiname>
   ```

3. Geben Sie den folgenden Befehl in der Eingabeaufforderung ein, um das gewünschte Windows-Image aus der Imagedatei offline im angegebenen Ordner bereitzustellen (*Beispiel*). Drücken Sie im Anschuss die [↵]-Taste:

   ```
   Dism /Mount-Image /ImageFile:C:\Test\install.wim
   /Name:"Windows Server 2012 R2 SERVERSTANDARD"
   /MountDir:C:\Test\offline
   ```

4. Geben Sie den folgenden Befehl in der Eingabeaufforderung ein, um das gewünschte Windows-Feature im Offline-Image zu deaktivieren. Drücken Sie im Anschuss die [↵]-Taste:

   ```
   Dism /Image:C:\Test\offline /Disable-Feature
   /FeatureName:<Name>
   ```

5. Um die zuvor durchgeführte Änderung an dem Windows-Image zu übernehmen, geben Sie den folgenden Befehl in der Eingabeaufforderung ein. Die Bereitstellung des Images wird dadurch aufgehoben. Drücken Sie im Anschuss die [↵]-Taste:

   ```
   Dism /Unmount-Image /MountDir:C:\Test\offline /Commit
   ```

Hinweis Das in der oberen Befehlsauflistung unter `<Featurename>` angegebene Windows-Feature wird auf dem betreffenden Computersystem unter Windows Server 2012 R2 durch die Ausführung des Befehls deaktiviert, kann jedoch zu einem späteren Zeitpunkt bei Bedarf wieder reaktiviert werden.

Durch das Deaktivieren von Windows-Features verbleiben diese, wie zuvor bereits geschildert, noch vollständig im Umfang des jeweiligen Serversystems unter Windows Server 2012 R2 bzw. in der entsprechenden WIM-Datei. Um den durch das Deaktivieren nicht mehr benötigten Speicherplatz freigeben zu können, hat Microsoft den neuen Windows Server 2012 R2 wiederum um ein weiteres neues Merkmal bereichert - die Windows-Features bei Bedarf.

5.5 Windows-Features bei Bedarf

Ein neues Feature findet man seit Windows Server 2012 unter der Bezeichnung *„Windows-Features bei Bedarf"*. Hinter dieser verbirgt sich die Möglichkeit, Features nicht einfach nur zu deaktivieren, sondern bei Bedarf vollständig vom Computer zu entfernen. Hierdurch wird dann auch der Speicherbedarf für die Installation von Windows Server 2012 R2 verringert. Sollten die zuvor entfernten Windows-Features zu einem späteren Zeitpunkt wieder benötigt werden, so kann man diese - eben „bei Bedarf" - wieder in den Umfang der Betriebssysteminstallation von Windows Server 2012 R2 hinzufügen.

Besonders hilfreich ist das Bereitstellen von Windows-Features bei Bedarf bei der Installation von Windows Server 2012 R2 als Server Core-Installation. Der für die Installation des Betriebssystems notwendige Speicherplatz lässt sich durch das vollständige Entfernen nicht benötigter Windows-Features - bei Bedarf auch einschließlich der gesamten grafischen Benutzeroberfläche - auf ein Minimum reduzieren.

5.5.1 Entfernen von Windows-Features

Die nicht benötigten Windows-Features können aus dem Umfang einer Betriebssysteminstallation unter Windows Server 2012 R2 oder auch aus einer Offlinegespeicherten WIM- oder VHD-Datei in der Windows Server 2012 R2 enthalten ist, mithilfe von *DISM.exe* (*Deployment Image Servicing and Management*) in der Eingabeaufforderung vollständig entfernt werden.

Hinweis

Weitere Informationen zum Verwalten von VHD-Dateien mit *DISM.exe* (*Deployment Image Servicing and Management*) finden Sie in der Dokumentation zum Windows Assessment and Deployment Kit (ADK) von Microsoft.

5.5.1.1 Entfernen von Windows-Features aus einer Online ausgeführten Betriebssysteminstallation

Gehen Sie wie folgt vor, um Windows-Features aus dem Umfang eines Serversystem unter Windows Server 2012 R2 mithilfe von *DISM.exe* (*Deployment Image Servicing and Management*) in der Eingabeaufforderung zu entfernen:

1. Öffnen Sie die *Eingabeaufforderung* mit Administratorrechten.
2. Geben Sie an der Eingabeaufforderung den folgenden Befehl ein, und drücken Sie im Anschuss die [↵]-Taste:

```
Dism /online /Disable-Feature /FeatureName:<Name>
/Remove
```

Hinweis Das in der oberen Befehlszeile unter *<Featurename>* angegebene Windows-Feature wird durch die Ausführung des Befehls (soweit vorweg noch nicht geschehen) zuerst deaktiviert anschließend aus dem Umfang von Windows Server 2012 R2 komplett entfernt. Der durch das Feature ursprünglich belegte Speicherplatz wird für die weitere Verwendung freigegeben. Zu einem späteren Zeitpunkt ist es bei Bedarf möglich, das entfernte Windows-Feature zum Serverbetriebssystem wieder hinzuzufügen.

5.5.1.2 Entfernen von Windows-Features aus einem Offline-Image

Gehen Sie wie folgt vor, um Windows-Features offline aus dem Umfang einer WIM-Datei mithilfe von *DISM.exe* (*Deployment Image Servicing and Management*) in der Eingabeaufforderung zu entfernen:

1. Öffnen Sie die *Eingabeaufforderung* mit Administratorrechten.
2. Geben Sie an der Eingabeaufforderung den folgenden Befehl ein, um der in der Imagedatei enthaltenen Windows-Images (bspw. *„Windows Server 2012 R2 SERVERSTANDARD"* oder aber die Index-Nummer des jeweiligen Windows-Images (bspw. *Index: „4"*) zur Auswahl des zu bearbeitenden Images anzeigen zu lassen. Drücken Sie im Anschuss die [↵]-Taste:

   ```
   Dism /get-ImageInfo
   /ImageFile:C:\Test\<Imagedateiname>
   ```

3. Geben Sie den folgenden Befehl in der Eingabeaufforderung ein, um das gewünschte Windows-Image aus der Imagedatei offline im angegebenen Ordner bereitzustellen (*Beispiel*). Drücken Sie im Anschuss die [↵]-Taste:

   ```
   Dism /Mount-Image /ImageFile:C:\Test\install.wim
   /Name:"Windows Server 2012 R2 SERVERSTANDARD"
   /MountDir:C:\Test\offline
   ```

4. Geben Sie den folgenden Befehl in der Eingabeaufforderung ein, um das gewünschte Windows-Feature im Offline-Image zu deaktivieren. Drücken Sie im Anschuss die [↵]-Taste:

   ```
   Dism /Image:C:\Test\offline /Disable-Feature
   /FeatureName:<Name> /Remove
   ```

5. Um die zuvor durchgeführte Änderung an dem Windows-Image zu übernehmen, geben Sie den folgenden Befehl in der Eingabeaufforderung ein. Die Bereitstellung des Images wird dadurch aufgehoben. Drücken Sie im Anschuss die [↵]-Taste:

   ```
   Dism /Unmount-Image /MountDir:C:\Test\offline /Commit
   ```

Hinweis

Das in der oberen Befehlszeile unter <*Featurename*> angegebene Windows-Feature wird durch die Ausführung des Befehls (soweit vorweg noch nicht geschehen) zuerst deaktiviert anschließend aus dem Umfang der angegebenen WIM-Datei komplett entfernt. Der durch das Feature ursprünglich belegte Speicherplatz wird für die weitere Verwendung freigegeben. Zu einem späteren Zeitpunkt ist es bei Bedarf möglich, das entfernte Windows-Feature wieder hinzuzufügen.

5.5.2 Wiederherstellen von zuvor entfernten Windows-Features

Wenn die zuvor entfernten Windows-Features anschließend wieder benötigt werden, so kann man sie zum Umfang der Betriebssysteminstallation von Windows Server 2012 R2 oder auch zu einer Offline-gespeicherten WIM- oder VHD-Datei, in der Windows Server 2012 R2 enthalten ist, mithilfe von *DISM.exe* (*Deployment Image Servicing and Management*) in der Eingabeaufforderung wieder hinzufügen - ganz, wie es sich aus dem Namen ableiten lässt: Windows-Features bei Bedarf.

Weitere Informationen zum Verwalten von VHD-Dateien mit *DISM.exe* (*Deployment Image Servicing and Management*) finden Sie in der Dokumentation zum Windows Assessment and Deployment Kit (ADK) von Microsoft.

Hinweis

Als Quelle für die Wiederherstellung von Windows-Features kann beispielsweise die Installations-DVD-ROM von Windows Server 2012 R2, ein in einem Ordner bereitgestelltes Windows-Image (WIM-Datei) oder auch Microsoft Windows Update mit den durch Microsoft dort hinterlegten Online-Images von Windows Server 2012 R2 sein. Bei Ausführen von *DISM.exe* kann man die Quelle anhand des Schalters **/Source** angeben, so dass sich die Suche nach den Features gezielt steuern lässt.

5.5.2.1 Hinzufügen von Windows-Features zu einer Online ausgeführten Betriebssysteminstallation

Gehen Sie wie folgt vor, um Windows-Features zum Umfang eines Serversystem unter Windows Server 2012 R2 mithilfe von *DISM.exe* (*Deployment Image Servicing and Management*) in der Eingabeaufforderung hinzuzufügen:

1. Öffnen Sie die *Eingabeaufforderung* mit Administratorrechten.
2. Geben Sie an der Eingabeaufforderung den folgenden Befehl ein, und drücken Sie im Anschuss die [↵]-Taste:

```
Dism /online /Enable-Feature /FeatureName:<Name>
/Source:E:\sources\SxS /LimitAccess
```

Hinweis Das in der oberen Befehlszeile unter *<Featurename>* angegebene Windows-Feature wird durch die Ausführung des Befehls In den in **/Source:** als Quelle angegebenen Speicherorten (beispielsweise der Installations-DVD) gesucht, dann zum Betriebssystem unter Windows Server 2012 R2 hinzugefügt und anschließend direkt auch aktiviert. Zu einem späteren Zeitpunkt ist es bei Bedarf möglich, das Windows-Feature vom Serverbetriebssystem wieder zu entfernen. Der Schalter **/LimitAccess** verhindert, dass DISM die Aktualisierungsquelle mit Windows Update nach Online-Images bei Microsoft im Internet sucht.

5.5.2.2 Hinzufügen von Windows-Features zu einem Offline-Image

Gehen Sie wie folgt vor, um Windows-Features zu einer WIM-Datei mithilfe von *DISM.exe* (*Deployment Image Servicing and Management*) in der Eingabeaufforderung hinzuzufügen und zu aktivieren:

1. Öffnen Sie die *Eingabeaufforderung* mit Administratorrechten.
2. Geben Sie an der Eingabeaufforderung den folgenden Befehl ein, um der in der Imagedatei enthaltenen Windows-Images (bspw. *„Windows Server 2012 R2 SERVERSTANDARD"* oder aber die Index-Nummer des jeweiligen Windows-Images (bspw. *Index: „4"*) zur Auswahl des zu bearbeitenden Images anzeigen zu lassen. Drücken Sie im Anschuss die [↵]-Taste:

   ```
   Dism /get-ImageInfo
   /ImageFile:C:\Test\<Imagedateiname>
   ```

3. Geben Sie den folgenden Befehl in der Eingabeaufforderung ein, um das gewünschte Windows-Image aus der Imagedatei offline im angegebenen Ordner bereitzustellen (*Beispiel*). Drücken Sie im Anschuss die [↵]-Taste:

   ```
   Dism /Mount-Image /ImageFile:C:\Test\install.wim
   /Name:"Windows Server 2012 R2 SERVERSTANDARD"
   /MountDir:C:\Test\offline
   ```

4. Geben Sie den folgenden Befehl in der Eingabeaufforderung ein, um das gewünschte Windows-Feature zum Offline-Image hinzuzufügen, und anschließend ebenso zu aktivieren. Drücken Sie im Anschuss die [↵]-Taste:

   ```
   Dism /Image:C:\Test\offline /Enable-Feature
   /FeatureName:<Name> /Source:E:\sources\SxS
   /LimitAccess
   ```

5. Um die zuvor durchgeführte Änderung an dem Windows-Image zu übernehmen, geben Sie den folgenden Befehl in der Eingabeaufforderung ein. Die Bereitstellung des Images wird dadurch aufgehoben. Drücken Sie im Anschuss die [↵]-Taste:

   ```
   Dism /Unmount-Image /MountDir:C:\Test\offline /Commit
   ```

Hinweis

Das in der oberen Befehlszeile in Punkt 4 unter <*Featurename*> angegebene Windows-Feature wird durch die Ausführung des Befehls In den in **`/Source:`** als Quelle angegebenen Speicherorten (beispielsweise der Installations-DVD) gesucht, dann zum Betriebssystem unter Windows Server 2012 R2 hinzugefügt und anschließend direkt auch aktiviert. Zu einem späteren Zeitpunkt ist es bei Bedarf möglich, das Windows-Feature vom Serverbetriebssystem wieder zu entfernen. Der Schalter **`/LimitAccess`** verhindert, dass DISM die Aktualisierungsquelle mit Windows Update nach Online-Images bei Microsoft im Internet sucht.

Weitere Informationen zum Verwalten von Windows-Features mit *DISM.exe* (*Deployment Image Servicing and Management*) finden Sie in der Dokumentation zum Windows Assessment and Deployment Kit (*ADK*), sowie im Internet in der Website von Microsoft, u. a. unter:

http://technet.microsoft.com/de-de/library/hh831786.aspx

5.6 Überprüfung des Aufgabenstatus

Im Anschluss an die Installation oder auch das Entfernen von Rollen und Features kann man auf verschiedenen Wegen kontrollieren, ob der Vorgang erfolgreich verlief. Hierzu stehen in Windows Server 2012 R2 u. a. die folgenden Methoden zur Verfügung:

- Überprüfung in der **Windows PowerShell**
- Überprüfung im grafischen **Server-Manager**

Die Überprüfung kann dabei direkt auf dem lokalen Server unter Windows Server 2012 R2, oder bei Bedarf auch wiederum von remote über das Netzwerk ausgeführt werden.

5.6.1 Überprüfung des Aufgabenstatus in der Windows PowerShell

Den Installationsstatus von Rollen und Features kann man mithilfe der Windows PowerShell unter Windows Server 2012 R2 auf einfache Weise mit dem folgenden Befehl anzeigen lassen:

```
Get-WindowsFeature
```

Durch den Befehl wird die Liste der auf dem Server verfügbaren Rollen und Features in der Windows PowerShell angezeigt. In der Spalte *Install State* wird angezeigt, ob diese *Available* (= *verfügbar, nicht installiert*) oder *Installed* (= *installiert*) sind.

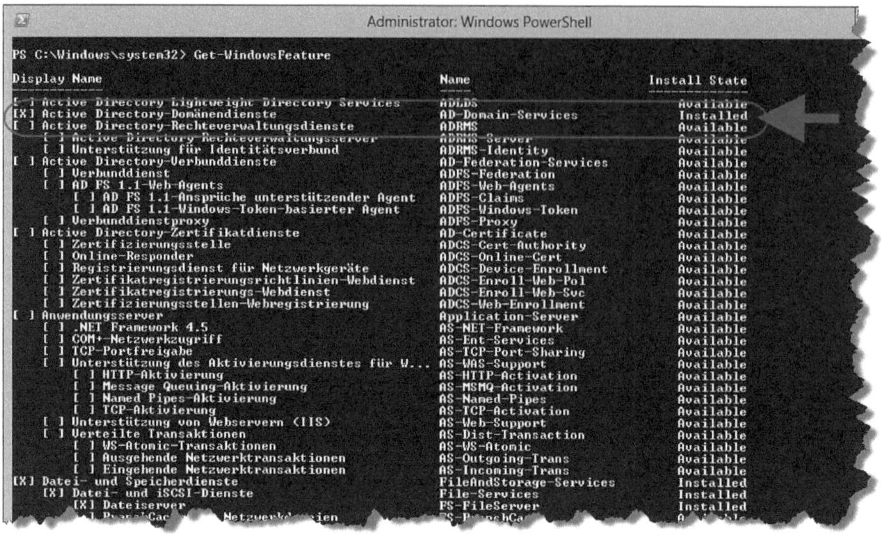

Abb. 5.6: *Anzeige der verfügbaren Rollen und Features sowie deren aktueller Installationsstatus in der Windows PowerShell*

Wenn die Überprüfung des Aufgabenstatus für das Hinzufügen oder Entfernen von Rollen oder Features von einem anderen Computer im Netzwerk remote ausgeführt werden soll, so können Sie hierzu den folgenden Befehl verwenden:

```
Get-WindowsFeature -Computername <Computername>
```

5.6.2 Überprüfung des Aufgabenstatus im grafischen Server-Manager

Alternativ zur Überprüfung mit der Windows PowerShell besteht unter Windows Server 2012 R2 auch die Möglichkeit, sich den Status der Installation von Rollen oder Features im grafischen Server-Manager anzeigen zu lassen. Klicken Sie dazu in der Befehlsleiste des *Server-Managers* auf **Benachrichtigungen** (*Fähnchen-Symbol*) klicken, und dann auf **Aufgabendetails**.

Im Dialogfenster *Aufgabendetails* können Sie sich den Status zu den vorangegangenen Aufgaben anzeigen lassen. Wenn Sie in der betreffenden Spalte unter Aktion auf Rollen und Features hinzufügen klicken, so erhalten Sie eine genaue Information über die während des Vorgangs installierte Rolle oder das Feature.

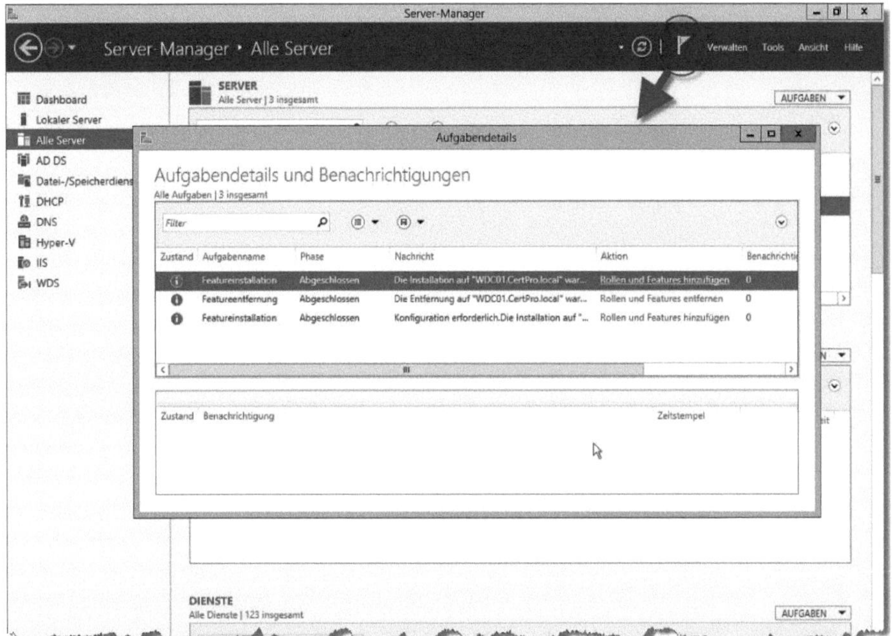

Abb. 5.7: *Überprüfung der Statusinformationen nach dem Hinzufügen von Rollen und Features im grafischen Server-Manager*

Nachdem wir uns in diesem Kapitel ausführlich mit dem Hinzufügen und Entfernen von Rollen und Funktionen unter Windows Server 2012 R2 befasst haben, so führt uns das nächste Kapitel in die Neuerungen des neuen Serverbetriebssystems rund um den möglichen Einsatz in einem Computernetzwerk.

KAPITEL 6
Windows Server 2012 R2 im Netzwerk

Konfiguration auch mittels Windows PowerShell möglich

Serversysteme unter Windows Server 2012 R2 werden in der Regel dazu verwendet, die darauf implementierten Serverrollen, Rollendienste und Features (*Funktionen*) für andere Benutzer, Computer oder Dienste im Unternehmensnetzwerk bereitzustellen. Für die Konfiguration der hierzu notwendigen Komponenten und Protokolle steht unter Windows Server 2012 R2 eine passende, zentrale Benutzeroberfläche in Form des Netzwerk- und Freigabecenters zur Verfügung. Dieses wurde von Microsoft in Windows Server 2008 erstmalig eingeführt, und in Windows Server 2008 R2 nochmals überarbeitet und optimiert. Alternativ lassen sich die notwendigen Konfigurationseinstellungen beispielsweise auch mithilfe von Befehlszeilenprogrammen, und seit Windows Server 2012 sogar mithilfe der Windows PowerShell durchführen. Dies ist auf einem Serversystem unter Windows Server 2012 R2 als Server Core-Installation sehr hilfreich, da man auf diesen Systemen die grafischen Benutzeroberfläche standardmäßig fehlt, sodass u. a. auch das Netzwerk- und Freigabecenter auf diesen nicht verwendet werden kann. Durch die Verwendung von PowerShell-Skripts kann man die notwendigen Konfigurationsschritte - insbesondere in größeren Serverfarmen - bei Bedarf sogar automatisieren, und hierdurch sogar die Konfigurationsabläufe optimieren.

6.1 Neuerungen und Verbesserungen

Als wichtige Neuerung unterstützte bereits Windows Server 2012 erstmalig das Netzwerkkarten-Teaming (*Network Interface Card Teaming,* kurz: *NIC-Teaming*). **NIC-**

Neuerungen und Verbesserungen - für moderne Computernetzwerke

Teaming ermöglicht es, mehrere Netzwerkadapter innerhalb eines Computersystems - mit „onboard-Tools" - zu einem Team zusammenzufassen, um somit ein Datenverkehrsfailover bei einem möglichen Ausfall einer Netzwerkkarte, sowie auch eine Bandbreitenaggregation zu erreichen.

Als weitere, für die Praxis wichtige Neuerung unterstützte der Windows Server 2012 sowie Windows 8 erstmalig das SMB (*Server Message Block*)-Protokoll in der Version 3.0. Hierdurch lassen sich zwischen Computersystemen unter Windows Server 2012, Windows Server 2012 R2 sowie unter Windows 8 bzw. Windows 8.1 noch höhere Datenübertragungsraten bei der Bereitstellung von Dateifreigaben erreichen, als das noch unter Windows Server 2008 R2 der Fall war. Beispielsweise ermöglicht das sogenannte ***„SMB Multichannel"*** in SMB 3.0 die optimale Nutzung von Dateifreigaben durch die Aggregation von Netzwerkbandbreiten und Netzwerkfehlertoleranz, wenn mehrere Pfade zwischen dem SMB 3.0-Client und dem SMB 3.0-Server verfügbar sind. Auf diese Weise kann die zur Verfügung stehende Netzwerkbandbreite von Serveranwendungen voll ausgenutzt, und hierdurch sogar die Unempfindlichkeit gegen Netzwerkausfälle verbessert werden. Eine weitere Verbesserung findet sich im Feature *„SMB Transparent Failover"*, das erstmalig in SMB 3.0 enthalten ist. Dieses Feature ermöglicht beispielsweise die Speicherung der Konfigurationsdateien, VHD-Dateien (*Virtual Hard Disk, virtuelle Festplatte*) und Snapshots von den in Hyper-V aktiv bereitgestellten, virtuellen Computersystemen in einfachen Dateifreigaben unter Windows Server 2012 sowie unter Windows Server 2012 R2. Dies kann sowohl für eigenständige Dateiserver als auch Clusterdateiserver, die Hyper-V zusammen mit Dateifreigabespeicher für den Cluster verwenden, genutzt werden.

Auch gegenüber Lauschangriffen während der Datenübertragung in (nicht vertrauenswürdigen) Netzwerken schützt die in SMB 3.0 verfügbare SMB-Verschlüsselung, die man - unabhängig von IPSec oder spezieller Hardware - auf Freigabebasis oder für den gesamten Dateiserver konfigurieren und so für eine Vielzahl an Szenarien aktivieren kann. Details hierzu finden sich in den folgenden Seiten dieses Kapitels.

6.2 Das Netzwerk- und Freigabecenter

Alle Netzwerkverbindungen im Blick

Bereits mit Windows Server 2008 hat Microsoft zur Verwaltung der Netzwerkumgebung in dem Serverbetriebssystem das Netzwerk- und Freigabecenter geschaffen. Dieses wurde unter Windows Server 2008 R2 nochmals an die praktischen Bedürfnisse der Systemverwalter angepasst. Unter Windows Server 2012 sowie Windows Server 2012 R2 stellt es sich insgesamt nochmals übersichtlicher, prinzipiell sogar *„aufgeräumter"* dar, als bereits schon unter Windows Server 2008 R2 war. Alle wichtigen Konfigurationsoptionen sind innerhalb des *Netzwerk- und Freigabecenters*, welches man unter Windows Server 2012 bzw. Windows Server 2012 R2 u.a. über die *Systemsteuerung* unter *Netzwerk und Internet* aufrufen kann, sofort erreichbar.

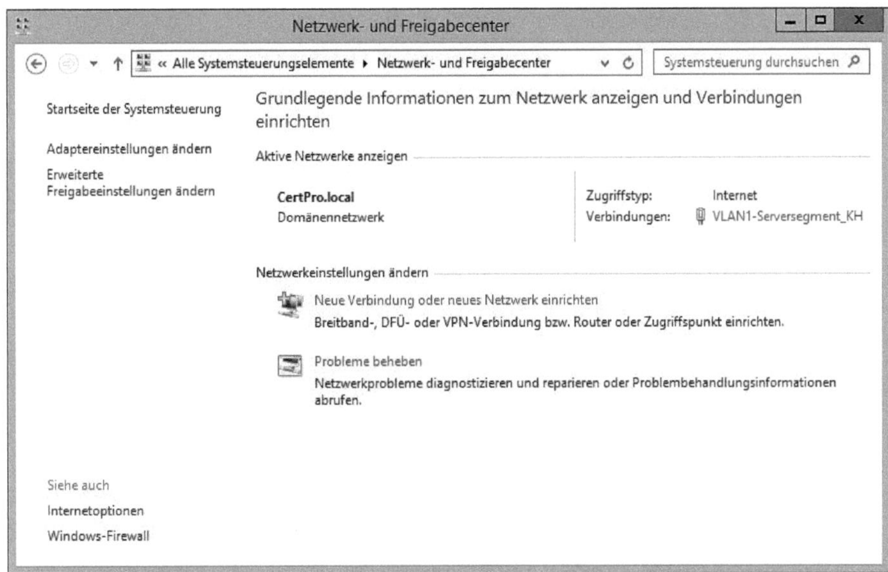

Abb. 6.1: *Das Netzwerk- und Freigabecenter*

Im Netzwerk- und Freigabecenter werden alle aktiven Netzwerke, wie die Verbindung zu einem lokalen Computernetzwerk (*Local Area Network, LAN*), einem Drahtlosnetzwerk (*Wireless Local Area Network, WLAN*) oder auch zum Beispiel bestehende VPN (*Virtual Private Network*) -Verbindungen angezeigt.

Kleine Detailveränderungen

Anders als noch unter Windows Server 2008 R2 (*Release 2*) erkennt man im Netzwerk- und Freigabecenter nicht mehr am Symbol der jeweiligen Verbindungen, ob der Server über diese auch mit dem Internet verbunden ist. Die fehlende Konnektivität zum Internet wird im Netzwerk- und Freigabecenter im Bedarfsfall lediglich textlich unter dem Abschnitt *Zugriffstyp:* als *„Kein Internetzugriff"*, bzw. durch ein gelbes Warndreieck im Netzwerksymbol in der Task-Leiste angezeigt.

6.2.1 Anzeige der aktuellen Netzwerkverbindungen

Infoleiste verrät den Status

Die aktuellen Netzwerkverbindungen eines Serversystems unter Windows Server 2012 R2 sowie auch deren möglicher Status, werden anhand eines Symbols in der Task-Leiste angezeigt. Durch einen einfachen Mausklick auf das *Netzwerksymbol* blendet Windows Server 2012 R2 eine *Infoleiste* ein, auf der alle aktuellen Verbindungen sowie deren Status aufgelistet sind.

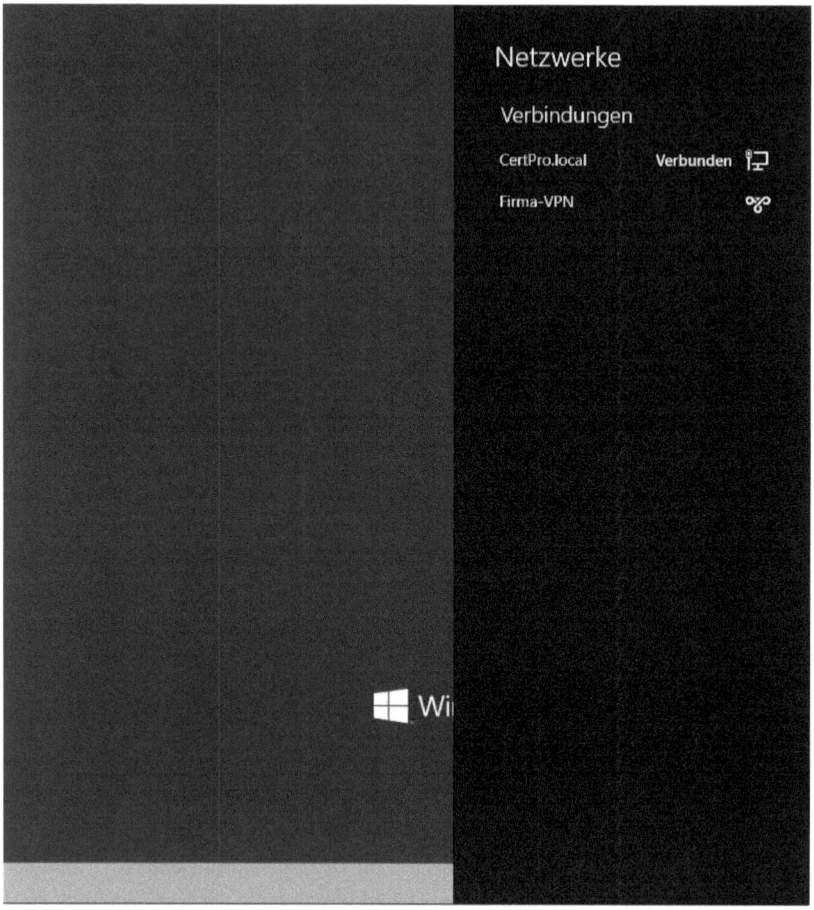

Netzwerke

Verbindungen

CertPro.local Verbunden

Firma-VPN

Abb. 6.2: *Anzeige der aktuellen Verbindungen*

Mittels eines Klicks mit der rechten Maustaste auf das *Netzwerksymbol* kann man im Kontextmenü entweder direkt zum Netzwerk- und Freigabecenter wechseln oder aber im Bedarfsfall auch die Problembehandlung bei möglichen Netzwerkproblemen einleiten.

Abb.6.3: *Kontextmenü des Netzwerksymbols in der Task-Leiste*

6.2.2 IPv4-Konfiguration

Über das *Netzwerk- und Freigabecenter* kann man problemlos zu den Konfigurationsoptionen für die im Serversystem enthaltenen Netzwerkverbindungen wechseln. Dies gelingt einfach über die Option *Adaptereinstellungen ändern.* Klickt man dort mit der rechten Maustaste auf die zu konfigurierende Netzwerkverbindung und wählt im Kontextmenü die *Eigenschaften* aus, so erhält man eine Übersicht der für die Verbindung aktuell verwendeten Elemente.

Um die IPv4-Konfiguration durchzuführen, muss man lediglich auf *Internetprotokoll Version 4 (TCP/IPv4)* und anschließend auf *Eigenschaften* klicken.

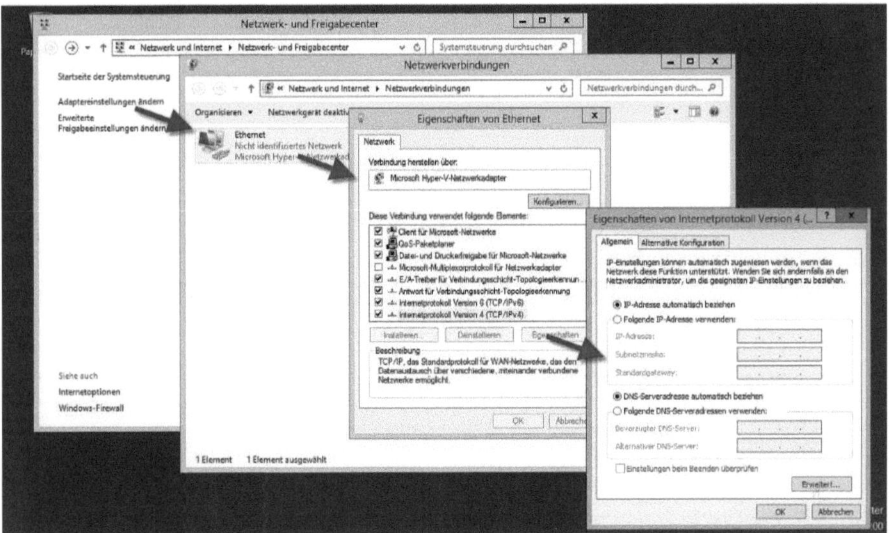

Abb. 6.4: *IPv4-Konfiguration einer Netzwerkverbindung*

(Fast) alles wie gehabt

Die Konfigurationsoptionen in den Eigenschaften von IPv4 unter Windows Server 2012 und Windows Server 2012 R2 sind prinzipiell identisch mit denen vorheriger Windows-Betriebssysteme. Die IPv4-Adresskonfiguration kann entweder dynamisch mithilfe von *DHCP* (*Dynamic Host Configuration Protocol*) oder statisch (u.a. beispielsweise grafisch in den Eigenschaften von IPv4 im *Netzwerk- und Freigabecenter*, mithilfe des kommandozeilenbasierten Befehls *netsh*, oder mithilfe der in der Windows PowerShell enthaltenen *Cmdlets* vorgenommen werden.

In den Einstellungen zu IPv4 finden sich unter Windows Server 2012 R2 ansonsten erst einmal keine weiteren Neuerungen.

6.2.3 Netzwerkprofile und die Freigabe des öffentlichen Ordners

Wie bereits auch unter Windows Server 2008 R2 (Release 2) so mussten auch unter Windows Server 2012 R2 im *Netzwerk- und Freigabecenter* die bereits unter Windows

Vista und Windows Server 2008 ursprünglich eingeführten Konfigurationsoptionen für *Netzwerkprofile* und beispielsweise auch die *Freigabe des öffentlichen Ordners* weichen. Diese verbergen sich im überarbeiteten *Netzwerk- und Freigabecenter* hinter der Option *Erweiterte Freigabeeinstellungen ändern*.

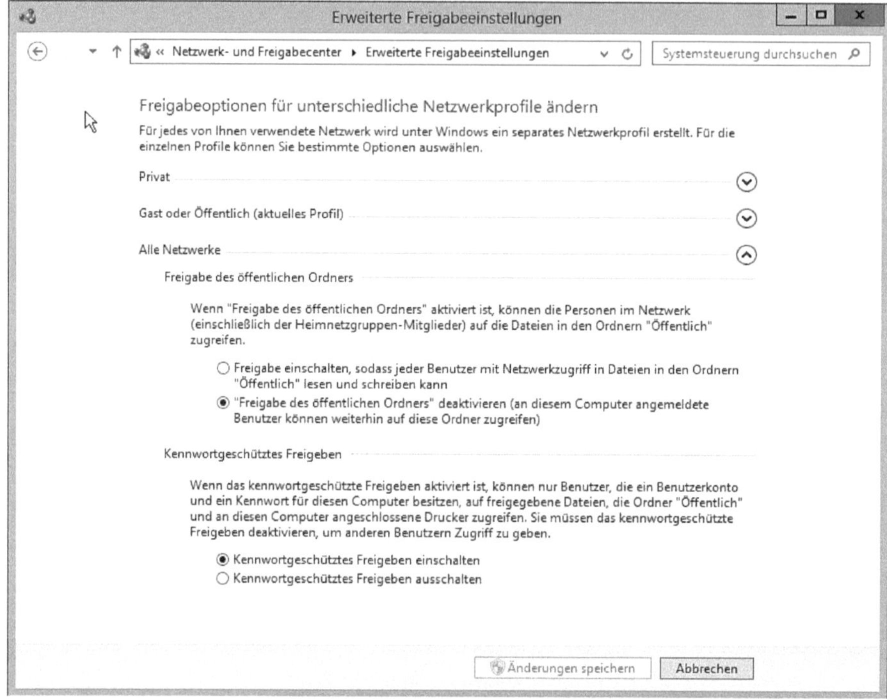

Abb. 6.5: *Erweiterte Freigabeoptionen im Freigabe- und Netzwerkcenter*

6.2.3.1 Netzwerkprofile

Individuelles Profil für jede Netzwerkverbindung

Ein Serversystem unter Windows Server 2012 R2 erstellt für jedes verwendete Netzwerk (sprich: *für jede einzelne Netzwerkverbindung*) ein separates *Netzwerkprofil*. Unter Windows Server 2008 wurde dies noch als *Netzwerkstandort* bezeichnet. Man unterscheidet hierbei zwischen den folgenden, möglichen Profilen:

- **Privat oder Arbeitsplatz**
- **Öffentlich**
- **Domäne**

Die Netzwerkprofile werden primär dazu verwendet, bestimmte Optionen wie die Netzwerkerkennung, die Datei- und Druckfreigabe oder auch die Freigabe des öffentlichen Ordners zu steuern. Wenn ein Serversystem unter Windows Server 2012 R2 als Mitglied zu einer vorhandenen Active Directory-Domäne hinzugefügt wird, so wandelt sich das Netzwerkprofil für die betreffende Netzwerkverbindung zu „Domäne". In diesem Profil ist die Datei- und Druckfreigabe beispielsweise standardmäßig aktiviert, die Netzwerkerkennung sowie die Freigabe des öffentlichen Ordners hingegen deaktiviert.

Netzwerkprofile werden auch im Zusammenhang mit der Firewall-Konfiguration von Windows Server 2012 R2 verwendet, um die für die jeweilige Netzwerkverbindung verwendbaren Kommunikationsports festzulegen. Somit lässt sich die Sicherheit auf Serversystemen, die mitunter über mehrere Netzwerkverbindungen (beispielsweise über VPN-Verbindungen parallel zu standardmäßigen Netzwerkverbindungen) verfügen, sehr individuell bestimmen.

Netzwerkprofile und die Windows-Firewall

Anpassungen der einzelnen Netzwerkprofile können im Bedarfsfall entweder lokal im Serversystem selbst oder auch zentral mithilfe von Gruppenrichtlinieneinstellungen vorgenommen werden.

Wenn unter Windows Server 2012 R2 der Gateway-Eintrag nicht konfiguriert ist, bzw. der konfigurierte Gateway nicht erreichbar ist, so kann das konfigurierte Netzwerkprofil nicht verändert werden. Der Wechsel vom Profil *Öffentlich* zu *Privat* ist hierbei unmöglich. Wenn man den Wechsel des Netzwerkprofils dennoch durchführen möchte, so muss man den Computer mit den Adressinformationen eines im Netzwerk vorhanden „Gateway" konfigurieren. Alternativ kann dies problemlos auch ein anderer, im Netzwerk vorhandener Computer sein.

6.2.3.2 Der öffentliche Ordner

In Windows Vista und Windows Server 2008 eingeführt, stellt der *öffentliche Ordner* (ganz dem Namen nach) einen für alle Anwender des lokalen Systems sowie auch im Netzwerk freigegebenen Ordner auf dem Serversystem unter Windows Server 2012 R2 dar. Dieser öffentliche Ordner dient dem schnellen und unkomplizierten Austausch von Dateien zwischen verschiedenen Anwendern. Er findet sich als Ordner **Öffentlich** (engl. *Public*) standardmäßig im lokalen Verzeichnis **C:\Benutzer** (engl. *C:\Users*) und ist für die Verwendung im Netzwerk erst einmal nicht freigegeben. Letzteres kann im Rahmen der Konfiguration eines zu nutzenden Netzwerkprofils oder im Bedarfsfall auch zentral anhand von Gruppenrichtlinieneinstellungen festgelegt werden.

Schneller und unkomplizierter Datenaustausch

Da sich die Freigabe des öffentlichen Ordners auch unter Windows Server 2012 R2 nur sehr global anpassen lässt, sollte man dessen Verwendung vorweg gut abwägen. Bereits unter Windows Server 2008 hat es sich in einigen Unternehmensnetzwerken gezeigt, dass der öffentliche Ordner mitunter sehr schnell als *„Datenmüllhalde"* verkommen kann. Um dies zu vermeiden, sollte man ein Auge auf die Verwendung des öffentlichen Ordners durch die Anwender werfen.

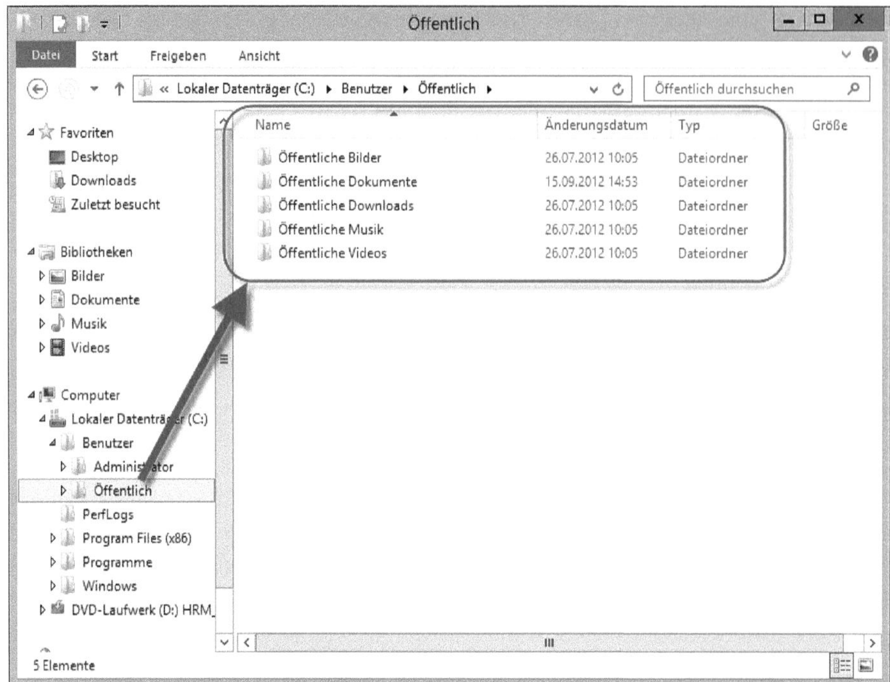

Abb. 6.6: *Ordnerstruktur des „öffentlichen Ordners" im Windows-Explorer*

6.3 IPv6-Unterstützung

Standardmäßig aktiviert

Wie auch bereits seine Vorgänger unterstützt auch Windows Server 2012 R2 TCP/IP als Standardprotokoll für die Netzwerkkommunikation. Die Protokolle TCP und IP ermöglichen es den Computern, mithilfe von Netzwerkkarten über verschiedene Netzwerke und auch das Internet miteinander zu kommunizieren. Auch das neue Windows-Betriebssystem verfügt ebenso über eine zweischichtige IP-Schichtarchitektur (*Next Generation TCP/IP Stack*), in der *IPv4* (*Internet Protocol Version 4*) und *IPv6* (*Internet Protocol Version 6*) gleichsam implementiert sind. Die Gründe dafür sind einleuchtend. So stellt IPv6 im Vergleich zu seinem Vorgänger IPv4 einen um ein Vielfaches größeren Adressraum mit 128 Bit bereit. Damit wird die in den letzten Jahren oft benannte „Adressknappheit von IPv4-Adressen" aufgehoben. Zudem ermöglicht IPv6 eine direkte End-zu-End-Kommunikation – sogar im globalen Internet.

Bereits heute existieren neue, auf IPv6 basierte Technologien, wie beispielsweise das unter Windows Server 2008 R2 (*Release 2*) erstmalig eingeführte und in Windows Server 2012 R2 nochmals verbesserte *DirectAccess* als Alternative zu den sonst üblichen VPN-Verbindungen (*Virtual Private Network*). Weitere Technologien werden folgen.

Wenn während der Installation von Windows Server 2012 R2 vorhandene Netzwerkhardware erkannt wird, aktiviert der Installationsprozess standardmäßig IPv4 als auch

IPv6 als Netzwerkprotokolle. Eine Nachinstallation von Zusatzkomponenten für den Einsatz von IPv6 unter Windows Server 2012 R2 ist hierdurch völlig überflüssig geworden.

```
Administrator: Eingabeaufforderung

C:\>ipconfig

Windows-IP-Konfiguration

Ethernet-Adapter VLAN1-Serversegment_KH:

   Verbindungsspezifisches DNS-Suffix:
   Verbindungslokale IPv6-Adresse  . : fe80::e463:1e78:9ab5:2278%17
   IPv4-Adresse  . . . . . . . . . . : 192.168.178.213
   Subnetzmaske  . . . . . . . . . . : 255.255.255.0
   Standardgateway . . . . . . . . . : 192.168.178.1

Tunneladapter isatap.{063A10A5-34DE-41ED-B489-903C3772C64B}:

   Medienstatus. . . . . . . . . . . : Medium getrennt
   Verbindungsspezifisches DNS-Suffix:

C:\>
```

Abb. 6.7: *Automatisch generierte, verbindungslokale IPv6-Adresse*

Ein Serversystem unter Windows Server 2012 R2 generiert sich nach dem Hochfahren, wie in der oberen Grafik zu erkennen, eine automatisch erzeugte, sogenannte *„verbindungslokale"* Adresse (engl. *Link Local Address*). Anhand dieser dynamischen Adresse kann das betreffende Computersystem bereits ohne weitere IPv6-Konfiguration mit anderen IPv6-aktivierten Computersystemen im Netzwerk kommunizieren.

Automatisch generiert: Link-Local-Adresse

IPv6 wird von den in Windows Server 2012 R2 enthaltenen Serverrollen, Rollendiensten und Funktionen weitgehend vollständig unterstützt. Eine Ausnahme hierzu stellt beispielsweise der noch immer implementierbare *WINS*-Dienst (*Windows Internet Name Service*) dar, welcher unter Windows Server 2012 R2 jedoch lediglich nur noch als optionales *Feature* (*Funktion*) implementierbar ist.

6.3.1 Zuweisung von IPv6-Adressen

Serversystemen unter Windows Server 2012 R2 kann man IP-Adressen, seien es IPv4- oder IPv6-Adressen, problemlos anhand verschiedener Methoden zuweisen. Neben der statischen IP-Konfiguration können die IP-Adressen für beide Protokolle bei Bedarf auch dynamisch zugewiesen werden. Unter IPv6 unterscheidet man dabei die folgenden Konfigurationsmodi:

- **Stateless** Das betreffende Serversystem erhält die Adressinformationen (u.a. Informationen über das lokale Netzwerk) von einem vorhandenen Netzwerkrouter. Hieraus ermittelt das betreffende System seine eigene Host-Adresse anschließend selbst. Ein DHCPv6-Server ist in diesem Fall nicht notwendig, kann jedoch verwendet werden, um dem Computersystem noch weitere Konfigurationsinformationen (beispielsweise die IP-Adressen von DNS-Servern) bereitzustellen.

- **Stateful** In diesem Fall wird dem Computersystem die IP-Adresse durch einen DHCPv6-Server (*Dynamic Host Configuration Protocol*) im Netzwerk dynamisch zugewiesen. Dies setzt voraus, dass ein vorhandener Netzwerkrouter dies erzwingt oder aber falls kein entsprechender Router mit der Unterstützung von IPv6 vorhanden.
- **Both** Neben den benannten Modi ist auch ein Mischbetrieb aus beiden möglich. Beispielsweise kann die eigentliche IP-Adressvergabe *stateless*, die Zuweisung von weiteren Konfigurationsinformationen (bspw. die IP-Adressen von DNS-Servern) dann anschießend mithilfe eines DHCPv6-Servers erfolgen (*stateful*).

Wie bereits bemerkt, stellt sich die IPv6-Unterstützung unter Windows Server 2012 R2 aus Sicht eines „IP-Clients" verhältnismäßig einfach dar. Komplex wird es jedoch, wenn die für die Netzwerkkommunikation und Adressvergabe zu verwendenden Netzwerkrouter für IPv6 konfiguriert werden müssen. Dies ist sicher auch einer der Gründe, warum IPv6 bereits mit der Veröffentlichung von früheren Windows-Betriebssystemen nicht zwangsläufig in den weltweit betriebenen Unternehmensnetzwerken eingeführt wurde. Aktuell existieren noch verhältnismäßig wenige Unternehmensanforderungen, welche die Verwendung von IPv6 in den lokalen Computernetzwerken von Unternehmen erfordern. Es bleibt abzuwarten, inwieweit sich dies in den Anforderungen künftiger Unternehmensanwendungen bzw. -lösungen entwickelt.

Wechsel zu IPv6 (noch) nicht zwingend notwendig

Die meisten internen Computernetzwerke von kleinen und mittelständigen Unternehmen (in der Masse wohl auch die großen Unternehmen) werden sicher auch die nächsten Jahren nicht ohne besonderen Grund von IPv4 zu IPv6 umgestellt werden. Dank der Implementierung von IPv6 direkt in den TCP/IP-Stack schafft dies jedoch keine bzw. kaum Probleme. Zumal die IPv6-Unterstützung unter Windows Server 2012 R2 lediglich deaktiviert, jedoch nicht entfernt werden kann.

Die IPv6-Adresskonfiguration kann entweder dynamisch mithilfe von *DHCP* (*Dynamic Host Configuration Protocol*) oder statisch (u.a. beispielsweise grafisch in den Eigenschaften von IPv4 im *Netzwerk- und Freigabecenter*, mithilfe des kommandozeilen-basierten Befehls *netsh*, oder mithilfe der in der *Windows PowerShell 4.0* enthaltenen Befehle (*Cmdlets*) vorgenommen werden.

6.3.2 Deaktivieren von IPv6

Vermeidung seltener, jedoch mitunter möglicher Probleme

In der Regel lässt sich die unter Windows Server 2012 R2 standardmäßig aktivierte IPv6-Unterstützung problemlos parallel zur IPv4-Unterstützung betreiben. In einigen Fällen jedoch kann es ratsam sein, IPv6 auf einem Serversystem zu deaktivieren. Ein Beispiel hierfür stellt die Namensauflösung mithilfe von DNS-Servern dar. Wenn für die Namensauflösung von Host-Namen in Unternehmensnetzwerken keine der vorhandenen DNS-Server für die Verwendung von IPv6-basierten Namenszonen konfiguriert werden, so können sich Client- und Serversysteme mit diesen Adressen bei diesen auch nicht dynamisch registrieren. Dies kann letztlich dazu führen, dass sich Client- und/oder Serversysteme über die DNS-Namensauflösung nicht finden, und dies somit zu kleineren Verzögerungen in der Netzwerkkommunikation führt. Auch kann die fehlende Unterstützung von IPv6 durch die eingesetzten Netzwerkgeräte mitunter Probleme hervorrufen, welche sich womöglich durch die Deaktivierung von IPv6 wieder bereinigen lassen.

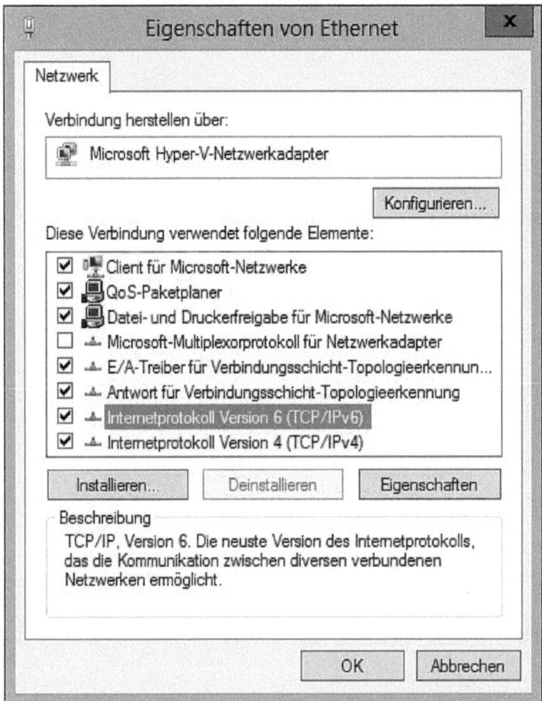

Abb. 6.8: *IPv6 in den Eigenschaften einer Netzwerkverbindung*

Wichtig!

Überprüfen Sie unbedingt noch *VOR* der Deaktivierung von IPv6, ob die ggf. mit Softwareherstellern getroffenen Support-Vereinbarungen oder Support-Verträge den Einsatz von IPv6 (*Internet Protocol Version 6*) mitunter nicht sogar verbindlich voraussetzen. Entscheiden Sie erst nach der Klärung, ob die Deaktivierung von IPv6 auf denen in Ihrem Netzwerk eingesetzten Computersystemen überhaupt in Frage kommt.

Deaktivieren, aber nicht deinstallieren

Deaktivieren lässt sich die IPv6-Unterstützung unter Windows Server 2012 R2 beispielsweise direkt in der grafischen Umgebung des *Netzwerk- und Freigabecenters* unter der Option *Adaptereinstellungen ändern*. Sie müssen darin lediglich die *Eigenschaften* der zu konfigurierenden Netzwerkverbindung aufrufen, den Haken vor *Internetprotokoll Version 6 (TCP/IPv6)* entfernen und dies mit einem Klick auf die Schaltfläche **OK** bestätigen.

Alternativ können Sie die Unterstützung von IPv6 auch direkt in der Registrierung des betreffenden Serversystems unter Windows Server 2012 R2 anhand des neu zu erstellenden D-WORD-Wert (32-Bit)-Schlüssels **`DisabledComponents`** mit dem Hexadezimal-Wert **`0x00000000 (0)`** im folgenden Registry-Pfad deaktivieren:

`HKEY_LOCAL_MACHINE\System\CurrentControlSet\`
`Services\TCPIP6\Parameters\`

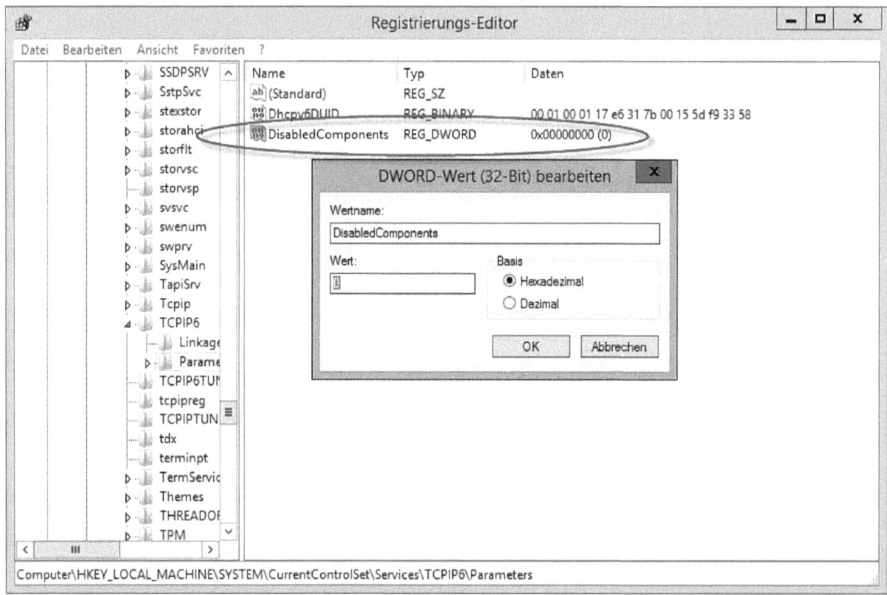

Abb. 6.9: *Deaktivieren von IPv6 in der Registrierung*

Das Serversystem muss nach dem Erstellen des neuen Registry-Schlüssels neu gestartet werden. Anschließend ist das IPv6-Protokoll auf dem betreffenden Serversystem unter Windows 2012 ,R2 vollständig deaktiviert.

Windows PowerShell als universelles Werkzeug - auch für IPv6

Weitere Möglichkeiten zum Deaktivieren aber auch zur Konfiguration von IPv6 unter Windows Server 2012 R2, stellen der kommandozeilenbasierte Befehl *netsh*, oder alternativ die in der *Windows PowerShell 4.0* enthaltenen *Cmdlets* dar. Nähere Informationen hierzu erhalten Sie in der Windows-Hilfe.

Nach dem Blick auf die Konfigurationsmöglichkeiten von TCP/IP folgt nun der Blick auf eine der zu Beginn des Kapitels bereits erwähnten Neuerungen - dem NIC-Teaming.

6.5 NIC-Teaming

Ein von vielen Administratoren erwartetes, neues Feature findet man in Windows Server 2012 R2 unter dem Namen **Netzwerkadapter-Teamvorgang** (engl. *Network Interface Card Teaming, NIC-Teaming*), den man allgemein auch als Lastenausgleich und Failover bezeichnet. NIC-Teaming ermöglicht es, mehrere Netzwerkadapter innerhalb eines Computersystems zu einem Team zusammenzufassen, um somit ein Datenverkehrs-failover bei einem möglichen Ausfall einer Netzwerkkarte, sowie auch eine Bandbreitenaggregation zu erreichen.

Lastenausgleich und Failover - für die Netzwerke von heute

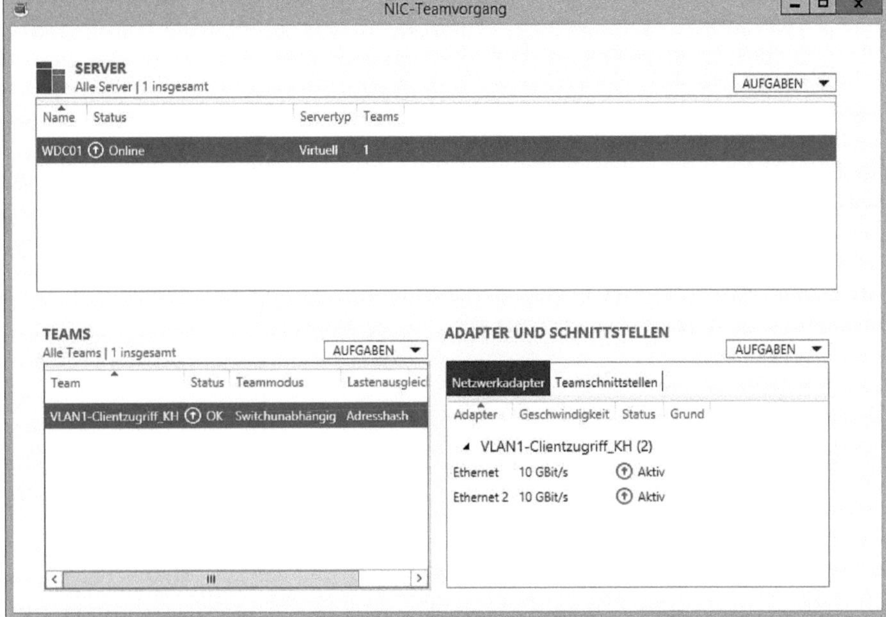

Abb. 6.10: *Konfigurationsdialog für das Netzwerkkarten-Teaming*

6.5.1 Unterstützte Modi

NIC-Teaming unter Windows Server 2012 R2 unterstützt aus Gründen der Kompatibilität verschiedene Modi:

- **Switchunabhängiger Modus** - hierbei können die Netzwerkadapter mit unterschiedlichen Netzwerkswitches verbunden sein.
- **Switchabhängiger Modus** - hierbei müssen alle Netzwerkadapter eines Teams mit demselben Netzwerkswitch verbunden sein.

Unter Windows Server 2012 R2 stehen die folgenden zwei switchabhängigen Modi zur Auswahl:

- *Generischer oder statischer Teamvorgang (IEEE 802.3ad Draft v1)* - Bei diesem Modus müssen der Netzwerkswitch und der Computer so konfiguriert sein, dass sie gegenseitig identifizieren können, welche Links das Team bilden. Die Konfiguration erfolgt in diesem Modus statisch.
- *Dynamischer Teamvorgang (IEEE 802.1ax, LACP)* - hierbei wird das Link Aggregation Control Protocol (LACP) verwendet, um Links zwischen dem

Computer und einem Netzwerkswitch dynamisch zu identifizieren. Der Einsatz des Protokolls ermöglicht die automatische Erstellung von Teams.

Bis zu 32 Netzwerkkarten in einem Team

Das NIC-Teaming in Windows Server 2012 R2 unterstützt bis zu 32 Netzwerkkarten in einem Team, und funktioniert auch bei virtuellen Computersystemen. Die Konfiguration kann man einfach in der *NIC-Teaming-Konsole* durchführen, die sich mit dem Befehl `lbfoadmin` aufrufen lässt. Alternativ ist die Konfiguration auch mittels entsprechender Windows PowerShell-Befehle möglich.

6.5.2 Konfiguration von NIC-Teaming

Die Konfiguration des NIC-Teaming lässt sich - insbesondere in der grafischen *NIC-Teaming-Konsole* - verhältnismäßig einfach umsetzen.

Gehen Sie wie folgt vor, um die in einem Serversystem unter Windows Server 2012 R2 enthaltenen Netzwerkkarten in der NIC-Teaming-Konsole zwecks Lastenausgleich und Failover zu einem gemeinsamen Team zusammenzufassen:

1. Starten Sie den *Server-Manager* (*soweit noch nicht geschehen*).
2. Klicken Sie auf **Alle Server**.
3. Klicken Sie mit der rechten Maustaste auf den zu konfigurierenden Server unter Windows Server 2012 R2, und klicken Sie dann auf die Option **NIC-Teamvorgang konfigurieren**.
4. Klicken Sie im Abschnitt *TEAMS* auf **AUFGABEN**, und dann auf **Neues Team**.
5. Geben Sie im Feld *Teamname:* den gewünschten Namen des zu erstellenden NIC-Teams ein, und aktivieren Sie dann unter *Mitgliederadapter:* die Kontrollkästchen für die Netzwerkkarten, die als Mitglieder des NIC-Teams vorgesehen sind.
6. Konfigurieren Sie bei Bedarf unter *Weitere Einstellungen* noch weitere Optionen, und klicken Sie anschließend auf **OK**.

Hinweis

Beachten Sie, dass einige der weiteren Einstellungen im Dialog NIC-Teamvorgang für Server, die auf virtuellen Gastcomputern ausgeführt werden, nicht zur Verfügung stehen.

Das zuvor konfigurierte NIC-Team wird in der Konsole *NIC-Teamvorgang* im Abschnitt *TEAMS* mitsamt dem aktuellen Status angezeigt. Zum Abschluss der Konfiguration wurde ein entsprechendes Geräteobjekt mit dem zuvor konfigurierten Namen des NIC-Teams, sowie dem Gerätenamen *Microsoft Network Adapter Multiplexor Driver* erstellt, dass man parallel zu den Netzwerkkarten in den Netzwerkverbindungen des Computersystems unter Windows Server 2012 R2 findet.

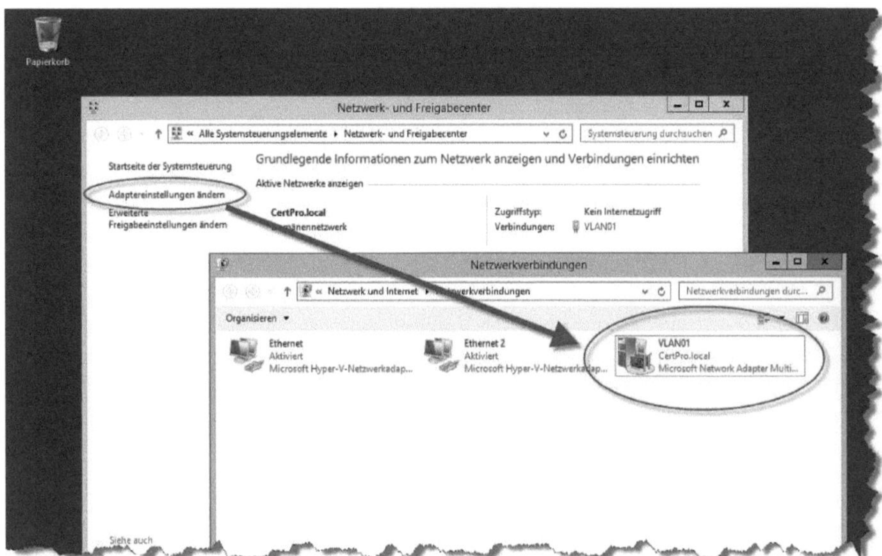

Abb. 6.11: *Gemeinsamer NIC-Teamadapter in den Netzwerkverbindungen*

Hinweis

Beachten Sie, dass die Netzwerkkonfiguration für die im NIC-Team zusammengefassten Netzwerkadapter gemeinsam lediglich noch über den gemeinsamen NIC-Teamadapter durchgeführt wird. Dieser sieht nach dem Erstellen zunächst auf der *dynamischen Adressvergabe* mittels *DHCP (Dynamic Host Configuration Protocol)* vor. Um dem NIC-Teamadapter eine statische IP-Adresse für die Verwendung im Netzwerk zuzuweisen, wechseln Sie im *Netzwerk- und Freigabecenter* einfach über die Option *Adaptereinstellungen ändern* zu den *Netzwerkverbindungen*, und konfigurieren die gewünschten Einstellungen über die *Eigenschaften* des NIC-Teamadapters.

Nachdem wir uns mit dem NIC-Teaming als sicher sehr bedeutendes Feature in Windows Server 2012 R2 befasst haben, geht es nun über zu einer weiteren, in vielen Computernetzwerken zwischenzeitlich oft ebenso wichtigen Neuerung - der SMB-Verschlüsselung.

6.6 Datensicherheit durch die SMB-Verschlüsselung

Schutz gegen Lauschangriffe auch im internen Netzwerk

Wie in den Neuerungen zu Beginn dieses Kapitels bereits erwähnt, enthalten Windows Server 2012 R2, Windows Server 2012, Windows 8.1 sowie in Windows 8 das SMB (Server Message Block) in der Version 3.0 - mitsamt vielen viele Neuerungen und Verbesserungen. Insbesondere der Schutz gegen Lauschangriffe während der Datenübertragung durch die SMB-Verschlüsselung stellt sich in der Praxis als wichtige Neuerung dar.

Bei der Übertragung von Personal- oder Buchhaltungsdaten setzte man oft bereits im internen Computernetzwerk in den Firmen beispielsweise oft IPSec (*Internet Protocol*

Security, IP-Sicherheit) zur Verschlüsselung der Datenkommunikation zwischen den Computersystemen ein. Die dazu notwendige Konfiguration ist aus Sicht vieler Administratoren jedoch nicht wirklich trivial. Abhilfe schafft die in SMB 3.0 erstmalig unter Windows Server 2012 verfügbare SMB-Verschlüsselung. Diese lässt sich entweder für einzelne Dateifreigaben, oder bei Bedarf sogar für den gesamten Dateiserver konfigurieren und aktivieren.

Zum Schutz der im Netzwerk zu übertragenden Daten wird bei der SMB-Verschlüsselung das Verschlüsselungsverfahren AES-CCM (*Advanced Encryption Standard - Counter with CBC-MAC*) eingesetzt, was man parallel auch im 802.11i-Standard findet, der in WLANs zum Einsatz kommt. CBC-MAC kennzeichnet dabei, wie der AES-Algorithmus auf die Datenpakete angewendet wird. Die hohe Sicherheit erreicht dieser Standard u. a. durch die Verwendung eines 48 Bit langen Initialisierungsvektors. Durch die hohe Bit-Zahl wird eine mögliche Wiederholung der Verwendung des Initialisierungsvektors (engl. *Initialization Vector, IV*) in der Praxis ausgeschlossen - und damit auch die Sicherheit gegenüber möglichen Lauschangriffen in einem hohen Maß ermöglicht. Zusätzlich verwendet SMB 3.0 noch AES-CMAC für die Datensignatur, um sich zusätzlich noch gegen mögliche Datenänderungen zu schützen.

Weitere Informationen zur Verschlüsselung und Signatur mit den erweiterten Sicherheitsfeatures in SMB 3.0 findet man im Internet, u. a. unter:

http://blogs.technet.com/b/filecab/archive/2012/05/03/smb-3-security-enhancements-in-windows-server-2012.aspx

6.6.1 Aktivierung der SMB-Verschlüsselung

Einfacher geht es kaum

Die SMB-Verschlüsselung lässt sich in Windows Server 2012 R2 sowie auch in Windows Server 2012 auf verschiedenen Wegen entweder für einzelne Freigaben, oder aber für einen gesamten Dateiserver aktivieren. Die Schritte hierzu sind im Vergleich zur Konfiguration und Aktivierung von IPSec oder ähnlichen Technologien völlig „simpel".

6.6.1.1 Aktivierung der SMB-Verschlüsselung im Server-Manager

Die SMB-Verschlüsselung kann man im Server-Manager unter Windows Server 2012 R2 problemlos für eine bereits bestehende oder eine neu einzurichtende Dateifreigabe konfigurieren. Gehen Sie dazu wie folgt vor:

- *Beispiel 1:* **Aktivierung der SMB-Verschlüsselung für eine bereits vorhandene SMB-basierte Dateifreigabe**

  Gehen Sie wie folgt vor, um die SMB-Verschlüsselung für eine zuvor bereits eingerichtete, SMB-basierte Dateifreigabe im Server-Manager unter Windows Server 2012 R2 zu aktivieren:

  1. Öffnen Sie den *Server-Manager*, und navigieren Sie zu *Datei-/Speicherdienste*.
  2. Klicken Sie auf **Freigaben**.

3. Klicken Sie mit der rechten Maustaste auf die zu konfigurierende *Dateifreigabe*, und klicken Sie auf **Eigenschaften**.

4. Erweitern Sie *Einstellungen*, und aktivieren Sie die Option **Datenzugriff verschlüsseln**. Klicken Sie anschließend auf **OK**.

- *Beispiel 2:* **Aktivierung der SMB-Verschlüsselung beim Anlegen einer neuen SMB-basierten Dateifreigabe**

  Gehen Sie wie folgt vor, um die SMB-Verschlüsselung für eine zuvor bereits eingerichtete, SMB-basierte Dateifreigabe im Server-Manager unter Windows Server 2012 R2 zu aktivieren:

1. Öffnen Sie den *Server-Manager*, und navigieren Sie zu *Datei-/Speicherdienste*.

2. Klicken Sie auf **Freigaben**.

3. Klicken Sie im Abschnitt *FREIGABEN* auf **AUFGABEN**, und wählen Sie die Option **Neue Freigabe...**

4. Achten Sie im *Assistent für neue Freigaben* darauf, dass unter *Dateifreigabeprofil:* die Option **SMB-Freigabe - Schnell** ausgewählt ist, und klicken Sie dann auf **Weiter**.

5. Wählen Sie den zu konfigurierenden Server im Abschnitt *Server:* aus, wählen Sie das für die Freigabe zu verwendende Volume unter *Freigabeort:* aus oder geben Sie alternativ einen *benutzerdefinierten Pfad* an, und klicken Sie auf **Weiter**.

6. Geben Sie den gewünschten Namen für die neu einzurichtenden Dateifreigabe im Feld *Freigabename:*, sowie den *Pfad* zur Freigabe ein, und klicken Sie auf **Weiter**.

7. Aktivieren Sie unter *Andere Einstellungen* das Kontrollkästchen für die Option **Datenzugriff verschlüsseln**, und klicken Sie auf **Weiter**.

8. Konfigurieren Sie die Zugriffsberechtigungen, und klicken Sie auf Weiter.

9. Klicken Sie im Dialog *Auswahl bestätigen* auf **Erstellen**. Klicken Sie im Anschluss auf **Schließen**.

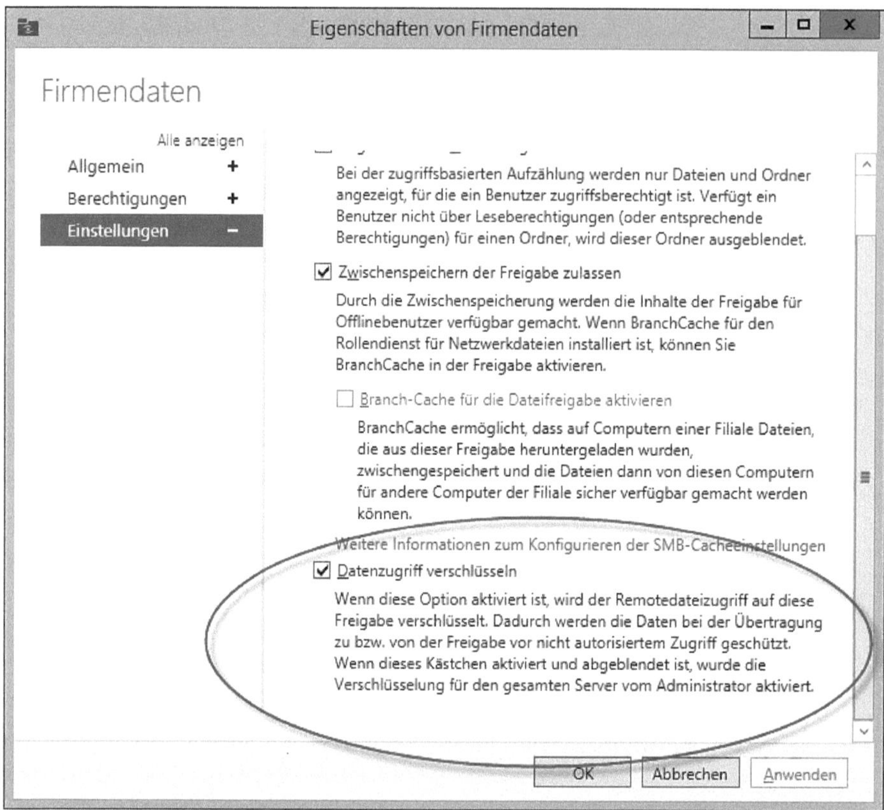

Abb. 6.12: *Konfigurationsmöglichkeit der SMB-Verschlüsselung in den Eigenschaften einer Dateifreigabe im grafischen Server-Manager*

Alternativ zum grafischen Server-Manager steht unter Windows Server 2012 R2 zusätzlich u. a. noch eine Vielzahl an Windows PowerShell-Cmdlets zur Konfiguration der SMB-Verschlüsselung zur Verfügung.

6.6.1.2 Aktivierung der SMB-Verschlüsselung in der Windows PowerShell

In der Windows PowerShell 4.0 sind verschiedene PowerShell-Befehle (Cmdlets) enthalten, mit denen man die SMB-Verschlüsselung auf einem Serversystem unter Windows Server 2012 R2 bei Bedarf entsprechend konfigurieren kann.

Hinweis

Beachten Sie, dass die Windows PowerShell für die Konfiguration der SMB-Verschlüsselung auf einem Serversystem unter Windows Server 2012 R2 mit Administrator-Rechten ausgeführt werden muss.

Für die Konfiguration der SMB-Verschlüsselung mit der Windows PowerShell 4.0 finden Sie nachfolgend verschiedene Beispiele:

- *Beispiel 1:* **Aktivierung der SMB-Verschlüsselung für eine einzelne Dateifreigabe:**

  Gehen Sie in der Windows PowerShell 4.0 in Windows Server 2012 R2 wie folgt vor, um die SMB-Verschlüsselung für eine bereits vorhandene, einzelne Dateifreigabe zu aktivieren:

  ```
  Set-SmbShare -Name <Freigabename> -EncryptData $true
  ```

Durch die Verwendung des gleichen Befehls, jedoch mit dem Zusatz **`$false`** anstelle von **`$true`** kann man die SMB-Verschlüsselung für die jeweilige Dateifreigabe zu einem späteren Zeitpunkt problemlos deaktivieren.

- *Beispiel 2:* **Aktivierung der SMB-Verschlüsselung gleich beim Einrichten einer neuen Dateifreigabe:**

  Gehen Sie in der Windows PowerShell 4.0 in Windows Server 2012 R2 wie folgt vor, um die SMB-Verschlüsselung gleich beim Einrichten einer neuen Dateifreigabe zu aktivieren:

  ```
  New-SmbShare -Name <Freigabename> -Path <Pfadname> -
  EncryptData $true
  ```

Durch die Verwendung des im Beispiel 1 gezeigten Befehls, jedoch mit dem Zusatz **`$false`** anstelle von **`$true`** kann man die SMB-Verschlüsselung für die jeweilige Dateifreigabe zu einem späteren Zeitpunkt problemlos deaktivieren.

- *Beispiel 3:* **Aktivierung der SMB-Verschlüsselung für alle Dateifreigaben:**

  Gehen Sie in der Windows PowerShell 4.0 in Windows Server 2012 R2 wie folgt vor, um die SMB-Verschlüsselung für einen Dateiserver komplett - und damit für alle bereits darauf eingerichteten, sowie nachfolgend neu zu erstellenden SMB-Dateifreigaben zu aktivieren:

  ```
  Set-SmbServerConfiguration -EncryptData $true
  ```

Durch die Verwendung des gleichen Befehls, jedoch mit dem Zusatz **`$false`** anstelle von **`$true`** kann man die SMB-Verschlüsselung für alle auf dem betreffenden Serversystem unter Windows Server 2012 R2 vorhandenen SMB-basierten Dateifreigaben zu einem späteren Zeitpunkt bei Bedarf problemlos wieder deaktivieren.

6.6.2 Abwärtskompatibilität

Verschlüsselung - nicht mit älteren Betriebssystemen

Windows Server 2012 R2 unterstützt SMB 3.0 lediglich in Verbindung mit weiteren Serversystemen unter Windows Server 2012 R2, Windows Server 2012, Windows 8.1 sowie mit Windows 8. Unter Windows Server 2008 und Windows Server 2008 R2, sowie in Windows Vista und Windows 7 wird lediglich das SMB Protokoll 2.x unterstützt. Da die SMB-Verschlüsselung erst mit SMB 3.0 eingeführt wurde, kann diese nicht in Verbindung mit älteren Betriebssystemen genutzt werden - ein Serversystem unter Windows

Server 2012 R2 kann problemlos abwärtskompatibel auch mit Computersystemen unter älteren SMB-Versionen kommunizieren. Jedoch nach der Aktivierung der SMB-Verschlüsselung für Dateifreigaben als Feature von SMB 3.0 kann auf diese standardmäßig lediglich von Computersystemen unter Windows 8.1, Windows 8, Windows Server 2012 R2 und Windows Server 2012 zugegriffen werden. Beim Zugriffsversuch auf eine für SMB-Verschlüsselung aktivierte Freigabe von einem Computersystem mit einem älteren Windows-Betriebssystem erscheint der Hinweis *Zugriff verweigert* im Windows-Sicherheitsdialog.

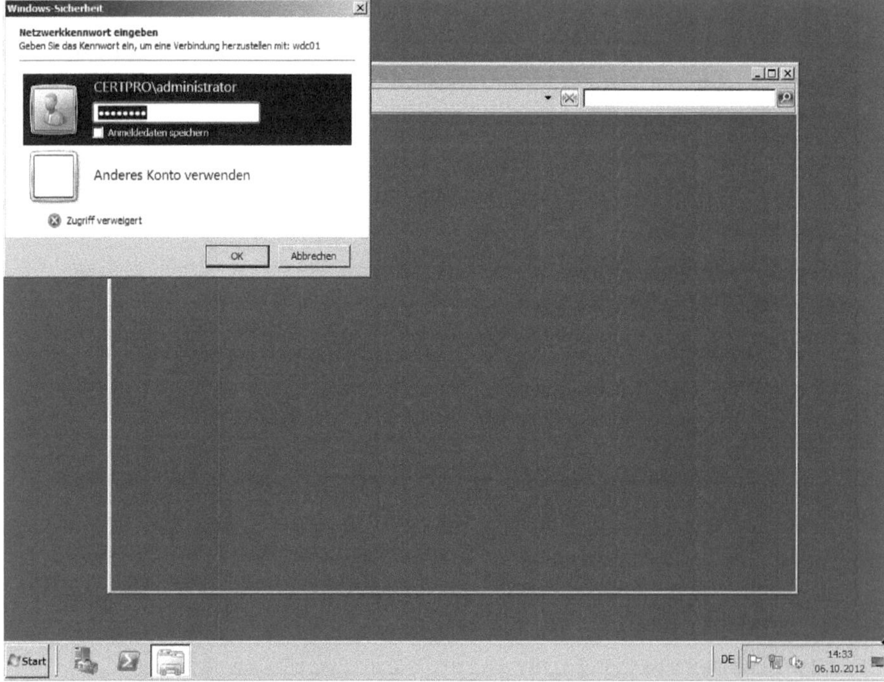

Abb. 6.13: *Fehlermeldung beim Zugriffsversuch von Windows Server 2008 R2 auf eine mittels SMB-Verschlüsselung geschützte Freigabe auf einem Server unter Windows Server 2012 R2*

Falls sich in der Praxis die Notwendigkeit der Abwärtskompatibilität ergibt - und das ist bei der Vielzahl an Computersystemen unter Windows 7, Windows Server 2008 (R2) und auch Windows XP und sehr wahrscheinlich - so kann man das Erzwingen der Datenverschlüsselung bei der Verwendung der SMB-Verschlüsselung in diesem Fall unterbinden. Hierdurch können dann auch ältere Betriebssysteme für den Zugriff auf die mit SMB-Verschlüsselung konfigurierten Dateifreigaben unter Windows Server 2012 R2 verwendet werden. Die Übertragung der Daten findet gegenüber diesen älteren Computersystemen dann jedoch unverschlüsselt statt.

6.6.2.1 Erzwingen der SMB-Verschlüsselung deaktivieren

Aus Gründen der Abwärtskompatibilität lässt sich die SMB-Verschlüsselung unter Windows Server 2012 R2 so konfigurieren, dass Sie zwar die Datenverschlüsselung gegenüber kompatiblen Computersystemen unterstützt, jedoch gegenüber älteren Betriebssystemen alternativ die Klartextkommunikation ermöglicht.

Hinweis

Beachten Sie, dass die Windows PowerShell für die Konfiguration der SMB-Verschlüsselung auf einem Serversystem unter Windows Server 2012 R2 mit Administrator-Rechten ausgeführt werden muss.

Geben Sie den folgenden Befehl in der Windows PowerShell 4.0 unter Windows Server 2012 R2 ein, um das Erzwingen der SMB-Verschlüsselung auf einem Dateiserver aus Gründen der Abwärtskompatibilität für alle SMB-basierten Dateifreigaben zu deaktivieren:

```
Set-SmbServerConfiguration -RejectUnencryptedAccess
$false
```

Durch die Verwendung des gleichen Befehls, jedoch mit dem Zusatz **`$true`** anstelle von **`$false`** kann man die SMB-Verschlüsselung auf dem betreffenden Serversystem unter Windows Server 2012 R2 jederzeit wieder erzwingen.

```
Administrator: Windows PowerShell
PS C:\Windows\system32> Set-SmbServerConfiguration -RejectUnencryptedAccess $false

Bestätigung
Möchten Sie diese Aktion wirklich ausführen?
Der Vorgang "Modify" auf dem Ziel "SMB Server Configuration" wird ausgeführt.
[J] Ja  [A] Ja, alle  [N] Nein  [K] Nein, keine  [H] Anhalten  [?] Hilfe (Standard ist "J"): j
PS C:\Windows\system32>
```

Abb. 6.14: *Konfiguration der Abwärtskompatibilität der SMB-Verschlüsselung gegenüber älteren Betriebssystemen*

Weitere Informationen zu SMB 3.0 finden Sie in der Online-Hilfe von Windows Server 2012 (R2), sowie in der Website von Microsoft im Internet unter:

https://technet.microsoft.com/de-de/library/hh831795.aspx

Wie Sie in den vorherigen Seiten lesen konnten, haben sich im Zusammenhang mit den Netzwerkeinstellungen unter Windows Server 2012 R2 im Vergleich zu den vorangegangenen Windows-Versionen, insbesondere gegenüber Windows Server 2008 und Windows Server 2008 R2, doch einige wichtige Neuerungen und Verbesserungen eingeschlichen. Im Verhältnis quasi „unverändert" stellt sich die Namensauflösungsreihenfolge unter Windows Server 2012 R2 gegenüber den vorherigen Windows-Betriebssystemen dar.

6.7 Namensauflösung in Windows-Netzwerken

Standardisiertes Verfahren zur Namensauflösung

Damit Computersysteme unter Windows Server 2012 R2 - wie auch die übrigen, im Netzwerk vorhandenen Computersysteme - letztlich auf Netzwerkressourcen zugreifen können, müssen diese die von Anwendern mitunter genutzten Computernamen erst einmal in eine für sie verarbeitbare IP-Adresse übersetzen. Dazu verwenden diese ein standardisiertes Namensauflösungsprinzip. Die standardmäßige Namensauflösungsreihenfolge durchläuft dabei die folgenden Komponenten:

Localhost (Prüfung gegenüber sich selbst)

1. **Lokaler DNS-Name Cache** des Clientcomputers
2. **hosts-Datei** des Clientcomputers
3. **DNS-Server** im Netzwerk
4. **Lokaler NetBIOS-Name Cache** des Clientcomputers
5. **WINS-Server** im Netzwerk (soweit dazu konfiguriert)
6. **Lokaler** (segmentinterner) **Broadcast**
7. **Lmhosts-Datei** des Clientcomputers

Abb. 6.15: *Standardmäßige Namensauflösungsreihenfolge unter Windows Server 2012 R2*

Sollte der vom Anwender angegebene Namen innerhalb dieser Komponenten nicht in die entsprechende IP-Adresse übersetzt worden sein, so erhält der Anwender eine entsprechende Fehlermeldung.

Hinweis

Die oben dargestellte Namensauflösungsreihenfolge setzt voraus, dass diese auf IPv4 basiert, und deshalb auch noch die Namensauflösungskomponenten für die NetBIOS-Namen verwendet werden können. Bei der reinen IPv6-basierten Namensauflösung entfällt die komplette NetBIOS-Verwendungsmöglichkeit und somit auch alle Net-BIOS-Namenbasierte Namensauflösungskomponenten. Das obige Beispiel setzt zudem den Hybrid-(H)-Knotentyp auf dem Clientcomputer voraus, der die Reihenfolge der Komponenten 5 und 6 wie in der Darstellung regelt.

Nähere Informationen zur Namensauflösung unter Windows-Betriebssystemen findet man u. a. auf der Website von Microsoft im Internet unter:

https://technet.microsoft.com/en-us/library/cc958818.aspx

Nachdem wir uns kurz mit der lokalen IP-Konfiguration, sowie dem Namensauflösungsprozess unter Windows Server 2012 R2 befasst haben, ist es nunmehr an der Zeit, sich den in Computernetzwerken notwendigen Infrastrukturdiensten zuzuwenden. Im nächsten Kapitel erhalten Sie Informationen rund um die wichtigsten dieser Dienste unter Windows Server 2012 R2.

KAPITEL 7
Netzwerkinfrastrukturdienste in Windows Server 2012 R2

In einem modernen, unternehmensbasierten Computernetzwerk finden sich vielzählige Serverrollen. Damit die Kommunikation zwischen den eingesetzten Server- und Clientsystemen reibungslos funktioniert, setzt man spezielle Infrastrukturdienste auf Serversystemen im Netzwerk ein. Zu diesen zählen unter anderem:

- **DHCP** (*Dynamic Host Configuration Protocol*) für die dynamische IP-Adressvergabe von IPv4- und/oder IPv6-Adressen für Clientcomputer und Server
- **DNS** (*Domain Name System*) für die Host-basierte Namensauflösung, u.a. in Active Directory-basierten Computernetzwerken

Diese Infrastrukturdienste können (neben vielen anderen Serverrollen und Funktionen) allesamt auf Serversystemen unter Windows Server 2012 R2 implementiert und betrieben werden. Um eine gewisse Beständigkeit in einem unternehmensbasierten Computernetzwerk zu erreichen, muss man sich mit der Implementierung und Verwaltung dieser sicher wichtigsten Infrastrukturdienste vertraut machen. In diesem Zusammenhang wende ich mich zuerst einmal der Möglichkeit der IP-Adressvergabe mithilfe von DHCP zu.

7.1 DHCP

Die IP-Adressvergabe in den heutigen Computernetzwerken erfolgt häufig dynamisch mithilfe des *Dynamic Host Configuration Protocols* (*DHCP*), welches auch schon zu den Zeiten von Windows NT eingesetzt wurde. Zwar ist es auch auf anderem Wege möglich, die IP-Adressvergabe für Clientcomputer und Serversysteme in Computernetzwerken zu meistern, jedoch birgt diese Art der Adressvergabe einige wichtige Vorteile in sich:

- Vermeiden doppelt vergebener IP-Adressen
- Vermeiden von „Tippfehlern" bei der IP-Adressvergabe
- Geringerer Aufwand bei notwendigen IP-Adressänderungen
- Möglichkeit zur dynamischen Konfiguration weiterer Optionen (bspw. die IP-Adressen von Routern, DNS- oder WINS-Servern)

Dies sind nur einige der Vorteile, die sich durch die dynamische IP-Adressvergabe mithilfe von DHCP in den Computernetzwerken ergeben. Letztlich spart es einfach auch Zeit – und das stellt für viele Administratoren sicher den größten Gewinn dar.

Hinweis Der DHCP-Dienst (*Dynamic Host Configuration Protocol*) unter Windows Server 2012 R2 unterstützt die IP-Adressvergabe unter IPv4 als auch IPv6. Da sich IPv6 aktuell in den Unternehmensnetzwerken noch nicht durchgesetzt hat, gehe ich in den nachfolgenden Schritten lediglich auf die IP-Adressvergabe unter IPv4 ein.

Die dynamische IP-Adressvergabe mithilfe eines DHCP-Servers unter Windows Server 2012 R2 ist nicht auf die Windows-Betriebssysteme beschränkt. Clientseitig setzt der DHCP-Dienst lediglich einen (RFC-) kompatiblen, für die dynamische IP-Adressvergabe konfigurierten Client- oder Servercomputer, oder auch Mobile-Phones, Tablet-PCs, Netbooks und ähnliches voraus.

7.1.1 Neuerungen in DHCP

Bereits in Windows Server 2012 finden sich neben den vielen Neuerungen und Verbesserungen auch im *DHCP* (*Dynamic Host Configuration Protocol*) gegenüber den vorherigen Versionen neue Funktionen. Diese sind ebenso auch unter Windows Server 2012 R2 enthalten, und umfassen:

- **DHCP-Failover** - Zwei DHCP-Server können zum Zwecke des Failover- oder Lastenausgleich die IP-Adressen und Optionskonfigurationen für dasselbe Subnetz oder denselben Bereich bereitstellen. Die beiden DHCP-Server replizieren Lease-Informationen, so dass jeder der Server beispielsweise bei Ausfall des anderen Servers für die im Netzwerk vorhandenen DHCP-Clients zur Verfügung steht. Diese Funktion erfordert keinerlei Clusterkonfiguration, wie dies zwecks Failover des DHCP-Servers in den vorangegangenen Windows-Betriebssystemen noch der Fall war, so dass die Lösung sich auch in kleineren Computernetzwerken kostengünstig implementieren lässt.

- **Richtlinienbasierte Zuweisung** - Die richtlinienbasierte Zuweisung in DHCP unter Windows Server 2012 bzw. Windows Server 2012 R2 ermöglicht die spezifische Zuordnung von IP-Adressen oder auch einzelne DHCP-Optionen für bestimmte DHCP-Clientcomputer. Die hierzu notwendige Auswertung vollzieht der DHCP-Server anhand bestimmter, durch den Administrator festgelegten Werte wie der MAC-Adresse, der Client-ID oder auch bestimmter Hersteller- oder Benutzerklassen.
- **Windows PowerShell-Cmdlets für DHCP** - Die Windows PowerShell 4.0 unter Windows Server 2012 R2 verfügt über eine Vielzahl an Befehlen (Cmdlets) zur Verwaltung und Konfiguration der DHCP-Rolle.

7.1.2 Installation von DHCP

Installation auch unter Server Core möglich

DHCP steht unter Windows Server 2012 R2 als Serverrolle zur Verfügung. Die Implementierung der Rolle unterscheidet sich prinzipiell erst einmal kaum von der unter Windows Server 2008 oder Windows Server 2008 R2. Einzig wird die Konfiguration der DHCP-Serverrolle, die noch unter Windows Server 2008 R2 teilweise gleich während der Installation der Rolle durchgeführt werden konnte, in Windows Server 2012 R2 erst nach der Installation durchgeführt.

Achten Sie vor der Installation der DHCP-Rolle unbedingt darauf, dass das dafür geplante Serversystem selbst über eine statische IP-Konfiguration verfügt. DHCP lässt sich in der Regel problemlos neben anderen Serverrollen auf einem Serversystem unter Windows Server 2012 R2 betreiben.

Hinweis

DHCP lässt sich einerseits auf einem vollwertig installierten Serversystem unter Windows Server 2012 R2 oder im Bedarfsfall auch auf Serversystemen als Server Core-Installation implementieren.

Gehen Sie wie folgt vor, um die DHCP-Serverrolle auf einem Serversystem unter Windows Server 2012 R2 mithilfe des *Assistenten zum Hinzufügen von Rollen und Features* im grafischen Server-Manager hinzuzufügen:

1. Melden Sie sich als *Administrator* am Serversystem unter Windows Server 2012 R2 an.
2. Öffnen Sie den *Server-Manager* (soweit dies nicht automatisch geschieht) über einen Klick in der *Taskleiste* auf das **Symbol für den Server-Manager** bzw. im *Startbildschirm* auf die entsprechende **Kachel**.
3. Klicken Sie oben im *Server-Manager* auf **Verwalten**, und dann auf **Rollen und Features hinzufügen**.
4. Klicken Sie im Dialog *Vorbemerkungen* auf **Weiter**.
5. Wählen Sie im Dialog *Installationstyp auswählen* die Option **Rollenbasierte oder featurebasierte Installation**, und klicken Sie auf **Weiter**.

6. Klicken Sie im Dialog *Zielserver auswählen* auf den Namen des gewünschten Servers, und klicken Sie dann auf **Weiter**.
7. Aktivieren Sie das Kontrollkästchen vor *DHCP-Server*, und klicken Sie auf **Features hinzufügen**, um die Installation der DHCP-Servertools zu bestätigen. Klicken Sie anschließend auf **Weiter**.

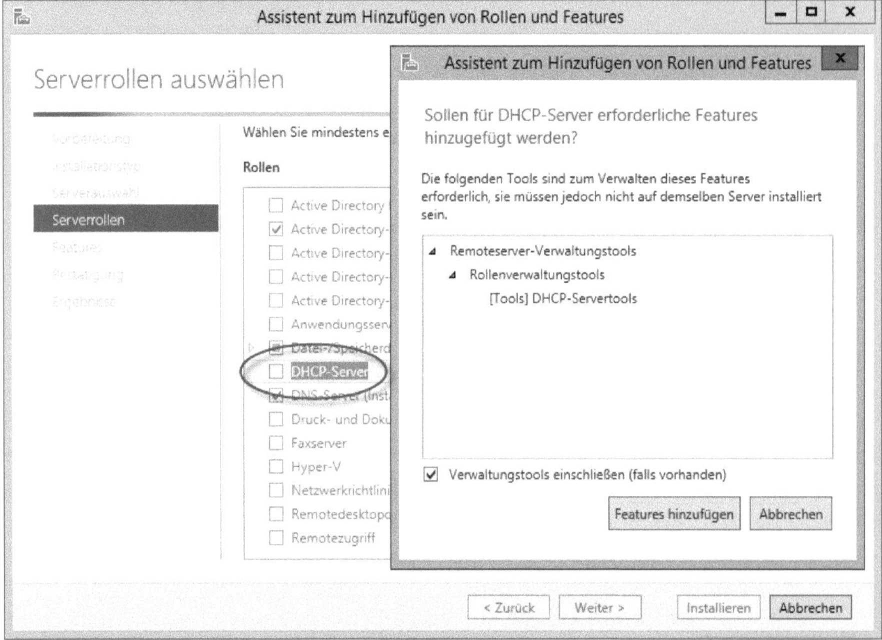

Abb. 7.1: *Auswahl der DHCP-Serverrolle im Assistent zum Hinzufügen von Rollen und Features des Server-Managers unter Windows Server 2012 R2*

8. Klicken Sie im Dialog *Features auswählen* auf **Weiter**.
9. Klicken Sie im Dialog *DHCP-Server* auf **Weiter**.
10. Klicken Sie auf **Installieren**, um die Installationsauswahl zu bestätigen.
11. Klicken Sie auf **Schließen**, um den Dialog *Assistent zum Hinzufügen von Rollen und Features* zu schließen.

Die erfolgreiche Installation der DHCP-Serverrolle wird Ihnen in der oberen *Befehlsleiste* des Server-Managers durch einen Klick auf das **Fahnensymbol** angezeigt.

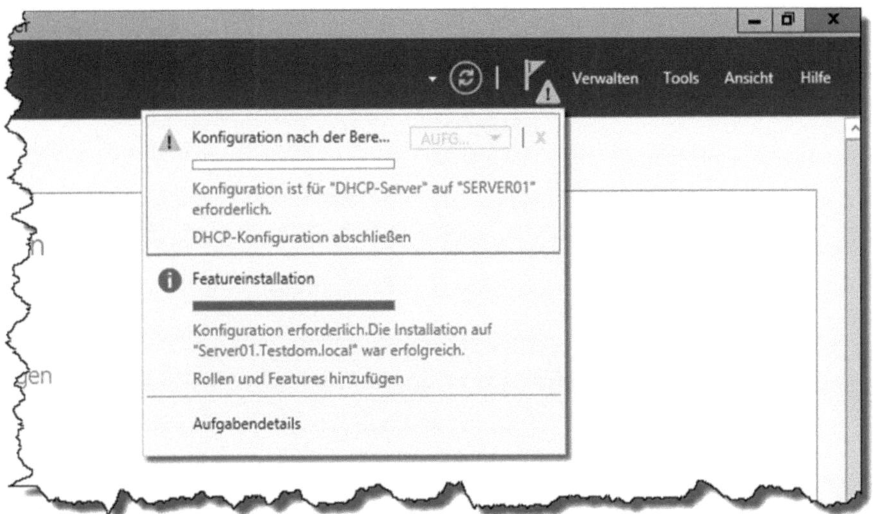

Abb. 7.2: *Anzeige der erfolgreichen Installation der DHCP-Serverrolle im grafischen Server-Manager*

Im Anschluss an die Aktualisierung des Server-Managers wird die neu installierte Serverrolle als Verknüpfung mit der Bezeichnung *DHCP* angezeigt. Nach einem Klick darauf erscheint im oberen Fensterbereich ein *Hinweis* auf die noch notwendige Konfiguration der DHCP-Rolle. In der darunter befindlichen Liste wird auch der Server angezeigt, auf dem die Rolle installiert wurde.

Die Verwaltungskonsole für den installierten DHCP-Dienst wird auf dem Serversystem unter Windows Server 2012 R2 automatisch in den Server-Manager verknüpft. Anschließend kann die Konfiguration und Verwaltung des DHCP-Dienstes somit direkt aus dem Server-Manager heraus vorgenommen werden.

Der auf einem Serversystem unter Windows Server 2012 R2 installierte DHCP-Dienst lässt sich problemlos beispielsweise auch von einem anderen Serversystem unter Windows Server 2012 R2 remote verwalten. Alternativ kann man auch einen Clientcomputer unter Windows 8 bzw. Windows 8.1 für die Remoteverwaltung der DHCP-Serverrolle verwenden. Dazu muss man zuvor allerdings erst noch die Remote Server-Verwaltungstools (engl. Remote Server Administration Tools, RSAT) auf dem Clientcomputer installieren. Die Remote Server-Verwaltungstools (RSAT) für Windows 8.1 findet man zum kostenfreien Download im Internet unter:

http://www.microsoft.com/de-de/download/details.aspx?id=39296

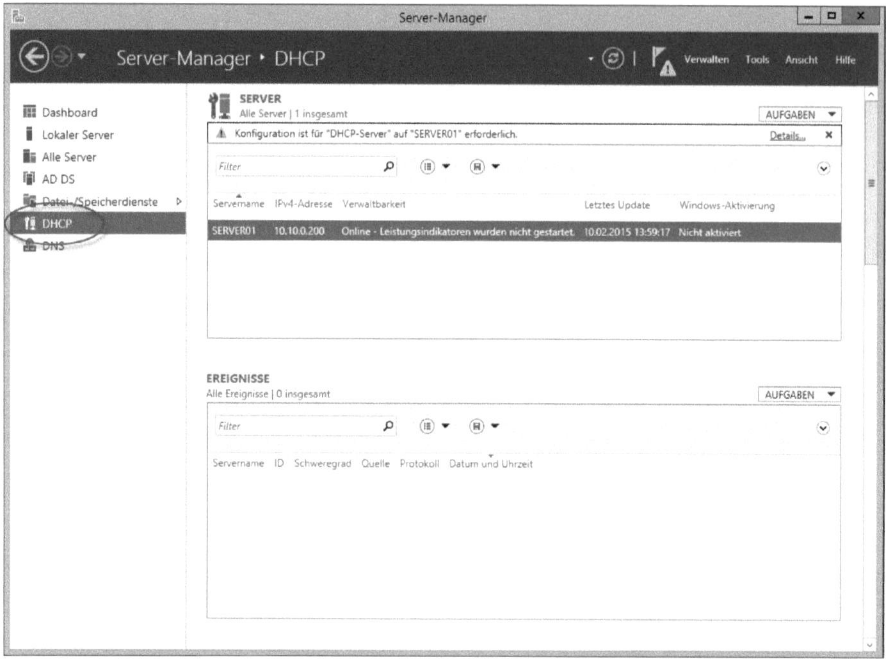

Abb. 7.3: *Die neu installierte Serverrolle DHCP im Server-Manager*

Die Verwaltung der unter Windows Server 2012 R2 installierten DHCP-Rolle kann man bei Bedarf bis zu einem bestimmten Maß auch von einem Clientcomputer unter Windows 7 oder von einem Serversystem unter Windows Server 2008 (R2) aus durchführen - dabei stehen in den „alten" Verwaltungskonsolen dann aber nicht alle neuen Features zur Verfügung.

Hinweis

Die neuen Funktionen, wie DHCP-Failover und auch die richtlinienbasierte Zuweisung stehen in den Verwaltungskonsolen älterer Betriebssysteme nicht zur Verfügung, wodurch dies die Verwaltungsfunktionalität der Serverrolle in der Praxis einschränkt. Dies sollte man bei der Auswahl der Verwaltungswege und Werkzeuge unbedingt berücksichtigen.

7.1.3 Verwaltung von DHCP

Nach der erfolgreichen Installation kann man mit der Verwaltung des DHCP-Dienstes beginnen. Die grundlegende Verwaltung ist prinzipiell identisch mit der unter den vorangegangenen Windows-Betriebssystemen.

Zur Verwaltung stehen unter Windows Server 2012 R2 verschiedene Werkzeuge zur Verfügung:

- **DHCP-Manager** - grafische Verwaltungskonsole, die auch direkt über den Server-Manager in Windows Server 2012 R2 aufgerufen werden kann.

- **netsh** - kommandozeilenbasiertes Verwaltungstool, das bereits in älteren Betriebssystemversionen enthalten war.
- **Windows PowerShell-Modul DHCPServer** - enthält umfangreiche Windows PowerShell-Befehle für die Installation und Verwaltung der DHCP-Serverrolle.

Unter Windows Server 2012 R2 ermöglicht das jeweils im Umfang enthaltene Windows PowerShell-Modul *DHCPServer* insbesondere in sehr großen Computernetzwerken die Automatisierung der Installation und Verwaltungsschritte für die DHCP-Rolle.

7.1.3.1 Öffnen der Konsole DHCP-Manager

Den DHCP-Manager als grafische Verwaltungskonsole für die DHCP-Rolle können Sie entweder durch einen Klick mit der rechten Maustaste auf den Server im Abschnitt *SERVER* der DHCP-Serverrolle aus dem Kontextmenü, oder aber über eine Klick auf **Tools** in der Befehlsleiste des Server-Managers unter der Bezeichnung *DHCP* aufrufen.

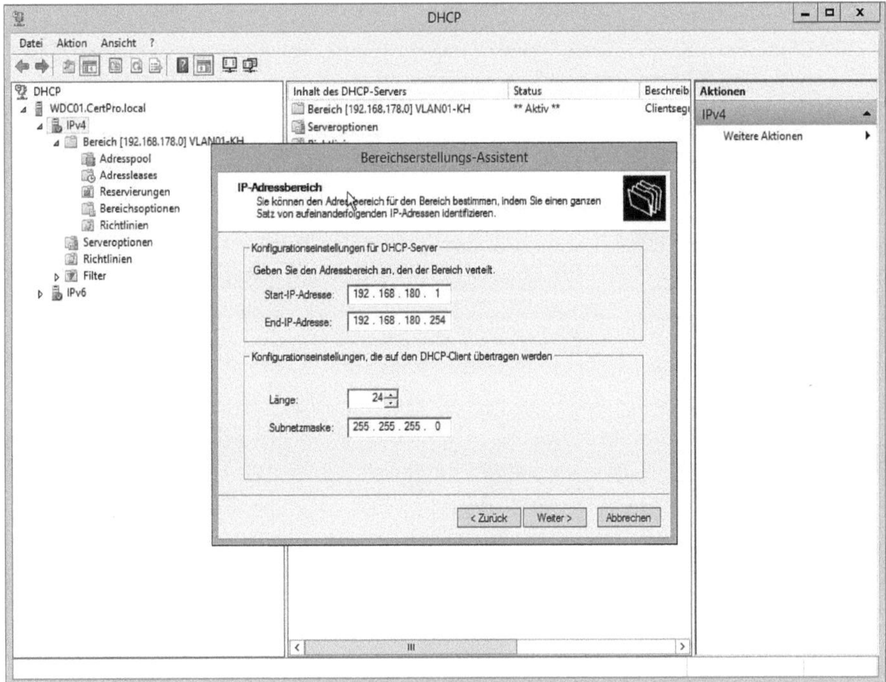

Abb. 7.4: *Konfiguration eines neuen IP-Adressbereichs in der DHCP-Verwaltungskonsole*

Verwaltung auch mithilfe der Windows PowerShell möglich

Im Rahmen der Verwaltung des DHCP-Dienstes können Sie neue IP-Adressbereiche erstellen, Server- oder Bereichsoptionen definieren oder auch die Sicherung der DHCP-Datenbank manuell durchführen. Die notwendigen Verwaltungsschritte hierzu sind mit denen in vorherigen Windows-Betriebssystemen, beispielsweise unter Windows Server 2003 oder Windows Server 2008 (R2), prinzipiell identisch.

7.1.3.2 Autorisieren des DHCP-Servers

Schutzfunktion vor nicht-autorisierter IP-Adressvergabe

Ein DHCP-Server muss, insoweit er in einer Umgebung der Active Directory-Domänendienste (engl. *Active Directory-Domain Services, AD DS*) eingesetzt wird, in diesen zur IP-Adressvergabe autorisiert werden. Die Autorisierung erfolgt i.d.R. im Hintergrund gleich während der Installation der DHCP-Rolle. Dies setzt jedoch voraus, dass das für die Installation der Serverrolle verwendete Benutzerkonto die Autorisierung in der jeweiligen Active Directory-Domäne durchführen darf. Ein Domänenadministrator darf DHCP-Server zur IP-Adressvergabe in den Active Directory-Domänendiensten (*AD DS*) autorisieren.

Wenn Sie die Installation der DHCP-Rolle unter dem Benutzerkontext eines anderen Benutzers, wie beispielsweise dem lokalen Administrator des Servers, durchgeführt haben, so müssen Sie die Autorisierung noch manuell durchführen. Gehen Sie unter Windows Server 2012 R2 dazu wie folgt vor:

1. Melden Sie sich als *Domänenadministrator* am Serversystem unter Windows Server 2012 R2 an.
2. Öffnen Sie den *DHCP-Manager*.
3. Klicken Sie mit der rechten Maustaste auf den *Servernamen*, und wählen Sie im Kontextmenü den Eintrag **Autorisieren**.

Die Autorisierung in den Active Directory-Domänendiensten (*AD DS*) wird im Hintergrund automatisch durchgeführt. Sobald die Autorisierung erfolgt ist, kann der DHCP-Server IP-Adressen an anfragende DHCP-Clientcomputer ausgeben.

7.1.3.3 Erstellen eines neuen IP-Adressbereiches

Damit ein DHCP-Server IP-Adressen an anfragende DHCP-Clientcomputer ausgeben kann, muss man in diesem zuvor einen entsprechenden IP-Adressbereich anlegen. Hierbei kann man sogleich auch weitere Optionen, wie die IP-Adresse eines Routers (*Standardgateway*), sowie auch die IP-Adresse eines DNS-Servers für die Namensauflösung im Netzwerk konfigurieren. Diese Informationen werden den anfragenden Computersystemen parallel zu der jeweiligen IP-Adresse im Verlauf des Leasevorgangs übermittelt.

Gehen Sie wie folgt vor, um einen neuen IP-Adressbereich für IPv4-Adressen im DHCP-Manager unter Windows Server 2012 R2 zu erstellen:

1. Melden Sie sich als Administrator am Server an, und öffnen Sie den *DHCP-Manager*.
2. Erweitern Sie den *Servernamen*, klicken Sie mit der rechten Maustaste auf **IPv4**, und wählen Sie im Kontextmenü den Eintrag **Neuer Bereich...**
3. Klicken Sie im *Willkommen-Bildschirm* auf **Weiter**.

4. Geben Sie den *Namen*, sowie (optional) eine *Beschreibung* ein, und klicken Sie auf **Weiter**.
5. Geben Sie die *Start-IP-Adresse* und die *End-IP-Adresse*, sowie die die gewünschte *Subnetzmaske* ein, und klicken Sie auf **Weiter**.
6. Geben Sie bei Bedarf die aus der Lease-Vergabe auszuschließenden IP-Adressen mittels der *Start- und End-IP-Adresse* an, und klicken Sie auf **Weiter**.
7. Geben Sie den gewünschten Wert für die *Leasedauer* an (standardmäßig 8 Tage), und klicken Sie auf **Weiter**.
8. Wählen Sie die Option *Ja, diese Optionen jetzt konfigurieren*, und klicken Sie auf **Weiter**.
9. Geben Sie die *IP-Adresse* für den *Router (Standardgateway)* an, klicken Sie auf **Hinzufügen**, und dann auf **Weiter**.
10. Geben Sie den Namen der *übergeordneten Domäne*, sowie bei Bedarf noch die IP-Adresse des *DNS-Servers* ein, und klicken Sie dann auf **Weiter**.
11. Geben Sie bei Bedarf die IP-Adresse eines *WINS-Server* ein, klicken Sie dann auf **Hinzufügen** (soweit zutreffend), und anschließend auf **Weiter**.
12. Wählen Sie unter *Bereich aktivieren* die gewünschte Option, und klicken Sie auf **Weiter**.
13. Klicken Sie auf **Fertig stellen**, um die Konfiguration abzuschließen.

Nach dem Erstellen und der Konfiguration eines IP-Adressbereiches können die darin enthaltenen IP-Adressen an anfragende DHCP-Clientcomputer vergeben werden. Zur Adressvergabe muss der betreffende IP-Adressbereich aktiviert sein. Falls Sie dies während des Anlegens noch nicht durchgeführt haben, so können Sie dieses über einen Klick mit der rechten Maustaste auf den betreffenden *Bereich*, und der Auswahl der Option **Aktivieren** im Kontextmenü einfach durchführen.

7.1.4 Konfiguration von DHCP-Clients

Damit beispielsweise ein Computer unter Windows XP, Windows Vista, Windows 7, Windows 8 oder Windows 8.1 eine IP-Adresse von einem DHCP-Server empfangen kann, muss man die Netzwerkverbindung des betreffenden Computersystems lediglich auf die Option *IP-Adresse automatisch beziehen* einstellen. Dies gilt natürlich auch ebenso für Windows-Serversysteme, wobei man diese in der Praxis jedoch in der Regel mit statischen IP-Adressen konfigurieren sollte.

Hinweis

Die aktuellen Windows-Betriebssysteme, wie Windows 7, Windows 8 oder auch Windows 8.1 sind seitens der Netzwerkeinstellungen gleich nach der Installation standardmäßig für die dynamische IP-Adressvergabe konfiguriert.

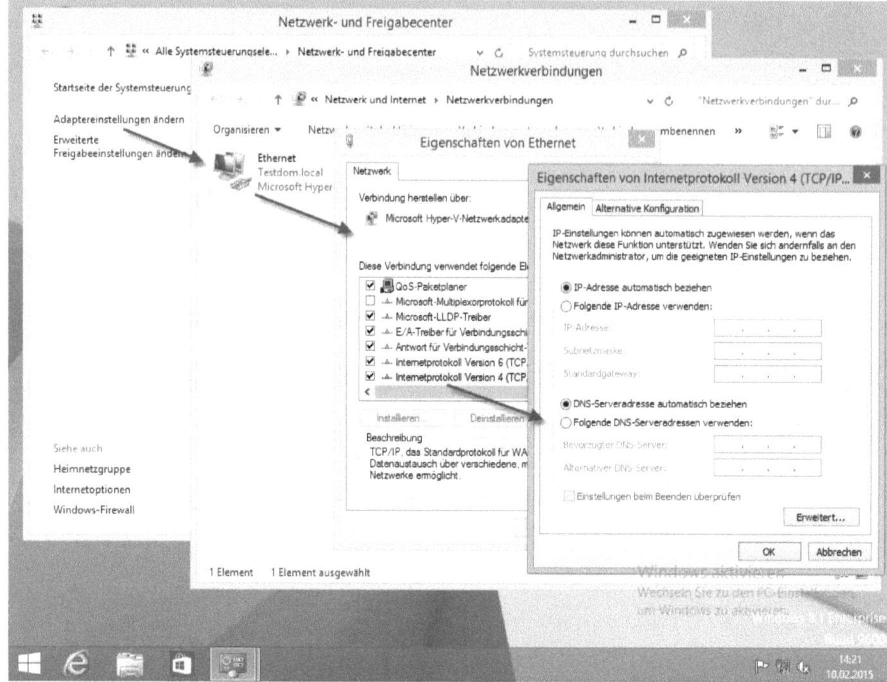

Abb. 7.5: *Konfiguration von Windows 8.1 als DHCP-Client für das automatische Beziehen von IP-Adressen über einen DHCP-Server*

Gehen Sie auf einem Computersystem unter Windows 8.1 wie folgt vor, um die darin befindliche Netzwerkkarte für die automatische IP-Adressvergabe mittels DHCP zu konfigurieren:

1. Melden Sie sich als Administrator am Computer unter Windows 8.1 an.
2. Klicken Sie auf die Kachel **Desktop**.
3. Klicken Sie mit der rechten Maustaste auf das *Netzwerksymbol*, und wählen Sie **Netzwerk- und Freigabecenter öffnen**.
4. Klicken Sie auf **Adaptereinstellungen ändern**.
5. Klicken Sie mit der rechten Maustaste auf den *Netzwerkadapter*, und wählen Sie die **Eigenschaften**.
6. Klicken Sie auf **Internetprotokoll Version 4 (TCP/IPv4)**, und dann auf **Eigenschaften**.
7. Wählen Sie die Option **IP-Adresse automatisch beziehen**, sowie **DNS-Serveradresse automatisch beziehen**, und klicken Sie auf **OK**.
8. Klicken Sie im *Eigenschaften*-Dialog der Netzwerkkarte auf **Schließen**.

7.1.4.1 Überprüfung der IP-Adressvergabe am DHCP-Client

Sie können die im Hintergrund erfolgte IP-Adressvergabe im Clientcomputer unter Windows 8.1 kontrollieren. Gehen Sie dazu wie folgt vor:

1. Klicken Sie im Dialog *Netzwerkverbindungen* mit der rechten Maustaste auf die zuvor konfigurierte *Netzwerkkarte*, und wählen Sie **Status**.
2. Klicken Sie auf **Details**.
3. Im Dialog *Netzwerkverbindungsdetails* werden Ihnen die durch den Leasevorgang übermittelten Konfigurationswerte angezeigt.

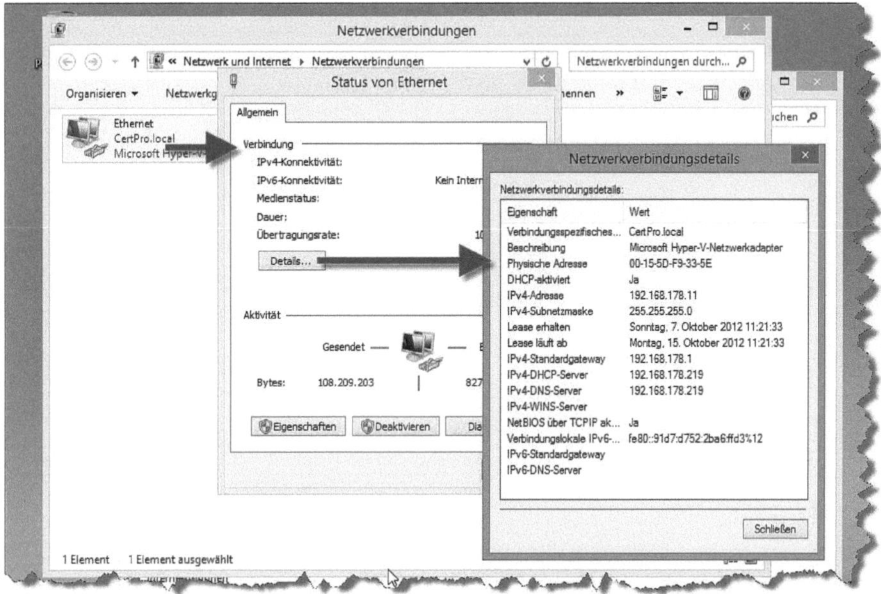

Abb. 7.6: *Anzeigen der durch den DHCP-Leasevorgang übermittelten Konfigurationseinstellungen der Netzwerkkarte*

Jederzeit manuelle IP-Konfiguration möglich

Im Bedarfsfall kann man die dynamisch bezogene IP-Adresse jederzeit durch eine manuell konfigurierte, statische IP-Adresse ersetzen. Auch dieses Konzept konnte so u. a. bereits zu Zeiten von Windows NT angewendet werden.

7.1.5 Weitere Features in DHCP

Wenn man die DHCP-Verwaltungskonsole öffnet, so findet man darin einige, für den praktischen Einsatz sicher interessante Features, die teils sogar bereits unter Windows Server 2008 R2 in die DHCP-Rolle eingeführt wurden. Diese beziehen sich in erster Linie auf die Sicherheit, so dass sich ihre Verwendung mitunter sogar in kleineren oder mittleren Netzwerken anbietet. Die wichtigsten der Features werden in den nächsten Seiten kurz dargestellt.

7.1.5.1 DHCP-Namensschutz

In den Eigenschaften von IPv4 und auch IPv6 besteht die Möglichkeit der Aktivierung der Option *DHCP-Namensschutz*, welche in Verbindung mit der Konfiguration sicherer dynamischer Updates in DNS für die betreffende DNS-Namenszone für einen reibungsloseren Ablauf der Namensregistrierung und Aktualisierung von DHCP-Clients durch den DHCP-Dienst sorgt.

Der DHCP-Namensschutz verhindert das sogenannte *Name-Squatting* (sprich: das Überschreiben eines vorhandenen Host-Eintrages eines Windows-basierten Clientcomputers oder Servers in DNS (*Domain Name System*) durch einen anderen, womöglich Windows-basierten oder nicht-Windows-basierten Clientcomputer oder Server). Der DHCP-Namensschutz kann auf Bereichsebene oder auf IPv4- oder IPv6-Knotenebene aktiviert oder bei Bedarf jederzeit auch wieder deaktiviert werden.

Aktivierung des DHCP-Namensschutzes auf Bereichsebene

Gehen Sie wie folgt vor, um den DHCP-Namensschutz auf Bereichsebene im DHCP-Dienst unter Windows Server 2012 R2 zu aktivieren:

1. Melden Sie sich als Administrator am Server an, und öffnen Sie den *DHCP-Manager*.
2. Erweitern Sie den *Servernamen*, klicken Sie mit der rechten Maustaste auf **IPv4**, und wählen Sie im Kontextmenü den Eintrag **Eigenschaften.**
3. Wechseln Sie zur Registerkarte *DNS* und klicken Sie auf **Konfigurieren**.
4. Aktivieren Sie das Kontrollkästchen *Namensschutz aktivieren* und klicken Sie dann auf **OK**.
5. Klicken Sie anschließend auf **Übernehmen** oder **OK**.

Hinweis Weitere Informationen zum DHCP-Namensschutz und auch zu Name-Squatting finden Sie in der Hilfe von Windows Server 2012 R2.

Es existiert noch ein weiteres, interessantes Features im DHCP-Server unter Windows Server 2012 R2, die Filterung auf Ebene von MAC-Adressen.

7.1.5.1 MAC-Adressfilterung

Die MAC-Adressfilterung (auch als Verbindungsschichtfilterung bezeichnet) ermöglicht die Netzwerkzugriffssteuerung für das Ausstellen und Verweigern von DHCP-Leases für IP-Adressen anhand von MAC-Adressen (*Media Access Control*).

Hinweis Wie bereits unter Windows Server 2008 R2 (Release 2) kann die Verbindungsschichtfilterung lediglich für IPv4-Bereiche konfiguriert werden. Für IPv6-Bereiche steht diese Funktion (noch) nicht zur Verfügung.

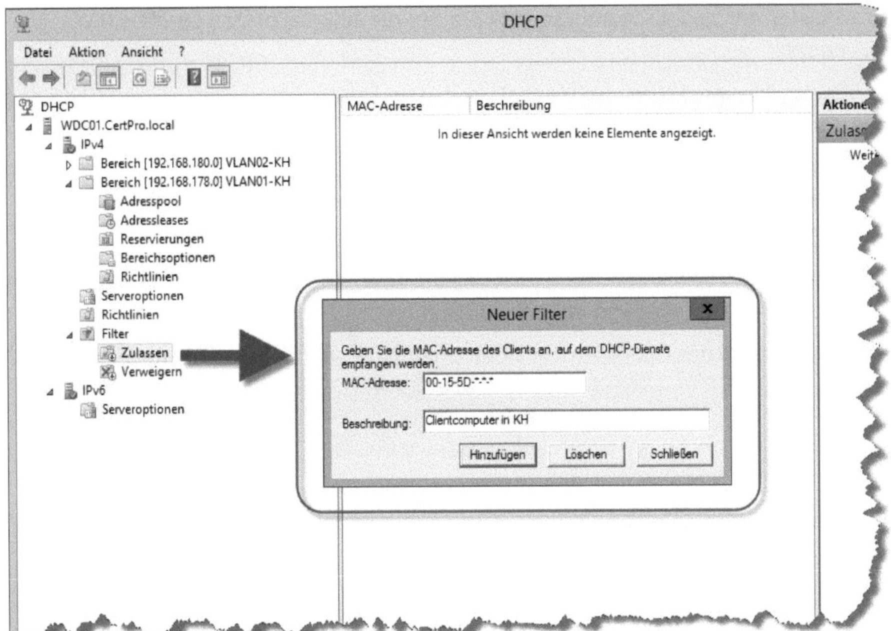

Abb. 7.7: *Dialog zur Konfiguration der MAC-Adressfilterung im DHCP-Manager*

Die Filterung kann hierbei einfach anhand einer definierten Liste von vollständigen MAC-Adressen oder auch anhand von bestimmten *MAC-Adressmustern* (*Platzhaltern*) erfolgen. Alternativ besteht die Möglichkeit der Filterung anhand einer vordefinierten Filterliste ausgeschlossener Hardwaretypen.

Unterstützte MAC-Adressmuster

DHCP unter Windows Server 2012 R2 unterstützt die folgenden, zulässigen MAC-Adressmuster (Platzhalter):

- 00-15-5D-*-*-*
- 00-15-5D-64-*-*
- 00-15-5D-64-0C-*
- 00155D640C07
- 0015*

Konfiguration eines neuen MAC-Adressfilters

Gehen Sie wie folgt vor, um einen neuen Filter für MAC-Adressen im DHCP-Dienst unter Windows Server 2012 R2 zu erstellen:

1. Melden Sie sich als Administrator am Server an, und öffnen Sie den *DHCP-Manager.*
2. Doppelklicken Sie in der Konsole auf den *Servernamen* und anschießend auf **IPv4**.
3. Doppelklicken Sie auf **Filter**, um die Struktur zu erweitern. Klicken Sie anschließend mit der rechten Maustaste auf **Zulassen** oder **Verweigern**.
4. Wählen Sie im Kontextmenü den Eintrag *Neuer Filter...* geben Sie dann im Dialogfenster die gewünschte MAC-Adresse bzw. das MAC-Adressmuster ein und klicken Sie anschließend auf *Hinzufügen.*
5. Beenden Sie das Dialogfenster über einen Klick auf die Schaltfläche *Schließen.*

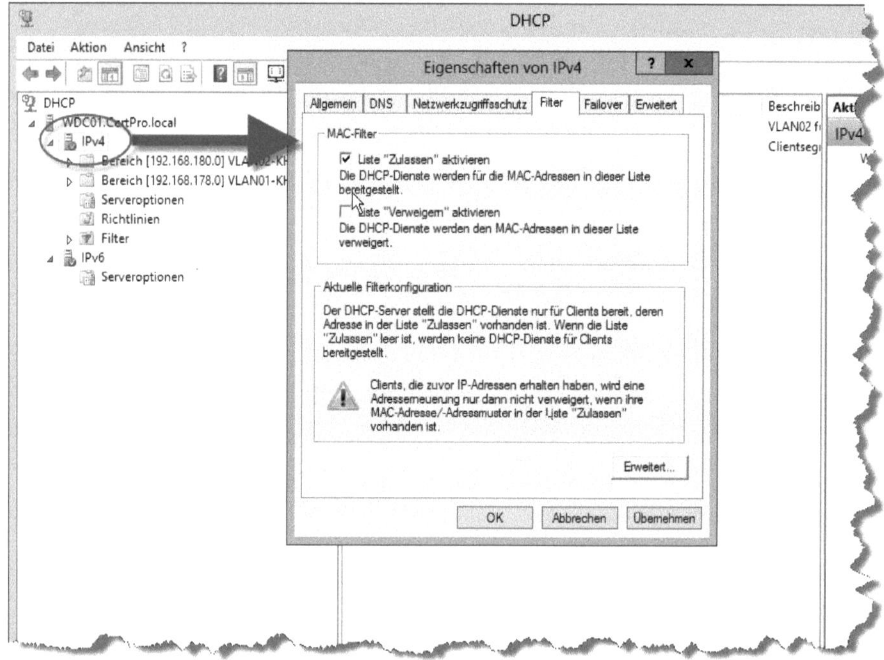

Abbildung 7.8: *Aktivieren der MAC-Adressfilter im DHCP-Dienst unter Windows Server 2012 R2*

Hinweis Damit der neu erstellte MAC-Adressfilter angewendet werden kann, muss die MAC-Adressfilterung im DHCP-Dienst unter Windows Server 2012 R2 erst noch aktiviert werden. Standardmäßig ist die Filterung von MAC-Adressen deaktiviert.

Aktivierung der MAC-Adressfilterung

Gehen Sie wie folgt vor, um die MAC-Adressfilterung im DHCP-Dienst unter Windows Server 2012 R2 zu aktivieren:

1. Melden Sie sich als Administrator am Server an, und öffnen Sie den *DHCP-Manager*.
2. Doppelklicken Sie in der Konsole auf den *Servernamen*.
3. Klicken Sie mit der rechten Maustaste auf **IPv4** und klicken Sie dann auf **Eigenschaften**.
4. Klicken Sie auf **Filter**, aktivieren Sie das Kontrollkästchen *Liste „Zulassen" aktivieren* oder *Liste „Verweigern" aktivieren*.
5. Klicken Sie auf **Übernehmen** oder **OK**.

Anhand des definierten MAC-Adressfilters kann der DHCP-Dienst nunmehr genau entscheiden, welchem der anfragenden Geräte er eine IP-Adresse aus dem IPv4-Adressbereich zuweisen bzw. welchem der Geräte er das Ausstellen verweigern darf.

Zugegeben, die MAC-Adressfilterung, wie auch der DHCP-Namensschutz stellt in Computernetzwerken sicher kein „Allheilmittel" dar, aber auf jeden Fall ist das einen weiterer „Baustein" bei der Implementierung von Sicherheitsmaßnahmen gegen Hacker-Angriffe.

7.1.6 Entfernen des DHCP-Dienstes

Im Bedarfsfall kann man den DHCP-Dienst als Serverrolle von einem Server unter Windows Server 2012 R2 wieder entfernen.

Beim Entfernen des DHCP-Dienstes gehen alle darin konfigurierten IP-Adressbereiche und aktive IP-Adressleases verloren. **Hinweis**

Gehen Sie wie folgt vor, um die DHCP-Serverrolle auf einem Serversystem unter Windows Server 2012 R2 mithilfe des *Assistenten zum Entfernen von Rollen und Features* im grafischen Server-Manager entfernen:

1. Melden Sie sich als *Administrator* am Serversystem unter Windows Server 2012 R2 an.
2. Öffnen Sie den *Server-Manager* (soweit dies nicht automatisch geschieht) über einen Klick in der *Taskleiste* auf das **Symbol für den Server-Manager** bzw. im *Startbildschirm* auf die entsprechende **Kachel**.
3. Klicken Sie oben im *Server-Manager* auf **Verwalten**, und dann auf **Rollen und Features entfernen**.
4. Klicken Sie im Dialog *Vorbemerkungen* auf **Weiter**.
5. Klicken Sie im Dialog *Zielserver auswählen* auf den Namen des gewünschten Servers, und klicken Sie dann auf **Weiter**.
6. Deaktivieren Sie das Kontrollkästchen vor *DHCP-Server*, und klicken Sie auf **Features entfernen**, um die Deinstallation der DHCP-Servertools zu bestätigen. Klicken Sie anschließend auf **Weiter**.

7. Klicken Sie im Dialog *Features entfernen* auf **Weiter**.
8. Bestätigen Sie Ihre Auswahl im Dialogfenster *Entfernungsauswahl bestätigen* über einen Klick auf die Schaltfläche **Entfernen**.
9. Klicken Sie nach Abschluss des Vorgangs im Dialogfenster *Entfernungsergebnis* auf **Schließen**.

Weitere Informationen zu DHCP unter Windows Server 2012 R2 erhalten Sie in der Website von Microsoft unter:

http://technet.microsoft.com/de-de/library/hh831825.aspx

Nach dem Einrichten des DHCP-Dienstes für die IP-Adressvergabe ist es nunmehr an der Zeit, sich mit dem aktuell verwendeten und für die Funktionalität der Active Directory-Domänendienste „lebensnotwendigen" Namensauflösungsdienst, dem Domain Name System (*DNS*) zu befassen.

7.3 DNS

DNS ist für Active Directory unverzichtbar

In den Anfängen basierten Windows-Netzwerke seitens der Namensauflösung im Prinzip komplett auf NetBIOS. Selbst die Domänen unter Windows NT 4.0 ließen sich noch vollständig mithilfe der NetBIOS-Namensauflösung betreiben. Erst mit der Einführung von Active Directory unter Windows 2000 hat sich Microsoft dazu entschlossen, DNS (*Domain Name System*), welches im Schwerpunkt für die Namensauflösung im Internet verwendet wurde, auch für die standardmäßige Namensauflösung in den domänenbasierten Computernetzwerken zu verwenden. Die Active Directory-Domänendienste (engl. *Active Directory Domain Services, AD DS*) setzen seitens der darin verwendeten Namensstrukturen vollständig auf dem Domain Name System (*DNS*) auf.

Die DNS-Infrastruktur wird innerhalb von Active Directory-Gesamtstrukturen beispielsweise für die Suche nach Ressourcen, aber ebenso auch zum Lokalisieren von Domänencontrollern für die Anmeldevorgänge von Benutzern und Computern in den Active Directory-Domänen verwendet. Auch nutzen viele der BackOffice-Anwendungen, wie zum Beispiel Microsoft Exchange Server 2013, die DNS-Namensauflösung für das Lokalisieren der Benutzerpostfächer über den globalen Katalog von Active Directory sowie auch für den Empfang und Versand von E-Mail-Nachrichten. Der Office SharePoint Server 2013 stellt seine Ressourcen über die Namensauflösung mittels DNS ebenso bereit.

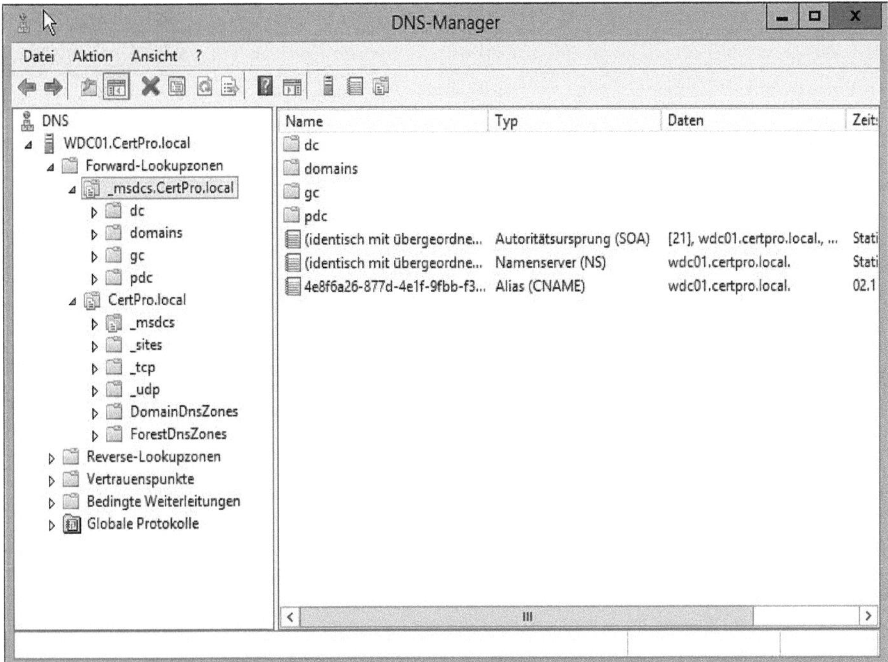

Abb. 7.9: *Verwaltung der DNS-Serverrolle im DNS-Manager*

Eine Active Directory-Infrastruktur ist völlig von einer funktionalen DNS-Infrastruktur abhängig, so dass man sich zwangsläufig intensiv auch mit den notwendigen Schritten für die Bereitstellung und Verwaltung der DNS-Dienste unter Windows Server 2012 R2 vertraut machen muss.

7.3.1 Neuerungen und Verbesserungen in DNS

Erweiterte Schutzfunktionen mittels DNSSEC

Die DNS-Server in den Computernetzwerken sind häufig „Man-in-the-Middle"-, Spoofing- oder auch Cache-Poisoning-Angriffen ausgesetzt. Diesen Umstand hat auch Microsoft erkannt, wonach man bereits unter Windows Server 2008 R2 die DNSSEC-Unterstützung (*Domain Name System Security Extensions*) für DNS-Server und -Client in die Windows-Betriebssysteme eingeführt hat. Mit DNSSEC wird es möglich, DNS-Namenszonen mitsamt aller darin enthaltenen Datensätze kryptografisch zu signieren. Wenn ein DNS-Server, welcher eine signierte DNS-Namenszone hostet, eine DNS-Namensabfrage empfängt, so gibt dieser neben den abgefragten Datensatzinformationen auch die digitale Signatur als Ergebnis der Abfrage zurück. Der empfangende Rechner kann hierzu den öffentlichen Schlüssel des für die Signatur verwendeten Schlüsselpaares abrufen und überprüfen, ob die vom abgefragten DNS-Server übermittelte Antwort womöglich manipuliert wurde. Hierzu muss der betreffende DNS-Server mit einem *Anchor für Vertrauensstellung* für die signierte Zone oder für eine übergeordnete Zone der signierten Zone konfiguriert werden.

Die Konfigurationsoptionen für DNSSEC findet man in der DNS-Verwaltungskonsole seit Windows Server 2012 direkt unterhalb des jeweiligen Serversystems als eigenen Container mit der Bezeichnung *Vertrauenspunkte*.

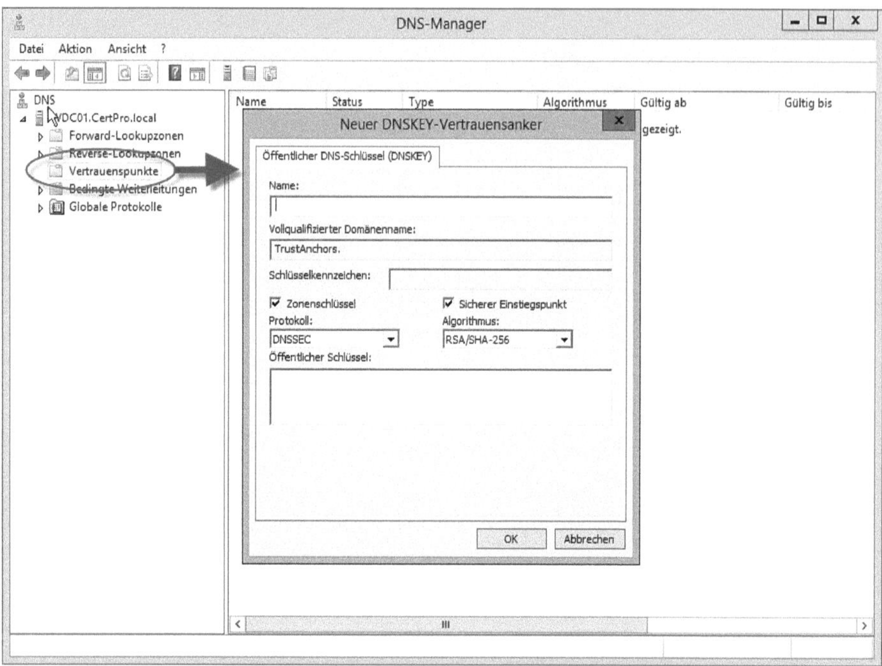

Abb. 7.10: *Konfiguration eines neuen Anchor für Vertrauensstellung für DNSSEC*

Bereits in Windows Server 2012 hat Microsoft die Unterstützung von DNSSEC nochmals auf die praktischen Anforderungen in modernen Computernetzwerken in bestimmten Details angepasst und verbessert. Eine Übersicht hierüber findet man im Internet in der Webseite von Microsoft unter:

https://technet.microsoft.com/de-de/library/hh831667.aspx

Bevor man sich mit den Verbesserungen - oder überhaupt praktisch mit der Namensauflösung - unter Windows Server 2012 R2 befassen kann, muss man die DNS-Dienste erst einmal installieren.

7.3.2 Installation von DNS

Installation auch unter Server Core möglich

Das Domain Name System (*DNS*) kann unter Windows Server 2012 R2 als vollwertige oder auch als Server Core-Installation jeweils als Serverrolle implementiert werden. Besondere Voraussetzungen müssen hierzu nicht erfüllt werden, jedoch sollte man dem betreffenden Serversystem grundsätzlich feste IP-Adressen zuweisen.

Hinweis

Der DNS-Dienst kann auch während des Heraufstufens eines Serversystems unter Windows Server 2012 R2 zu einem Domänencontroller durch den betreffenden Assistenten automatisch eingerichtet und konfiguriert werden. Dies stellt sicher die einfachste Weise der Bereitstellung von DNS in einer Active Directory-Infrastruktur dar.

Gehen Sie wie folgt vor, um die DNS-Serverrolle auf einem Serversystem unter Windows Server 2012 R2 mithilfe des *Assistenten zum Hinzufügen von Rollen und Features* im grafischen Server-Manager hinzuzufügen:

1. Melden Sie sich als *Administrator* am Serversystem unter Windows Server 2012 R2 an.
2. Öffnen Sie den *Server-Manager* (soweit dies nicht automatisch geschieht) über einen Klick in der *Taskleiste* auf das **Symbol für den Server-Manager** bzw. im *Startbildschirm* auf die entsprechende **Kachel**.
3. Klicken Sie oben im *Server-Manager* auf **Verwalten**, und dann auf **Rollen und Features hinzufügen**.
4. Klicken Sie im Dialog *Vorbemerkungen* auf **Weiter**.
5. Wählen Sie im Dialog *Installationstyp auswählen* die Option **Rollenbasierte oder featurebasierte Installation**, und klicken Sie auf **Weiter**.
6. Klicken Sie im Dialog *Zielserver auswählen* auf den Namen des gewünschten Servers, und klicken Sie dann auf **Weiter**.
7. Aktivieren Sie das Kontrollkästchen vor *DNS-Server*, und klicken Sie auf **Features hinzufügen**, um die Installation der DNS-Servertools zu bestätigen. Klicken Sie anschließend auf **Weiter**.

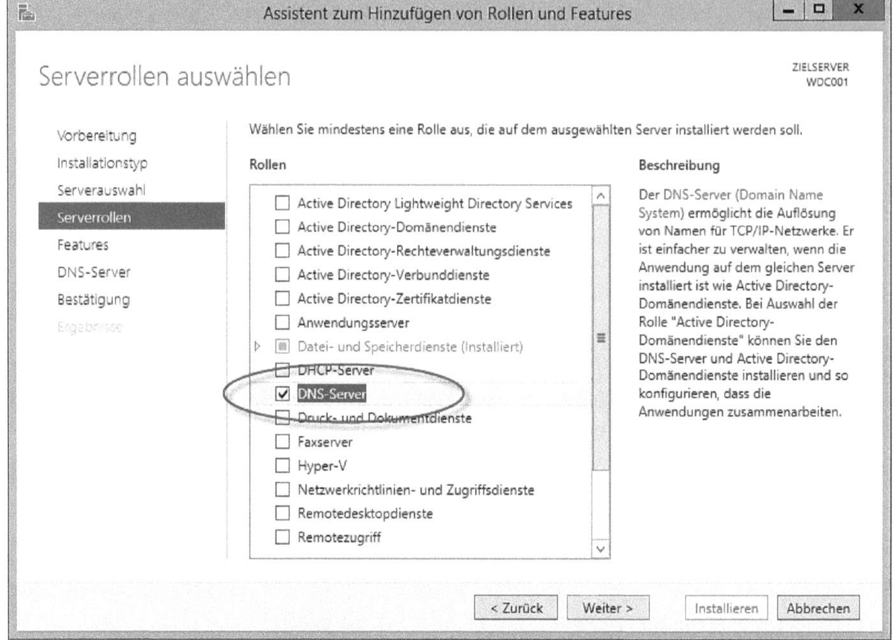

Abb. 7.11: *Auswahl der DNS-Serverrolle im Assistent zum Hinzufügen von Rollen und Features des grafischen Server-Managers*

8. Klicken Sie im Dialog *Features auswählen* auf **Weiter**.
9. Klicken Sie im Dialog *DNS-Server* auf **Weiter**.
10. Klicken Sie auf **Installieren**, um die Installationsauswahl zu bestätigen.
11. Klicken Sie auf **Schließen**, um den Dialog *Assistent zum Hinzufügen von Rollen und Features* zu schließen.

Die erfolgreiche Installation der DNS-Serverrolle wird Ihnen in der oberen *Befehlsleiste* des Server-Managers durch einen Klick auf das **Fahnensymbol** angezeigt.

Die DNS-Serverrolle kann nach der erfolgreichen Installation über den *Server-Manager* von Windows Server 2012 R2 verwaltet werden. Nach der Installation müssen die notwendigen DNS-Namenszonen eingerichtet werden, um Namensauflösungen für die betreffenden Namensräume über den DNS-Server zu ermöglichen.

7.3.2.1 Öffnen der Konsole DNS-Manager

Den DNS-Manager als grafische Verwaltungskonsole für die DNS-Rolle können Sie entweder durch einen Klick mit der rechten Maustaste auf den Server im Abschnitt *SERVER* der DNS-Serverrolle aus dem Kontextmenü, oder aber über eine Klick auf **Tools** in der Befehlsleiste des Server-Managers unter der Bezeichnung *DNS-Manager* aufrufen.

7.3.3 DNS-Namenszonen

DNS-Namenszonen bilden die Basis für die Namensauflösung innerhalb einer Active Directory-Infrastruktur. In ihr werden Namensräume mitsamt der darin notwendigen Diensteinträge (*SRV Records*), Hosteinträge (*A-Records*) der Clients und Server sowie noch weitere Einträge gespeichert, und somit für die Abfrage zur Namensauflösung auf dem DNS-Server bereitgestellt.

DNS kann unabhängig von Active Directory verwendet werden

DNS-Namenszonen können unter Windows Server 2012 R2 aber natürlich auch unabhängig von den Active Directory-Domänendiensten (engl. *Active Directory Domain Services, AD DS*), beispielsweise für die Bereitstellung einer Intranet- oder Internet-Namenszone, eingerichtet und verwaltet werden.

In der unten stehenden Grafik sehen Sie einen Vergleich eines Namensraums im Internet mit dem einer Active Directory-Gesamtstruktur. In beiden kommen Internet-konforme Namensstrukturen zum Einsatz.

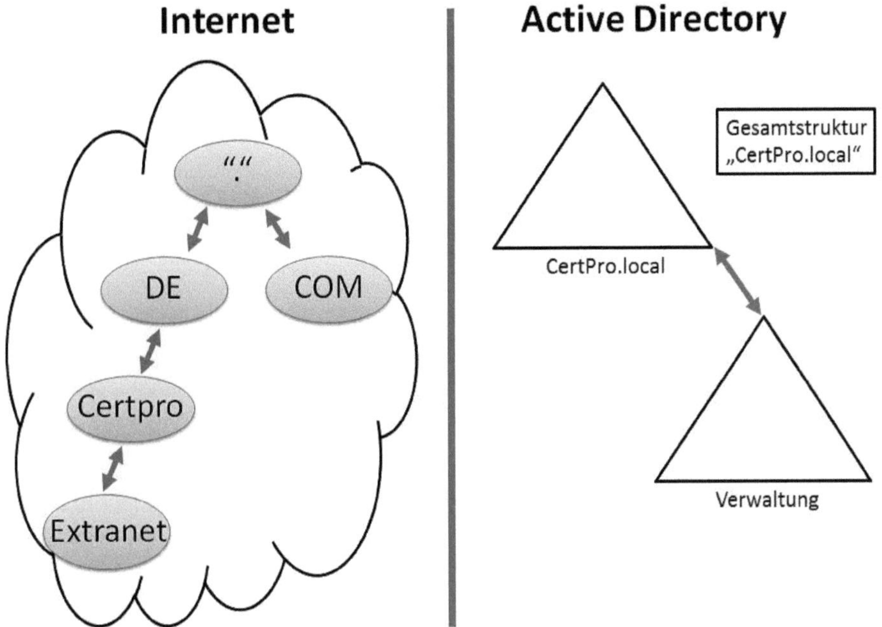

Abb. 7.12: *Vergleich des Namensraums im Internet mit dem einer Active Directory-Gesamtstruktur*

7.3.3.1 Zonentypen

Die für die Namensauflösung zu verwendenden Namensräume werden in DNS-Servern mithilfe von Namenszonen definiert. Beim Einrichten von DNS-Namenszonen unter Windows Server 2012 R2 unterscheidet man grundsätzlich zwischen

- **Standardzonen (primär oder sekundär)**
- **Active Directory-integrierten Zonen**
- **Stub-Zonen**

In den nachfolgenden Seiten werden Ihnen die einzelnen Zonentypen detailliert erklärt.

Darüber hinaus können die DNS-Namenszonen für sogenannte *Forward*-Lookup- oder Reverse-Lookup-Namensauflösungsvorgänge eingerichtet werden.

7.3.3.2 Forward-Lookup-Zonen

Namensauflösung in Active Directory in der Regel über Forward-Lookup-Zonen

Die sogenannten Forward-Lookup-Zonen im DNS-Server unter Windows Server 2012 R2 dienen zur Auflösung von (*bekannten*) Hostnamen in die in den DNS-Namenszonen zugeordneten (*unbekannte*) IP-Adressen. Beispielsweise löst ein Clientcomputer bei einem Kommunikationsvorgang, der seitens des betreffenden Anwenders anhand eines Rechnernamens eingeleitet werden soll, den Namen für die Kommunikation mit dem betreffenden Computersystem über den DNS-Server in eine IP-Adresse auf.

Die Namensauflösungsvorgänge in einer Active Directory-Infrastruktur basieren im Schwerpunkt auf Forward-Lookup-Abfragen an die vorhandenen DNS-Server.

7.3.3.3 Reverse-Lookup-Zonen

Für Active Directory prinzipiell nicht notwendig

Bei den sogenannten Reverse-Lookup-Zonen handelt es sich um DNS-Namenszonen, die eine Auflösung einer (*bekannten*) IP-Adresse in den ihr in der DNS-Namenszone zugeordneten (*unbekannten*) Hostnamen ermöglicht. Wenn ein Anwender den Hostnamen eines lediglich anhand der IP-Adresse bekannten Rechners im Netzwerk ermitteln möchte, so kann er beispielsweise mittels **nslookup.exe** eine Reverse-Lookup-Abfrage an den konfigurierten DNS-Server senden. Wenn in dessen konfigurierter Reverse-Lookup-Zone vorweg ein passender Eintrag gespeichert wurde, so gibt der DNS-Server den in der DNS-Namenszone gespeicherten Hostnamen als Ergebnis an den anfragenden Anwender zurück.

Hinweis

Prinzipiell sind Reverse-Lookup-Zonen in einer reinen Active Directory-Infrastruktur nicht zwangsläufig notwendig, da die Namensauflösungsvorgänge für die Kommunikation innerhalb einer Umgebung der Active Directory-Domänendienste (engl. *Active Directory Domain Services, AD DS*) schwerpunktmäßig über Forward-Lookup-Abfragen durchgeführt werden. Es existieren jedoch verschiedene (*BackOffice*-)Anwendungen, die das Vorhandensein einer Reverse-Lookup-Namenszone durch bestimmte Herstellervorgaben erforderlich machen. Für die Problembehebung in Active Directory-basierten Netzwerken kann eine Reverse-Lookup-Namenszone für die Administratoren wiederum eine große Hilfe sein.

7.3.4 Standardzonen

Standardzonen auf DNS-Servern unter Windows Server 2012 R2 sind DNS-Namenszonen, die, vergleichbar mit Namenszonen auf UNIX/Linux-basierten BIND-Namensauflösungsdiensten, in Zonendateien auf der Festplatte des betreffenden Serversystems gespeichert werden.

Als Standardzonen kann man primäre oder sekundäre Zonen erstellen.

7.3.4.1 Primäre Standardzonen

Primäre Standardzonen sind, wie es der Namen bereits ableiten lässt, die beschreibbaren (Original-)Namenszonen eines damit definierbaren DNS-Namensraums. In diesen Zonen können DNS-Einträge angelegt, geändert oder auch gelöscht werden.

7.3.4.2 Sekundäre Standardzonen

Abhängigkeit von primären Namenszonen

Eine sekundäre Standardzone stellt eine Kopie einer primären (Original-)Namenszone dar, die aus Gründen der Fehlertoleranz oder auch des Lastenausgleichs auf einem weiteren Serversystem im Netzwerk bereitgestellt wird. Sekundäre Standardnamenszonen sind schreibgeschützt und können lediglich über einen Zonenübertragungsvorgang von einer Namenszone des bei der Einrichtung der Zone zugeordneten, sogenannten *Master-DNS-Servers* aktualisiert werden.

Sekundäre Namenszonen stehen prinzipiell in Abhängigkeit von den jeweiligen primären Namenszonen.

7.3.5 Erstellen von primären DNS-Namenszonen

Primäre DNS-Namenszonen können – unabhängig von irgendwelchen weiteren Namenszonen – auf den DNS-Servern unter Windows Server 2012 R2 erstellt werden. Sie sind, wie bereits benannt, vollwertig beschreibbare DNS-Namenszonen.

Gehen Sie zum Erstellen einer primären DNS-Namenszone auf einem Serversystem unter Windows Server 2012 R2 wie folgt vor:

1. Starten Sie den *DNS-Manager* auf dem Server unter Windows Server 2012 R2, und erweitern Sie die Einträge für die DNS-Server-Rolle in der Konsolenstruktur bis zum Eintrag *Forward-Lookupzonen*.
2. Klicken Sie mit der rechten Maustaste auf den Eintrag *Forward-Lookupzonen*, und wählen Sie den Kontexteintrag **Neue Zone...**
3. Klicken Sie im *Willkommensbildschirm* des Assistenten auf **Weiter**.
4. Wählen Sie den Zonentyp *Primäre Zone* aus, und klicken Sie auf **Weiter**.

Hinweis Sollte der DNS-Server auch als Active Directory-Domänencontroller konfiguriert sein, so wird Ihnen das Erstellen einer Active Directory-integrierten Zone angeboten. Deaktivieren Sie in diesem Fall die Option *Zone in Active Directory speichern (DNS-Server muss als schreibbarer Domänencontroller eingerichtet sein)* für die neu einzurichtende, primäre DNS-Namenszone.

5. Geben Sie den Zonennamen der neu zu erstellenden DNS-Namenszone an und klicken Sie auf **Weiter**.
6. Wählen Sie im Dialogfenster *Zonendatei* die Option *Neue Datei mit diesem Dateinamen erstellen* und übernehmen Sie den vorgeschlagenen DNS-Zonennamen durch einen Klick auf die Schaltfläche **Weiter**.
7. Im Dialogfenster *Dynamische Updates* werden die Optionen für die dynamische Aktualisierung der Zoneninhalte angezeigt:

   a. *Nur sichere dynamische Updates zulassen (für Active Directory empfohlen)* Diese Option steht nur zur Verfügung, wenn die DNS-Namenszone als Active Directory-integrierte Zone auf einem DNS-Server eingerichtet wird.

   b. *Nicht sichere und sichere dynamische Updates zulassen* Bei Auswahl dieser Option ist die dynamische Aktualisierung von DNS-Ressourceneinträgen grundsätzlich aktiviert. Es wird bei einer Aktualisierung eines DNS-Eintrags nicht überprüft, ob der betreffende Client oder Server zum Erstellen oder Aktualisieren eines Eintrags in der betreffenden DNS-Namenszone berechtigt ist.

   c. *Dynamische Updates nicht zulassen* Bei Auswahl dieser Option können DNS-Einträge nur noch manuell durch die betreffenden Administratoren erstellen oder auch aktualisiert werden.

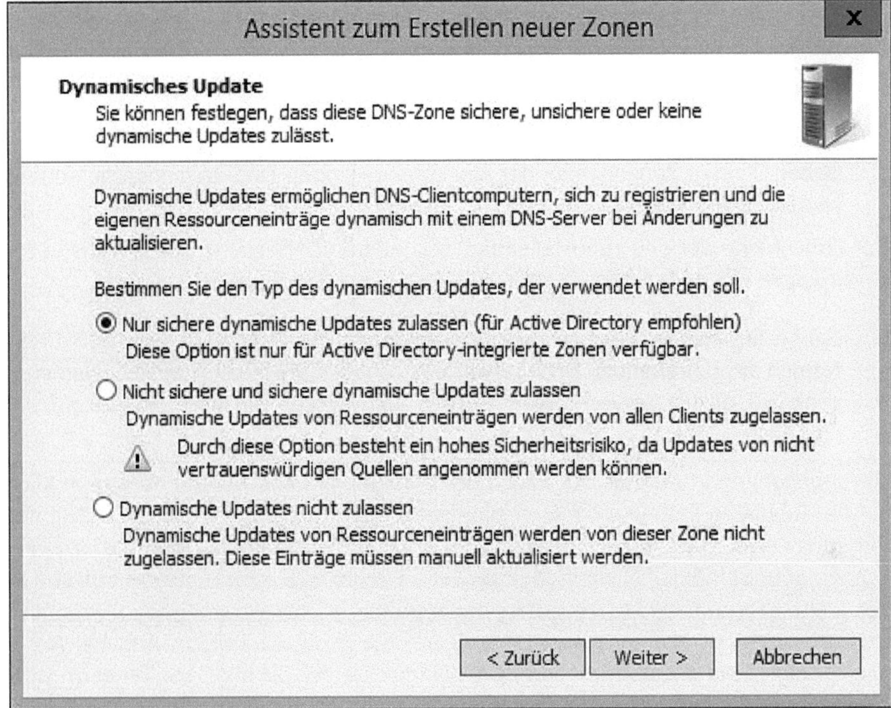

Abb. 7.13: *Konfigurationsoptionen für dynamische Updates beim Erstellen einer neuen DNS-Namenszone*

Wählen Sie die gewünschte Option und klicken Sie nachfolgend auf **Weiter**.

8. Klicken Sie im Dialogfenster *Fertigstellen des Assistenten* auf **Fertig stellen**, um die primäre DNS-Namenszone zu erstellen.

Die neu erstellte, primäre DNS-Namenszone wird im *DNS-Manager* von Windows Server 2012 R2 unter dem Eintrag *Forward-Lookupzonen* angezeigt und kann anschließend verwaltet werden.

7.3.6 Erstellen von sekundären DNS-Namenszonen

Sekundäre Namenszonen verweisen auf eine primäre Namenszone auf einem anderen DNS-Server, der als Masterserver bezeichnet wird. Über den Zonenübertragungsvorgang von diesem Server erhält die sekundäre Namenszone ihre Inhalte.

Um eine sekundäre DNS-Namenszone auf einem DNS-Server unter Windows Server 2012 R2 zu erstellen, gehen Sie wie folgt vor:

1. Starten Sie den *DNS-Manager* auf dem Server unter Windows Server 2012 R2 und erweitern Sie die Einträge für die DNS-Server-Rolle in der Konsolenstruktur bis zum Eintrag *Forward-Lookupzonen*.

2. Klicken Sie mit der rechten Maustaste auf den Eintrag *Forward-Lookupzonen*, und wählen Sie den Kontexteintrag **Neue Zone...**
3. Klicken Sie im Willkommensbildschirm des Assistenten auf **Weiter**.
4. Wählen Sie den Zonentyp *Sekundäre Zone* aus und klicken Sie auf **Weiter**.
5. Geben Sie den Zonennamen der neu zu erstellenden DNS-Namenszone an und klicken Sie auf **Weiter**.

Der Zonenname der neu zu erstellenden, sekundären DNS-Namenszone *muss* übereinstimmend mit der primären DNS-Namenszone auf dem Masterserver sein.

6. Geben Sie im Dialogfenster *Master-DNS-Server* die IP-Adresse oder den DNS-Namen des betreffenden DNS-Servers ein, von dem die Inhalte der DNS-Namenszone auf diesen Server kopiert werden soll. Klicken Sie nachfolgend auf die [⇆]-Taste.

Hinweis Die angegebene IP-Adresse oder auch der DNS-Servername werden nach dem Klick auf die Tabulator-Taste auf die Erreichbarkeit hin überprüft. Diese Option wurde mit Windows Server 2008 neu eingeführt. Falls Sie auf einen anderen als den Master-DNS-Server der betreffenden Namenszone verweisen, erhalten Sie ein Fehlersymbol, und in der Spalte *Überprüft* die Meldung, dass der betreffende DNS-Server nicht autorisierend für die betreffende Namenszone ist. Korrigieren Sie in diesem Fall ihre Angabe. Wenn der Eintrag auf den autorisierenden DNS-Namensserver für die Zone verweist, wird Ihnen dies durch den Eintrag *OK* in der Spalte *Überprüft* angezeigt

Klicken Sie anschließend auf **Weiter**.

7. Klicken Sie im Dialogfenster *Fertigstellen des Assistenten* auf **Fertig stellen**, um die sekundäre DNS-Namenszone zu erstellen.

Die neu erstellte, sekundäre DNS-Namenszone wird im *Server-Manager* von Windows Server 2012 R2 unter dem Eintrag *Forward-Lookupzonen* angezeigt und kann anschließend verwaltet werden.

Zonenübertragung ist standardmäßig nicht aktiviert

Mitunter erhalten Sie beim Aufruf der Inhalte der sekundären DNS-Namenszone eine Fehlermeldung, dass diese noch nicht vom Master-DNS-Server geladen werden konnten. Standardmäßig ist die Zonenübertragung der Inhalte von primären DNS-Namenszonen an sekundäre DNS-Zonenserver nicht aktiviert. In den nächsten Seiten erfahren Sie die hierzu notwendige Konfiguration.

Es sollte noch erwähnt werden, dass eine sekundäre DNS-Namenszone im Bedarfsfall (beispielsweise bei Ausfall des DNS-Servers der primären DNS-Namenszone als Masterzone) in eine primäre DNS-Namenszone umgewandelt werden kann. Der betreffende DNS-Server wird damit für die Namenszone autorisierend, so dass darin entsprechende Änderungen (z.B. an den darin enthaltenen Host-Namenseinträgen usw.)

vorgenommen werden können. Weitere Informationen hierzu erhalten Sie in der Windows-Hilfe.

7.3.7 Active Directory-integrierte Zonen

Eine Alternative zu den primären und sekundären Standardnamenszonen stellen seit der Einführung von Windows 2000 die Active Directory-integrierten Zonen dar. Wie der Name es bereits ableiten lässt, werden diese DNS-Namenszonen direkt in der Datenbank der Active Directory-Domänendienste (engl. *Active Directory Domain Services, AD DS*) gespeichert. Dies setzt wiederum voraus, dass der betreffende DNS-Server auch als Active Directory-Domänencontroller konfiguriert ist.

Primäre Namens-zonen

Hinweis

Active Directory-integrierte DNS-Namenszonen werden grundsätzlich als primäre Zonen eingerichtet. Der jeweilige DNS-Server, der eine solche Zone führt, wird automatisch auch autorisierend für diese DNS-Namenszone. Änderungen können somit auf jedem im Netzwerk vorhandenen DNS-Server, der eine Active Directory-integrierte DNS-Namenszone führt, vorgenommen werden. Die Änderungen werden nachfolgend anhand eines zwischen den vorhandenen DNS-Servern vereinbartem Multimaster-Replikationsmodell untereinander repliziert und stehen anschließend auf allen vorhandenen DNS-Servern im Netzwerk zur Verfügung.

Eine Active Directory-integrierte DNS-Namenszone kann so konfiguriert werden, dass dynamische Aktualisierungen der DNS-Ressourceneinträge der Zone nur noch durch Clients und Server zugelassen werden, die über ein Computerkonto in einer der Domänen der betreffenden Active Directory-Gesamtstruktur verfügen. Eine Ausnahme stellen Stub-Zonen dar, die quasi als Sekundärzonen fungieren.

Gehen Sie zum Einrichten einer Active Directory-integrierte DNS-Namenszone auf einem DNS-Server unter Windows Server 2012 R2 wie folgt vor:

1. Starten Sie den *DNS-Manager* auf dem Server unter Windows Server 2012 R2 und erweitern Sie die Einträge für die DNS-Server-Rolle in der Konsolenstruktur bis zum Eintrag *Forward-Lookupzonen*.
2. Klicken Sie mit der rechten Maustaste auf den Eintrag *Forward-Lookupzonen* und wählen Sie den Kontexteintrag **Neue Zone...**
3. Klicken Sie im Willkommensbildschirm des Assistenten auf **Weiter**.
4. Wählen Sie den Zonentyp *Primäre Zone* aus und achten Sie darauf, dass die Option *Zone in Active Directory speichern (DNS-Server muss als schreibbarer Domänencontroller eingerichtet sein)* aktiviert ist. Klicken Sie anschließend auf **Weiter**.

Hinweis Die Option *Zone in Active Directory speichern (DNS-Server muss als schreibbarer Domänencontroller eingerichtet sein)* wird Ihnen für die neu einzurichtende, primäre DNS-Namenszone nur angeboten, wenn der betreffende DNS-Server ebenso auch die Rolle als Active Directory-Domänencontroller ausführt.

5. Wählen Sie im Dialogfenster *Active Directory-Zonenreplikationsbereich* des Assistenten aus, wie die Zonendaten repliziert werden sollen. Hierzu stehen die folgenden Optionen zur Auswahl:

   a. ***Auf allen DNS-Servern in dieser Gesamtstruktur:*** *<Domänenname>* Bei Auswahl dieser Option wird der Inhalt der neu anzulegenden DNS-Namenszone auf alle DNS-Server in der Gesamtstruktur repliziert, die auch die Rolle als Active Directory-Domänencontroller ausführen.

   b. ***Auf allen DNS-Servern in dieser Domäne:*** *<Domänenname>* Bei Auswahl dieser Option wird der Inhalt der neu anzulegenden DNS-Namenszone auf alle DNS-Server in der betreffenden Active Directory-Domäne repliziert, die auch die Rolle als Active Directory-Domänencontroller ausführen.

   c. ***Auf allen Domänencontrollern in dieser Domäne (Windows 2000-Kompatibilität):*** *<Domänenname>* Bei Auswahl dieser Option wird der Inhalt der neu anzulegenden DNS-Namenszone auf alle Domänencontroller in der betreffenden Domäne repliziert.

   d. ***Auf allen Domänencontroller, die im Bereich der Verzeichnispartition angegeben werden*** Diese Option steht nur auf Active Directory-Domänencontrollern ab Windows Server 2003 zur Verfügung, die über eine entsprechende, vorweg manuell erstellte Anwendungsverzeichnispartition in der lokalen Active Directory-Datenbank verfügen. Bei Auswahl dieser Option wird der Inhalt der neu zu erstellenden DNS-Namenszone nur an die Domänencontroller repliziert, die ebenso über die gleiche, manuell erstellte Anwendungsverzeichnispartition in der Active Directory-Datenbank verfügen.

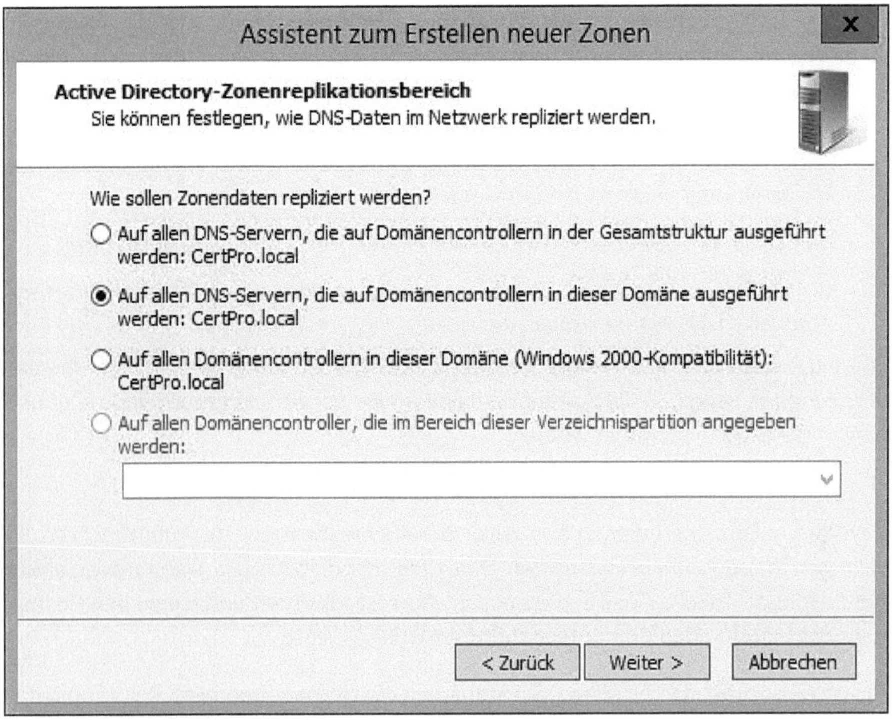

Assistent zum Erstellen neuer Zonen

Active Directory-Zonenreplikationsbereich
Sie können festlegen, wie DNS-Daten im Netzwerk repliziert werden.

Wie sollen Zonendaten repliziert werden?

- ○ Auf allen DNS-Servern, die auf Domänencontrollern in der Gesamtstruktur ausgeführt werden: CertPro.local
- ◉ Auf allen DNS-Servern, die auf Domänencontrollern in dieser Domäne ausgeführt werden: CertPro.local
- ○ Auf allen Domänencontrollern in dieser Domäne (Windows 2000-Kompatibilität): CertPro.local
- ○ Auf allen Domänencontroller, die im Bereich dieser Verzeichnispartition angegeben werden:

< Zurück | Weiter > | Abbrechen

Abb. 7.14: *Auswahloptionen für den Replikationsbereich einer Active Directory-integrierten DNS-Namenszone*

Wählen Sie die gewünschte Option und klicken Sie anschließend auf **Weiter**.

6. Geben Sie den Zonennamen der neu zu erstellenden DNS-Namenszone an und klicken Sie auf **Weiter**.
7. Im Dialogfenster *Dynamische Updates* werden die Optionen für die dynamische Aktualisierung der Zoneninhalte angezeigt:
   a. ***Nur sichere dynamische Updates zulassen (für Active Directory empfohlen)*** Diese Option steht nur zur Verfügung, wenn die DNS-Namenszone als Active Directory-integrierte Zone auf einem DNS-Server eingerichtet wird, der ebenso auch die Rolle als Active Directory-Domänencontroller ausführt. Bei Auswahl dieser Option kann sich nur noch der Client oder Server in der betreffenden DNS-Namenszone dynamisch eintragen, der über ein Computerkonto in einer der Domänen der betreffenden Active Directory-Gesamtstruktur verfügt. Bei Verwendung dieser Option wird somit die Sicherheit in der Namensauflösungsumgebung erhöht.
   b. ***Nicht sichere und sichere dynamische Updates zulassen*** Bei Auswahl dieser Option ist die dynamische Aktualisierung von DNS-Ressourceneinträgen grundsätzlich aktiviert. Es wird bei einer Aktualisierung eines DNS-Eintrags

nicht überprüft, ob der betreffende Client oder Server zum Erstellen oder Aktualisieren eines Eintrags in der betreffenden DNS-Namenszone berechtigt ist.

c. ***Dynamische Updates nicht zulassen*** Bei Auswahl dieser Option können DNS-Einträge nur noch manuell durch die betreffenden Administratoren erstellt oder auch aktualisiert werden.

Wählen Sie die gewünschte Option und klicken Sie nachfolgend auf **Weiter**.

8. Klicken Sie im folgenden Dialog auf **Fertig stellen**, um die Active Directory-integrierte DNS-Namenszone zu erstellen.

Die neu erstellte, Active Directory-integrierte DNS-Namenszone wird im *DNS-Manager* von Windows Server 2012 R2 unter dem Eintrag *Forward-Lookupzonen* angezeigt und kann anschließend verwaltet werden.

7.3.8 Einrichten und Verwalten von Reverse-Lookupzonen

Beziehen sich auf ein Netzwerksegment

Reverse-Lookupzonen dienen, wie zuvor bereits beschrieben, zur Auflösung von IP-Adressen in zugeordnete Hostnamen. Dies kann sehr dienlich sein, wenn man in einem der Ereignisprotokolle eines Servers eine IP-Adresse lokalisiert und hierzu den Hostnamen des betreffenden Computersystems ermitteln möchte.

Reverse-Lookupzonen beziehen sich immer auf ein Netzwerksegment. Beim Einrichten einer solchen DNS-Zone muss man die Netzwerkkennung des betreffenden Subnetzes in Zahlenform angeben.

Bei der Auflösung einer IP-Adresse in einen zugehörigen Hostnamen wird seitens des betreffenden DNS-Servers eine passende Netzwerkkennung anhand der Zonennamen von vorhandenen Reverse-Lookupzonen verglichen, und (falls vorhanden) der betreffende *Zeigereintrag* (engl. *Pointer*) passend zur angegebenen IP-Adresse ermittelt. Der dazu in der Reverse-Lookupzone gespeicherte Hostname wird vom DNS-Server als Ergebnis der Abfrage zurückgegeben.

Hinweis Eine Reverse-Lookupzone kann, vergleichbar mit einer Forward-Lookupzone, ebenso als Active Directory-integrierte DNS-Namenszone angelegt werden. Darüber hinaus stehen die Optionen für die dynamische Aktualisierung der Zoneneinträge für Reverse-Lookupzonen ebenso zur Auswahl. Auch kann eine Reverse-Lookupzone aus Redundanz- und Fehlertoleranzgründen in Form von primären und auch sekundären DNS-Namenszonen angelegt werden.

Um eine primäre Reverse-Lookupzone auf einem DNS-Server unter Windows Server 2012 R2 einzurichten, gehen Sie wie folgt vor:

1. Starten Sie den *DNS-Manager* auf dem Server unter Windows Server 2012 R2 und erweitern Sie die Einträge für die DNS-Server-Rolle in der Konsolenstruktur bis zum Eintrag *Reverse-Lookupzonen*.

2. Klicken Sie mit der rechten Maustaste auf den Eintrag *Reverse-Lookupzonen* und wählen Sie den Kontexteintrag **Neue Zone...**
3. Klicken Sie im Willkommensbildschirm des Assistenten auf **Weiter**.
4. Wählen Sie den Zonentyp *Primäre Zone* aus und klicken Sie auf **Weiter**.

Hinweis

Sollte der DNS-Server auch als Active Directory-Domänencontroller konfiguriert sein, so wird Ihnen das Erstellen einer Active Directory-integrierten Zone angeboten. Deaktivieren Sie in diesem Fall die Option *Zone in Active Directory speichern (DNS-Server muss als schreibbarer Domänencontroller eingerichtet sein)* für die neu einzurichtende, primäre DNS-Namenszone.

5. Wählen Sie im Dialogfenster *Name der Reverse-Lookupzone* eine der folgenden Optionen:
   a. ***IPv4 Reverse-Lookupzone*** Bei Auswahl dieser Option müssen Sie nachfolgend die Netzwerk-ID des betreffenden Subnetzes als Teil einer IPv4-basierten IP-Adresse angeben.
   b. ***IPv6 Reverse-Lookupzone*** Bei Auswahl dieser Option müssen Sie nachfolgend ein IPv6-Adressenpräfix als Teil Ihres IPv6-basierten Netzwerks eingeben. Wählen Sie diese Option nur, wenn Sie in Ihrem Netzwerk IPv6-Adressen verwenden.

   Wählen Sie in diesem Beispiel die Option *IPv4 Reverse-Lookupzone* und klicken Sie anschließend auf **Weiter**.
6. Geben Sie im folgenden Dialogfenster die Netzwerkkennung des betreffenden IP-Subnetzes (*beispielsweise 192.168.1 für das Netzwerk 192.168.1.0/24*) an und klicken Sie anschließend auf **Weiter**.
7. Wählen Sie im Dialogfenster *Zonendatei* die Option *Neue Datei mit diesem Dateinamen erstellen* und übernehmen Sie den vorgeschlagenen DNS-Zonennamen durch einen Klick auf die Schaltfläche **Weiter**.
8. Im Dialogfenster *Dynamische Updates* werden die Optionen für die dynamische Aktualisierung der Zoneninhalte angezeigt:
   a. ***Nur sichere dynamische Updates zulassen (für Active Directory empfohlen)*** Diese Option steht nur zur Verfügung, wenn die DNS-Namenszone als Active Directory-integrierte Zone auf einem DNS-Server eingerichtet wird, der ebenso auch die Rolle als Active Directory-Domänencontroller ausführt. Bei Auswahl dieser Option kann sich nur noch der Client oder Server in der betreffenden DNS-Namenszone dynamisch eintragen, der über ein Computerkonto in einer der Domänen der betreffenden Active Directory-Gesamtstruktur verfügt. Bei Verwendung dieser Option wird somit die Sicherheit in der Namensauflösungsumgebung erhöht.
   b. ***Nicht sichere und sichere dynamische Updates zulassen*** Bei Auswahl dieser Option ist die dynamische Aktualisierung von DNS-Ressourceneinträgen

grundsätzlich aktiviert. Es wird bei einer Aktualisierung eines DNS-Eintrags nicht überprüft, ob der betreffende Client oder Server zum Erstellen oder Aktualisieren eines Eintrags in der betreffenden DNS-Namenszone berechtigt ist.

c. ***Dynamische Updates nicht zulassen*** Bei Auswahl dieser Option können DNS-Einträge nur noch manuell durch die betreffenden Administratoren erstellt oder auch aktualisiert werden.

Wählen Sie die gewünschte Option und klicken Sie nachfolgend auf *Weiter*.

9. Klicken Sie im Dialogfenster *Fertigstellen des Assistenten* auf **Fertig stellen**, um die primäre Reverse-Lookupzone zu erstellen.

Die neu erstellte, primäre Reverse-Lookupzone wird im *Server-Manager* von Windows Server 2012 R2 unter dem Eintrag *Reverse-Lookupzonen* angezeigt. Sie können die Zone mitsamt der Zoneninhalte nun verwalten.

Vergleichbar mit dem Anlegen neuer, primärer Reverse-Lookupzonen können Sie aus Gründen der Fehlertoleranz, der Redundanz und des Lastenausgleichs bei Bedarf ebenso sekundäre Reverse-Lookupzonen auf anderen DNS-Servern erstellen. Diese beziehen sich, wie auch bei den primären DNS-Namenszonen, auf die jeweils konfigurierten Master-DNS-Server, welche die betreffende Zone autorisierend ausführen.

7.3.9 Zonenübertragung

Findet standardmäßig unverschlüsselt statt

Die Inhalte von primären Standardzonen oder auch Active Directory-integrierten DNS-Namenszonen können mittels eines Zonenübertragungsvorgangs in sekundäre DNS-Namenszonen übertragen werden. Die Zonenübertragung einer primären DNS-Namenszone an andere DNS-Server als sekundäre Zonenserver ist unter Windows Server 2003, Windows Server 2008 (R2), Windows Server 2012 sowie auch unter Windows Server 2012 R2 standardmäßig jedoch beschränkt.

Die Zonenübertragung wird in den Eigenschaften der betreffenden DNS-Namenszone im Register *Zonenübertragung* konfiguriert. Hierbei stehen die folgenden Optionen zur Auswahl:

- **An jeden Server** Bei Auswahl dieser Option wird die Zonenübertragung der Zonendaten an jeden beliebigen DNS-Server und somit auch an unautorisierte DNS-Server zugelassen. Diese Option sollte man, wenn überhaupt, nur in Netzwerken mit niedriger Sicherheitsanforderung aktivieren.
- **Nur an Server, die in der Registerkarte Namensserver aufgeführt sind** Bei Auswahl dieser Option wird die Zonenübertragung der Zonendaten nur an Server zugelassen, die im Register *Namensserver* der *Eigenschaften* der betreffenden DNS-Namenszone aufgeführt sind. Diese Option verhindert die Zonenübertragung an unautorisierte DNS-Server im Netzwerk.

- **Nur an folgende Server** Diese Option ermöglicht die Angabe von für die Zonenübertragung zugelassenen DNS-Server gleich im Register *Zonenübertragung* der *Eigenschaften* der betreffenden DNS-Namenszone. Die DNS-Server werden hierbei anhand ihrer IP-Adresse angegeben.

Hinweis

Die Zonenübertragung der DNS-Namenszonen von den primären an die sekundären DNS-Server erfolgt in der Regel unverschlüsselt. Wenn die Gefahr einer Man-in-the-Middle-Attacke für die zu übertragenden DNS-Zonendaten in einem Netzwerk besteht, so kann man beispielsweise die IPSec-Verschlüsselung zwischen den betreffenden DNS-Servern konfigurieren. Weitere Informationen zur Konfiguration der IPSec-Verschlüsselung finden Sie in der Hilfe von Windows Server 2012 R2.

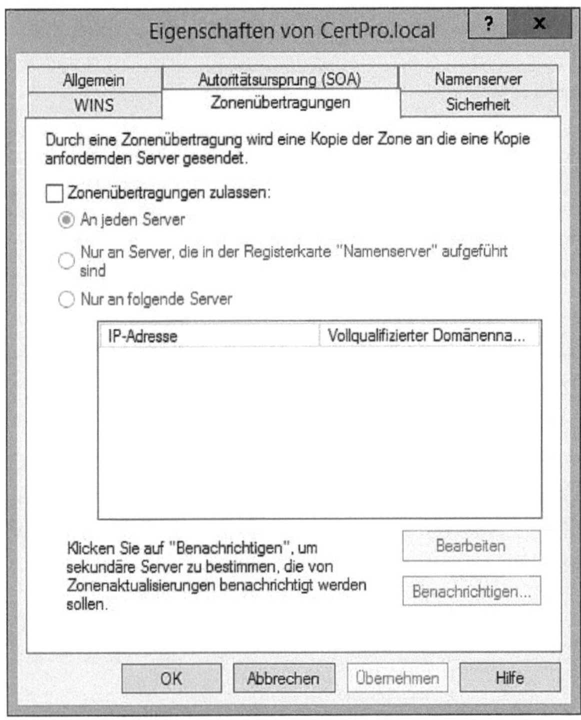

Abb. 7.15: *Konfiguration der Zonenübertragung einer DNS-Namenszone*

Zonenübertragung ist bei AD-integrierten Namenszonen standardmäßig deaktiviert

Die Zonenübertragung für DNS-Namenszonen ist bei primären Standardzonen standardmäßig aktiviert, unter Windows Server 2012 R2 jedoch lediglich an DNS-Server zugelassen, die in der Registerkarte *Namensserver* aufgelistet sind. DNS-Server können bei Bedarf in der *Liste der Namensserver* eingetragen werden.

Die Zonenübertragung einer Active Directory-integrierte DNS-Namenszonen an sekundäre DNS-Server ist unter Windows Server 2012 R2 standardmäßig deaktiviert. Um diese zuzulassen, muss diese erst aktiviert und konfiguriert werden.

Um die Zonenübertragung einer primären Forward-Lookupzone auf einem DNS-Server unter Windows Server 2012 R2 an einen anderen DNS-Server, der eine sekundäre Namenszone der betreffenden Zone führt, zuzulassen, gehen Sie wie folgt vor:

1. Starten Sie den *DNS-Manager* auf dem Server unter Windows Server 2012 R2 und erweitern Sie die Einträge für die DNS-Server-Rolle in der Konsolenstruktur bis zum Eintrag *Forward-Lookupzonen*.
2. Klicken Sie mit der rechten Maustaste auf die zu konfigurierende DNS-Namenszone und wählen Sie den Kontexteintrag **Eigenschaften**.
3. Wechseln Sie zum Register *Namensserver* und klicken Sie auf die Schaltfläche **Hinzufügen...**
4. Geben Sie den vollqualifizierten Serverdomänenname des DNS-Servers (beispielsweise: *DNS01.Certpro.local*) an, an den die Zonenübertragung zugelassen werden soll, und klicken Sie auf **Auflösen**.
5. Kontrollieren Sie in der Liste *IP-Adressen dieses Namensservereintrags* die angezeigte IP-Adresse und klicken Sie anschließend auf **OK**.
6. Der Name sowie die IP-Adresse des betreffenden DNS-Servers werden im Register *Namensserver* angezeigt. Um die Konfiguration abzuschließen, wechseln Sie nun zum Register *Zonenübertragungen*.
7. Aktivieren Sie die Option *Zonenübertragungen zulassen*, wählen Sie die Option *Nur an Server, die in der Registerkarte „Namensserver" aufgeführt sind*, und klicken Sie auf **OK**.

7.3.9.1 Konfiguration der Zonenübertragung

Die Häufigkeit der Zonenübertragung kann durch den Administrator festgelegt werden. Es existiert bereits ein Standardwert (15 Minuten) für das Aktualisierungsintervall. Diese Einstellung kann im Register *Autoritätsursprung (SOA)* in den *Eigenschaften* der betreffenden, primären DNS-Namenszone konfiguriert werden.

Abb. 7.16: *Konfigurationsoptionen für die Zonenübertragung*

Inkrementelle oder vollständige Zonenübertragung

Die Zonenübertragung zwischen dem Master-DNS-Server einer DNS-Namenszone zu dem oder den sekundären DNS-Namensserver(n) der Zone findet nach der Konfiguration entweder *inkrementell* (*IXFR*) oder *vollständig* (*AXFR*) statt. Bei der inkrementellen Zonenübertragung (*IXFR*) werden lediglich die Änderungen in der betreffenden DNS-Namenszone zwischen den betreffenden DNS-Server übertragen. Diese Art der Zonenübertragung wird erst seit der Einführung von Windows Server 2000 unterstützt. Die Zonenübertragung zu älteren Betriebssystemversionen findet demnach immer vollständig statt.

7.3.9.2 BIND-Sekundärzonen

Im Umfeld von DNS-Servern unter Windows Server 2012 R2 können auch UNIX/Linux-basierte BIND-Server als sekundäre DNS-Zonenserver verwendet werden. Die Standardkonfiguration der Serveroptionen der DNS-Dienste unter Windows Server 2008 wurde im Gegensatz zu Windows Server 2003 verändert. Die Option *BIND-Sekundärzonen* ist nunmehr standardmäßig deaktiviert. Hierdurch wird durch den DNS-Server unter Windows Server 2008 eine schnellere Zonenübertragung an die BIND-Sekundärzonen durchgeführt, die von älteren BIND-Versionen (vor Version 4.9.4) noch nicht unterstützt wurde. Bei Bedarf kann diese Option im *Server-Manager* unter Windows Server 2012 R2 jederzeit im Register *Erweitert* der *Eigenschaften* des betreffenden DNS-Servers aktiviert werden.

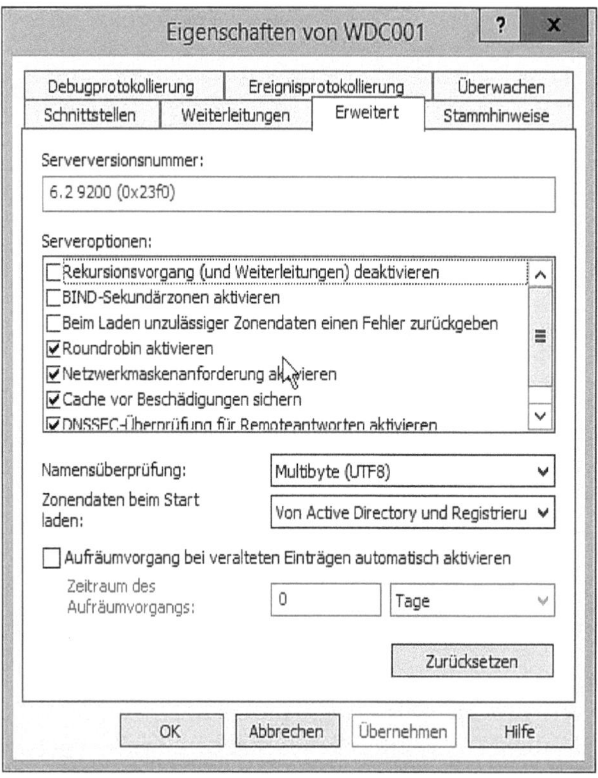

Abb. 7.17: *Standardeinstellungen für BIND-Sekundärzonen in den Eigenschaften des DNS-Dienstes*

Keine AD-integrierten Namenszonen auf BIND-basierten DNS-Servern

Die Speicherung von BIND-basierten DNS-Servern unter UNIX/Linux setzt voraus, dass man über das notwendige Wissen zur Konfiguration und auch zur Absicherung der betreffenden Namenszonen unter UNIX/Linux-Servern verfügt. Es ist auch möglich, die aktuelle BIND-Version unter UNIX/Linux-Servern für die Speicherung von primären DNS-Namenszonen für die Active Directory-Domänendienste (engl. *Active Directory Domain Services, AD DS*) zu verwenden. Man sollte hierbei jedoch bedenken, dass man dann wiederum die Zonenübertragung konfigurieren muss, da diese Arten von DNS-Namenszonen nicht in der Active Directory-Datenbank gespeichert werden können. Demnach kann eine solche Zone auf UNIX/Linux-basierten BIND-Servern auch nicht für die sichere dynamische Aktualisierung der Zonendaten konfiguriert werden.

7.3.10 Speicherung von DNS-Namenszonen in Anwendungsverzeichnispartitionen

Die Zonendaten einer Active Directory-integrierten DNS-Namenszone können zwecks gezielter Replikationssteuerung in einer manuell zu erstellenden Anwendungsverzeichnispartition gespeichert werden. Die Replikation kann dabei so eingerichtet werden, dass nur der Domänencontroller, der ebenso über die gleiche Anwendungsverzeichnispartition verfügt, ein Replikat der betreffenden Zonendaten erhält.

Anwendungsverzeichnispartitionen (engl. *Application Directory Partitions*) wurden erstmals auf Domänencontrollern unter Windows Server 2003 unterstützt. Sie können mithilfe des Kommandozeilenbefehls **dnscmd.exe** erstellt werden.

Weiter Informationen zu Anwendungsverzeichnispartitionen finden Sie in der Windows-Hilfe von Windows Server 2012.

7.3.11 Verwalten von DNS-Einträgen

Nachdem Sie die entsprechenden DNS-Namenszonen erstellt haben, ist es nun an der Zeit, sich mit der Verwaltung von DNS-Einträgen zu befassen.

DNS-Namenszonen umfassen mitunter eine Vielzahl an verschiedensten Zonendaten. Neben den Diensteinträgen (*SRV Records*) für Active Directory-Domänencontrollern findet man darin auch die notwendigen Einträge für die Namensauflösung von Clients und Servern im Active Directory-Umfeld. In einer DNS-Namenszone können verschiedene DNS-Einträge, wie beispielsweise Host-Einträge (*A Records*) oder Zeiger-Einträge (*Pointer Records, kurz: PTR*), angelegt und verwalten werden.

7.3.11.1 Manuelles Erstellen von DNS-Einträgen

In den primären Standardzonen, sowie auch in den Active Directory-integrierten DNS-Namenszonen kann man als Administrator manuelle DNS-Einträge anlegen.

Um beispielsweise einen Host-Eintrag (*A Record*) für einen Clientcomputer manuell in einer DNS-Namenszone unter Windows Server 2012 R2 anzulegen, gehen Sie wie folgt vor:

1. Starten Sie den *DNS-Manager* auf dem Server unter Windows Server 2012 R2 und erweitern Sie die Einträge für die DNS-Server-Rolle in der Konsolenstruktur bis zum Eintrag *Forward-Lookupzonen*.
2. Klicken Sie mit der rechten Maustaste auf die zu konfigurierende, primäre DNS-Namenszone und wählen Sie den Kontexteintrag **Neuer Host (A oder AAAA)...**
3. Geben Sie im Dialogfenster *Neuer Host* im Eingabefeld *Name* den gewünschten Hostnamen und nachfolgend im Eingabefeld *IP-Adresse* die zugehörige IP-Adresse ein. Klicken Sie zum Abschluss auf die Schaltfläche **Host hinzufügen**.

Hinweis Im Dialogfenster *Neuer Host* können Sie bei Bedarf die Option *Verknüpften PTR-Eintrag erstellen* aktivieren. Wenn auf dem betreffenden DNS-Server eine der IP-Adresse des neuen Hosts entsprechenden Reverse-Lookupzone vorhanden ist, so wird für ihn in dieser Zone auch gleich ein Zeigereintrag (*PTR Record*) erstellt. Es ist dann nachfolgend sogar möglich, den Hostnamen des neu eingetragenen Computersystems über die betreffende Reverse-Lookupzone anhand dessen IP-Adresse zu ermitteln.

4. Der Host-Eintrag für den betreffenden Computer wurde in der DNS-Namenszone erstellt. Bestätigen Sie den folgenden Dialog mit einem Klick auf **OK**.
5. Wenn Sie keinen weiteren Host-Eintrag mehr erstellen möchten, klicken Sie auf **Abbrechen**.

Nach dem gleichen Verfahren können Sie vorgehen, wenn Sie noch weitere Einträge in der betreffenden DNS-Namenszone manuell anlegen möchten.

7.3.11.2 Dynamische Aktualisierung

Die primären Standardzonen und auch die Active Directory-integrierten DNS-Namenszonen können auf DNS-Servern ab der Betriebssystemversion Windows 2000 so eingerichtet werden, dass eine dynamische Aktualisierung der Zoneninhalte ermöglicht wird. Bei der Konfiguration der DNS-Namenszonen können hierzu die folgenden Einstellungen vorgenommen werden:

- **Dynamische Updates: Keine** Wählen Sie diese Konfiguration der DNS-Namenszone, wenn Sie die Inhalte der Zone manuell verwalten möchten. Eine dynamische Aktualisierung durch der DNS-Einträge Clients oder Server ist bei dieser Einstellung nicht möglich.
- **Dynamische Updates: Nicht sichere und sichere** Bei Auswahl dieser Konfiguration können Clientcomputer und Server sich dynamisch in der betreffenden DNS-Namenszone registrieren. Standardmäßig ist dabei jeder Rechner in der Lage, sich dynamisch in der betreffenden DNS-Namenszone zu registrieren.
- **Dynamische Updates: Nur sichere** Diese Konfiguration steht bei für Active Directory-integrierten DNS-Namenszonen zur Verfügung. Die betreffende Namenszone muss dazu auf einem DNS-Server ab Windows 2000 und höher ausgeführt werden, der ebenso auch als Active Directory-Domänencontroller konfiguriert ist. Die dynamische Registrierung sowie auch die nachfolgende, dynamische Aktualisierung von DNS-Einträgen sind dann nur noch möglich, wenn der betreffende Computer über ein Computerkonto in einer der vorhandenen Domänen der Active Directory-Gesamtstruktur verfügt.

Um den Aufwand für Verwaltung der DNS-Namenszonen zu reduzieren, gleichzeitig aber auch die Sicherheit zu erhöhen, sollte man innerhalb einer Active Directory-Gesamtstruktur für die internen DNS-Namensräume nach Möglichkeit nur Active Directory-integrierte DNS-Namenszonen verwenden. Die dynamische Aktualisierung von DNS-Einträgen sollte dabei auf *Nur sichere* eingestellt werden.

7.3.12 DNSUpdateProxy

Wichtig bei Ausfall eines DHCP-Servers

Seit der Einführung von Windows 2000 ist es möglich, dass ein DHCP-Server (*Dynamic Host Configuration Protocol*), welcher IP-Adressen dynamisch an Clientcomputer und Server im Netzwerk dynamisch vergeben kann, diese parallel auch gleich dynamisch in DNS-Namenszonen registrieren kann. Auch ist die Aktualisierung solcher Einträge, beispielsweise bei der Änderung der IP-Adresse für einen bereits registrierten Clientcomputer, durch den betreffenden DHCP-Server in der DNS-Namenszone möglich. Der DHCP-Server wird durch die Registrierung des DHCP-Clients in der betreffenden DNS-Namenszone zum Ersteller/Besitzer dieses Eintrags.

Wenn ein DHCP-Server nun nachfolgend durch einen anderen DHCP-Server ersetzt werden muss, vielleicht bedingt durch den Ausfall des ursprünglichen DHCP-Servers, so steht der neue DHCP-Server nun vor einem Problem: Wenn dieser neue DHCP-Server nun versucht, einen bereits in der DNS-Namenszone durch den ursprünglichen DHCP-Server bereits registrierten DNS-Eintrag eines DHCP-Clients zu aktualisieren, ist dieser hierzu standardmäßig nicht berechtigt. Es gilt, wie bereits benannt, auch in einer DNS-Namenszone des *Ersteller/Besitzer-Prinzip*: Nur der Ersteller/Besitzer darf seine eigenen DNS-Einträge aktualisieren.

Um eine dynamische Aktualisierung der DNS-Einträge eines ursprünglichen DHCP-Servers in einer DNS-Namenszone durch einen anderen DHCP-Server zu ermöglichen, kommt nun die Sicherheitsgruppe *DNSUpdateProxy* zum Einsatz. Wenn man die Computerkonten der DHCP-Server vorweg als *Mitglied* der Gruppe DNSUpdateProxy definiert, können die DHCP-Server ihre Einträge auch gegenseitig aktualisieren.

Wird bei der Installation von DNS erstellt

Die Gruppe *DNSUpdateProxy* wird mit der Installation des DNS-Dienstes unter Windows Server 2012 R2 auf dem betreffenden Server bzw. in der Active Directory-Datenbank im Container **Users** erstellt.

7.3.13 Alterungs- und Aufräumprozess

In Active Directory-Umgebungen, in denen die dynamische Aktualisierung von DNS-Einträgen in den DNS-Namenszonen konfiguriert ist, findet man häufig veraltete DNS-Einträge. Diese stammen teilweise von Clientcomputern, die bereits vor Wochen, Monaten oder gar Jahren aus dem Unternehmensnetzwerk, jedoch nicht aus der DNS-Datenbank entfernt wurden. Die DNS-Datenbank sollte demnach in bestimmten Abständen auf solche veralteten Einträge hin kontrolliert und bereinigt werden.

Da die manuelle Bereinigung in sehr großen Active Directory-Infrastrukturen somit zu einer Lebensaufgabe für die Administratoren mutieren würde, besitzt der DNS-Server unter Windows Server 2012 R2 die Konfigurationsmöglichkeit des *Alterungs- und Aufräumprozesses* (engl. *Aging and Scavenging*) für die DNS-Namenszonen.

Standardmäßig ist der Alterungs- und Aufräumprozess auf den DNS-Servern unter Windows Server 2012 R2 nicht aktiviert.

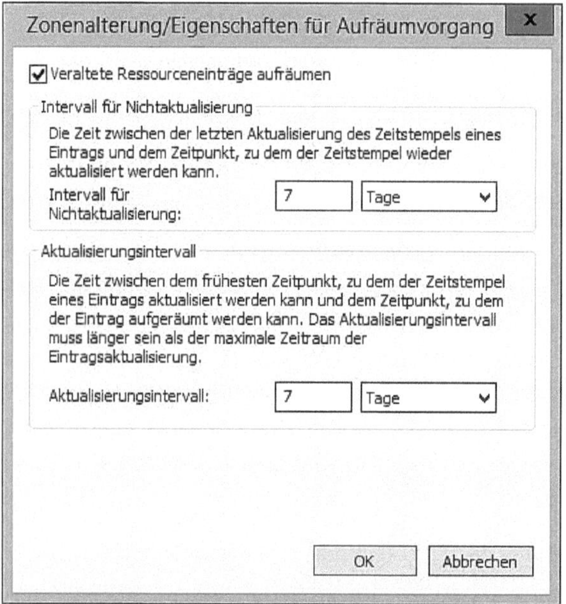

Abb. 7.18: *Konfiguration des Alterungs- und Aufräumvorgangs für eine DNS-Namenszone*

7.3.13.1 Konfiguration des Alterungs- und Aufräumvorgangs für eine DNS-Namenszone

Um den Alterungs- und Aufräumprozess für eine DNS-Namenszone unter Windows Server 2012 R2 zu konfigurieren, gehen Sie wie folgt vor:

1. Starten Sie den *DNS-Manager* auf dem Server unter Windows Server 2012 R2 und erweitern Sie die Einträge für die DNS-Server-Rolle in der Konsolenstruktur bis zum Eintrag *Forward-Lookupzonen*.
2. Klicken Sie mit der rechten Maustaste auf die zu konfigurierende DNS-Namenszone und wählen Sie den Kontexteintrag **Eigenschaften**.
3. Klicken Sie im Register *Allgemein* auf die Schaltfläche **Alterung...**
4. Aktivieren Sie im Dialogfenster *Zonenalterung/Eigenschaften für Aufräumvorgang* das Kontrollkästchen *Veraltete Ressourceneinträge aufräumen*, konfigurieren Sie die gewünschten Intervalle und klicken Sie anschließend auf **OK**. Falls Sie dazu aufgefordert werden, klicken Sie auf *Ja*, um die zuvor konfigurierten Einstellungen beizubehalten.

5. Klicken Sie im Dialogfenster *Eigenschaften von <Zonenname>* nochmals auf ***OK***, um ihre Konfiguration abzuschließen.

7.3.13.2 Aktivierung des automatischen Aufräumvorgangs bei veralteten Ressourceneinträgen

Nach der Konfiguration der Intervalle für die Alterungs- und Aufräumvorgänge muss der eigentliche Aufräumvorgang auf dem betreffenden DNS-Server noch aktiviert werden. Gehen Sie dazu wie folgt vor:

1. Starten Sie den *DNS-Manager* auf dem Server unter Windows Server 2012 R2, klicken Sie mit der rechten Maustaste auf den zu konfigurierenden DNS-Namensserver und wählen Sie den Kontexteintrag **Eigenschaften**.
2. Klicken Sie auf die Registerkarte **Erweitert**.
3. Aktivieren Sie das Kontrollkästchen *Aufräumvorgang bei veralteten Einträgen automatisch aktivieren*.
4. Wählen Sie für *Zeitraum des Aufräumvorgangs* aus der Dropdownliste ein Intervall in Stunden oder Tagen aus und geben Sie dann im Textfeld eine gewünschte Zahl ein.
5. Bestätigen Sie die Auswahl mit einem Klick auf die Schaltfläche ***OK***.

Die veralteten DNS-Einträge in der betreffenden DNS-Namenszone werden nach Ablauf des Alterungsintervalls (setzt sich zusammen aus dem Intervall für die Nichtaktualisierung sowie dem Aktualisierungsintervall) aus der Datenbank gelöscht, und die DNS-Namenszone auf diesem Wege aktuell gehalten.

Hinweis

Der Alterungs- und Aufräumvorgang kann über das Kontextmenü des DNS-Servers im Server-Manager direkt auch für alle vorhandenen DNS-Namenszonen festgelegt werden. Die spezifische Konfiguration der einzelnen Zonen setzt sich gegenüber diesen Einstellungen jedoch durch.

7.3.14 Manuelles Löschen von DNS-Einträgen

Die Einträge in den primären oder auch Active Directory-integrierten DNS-Namenszonen auf den DNS-Servern unter Windows Server 2012 R2 können bei Bedarf einfach wieder entfernt, sprich: gelöscht werden.

Das Entfernen von einzelnen DNS-Einträgen innerhalb von sekundären DNS-Namenszonen oder Stub-Zonen ist direkt nicht möglich. Hier muss man den Umweg über das Löschen des betreffenden DNS-Eintrages in der jeweiligen primären DNS-Namenszone und anschließender Zonenübertragung gehen. Hierbei werden die in der primären DNS-Namenszone gelöschten Einträge im Zusammenhang mit der Zonenaktualisierung, die während der Zonenübertragung zur sekundären DNS-Namenszone stattfindet, auch dort nachfolgend entfernt.

Um einen DNS-Eintrag manuell aus einer primären oder auch Active Directory-integrierten DNS-Namenszone als Forward-Lookupzone im DNS-Dienst unter Windows Server 2012 R2 zu entfernen, gehen Sie wie folgt vor:

1. Starten Sie den *DNS-Manager* auf dem Server unter Windows Server 2012 R2 und erweitern Sie die Einträge für die *DNS-Server-Rolle* in der Konsolenstruktur bis zur betreffenden DNS-Namenszone.
2. Klicken Sie mit der rechten Maustaste auf den zu löschenden DNS-Eintrag und wählen Sie den Kontexteintrag **Löschen**.
3. Bestätigen Sie den Löschvorgang des betreffenden DNS-Eintrags mit einem Klick auf die Schaltfläche **Ja**.

Der Eintrag wird aus der DNS-Namenszone entfernt.

Das Löschen von Zeigereinträgen (*PTR Records*) aus einer primären oder auch Active Directory-integrierten Reverse-Lookupzone unter Windows Server 2012 R2 erfolgt vergleichbar.

7.3.15 Bedingte Weiterleitungen

Können unter Windows Server 2012 R2 in Active Directory gespeichert und repliziert werden

Die DNS-Server unter Windows Server 2012 R2 ermöglichen die Konfiguration von *bedingten Weiterleitungen*. Diese können spezifisch für bestimmte Domänen festgelegt werden. So ist es beispielsweise möglich, die Namensauflösung bestimmter Domänen über die dafür konfigurierten DNS-Server zu ermöglichen, ohne dass dafür die Wege über die Stammserver des Internet beschritten werden müssen. Ein Unternehmen kann für die Namensauflösung der Domänennamen eines Geschäftspartners direkt deren DNS-Server zur Namensauflösung durch die Konfiguration einer bedingten Weiterleitung auf einem DNS-Server unter Windows Server 2012 R2 definieren.

Die konfigurierbaren, bedingten Weiterleitungen werden in der DNS-Verwaltung unter Windows Server 2012 R2 in einem eigenen Container geführt. Diese bedingten Weiterleitungen können nun sogar im Active Directory gespeichert und somit auch an andere DNS-Server oder auch Domänencontroller in der betreffenden Active Directory-Gesamtstruktur repliziert werden.

Gehen Sie zum Einrichten einer bedingten Weiterleitung im DNS-Server unter Windows Server 2012 R2 wie folgt vor:

1. Starten Sie den *DNS-Manager* auf dem Server unter Windows Server2012 R2, erweitern Sie die Einträge für die DNS-Server-Rolle in der Konsolenstruktur und anschließend den Knoten für den betreffenden DNS-Server.
2. Klicken Sie mit der rechten Maustaste auf den Container *Bedingte Weiterleitungen* und wählen Sie im Kontextmenü den Menüpunkt **Neue bedingte Weiterleitung...**

3. Geben Sie im Dialogfenster *Neue bedingte Weiterleitung* im Eingabefeld *DNS-Domäne:* den gewünschten DNS-Domänennamen ein.
4. Klicken Sie im darunterliegenden Eingabefeld *IP-Adressen der Masterserver:* auf den Eintrag ***<Hier klicken, um IP-...*** und geben Sie die passende IP-Adresse des DNS-Servers ein, der für die Namensabfragen der angegebenen Domäne genutzt werden soll. Sie können bei Bedarf auch gleich mehrere IP-Adressen angeben.

Hinweis

Aktivieren Sie das Kontrollkästchen *Diese bedingte Weiterleitung in Active Directory speichern und wie folgt replizieren:* und wählen Sie den Replikationsbereich für den Eintrag aus.

5. Klicken Sie anschließend auf **OK**, um die bedingte Weiterleitung anzulegen.

Die gerade konfigurierte, bedingte Weiterleitung wird im *Server-Manager* unter Windows Server 2012 R2 nun im Container *Bedingte Weiterleitungen* des betreffenden DNS-Servers angezeigt. Über die Eigenschaften der bedingten Weiterleitung können Sie im Bedarfsfall auch Änderungen vornehmen.

Wenn der DNS-Server nach einer Namensauflösung zu der betreffenden, in der bedingten Weiterleitung konfigurierten DNS-Domäne aufgefordert wird, leitet er die Anfrage direkt an den angegebenen DNS-Server weiter.

7.3.16 Starten und Beenden des DNS-Dienstes

Der DNS-Dienst auf einem Serversystem unter Windows Server 2012 R2 kann über das Kontextmenü des betreffenden Servers im *DNS-Manager* oder über die Verwaltungskonsole *Dienste* angehalten, beendet, gestartet oder auch neu gestartet werden. Auch in der Kommandozeile ist dies über die Befehle **net stop** und **net start** möglich. Alternativ lässt sich dazu auch die Windows PowerShell verwenden.

Um den DNS-Dienst auf einem Server unter Windows Server 2012 R2 im *DNS-Manager* neu zu starten, gehen Sie wie folgt vor:

1. Starten Sie den *DNS-Manager* auf dem Server unter Windows Server 2012 R2 und erweitern Sie die Einträge für die DNS-Server-Rolle in der Konsolenstruktur.
2. Klicken Sie mit der rechten Maustaste auf den betreffenden DNS-Server und wählen Sie im Kontextmenü unter *Alle Aufgaben* den Menüpunkt **Neu starten**.

7.3.17 Entfernen von DNS-Namenszonen

Sekundärzonen können auf Dauer alleine nicht existieren

Wenn sich der Bedarf ergibt, so können die im DNS-Dienst unter Windows Server 2012 R2 angelegten DNS-Namenszonen problemlos wieder entfernt werden. Beachten Sie hierbei jedoch unbedingt, dass eine sekundäre DNS-Namenszone beim Entfernen der hierzu konfigurierten, primären oder auch Active Directory-integrierten DNS-Namenszone auf einem anderen DNS-Server alleine nicht existieren kann. Wenn notwendig, kann man die vorhandene, sekundäre DNS-Namenszone vor dem Entfernen der zugehörigen, primären DNS-Namenszone des Master-DNS-Servers ebenso in eine primäre oder Active Directory-integrierte DNS-Namenszone umwandeln. Somit bleibt der Inhalt der DNS-Namenszone vollständig erhalten und kann auch nach dem Entfernen der ursprünglichen, primären DNS-Namenszone weiter genutzt werden.

Hinweis Beim Entfernen einer DNS-Namenszone gehen alle darin konfigurierten DNS-Einträge verloren. Wenn Sie die Zoneninhalte weiterhin nutzen möchten, so sollten Sie die Zone vorweg zumindest beispielsweise in Form einer sekundären DNS-Namenszone auf einen anderen DNS-Server im Netzwerk übertragen. Eine sekundäre DNS-Namenszone kann im Bedarfsfall anschließend in eine primäre DNS-Namenszone umgewandelt werden. Den Vorgang hierzu hatte ich Ihnen in den vorherigen Seiten beschrieben.

Gehen Sie zum Entfernen einer DNS-Namenszone auf einem DNS-Server unter Windows Server 2012 R2 wie folgt vor:

1. Starten Sie den *Server-Manager* auf dem Server unter Windows Server 2012 R2 und erweitern Sie die Einträge für die DNS-Server-Rolle in der Konsolenstruktur bis zur betreffenden DNS-Namenszone.
2. Klicken Sie mit der rechten Maustaste auf die zu löschende DNS-Namenszone und wählen Sie den Kontexteintrag **Löschen**.
3. Bestätigen Sie den Löschvorgang der betreffenden DNS-Namenszone mit einem Klick auf die Schaltfläche **Ja**.

Die DNS-Namenszone wird aus dem DNS-Server entfernt.

7.3.18 Entfernen des DNS-Dienstes

Falls diese nicht mehr benötigt werden oder dem Server andere Serverrollen oder -funktionen zugewiesen werden sollen, kann man die DNS-Dienste als Serverrolle von einem Server unter Windows Server 2012 R2 wieder entfernen,

Hinweis Beim Entfernen des DNS-Dienstes gehen alle darin konfigurierten DNS-Namenszonen und -Einträge verloren. Wenn Sie die Zoneninhalte weiterhin nutzen möchten, so sollten Sie vorweg bei Active Directory-integrierten Zonen auf einem anderen DNS-Server ein Replikat anlegen, oder die Zone zumindest in Form einer sekundären DNS-Namenszone auf einen anderen DNS-Server im Netzwerk übertragen. Eine sekundäre DNS-Namenszone kann im Bedarfsfall nachfolgend in eine primäre DNS-Namenszone umgewandelt werden. Den Vorgang hierzu hatte ich Ihnen in den vorherigen Seiten beschrieben.

Gehen Sie wie folgt vor, um die DNS-Serverrolle auf einem Serversystem unter Windows Server 2012 R2 mithilfe des *Assistenten zum Entfernen von Rollen und Features* im grafischen Server-Manager entfernen:

1. Melden Sie sich als *Administrator* am Serversystem unter Windows Server 2012 R2 an.

2. Öffnen Sie den *Server-Manager* (soweit dies nicht automatisch geschieht) über einen Klick in der *Taskleiste* auf das **Symbol für den Server-Manager** bzw. im *Startbildschirm* auf die entsprechende **Kachel**.
3. Klicken Sie oben im *Server-Manager* auf **Verwalten**, und dann auf **Rollen und Features entfernen**.
4. Klicken Sie im Dialog *Vorbemerkungen* auf **Weiter**.
5. Klicken Sie im Dialog *Zielserver auswählen* auf den Namen des gewünschten Servers, und klicken Sie dann auf **Weiter**.
6. Deaktivieren Sie das Kontrollkästchen vor *DNS-Server*, und klicken Sie auf **Features entfernen**, um die Deinstallation der DNS-Servertools zu bestätigen. Klicken Sie anschließend auf **Weiter**.
7. Klicken Sie im Dialog *Features entfernen* auf **Weiter**.
8. Bestätigen Sie Ihre Auswahl im Dialogfenster *Entfernungsauswahl bestätigen* über einen Klick auf die Schaltfläche **Entfernen**.
9. Klicken Sie nach Abschluss des Vorgangs im Dialogfenster *Entfernungsergebnis* auf **Schließen**.
10. Führen Sie einen Neustart des betreffenden Serversystems durch, um die Deinstallation der DNS-Serverrolle abzuschließen.

Nachdem der Server neu gestartet wurde, ist der Vorgang der Entfernung der DNS-Serverrolle von dem betreffenden Serversystem unter Windows Server 2012 R2 abgeschlossen.

7.4 Zentrale IP-Adressverwaltung mittels IPAM

Bereits in Windows Server 2012 hatte Microsoft die zentrale **IP-Adressverwaltung** (engl. *IP Address Management, IPAM*) erstmalig integriert. Unter Windows Server 2012 R2 wurden nunmehr nochmals verschiedene Neuerungen und Verbesserungen eingebaut. IPAM kann von Administratoren in domänenbasierten Computernetzwerken u. a. für die folgenden Zwecke verwendet werden:

- Auffinden von Domänencontrollern, sowie DHCP-, DNS- und Netzwerkrichtlinienserver unter Windows Server 2008 oder höher,
- Überwachen der Dienstverfügbarkeit von DHCP- und DNS-Servern von Microsoft innerhalb einer Active Directory-Gesamtstruktur,
- Überprüfen von Änderungen an der Serverkonfiguration von DHCP-Servern,
- Nachverfolgung der Verwendung von IP-Adressen, sowie damit verbundenen „Nutzungstrends" für IPv4-Adressen,
- Verwalten des IP-Adressbereiches in Active Directory-basierten Computernetzwerken von Unternehmen.

Kontrolle der IP-Adressvergabe und -nutzung möglich

IPAM basiert auf einem Serversystem unter Windows Server 2012 bzw. Windows Server 2012 R2, auf dem das Feature **IP-Adressverwaltungsserver (IPAM-Server)** installiert und konfiguriert wird. Der IPAM-Server versucht in regelmäßigen Zeitabständen in einem zuvor festgelegten Suchbereich, DNS- und DHCP-Server im Computernetzwerk zu ermitteln. Man kann hierbei festlegen, welche der vorhandenen Serversysteme von IPAM verwaltet und auch welche der Serversysteme von der Überwachung durch IPAM ausgenommen werden sollen. Der IPAM-Server kommuniziert mit den verwalteten Serversystemen über eine RPC- oder WMI-Schnittstelle. Darüber hinaus überwacht der IPAM-Server die vorhandenen Domänencontroller und Netzwerkrichtlinienserver (engl. *Network Policy Server, NPS*) für die Nachverfolgung von IP-Adressen. Zur Verwaltung steht seit Windows Server 2012 R2 auch ein entsprechender **IPAM-Client** auf den für die Verwaltung mittels IPAM vorhandenen Serversystemen zur Verfügung.

7.4.1 IPAM-Architektur

Die Bereitstellung von IPAM in Active Directory-basierten Computernetzwerken von Unternehmen kann entweder zentral oder verteilt erfolgen.

- **Zentrale Bereitstellung von IPAM** - Ein IPAM-Server wird für das gesamte Unternehmen eingesetzt.
- **Verteilte Bereitstellung von IPAM** - An jedem Unternehmensstandort wird jeweils ein IPAM-Server bereitgestellt.
- **Hybride Bereitstellung von IPAM** - Ein zentraler IPAM-Server, der an jedem Standort mit dedizierten IPAM-Servern bereitgestellt wird.

Es findet keine automatische Kommunikation oder Datenbankfreigabe zwischen verschiedenen IPAM-Servern statt. Bei Bedarf kann man die Export- und Importfunktionen in der Windows Power-Shell verwenden, damit IPAM den IP-Adressbereich und Adressinformationen zwischen mehreren IPAM-Servern regelmäßig aktualisiert.

Hinweis Das für die Bereitstellung von IPAM vorgesehene Serversystem muss zuvor als Mitgliedsserver zu der Active Directory-Domäne des Unternehmens hinzufügt worden sein. Die Bereitstellung von IPAM auf Active Directory-Domänencontrollern wird nicht unterstützt.

7.4.2 IPAM-Sicherheitsgruppen

Während der Installation von IPAM auf einem Serversystem unter Windows Server 2012 R2 werden die folgenden lokalen Sicherheitsgruppen automatisch angelegt:

- **IPAM-Benutzer** - Mitglieder dieser Gruppe können IPAM- und DHCP-Serverereignisse, sowie alle Informationen zu Serverermittlung, IP-Adressraum und Serververwaltung, jedoch keine Informationen zur IP-Adressnachverfolgung anzeigen.
- **IPAM-Administratoren** - Mitglieder dieser Gruppe können alle IPAM-Daten anzeigen, sowie sämtliche IPAM-Verwaltungsaufgaben ausführen.

- **IPAM-MSM-Administratoren** - Gruppe für die Verwaltung mehrerer IPAM-Server (Multi-Server Management, MSM). Die Mitglieder dieser Gruppe erhalten IPAM-Benutzerrechte und können allgemeine IPAM-Verwaltungsaufgaben und Serververwaltungsaufgaben durchführen.
- **IPAM-ASM-Administratoren** - Gruppe für die Adressraumverwaltung (*Address Space Management, ASM*). Die Mitglieder dieser Gruppe erhalten IPAM-Benutzerrechte und können allgemeine IPAM-Verwaltungsaufgaben und Aufgaben im Zusammenhang mit dem IP-Adressraum ausführen.
- **IPAM-IP-Überwachungsadministratoren** - Mitglieder dieser Gruppe können allgemeine IPAM-Verwaltungsaufgaben ausführen sowie Informationen zur IP-Adressnachverfolgung anzeigen.

Diese Sicherheitsgruppen werden auf dem betreffenden Serversystem unter Windows Server 2012 R2 für die Verwaltung und Nutzung von IPAM verwendet.

7.4.3 Neuerungen und Verbesserungen in IPAM

In Windows Server 2012 R2 enthält IPAM verschiedene Neuerungen und Verbesserungen. Zu diesen zählt man u. a.:

Funktionalität	Beschreibung
Rollenbasierte Zugriffssteuerung	Ermöglicht das Anpassen von Vorgangstypen und Zugriffsberechtigungen für Benutzer und Gruppen für bestimmte Objekte.
Verwaltung des virtuellen Adressraums	Erweitert die Verwaltung des physischen um virtuellen IP-Adressraum in System Center Virtual Machine Manager (*SCVMM*).
Verbesserte DHCP-Serververwaltung	Ermöglicht weitere Verwaltungsvorgänge, u. a. die Erfassung von DHCP-Failover, DHCP-Filtern, sowie auch DHCP-Reservierungen.
Unterstützung externer Datenbanken	IPAM unterstützt zusätzlich zur internen Windows-Datenbank optional nunmehr die Verwendung einer Microsoft SQL-Datenbank.
Unterstützung von Aktualisierung und Migration	IPAM lässt sich von Windows Server 2012 aus problemlos auf Windows Server 2012 R2 aktualisieren. Alle Daten und Einstellungen werden dabei übernommen.
Verbesserte Windows PowerShell-Unterstützung	Die Windows PowerShell-Unterstützung für IPAM wurde durch neue Windows PowerShell-CmdLets wiederum optimiert.

Tabelle 7.1: *Neuerungen und Verbesserungen in IPAM unter Windows Server 2012 R2*

Detaillierte Informationen über die Neuerungen und Verbesserungen rund um IPAM unter Windows Server 2012 R2 findet man im Internet, u. a. auf der Website von Microsoft unter:

https://technet.microsoft.com/de-de/library/dn268500.aspx

7.4.4 IPAM-Aufgaben und -Standardintervalle

IPAM startet die darin vorgesehenen Verwaltungsaufgaben, wie zum Beispiel die Suche nach DNS- oder DHCP-Servern, in regelmäßigen, vordefinierten Zeitabständen. Diese sind in der folgenden Tabelle zusammengefasst:

Aufgabe	Beschreibung	Zeitintervall
AddressExpiry	Verfolgt den Ablaufstatus von IP-Adressen und protokolliert Benachrichtigungen.	1 Tag
ServerDiscovery	Ermittelt automatisch vorhandene Domänencontroller, sowie DNS- und DHCP-Server in alle ausgewählten Active Directory-Domänen.	1 Tag
AddressUtilization	Sammelt Informationen zur Adressraumverwendung von den vorhandenen DHCP-Servern.	2 Stunden
Audit	Sammelt Überwachungsinformationen von DHCP- und IPAM-Servern, sowie die IP-LeaseÜberwachungsprotokolle von Netzwerkrichtlinienservern (engl. Network Policy Server, NPS) und Domänencontrollern.	1 Tag
ServiceMonitoring	Erfasst DNS-Zonenstatusereignisse von DNS-Servern.	30 Minuten
ServerAvailability	Sammelt Informationen über den Dienstverfügbarkeitsstatus von DNS- und DHCP-Servern.	15 Minuten.
ServerConfiguration	Erfasst Konfigurationsinformationen von DHCP- und DNS-Servern zum Anzeigen im Adressraum und in Serververwaltungsfunktionen.	6 Stunden

Tab: 7.1: *IPAM-Verwaltungsaufgaben und -Zeitintervalle*

Die standardmäßigen Zeitintervalle für die einzelnen Aufgaben von IPAM können bei Bedarf angepasst werden.

7.4.4 IPAM-Anforderungen

Domänen-mitgliedschaft ist obligatorisch

Der Einsatz von IPAM beschränkt sich jeweils auf eine einzelne Active Directory-Gesamtstruktur. IPAM fordert die Mitgliedschaft des betreffenden Serversystems in einer Active Directory-Domäne. Darüber hinaus gelten für IPAM unter Windows Server 2012 R2 u. a. die folgenden Spezifikationen:

- IPAM unterstützt nur Microsoft Domänencontroller, DNS-, DHCP- und Netzwerkrichtlinienserver (engl. *Network Policy Server, NPS*) unter Windows Server 2008 und höher.
- Ein einzelner IPAM-Server unterstützt bis zu 150 DHCP- und 500 DNS-Server.
- Ein einzelner IPAM-Server unterstützt bis zu 6.000 DHCP-Bereiche und 150 DNS-Namenszonen.
- Nutzungstrends zu IP-Adressen stehen lediglich unter IPv4 zur Verfügung.
- IPAM speichert forensische Daten (IP-Adressleases, Host-MAC-Adressen, An- und Abmeldeinformationen der Benutzer) standardmäßig für 3 Jahre in einer internen Windows-Datenbank. Diese Informationen können bei Bedarf durch einen Administrator gelöscht werden.

Weitere Informationen zu den aufgeführten, sowie noch weiteren Spezifikationen findet man im Internet unter:

https://technet.microsoft.com/de-de/library/hh831622.aspx

7.5 Bereitstellung und Konfiguration von IPAM

Die Bereitstellung von IPAM und die Konfiguration für die Überwachung von Serversystemen als Domänencontroller, DHCP-, DNS- und NPS-Systeme in einer Active Directory-Domäne setzen sich aus mehreren Schritten zusammen.

Zu den notwendigen Schritten zählen:

- Installation von IPAM
- Auswahl der Bereitstellungsmethode für die Zugriffseinstellungen
- Manuelle Konfiguration bzw. Erstellung von Gruppenrichtlinienobjekten für die automatische Konfiguration von Serversystemen für die Ermittlung durch IPAM
- Konfiguration und Durchführung der Serverermittlung
- Festlegen der mittels IPAM zu überwachenden Server

- Sammlung von Serverdaten

Diese notwendigen Schritte für die Installation und Bereitstellung von IPAM werden in den nächsten Seiten detailliert erklärt.

7.5.1 Installation von IPAM

Die Installation von IPAM kann von einem Administrator auf einem Server unter Windows Server 2012 R2 im grafischen Server-Manager oder alternativ in der Windows PowerShell mittels einfacher Schritte durchgeführt werden.

Hinweis Die Installation setzt voraus, dass das betreffende Serversystem, auf dem IPAM-installiert werden soll, bereits als Mitgliedsserver zu einer Active Directory-Domänen hinzugefügt wurde. Die Installation auf einem Domänencontroller wird hierbei nicht unterstützt. Darüber hinaus sollte IPAM nicht auf einem vorhandenen DHCP-Server installiert werden, da der Discovery-Prozess dadurch mitunter nicht ordnungsgemäß funktioniert.

Gehen Sie wie folgt vor, um IPAM als Feature auf einem Serversystem unter Windows Server 2012 R2 mithilfe des *Assistenten zum Hinzufügen von Rollen und Features* im grafischen Server-Manager hinzuzufügen:

1. Melden Sie sich als *Administrator* am Serversystem unter Windows Server 2012 R2 an.
2. Öffnen Sie den *Server-Manager* (soweit dies nicht automatisch geschieht) über einen Klick in der *Taskleiste* auf das **Symbol für den Server-Manager** bzw. im *Startbildschirm* auf die entsprechende **Kachel**.
3. Klicken Sie oben im *Server-Manager* auf **Verwalten**, und dann auf **Rollen und Features hinzufügen**.
4. Klicken Sie im Dialog *Vorbemerkungen* auf **Weiter**.
5. Wählen Sie im Dialog *Installationstyp auswählen* die Option **Rollenbasierte oder featurebasierte Installation**, und klicken Sie auf **Weiter**.
6. Klicken Sie im Dialog *Zielserver auswählen* auf den Namen des gewünschten Servers, und klicken Sie dann auf **Weiter**.
7. Klicken Sie im Dialog *Serverrollen auswählen* auf **Weiter**.
8. Aktivieren Sie das Kontrollkästchen vor *IP-Adressverwaltungsserver (IPAM-Server)*, und klicken Sie auf **Features hinzufügen**, um die Installation der erforderlichen Features zu bestätigen. Klicken Sie anschließend auf **Weiter**.

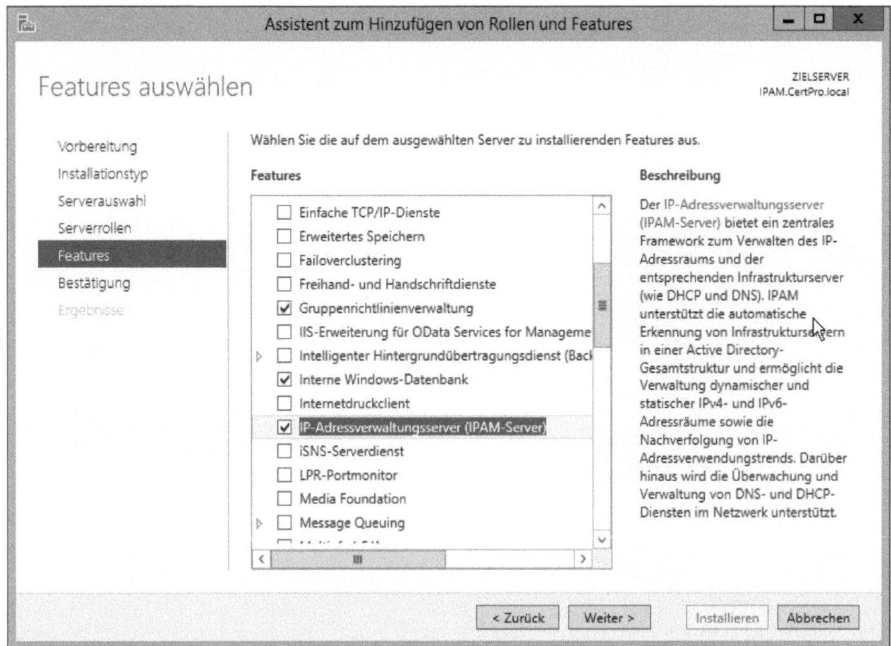

Abb. 7.19: *Auswahl von IPAM im Assistent zum Hinzufügen von Rollen und Features des grafischen Server-Managers*

9. Klicken Sie auf **Installieren**, um die Installationsauswahl zu bestätigen.
10. Klicken Sie auf **Schließen**, um den Dialog *Assistent zum Hinzufügen von Rollen und Features* zu schließen.

Die erfolgreiche Installation von IPAM wird Ihnen in der oberen *Befehlsleiste* des Server-Managers durch einen Klick auf das **Fahnensymbol** angezeigt. IPAM kann nach der erfolgreichen Installation über den *Server-Manager* von Windows Server 2012 R2 verwaltet werden.

7.5.2 Die IPAM-Verwaltungskonsole

Grafisch oder mittels Windows PowerShell

Die grafische Verwaltung von IPAM wird direkt im Server-Manager durchgeführt. Dieser enthält nach der Installation eine entsprechende Verknüpfung zu IPAM. Alternativ stehen für die Verwaltung von IPAM verwendbare Befehle in der Windows PowerShell unter Windows Server 2012 R2 zur Verfügung.

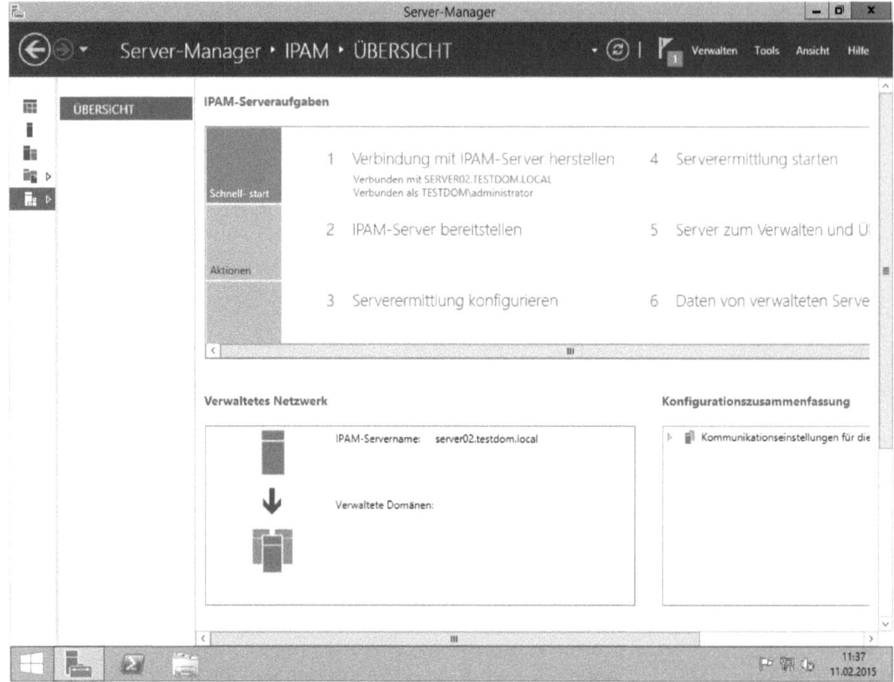

Abb. 7.20: *Konfiguration und Verwaltung von IPAM im grafischen Server-Manager*

Die grafische Benutzeroberfläche von IPAM führt Sie Schritt für Schritt durch die notwendige Konfiguration.

Hinweis

Bei der Installation von IPAM auf einem Server unter Windows Server 2012 R2 wird die IP-Adressüberwachungsfunktionalität automatisch aktiviert. Bei Bedarf kann diese Überwachungsaufgabe in der Aufgabenplanung des IPAM-Servers deaktiviert werden.

7.5.3 Bereitstellungsmethode für die Zugriffseinstellungen

Manuell oder automatisch mittels GPOs

Nach der Installation von IPAM als Feature unter Windows Server 2012 R2 muss dieses für die Verwendung im Computernetzwerk der betreffenden Active Directory-Domäne konfiguriert werden. Dies beginnt mit der manuellen oder gruppenrichtlinienbasierten Bereitstellung der erforderlichen Zugriffseinstellungen auf den zu verwaltenden Serversystemen in der Active Directory-Domäne. Während der Bereitstellungsschritte wird auch die von IPAM für die Konfiguration und Überwachung genutzte IPAM-Datenbank (als interne Windows-Datenbank) auf dem betreffenden Serversystem unter Windows Server 2012 R2 erstellt.

Die während der Konfiguration von IPAM ausgewählte Bereitstellungsmethode für verwaltete Server kann später nicht mehr geändert werden. Bei der Planung der Implementierung von IPAM muss man sich im Vorfeld somit für eine der möglichen Methoden (manuell oder gruppenrichtlinienbasierte Bereitstellung) entscheiden.

Die gruppenrichtlinienbasierte Bereitstellungsmethode stellt die einfachere von beiden möglichen Methoden dar. Wenn man sich für die manuelle Bereitstellungsmethode der Zugriffseinstellungen entscheidet, so müssen sämtliche, für die Zugriffe von IPAM auf die zu verwaltenden Server notwendigen Konfigurationsschritte inklusive Konfiguration der Überwachungsoptionen und der Erstellung der notwendigen Firewall-Regeln durch den Administrator durchgeführt werden.

Gehen Sie wie folgt vor, um die gruppenrichtlinienbasierte Bereitstellung der Zugriffseinstellungen für die zu verwaltenden Serversysteme für IPAM auf einem Serversystem unter Windows Server 2012 R2 durchzuführen:

1. Starten Sie den *Server-Manager*, und klicken Sie auf **IPAM**.
2. Klicken Sie unter *IPAM-Serveraufgaben* auf **2) IPAM-Server bereitstellen**.

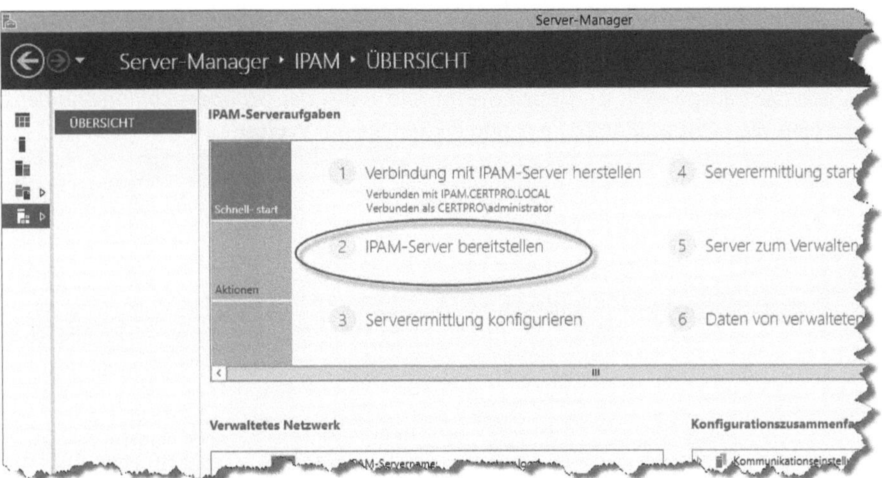

Abb. 7.21: *Konfigurationsoptionen in den IPAM-Serveraufgaben im grafischen Server-Manager*

3. Klicken Sie im Dialog *Vorbemerkungen* auf **Weiter**.
4. Wählen Sie den *Datenbanktyp* für die Verwendung mit IPAM, und klicken Sie anschließend auf **Weiter**.

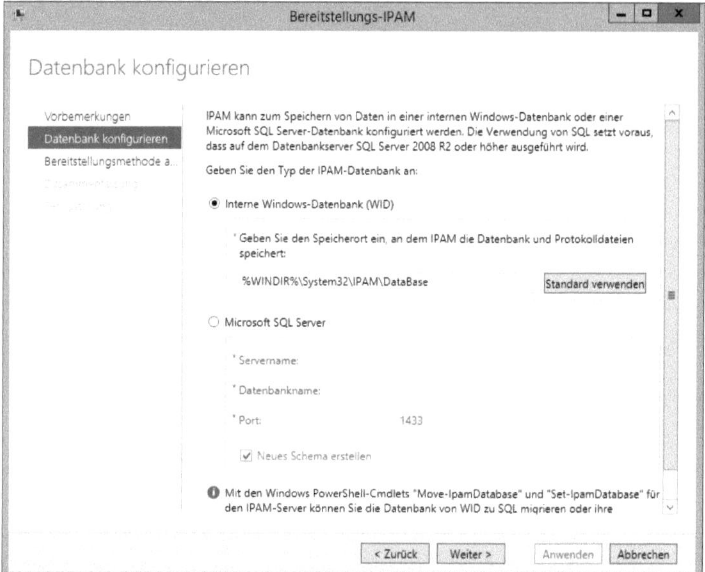

Abb. 7.22: *Datenbankauswahl bei der IPAM-Bereitstellung*

5. Achten Sie darauf, dass als Bereitstellungsmethode die Option *Gruppenrichtlinienbasiert* ausgewählt ist. Geben Sie im Feld *Präfix des Gruppenrichtliniennamens:* einen Wert (*bspw. IPAM01*) ein, und klicken Sie auf **Weiter**.

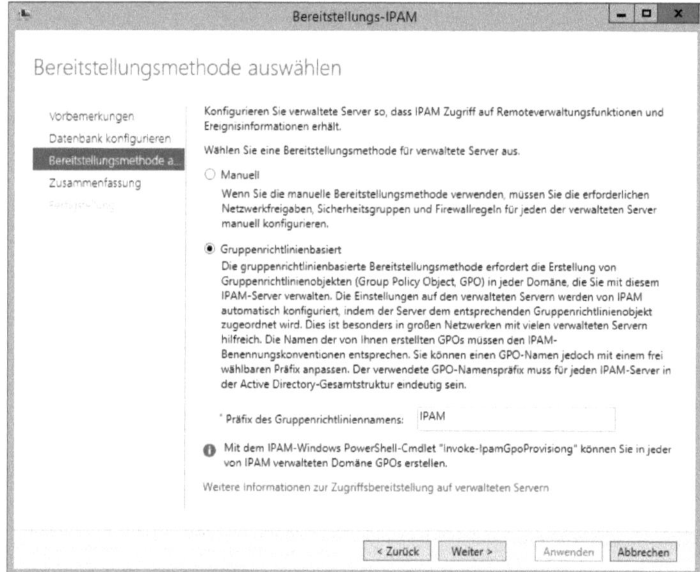

Abb. 7.23: *Auswahl der IPAM-Bereitstellungsmethode*

6. Bestätigen Sie die Einstellungen mit einem Klick auf **Anwenden**.
7. Beenden Sie die IPAM-Bereitstellung mit einem Klick auf **Schließen**.

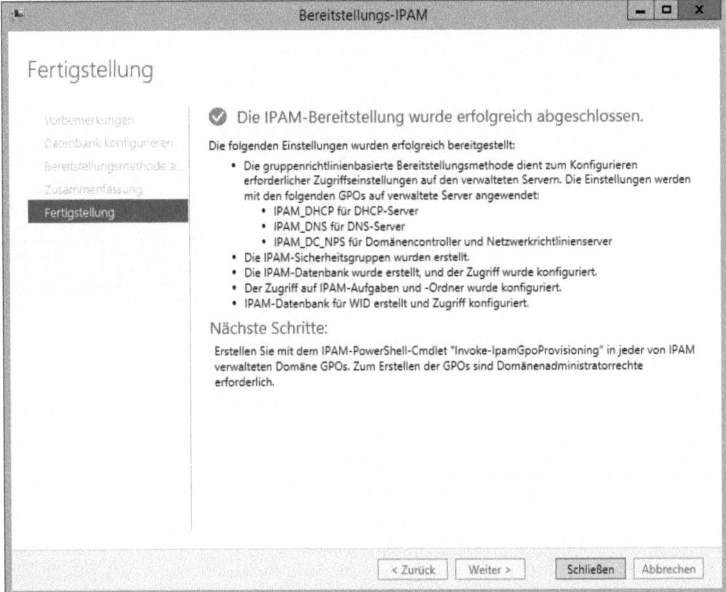

Abb. 7.24: *Erfolgreiche IPAM-Bereitstellung unter Windows Server 2012 R2*

Beachten Sie den Hinweis, dass die Gruppenrichtlinienobjekte (Group Policy Objects, GPOs) in den einzelnen von IPAM verwalteten Domänen mithilfe des IPAM-PowerShell-Cmdlets **Invoke-IpamGpoProvisioning** in einem nächsten Schritt noch erstellt werden müssen.

7.5.4 Erstellen von Gruppenrichtlinienobjekten für die für die automatische Konfiguration von Serversystemen

Manuelle Erstellung von GPOs

Nach der Konfiguration der Bereitstellungsmethode von IPAM und der dabei getätigten Auswahl der Verwendung von Gruppenrichtlinienobjekten (engl. *Group Policy Objects, GPOs*) müssen diese in jeder der mittels IPAM zu verwaltenden Active Directory-Domänen manuell noch erstellt werden. Hierzu steht in Windows Server 2012 R2 das Windows PowerShell-Cmdlet **Invoke-IpamGpoProvisioning** zur Verfügung.

Gehen Sie wie folgt vor, um die für die Bereitstellung der Zugriffseinstellungen in einer Active Directory-Domäne notwendigen Gruppenrichtlinienobjekte auf einem Serversystem unter Windows Server 2012 R2 durchzuführen:

Starten Sie die Windows PowerShell, und geben Sie den folgenden Befehl ein:

```
Invoke-IpamGpoProvisioning -domain <Domänenname> -
GpoPrefixName <Präfixname>
```

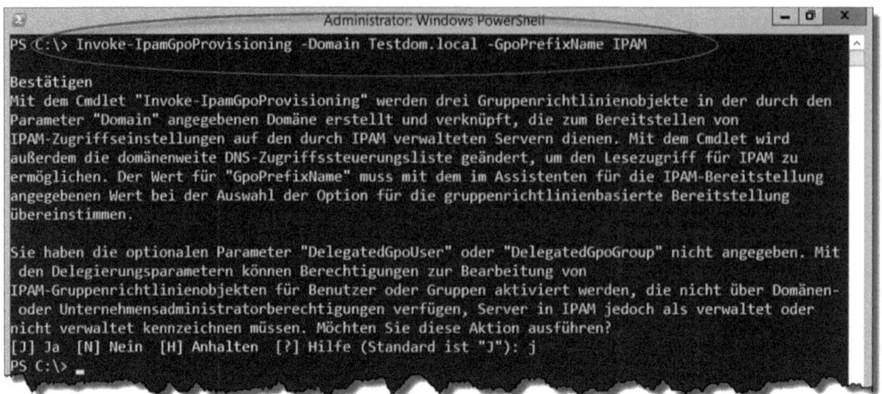

Abb. 7.24: *Erstellen der für IPAM (optional) notwendigen Gruppenrichtlinienobjekte*

Hinweis

Die zuvor erstellten Gruppenrichtlinienobjekte (GPOs) werden automatisch mit der im Befehl angegebenen Active Directory-Domäne verknüpft und somit auf alle darin enthaltenen Serversysteme angewendet.

Die neu erstellten Gruppenrichtlinienobjekte kann man sich auf einem Domänencontroller der betreffenden Active Directory-Domäne in der Konsole Gruppenrichtlinienobjekte anzeigen lassen.

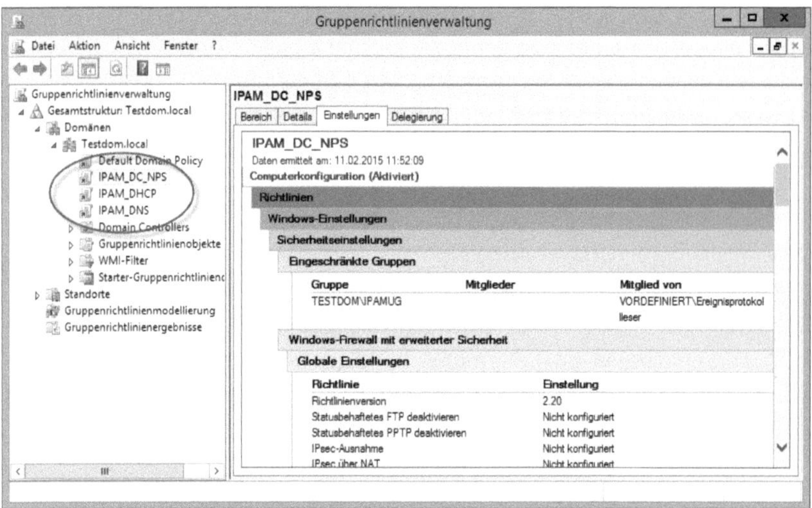

Abb. 7.25: *Zuvor erstellte Gruppenrichtlinienobjekte für die Konfiguration der vorhandenen Serversysteme für die Zugriffsanforderungen von IPAM*

7.5.5 Konfiguration der Serverermittlung

Im nächsten Schritt muss nun die Serverermittlung für IPAM konfiguriert werden. Hierzu steht in der Liste der IPAM-Serveraufgaben im Server-Manager von Windows Server 2012 R2 ebenso eine entsprechende Verknüpfung zur Verfügung.

Gehen Sie auf einem Serversystem unter Windows Server 2012 R2 als IPAM-Server zur Konfiguration der Serverermittlung wie folgt vor:

1. Öffnen Sie den *Server-Manager*, und klicken Sie auf **IPAM**.
2. Klicken Sie unter *IPAM-Serveraufgaben* auf **3) Serverermittlung konfigurieren**.

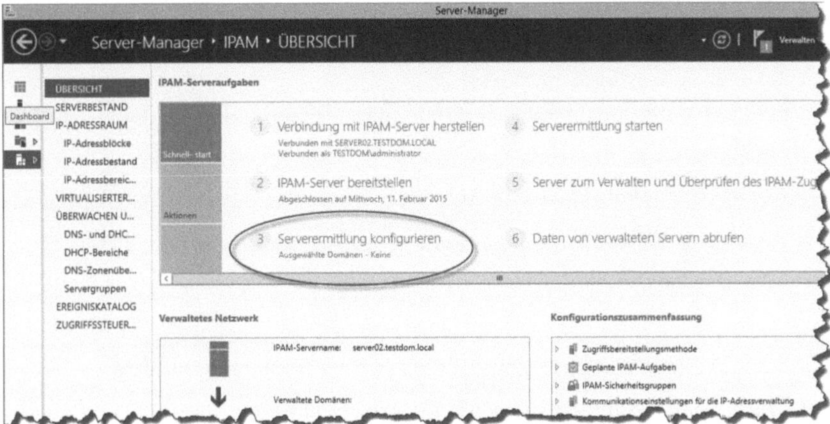

Abb. 7.26: *Aufruf der Konfiguration der Serverermittlung in den IPAM-Serveraufgaben*

3. Wählen Sie die für die Ermittlung gewünschte Domäne aus, und klicken sie auf **Hinzufügen**.
4. Wählen Sie die Serverrollen zur Ermittlung aus, und klicken Sie auf **OK**.

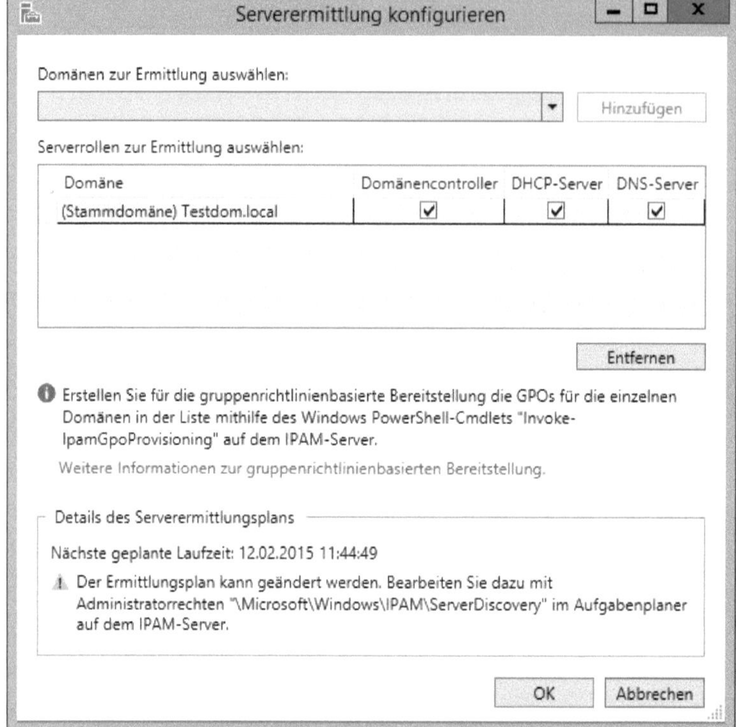

Abb. 7.27: *Konfigurationsauswahl für die Serverermittlung*

7.5.6 Durchführung der Serverermittlung

Nach der Konfiguration der Serverermittlung muss diese für die Ermittlung der vorhandenen Serversysteme und Rollen gestartet werden.

Gehen Sie wie folgt vor, um die Serverermittlung für IPAM auf einem Serversystem unter Windows Server 2012 R2 durchzuführen:

1. Starten Sie (soweit notwendig) den *Server-Manager*, und klicken Sie auf **IPAM**.
2. Klicken Sie unter *IPAM-Serveraufgaben* auf **4) Serverermittlung starten**.

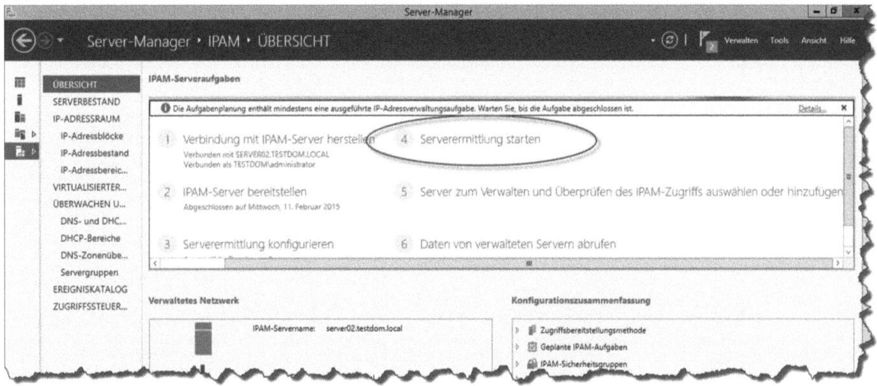

Abb 7.28: *Starten der Serverermittlung*

7.5.7 Festlegen der mittels IPAM zu überwachenden Server

Nach der Ermittlung der vorhandenen Serversysteme müssen die mittels IPAM zu überwachenden Serversysteme ausgewählt und entsprechend konfiguriert werden.

Gehen Sie wie folgt vor, um die mittels IPAM zu überwachenden Serversysteme im Server-Manager unter Windows Server 2012 R2 festzulegen:

1. Starten Sie (soweit erforderlich) den *Server-Manager*, und klicken Sie auf **IPAM**.
2. Klicken Sie im Abschnitt *IPAM-Serveraufgaben* auf **5) Server zum Verwalten und Überprüfen des IPAM-Zugriffs auswählen oder hinzufügen**.

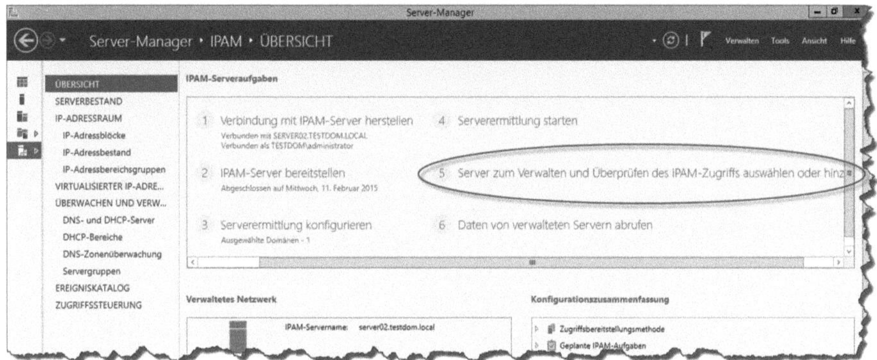

Abb 7.29: *Festlegen der mittels IPAM zu überwachenden Server*

3. Klicken Sie im Abschnitt *SERVERBESTAND* mit der rechten Maustaste auf den zu konfigurierenden Server, und wählen Sie **Server bearbeiten...**

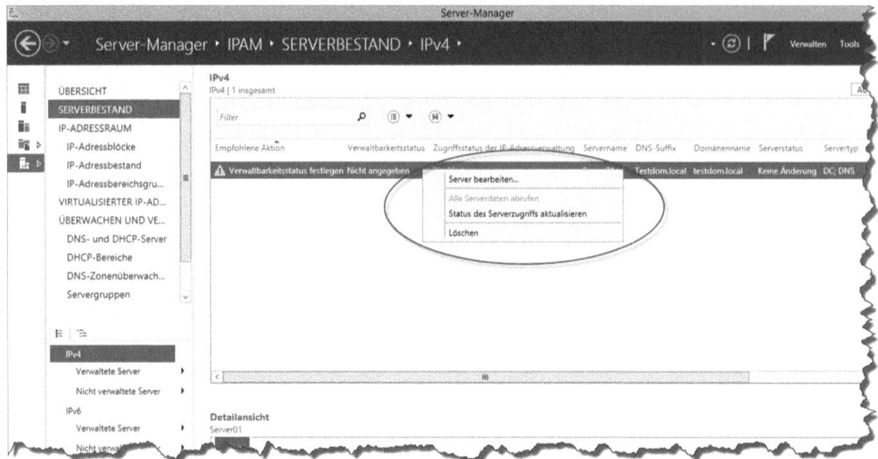

Abb. 7.30: *Konfiguration der Serverauswahl*

4. Ändern Sie im Abschnitt *Basiskonfiguration* den *Verfügbarkeitsstatus* auf **Verwaltet**, und klicken Sie auf **OK**.

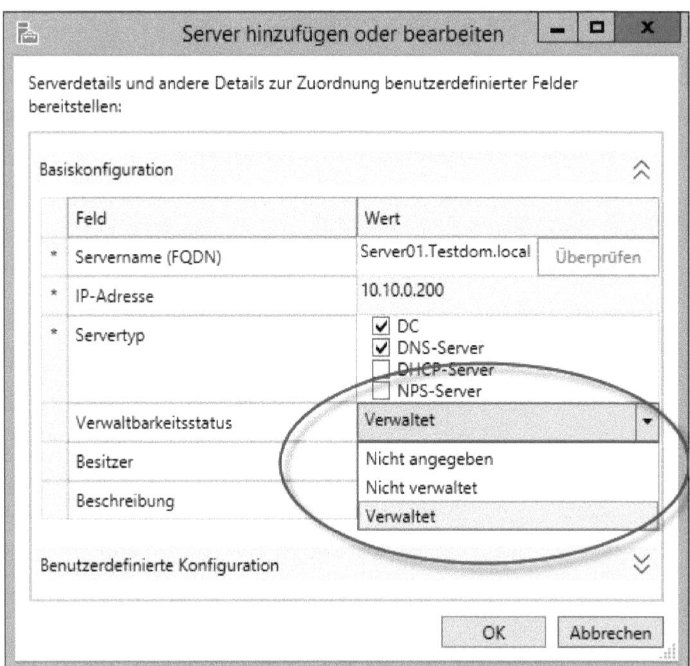

Abb. 7.31: *Granulare Auswahlmöglichkeit*

Aktualisierung notwendig

Nach der Konfiguration werden die Einstellungen auf das betreffende Serversystem angewendet. Dieser Vorgang kann bis zu einer Stunde an Zeit in Anspruch nehmen. Zwischenzeitlich sollte man IPAM im Server-Manager einfach aktualisieren, bis die ausgewählten Serversysteme in der Spalte *Empfohlene Aktion* den Zustand **Blockierung des IPAM-Zugriffs aufgehoben** zeigen. Anschließend kann auf den betreffenden Serversystemen mit der Sammlung von Serverdaten begonnen werden.

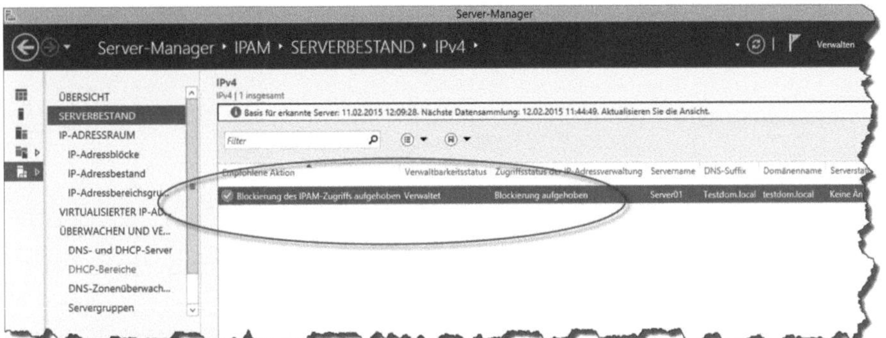

Abb. 7.32: *Hinweis auf die Aufhebung der Blockierung des IPAM-Zugriffs*

7.5.8 Sammlung von Serverdaten

Im letzten Schritt kann man nach der erfolgreichen Konfiguration damit beginnen, die Serverdaten zu den mittels IPAM zu verwaltenden Serversystemen zu sammeln. Gehen Sie dazu wie folgt vor:

1. Starten Sie (soweit erforderlich) den *Server-Manager*, und klicken Sie auf **IPAM**.
2. Klicken Sie im Abschnitt *SERVERBESTAND* mit der rechten Maustaste auf den zu konfigurierenden Server, und wählen Sie **Alle Serverdaten abrufen.**

Sammlung von Serverdaten im Hintergrund

Die Sammlung von Serverdaten wird im Hintergrund ausgeführt. Im Anschluss werden die ermittelten Daten im Server-Manager unter IPAM angezeigt. Mitunter muss die Ansicht im Server-Manager aktualisiert werden, um die Daten anzeigen zu lassen.

IPAM ermöglicht u. a. die domänenweite, zentrale Kontrolle und Verwaltung von IP-Adressverwaltung, sowie der auf den Serversystemen vorhandenen DNS-Namenszonen. Detaillierte Informationen hierzu finden Sie u. a. in der Hilfe von Windows Server 2012 R2.

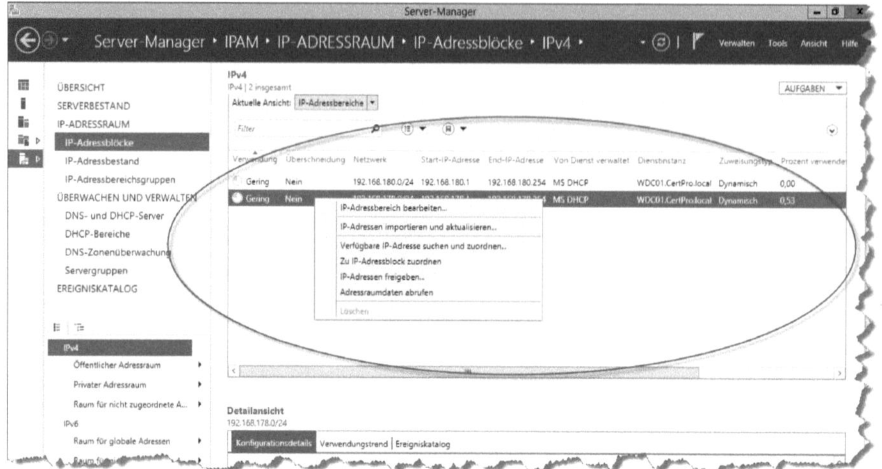

Abb. 7.33: *Konfiguration von Servern zur Sammlung von Informationen mittels IPAM*

7.5.9 Anpassen der Ermittlungsaufgaben

Die Ermittlung von Serverdaten wurde bereits bei der Installation von IPAM auf dem Serversystem unter Windows Server 2012 R2 in der Aufgabenplanung vorkonfiguriert.

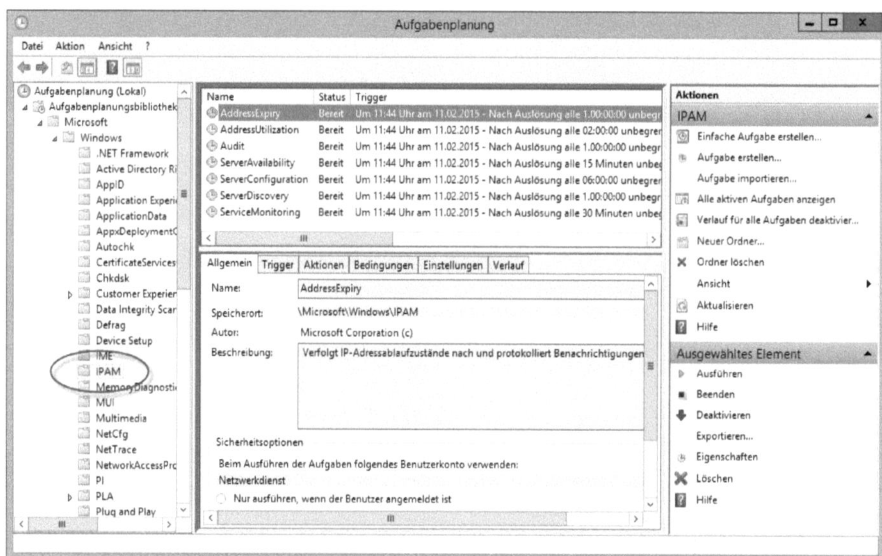

Abb. 7.34: *Anpassen der Ermittlungsaufgaben in der Aufgabenplanung*

Zum Anzeigen oder auch Ändern der Standardwerte für die Ermittlung von Serverdaten mittels IPAM gehen Sie auf einem Serversystem unter Windows Server 2012 R2 wie folgt vor:

1. Starten Sie (soweit erforderlich) den *Server-Manager*, und klicken Sie auf **Tools**.
2. Klicken Sie auf **Aufgabenplanung**, erweitern Sie *Aufgabenplanungsbibliothek*, *Microsoft*, *Windows*, und klicken Sie anschließend auf **IPAM**.

Die standardmäßig vorkonfigurierten Aufgaben für die Sammlung von Serverdaten mittels IPAM können bei Bedarf entsprechend angepasst werden.

7.6 Entfernen von IPAM

Problemlos wieder entfernbar

Im Bedarfsfall lässt sich IPAM von einem Serversystem unter Windows Server 2012 R2 problemlos entfernen. Die dabei gesammelten Serverdaten zu den in der betreffenden Active Directory-Domäne gehen dabei jedoch unwiderruflich verloren, da neben den notwendigen Konfigurationseinstellungen auch die IPAM-Datenbank beim Entfernen des Features gelöscht wird.

Gehen Sie wie folgt vor, um IPAM von einem Serversystem unter Windows Server 2012 R2 zu entfernen:

1. Melden Sie sich als *Administrator* am Serversystem unter Windows Server 2012 R2 an.
2. Öffnen Sie den *Server-Manager* (soweit dies nicht automatisch geschieht) über einen Klick in der *Taskleiste* auf das **Symbol für den Server-Manager** bzw. im *Startbildschirm* auf die entsprechende **Kachel**.
3. Klicken Sie oben im *Server-Manager* auf **Verwalten**, und dann auf **Rollen und Features entfernen**.
4. Klicken Sie im Dialog *Vorbemerkungen* auf **Weiter**.
5. Klicken Sie im Dialog *Zielserver auswählen* auf den Namen des gewünschten Servers, und klicken Sie dann auf **Weiter**.
6. Klicken Sie im Dialog *Serverrollen entfernen* auf **Weiter**.
7. Deaktivieren Sie das Kontrollkästchen vor *IP-Adressverwaltungsserver (IPAM-Server)*, und klicken Sie auf **Features entfernen**, um die Deinstallation der Features zu bestätigen. Klicken Sie anschließend auf **Weiter**.
8. Bestätigen Sie Ihre Auswahl im Dialogfenster *Entfernungsauswahl bestätigen* über einen Klick auf die Schaltfläche **Entfernen**.
9. Klicken Sie nach Abschluss des Vorgangs im Dialogfenster *Entfernungsergebnis* auf **Schließen**.

Weitere Informationen zur Installation, sowie den Konfigurations- und Verwaltungsmöglichkeiten von IPAM unter Windows Server 2012 finden Sie im Internet auf der Website von Microsoft TechNet unter:

https://technet.microsoft.com/de-de/library/hh831353.aspx

In diesem Kapitel haben Sie eine Übersicht über die im Umfeld von Windows Server 2012 R2 eingesetzten Netzwerkinfrastrukturdiensten erhalten. Dabei wurden neben der Installation zum Teil auch die notwendigen Schritte zur Verwaltung der jeweiligen Dienste dargestellt. Auch erhielten Sie einen detaillierten Einblick in die zentrale Verwaltungsmöglichkeit der Netzwerkinfrastrukturdienste mittels IP-Adressverwaltung (engl. *IP Address Management, IPAM*) unter Windows Server 2012 R2. Auf *Domain Name System* (*DNS*) als primärer Namensauflösungsdienst wurde hierbei intensiver eingegangen, da dieser u. a. eine „lebensnotwendige" Basis für die Active Directory-Domänendienste (engl. *Active Directory Domain Services, AD DS*) darstellt. Um diese Dienste und insbesondere deren Neuerungen und Verbesserungen dreht es sich im nächsten Kapitel.

KAPITEL 8

Windows Server 2012 R2 und die Active Directory-Domänendienste

Vielfach die Basis für die Ressourcenverwaltung in Computernetzwerken

Die Active Directory-Domänendienste (engl. Active Directory Domain Services, AD DS) stellen in Unternehmen eine zentrale Verwaltungsinstanz dar. Administratoren verwenden diese Dienste u. a. für die Bereitstellung und Verwaltung des notwendigen Ressourcenzugriffs für die Anwender. Erstmalig in Windows 2000 eingeführt, wurden die Active Directory-Domänendienste in den nachfolgenden Windows-Versionen ständig verbessert - so auch wieder unter Windows Server 2012 R2. Microsoft hat viele, für die tägliche Praxis sicher sehr wichtige Neuerungen und Verbesserungen in die Active Directory-Domänendienste (*AD DS*) bereits in Windows Server 2012 implementiert. Diese sind in Windows Server 2012 R2 als direkten Nachfolger ebenso enthalten. In den nächsten Seiten werden u. a. auch viele dieser Neuerungen und Verbesserungen vorgestellt.

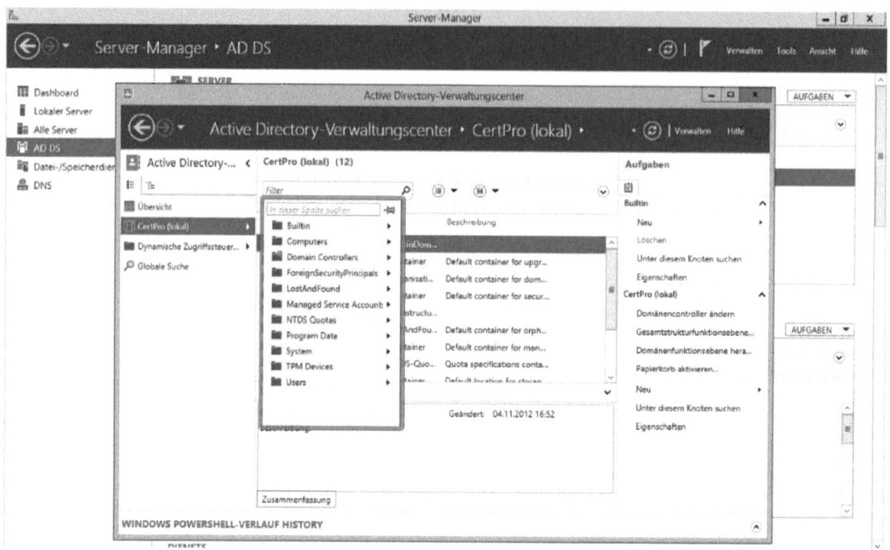

Abb 8.1: *Verwaltung der Active Directory-Domänendienste*

8.1 Neuerungen und Verbesserungen

Die Erwartungen vieler Administratoren an das neue Windows-Serverbetriebssystem wurden bereits mit der Veröffentlichung von Windows Server 2012 erfüllt. Die darin enthaltene Vielzahl an Neuerungen und Verbesserungen bietet nicht nur neue Funktionen, sondern auch zum Beispiel endlich die Möglichkeit, bestimmte, in vorherigen Windows-Versionen bereits erstmalig implementierte Funktionen nunmehr endlich „grafisch transparenter" verwenden zu können.

8.1.1 Einfachere und schnellere Bereitstellung

Integration des Installations-Assistenten in den Server-Manager

Die Bereitstellung der Active Directory-Domänendienste (*AD DS*) in Windows Server 2012 R2 lässt sich einfacher und schneller realisieren, als dies noch in den vorherigen Windows-Versionen der Fall war. Der Installationsprozess der Active Directory-Domänendienste basiert nun auf der Windows Power-Shell, und ist vollständig in den Server-Manager in Windows Server 2012 R2 integriert. Der Befehl **dcpromo.exe** steht lediglich noch als Kommandozeilentool für die mögliche, unbeaufsichtigte Installation der Active Directory-Domänendienste (*AD DS*) zur Verfügung. Der AD DS-Installations-Assistent kann zudem sogar per Remoteverbindung auf Serversystemen im Netzwerk ausgeführt werden, was die Bereitstellung zusätzlicher Domänencontroller in Unternehmensnetzwerken nochmals vereinfacht. Darüber hinaus wurde das Tool **adprep.exe** in den AD DS-Installationsprozess integriert, was die zuvor noch notwendigen Implementierungsschritte zur Einführung sowie auch die Aktualisierung von vorhandenen der Active Directory-Domänendiensten reduziert. Alternativ besteht bei

Bedarf aber immer noch die Möglichkeit, die Adprep-Befehle beispielsweise zur Vorbereitung einer bereits vorhandenen Active Directory-Infrastruktur oder -Domäne auf die Einführung von Windows Server 2012 R2 als Domänencontroller zu verwenden. Dazu steht seit Windows Server 2012 jedoch nur noch eine einzige (64-Bit-)Version von **adprep.exe** zur Verfügung - die 32-Bit-Version von **adprep.exe** ist im Umfang des neuen Betriebssystems nicht mehr enthalten. Die Schritte zur Installation der Active Directory-Domänendienste (*AD DS*) unter Windows Server 2012 R2 werden in den nächsten Seiten noch detailliert erklärt.

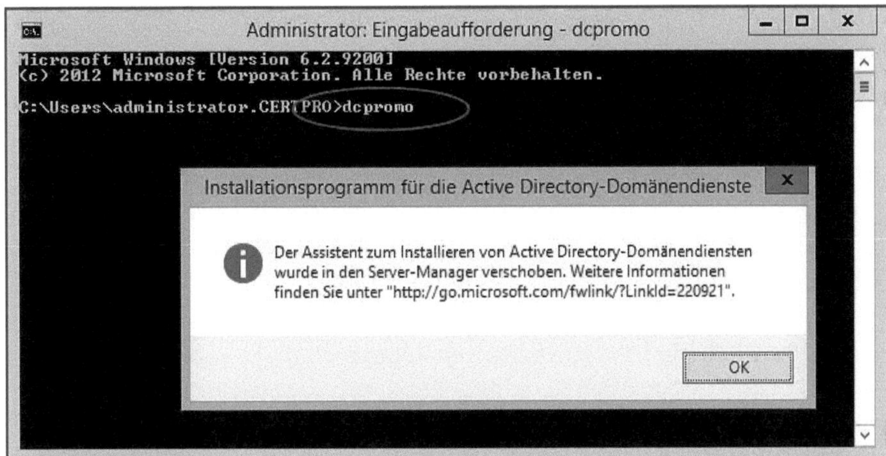

Abb. 8.2: *Hinweis auf den neuen Installations-Assistenten für die Active Directory-Domänendienste beim Aufruf von dcpromo.exe*

8.1.2 Das „neue" Active Directory-Verwaltungscenter

Zentrale Konsole für die Verwaltung von AD-Objekten

Das erstmalig mit Windows Server 2008 R2 eingeführte, auf Windows PowerShell-basierte Active Directory-Verwaltungscenter (engl. *Active Directory Administrative Center, AD AC*) wurde bereits in Windows Server 2012 um viele Funktionen erweitert und verbessert. So besteht darin neben vielen weiteren Optionen nunmehr sogar die Möglichkeit, die darin getätigten Verwaltungsschritte für die spätere Automatisierung als PowerShell-Skript zu speichern. Beim Ausführen von Aktionen in der Benutzeroberfläche werden die entsprechenden, im Hintergrund zur Ausführung verwendeten Windows PowerShell-Befehle innerhalb von *AD AC* in Windows Server 2012 R2 bei Bedarf im **Windows PowerShell History Viewer** angezeigt. Man kann diese in *AD AC* als Aufgaben abschnittsweise gruppieren oder über die Zwischenablage in einen Editor kopieren und als PowerShell-Skript für die spätere Verwendung speichern.

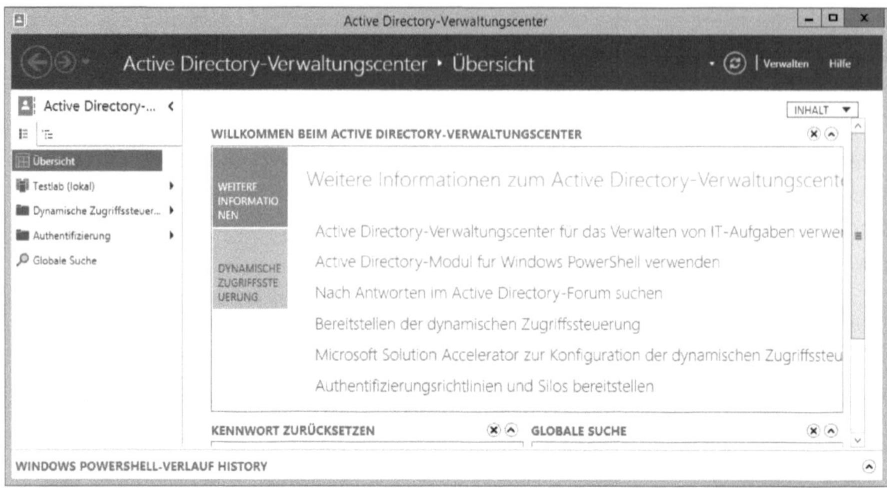

Abb. 8.3: *Das Active Directory-Verwaltungscenter in Windows Server 2012 R2*

8.1.3 Grafischer „Active Directory-Papierkorb"

(Versehentlich) gelöschte Objekte wieder herstellen

Wie es sich vom Namen ableiten lässt, verbirgt sich hinter dem Active Directory-Papierkorb die Möglichkeit, Objekte zu löschen. Zugegeben, die Möglichkeit bestand vorher auch bereits, jedoch dient dieser neue Papierkorb dazu, die mitunter „versehentlich" gelöschten Active Directory-Objekte womöglich „unbeschadet" vollständig und ohne großen Aufwand schnell wieder herzustellen – und das ohne den Einsatz einer Datensicherung und ähnlichem. Eingeführt wurde dieses Feature bereits unter Windows Server 2008 R2, jedoch zur damaligen Zeit lediglich auf Ebene von Windows PowerShell-Cmdlets. Eine grafische Oberfläche fehlte zur damaligen Zeit noch - und wurde zum ersten Mal in Windows Server 2012 integriert.

Voraussetzung

Doch die Sache hat einen (*klitzekleinen*) Haken: Voraussetzung für die Verwendbarkeit des Active Directory-Papierkorbs ist mindestens der Gesamtstrukturfunktionsebenenmodus „**Windows Server 2008 R2**" der Active Directory-Gesamtstruktur. Dies bedeutet, dass sich alle Domänen innerhalb der Active Directory-Gesamtstruktur in der Domänenfunktionsebene „**Windows Server 2008 R2**" und damit ebenso auch alle Domänencontroller mindestens auf Ebene des Betriebssystems Windows Server 2008 R2, Windows Server 2012 oder Windows Server 2012 R2 befinden müssen. Erst dann kann man den Active Directory-Papierkorb u. a. im Active Directory-Verwaltungscenter (AD AC) oder alternativ mithilfe der Windows PowerShell aktivieren.

Das Aktivieren des Active Directory-Papierkorbs kann zu einem späteren Zeitpunkt nicht mehr rückgängig gemacht werden.

8.1.3 1 Schritte zum Aktivieren des Active Directory-Papierkorbs

Gehen Sie wie folgt vor, um den Active Directory-Papierkorb im Active Directory-Verwaltungscenter (*AD AC*) auf einem Server unter Windows Server 2012 R2 zu aktivieren:

1. Melden Sie sich als *Administrator* am Domänencontroller unter Windows Server 2012 R2 an.
2. Öffnen Sie den *Server-Manager* (soweit dies nicht automatisch geschieht) über einen Klick in der *Taskleiste* auf das **Symbol für den Server-Manager** bzw. im *Startbildschirm* auf die entsprechende **Kachel**.
3. Klicken Sie oben im *Server-Manager* auf **Tools**, und dann auf **Active Directory-Verwaltungscenter**.
4. Klicken Sie im *Active Directory-Verwaltungscenter* mit der rechten Maustaste auf den *Domänennamen*, und wählen Sie im Kontextmenü die Option **Papierkorb aktivieren...**

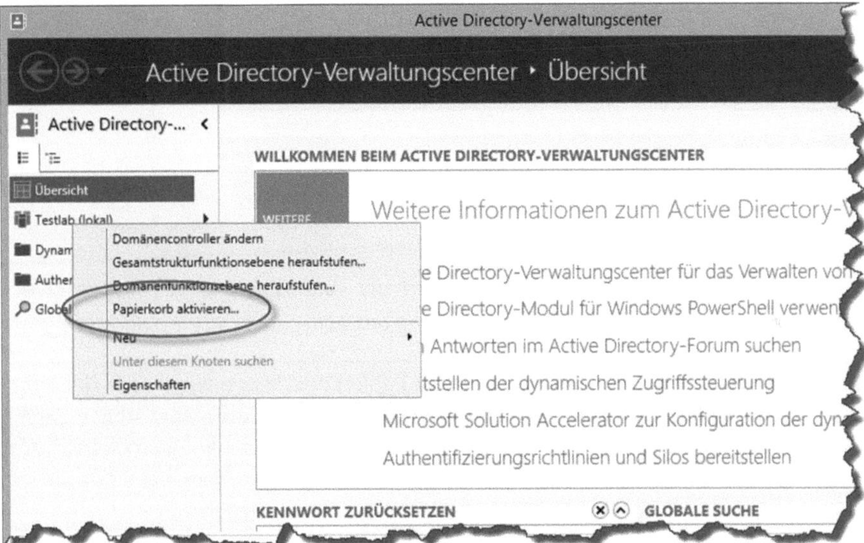

Abb. 8.4: *Aktivieren des Active Directory-Papierkorbs im Active Directory-Verwaltungscenter von Windows Server 2012 R2*

5. Bestätigen Sie die Meldung, dass der Papierkorb nach der Aktivierung nicht mehr deaktiviert werden kann, durch einen Klick auf **OK**.

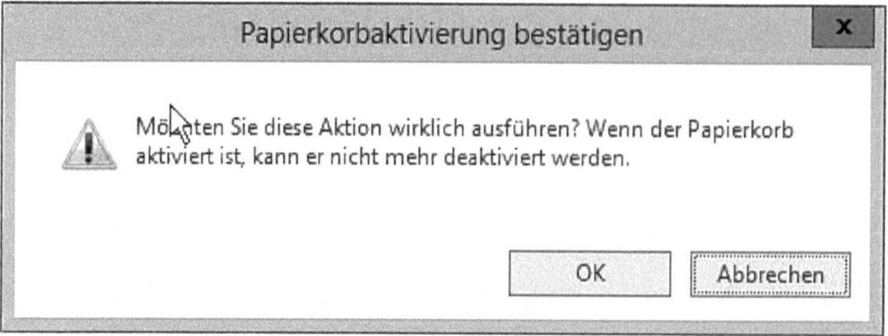

Abb. 8.5: *Hinweismeldung während der Aktivierung des Active Directory-Papierkorbs*

6. Bestätigen Sie den Dialog zur notwendigen Aktualisierung des Active Directory-Verwaltungscenters mit einem Klick auf **OK**.

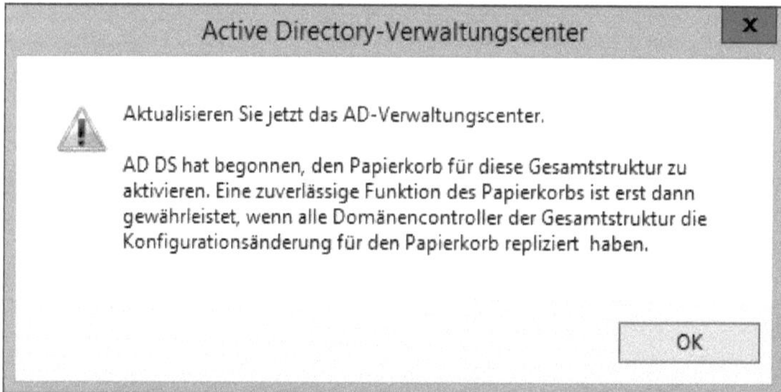

Abb. 8.6: *Hinweis auf die Notwendigkeit der Aktualisierung des Active Directory-Verwaltungscenters während der Aktivierung des Active Directory-Papierkorbs*

Hinweis

Nach der Aktivierung des Active Directory-Papierkorbs muss, wie dies in der vorangegangenen Meldung auch aufgezeigt wurde, die Replikation in der Active Directory-Gesamtstruktur zwischen den einzelnen, darin vorhandenen Domänencontrollern durchgeführt werden. Erst im Anschluss ist sichergestellt, dass man (versehentlich) gelöschte Active Directory-Objekt zuverlässig wieder herstellen kann.

8.1.3.2 Aktivierung des Active Directory-Papierkorbs mittels Windows PowerShell

Alternativ zur Aktivierung des Active Directory-Papierkorbs im Active Directory-Verwaltungscenter kann dies ebenso auch in der Windows PowerShell 4.0 unter Windows Server 2012 R2 erfolgen. Verwenden Sie dazu den folgenden Befehl:

```
Enable-ADOptionalFeature -Identity 'CN=Recycle Bin
Feature,CN=Optional Features,CN=Directory Service,
CN=Windows NT,CN=Services,CN=Configuration,
DC=CertPro,DC=local' -Scope ForestOrConfigurationSet
-Target 'certpro.local'
```

Hinweis

In dem aufgeführten Beispiel wird der Active Directory-Papierkorb für die Domäne *CertPro.local* als optionales Features aktiviert. Um diesen Befehl anwenden zu können, muss zuvor das Active Directory-Modul für Windows PowerShell geladen werden.

8.1.3.3 Anzeigen und Wiederherstellen gelöschter Active Directory-Objekte

Die gelöschten Objekte in den Active Directory-Domänendiensten (AD DS) unter Windows Server 2012 R2 werden nach der Aktivierung des Active Directory-Papierkorbs im Active Directory-Verwaltungscenter unterhalb der jeweiligen Domäne im Container ***Deleted Objects*** angezeigt.

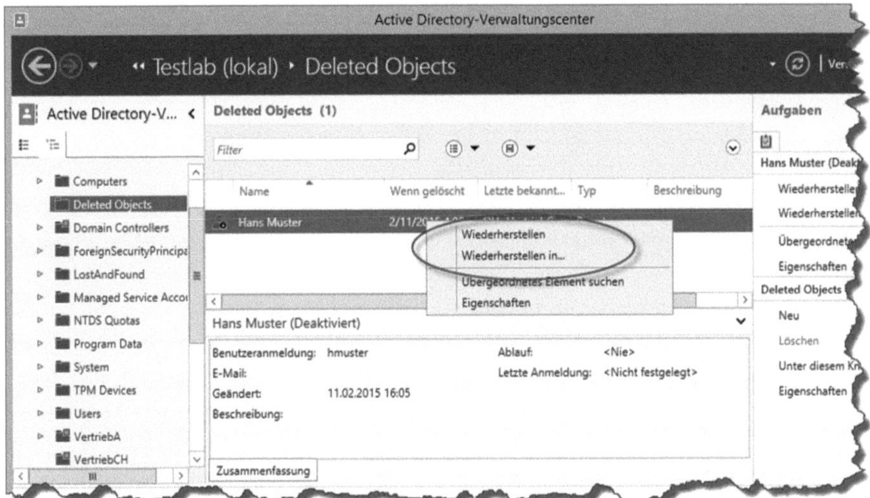

Abb. 8.7: *Gelöschte Objekte im Container Deleted Objects des Active Directory-Verwaltungscenters*

Die gelöschten Active Directory-Objekte lassen sich i.d.R. problemlos mittels eines Klicks mit der rechten Maustaste, und der Auswahl der entsprechenden Option **Wiederherstellen...** bzw. **Wiederherstellen in...** aus dem Papierkorb (sprich: dem Container „***Deleted Objects***") zurückholen. Die Option **Wiederherstellen in...** ermöglicht es alternativ, das zuvor gelöschte Active Directory-Objekt bei Bedarf in einem anderen als dem ursprünglichen Container in der Active Directory-Datenbank wieder herzustellen.

Beim Wiederherstellen von Active Directory-Objekten aus dem Active Directory-Papierkorb werden auch alle zuvor zugewiesenen Attribute gleichsam ebenso wieder hergestellt.

Bereits vor Windows Server 2012 bot Microsoft das Tool **ADRestore.exe** zum Wiederherstellen von gelöschten Active Directory-Objekten auf der Kommandozeilenebene zum kostenfreien Download an. Der große Nachteil dieses Tools: Im Vergleich zum Active Directory-Papierkorb stellt dieses das eigentliche Active Directory-Objekt lediglich mitsamt des Objektnamens und der Objektkennung (*Object SID*), jedoch *ohne* die ursprünglich mitunter zugeordneten Attributwerte (beispielsweise Vor- und Nachname, Gruppenzugehörigkeit, Kennwort etc.) wieder her. Der Active Directory-Papierkorb ist - zumal er seit Windows Server 2012 auch grafisch zur Verfügung steht - sicher die bessere Wahl!

8.1.4 Verbesserung in der Kennwortrichtlinienverwaltung

Endlich effektive Verwaltungsmöglichkeiten

Die in Windows Server 2008 erstmalig eingeführten, differenzierten Kennwortrichtlinien (engl. *Fine-Grained Password Policy, FGPP*) können in Windows Server 2012 R2 als Kennworteinstellungen nunmehr direkt im Active Directory-Verwaltungscenter (engl. *Active Directory Administrative Center, AD AC*) erstellt und verwaltet werden. Kennwortrichtlinieneinstellungen ermöglichen die von Gruppenrichtlinienobjekten unabhängige, granulare Definition unterschiedlicher Kennwortvorgaben für einzelne Benutzer oder Sicherheitsgruppen innerhalb einer Active Directory-Domäne. So ist es beispielsweise möglich, für Administratoren durch den Einsatz spezifischer Objekte für die Kennworteinstellungen höhere Kennwortanforderungen als den einfachen Benutzern innerhalb einer selben Domäne zu definieren. Der Umweg zur Konfiguration von Kennworteinstellungen über den ADSI-Editor oder gar der Einsatz von Drittanbietersoftware (beispielsweise ***SpecOps Password Policy Basic,*** u. ä.), wie dies noch unter Windows Server 2008 und Windows Server 2008 R2 notwendig war, bleibt den Administratoren für dieses in Punkto Sicherheit doch so wertvolle Feature endlich erspart.

Domänenfunktionsebene auf Windows Server 2008 oder höher erforderlich

Die Kennworteinstellungen-Objekte werden in den Active Directory-Domänendiensten, wie bereits auch unter Windows Server 2008 R2 im Container **System\Password Settings Container** der betreffenden Active Directory-Domäne gespeichert. Vorausgesetzt wird für den Einsatz differenzierter Kennwortrichtlinien zumindest die Windows Server 2008-Domänenfunktionsebene.

Hinweis

Die Details und Konfigurationsschritte zur Bereitstellung und Konfiguration differenzierter Kennwortrichtlinien unter Windows Server 2012 R2 finden Sie in den späteren Seiten dieses Kapitels.

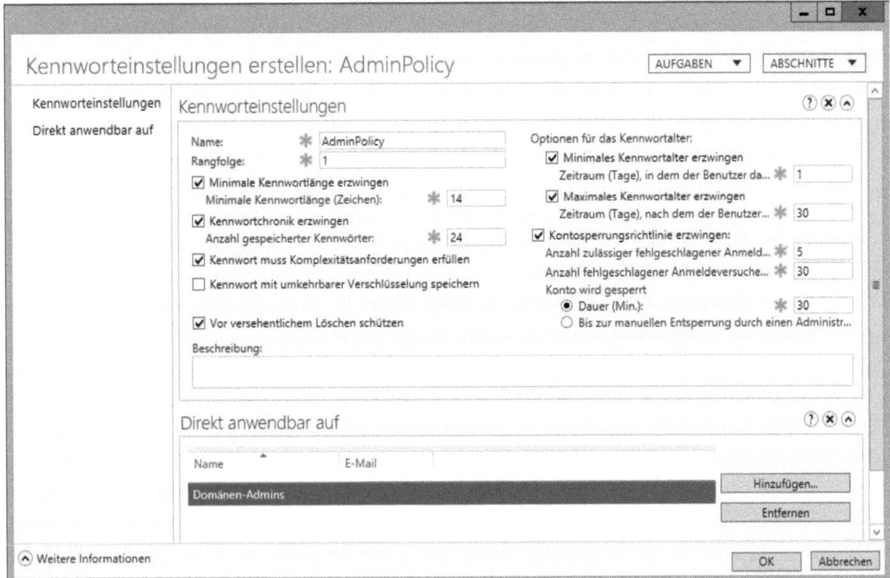

Abb. 8.8: *Grafischer Dialog für die Konfiguration differenzierter Kennwortrichtlinien im Active Directory-Verwaltungscenter*

8.1.5 Active Directory-basierte Aktivierung

Einfach und automatisch

Für die einfache Betriebssystem-Aktivierung in Unternehmen kann die in Windows Server 2012 erstmalig eingeführte, Active Directory-basierte Aktivierung (engl. *Active Directory Based Activation, AD BA*) für Computersysteme unter Windows 8 und Windows 8.1 verwendet werden. Hierbei muss der von Microsoft bereitgestellte, kundenspezifische Volumenlizenzschlüssel (engl. *Volume License Key, VLK*) lediglich einmalig beim Microsoft Activation Service im Internet aktiviert werden. Anschließend erfolgt die Betriebssystemaktivierung für die in der Active Directory-Gesamtstruktur enthaltenen Computersysteme unter Windows 8, Windows 8.1, Windows Server 2012 sowie Windows Server 2012 R2 völlig automatisch - vorausgesetzt, wird für diese Computersysteme jedoch die Domänenmitgliedschaft in einer der in der Gesamtstruktur vorhandenen Active Directory-Domänen.

Die Active Directory-basierte Aktivierung findet man unter Windows Server 2012 R2 in der Serverrolle der **Volumenaktivierungsdienste**. Der Betrieb eines KMS (*Key Management Service*)-Systems, beispielsweise zur zentralen Aktivierung von Windows 7-Systemen und Microsoft Office 2010, ist parallel zu der Active Directory-basierten Aktivierung innerhalb des gleichen Computernetzwerks problemlos möglich. Für die Verwendung der Active Directory-basierten Aktivierung muss das Active Directory-Schema der betreffenden Gesamtstruktur auf Windows Server 2012 erweitert sein, man benötigt hierfür jedoch keine Domänencontroller unter Windows Server 2012 R2.

8.1.6 Klonen von Active Directory-Domänencontrollern

Schnelle Bereitstellung weiterer Domänencontroller

Die Active Directory-Domänendienste (engl. *Active Directory Domain Services, AD DS*) unter Windows Server 2012 R2 ermöglichen ein effektiveres Bereitstellen weiterer, u. a. für die Ausfallsicherheit, sowie auch die Lastverteilung notwendigen Domänencontroller innerhalb einer Active Directory-Domäne. Microsoft ermöglicht hierzu das einfache Klonen eines in der Domäne zuvor eingerichteten, virtuellen Domänencontrollers. Die Verwaltungsschritte werden mit dafür bereitgestellten Windows PowerShell-Cmdlets durchgeführt. Die Eindeutigkeit eines virtuell betriebenen, mitunter bereits geklonten Domänencontrollers ergibt sich durch den Einsatz einer „**VM-Generation-ID**" auf einer unter Hyper-V betriebenen Virtualisierungsplattform.

Die Details zum Klonen sowie zur sicheren Virtualisierung von Domänencontrollern unter Windows Server 2012 R2 bzw. Windows Server 2012 werden in der Website von Microsoft detailliert beschrieben. Informationen hierzu findet man im Internet unter:

https://technet.microsoft.com/de-de/library/hh831734.aspx

8.1.7 Dynamische Zugriffssteuerung

Effektiv, dynamisch - und und sicher

In Windows Server 2012 R2 kann man die Zugriffe auf die auf Dateiservern gespeicherten Daten durch die Verwendung der dazu neu entwickelten dynamischen Zugriffssteuerung (engl. *Dynamic Access Control, DAC*) steuern. Unternehmen können in diesem Zusammenhang zentrale Zugriffs- und Steuerungsrichtlinien in Active Directory definieren, um zu steuern, wer auf die auf Dateiservern gespeicherten Daten zugreifen kann. Die Identifizierung der Daten kann auch durch die automatische oder manuelle Klassifizierung von Dateien erfolgen, damit die dynamische Zugriffssteuerung auf diese angewendet werden kann. Die Unterstützung der Option „Zugriff verweigert" ermöglicht im Zusammenhang mit der dynamischen Zugriffssteuerung, dass Sie für die Benutzer auf einem Computersystem unter Windows 8 bzw. Windows 8.1, denen der Zugriff auf Dateien verweigert wurde, eine angepasste Fehlermeldung innerhalb eines Dialogfensters erhält. Dieses Dialogfenster kann so konfiguriert werden, dass er darin die Möglichkeit erhält, den Zugriff auf die Datei einfach anzufordern. Im Ressourcen-Manager für Dateiserver lässt sich eine Benutzergruppe angeben, an welche die Zugriffsanforderung des Benutzers gesendet werden soll.

Weitere Informationen und Details zur dynamischen Zugriffssteuerung unter Windows Server 2012 R2 bzw. Windows Server 2012 erhalten Sie im Internet auf der Website von Microsoft unter:

https://technet.microsoft.com/de-de/library/hh831717.aspx

Wie dies in den vorangegangenen Seiten zu lesen war, hat Microsoft vielen, für die Praxis sicher relevante Neuerungen und Verbesserungen in das neue Serverbetriebssystem Windows Server 2012 R2 eingebaut. In den nächsten Seiten finden Sie nun die notwendigen Schritte zur Installation und Verwaltung der Active Directory-Domänendienste unter Windows Server 2012 R2.

Weitere Informationen zu den zuvor aufgeführten und noch weiteren Neuerung und Verbesserungen in den Active Directory-Domänendiensten unter Windows Server 2012 R2 bzw. Windows Server 2012 findet man im Internet auf der Website von Microsoft unter:

https://technet.microsoft.com/de-de/library/hh831477.aspx

8.2 Installieren der Active Directory-Domänendienste (AD DS)

Verschiedene Installations-methoden

Um die zuvor benannten Neuerungen und Verbesserungen im Umfeld der Active Directory-Domänendienste (engl. *Active Directory Domain Services, AD DS*) unter Windows Server 2012 R2 überhaupt nutzen zu können, muss man diese zuerst einmal bereitstellen. Es existieren unter dem neuen Betriebssystem, wie bereits auch unter Windows Server 2008 (R2), verschiedene Installationsarten, für die man sich – je nach Situation – entscheiden kann. Wichtig ist anschließend insbesondere die Überprüfung der erfolgreichen Installation der Active Directory-Domänendienste (*AD DS*). Sollte ihre Funktionsfähigkeit eingeschränkt sein, so kann dies u. a. zu schwerwiegenden Problemen bei der anschließenden Netzwerkanmeldung führen.

8.2.1 Installationsarten

Windows Server 2012 und Windows Server 2012 R2 bieten gleich drei verschiedene Installationsarten für die Active Directory-Domänendienste (engl. *Active Directory Domain Services, AD DS*) an:

- Installation über den grafischen *Server-Manager*
- Installation über die *Windows PowerShell*
- *Unbeaufsichtigte Installation* mithilfe des Kommandozeilenprogramms **dcpromo.exe** in Verbindung mit einer zu erstellenden *Unattend*-Datei

Hinweis Beachten Sie, dass der Befehl **dcpromo.exe** in Windows Server 2012 R2 nicht mehr als grafischer Installations-Assistent sondern lediglich noch als Kommandozeilentool für die unbeaufsichtigte Installation der Active Directory-Domänendienste (*AD DS*) verwendet werden kann. Der grafische Installationsprozess der AD DS ist seit Windows Server 2012 vollständig in den Server-Manager integriert.

Bevor die Gesamtstruktur jedoch eingerichtet werden kann, müssen zuerst die notwendigen Schritte zur Vorbereitung der Installation der Active Directory-Domänendienste (*Active Directory Domain Services, AD DS*) durchgeführt werden.

8.2.2 Vorbereitende Schritte zur Installation

Zur Vorbereitung der Installation der Active Directory-Domänendienste unter Windows Server 2012 R2 müssen Sie die folgenden Schritte bereits abgeschlossen haben:

- **Konfiguration von statischen IP-Adressen**
- **Festlegen des Servernamens**
- **Überprüfung auf ausreichenden Speicherplatz** Die Installation erfordert ausreichend Speicherplatz zum Speichern der Active Directory-Domänendienste-Datenbank (250 MByte) und der zugehörigen Log-Dateien (50 MByte). Zusätzlich sind noch 15 MByte an freiem Speicherplatz auf der Systempartition erforderlich. Die zum Speichern der Daten geplanten Partitionen müssen mit NTFS formatiert sein.
- **Installation und Konfiguration des DNS-Dienstes** (Optional)

Nachdem die vorbereitenden Schritte für die Installation der Active Directory-Domänendienste erfolgreich abgeschlossen wurden, kann die Installation nun gestartet werden.

8.2.3 Installation der Active Directory-Domänendienste

Die Installation der Active Directory-Domänendienste-Rolle unter Windows Server 2012 R2, sowie das Heraufstufen des jeweiligen Serversystems zu einem Domänencontroller lässt sich in der Regel in einfachen Schritten durchführen. Die möglichen Installationsmethoden werden in den nächsten Seiten dargestellt.

8.2.3.1 Installation über den Server-Manager

Die Active Directory-Domänendienste (*Active Directory Domain Services, AD DS*) können im Server-Manager von Windows Server 2012 R2 jederzeit über einen Klick auf **Verwalten** und dann auf **Rollen und Features hinzufügen** entweder lokal oder mitunter sogar remote auf einem Serversystem im Netzwerk installiert werden. Der grafische Installationsprozess verwendet im Hintergrund die dafür in Windows Server 2012 R2 integrierten Windows PowerShell-Cmdlets.

Hinweis

Das Hinzufügen der Serverrolle der Active Directory-Domänendienste (*AD DS*) mithilfe des Server-Managers bereitet die Rolle eines Servers unter Windows Server 2012 R2 als Domänencontroller erst einmal lediglich vor. Das eigentliche Einrichten der Serverrolle als Domänencontroller muss anschließend auf jeden Fall in einem weiteren Schritt ausgeführt werden. Der Server-Manager zeigt nach dem Hinzufügen der Rolle entsprechende Meldungen an.

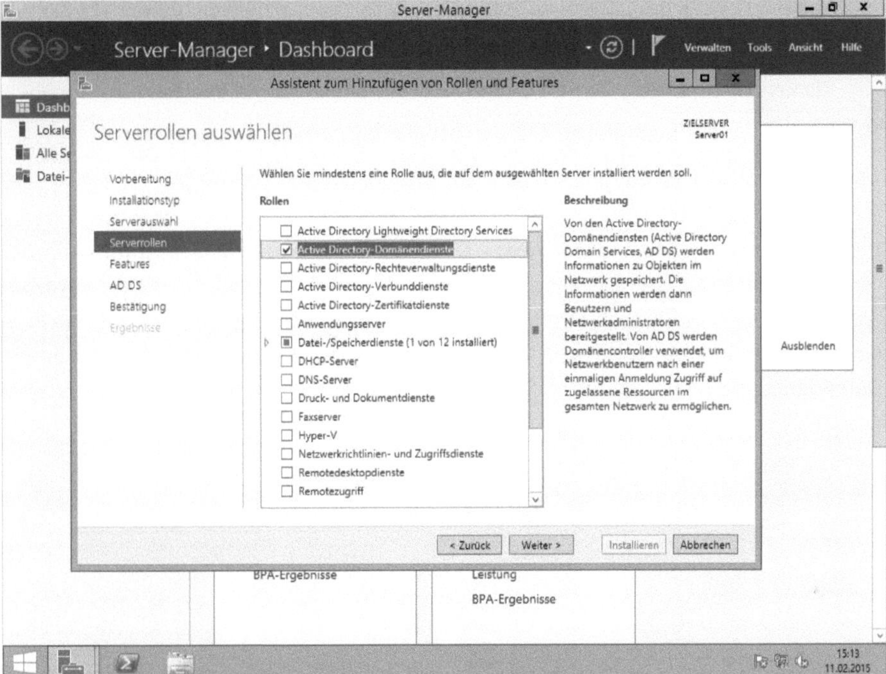

Abb. 8.9: *Auswahl der Active Directory-Domänendienste im Assistent zum Hinzufügen von Rollen und Features des Server-Managers unter Windows Server 2012 R2*

Gehen Sie wie folgt vor, um eine neue Active Directory-Domäne in einer neuen Active Directory-Gesamtstruktur mithilfe des *Assistenten zum Hinzufügen von Rollen und Features* im grafischen Server-Manager auf einem Serversystem unter Windows Server 2012 R2 einzurichten:

1. Melden Sie sich als *Administrator* am Serversystem an.
2. Öffnen Sie den *Server-Manager* (soweit dies nicht automatisch geschieht) über einen Klick in der *Taskleiste* auf das **Symbol für den Server-Manager** bzw. im *Startbildschirm* auf die entsprechende **Kachel**.
3. Klicken Sie oben im *Server-Manager* auf **Verwalten**, und dann auf **Rollen und Features hinzufügen**.
4. Klicken Sie im Dialog *Vorbemerkungen* auf **Weiter**.

5. Wählen Sie im Dialog *Installationstyp auswählen* die Option **Rollenbasierte oder featurebasierte Installation**, und klicken Sie auf **Weiter**.
6. Klicken Sie im Dialog *Zielserver auswählen* auf den Namen des gewünschten Servers, und klicken Sie dann auf **Weiter**.
7. Aktivieren Sie das Kontrollkästchen vor *Active Directory-Domänendienste*, und klicken Sie auf **Features hinzufügen**, um die Installation der notwendigen Remoteserver-Verwaltungstools zu bestätigen. Klicken Sie anschließend auf **Weiter**.
8. Klicken Sie im Dialog *Features auswählen* auf **Weiter**.
9. Klicken Sie im Dialog *Active Directory-Domänendienste* auf **Weiter**.
10. Klicken Sie auf **Installieren**, um die Installationsauswahl zu bestätigen.
11. Klicken Sie auf **Schließen**, um den Dialog *Assistent zum Hinzufügen von Rollen und Features* zu schließen.

Die erfolgreiche Installation der Active Directory-Domänendienste wird Ihnen in der oberen *Befehlsleiste* des Server-Managers durch einen Klick auf das **Fahnensymbol** angezeigt. Nach der Aktualisierung des Server-Managers zeigt ein Klick auf das Fahnensymbol zudem einen Hinweis, dass der Server in einem weiteren Schritt zu einem Domänencontroller heraufgestuft werden muss.

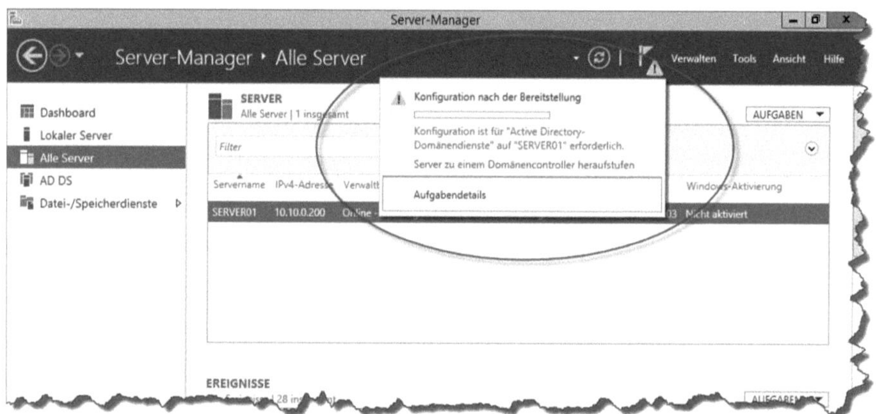

Abb. 8.10: *Hinweis auf die notwendige Konfiguration nach der Installation der Active Directory-Domänendienste (AD DS) im grafischen Server-Manager*

Eine ähnliche Meldung wird nach einem Klick auf **AD DS** im *Server-Manager* angezeigt.

8.2.3.2 Heraufstufen des Servers zu einem Domänencontroller

Gehen Sie wie folgt vor, um ein Serversystem unter Windows Server 2012 R2 nach der Installation der Active Directory-Domänendienste (*AD DS*) zu einem Domänencontroller für eine neue Active Directory-Domäne in einer neuen Active Directory-Gesamtstruktur heraufzustufen:

1. Öffnen Sie den *Server-Manager* (soweit noch nicht geschehen) über einen Klick in der *Taskleiste* auf das **Symbol für den Server-Manager** bzw. im *Startbildschirm* auf die entsprechende **Kachel**.
2. Klicken Sie oben im *Server-Manager* auf das **Fahnensymbol**, und dann auf **Server zu einem Domänencontroller heraufstufen**.
3. Wählen Sie im Dialog *Bereitstellungskonfiguration* die Option **Neue Gesamtstruktur hinzufügen**, geben Sie im Feld *Name der Stammdomäne* den gewünschten Domänennamen für die neue Active Directory-Domäne ein, und klicken Sie auf **Weiter**.
4. Wählen Sie im Dialog *Domänencontrolleroptionen* die gewünschte Funktionsebene der neuen Gesamtstruktur und der Stammdomäne, achten Sie darauf, dass das Kontrollkästchen für DNS-Server aktiviert ist, Geben Sie im Feld *Kennwort*, sowie im Feld *Kennwort bestätigen* das für die mögliche Wiederherstellung der Verzeichnisdienste notwendige Kennwort ein, und klicken Sie auf **Weiter**.

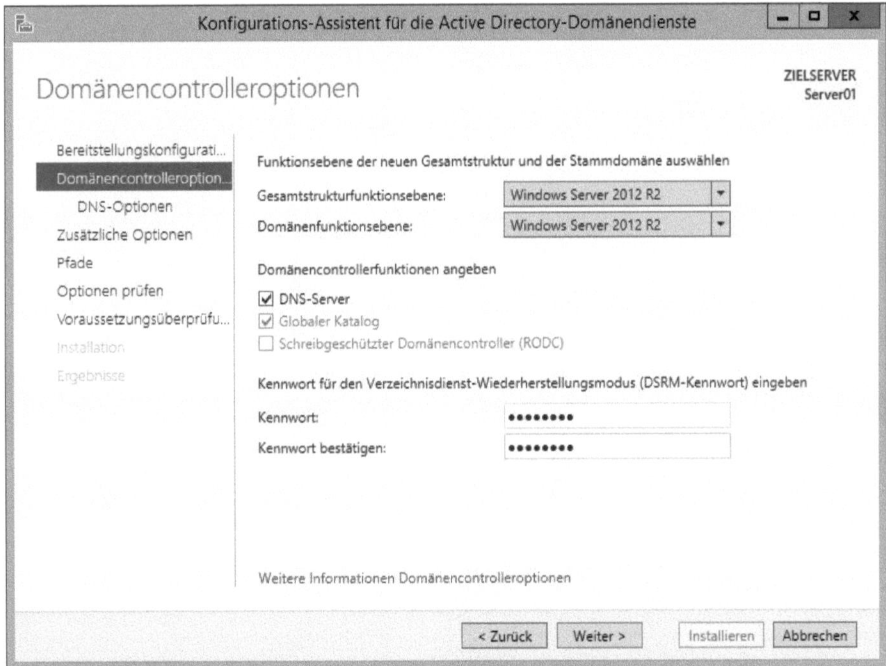

Abb. 8.11: *Konfiguration der Domänencontrolleroptionen*

Mit der Gesamtstruktur- bzw. Domänenstrukturfunktionsebene legt man die niedrigste Betriebssystemversion der zu nutzenden Active Directory-Domänencontroller fest. Beachten Sie, dass die Gesamtstruktur- und die Domänenfunktionsebene zu einem späteren Zeitpunkt i.d.R. nicht einfach mehr niedriger eingestellt werden kann. Weitere Informationen hierzu findet man im u. a. Internet auf der Website von Microsoft unter:

https://technet.microsoft.com/de-de/library/hh994618.aspx

5. Klicken Sie im Dialog *DNS-Optionen* auf **Weiter**.
6. Überprüfen Sie im Dialog *Zusätzliche Optionen* den vorgeschlagenen NetBIOS-Domänennamen, und klicken Sie dann auf **Weiter**.

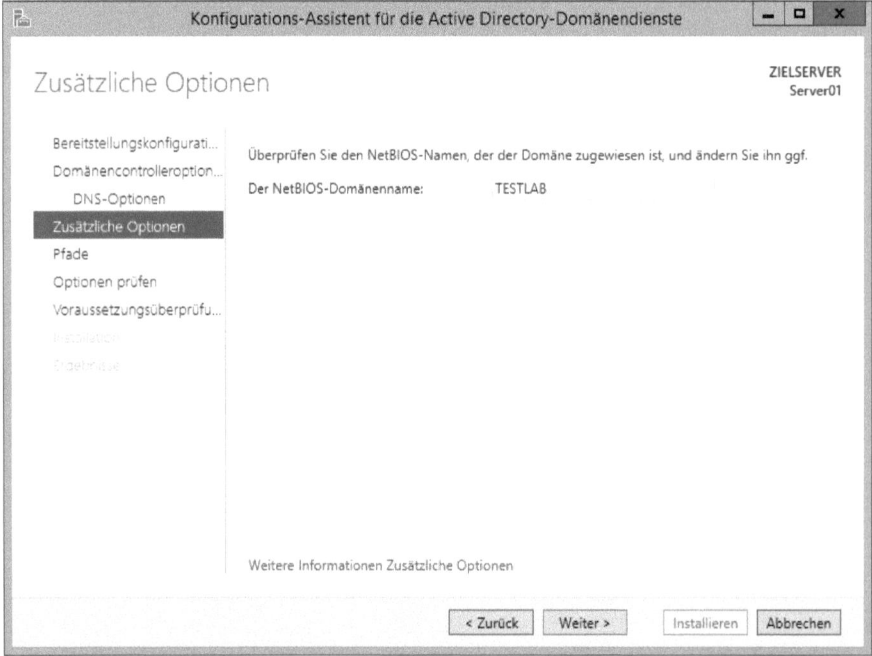

Abb. 8.12: *Angabe des NetBIOS-Domänennamens der neu zu erstellenden Active Directory-Domäne*

7. Klicken Sie im Dialog *Pfade* auf **Weiter**.
8. Überprüfen Sie im Dialog *Optionen prüfen* die von Ihnen zuvor vorgenommene Konfigurationsauswahl, und klicken Sie dann auf **Weiter**.

Über die Schaltfläche **Skript anzeigen** können Sie sich die Konfigurationsschritte auf Ebene der Windows PowerShell anzeigen lassen, und diese für eine mögliche, spätere Verwendung als Skriptdatei speichern.

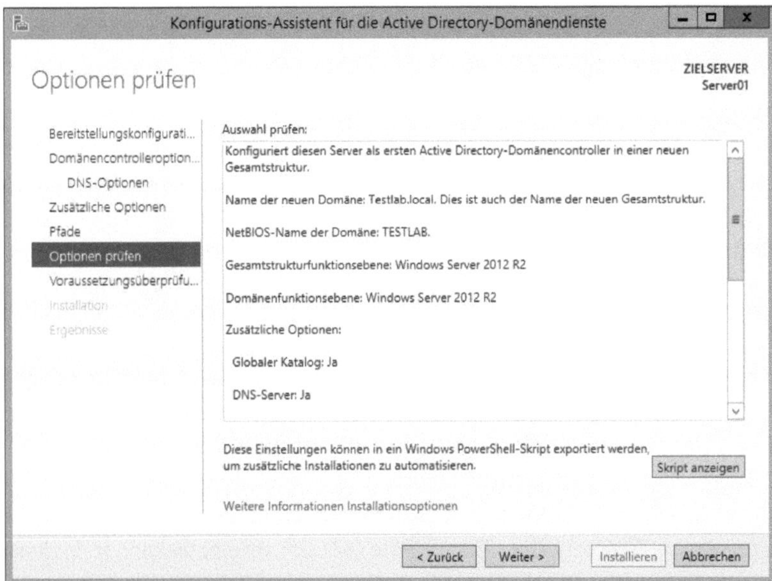

Abb. 8.13: *Möglichkeit zur Überprüfung der gewählten Konfigurationsoptionen*

9. Überprüfen Sie die Angaben im Dialog *Voraussetzungsüberprüfung*, und klicken Sie anschließend auf **Installieren**.

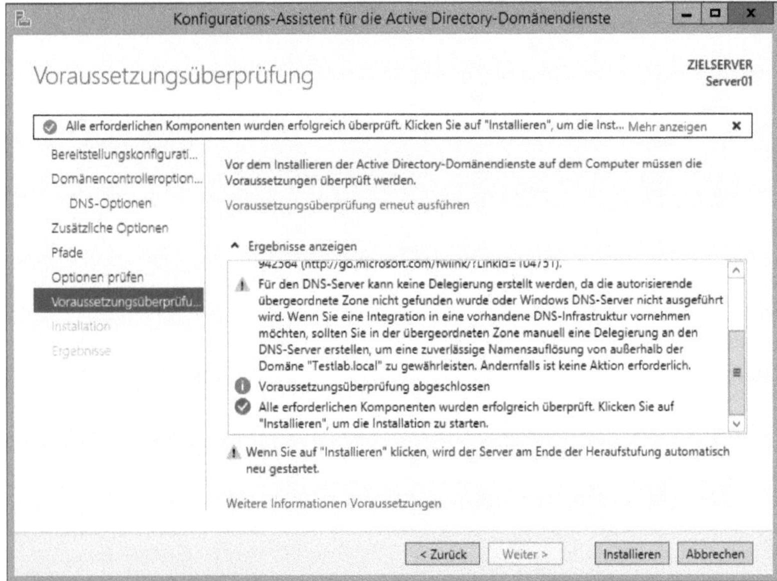

Abb. 8.14: *Ergebnis der Voraussetzungsüberprüfung im Konfigurations-Assistent für die Active Directory-Domänendienste*

> **Hinweis**
> Beachten Sie, dass der Server am Ende der Heraufstufung automatisch neu gestartet wird.

Nach der erfolgreichen Installation der Active Directory-Domänendienste (*AD DS*) auf einem Server unter Windows Server 2012 R2, und dem Heraufstufen des Serversystems zu einem Domänencontroller kann man sich als Administrator an dem Serversystem anmelden. Mitunter erscheint während des ersten Anmeldeversuchs ein Hinweis, dass das zuvor für das lokale Administratorkonto verwendete Kennwort abgelaufen ist, und man ein neues Kennwort für das Administratorkonto der Active Directory-Domäne angeben muss.

Umfangreiche Tools für die Verwaltung und Konfiguration

Nach dem ersten Anmelden wird der Server-Manager standardmäßig automatisch gestartet. Darin findet man eine Verknüpfung zum Serverpool für die *AD DS*. Über einen Klick darauf wird der zuvor neu eingerichtete Active Directory-Domänencontroller angezeigt. Mit einem Klick mit der rechten Maustaste auf das Serversystem erhält man im Kontextmenü u. a. eine Auswahl der möglichen Verwaltungs- und Konfigurationsprogramme der Active Directory-Domänendienste (*AD DS*). Alternativ kann man diese Werkzeuge auch über einen Klick auf **Tools** in der oberen Befehlszeile des Server-Mangers aufrufen.

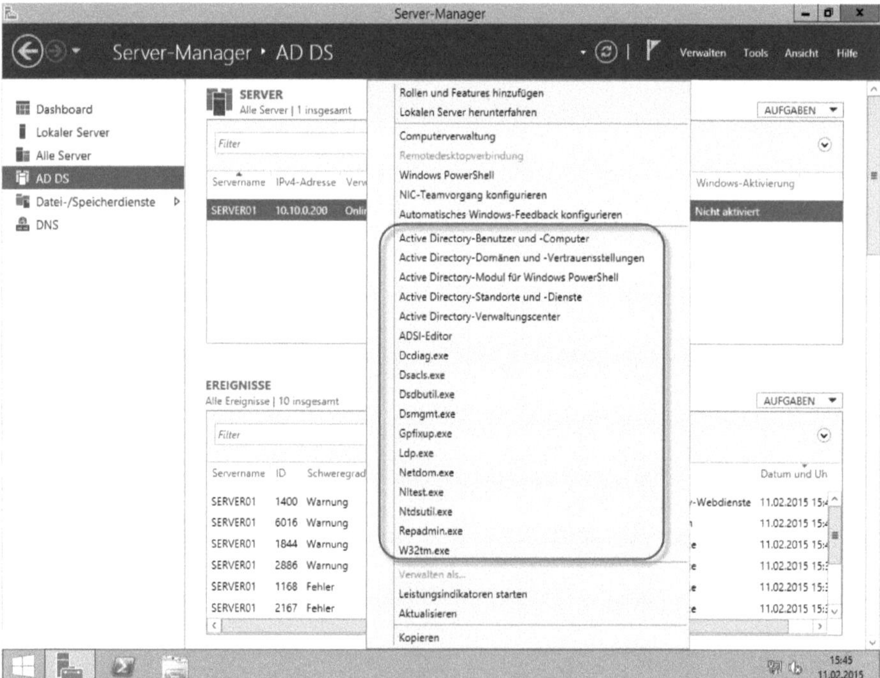

Abb. 8.15: *Aufruf der Tools für die Verwaltung und Konfiguration der Active Directory-Domänendienste im Server-Manager unter Windows Server 2012 R2*

Weitere Informationen zum Einrichten eines Active Directory-Domänencontrollers mithilfe des grafischen Server-Managers unter Windows Server 2012 R2 bzw. Windows Server 2012 findet man u. a. im Internet auf der Microsoft-Website unter:

https://technet.microsoft.com/de-de/library/hh472162.aspx

8.2.3.3 Installation mithilfe der Windows PowerShell

Alternativ zur Installation der Active Directory-Domänendienste (*AD DS*) mithilfe des Server-Managers von Windows Server 2012 R2 kann dies auch direkt in der Windows PowerShell unter Verwendung entsprechender Windows PowerShell-Cmdlets durchgeführt werden. Diese kommen im Hintergrund auch während der grafischen Installation der AD DS im Server-Manager zum Einsatz. Insbesondere die Automatisierung der Installation der Active Directory-Domänendienste (*AD DS*) in großen und auch sehr großen Computernetzwerken wird durch die Verwendung der dazu entwickelten und in Windows Server 2012 erstmalig implementierten Windows PowerShell-Cmdlets ermöglicht.

Gehen Sie wie folgt vor, um die Active Directory-Domänendienste (*AD DS*) mithilfe der Windows PowerShell auf einem Serversystem unter Windows Server 2012 R2 für die Einrichtung einer neuen Active Directory-Domäne in einer neuen Active Directory-Gesamtstruktur zu installieren:

1. Starten Sie die *Windows PowerShell*, und geben Sie zur Installation der Active Directory-Domänendienste den folgenden Befehl ein:

   ```
   Install-WindowsFeature -name AD-Domain-Services
   -IncludeManagementTools
   ```

Hinweis

Der Befehl installiert die Active Directory-Domänendienste (*AD DS*) mitsamt den notwendigen Verwaltungstools dem jeweiligen Serversystem unter Windows Server 2012. R2

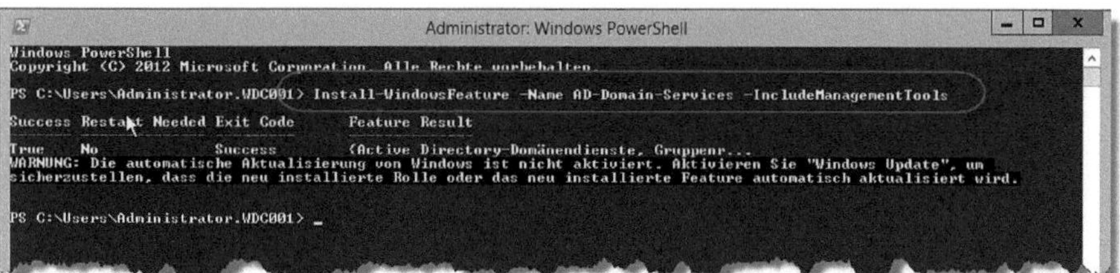

Abb. 8.16: *Installation der Active Directory-Domänendienste mithilfe der Windows PowerShell*

2. Geben Sie anschließend den folgenden Befehl in der Windows PowerShell ein, um das Serversystem unter Windows Server 2012 R2 zu einem Domänencontroller einer neuen Stammdomäne einer neuen Active Directory-Gesamtstruktur heraufzustufen:

```
Install-ADDSForest -DomainName CertPro.de -DomainMode
Win2012 -ForestMode Win2008R2 -DatabasePath "D:\NTDS"
-SYSVOLPath "d:\SYSVOL" -LogPath "D:\Logs"
-SafeModeAdministrator-Password (read-host prompt
"DSRM Password:" -assecurestring)
```

Hinweis

In dem oberen Beispiel wird eine neue Stammdomäne mit dem Namen *CertPro.de* einer neuen Active Directory-Gesamtstruktur in der Domänenfunktionsebene *Windows Server 2012* und der Gesamtstrukturfunktionsebene Windows Server 2008 R2 eingerichtet. Zudem wird der Datenbank-, Sysvol- und der Pfad für die Protokolldateien auf das *Laufwerk D:* konfiguriert. Für die Eingabe des Kennworts für die Verzeichnisdienstwiederherstellung erfolgt die Eingabeaufforderung gleich während der Ausführung des Befehls in der Windows PowerShell. Die Serverrolle DNS-Server wird beim Ausführen von **Install-ADDSForest** standardmäßig installiert.

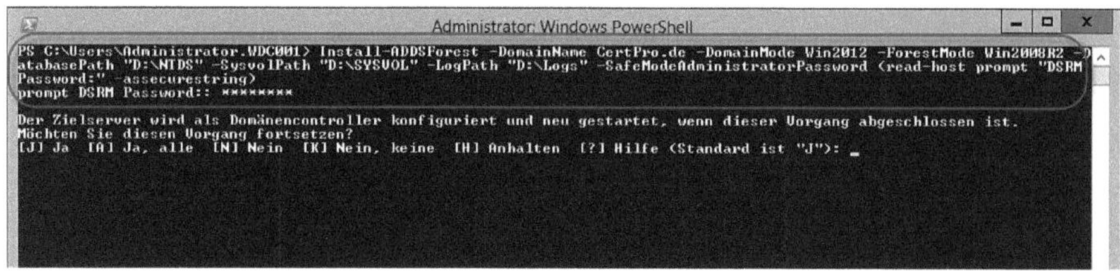

Abb. 8.17: *Heraufstufen eines Servers mithilfe der Windows PowerShell zu einem Active Directory-Domänencontroller*

Die Windows PowerShell 4.0 kann mit den im Modul für die Active Directory-Domänendienste enthaltenen Windows PowerShell-Cmdlets ebenso dazu verwendet werden, neue Domänen zu bereits vorhandenen Active Directory-Gesamtstrukturen oder auch neue Domänencontroller zu bereits vorhandenen Active Directory-Domänen hinzuzufügen. Auch kann man die Installation der Active Directory-Domänendienste mittels Windows PowerShell-Skripts bei Bedarf auch automatisieren.

Weitere Informationen zur Installation der Active Directory-Domänendienste und dem Heraufstufen von Serversystemen zu Domänencontrollern mittels PowerShell-Cmdlets findet man im Active Directory-Modul in der Windows PowerShell 4.0 unter Windows Server 2012 R2, oder auch im Internet auf der Website von Microsoft unter:

https://technet.microsoft.com/de-de/library/hh472162.aspx

8.2.3.4 Unbeaufsichtigte Installation

Neben der grafischen Installation der Active Directory-Domänendienste, sowie der Installation mithilfe der Windows PowerShell ab der Version 3.0 besteht zusätzlich die Möglichkeit, diese auch unbeaufsichtigt durchzuführen. Hierzu wird, wie bereits unter den vorangegangenen Windows-Serverbetriebssystemen der folgende Befehl verwendet:

dcpromo.exe /unattend:[*Unattend-Datei*]

Die Installationsdaten, welche während der grafischen Installation der Active Directory-Domänendienste angegeben werden müssen, werden bei der unbeaufsichtigten Installation mittels der Datei [*Unattend-Datei*] an den Installationsassistenten übergeben. Der Dateiname der betreffenden Datei wird mitsamt dem Dateispeicherpfad beim Befehlsaufruf gleich hinter dem Schalter **/unattend:** angegeben.

Automatisierung der Installation

Erstellen einer Datei für die unbeaufsichtigte Installation der Active Directory-Domänendienste

Der Befehl **dcpromo.exe** verfügt über einen Befehlsschalter, mit welchem man auf einem bereits bestehenden Domänencontroller unter Windows Server 2012 R2 bzw. Windows Server 2012 eine Datei zur unbeaufsichtigten Installation der Active Directory-Domänendienste auf weiteren Servern der betreffenden Active Directory-Domäne durchführen kann. Der Befehl hierzu lautet wie folgt:

dcpromo.exe /answer:InstADDS.txt

Der Wert **InstADDS.txt** beschreibt hierbei den Namen der zu erstellenden Datei für die nachfolgende, unbeaufsichtigte Installation der Active Directory-Domänendienste.

Beispieldatei für die unbeaufsichtigte Installation der Active Directory-Domänendienste unter Windows Server 2012 R2

Nachfolgend finden Sie den Inhalt einer Beispieldatei für die unbeaufsichtigte Installation der Active Directory-Domänendienste (*Active Directory Domain Services, AD DS*) unter Windows Server 2012 R2:

Anpassung mittels Editor möglich

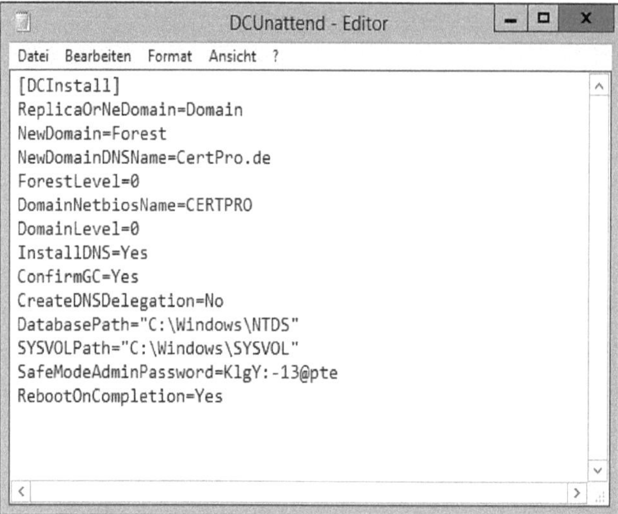

Abb. 8.18: *Die Datei „DCUnattend.txt" für die unbeaufsichtigte Installation der Active Directory-Domänendienste (AD DS)*

Unter Verwendung der oben dargestellten Beispieldatei mit dem Namen **`DCUnattend.txt`** wird unter dem Namen *`CertPro.de`* eine neue Active Directory-Gesamtstruktur eingerichtet. Darüber hinaus sind die automatische Installation des DNS-Dienstes (**`InstallDNS=Yes`**) sowie die Zuordnung der Funktion als globaler Katalogserver (**`ConfirmGc=Yes`**) bereits aktiviert. Die in der letzten Zeile der Datei angegebene Option **`RebootOnCompletion=Yes`** steht für den automatischen Neustart des Servers nach der Installation der Active Directory-Domänendienste (*AD DS*). Die Datei kann bei Bedarf jederzeit mit einem Editor angepasst werden.

8.2.4 Überprüfung der erfolgreichen Installation

Nach Beendigung der Installation der Active Directory-Domänendienste und dem Neustart des neuen Domänencontrollers muss nun überprüft werden, ob die Installation erfolgreich verlaufen ist. Gehen Sie hierzu wie folgt vor:

- Öffnen Sie die Verwaltungskonsole *Active Directory-Verwaltungscenter*, um die Konnektivität zur Active Directory-Domänendienste-Datenbank zu prüfen.
- In der DNS-Verwaltungskonsole muss man nun prüfen, ob die notwendigen Diensteinträge für den Domänencontroller bereits angelegt wurden.
- Anschließend sollten Sie unbedingt die für den nachfolgenden Betrieb notwendigen Freigaben (**SYSVOL** und **Netlogon**) des Domänencontrollers auf Erreichbarkeit im Netzwerk überprüfen.

- Wenn der Domänencontroller zu einer bereits vorhandenen Domänenstruktur hinzugefügt wurde, muss auch das Replikationsverhalten mit den anderen Domänencontrollern kontrolliert werden.
- Zuletzt lohnt sich ein Blick in die Ereignisanzeigenprotokolle des Servers. Hierin werden ggf. vorhandene Probleme erfasst und dokumentiert.

Anschließend dokumentieren

Wenn die Überprüfung der Installation der Active Directory-Domänendienste (*Active Directory Domain Services, AD DS*) erfolgreich verlaufen ist, sollte man dies nun in der Serverdokumentation (*Serverakte*) festhalten.

Nicht in allen Fällen möchte man die Installation eines vollwertigen Domänencontrollers durchführen. Mitunter findet man in seinem Netzwerk bestimmte Unternehmensstandorte, für die man die physikalische Sicherheit (womöglich durch die Gebäudeart, etc.) nicht garantieren kann. In solchen Fällen kann man zusätzlich zu den vorhandenen Domänencontrollern in den (Zweig-)Niederlassungen einen bereits mit Windows Server 2008 eingeführten, schreibgeschützten Domänencontroller (*RODC*) einsetzen.

8.3 Schreibgeschützte Domänencontroller (RODC)

In zumeist kleineren Unternehmensniederlassungen, in denen die physikalische Sicherheit für die in der Datenbank der Active Directory-Domänendienste (engl. *Active Directory Domain Services, AD DS*) gespeicherten Active Directory-Objekte nicht gewährleistet werden kann, besteht seit Windows Server 2008 die Möglichkeit, Serversysteme unter als schreibgeschützte Domänencontroller (engl. *Read-Only Domain Controller, RODC*) zu verwenden. Diese Domänencontroller besitzen, wie es sich bereits aus dem Namen ableiten lässt, lediglich eine schreibgeschützte Version der Active Directory-Domänendienste-Datenbank.

Schreibgeschützte Active Directory-Datenbank

Änderungen an den Objekten in der Active Directory-Datenbank sind auf den schreibgeschützten Domänencontrollern lediglich durch die Replikation von einem in der jeweiligen Active Directory-Domäne vorhandenen, schreibbaren Domänencontroller unter Windows Server 2008, Windows Server 2008 R2, Windows Server 2012 oder Windows Server 2012 R2 möglich. Darüber hinaus lässt es sich anhand von speziellen Sicherheitsgruppen klar abgrenzen, wessen Kennwörter seitens des vollwertigen Domänencontrollers an die schreibgeschützten Domänencontroller (*RODCs*) repliziert werden dürfen. Somit liegt einem potentiellen Angreifer, wenn er einen der schreibgeschützten Domänencontroller (*RODCs*) entwenden sollte, nun doch kein Kennwort der verantwortlichen Administratoren vor. Zudem kann man innerhalb der Active Directory-Domäne alle bis zum Entwenden des schreibgeschützten Domänencontrollers darauf durch Replikationsvorgänge gespeicherten Kennwörter widerrufen. Wenn ein Angreifer es demnach schaffen würde, eines oder auch mehrere der auf dem entwendeten RODC womöglich gespeicherten Kennwörter zu entschlüsseln, so hat er nachfolgend keine Möglichkeit mehr, diese gegen die jeweilige Domäne anzuwenden.

> **Hinweis**
>
> Schreibgeschützte Domänencontroller (*RODCs*) können innerhalb einer Active Directory-Domäne problemlos parallel zu Domänencontrollern unter Windows Server 2003 betrieben werden. Für die Implementierung eines RODCs ist lediglich mindestens ein schreibbarer Domänencontroller unter Windows Server 2008, Windows Server 2008 R2 oder höher sowie die Domänenfunktionsebene *Windows Server 2003 (oder höher)* notwendig.
>
> Beachten Sie, dass für den Einsatz von Windows Server 2012 R2 als Domänencontroller oder auch als schreibgeschützter Domänencontroller (RODC) die Domänenfunktionsebene mit ***Windows Server 2008 oder höher*** vorausgesetzt wird.

- Vor der Installation eines schreibgeschützten Domänencontrollers in einer Gesamtstruktur unter Windows Server 2003 oder einer auf Windows Server 2008 bzw. Windows Server 2008 R2 aktualisierten Gesamtstruktur muss der Befehl **adprep /rodcprep** auf einem der vorhandenen Computer in der betreffenden Gesamtstruktur ausgeführt werden. Dieser Vorgang kontaktiert den Infrastrukturmaster einer jeden vorhandenen Domäne, um die Berechtigungen für die Anwendungsverzeichnispartitionen zu aktualisieren. Wenn eine neue Active Directory-Gesamtstruktur direkt unter Windows Server 2012 R2 eingerichtet wird, ist dieser Schritt nicht erforderlich.
- Die Gesamtstrukturfunktionsebene muss mindestens auf Windows Server 2003 heraufgestuft sein, damit die verknüpfte Wertereplikation für eine höhere Replikationskonsistenz gewährleistet werden kann. Die Domänenfunktionsebene muss Windows Server 2003 lauten, damit eine durch Kerberos eingeschränkte Delegierung zur Verfügung steht. Beim Einsatz von Windows Server 2012 R2 als RODC muss die Gesamtstrukturfunktionsebene, sowie die Domänenfunktionsebene mindestens auf Windows Server 2008 (oder höher) eingestellt sein.
- In der betreffenden Active Directory-Domäne muss mindestens ein beschreibbarer Domänencontroller unter Windows Server 2008, Windows Server 2008 R2, Windows Server 2012 oder Windows Server 2012 R2 ausgeführt werden, welcher als Replikationspartner für den geplanten RODC dient.

8.3.1 Vorteile beim Einsatz von schreibgeschützten Domänencontrollern

Der Einsatz von schreibgeschützten Domänencontrollern (engl. *Read-Only Domain Controllers, RODCs*), beispielsweise in Zweigniederlassungen, birgt die folgenden Vorteile für Unternehmen:

- **Schreibgeschützte Active Directory-Datenbank** Die Active Directory-Datenbank liegt auf einem RODC lediglich als schreibgeschützte Version vor, so dass Änderungen an den darin gespeicherten Objekten standardmäßig lediglich durch die Replikation von einem schreibbaren Domänencontroller erfolgen können.

- **Unidirektionale Replikation** Änderungen an der auf den schreibgeschützten Domänencontrollern (*RODCs*) gespeicherten AD DS-Datenbank sind nur über die unidirektionale Replikation von einem vollwertigen Domänencontroller möglich. Sollte ein Angreifer es doch schaffen, Änderungen an der Datenbank eines schreibgeschützten Domänencontrollers vorzunehmen, so würden diese lediglich lokal auf dem betroffenen Server wirken, jedoch aufgrund der lediglich unidirektionalen Replikation nicht an die anderen Domänencontroller der Active Directory-Gesamtstruktur repliziert werden.
- **Zwischenspeichern von Anmeldeinformationen** Schreibgeschützte Domänencontroller speichert standardmäßig keine Benutzerkontenkennwörter zwischen, wodurch die Sicherheit gegenüber Hackern erhöht wird.
- **Schreibgeschützter DNS-Server** RODCs können neben der Rolle als schreibgeschützte Domänencontroller auch die von schreibgeschützten DNS-Servern übernehmen.
- **Aufteilung der Administratorrolle** Die Administratorrolle kann aufgeteilt werden, so dass ein vor Ort befindlicher Administrator einer Zweigniederlassung zwar zum lokalen Administrator des schreibgeschützten Domänencontrollers (*RODCs*) bestimmt werden kann, ihm dadurch trotzdem jedoch keinerlei Änderungen an den in der Datenbank der Active Directory-Domänendienste gespeicherten Objekten auf dem jeweiligen Server ermöglicht werden.
- **Attributsatz mit RODC-Filter** Es besteht die Möglichkeit, die Speicherung von vertraulichen Active Directory-Daten (beispielsweise Anmeldeinformationen, Verschlüsselungsschlüsseln usw.) auf den schreibgeschützten Domänencontrollern (*RODCs*) durch einen definierbaren Attributsatz mit RODC-Filter zu verhindern.
- **RODC als globaler Katalogserver** Schreibgeschützte Domänencontroller (*RODCs*) können problemlos auch die Funktion des globalen Katalogservers übernehmen.

8.3.2 Einschränkungen beim Einsatz von RODCs

Direkte Änderungen nicht möglich

Die Implementierung von schreibgeschützten Domänencontrollern bringt neben den benannten Vorteilen auch einige Einschränkungen mit sich. Schließlich handelt es sich bei dieser Art von Domänencontroller ja nicht um einen vollwertig beschreibbaren Domänencontroller. Die Active Directory-Datenbank liegt auf den RODCs lediglich als *schreibgeschützte* Version vor. Beachten Sie deshalb bei der Planung des Einsatzes von schreibgeschützten Domänencontrollern die folgenden Einschränkungen:

- RODCs können die Replikation lediglich von einem schreibbaren Domänencontroller unter Windows Server 2008, Windows Server 2008 R2, Windows Server 2012 oder Windows Server 2012 R2 erhalten. Die Replikation von einem Domänencontroller unter Windows Server 2003 zu einem RODC unter Windows Server 2008 R2 oder Windows Server 2012 wird nicht unterstützt.

- Zwischen den schreibgeschützten Domänencontrollern innerhalb einer Gesamtstruktur können keine Replikationsvorgänge durchgeführt werden.
- In Unternehmensstandorten, in denen auch Exchange-Server betrieben werden, muss mindestens ein weiterer, vollwertiger Domänencontroller vorhanden sein, der den globalen Katalog ausführt.
- Schreibgeschützte Domänencontroller können keine Betriebsmasterrollen (engl. *Flexible Single Master Operations Roles, FSMO Roles*) ausführen, da hierfür die Änderungsmöglichkeit an der jeweils lokal gespeicherten Active Directory-Datenbank notwendig wäre.
- Da die schreibgeschützten Domänencontroller lediglich eingehende Replikationsvorgänge zulassen, können diese im Rahmen der standortübergreifenden Replikation nicht als Bridgeheadserver verwendet werden.

8.3.3 Platzierung von RODCs

Problemloser Einsatz in Zweigniederlassungen

Den Überlegungen Microsofts zufolge, sind die schreibgeschützten Domänencontroller (*RODCs*) für Standorte entwickelt worden, in denen sich keine anderen Domänencontroller befinden. Trotzdem kann ein RODC problemlos an einem Standort parallel zu anderen Domänencontrollern betrieben werden. Lediglich im Umgang mit den vor Ort befindlichen Clientcomputern und Servern verhält sich ein RODC anders als schreibbare Domänencontroller.

Ein RODC kann problemlos als einziger Domänencontroller an einem Standort betrieben werden, welcher über eine WAN-Verbindung zu einem Standort mit einem schreibbaren Domänencontroller unter Windows Server 2008 R2, Windows Server 2012 oder Windows Server 2012 R2 angebunden ist. Wenn die WAN-Verbindung zu diesem Standort während des Anmeldeverkehrs eines Benutzers, dessen Kennwort auf dem RODC nicht zwischengespeichert ist, nicht zur Verfügung steht, so kann der Benutzer zu diesem Zeitpunkt nicht authentifiziert werden. Der Anmeldevorgang schlägt in diesem Szenario fehl. Diesen Umstand sollte man bei der Planung der Platzierung von RODCs berücksichtigen. Alternativ ist es (zumindest technisch) möglich, den RODC an dem betreffenden Standort parallel zu einem schreibbaren Domänencontroller unter Windows Server 2008 R2, Windows Server 2012 oder Windows Server 2012 R2 betreiben. Dies widerspricht jedoch dem möglichen Einsatzzweck eines RODCs, da die Sicherheit an dem jeweiligen Standort durch diese Konstellation wieder „aufgeweicht" wird.

Weiterleitung von Aktualisierungsanfragen an DNS-Server

Man sollte ebenso berücksichtigen, dass ein RODC in bestimmten Situationen auch außerhalb des Anmeldeverkehrs weitere Daten über die WAN-Verbindung versendet. Beispielsweise versucht ein RODC eine sofortige Replikation mit dem schreibbaren Domänencontroller unter Windows Server 2008 R2, Windows Server 2012 oder Windows Server 2012 R2, wenn er selbst nicht in der Lage war, bestimmte Anforderungen (beispielsweise der Versuch eines DNS-Updates eines Clientcomputers bei einem RODC als schreibgeschützter DNS mit Weiterleitung an einen schreibbaren DNS-Server) direkt zu erfüllen.

8.3.4 Überprüfung der Gesamtstrukturfunktionsebene

Wie bereits erwähnt, ist für die Implementierung eines RODCs mindestens die Gesamtstrukturfunktionsebene *Windows Server 2003* der Active Directory-Gesamtstruktur erforderlich - beim Einsatz von Windows Server 2012 R2 als Domänencontroller bzw. RODC sogar mindestens *Windows Server 2008* (oder höher).

Um die Gesamtstrukturfunktionsebene der Active Directory-Gesamtstruktur für die geplante Bereitstellung eines schreibgeschützten Domänencontrollers (*RODCs*) unter Windows Server 2012 R2 zu überprüfen, gehen Sie wie folgt vor:

1. Öffnen Sie das *Active Directory-Verwaltungscenter* (*AD AC*).
2. Klicken Sie in der Konsolenstruktur mit der rechten Maustaste auf den Namen der Domäne, und wählen Sie im Kontextmenü den Eintrag **Eigenschaften**.
3. Überprüfen Sie, ob die Gesamtstrukturfunktionsebene mindestens unter Windows Server 2008 angezeigt wird. Klicken Sie anschließend auf **Abbrechen**.
4. Falls die Gesamtstrukturfunktionsebene noch heraufgestuft werden muss, klicken Sie in der Konsolenstruktur mit der rechten Maustaste auf den Domänennamen, und wählen Sie im Kontextmenü den Eintrag **Gesamtstrukturfunktionsebene heraufstufen...**
5. Wählen Sie unter *Wählen Sie eine verfügbare Gesamtstrukturfunktionsebene aus:* die Option *Windows Server 2008* und klicken Sie dann auf **OK**.
6. Bestätigen Sie den Hinweis, dass der Vorgang unter Umständen nicht mehr rückgängig gemacht werden kann mit einem Klick auf **OK**.

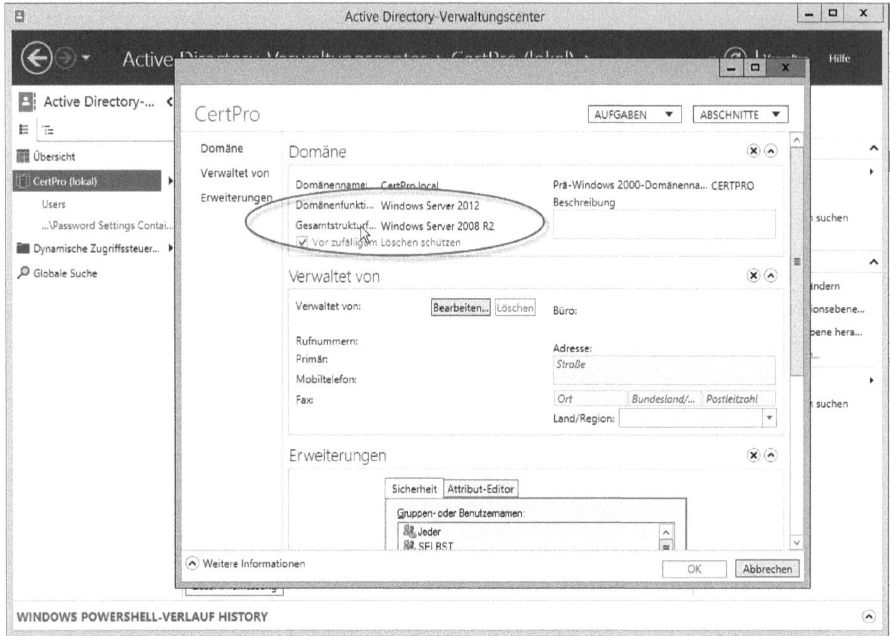

Abb. 8.19: *Überprüfung der Gesamtstrukturfunktionsebene einer Active Directory-Gesamtstruktur im Active Directory-Verwaltungscenter*

Nachdem die Gesamtstrukturfunktionsebene überprüft bzw. heraufgestuft wurde, kann die Bereitstellung eines RODCs nun mit dem nächsten Schritt fortgesetzt werden.

8.3.5 Aktualisieren der Berechtigungen für DNS-Anwendungsverzeichnispartitionen

In Active Directory-Gesamtstrukturen, die nicht als neue Gesamtstrukturen gleich unter Windows Server 2012 R2 neu eingerichtet wurden, müssen vor der Bereitstellung von schreibgeschützten Domänencontrollern vorweg die Berechtigungen für die DNS-Anwendungsverzeichnispartitionen aktualisiert werden. Somit können diese anschließend auf alle RODCs repliziert werden, die ebenfalls als DNS-Server konfiguriert sind.

Abb. 8.20: *Aktualisierung der Berechtigungen für die DNS-Anwendungsverzeichnispartitionen mithilfe von adprep.exe*

Um die Aktualisierung der Berechtigungen für die DNS-Anwendungsverzeichnispartitionen in einer Active Directory-Gesamtstruktur als Vorbereitung auf die nachfolgende Bereitstellung von schreibgeschützten Domänencontrollern (*RODCs*) durchzuführen, gehen Sie wie folgt vor:

1. Legen Sie die Installations-DVD-ROM für Windows Server 2012 R2 in das DVD-Laufwerk ein, öffnen Sie die Eingabeaufforderung und wechseln Sie zum Ordner **\support\adprep**.
2. Geben Sie in der Eingabeaufforderung anschließend den Befehl **`adprep /rodcprep`** ein und drücken Sie dann auf die [Enter]-Taste.

Nach der Aktualisierung der Berechtigungen für die in der Active Directory-Gesamtstruktur vorhandenen DNS-Anwendungsverzeichnispartitionen steht nun der nächste Schritt der Vorbereitung der Bereitstellung von schreibgeschützten Domänencontrollern (*RODCs*) an.

8.3.6 Bereitstellung eines schreibbaren Domänencontrollers unter Windows Server 2012 R2

Mindestens ein schreibbarer DC unter Windows Server 2008 oder höher

Soweit noch nicht geschehen, müssen Sie in der vorhandenen Active Directory-Domäne, in welcher Sie den schreibgeschützten Domänencontroller implementieren möchten, zumindest einen schreibbaren (vollwertigen) Domänencontroller unter Windows Server 2008, Windows Server 2008 R2, Windows Server 2012 oder Windows Server 2012 R2 bereitstellen. Dieser dient als Quelle für die Replikation von Daten zu den schreibgeschützten Domänencontrollern (*RODCs*). Der schreibbare Domänencontroller kann dabei als vollwertige Installation oder als Server Core-Installation von Windows Server 2008 (oder höher) ausgeführt werden.

Wenn die Installation abgeschlossen ist, kann anschließend mit der Bereitstellung eines schreibgeschützten Domänencontrollers (*RODCs*) begonnen werden.

RODC auch unter Server Core

Nach dem erfolgreichen Abschluss der vorbereitenden Schritte kann die Installation eines schreibgeschützten Domänencontrollers (*RODCs*) unter Windows Server 2012 R2 durchgeführt werden. Hierbei besteht die Möglichkeit, den RODC auf einer vollständigen Installation oder einer Server Core-Installation unter Windows Server 2012 durchzuführen. Nachfolgend werden die notwendigen, praktischen Schritte zum Einrichten eines RODC unter Windows Server 2012 R2 detailliert erläutert.

8.3.6.1 Installation eines RODCs unter Windows Server 2012 R2

Die Installation eines schreibgeschützten Domänencontrollers (*RODCs*) auf einer vollständigen Installation von Windows Server 2012 R2 lässt sich in der Grafikumgebung völlig transparent durchführen.

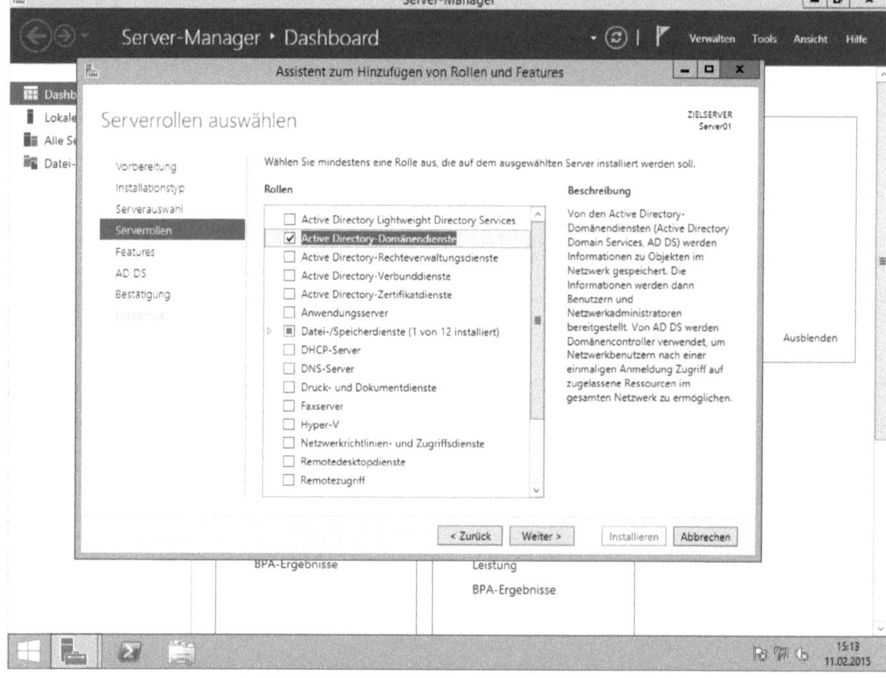

Abb. 8.21: *Auswahl der Active Directory-Domänendienste im Assistent zum Hinzufügen von Rollen und Features des grafischen Server-Managers*

Gehen Sie wie folgt vor, um einen schreibgeschützten Domänencontroller auf einer vollständigen Installation von Windows Server 2012 R2 einzurichten:

1. Melden Sie sich als *Administrator* am Serversystem an.
2. Öffnen Sie den *Server-Manager* (soweit dies nicht automatisch geschieht) über einen Klick in der *Taskleiste* auf das **Symbol für den Server-Manager** bzw. im *Startbildschirm* auf die entsprechende **Kachel**.
3. Klicken Sie oben im *Server-Manager* auf **Verwalten**, und dann auf **Rollen und Features hinzufügen**.

4. Klicken Sie im Dialog *Vorbemerkungen* auf **Weiter**.
5. Wählen Sie im Dialog *Installationstyp auswählen* die Option **Rollenbasierte oder featurebasierte Installation**, und klicken Sie auf **Weiter**.
6. Klicken Sie im Dialog *Zielserver auswählen* auf den Namen des gewünschten Servers, der als RODC eingerichtet werden soll, und klicken Sie dann auf **Weiter**.
7. Aktivieren Sie das Kontrollkästchen vor *Active Directory-Domänendienste*, und klicken Sie auf **Features hinzufügen**, um die Installation der notwendigen Remoteserver-Verwaltungstools zu bestätigen. Klicken Sie anschließend auf **Weiter**.
8. Klicken Sie im Dialog *Features auswählen* auf **Weiter**.
9. Klicken Sie im Dialog *Active Directory-Domänendienste* auf **Weiter**.
10. Klicken Sie auf **Installieren**, um die Installationsauswahl zu bestätigen.
11. Klicken Sie auf **Schließen**, um den Dialog *Assistent zum Hinzufügen von Rollen und Features* zu schließen.

Die erfolgreiche Installation der Active Directory-Domänendienste wird Ihnen in der oberen *Befehlsleiste* des Server-Managers durch einen Klick auf das **Fahnensymbol** angezeigt. Nach der Aktualisierung des Server-Managers zeigt ein Klick auf das Fahnensymbol zudem einen Hinweis, dass der Server in einem weiteren Schritt zu einem Domänencontroller heraufgestuft werden muss.

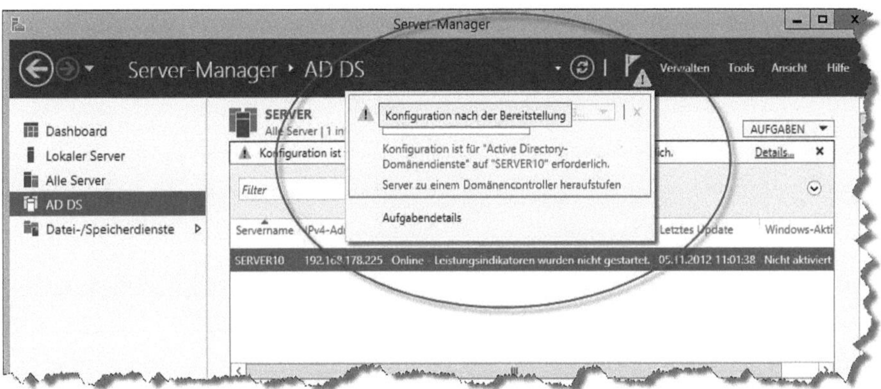

Abb. 8.22: *Hinweis auf die notwendige Konfiguration nach der Installation der Active Directory-Domänendienste (AD DS) im grafischen Server-Manager*

Eine ähnliche Meldung wird nach einem Klick auf AD DS im Server-Manager angezeigt.

8.3.6.2 Heraufstufen des Servers zu einem RODC

Gehen Sie wie folgt vor, um ein Serversystem unter Windows Server 2012 R2 nach der Installation der Active Directory-Domänendienste (*AD DS*) zu einem schreibgeschützten Domänencontroller (*Read Only Domain Controller, RODC*) für eine bereits vorhandene Active Directory-Domäne heraufzustufen:

1. Öffnen Sie den *Server-Manager* (soweit noch nicht geschehen) über einen Klick in der *Taskleiste* auf das **Symbol für den Server-Manager** bzw. im *Startbildschirm* auf die entsprechende **Kachel**.
2. Klicken Sie oben im *Server-Manager* auf das **Fahnensymbol**, und dann auf **Server zu einem Domänencontroller heraufstufen**.
3. Wählen Sie im Dialog *Bereitstellungskonfiguration* die Option **Domänencontroller zu einer vorhandenen Domäne hinzufügen**, wählen Sie im Feld *Domäne* den gewünschten *Domänennamen* aus, zu welcher der Server als RODC hinzugefügt werden soll, passen Sie bei Bedarf noch die *Anmeldeinformationen* an, und klicken Sie auf **Weiter**.

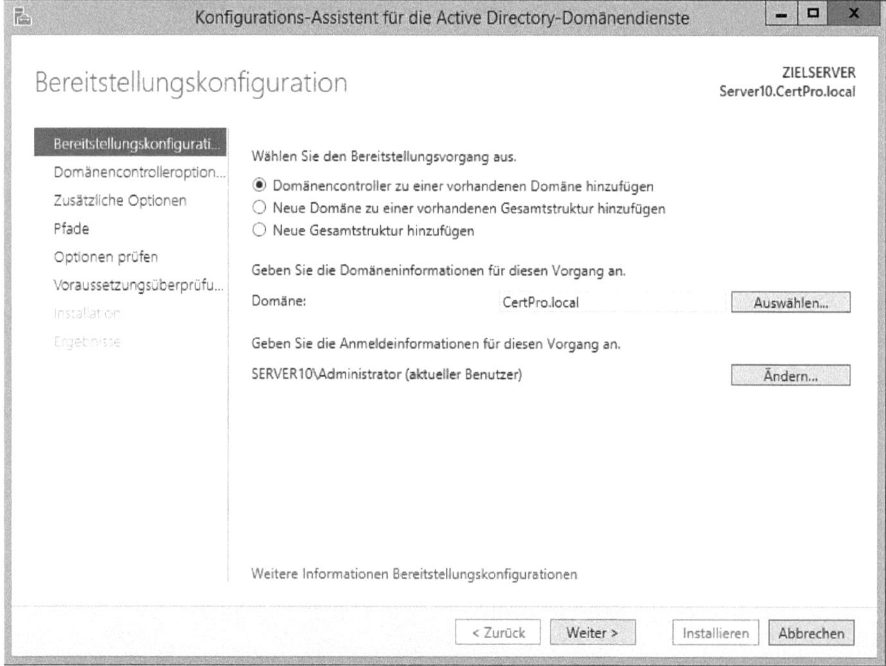

Abb. 8.23: *Festlegen der Bereitstellungskonfiguration*

4. Aktivieren Sie im Dialog *Domänencontrolleroptionen* die Option **Schreibgeschützter Domänencontroller (RODC)**, wählen Sie den zutreffenden *Active Directory-Standort* für den Server aus, geben Sie das *Kennwort für den Verzeichnisdienst-Wiederherstellungsmodus* in die zutreffenden Felder ein, und klicken Sie auf **Weiter**.

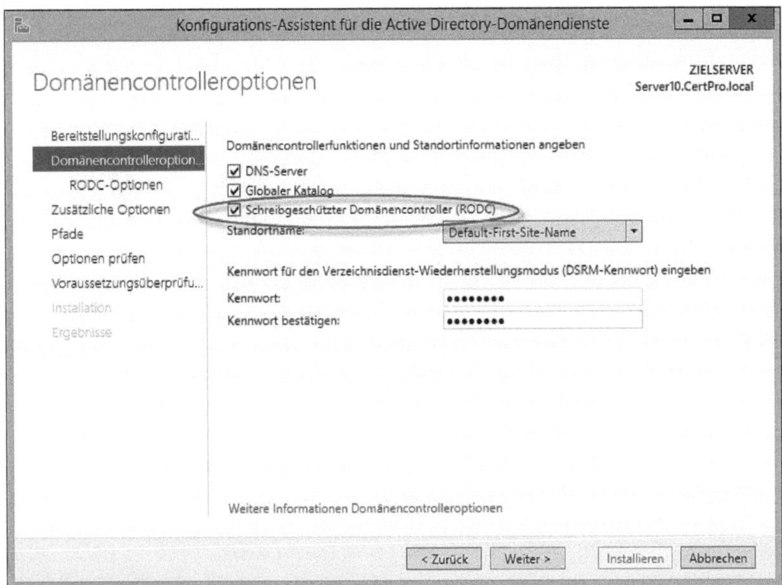

Abb. 8.24: *Auswahl der Konfigurationsoption als schreibgeschützter Domänencontroller (RODC)*

5. Wählen Sie im Dialog *RODC-Optionen* ein Benutzerkonto bzw. eine Sicherheitsgruppe als *Delegiertes Administratorkonto* (soweit zutreffend), und klicken Sie auf **Weiter**.

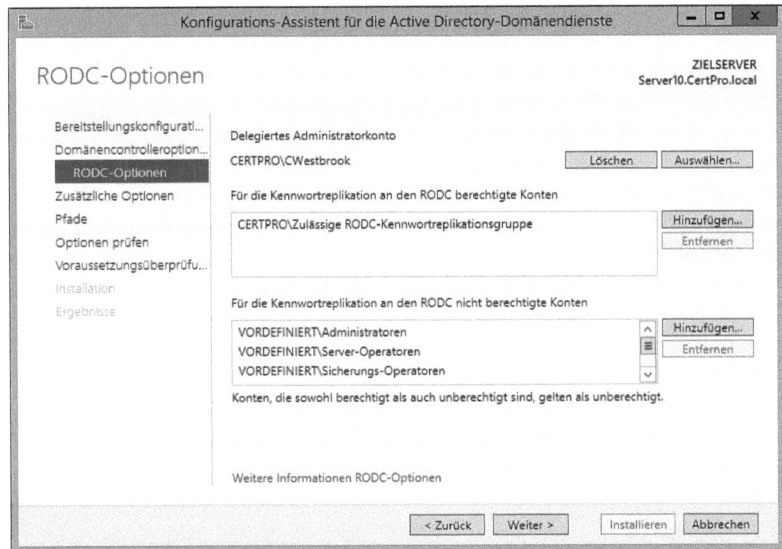

Abb. 8.25: *Festlegen der RODC-Optionen*

Hinweis Der ausgewählte Benutzer bzw. die ausgewählte Gruppe als Delegiertes Administratorkonto erhält die Berechtigung, den Server als lokaler *Administrator* zu verwalten. Die Konfiguration der Kennwortreplikation kann gleich in dem Dialog *RODC-Optionen* oder bei Bedarf auch problemlos zu einem späteren Zeitpunkt vorgenommen werden.

6. Wählen Sie im Dialog *Zusätzliche Optionen* bei Bedarf noch den für die Replikation auf den RODC zu verwendenden Domänencontroller aus, und klicken Sie auf **Weiter**.

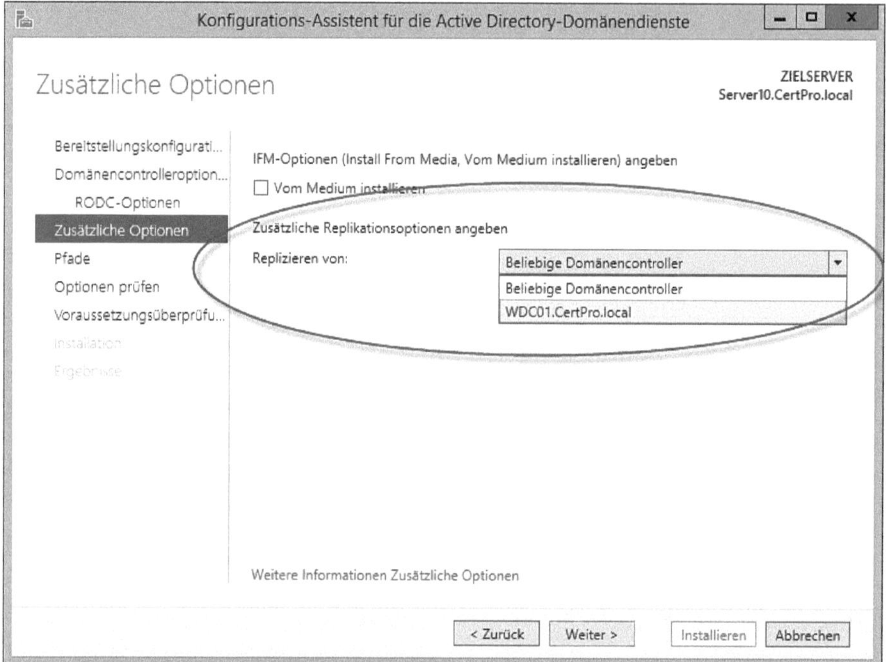

Abb. 8.26: *Festlegen zusätzlicher Optionen*

7. Bestätigen Sie im Dialog *Pfade* die angegebenen Standardpfade, bzw. passen Sie diese bei Bedarf entsprechend an. Klicken Sie dann auf **Weiter**.

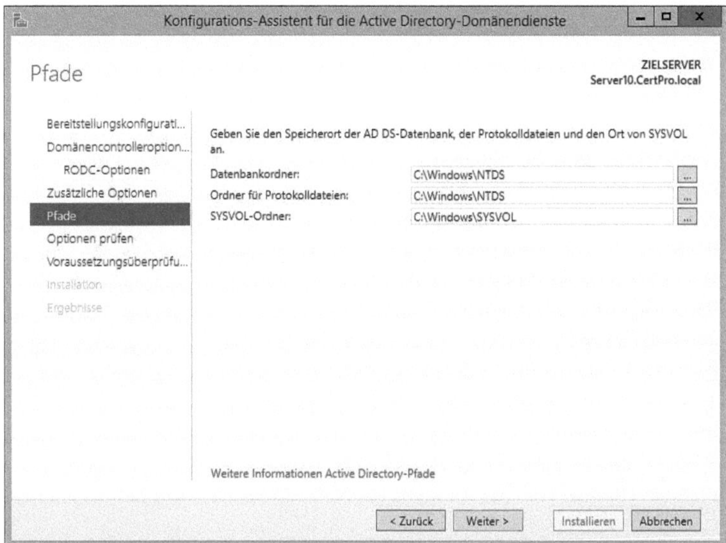

Abb. 8.27: *Konfiguration der Speicherpfade für die AD DS-Datenbank, die Protokolldateien und den Ordner SYSVOL*

8. Prüfen Sie im Dialog *Optionen prüfen* nochmals die von Ihnen vorgenommen Konfigurationseinstellungen, und klicken Sie dann auf **Weiter**.
9. Klicken Sie im Dialog *Voraussetzungsüberprüfung* auf **Installieren**.

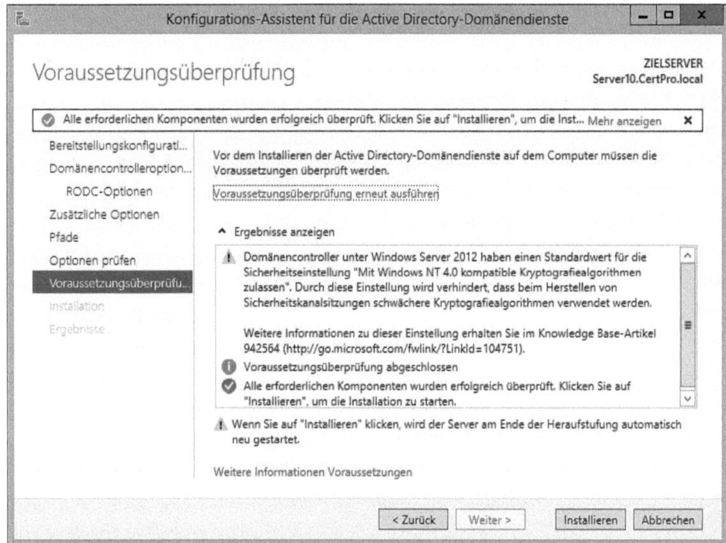

Abb. 8.28: *Voraussetzungsüberprüfung für die Installation als schreibgeschützter Domänencontroller (RODC)*

Die Installation des Serversystems als schreibgeschützter Domänencontroller (*RODC*) wird durchgeführt. Zu Abschluss der Konfiguration wird der Server automatisch gestartet.

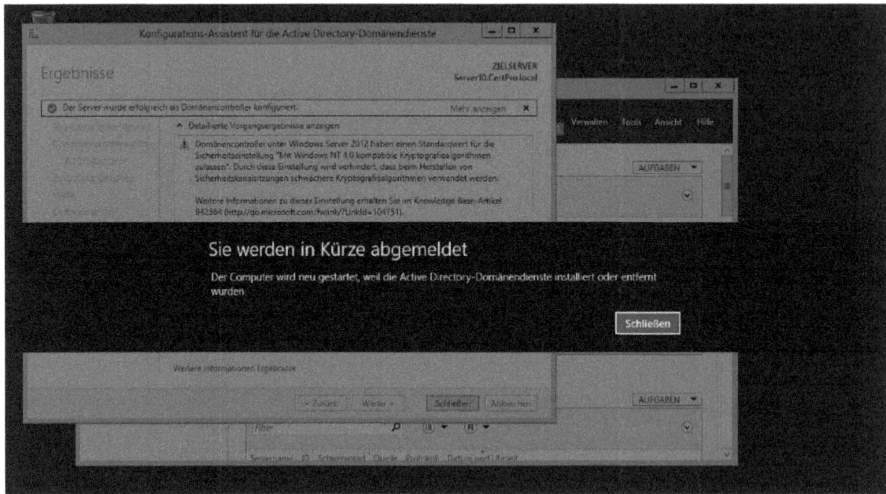

Abb. 8.29: *Hinweis auf den automatischen Neustart während der Konfiguration als schreibgeschützter Domänencontroller (RODC)*

Nach dem Neustart steht der Server als schreibgeschützter Domänencontroller (*RODC*) in der betreffenden Active Directory-Domäne zur Verfügung.

Alternativ zur Installation des RODCs auf einer vollständigen Installation unter Windows Server 2012 R2 können Sie diesen auf einem Server mit einer Server-Core-Installation einrichten. Die Schritte zur Durchführung der Installation unterscheiden sich jedoch von den bisher gezeigten, da eine Server Core-Installation von Windows Server 2012 R2 im Prinzip nicht über die notwendige Grafikoberfläche für die Ausführung von Programmen verfügt. Detaillierte Informationen zur Einrichtung eines RODC auf einem Server unter Windows Server 2012 R2 als Server Core-Installation erhalten Sie u. a. im Internet auf der Website von Microsoft unter:

https://technet.microsoft.com/en-us/library/cc771744.aspx

8.3.7 Delegierung der Installation von schreibgeschützten Domänencontrollern

Die Installation von schreibgeschützten Domänencontrollern kann im Bedarfsfall an einfache Benutzer in Zweigstellennetzwerken delegiert werden. Hierzu kann ein verantwortlicher Domänenadministrator vorweg ein entsprechendes RODC-Konto in der Domäne erstellen und während dieses Vorgangs die Installation und nachfolgende Serververwaltung an einen bestimmten Benutzer oder eine bestimmte Sicherheitsgruppe delegieren.

Für die Delegierung der Installation von schreibgeschützten Domänencontrollern steht im Active Directory-Verwaltungscenter eine entsprechende Option zur Verfügung, um ein Computerkonto in der jeweiligen Active Directory-Domäne vorab zu erstellen und entsprechend zu konfigurieren.

Delegierung der Verwaltung an Benutzer oder Sicherheitsgruppen möglich

Gehen Sie wie folgt vor, um im Rahmen der Delegierung der Installation eines schreibgeschützten Domänencontrollers ein entsprechendes Computerkonto im Active Directory-Verwaltungscenter unter Windows Server 2012 R2 vorab zu erstellen:

1. Melden Sie sich als *Administrator* am Serversystem an.
2. Öffnen Sie das *Server-Manager* (soweit dies nicht automatisch geschieht) über einen Klick in der *Taskleiste* auf das **Symbol für den Server-Manager** bzw. im *Startbildschirm* auf die entsprechende **Kachel**.
3. Klicken Sie oben im *Server-Manager* auf **Tools**, und dann auf **Active Directory-Verwaltungscenter**.
4. Klicken Sie doppelt auf den *Domänennamen*, und anschließend auf den Container **Domain Controllers**.
5. Klicken Sie in der *Aufgabenleiste* auf die Option **Konto für schreibgeschützten Domänencontroller vorab erstellen...**
6. Klicken Sie im Willkommensbildschirm auf **Weiter**.
7. Verwenden Sie die aktuellen oder bei Bedarf alternative Anmeldeinformationen, und klicken Sie auf **Weiter**.
8. Geben Sie den *Namen* des Computers an, der als schreibgeschützter Domänencontroller (RODC) vorgesehen ist. Das Konto wird in der Datenbank der Active Directory-Domänendienste erstellt. Klicken Sie dann auf **Weiter**.

Hinweis

Der Server, für den das RODC-Computerkonto erstellt wird, darf unter dem angegebenen Namen noch nicht Mitglied der betreffenden Active Directory-Domäne sein. Es ist nicht möglich, ein Computerkonto mit dem Namen eines in der Domäne bereits vorhandenen Computerkontos zu erstellen.

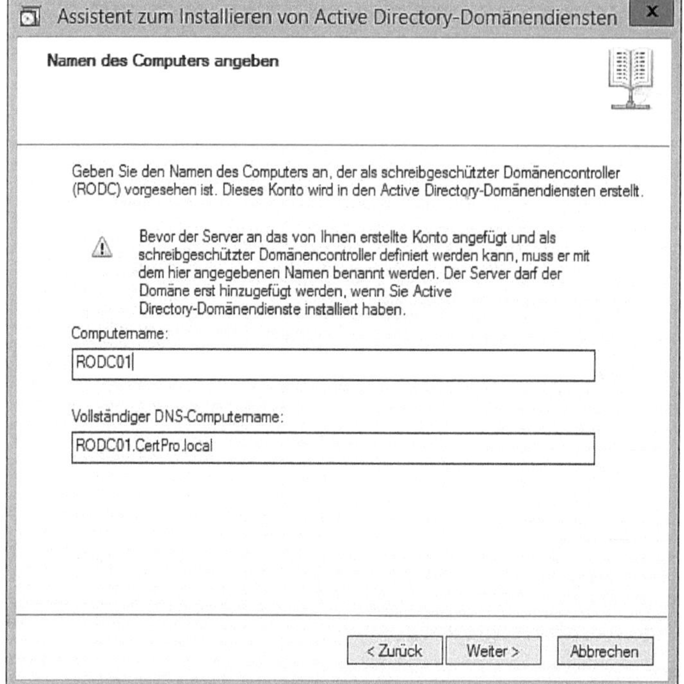

Abb. 8.30: *Festlegen des Computernamens für den neu einzurichtenden, schreibgeschützten Domänencontroller (RODC)*

9. Wählen Sie den *Standort* für den neuen Domänencontroller aus, und klicken Sie auf **Weiter**.
10. Wählen Sie, soweit vorgesehen, noch weitere Optionen für den neuen Domänencontroller fest, und klicken Sie auf **Weiter**.
11. Legen Sie für *die Delegierung der Installation und der Verwaltung des RODCs* den Benutzer oder die Sicherheitsgruppe fest, und klicken Sie dann auf **Weiter**.

Hinweis

Der ausgewählte Benutzer bzw. die ausgewählte Sicherheitsgruppe erhält die Berechtigung, den Server als RODC an die betreffende Active Directory-Domäne anzubinden, sowie diesen anschließend als lokaler Administrator zu verwalten.

12. Überprüfen Sie in der *Zusammenfassung* die zuvor ausgewählten Konfigurationsoptionen, und klicken Sie dann zum Erstellen des RODC-Computerkontos auf **Weiter**.
13. Klicken Sie nach Abschluss auf die Schaltfläche **Fertig stellen**, um den Assistenten zu schließen.

Das zuvor neu erstellte RODC-Computerkonto wird im *Active Directory-Verwaltungscenter* in der Organisationseinheit *Domain Controllers* (Domänencontroller) als *„Nicht belegtes Domänencontrollerkonto…“* angezeigt.

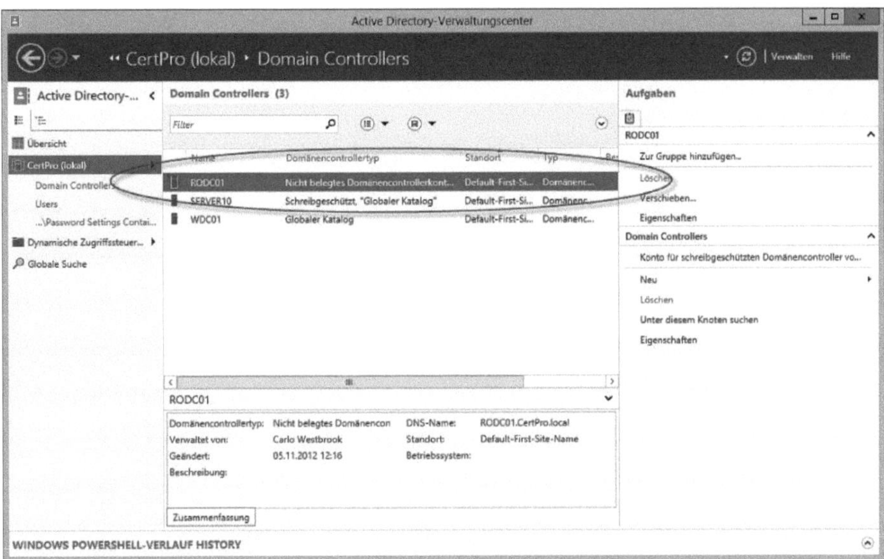

Abb. 8.31: *Zuvor neu erstelltes Computerkonto für einen schreibgeschützten Domänencontroller (RODC)*

8.3.8 Durchführung der delegierten Installation des schreibgeschützten Domänencontrollers

Nach der Einrichtung des vorbereiteten Computerkontos für den schreibgeschützten Domänencontroller (*RODC*) kann der jeweils delegierte Benutzer bzw. ein Mitarbeiter als Mitglied der delegierten Sicherheitsgruppe den betreffenden Server unter Windows Server 2012 R2 (welcher zur Zeit noch als Mitglied einer Arbeitsgruppe definiert ist) umbenennen. Anschließend kann dieser die Active Directory-Domänendienste (AD DS) auf dem betreffenden Serversystem installieren und den Server dann zu einem RODC heraufstufen.

Hinweis

Damit der Server als RODC zu einer bestehenden Active Directory-Domäne hinzugefügt werden kann, muss dieser in der Lage sein, den Domänennamen in eine für die Kommunikation notwendige IP-Adresse aufzulösen. Zu diesem Zweck muss wenigstens einer der für die entsprechende DNS-Namenszone autorisierten DNS-Server anhand dessen IP-Adresse in der TCP/IP-Konfiguration des geplanten RODCs eingetragen sein.

Gehen Sie nach der Installation der Active Directory-Domänendienste (AD DS) auf dem als RODC geplanten Server unter Windows Server 2012 R2 wie folgt vor, um ihn als RODC zu einer vorhandenen Active Directory-Domäne hinzuzufügen:

1. Öffnen Sie den *Server-Manager* (soweit noch nicht geschehen) über einen Klick in der *Taskleiste* auf das **Symbol für den Server-Manager** bzw. im *Startbildschirm* auf die entsprechende **Kachel**.
2. Klicken Sie oben im *Server-Manager* auf das **Fahnensymbol**, und dann auf **Server zu einem Domänencontroller heraufstufen**.

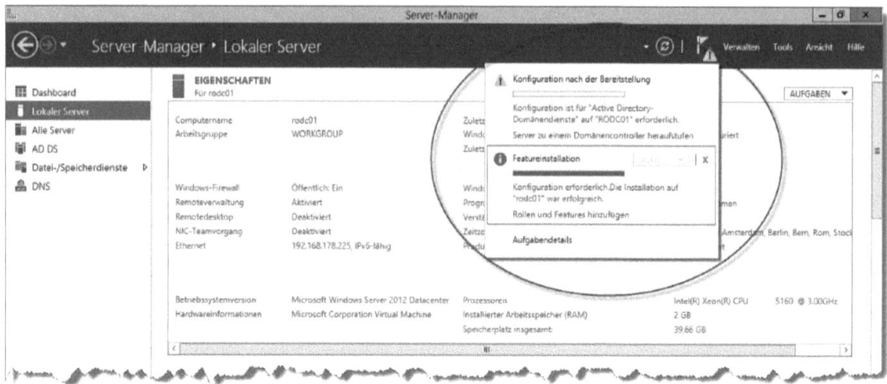

Abb. 8.32: *Konfigurationshinweis im Server-Manager*

3. Wählen Sie im Dialog *Bereitstellungskonfiguration* die Option **Domänencontroller zu einer vorhandenen Domäne hinzufügen**, geben Sie im Feld *Domäne* den gewünschten *Domänennamen* ein, zu welcher der Server als RODC hinzugefügt werden soll, passen Sie bei Bedarf noch die *Anmeldeinformationen* an, und klicken Sie auf **Weiter**.

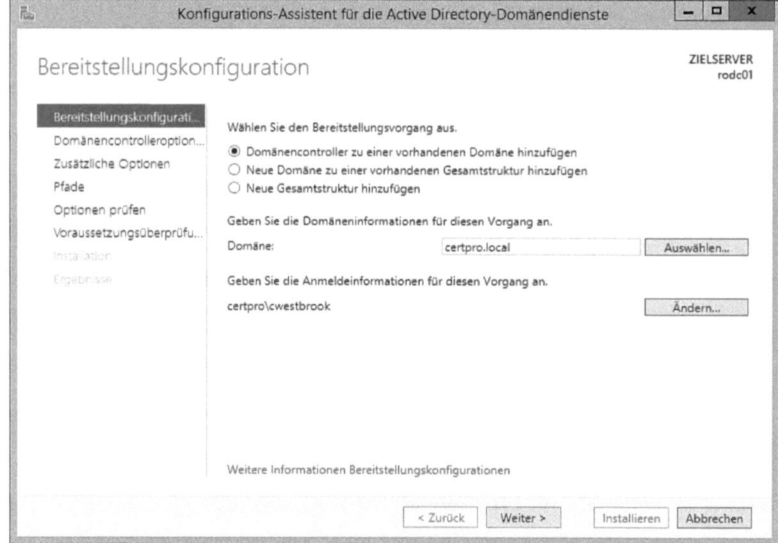

Abb. 8.33: Auswahl der Bereitstellungsoption während der Installation eines RODC

4. Im Dialog *Domänencontrolleroptionen* wird in einem Hinweis erklärt, dass ein zuvor erstelltes RODC-Konto in den Active Directory-Domänendiensten bereits vorhanden ist, welches den gleichen Namen wie der aktuell verwendete trägt.

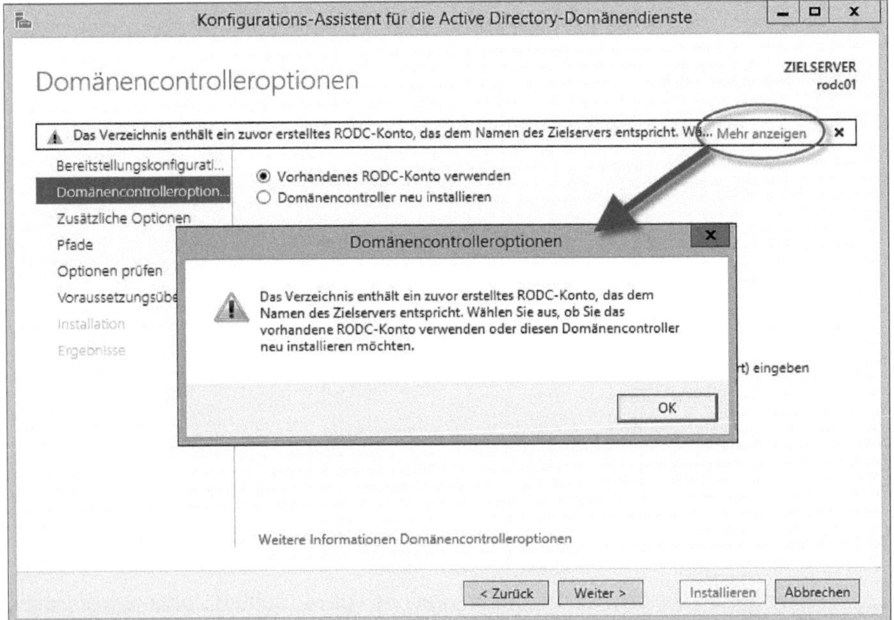

Abb. 8.34: *Hinweis auf ein bereits vorhandenes Computerkonto in der Active Directory-Domäne während des Hinzufügens eines Servers als RODC*

Belassen Sie im Dialog *Domänencontrolleroptionen* die Option auf *Vorhandenes RODC-Konto verwenden*, wählen Sie im Feld *Standortname:* den gewünschten Standort aus, geben Sie das für die Verzeichnisdienst-Wiederherstellung zu verwendende *Kennwort* in die entsprechenden Felder ein, und klicken Sie auf **Weiter**.

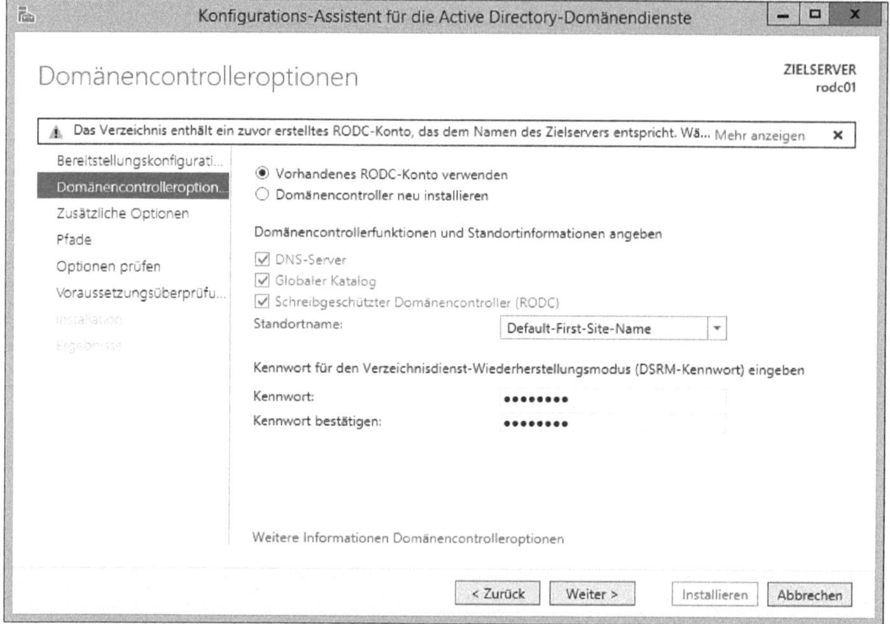

Abb. 8.35: *Auswahl der Domänencontrolleroptionen*

5. Wählen Sie im Dialog *Zusätzliche Optionen* den gewünschten Domänencontroller, von dem aus die Replikation zum RODC durchgeführt werden soll, und klicken Sie auf **Weiter**.
6. Passen Sie im Dialog *Pfade* bei Bedarf die Installationspfade für die AD DS-Datenbank, die Protokolldateien und den Ordner SYSVOL entsprechend an, und klicken Sie auf **Weiter**.
7. Kontrollieren Sie im Dialog *Optionen prüfen* die zuvor vorgenommenen Konfigurationseinstellungen, und klicken Sie auf **Weiter**.

Über einen Klick auf die Schaltfläche *Skript anzeigen* im Dialog *Optionen prüfen* können Sie sich die für die Konfiguration verwendeten Windows PowerShell-Cmdlets mitsamt aller vorgenommenen Konfigurationsoptionen anzeigen lassen. Diese kann man bei Bedarf als Vorlage für eine Skriptdatei für die spätere Verwendung abspeichern.

8. Klicken Sie im Dialog *Voraussetzungsprüfung* auf **Installieren**, um das Serversystem unter Windows Server 2012 R2 zu einem schreibgeschützten Domänencontroller (RODC) heraufzustufen.

Die Installation des Serversystems als schreibgeschützter Domänencontroller (*RODC*) wird durchgeführt. Zu Abschluss der Konfiguration wird der Server automatisch gestartet.

Nach der Installation erhält man auf dem lokalen RODC lediglich Lesezugriff auf die darauf gespeicherten Active Directory-Objekte. Im nächsten Schritt folgt nun die Verwaltung des RODCs.

8.3.9 Verwaltung von schreibgeschützten Domänencontrollern

Die Verwaltung der schreibgeschützten Domänencontroller fällt auf dem jeweiligen Serversystem (insgesamt betrachtet) sehr gering aus. Der delegierte Benutzer darf an den Inhalten der auf dem RODC gespeicherten Active Directory-Datenbank keinerlei Änderungen vornehmen. Diese werden lediglich auf dem vollwertig schreibbaren Domänencontroller ermöglicht und anschließend anhand eines unidirektionalen Replikationsvorgangs auf den RODC übertragen.

Gleiche Verwaltungsschritte unter einem RODC

Die eigentlichen Verwaltungsaufgaben auf dem schreibgeschützten Domänencontroller (*RODC*) sind prinzipiell gleich mit denen eines schreibbaren Domänencontrollers. Hierunter zählen beispielsweise die routinemäßige Datensicherung sowie auch das Installieren von Software-Updates. Durch die Delegierung ist der jeweilige Benutzer in der Lage, diese administrativen Schritte zu erledigen.

8.3.9.1 Verwaltung der Kennwortreplikationsrichtlinie

Enthält alle Konten, deren Kennwörter zwischengespeichert werden dürfen

Bei der ersten Bereitstellung eines schreibgeschützten Domänencontrollers wird anhand der Kennwortreplikationsrichtlinie festgelegt, welche der Kennwörter auf den RODC repliziert werden darf. Die Kennwortreplikationsrichtlinie fungiert als Zugriffssteuerungsliste (engl. *Access Control List, ACL*). Anhand dieser Liste wird bestimmt, ob ein Kennwort von einem RODC zwischengespeichert werden darf. Wenn ein RODC eine Anmeldeanforderung eines authentifizierten Benutzers oder Computers erhält, bestimmt er anhand der Vorgaben aus der Kennwortreplikationsrichtlinie, ob das jeweilige Kennwort zwischengespeichert werden darf.

Die Kennwortreplikationsrichtlinie listet die Konten auf, die zwischengespeichert werden dürfen, sowie die Konten, für welche die Zwischenspeicherung untersagt wird.

Hinweis

Die Liste der Benutzer- und Computerkonten in einer Kennwortreplikationsrichtlinie lässt noch nicht darauf schließen, ob die Kennwörter der betreffenden Objekte bereits auf dem schreibgeschützten Domänencontroller (*RODC*) zwischengespeichert wurden.

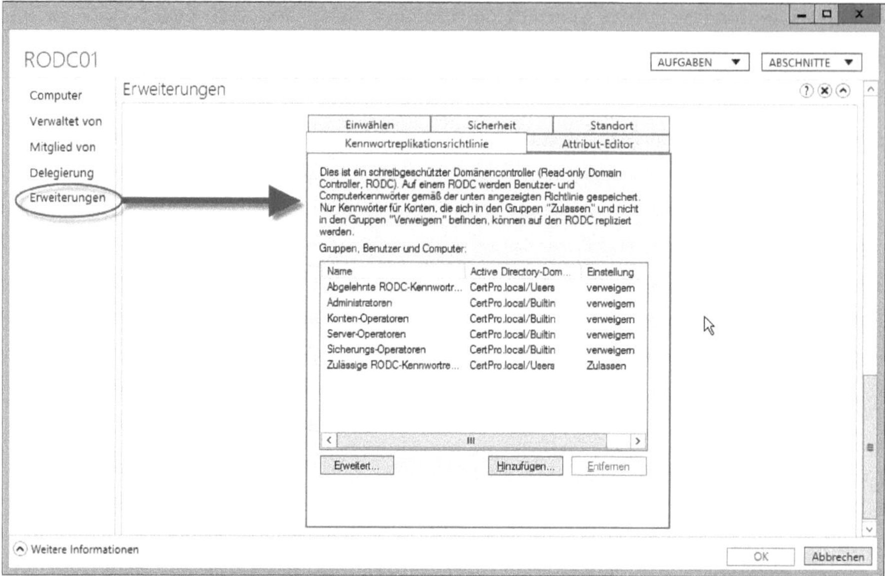

Abb. 8.36: *Standardmäßige Kennwortreplikationsrichtlinien im Abschnitt Erweiterungen in den Eigenschaften eines RODC-Computerkontos im Active Directory-Verwaltungscenter*

Damit ein schreibgeschützter Domänencontroller (*RODC*) bestimmte Benutzer-, Computer- oder Dienstkonten lokal verarbeiten kann, müssen diese zur Kennwortreplikationsrichtlinie hinzugefügt werden.

Genaue Planung notwendig

In der Planung der Kennwortreplikationsrichtlinie sollte man sehr genau abwägen, für welche der Kennwörter der Benutzer-, Computer- und Dienstkonten einer Zweigniederlassung man die Replikation verweigert bzw. zulassen möchte.

Die Kennwörter in der Liste der zulässigen Objekte kann man bei Bedarf jederzeit manuell auf den RODC replizieren. Es spielt dabei überhaupt keine Rolle, ob sich das jeweilige Konto vorweg bereits am RODC angemeldet hat. Dieser Vorgang wird ausschließlich zur Vereinfachung der Verwaltung durch die Benutzeranmeldung ausgelöst.

Hinweis

Die Kennwortreplikationsrichtlinie kann für jeden RODC innerhalb einer Active Directory-Domäne verschieden sein. Wenn keine der Kennwortrichtlinien geändert werden, gilt die effektive Richtlinie für alle RODC in einer Domäne gleich.

8.3.9.2 Steuerung der Replikation von Kennwörtern

Um die gezielte Steuerung der möglichen Replikationsvorgänge von Kennwörtern im Umfeld der schreibgeschützten Domänencontroller (*RODCs*) zu ermöglichen, hat Microsoft zwei neue, integrierte Gruppen zu den Active Directory-Domänendiensten (*AD DS*) hinzugefügt:

- **Zulässige RODC-Kennwortreplikationsgruppe**
- **Abgelehnte RODC-Kennwortreplikationsgruppe**

Die beiden Gruppen werden standardmäßig im Container ***Users*** einer Active Directory-Domäne gespeichert. Über diese Gruppen lassen sich Standardlisten der zulässigen Objekte bzw. der verweigerten Objekte für die RODC-Kennwortreplikationsrichtlinie implementieren.

Zulässige RODC-Kennwortreplikationsgruppe Diese Gruppe enthält standardmäßig keine Mitglieder. In der Kennwortreplikationsrichtlinie ist diese Gruppe als einzige für die Replikation von Kennwörtern definiert. Sobald man einen Benutzer-, Computerobjekt oder eine Sicherheitsgruppe als Mitglied zu dieser Gruppe hinzufügt, wird damit die Replikation des jeweiligen Kennworts an schreibgeschützte Domänencontroller (*RODCs*) erlaubt.

Standardmäßig keine Mitglieder enthalten

Abgelehnte RODC-Kennwortreplikationsgruppe Für alle Mitglieder dieser Gruppe ist die Replikation des jeweils zugehörigen Kennworts an schreibgeschützte Domänencontroller (*RODCs*) verweigert. Diese Gruppe enthält standardmäßig bereits die folgenden Mitglieder:

- **Domänen-Admins**
- **Domänencontroller**
- **Domänencontroller ohne Schreibzugriff**
- **krbtgt**
- **Organisations-Admins**
- **Richtlinien-Ersteller-Besitzer**
- **Schema-Admins**
- **Zertifikatherausgeber**

Bei Bedarf können problemlos noch weitere Benutzer, Gruppen oder Computer als Mitglied zur Gruppe Abgelehnte RODC-Kennwortreplikationsgruppe hinzugefügt werden.

8.3.9.3 Attribute für die Steuerung der Kennwortreplikation

Neben den benannten Sicherheitsgruppen für die Steuerung der Kennwortreplikation zu schreibgeschützten Domänencontrollern (RODCs) verfügt jedes RODC-Computerkonto in den *Eigenschaften* über die folgenden Attribute:

- **Liste der zulässigen Objekte** (*msDS-Reveal-OnDemandGroup*)
- **Liste der verweigerten Objekte** (*msDS-NeverRevealGroup*)

Diese beiden Attribute ermöglichen die genaue Regelung der möglichen Kennwortreplikation für jeden einzelnen, schreibgeschützten Domänencontroller (*RODC*) innerhalb einer Active Directory-Domäne. Die Attribute werden in der Kennwortreplikationsrichtlinie der Eigenschaften des jeweiligen RODCs verwaltet.

Hinweis Die deutsche Namensvergabe für die neuen, der für die Kennwortreplikation genutzten Attribute (Liste der zulässigen Objekte und Liste der verweigerten Objekte) stellt sich seitens des Begriffs „Liste" eher zweideutig dar. Beachten Sie, dass es sich hierbei um Attribute und Attributwerte, nicht jedoch um einzeln verwaltbare Listen handelt. Angezeigt wird die Listenauswahl lediglich bei Erstellen neuer Kennwortreplikationsrichtlinien. Die den einzelnen Attributen zugewiesenen Werte (*Einträge*) werden jedoch gemeinsam innerhalb des dabei verwendeten Dialogs angezeigt.

Standardmäßige Einträge in der Kennwortreplikationsrichtlinie Standardmäßig enthält das Attribut *Liste verweigerter Objekte* der Kennwortreplikationsrichtlinie in den Eigenschaften eines schreibgeschützten Domänencontrollers (*RODCs*) unter Windows Server 2012 R2 die folgenden Einträge:

- **Abgelehnte RODC-Kennwortreplikationsgruppe**
- **Administratoren**
- **Konten-Operatoren**
- **Server-Operatoren**
- **Sicherungs-Operatoren**

Die Kennwörter aller Mitglieder der Liste der verweigerten Objekte sind von der Replikation ausgeschlossen.

In dem Attribut *Liste der zulässigen Objekte* findet sich jedoch standardmäßig auch bereits ein Eintrag:

- **Zulässige RODC-Kennwortreplikationsgruppe**

Die Replikation aller Mitglieder dieser Gruppe ist somit standardmäßig erlaubt.

In Verbindung mit den domänenweiten Gruppen *Zulässige RODC-Kennwortreplikationsgruppe* und *Abgelehnte RODC-Kennwortreplikationsgruppe* bieten diese beiden Attribute eine ideale Kombinationsmöglichkeit für die Verwaltung der Kennwortreplikation zu den schreibgeschützten Domänencontrollern (*RODCs*) einer Domäne.

Hinweis Das Attribut *Liste verweigerter Objekte* hat im Konfliktfall grundsätzlich Vorrang vor dem Attribut *Liste zugelassener Objekte*.

8.3.10 Konfigurieren der Kennwortreplikationsrichtlinie für einen RODC

Die Konfiguration der Kennwortreplikationsrichtlinie eines schreibgeschützten Domänencontrollers (*RODCs*) kann jeweils völlig unabhängig von womöglich weiteren, vorhandenen RODCs in derselben Domäne erfolgen. Standardmäßig verfügen die Mitglieder der Gruppe der Domänen-Admins über die Berechtigung zur Verwaltung der Kennwortreplikationsrichtlinie für RODCs in der jeweiligen Domäne.

Gehen Sie wie folgt vor, um die Kennwortreplikationsrichtlinie für einen RODC unter Windows Server 2012 R2 zu konfigurieren:

1. Melden Sie sich als *Administrator* am Serversystem an.
2. Öffnen Sie das *Server-Manager* (soweit dies nicht automatisch geschieht) über einen Klick in der *Taskleiste* auf das **Symbol für den Server-Manager** bzw. im *Startbildschirm* auf die entsprechende **Kachel**.
3. Klicken Sie oben im *Server-Manager* auf **Tools**, und dann auf **Active Directory-Verwaltungscenter**.
4. Klicken Sie doppelt auf den *Domänennamen*, und anschließend auf den Container **Domain Controllers**.
5. Klicken Sie mit der rechten Maustaste auf das *Computerkonto* des zu konfigurierenden RODCs, und wählen Sie im Kontextmenü den Eintrag **Eigenschaften**.
6. Klicken Sie in den *Eigenschaften* auf **Erweiterungen**, und dann auf das Register **Kennwortreplikationsrichtlinie**.
7. Klicken Sie auf die Schaltfläche **Hinzufügen**, um weitere Gruppen und Benutzer zum Attribut *Liste der verweigerten* oder *zugelassenen Objekte* für die Kennwortreplikation hinzuzufügen. Wählen Sie im angezeigten Dialogfenster die gewünschte Option und klicken Sie dann auf **OK**.

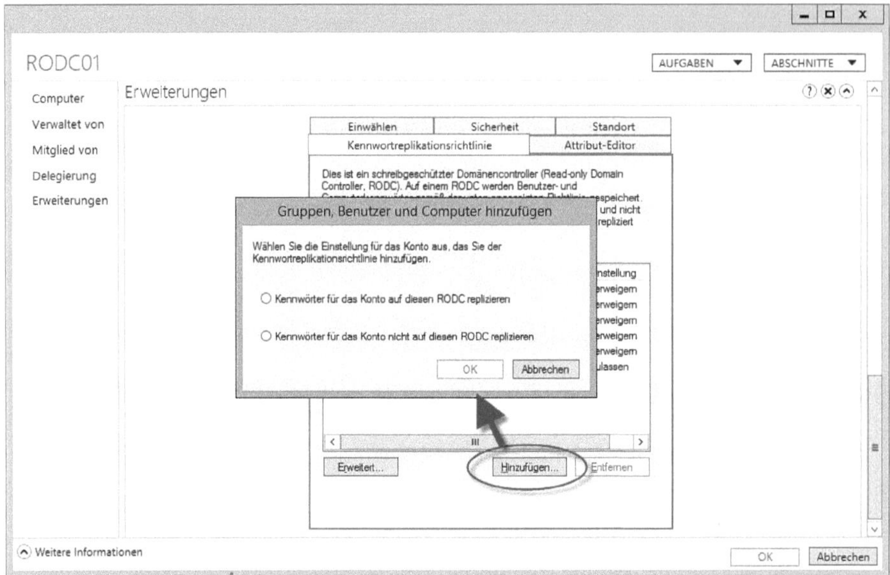

Abb. 8.37: *Definition der Kennwortreplikation für einen RODC*

8. Wählen Sie dann im folgenden Dialog die gewünschte Gruppe, den Benutzer oder den Computer aus und klicken Sie auf **OK**.
9. Klicken Sie zum Abschluss im Dialogfenster *Eigenschaften* des jeweiligen RODC-Computerkontos auf **OK**.

Konten, deren Anmeldeinformationen nicht auf dem RODC zwischengespeichert werden, können den RODC dennoch zur Anmeldung an der Domäne verwenden. Die jeweiligen Anmeldeinformationen werden jedoch für spätere Anmeldevorgänge auf dem RODC nicht zwischengespeichert.

8.3.11 Anzeige der auf einem RODC zwischengespeicherten Anmeldeinformationen

Jedem Benutzer erlaubt

Die jeweils aktuell gespeicherten Anmeldeinformationen kann man sich für jeden der RODC anzeigen lassen. Hierzu sind keine besonderen Berechtigungen notwendig. Jeder Domänenbenutzer kann sich standardmäßig die Liste aller aktuell auf einem RODC zwischengespeicherten Anmeldeinformationen anzeigen lassen – natürlich nicht das Kennwort selbst.

Gehen Sie wie folgt vor, um die auf einem RODC unter Windows Server 2012 R2 aktuell zwischengespeicherten Anmeldeinformationen anzeigen zu lassen:

1. Melden Sie sich als *Administrator* am Serversystem an.

2. Öffnen Sie das *Server-Manager* (soweit dies nicht automatisch geschieht) über einen Klick in der *Taskleiste* auf das **Symbol für den Server-Manager** bzw. im *Startbildschirm* auf die entsprechende **Kachel**.
3. Klicken Sie oben im *Server-Manager* auf **Tools**, und dann auf **Active Directory-Verwaltungscenter**.
4. Klicken Sie doppelt auf den *Domänennamen*, und anschließend auf den Container **Domain Controllers**.
5. Klicken Sie mit der rechten Maustaste auf das *Computerkonto* des zu konfigurierenden RODCs, und wählen Sie im Kontextmenü den Eintrag **Eigenschaften**.
6. Klicken Sie in den *Eigenschaften* auf **Erweiterungen**, und dann auf das Register **Kennwortreplikationsrichtlinie**.
7. Klicken Sie auf **Erweitert**.
8. Klicken Sie in der Dropdownliste auf **Konten, deren Kennwörter auf diesem schreibgeschützten Domänencontroller gespeichert sind**. Die jeweiligen Konten werden in der Liste angezeigt.

8.3.12 Überprüfung der für einen RODC authentifizierten Konten

Die Liste der aktuell auf einem RODC zwischengespeicherten Informationen, wie sie in der vorangegangenen Schrittfolge angezeigt wurde, bietet einem Administrator die Überprüfungsmöglichkeit der Benutzer, die sich vorweg bereits über den RODC im Netzwerk angemeldet haben.

Um die bereits für einen bestimmten RODC authentifizierten Konten unter Windows Server 2012 R2 anzeigen zu lassen, gehen Sie wie folgt vor:

1. Melden Sie sich als *Administrator* am Serversystem an.
2. Öffnen Sie das *Server-Manager* (soweit dies nicht automatisch geschieht) über einen Klick in der *Taskleiste* auf das **Symbol für den Server-Manager** bzw. im *Startbildschirm* auf die entsprechende **Kachel**.
3. Klicken Sie oben im *Server-Manager* auf **Tools**, und dann auf **Active Directory-Verwaltungscenter**.
4. Klicken Sie doppelt auf den *Domänennamen*, und anschließend auf den Container **Domain Controllers**.
5. Klicken Sie mit der rechten Maustaste auf das *Computerkonto* des zu konfigurierenden RODCs, und wählen Sie im Kontextmenü den Eintrag **Eigenschaften**.
6. Klicken Sie in den *Eigenschaften* auf **Erweiterungen**, und dann auf das Register **Kennwortreplikationsrichtlinie**.
7. Klicken Sie auf **Erweitert**.
8. Klicken Sie in der Dropdownliste auf **Von diesem schreibgeschützten Domänencontroller authentifizierte Konten**. Die jeweiligen Konten werden, soweit zutreffend, in der Liste angezeigt.

Wenn es geplant ist, die Kennwörter bestimmter Benutzer im Netzwerk auf den jeweils vorhandenen RODCs zwischenzuspeichern, so kann man dies für die Benutzer noch gezielter vorbereiten.

8.3.13 Auffüllen des Kennwortcache für RODCs

Vorbereitung von Zweigstellen

Bereits bevor sich ein Benutzer oder Computer im Netzwerk über einen RODC anmeldet, kann man sein Kennwort bereits auf dem schreibgeschützten Domänencontroller in der jeweiligen Zweigstelle zwischenspeichern. Hierzu steht eine Funktion zur Verfügung, mit welcher sich der Kennwortcache eines RODCs manuell auffüllen lässt.

Sofortige Anmeldung möglich

Durch das manuelle Auffüllen des Kennwortcache stellt man sicher, dass sich ein Benutzer oder Computer (bspw. in Niederlassungsstandorten) auch dann im Netzwerk anmelden kann, wenn die WAN-Verbindung zu den schreibbaren Domänencontrollern (am Hauptstandort des Unternehmens) unterbrochen ist.

Der Kennwortcache eines RODCs kann beispielsweise über die grafische Oberfläche mithilfe der Konsole *Active Directory-Verwaltungscenter* oder alternativ über den Kommandozeilenbefehl **repadmin.exe** aufgefüllt werden. Um den Kennwortcache eines RODCs aufzufüllen, muss man zur Gruppe der Domänen-Admins gehören.

8.3.13.1 Auffüllen des Kennwortcache mithilfe von Active Directory-Benutzer und -Computer

Gehen Sie wie folgt vor, um den Kennwortcache eines RODCs unter Windows Server 2012 R2 mithilfe der Konsole *Active Directory-Verwaltungscenter* aufzufüllen:

1. Melden Sie sich als *Administrator* am Serversystem an.
2. Öffnen Sie das *Server-Manager* (soweit dies nicht automatisch geschieht) über einen Klick in der *Taskleiste* auf das **Symbol für den Server-Manager** bzw. im *Startbildschirm* auf die entsprechende **Kachel**.
3. Klicken Sie oben im *Server-Manager* auf **Tools**, und dann auf **Active Directory-Verwaltungscenter**.
4. Klicken Sie doppelt auf den *Domänennamen*, und anschließend auf den Container **Domain Controllers**.
5. Klicken Sie mit der rechten Maustaste auf das *Computerkonto* des zu konfigurierenden RODCs, und wählen Sie im Kontextmenü den Eintrag **Eigenschaften**.
6. Klicken Sie in den *Eigenschaften* auf **Erweiterungen**, und dann auf das Register **Kennwortreplikationsrichtlinie**.
7. Klicken Sie auf **Erweitert**.
8. Klicken Sie auf **Kennwörter auffüllen**.

9. Geben Sie den Namen der Benutzer- oder Computerkonten ein, deren Kennwörter in den Kennwortcache des jeweiligen RODCs aufgenommen werden sollen und klicken Sie dann auf **OK**.
10. Bestätigen Sie die folgende Abfrage, ob die Kennwörter der jeweiligen Konten an den RODC gesendet werden sollen, mit einem Klick auf die Schaltfläche **Ja**.

Alternativ können Sie dies beispielsweise auch mithilfe des Befehls **repadmin.exe** auch über die Kommandozeile erledigen.

Wie es in den vorangegangenen Schritten gezeigt wurde, lassen sich die Kennwörter der Benutzer und Computer problemlos auf die RODCs übertragen und auf diesen zwischenspeichern. Was jedoch geschieht, wenn ein RODC von unbekannten Dritten entwendet oder kompromittiert wird?

8.3.14 Überprüfen den Kennwortzwischenspeicherung für einzelne Benutzer

Im Fall der Fehlerbehebung beispielsweise kann man anhand eines Ergebnissatzes genau feststellen, ob ein Kennwort eines bestimmten Active Directory-Kontos für die Zwischenspeicherung zugelassen oder verweigert wird.

Gehen Sie wie folgt vor, um festzustellen, ob das Kennwort für ein bestimmtes Benutzerkonto für die Replikation auf einen RODC unter Windows Server 2012 R2 zugelassen oder verweigert wird:

1. Melden Sie sich als *Administrator* am Serversystem an.
2. Öffnen Sie das *Server-Manager* (soweit dies nicht automatisch geschieht) über einen Klick in der *Taskleiste* auf das **Symbol für den Server-Manager** bzw. im *Startbildschirm* auf die entsprechende **Kachel**.
3. Klicken Sie oben im *Server-Manager* auf **Tools**, und dann auf **Active Directory-Verwaltungscenter**.
4. Klicken Sie doppelt auf den *Domänennamen*, und anschließend auf den Container **Domain Controllers**.
5. Klicken Sie mit der rechten Maustaste auf das *Computerkonto* des zu konfigurierenden RODCs, und wählen Sie im Kontextmenü den Eintrag **Eigenschaften**.
6. Klicken Sie in den *Eigenschaften* auf **Erweiterungen**, und dann auf das Register **Kennwortreplikationsrichtlinie**.
7. Klicken Sie auf **Erweitert**.
8. Wechseln Sie zum Register *Richtlinienergebnis*.
9. Klicken Sie auf **Hinzufügen**, wählen Sie das zu überprüfende Konto aus und klicken Sie dann auf **OK**.

10. Es wird Ihnen in der Spalte *Ergebniseinstellung* sofort angezeigt, ob die Zwischenspeicherung des Kennworts für das überprüfte Konto auf dem RODC zugelassen oder verweigert wird.

8.3.15 Zurücksetzen der zwischengespeicherten Kennwörter

Schutz für Kennwörter im Falle von Diebstahl

Die Active Directory-Domänendienste (*AD DS*) unter Windows Server 2012 R2 ermöglichen nicht nur den Einsatz von schreibgeschützten Domänencontrollern (*RODCs*). Microsoft hat das Konzept zu Ende gedacht und bietet eine Lösung für den Fall des Diebstahls eines RODCs mit zwischengespeicherten Kennwörtern. Hierbei wird das Computerkonto des gestohlenen oder kompromittierten RODCs in der Active Directory-Domäne einfach gelöscht. In diesem Zusammenhang können auch gleich alle auf dem betreffenden RODC bislang zwischengespeicherten Kennwörter zurückgesetzt werden. Es besteht innerhalb dieser Konfigurationsschritte auch die Möglichkeit, eine Liste als Übersicht aller betroffenen Konten, die nach dem Löschen des RODC-Kontos zurückgesetzt werden müssen, in eine Datei zu exportieren.

Um die auf einem RODC unter Windows Server 2012 R2 zwischengespeicherten Kennwörter im Fall eines Diebstahls oder des Kompromittierens zurückzusetzen, gehen Sie wie folgt vor:

1. Melden Sie sich als *Administrator* am Serversystem an.
2. Öffnen Sie das *Server-Manager* (soweit dies nicht automatisch geschieht) über einen Klick in der *Taskleiste* auf das **Symbol für den Server-Manager** bzw. im *Startbildschirm* auf die entsprechende **Kachel**.
3. Klicken Sie oben im *Server-Manager* auf **Tools**, und dann auf **Active Directory-Benutzer und -Computer**.
4. Erweitern Sie den *Domänennamen*, und anschließend den Container **Domain Controllers**.
5. Klicken Sie mit der rechten Maustaste auf das *Computerkonto* des zu entfernenden RODCs, und wählen Sie im Kontextmenü den Eintrag **Löschen**.
6. Klicken Sie zur Bestätigung des Löschvorgangs auf **Ja**.
7. Aktivieren Sie im Dialogfeld *Domänencontroller löschen* das Kontrollkästchen *Alle Kennwörter für Benutzerkonten zurücksetzen, die auf diesem RODC zwischengespeichert waren* wie in der folgenden Abbildung dargestellt. Optional können Sie auch das Kontrollkästchen *Die Liste mit den Konten, die auf diesem schreibgeschützten Domänencontroller zwischengespeichert wurden, in folgende Datei exportieren* aktivieren, um eine Liste aller Konten zu erstellen, deren Kennwörter nach dem Löschen des RODC-Kontos zurückgesetzt werden müssen. Diese Kontoliste ist nach dem Löschen des RODC-Computerkontos sonst nicht mehr verfügbar.

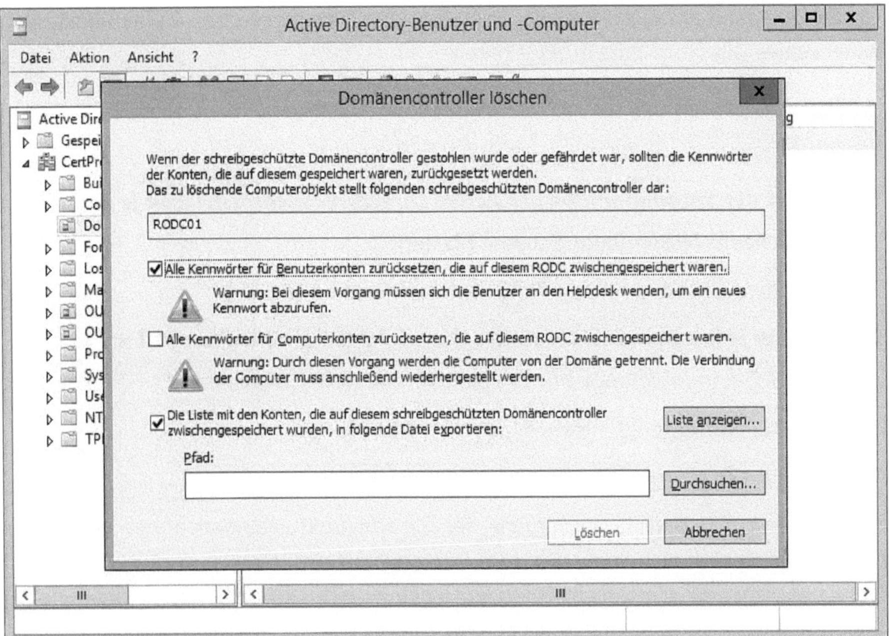

Abb. 8.38: *Abfragedialog beim Löschen eines RODC-Computerkontos in der Konsole Active Directory-Benutzer und -Computer*

Wie Sie in den vorangegangenen Seiten erfahren haben, sind die einzelnen Schritte zur Installation und Verwaltung von schreibgeschützten Domänencontrollern (*RODCs*) unter Windows Server 2012 R2 sicher überschaubar und auch nachvollziehbar. Auch wurde dargestellt, wie man beim Erstellen eines RODC-Computerkontos die Verwaltung für den schreibgeschützten Domänencontroller (*RODC*) an bestimmte Benutzer oder Sicherheitsgruppen delegieren kann.

Es ist nunmehr an der Zeit, sich mehr der eigentlichen Verwaltung der Active Directory-Domänendienste (*AD DS*) sowie der darin vorhandenen Rollen, Funktionen und auch Objekten zu befassen.

8.4 Verwalten der Active Directory-Domänendienste (AD DS)

Nachdem wir uns intensiv mit der Einrichtung der Active Directory-Domänendienste (*AD DS*) und der darin eingesetzten Domänencontroller unter Windows Server 2012 befasst haben, so geht es nun an die Verwaltung der Active Directory-Infrastruktur.

8.4.1 Verwalten der Betriebsmasterrollen (FSMO)

In einer Active Directory-Gesamtstruktur kommen auf den darin vorhandenen Domänencontrollern zusätzlich noch sogenannte Betriebsmasterrollen (engl. *Flexible Single*

Master Operation Roles, FSMO-Roles) zum Einsatz. Diese stellen bestimmte Funktionen in der Active Directory-Infrastruktur bereit.

Insgesamt existieren in einer Active Directory-Gesamtstruktur die folgenden Betriebsmasterrollen:

1. **Nur in der *Stammdomäne der Active Directory-Gesamtstruktur je 1x*:**
   - *Schema-Master* (engl. Schema Master)
   - *Domänennamenmaster* (engl. Domain Naming Master)
2. ***In einer jeden Domäne* der Active Directory-Gesamtstruktur *je 1 x*:**
   - *PDC-Emulator* (engl. Primary Domain Controller Emulator)
   - *RID-Master* (engl. Relative Identifier, RID-Master
   - *Infrastrukturmaster* (engl. Infrastructure Master)

Auf dem ersten in der Stammdomäne der Gesamtstruktur eingerichteten Domänencontroller befinden sich somit alle fünf Betriebsmasterrollen. Auf dem jeweils ersten Domänencontroller aller zusätzlich in der Gesamtstruktur eingerichteter Domänen befinden sich dann zusätzlich drei der Betriebsmasterrollen einer jeweiligen Domäne.

Diese Betriebsmasterrollen können im Bedarfsfall (beispielsweise aus längerfristigen Wartungsgründen) von einem anderen in der jeweiligen Domäne vorhandenen Domänencontroller übernommen werden.

Lassen Sie uns vorweg noch einmal kurz auf die einzelnen Betriebsmasterrollen eingehen, bevor die Schritte zum Übernehmen der einzelnen Rollen auf andere Server erklärt werden.

8.4.1.1 Schemamaster

Nur ein Schema-Master in der Gesamtstruktur

Im Active Directory-Schema (oft auch als „Blaupause" oder auch „Vorlage" des Active Directory bezeichnet) werden die Klassen und Attribute der in einer Infrastruktur der Active Directory-Domänendienste (*AD DS*) genutzten Objekte festgelegt. Anhand dieser Vorgaben, die als gemeinsames Schema auf allen in einer Active Directory-Gesamtstruktur vorhandenen Domänencontroller gleich sind, werden die Active Directory-Objekte erstellt. Eine besonders tragende Rolle übernimmt hierbei der lediglich nur einmal in einer Active Directory-Gesamtstruktur vorhandene Schemamaster. Dieser führt die folgenden Funktionen aus:

- Enthält die originalen, änderbaren Schemainformationen über alle vorhandenen Objektklassen und -attribute.
- Steuert die Aktualisierung des Active Directory-Schemas.

- Repliziert die Schemaaktualisierungen an alle anderen Domänencontroller innerhalb der jeweiligen Active Directory-Gesamtstruktur.

In einer Active Directory-Gesamtstruktur gibt es nur einen einzigen Domänencontroller in der Stammdomäne, der die Betriebsmasterrolle des Schemamasters ausführt. Somit wird eine zentrale Steuerung von Schemaänderungen (beispielsweise durch die Implementierung von Microsoft Exchange Server, wozu verschiedene Schemaerweiterungen notwendig werden) möglich.

Sollte der Schemamaster aus bestimmten Gründen einmal nicht mehr verfügbar sein, so können in dieser Zeit am Active Directory-Schema keine Änderungen oder Aktualisierungen vorgenommen werden.

Standardmäßig dürfen nur Mitglieder der Gruppe Schema-Administratoren Änderungen am Active Directory-Schema vornehmen.

8.4.1.2 Domänennamenmaster

Eine Active Directory-Gesamtstruktur ist in ihrer Art flexibel gehalten und kann ganz nach Bedarf skaliert werden. Innerhalb einer Active Directory-Gesamtstruktur werden dazu Domänen erstellt bei Bedarf auch wieder aufgelöst. Die hierbei anfallenden Änderungen in der Active Directory-Infrastruktur werden zwischen den einzelnen Domänencontrollern einer Active Directory-Gesamtstruktur repliziert.

Der Domänennamenmaster (engl. *Domain Naming Master*) führt als Betriebsmasterrolle dabei die folgenden Funktionen aus:

- Steuert das Hinzufügen und Entfernen von Domänen innerhalb einer Active Directory-Gesamtstruktur.
- Verhindert, dass mehrere Domänen mit dem gleichen Namen innerhalb einer Active Directory-Gesamtstruktur implementiert werden.

In einer Active Directory-Gesamtstruktur gibt es nur einen einzigen Domänencontroller in der Stammdomäne, der die Betriebsmasterrolle des Domänennamenmasters ausführt. Somit wird eine zentrale Steuerung der Änderungen an der gesamten Active Directory-Infrastruktur möglich.

Nur ein Domänennamenmaster in der Gesamtstruktur

Sollte der Domänennamenmaster aus bestimmten Gründen einmal nicht mehr verfügbar sein, so können zu der betroffenen Active Directory-Gesamtstruktur beispielsweise keine Domänen hinzugefügt und auch keine der vorhandenen Domänen aus der Gesamtstruktur entfernt werden.

Standardmäßig dürfen nur die Organisations-Admins Domänen zu einer bestehenden Active Directory-Gesamtstruktur hinzufügen. Diese Berechtigung kann aber an andere Benutzer in der Active Directory-Gesamtstruktur delegiert werden.

8.4.1.3 PDC-Emulator

Ein PDC-Emulator (engl. *Primary Domain Controller, PDC Emulator*) ist in seiner Grundfunktion vergleichbar mit einem primären Domänencontroller unter Windows NT 4.0. Er steht für Betriebssysteme auf Clientcomputer und Servern, die älter als Windows 2000 sind, beispielsweise als Anmeldeserver sowie für notwendige Kennwortänderungen zur Verfügung.

Der PDC-Emulator führt als Betriebsmasterrolle in einer Active Directory-Domäne u.a. die folgenden Funktionen aus:

- Er dient als Zeitgeber für die Domänencontroller innerhalb der jeweiligen Active Directory-Domäne.
- In Active Directory-Umgebungen bis einschließlich Windows Server 2003, in denen mitunter noch Sicherungsdomänencontroller (eng. *Backup Domain Controllers, BDCs*) unter Windows NT 4.0 zum Einsatz kommen, repliziert der PDC-Emulator die Änderungen in der Active Directory-Domäne an diese Domänencontroller.
- Er minimiert die Replikationslatenz für Kennwortänderungen innerhalb der Domäne. Wenn das Kennwort eines Clientcomputers unter Windows 2000 oder höher geändert wird, leitet der betreffende Domänencontroller diese Änderung sofort an den PDC-Emulator der Domäne weiter. Sollte die Authentifizierung bei einem der Domänencontroller der Domäne wegen der mitunter noch unbekannten Kennwortänderung fehlschlagen, so leitet dieser Domänencontroller die betreffende Anmeldeanfrage an den PDC-Emulator weiter, bevor der Anmeldeversuch als Fehlschlag gewertet wird.

Nur ein einziger PDC-Emulator in einer Domäne

In einer Active Directory-Domäne gibt es nur einen einzigen Domänencontroller, der die Betriebsmasterrolle des PDC-Emulators (engl. *Primary Domain Controller, PDC Emulator*) ausführt.

Wenn der PDC-Emulator (engl. *Primary Domain Controller, PDC Emulator*) einer Active Directory-Domäne ausgefallen ist, können Kennwörter von Clientcomputern, auf denen keine Active Directory-Clientsoftware ausgeführt wird, nicht mehr geändert werden. Darüber hinaus ist eine Replikation der Änderungen an der Active Directory-Datenbank an Sicherungsdomänencontroller (*Backup Domain Controllers, BDCs*) unter Windows NT 4.0 nicht mehr möglich. Auch synchronisieren die in einer Domäne vorhandenen Domänencontroller ihre Systemzeit mit dem Server, der den PDC-Emulator führt, so dass ein länger andauernder Ausfall beispielsweise zu Problemen in der Kerberos-Authentifizierung führen kann.

8.4.1.4 RID-Master

Der RID-Master (engl. *Relative ID, RID Master*) sorgt durch das Bereitstellen von RID-Pools für die vorhandenen Domänencontroller für die Eindeutigkeit der Active Directory-Objekte einer Domäne. Wenn auf einem der Domänencontroller einer Active

Directory-Domäne ein neues Objekt erstellt wird, so wird diesem eine eindeutige Sicherheitskennung (*Security Identifier, SID*) zugewiesen. Die Sicherheitskennung setzt sich aus der Domänenkennung und einer RID zusammen, welche für jedes Objekt innerhalb einer Domäne eindeutig ist.

Der RID-Master führt als Betriebsmaster innerhalb einer Active Directory-Domäne die folgenden Funktionen aus:

- Weist jedem Domänencontroller einen RID-Pool (ein eindeutiger Block an Sicherheitskennungen) für das Erstellen von Objekten zu.
- Verhindert das Entstehen doppelter Objekte beim Verschieben von Active Directory-Objekten zwischen Domänen.
- Füllt die RID-Pools auf den Domänencontrollern innerhalb der Active Directory-Domäne auf Anforderung wieder auf, wenn diese aufgebraucht sind.

In einer Active Directory-Domäne gibt es nur einen einzigen Domänencontroller, der die Betriebsmasterrolle des RID-Masters (engl. *Relative ID, RID Master*) ausführt.

Nur ein einziger RID-Master in einer Domäne

Wenn der RID-Master in einer Active Directory-Domäne ausgefallen ist, hat dies meist keine direkte Auswirkung auf die Funktionsfähigkeit der Domäne. Die auf den Domänencontrollern vorhandenen RID-Pools können dann jedoch nicht mehr aufgefüllt werden, so dass in der betroffenen Domäne in absehbarer Zeit keine Active Directory-Objekte mehr erstellt werden können.

8.4.1.5 Infrastrukturmaster

Der Infrastrukturmaster (engl. *Infrastructure Master*) einer Active Directory-Domäne aktualisiert die Objektreferenzen (den globalen Bezeichner, kurz: *GUID für Global Uniqueness ID*, sowie den Objektnamen) von Active Directory-Objekten innerhalb und auch bei der Verschachtelung von Objekten über die Grenzen einer Active Directory-Domäne, beispielsweise bei der Verschachtelung einer globalen Sicherheitsgruppe in die domänenlokale Sicherheitsgruppe einer anderen Domäne der Gesamtstruktur.

Der Infrastrukturmaster (engl. *Infrastructure Master*) führt als Betriebsmaster innerhalb einer Active Directory-Domäne die folgende Funktion aus:

- Aktualisiert die Objektidentifikation, wenn ein Active Directory-Objekt in eine andere Domäne der Gesamtstruktur verschoben oder verknüpft wird.

In einer Active Directory-Domäne gibt es nur einen einzigen Domänencontroller, der die Betriebsmasterrolle des Infrastrukturmasters ausführt.

Nur ein einziger Infrastrukturmaster in einer Domäne

Wenn der Infrastrukturmaster einer Active Directory-Gesamtstruktur mit nur einer einzigen Domäne ausgefallen ist, hat dies keinerlei Auswirkungen. Lediglich wenn mehrere Domänen vorhanden sind, können die Objektreferenzen zwischen den Active Directory-Domänen nicht mehr aktualisiert werden, so dass dies unter Umständen zu Problemen bei der Gruppenverschachtelung zwischen den betroffenen Domänen führen kann.

Neben den Betriebsmasterrollen finden sich noch weitere, wichtige Funktionen auf den Domänencontrollern im Umfeld der Active Directory-Gesamtstrukturen und Domänen. Nicht in allen Fällen jedoch kann man diese wahlfrei auf den Domänencontrollern platzieren. So besteht bereits seit Windows 2000 in einer gewissen Konstellation ein Problem beim gemeinsamen Einsatz des Infrastrukturmasters und des globalen Kataloges auf ein und demselben Domänencontroller.

Hinweis Der globale Katalog (engl. *Global Catalog, GC*) steht in Active Directory-Gesamtstrukturen als ein „Repository" (sprich: *eine Auswahl*) von Informationen über die darin gespeicherten Active Directory-Objekte dar. Dieser wird beim Einrichten des ersten Domänencontrollers einer Active Directory-Gesamtstruktur automatisch auf ihm erstellt. Im Bedarfsfall können noch weitere Domänencontroller die Funktion des globalen Katalogservers übernehmen. Nähere Informationen zum globalen Katalog erhalten Sie weiter unten in diesem Kapitel.

8.4.1.6 Infrastrukturmaster und der globale Katalog

Der Infrastrukturmaster überprüft innerhalb einer Active Directory-Domäne in regelmäßigen Zeitabständen die Objektreferenzen von Objekten, die sich auf anderen Domänencontrollern befinden. Aktuelle Informationen zu den betreffenden Objekten (beispielsweise den definierten Namen und der Sicherheitskennung) fragt er bei einem globalen Katalogserver ab. Sollten hierbei Änderungen auftreten, so übernimmt er diese in seine lokale Active Directory-Datenbank und repliziert diese an alle anderen Domänencontroller der betreffenden Active Directory-Domäne.

Infrastrukturmaster nicht auch globaler Katalog

Der Domänencontroller, welchem die Betriebsmasterrolle des Infrastrukturmasters zugeordnet ist, darf in Gesamtstrukturen, in denen mehrere Active Directory-Domänen vorhanden sind, nicht auch als globaler Katalogserver konfiguriert sein. Ist dies doch der Fall, so funktioniert die Aktualisierung der Objektreferenzen der betreffenden Active Directory-Domäne durch den Infrastrukturmaster nicht mehr, da für ihn durch den auf dem gleichen Server vorhandenen globalen Katalog keine Änderungen an den Active Directory-Objekten mehr erkennbar sind. Eine Ausnahme stellen hierbei Active Directory-Domänen dar, in denen alle vorhandenen Domänencontroller ebenso auch als globale Katalogserver konfiguriert sind. In einem solchen Szenario kann die Rolle des Infrastrukturmasters prinzipiell auf einem beliebigen Domänencontroller implementiert sein.

8.4.2 Verschieben von Betriebsmasterrollen

Standardmäßig werden die Betriebsmasterrollen auf dem jeweils zuerst eingerichteten Domänencontroller einer Domäne oder auch der Stammdomäne der Gesamtstruktur platziert. Wenn es aus wartungstechnischen Gründen einmal notwendig wird, so kann man die Betriebsmasterrollen mit einfachen Konfigurationsschritten von dem ursprünglichen Rolleninhaber auf einen anderen Domänencontroller der betreffenden Domäne übertragen. Dies setzt voraus, dass beide Domänencontroller, der ursprüngliche Rolleninhaber sowie der geplante Rolleninhaber der Betriebsmasterrollen, funktional sind und zueinander kommunizieren können.

8.4.2.1 Gründe für das Verschieben von Betriebsmasterrollen

In der Praxis ergeben sich bestimmte Gründe, weshalb die Betriebsmasterrollen von einem Active Directory-Domänencontroller auf einen anderen Domänencontroller verschoben werden müssen:

- Austausch bzw. Aussonderung veralteter Serverhardware
- Wartung eines Serversystems über einen längeren Zeitraum
- Optimierung der Active Directory-Infrastruktur

8.4.2.2 Auswirkungen auf die Active Directory-Infrastruktur

Bei der Übertragung der Betriebsmasterrollen zwischen funktionalen Domänencontrollern innerhalb einer Active Directory-Domäne treten keinerlei Probleme oder gar Datenverlust auf. Die Betriebsmasterrolle wird bei der Übertragung einfach auf einen anderen Domänencontroller verschoben. Die Änderung des Rolleninhabers der betreffenden Betriebsmasterrolle wird auf alle anderen Domänencontroller der Active Directory-Domäne bzw. der Gesamtstruktur repliziert.

Übergabe der Rollen beim Herunterstufen

Wenn ein Active Directory-Domänencontroller, welcher die Betriebsmasterrollen einer Domäne oder gar der Gesamtstruktur ausführt, zu einem Mitgliedsserver herabgestuft wird, so übergibt er die betreffenden Betriebsmasterrollen während dieses Vorgangs an einen anderen, vorhandenen Active Directory-Domänencontroller der jeweiligen Domäne. Es kommt hierbei zu keinerlei Ausfall der Betriebsmasterrollen. Die Änderung wird nachfolgend an alle Active Directory-Domänencontroller der betreffenden Active Directory-Domäne bzw. der -Gesamtstruktur repliziert.

8.4.2.3 Notwendige Berechtigungen

Um die Betriebsmasterrollen von einem Domänencontroller auf einen anderen Domänencontroller zu verschieben, muss man über die ausreichenden Berechtigungen innerhalb der betreffenden Active Directory-Domäne oder gar -Gesamtstruktur verfügen.

Die folgende Tabelle zeigt Ihnen die hierzu notwendigen Gruppenmitgliedschaften in Sicherheitsgruppen, um die Berechtigung zum Verschieben der Betriebsmasterrollen innerhalb einer Domäne oder der Gesamtstruktur zu erhalten:

Betriebsmasterrolle	Notwendige Gruppenmitgliedschaft
Schemamaster	Schema-Admins
Domänennamenmaster	Organisations-Admins
PDC-Emulator	Domänen-Admins
RID-Master	Domänen-Admins
Infrastrukturmaster	Domänen-Admins

Tab. 8.1: *Notwendige Gruppenmitgliedschaft zum Verschieben der Betriebsmasterrollen in Active Directory*

8.4.2.4 Ermitteln des Rolleninhabers der Betriebsmasterrollen

Vor der Übertragung der Betriebsmasterrollen auf einen anderen Active Directory-Domänencontroller sollte man den ursprünglichen Rolleninhaber erst einmal ermitteln.

Anzeige der Rolleninhaber über die Kommandozeile

Sie können zum Anzeigen der Rolleninhaber der Betriebsmasterrollen in einer Gesamtstruktur den folgenden Befehl in der Eingabeaufforderung von Windows Server 2012 R2 ausführen:

```
netdom query fsmo
```

Nach der Ausführung des Befehls werden die Rolleninhaber der einzelnen Betriebsmasterrollen wie folgt angezeigt:

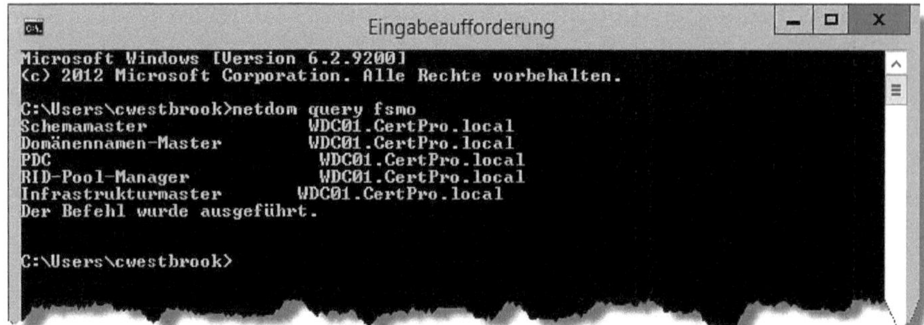

Abb. 8.39: *Ermitteln der aktuellen Rolleninhaber der Betriebsmasterrollen*

Es ist darüber hinaus möglich, die Rolleninhaber in den grafischen Managementkonsolen für die Active Directory-Verwaltung anzeigen zu lassen.

Ermitteln des Schemamaster-Rolleninhabers Um den Rolleninhaber der Betriebsmasterrolle des Schemamasters anzeigen zu lassen, müssen Sie in der Regel zuerst einmal das MMC-Snap-In *Active Directory-Schema* über die Datei **schmmgmt.dll** im betreffenden Domänencontroller registrieren. Gehen Sie dazu wie folgt vor:

1. Melden Sie sich am betreffenden Domänencontroller unter Windows Server 2012 R2 als Administrator an.
2. Starten Sie die *Eingabeaufforderung* (cmd.exe) und geben Sie den folgenden Befehl ein:

   `regsvr32 schmmgmt.dll`

3. Drücken Sie anschließend die [↵]-Taste.
4. Bestätigen Sie den nachfolgenden Dialog für die erfolgreiche Registrierung über einen Klick auf die Schaltfläche **OK**.

Nun können Sie das MMC-Snap-In *Active Directory-Schema* aufrufen. Gehen Sie dazu wie folgt vor:

1. Wechseln Sie zum Startbildschirm, und geben Sie den folgenden Befehl in die Tastatur ein, und drücken Sie anschließend die [↵]-Taste:

   mmc.exe

2. Bestätigen Sie den Dialog für die Benutzerkontensteuerung mit einem Klick auf die Schaltfläche **Ja**.
3. Klicken Sie in der leeren MMC-Konsole auf **Datei** und dann auf **Snap-In hinzufügen/entfernen**
4. Wählen Sie unter *Verfügbare Snap-Ins:* das MMC-Snap-In *Active Directory-Schema* aus, klicken Sie auf die Schaltfläche *Hinzufügen*, und dann auf **OK**.
5. Klicken Sie auf den Konsolenstamm *Active Directory-Schema*, um die Einstellung zu fokussieren.
6. Klicken Sie dann mit der rechten Maustaste auf *Active Directory-Schema*, und wählen Sie im Kontextmenü den Eintrag **Betriebsmaster...**

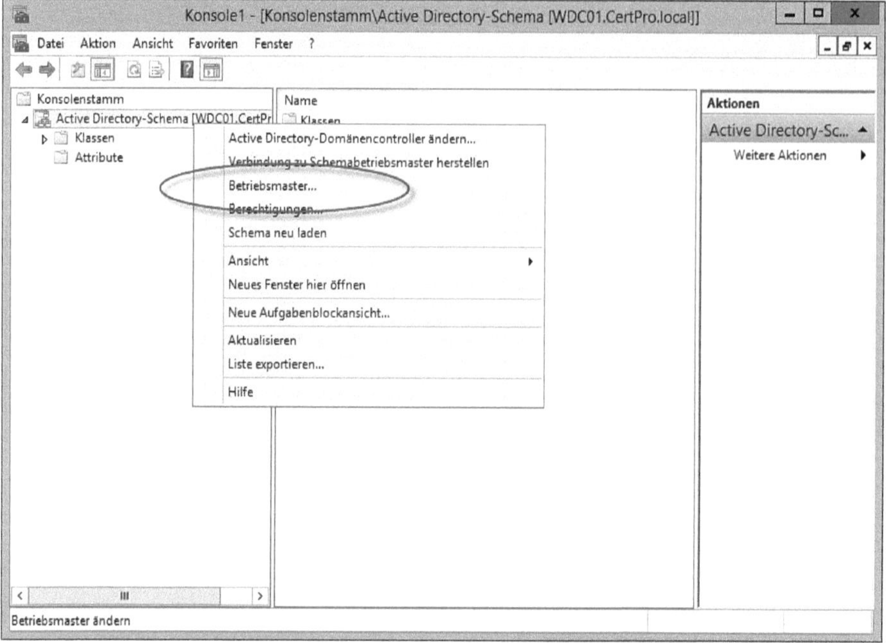

Abb. 8.40: *Verwaltungskonsole für das Active Directory-Schema*

7. Im nun folgenden Dialog wird der Rolleninhaber unter *Aktueller Schemamaster (online):* angezeigt.

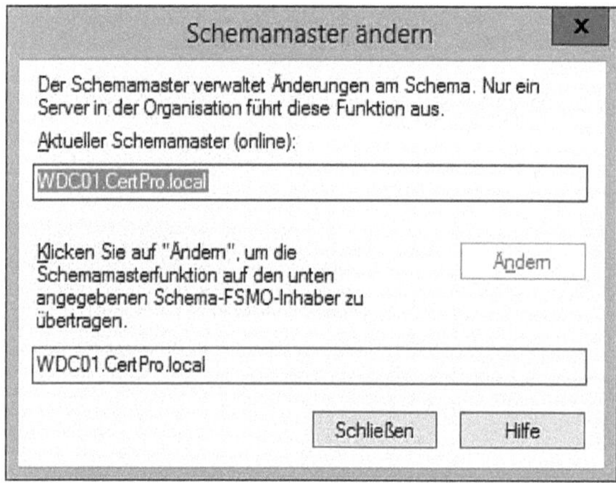

Abb. 8.41: *Anzeige des aktuellen Schema-Masters*

8. Klicken Sie anschließend auf *Schließen*, um das Dialogfenster zu schließen.

In dem Dialog könnte man den aktuellen Schemamaster auf ähnlichem Wege auch auf einen anderen Domänencontroller übertragen. Dies erfordert jedoch noch weitere, kleine Schritte, die in den nächsten Seiten detailliert erklärt werden.

8.4.2.5 Domänennamenmaster

Um den aktuellen Rolleninhaber für die Betriebsmasterrolle des Domänennamenmasters einer Active Directory-Gesamtstruktur zu ermitteln, gehen Sie wie folgt vor:

1. Melden Sie sich als *Administrator* am Serversystem unter Windows Server 2012 R2 an.
2. Öffnen Sie das *Server-Manager* (soweit dies nicht automatisch geschieht) über einen Klick in der *Taskleiste* auf das **Symbol für den Server-Manager** bzw. im *Startbildschirm* auf die entsprechende **Kachel**.
3. Klicken Sie oben im *Server-Manager* auf **Tools**, und dann auf **Active Directory-Domänen und -Vertrauensstellung**.
4. Klicken Sie oberhalb der angezeigten Domänen mit der rechten Maustaste auf den Konsolenstamm *Active Directory-Domänen und -Vertrauensstellungen* und wählen Sie im Kontextmenü den Eintrag **Betriebsmaster...**
5. Der aktuelle Rolleninhaber wird im Feld *Domänennamen-Betriebsmaster:* angezeigt.
6. Klicken Sie im Dialogfenster anschließend auf **Schließen**.

8.4.2.6 PDC-Emulator

Um den aktuellen Rolleninhaber für die Betriebsmasterrolle des PDC-Emulators einer Active Directory-Domäne zu ermitteln, gehen Sie wie folgt vor:

1. Melden Sie sich als *Administrator* am Serversystem unter Windows Server 2012 R2 an.
2. Öffnen Sie das *Server-Manager* (soweit dies nicht automatisch geschieht) über einen Klick in der *Taskleiste* auf das **Symbol für den Server-Manager** bzw. im *Startbildschirm* auf die entsprechende **Kachel**.
3. Klicken Sie oben im *Server-Manager* auf **Tools**, und dann auf **Active Directory-Benutzer und -Computer**.
4. Klicken Sie mit der rechten Maustaste auf den *Domänennamen* und wählen Sie im Kontextmenü den Eintrag **Betriebsmaster...**
5. Wechseln Sie zum Register *PDC*. Der aktuelle Rolleninhaber wird Ihnen im Feld *Betriebsmaster:* angezeigt.

8.4.2.7 RID-Master

Um den aktuellen Rolleninhaber für die Betriebsmasterrolle für den RID-Master einer Active Directory-Domäne zu ermitteln, gehen Sie wie folgt vor:

1. Melden Sie sich als *Administrator* am Serversystem unter Windows Server 2012 R2 an.
2. Öffnen Sie das *Server-Manager* (soweit dies nicht automatisch geschieht) über einen Klick in der *Taskleiste* auf das **Symbol für den Server-Manager** bzw. im *Startbildschirm* auf die entsprechende **Kachel**.
3. Klicken Sie oben im *Server-Manager* auf **Tools**, und dann auf **Active Directory-Benutzer und -Computer**.
4. Klicken Sie mit der rechten Maustaste auf den *Domänennamen* und wählen Sie im Kontextmenü den Eintrag **Betriebsmaster...**
5. Wechseln Sie zum Register *RID*. Der aktuelle Rolleninhaber wird Ihnen im Feld *Betriebsmaster:* angezeigt.

8.4.2.8 Infrastrukturmaster

Um den aktuellen Rolleninhaber für die Betriebsmasterrolle des Infrastrukturmasters einer Active Directory-Domäne zu ermitteln, gehen Sie wie folgt vor:

1. Melden Sie sich als *Administrator* am Serversystem unter Windows Server 2012 R2 an.
2. Öffnen Sie das *Server-Manager* (soweit dies nicht automatisch geschieht) über einen Klick in der *Taskleiste* auf das **Symbol für den Server-Manager** bzw. im *Startbildschirm* auf die entsprechende **Kachel**.
3. Klicken Sie oben im *Server-Manager* auf **Tools**, und dann auf **Active Directory-Benutzer und -Computer**.
4. Klicken Sie mit der rechten Maustaste auf den *Domänennamen* und wählen Sie im Kontextmenü den Eintrag **Betriebsmaster...**
5. Wechseln Sie zum Register *Infrastruktur*. Der aktuelle Rolleninhaber wird Ihnen im Feld *Betriebsmaster:* angezeigt.

Wie Sie festgestellt haben, werden die domäneninternen Betriebsmasterrolleninhaber innerhalb des gleichen Dialogfensters angezeigt. Auch wurde hier wiederum die Möglichkeit der Übertragung der jeweiligen Betriebsmasterrolle auf einen anderen Domänencontroller angeboten. Der genauen Vorgehensweise hierzu werden wir uns nun zuwenden.

Übernahme problemlos möglich

8.4.3 Übertragen der Betriebsmasterrollen

Es existieren verschiedene Möglichkeiten, die Betriebsmasterrollen von einem funktionalen Active Directory-Domänencontroller auf einen anderen Domänencontroller zu übertragen. Einerseits kann diese mittels des Befehls **Dsmgmt.exe** über die Kommandozeile, andererseits aber auch, wie bereits vorweg erwähnt, über die vorhandenen, grafischen *MMC-Snap-Ins* durchgeführt werden.

Hinweis

Um eine der Betriebsmasterrollen mittels der grafischen MMC-Snap-Ins auf einen anderen als den aktuellen Domänencontroller zu übertragen, müssen Sie sich mit dem jeweiligen Zieldomänencontroller verbinden und können so die Betriebsmasterrolle auf diesen übernehmen (Pull-Verfahren), sprich: man „zieht" die Rolle quasi auf den betreffenden Zieldomänencontroller. Die Übertragung einer Betriebsmasterrolle von einem bestehenden Rolleninhaber auf einen anderen Domänencontroller ist mittels Push-Verfahren nicht möglich.

8.4.3.1 Schemamaster

Wie bereits beschrieben, besteht die Möglichkeit, die Betriebsmasterrollen entweder mittels der grafischen MMC-Snap-Ins oder mittels des Kommandozeilenbefehls **Dsmgmt.exe** von einem ursprünglichen auf einen anderen Domänencontroller zu übertragen.

Übertragung der Schemamasterrolle mittels MMC-Snap-In Um die Betriebsmasterrolle des Schemamasters mittels des MMC-Snap-Ins *Active Directory-Schema* auf einen anderen als den aktuellen Domänencontroller zu übertragen, gehen Sie wie folgt vor:

1. Wechseln Sie zum Startbildschirm, und geben Sie den folgenden Befehl in die Tastatur ein, und drücken Sie anschließend die [↵]-Taste:

   mmc.exe

2. Bestätigen Sie den Dialog für die Benutzerkontensteuerung mit einem Klick auf die Schaltfläche **Ja**.
3. Klicken Sie in der leeren MMC-Konsole auf **Datei** und dann auf **Snap-In hinzufügen/entfernen**
4. Wählen Sie unter *Verfügbare Snap-Ins:* das MMC-Snap-In *Active Directory-Schema* aus, klicken Sie auf die Schaltfläche *Hinzufügen*, und dann auf **OK**.
5. Klicken Sie auf den Konsolenstamm *Active Directory-Schema*, um die Einstellung zu fokussieren.
6. Klicken Sie dann mit der rechten Maustaste auf *Active Directory-Schema* und wählen Sie im Kontextmenü den Eintrag **Active Directory-Domänencontroller ändern**
7. Wählen Sie den Domänencontroller aus, auf welchen Sie die Betriebsmasterrolle des Schemamasters übertragen wollen, und klicken Sie anschließend auf **OK**.
8. Klicken Sie dann mit der rechten Maustaste auf *Active Directory-Schema* und wählen Sie im Kontextmenü den Eintrag **Betriebsmaster...**

9. Klicken Sie im Dialogfenster *Schemamaster ändern* auf die Schaltfläche **Ändern** und bestätigen Sie die nachfolgende Abfrage mit einem Klick auf die Schaltfläche **Ja**.
10. Bestätigen Sie die fehlerfreie Übertragung auf den betreffenden Domänencontroller mit einem Klick auf die Schaltfläche **OK** und klicken Sie nachfolgend auf die Schaltfläche **Schließen**, um das Dialogfenster *Schemamaster ändern* zu schließen.

8.4.3.2 Domänennamenmaster

Die Betriebsmasterrolle des Domänennamenmasters einer Active Directory-Gesamtstruktur kann ähnlich einfach auf einen anderen Domänencontroller übertragen werden. Auch hier besteht die Möglichkeit, entweder den entsprechenden MMC-Snap-In *Active Directory-Domänen und -Vertrauensstellungen* oder den Kommandozeilenbefehl **ntdsutil.exe** zu verwenden.

Übertragung der Domänennamenmasterrolle mittels MMC-Snap-In Gehen Sie zum Übertragen der Betriebsmasterrolle des Domänennamenmasters einer Active Directory-Gesamtstruktur mittels des MMC-Snap-Ins *Active Directory-Domänen und -Vertrauensstellungen* auf einen andern Domänencontroller wie folgt vor:

1. Melden Sie sich als *Administrator* am Serversystem unter Windows Server 2012 R2 an.
2. Öffnen Sie das *Server-Manager* (soweit dies nicht automatisch geschieht) über einen Klick in der *Taskleiste* auf das **Symbol für den Server-Manager** bzw. im *Startbildschirm* auf die entsprechende **Kachel**.
3. Klicken Sie oben im *Server-Manager* auf **Tools**, und dann auf **Active Directory-Domänen und -Vertrauensstellung**.
4. Klicken Sie oberhalb der angezeigten Domänen mit der rechten Maustaste auf den Konsolenstamm *Active Directory-Domänen und -Vertrauensstellungen* und wählen Sie im Kontextmenü den Eintrag **Domänencontroller ändern**
5. Wählen Sie den Domänencontroller aus, auf welchen Sie die Betriebsmasterrolle übertragen wollen und klicken Sie anschließend auf **OK**.
6. Klicken Sie dann mit der rechten Maustaste auf *Active Directory-Domänen und -Vertrauensstellungen* und wählen Sie im Kontextmenü den Eintrag **Betriebsmaster...**
7. Klicken Sie im Dialogfenster *Betriebsmaster* auf die Schaltfläche **Ändern** und bestätigen Sie die nachfolgende Abfrage mit einem Klick auf die Schaltfläche ***Ja***.
8. Bestätigen Sie die fehlerfreie Übertragung auf den betreffenden Domänencontroller mit einem Klick auf die Schaltfläche **OK** und klicken Sie nachfolgend auf die Schaltfläche **Schließen**, um das Dialogfenster *Betriebsmaster* zu schließen.

8.4.3.3 PDC-Emulator, RID-Master und Infrastrukturmaster

Die innerhalb einer jeden Active Directory-Domäne jeweils einmal vorhandenen Betriebsmasterrollen des PDC-Emulators, des RID-Masters und des Infrastrukturmasters können im Bedarfsfall ebenso einfach auf einen anderen Domänencontroller übertragen werden. Auch hier besteht die Möglichkeit, entweder der entsprechende MMC-Snap-In *Active Directory-Benutzer und -Computer* oder den Kommandozeilenbefehl **Dsmgmt.exe** zu verwenden.

Übertragung von PDC-Emulator, RID-Master oder Infrastrukturmaster mittels MMC-Snap-In Gehen Sie zum Übertragen der Betriebsmasterrolle des PDC-Emulators, des RID-Masters oder des Infrastrukturmasters einer Active Directory-Domäne mittels des MMC-Snap-Ins *Active Directory-Benutzer und -Computer* auf einen andern Domänencontroller wie folgt vor:

1. Melden Sie sich als *Administrator* am Serversystem unter Windows Server 2012 R2 an.
2. Öffnen Sie das *Server-Manager* (soweit dies nicht automatisch geschieht) über einen Klick in der *Taskleiste* auf das **Symbol für den Server-Manager** bzw. im *Startbildschirm* auf die entsprechende **Kachel**.
3. Klicken Sie oben im *Server-Manager* auf **Tools**, und dann auf **Active Directory-Benutzer und -Computer**.
4. Klicken Sie mit der rechten Maustaste auf den *Domänennamen* und wählen Sie im Kontextmenü den Eintrag **Domänencontroller ändern**
5. Wählen Sie den Domänencontroller aus, auf welchen Sie die Betriebsmasterrolle übertragen wollen und klicken Sie anschließend auf **OK**.
6. Klicken Sie dann nochmals mit der rechten Maustaste auf den Domänennamen und wählen Sie im Kontextmenü den Eintrag **Betriebsmaster...**
7. Klicken Sie im Dialogfenster *Betriebsmaster* auf das Register der zu übertragenden Betriebsmasterrolle, anschließend auf die Schaltfläche **Ändern** und bestätigen Sie die nachfolgende Abfrage mit einem Klick auf die Schaltfläche **Ja**.
8. Bestätigen Sie die fehlerfreie Übertragung auf den betreffenden Domänencontroller mit einem Klick auf die Schaltfläche **OK** und klicken Sie nachfolgend auf die Schaltfläche **Schließen**, um das Dialogfenster ***Betriebsmaster*** zu schließen.

Alternativ zur Übertragung der Betriebsmasterrollen mithilfe der MMC-Snap-Ins lässt sich dies auch mithilfe des Kommandozeilenbefehls **Dsmgmt.exe** durchführen. Nähere Informationen hierzu erhalten Sie in der Hilfe von **ntdsutil.exe** und in der Windows-Hilfe unter Windows Server 2012 R2.

Da ich in diesem Buch aufgrund des geplanten Umfangs nicht alle Schritte zur Wiederherstellung von Betriebsmasterrollen darstellen kann – und die benannten Schritte sicher als „kritisch" einzustufen sind – möchte ich Sie aber gerne auf ein vollständiges Werk zu Active Directory verweisen, welches die betreffenden Schritte – sowie noch mehr an Inhalten erklärt – und ebenso im Verlag Addison-Wesley erhältlich ist: ***Active Directory unter Windows Server 2008***. Dies finden Sie unter:

http://www.addison-wesley.de/main/main.asp?page=deutsch/bookdetails&productid=167210

Sicher ebenso wichtig wie die Betriebsmasterrollen stellt sich innerhalb von Active Directory-Gesamtstrukturen auch der globale Katalog dar – alleine schon bei der Benutzeranmeldung im Netzwerk. Warum? – Das erfahren Sie gleich im nächsten Abschnitt.

8.4.4 Der globale Katalog (GC)

Unverzichtbare Funktion

Der globale Katalog (engl. *Global Catalog, GC*) steht in Active Directory-Gesamtstrukturen als ein „Repository" (sprich: *eine Auswahl*) von Informationen über die darin gespeicherten Active Directory-Objekte dar. Dieser wird beim Einrichten des ersten Domänencontrollers einer Active Directory-Gesamtstruktur automatisch auf ihm erstellt. Im Bedarfsfall können auch weitere Domänencontroller die Funktion des globalen Katalogservers übernehmen.

8.4.4.1 Funktionen des globalen Katalogservers

Ein Domänencontroller unter Windows führt als ein globaler Katalogserver grundsätzlich die folgenden Funktionen aus:

- Ermöglicht die Netzwerkanmeldung der Benutzer durch die Bereitstellung der Informationen zu Gruppenmitgliedschaften in universellen Gruppen einer Active Directory-Gesamtstruktur.
- Stellt auf Anfrage die gespeicherten Informationen zu Active Directory-Objekten, wie beispielsweise die E-Mail-Adresse eines bestimmten Benutzers bereit.

Der globale Katalogserver wird seitens der im Netzwerk vorhandenen Client- und Servercomputer anhand von sogenannten *Diensteinträgen* (*Service Records, SRV Records*) in *Domain Namen System* (*DNS*) ermittelt, und steht für Anfragen aus allen Domänen einer Active Directory-Gesamtstruktur bereit.

Hinweis

Wenn in einer bestehenden Active Directory-Gesamtstruktur nicht mindestens ein funktionaler, globaler Katalogserver vorhanden ist, so können sich die darin enthaltenen Benutzer in den Domänen ab der Domänenfunktionsebene Windows 2000 (pur) oder höher im Netzwerk nicht mehr anmelden. Dies resultiert aus der Situation, dass die vorhandenen Domänencontroller die mögliche Gruppenmitgliedschaft der einzelnen Benutzer in universellen Gruppen nicht mehr ermitteln können und somit womöglich die Sicherheit der Gesamtstruktur gefährdet werden könnte. Um diesem Problem vorzubeugen, empfiehlt es sich grundsätzlich, wenigstens zwei oder mehr der Domänencontroller als globalen Katalogserver einzusetzen.

8.4.4.2 Zuweisen der Funktion als globaler Katalogserver

Vorsicht bei schmalbandigen Verbindungen

Innerhalb einer Active Directory-Gesamtstruktur kann prinzipiell jedes vorhandene Serversystem ab Windows 2000 und höher, das als vollwertiger Domänencontroller eingesetzt wird, auch gleichzeitig die Funktion des globalen Katalogservers übernehmen. Eine Ausnahme stellen hierbei prinzipiell nur die schreibgeschützten Domänencontroller (engl. *Read Only Domain Controllers, RODCs*) dar. Einzig sollten Sie bei schmalbandigen Verbindungen zwischen Standorten und Servern aufgrund der zu erwartenden Replikationsvorgänge zwischen den einzelnen Domänencontrollern vorweg eine Bandbreitenmessung vornehmen, um den Einsatz von globalen Katalogservern entsprechend planen zu können.

Gehen Sie wie folgt vor, um einem vollwertigen Domänencontroller unter Windows Server 2012 R2 die Funktion eines globalen Katalogservers zuzuweisen:

1. Melden Sie sich als *Administrator* am Serversystem an.
2. Öffnen Sie das *Server-Manager* (soweit dies nicht automatisch geschieht) über einen Klick in der *Taskleiste* auf das **Symbol für den Server-Manager** bzw. im *Startbildschirm* auf die entsprechende **Kachel**.
3. Klicken Sie oben im *Server-Manager* auf **Tools**, und dann auf **Active Directory-Standorte und -Dienste**.
4. Erweitern Sie den Knoten für *Sites* (*Standorte*), dann den gewünschten Standort, den Container *Servers* (*Server*) und anschließend den des betreffenden Domänencontrollers.
5. Klicken Sie mit der rechten Maustaste auf *NTDS-Settings* des gewünschten Domänencontrollers und wählen Sie im Kontextmenü den Eintrag **Eigenschaften**.
6. Aktivieren Sie das Kontrollkästchen *Globaler Katalog*, und klicken Sie dann auf **OK**.

Nach der Aktivierung der Funktion als globaler Katalogserver repliziert der Domänencontroller die Inhalte des globalen Katalogs mit den übrigen, vorhandenen globalen Katalogservern.

Wie bereits erwähnt, enthält ein globaler Katalogserver einen Auszug an Informationen über die in einer Active Directory-Gesamtstruktur vorhandenen Benutzer-, Computer-

und Gruppenobjekte. Diese Objekte kann man in einem Serversystem unter Windows Server 2012 R2 gegenüber den vorherigen Betriebssystemversionen nunmehr noch gezielter verwalten. Es stehen, wie bereits vorweg erwähnt, einige neue Verwaltungswerkzeuge und Methoden zur Verfügung.

8.5 Erstellen und Verwalten von Active Directory-Objekten

Die Active Directory-Domänendienste (engl. *Active Directory Domain Services, AD DS*) setzt man in Unternehmen im Schwerpunkt für die netzwerkweite Ressourcenbereitstellung und -steuerung ein. Hierzu erstellt man für die vorhandenen Benutzer entsprechende Benutzerobjekte, die sich dann beispielsweise zugriffs-, fach- oder abteilungsbezogen wiederum in Gruppenobjekten zusammenfassen lassen. Diese Vorgehensweise erleichtert u.a. auch die Verwaltung von Zugriffsrechten auf freigegebene Dateien und Drucker.

Hinweis Im Gegensatz zu lokalen Benutzerkonten (beispielsweise unter Windows 7, Windows 8, Windows 8.1, Windows Server 2012 oder auch Windows Server 2012 R2) lassen sich Ressourcen mithilfe von Benutzerobjekten der Active Directory-Domänendienste (AD DS) sogar netzwerkweit verwalten und auch delegieren.

Für die vorhandenen Computer- und Serversysteme erstellt man in der Datenbank der betreffenden Active Directory-Domäne dann noch jeweilige Computerobjekte. Diese dienen der Identifikation und der Verwaltbarkeit der in der Active Directory-Umgebung vorhandenen Server- und Computersysteme. Dies ermöglicht beispielsweise auch die Anwendung bestimmter Gruppenrichtlinien auf die betreffenden Systeme. Computerobjekte können beispielsweise entweder manuell bzw. skriptbasiert oder gleich während des Hinzufügens eines Computersystems zu einer Active Directory-Domäne automatisch erstellt werden.

8.5.1 Planen und Erstellen von Organisationseinheiten

Die Active Directory-Objekte werden in der Regel nicht wahllos, sondern oft in klaren Verwaltungsstrukturen gespeichert. Hierzu legt man in der jeweiligen Active Directory-Domäne sogenannte *Organisationseinheiten* (engl. *Organizational Units, OUs*) an, die dann als Containerobjekte für die zu verwaltenden Active Directory-Objekte dienen. Diese können verwendet werden, um die zu verwaltenden Active Directory-Objekte beispielsweise nach einem physikalischen Standort, einer Abteilungen oder einer Funktion zu organisieren. Häufig wird sogar eine Mischform hieraus verwendet.

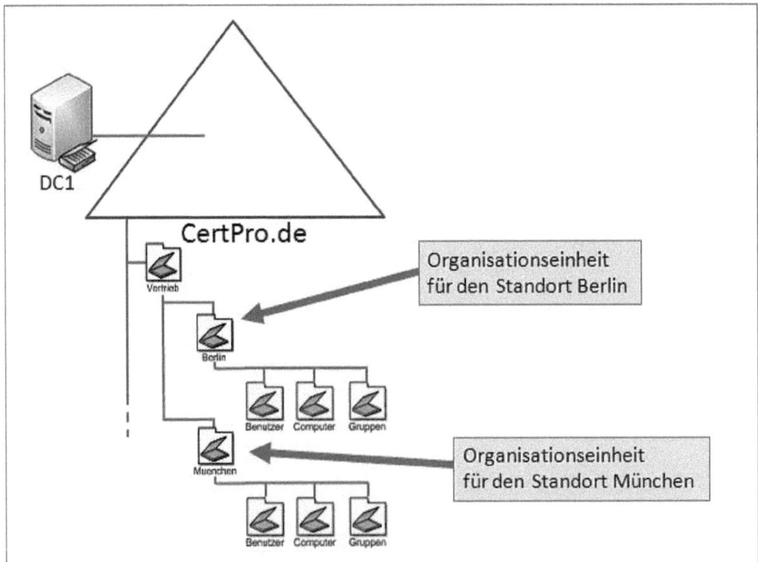

Abb. 8.42: *Beispiel einer Organisationseinheitenstruktur*

Vordefinierte Konten im „Users"-Container

Standardmäßig finden sich in einer neu installierten Active Directory-Domäne unter Windows Server 2012 R2 bereits vordefinierte Active Directory-Objekte. Diese werden im Standardcontainer ***Users*** (*Benutzer*) gespeichert.

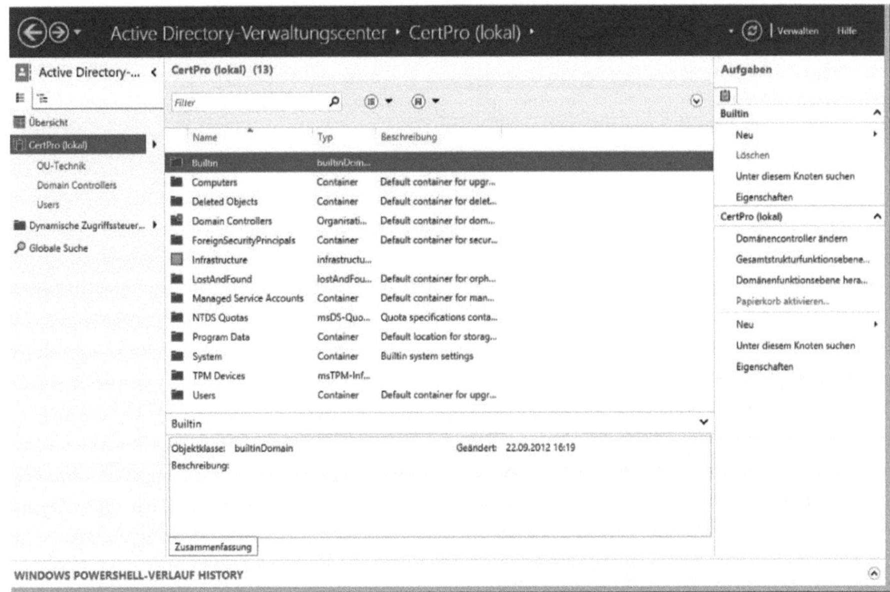

Abb. 8.43: *Standardmäßig vorhandene Active Directory-Container*

Authentifizierung und Autorisierung

Im Umfang der vordefinierten Active Directory-Objekte findet sich neben dem Gast-Konto auch das eigentliche Administrator-Konto sowie notwendige, verwaltungsbezogene Sicherheitsgruppen. Um die zur Verwaltung von Unternehmensressourcen zu erstellenden Active Directory-Objekte effektiv verwalten zu können, werden anstelle des Standardcontainers ***Users*** zumeist eigens dafür erstellte Organisationseinheiten-Container verwendet.

8.5.1.1 Erstellen von Organisationseinheiten

Organisationseinheiten (engl. *Organizational Units, OUs*) können innerhalb einer Active Directory-Domäne mithilfe von verschiedenen Tools – unter Windows Server 2012 R2 bei Bedarf sogar mithilfe von speziellen Windows PowerShell-Cmdlets – erstellt und verwaltet werden.

Gehen Sie wie folgt vor, um eine neue Organisationseinheit (*OU*) in einer Active Directory-Domäne mithilfe der grafischen Verwaltungskonsole *Active Directory-Verwaltungscenter* eines Domänencontrollers unter Windows Server 2012 R2 zu erstellen:

1. Melden Sie sich als *Administrator* am Serversystem an.
2. Öffnen Sie das *Server-Manager* (soweit dies nicht automatisch geschieht) über einen Klick in der *Taskleiste* auf das **Symbol für den Server-Manager** bzw. im *Startbildschirm* auf die entsprechende **Kachel**.
3. Klicken Sie oben im *Server-Manager* auf **Tools**, und dann auf **Active Directory-Verwaltungscenter**.
4. Klicken Sie mit der rechten Maustaste auf den *Domänennamen* und wählen Sie im Kontextmenü den Eintrag **Neu** und dann **Organisationseinheit**.
5. Geben Sie im Feld *Name:* den gewünschten Namen der zu erstellenden Organisationseinheit ein und klicken Sie dann auf **OK**.

Die neu erstellte Organisationseinheit (*OU*) wird in der Konsole angezeigt.

Hinweis

Die in den Active Directory-Domänendiensten (*AD DS*) unter Windows Server 2012 R2 neu erstellten Organisationseinheiten-Objekte (*Organizational Units, OUs*) werden standardmäßig vor „versehentlichem Löschen" geschützt. Bevor man diese löschen kann, muss man die Option *Vor versehentlichem Löschen schützen* in den Eigenschaften des Containers zuerst deaktivieren.

Neben den Objektcontainern benötigt man für die Ressourcenzugriffssteuerung oder auch alleine bereits für die Anmeldung in einem Computernetzwerk, in dem die Active Directory-Domänendienste ihre Verwendung finden, ein entsprechendes Benutzerkonto. Dieses wird in den Active Directory-Gesamtstrukturen und -Domänen als Benutzerobjekt erstellt und verwaltet.

8.5.2 Erstellen und Verwalten von Benutzerobjekten

Benutzerobjekte werden für die eindeutige Benutzerauthentifizierung sowie auch die Autorisierung (beispielsweise im Zugriff auf bestimmte Ressourcen) verwendet. Zum Erstellen und Verwalten solcher Objekte stehen im Umfeld der Active Directory-Domänendienste (engl. *Active Directory Domain Services, AD DS*) unter Windows Server 2012 R2 beispielsweise die folgenden Tools und Programme zur Verfügung:

- **Active Directory-Verwaltungscenter**
- MMC-Snap-In ***Active Directory-Benutzer und -Computer***
- **dsadd.exe**
- **dsmod.exe**
- **dsrm.exe**
- **csvde.exe**
- **ldifde.exe**
- **net user**
- Windows Script Host (*WSH*)
- Windows PowerShell

Hinweis

Detaillierte Informationen zum Erstellen von Benutzerobjekten mithilfe der Kommandozeilenbefehle und grafischen Verwaltungskonsolen finden Sie in der jeweiligen Hilfe unter Windows Server 2012 R2.

8.5.2.1 Beispiel für das Erstellen eines Benutzerobjekts

Gehen Sie wie folgt vor, um ein neues Benutzerobjekt mithilfe der Verwaltungskonsole *Active Directory-Verwaltungscenter* auf einem Domänencontroller unter Windows Server 2012 R2 zu erstellen:

1. Melden Sie sich als *Administrator* am Serversystem an.
2. Öffnen Sie das *Server-Manager* (soweit dies nicht automatisch geschieht) über einen Klick in der *Taskleiste* auf das **Symbol für den Server-Manager** bzw. im *Startbildschirm* auf die entsprechende **Kachel**.
3. Klicken Sie oben im *Server-Manager* auf **Tools**, und dann auf **Active Directory-Verwaltungscenter**.
4. Klicken Sie mit der rechten Maustaste auf den gewünschten Container, in dem das neue Benutzerobjekt erstellt werden soll, und wählen Sie im Kontextmenü den Eintrag **Neu** und dann **Benutzer**.
5. Geben Sie im Dialog *Benutzer erstellen* die gewünschten Informationen ein und klicken Sie anschließend auf **OK**.

Hinweis

Das Benutzerkennwort muss gemäß den Kennwortrichtlinien einer Windows Server 2008-, Windows Server 2008 R2-, Windows Server 2012- bzw. Windows Server 2012 R2-Domäne der darin geforderten Komplexitätsvoraussetzung entsprechen. Einfache Kennwörter, die beispielsweise lediglich aus Groß- oder Kleinbuchstaben bestehen, werden in Active Directory-Domänen seit Windows Server 2003 standardmäßig nicht mehr unterstützt.

Das neue Benutzerobjekt wird angelegt und anschließend im betreffenden Objektcontainer angezeigt.

Hinweis

Über die *Eigenschaften* des jeweiligen Benutzerobjekts im *Active Directory-Verwaltungscenter* kann man auch im Nachhinein noch viele weitere Benutzereigenschaften (beispielsweise die Telefonnummer, die E-Mail-Adresse oder auch die Anschrift des Benutzers) definieren oder ändern.

Nach dem Erstellen lassen sich die Benutzerkonten mit den benannten Werkzeugen zweckgemäß verwalten. Häufig fallen dabei Verwaltungsschritte wie das Zurücksetzen von Benutzerkennwörtern, das Ändern von Benutzerkonteneigenschaften oder ähnliche an.

Prinzipiell genauso einfach wie die Benutzerkonten lassen sich auf einem Domänencontroller unter Windows 2012 R2 auch Computerkonten erstellen, die dann für die eindeutige Authentifizierung der vorhandenen Computersysteme und Server verwendet werden können.

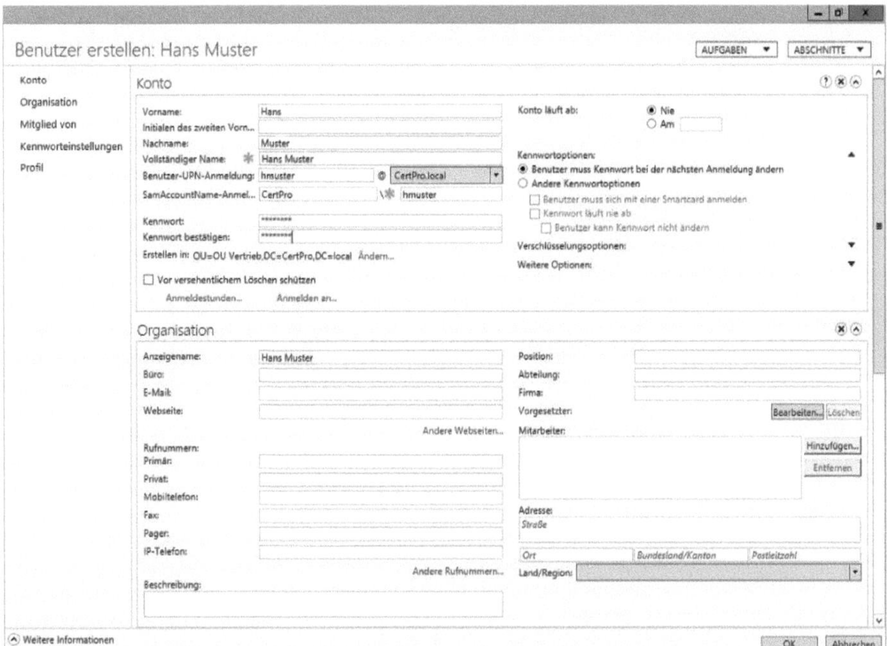

Abb. 8.44: *Anlegen eines neuen Benutzerobjekts im Active Directory-Verwaltungscenter*

> **Hinweis**
> Weitere Informationen für das Erstellen und Verwalten von Benutzerkonten erhalten Sie in der Hilfe von Windows Server 2012 R2.

8.5.3 Erstellen und Verwalten von Gruppenobjekten

Um in einer Active Directory-Gesamtstruktur die Zugriffe auf Ressourcen sowie auch das Anmeldeverhalten zu steuern, werden zusätzlich zu den Benutzerobjekten in der Regel auch Gruppenobjekte eingesetzt. Diese dienen in erster Linie dazu, die Rechte- und Berechtigungsvergabe innerhalb eines Computersystems oder gar innerhalb ganzer Active Directory-Gesamtstrukturen zu vereinfachen. Benutzer, die beispielsweise gemeinsamen Zugriff auf bestimmte Ressourcen benötigen, fasst man zu einer Sicherheitsgruppe zusammen und vergibt die benötigten Zugriffsberechtigungen letztlich der Gruppe statt jedem Benutzer einzeln. Diese Vorgehensweise vereinfacht die Verwaltung der Zugriffsberechtigung auf Ressourcen besonders bei mittelgroßen bis großen Netzwerkumgebungen mit vielen zu verwaltenden Datei- und Druckressourcen ungemein. Gruppen werden in Active Directory-Umgebungen jedoch nicht nur für die Rechte- oder Berechtigungsvergabe verwendet.

8.5.3.1 Gruppentypen

In einer Active Directory-Gesamtstruktur unterscheidet man zwischen Sicherheits- und Verteilergruppen. Sicherheitsgruppen werden, wie es der Name bereits ableiten lässt,

Konvertierung möglich - aber nicht ratsam

oft für die Berechtigungs- oder Rechtevergabe verwendet. Reine Verteilergruppen dagegen können beispielsweise in einer Microsoft Exchange-Umgebung dazu verwendet werden, um E-Mail-Nachrichten, die an die jeweilige Gruppe versandt wurden, an alle Gruppenmitglieder in Form von Kontakt- oder auch E-Mail-aktivierten Benutzerobjekten weiterzureichen, sprich: zu „verteilen". Eine Rechtevergabe an eine Verteilergruppe ist technisch nicht vorgesehen. Eine Verteilergruppe kann jedoch zu einer Sicherheitsgruppe konvertiert werden, insoweit die Domänenfunktionsebene der betreffenden Domäne mindestens Windows 2000 einheitlich oder höher beträgt.

Sicherheitsgruppen in Active Directory besitzen erst einmal die gleichen Eigenschaften wie auch die reinen Verteilergruppen. Diese Gruppen können anhand ihrer Sicherheitskennung (engl. *Security Identifier, SID*), wie bereits erwähnt, zusätzlich aber auch zur Rechte- und Berechtigungsvergabe verwendet werden. Allen Mitgliedern der betreffenden Gruppen werden demnach auch die gleichen Rechte und Berechtigungen eingeräumt, wie sie für die jeweilige Gruppe definiert wurden.

Technisch ist es möglich, Sicherheitsgruppen zu Verteilergruppen zu konvertieren. Von dieser Möglichkeit sollte man aus Sicherheitsgründen jedoch absehen. Wenn eine Sicherheitsgruppe anhand ihrer Sicherheitskennung (*SID*) beispielsweise Zugriffsberechtigungen auf bestimmte Ressourcen erhält, so bleiben diese Berechtigungen auch nach der Konvertierung zu einer reinen Verteilergruppe erhalten. Da der Gruppentyp der betreffenden Gruppe nach der Konvertierung jedoch als Verteilergruppe angezeigt wird, kann dies zu Verwirrungen in der Rechtevergabe und Zugriffssteuerung führen.

8.5.3.2 Gruppenbereiche

In den Active Directory-Domänendiensten (AD DS) unterscheidet man zwischen drei verschiedenen Gruppenbereichen:

- **domänenlokal**
- **global**
- **universell**

Der jeweilige Gruppenbereich entscheidet über die Einsatzmöglichkeit und Wirkungsweise, aber auch über die Verschachtelungsmöglichkeiten einer jeweiligen Gruppe.

Die folgende Tabelle zeigt die Unterscheidungsmerkmale der verschiedenen Gruppenbereiche in einer Active Directory-Umgebung:

Gruppenbereich	Mögliche Gruppenmitgliedschaft	Verwendung
domänenlokale Gruppe	kann Benutzerkonten sowie globale und universelle Gruppen aus jeder Domäne der Gesamtstruktur, sowie aus vertrauten Domänen enthalten; kann im einheitlichen Domänenmodus domänenlokale Gruppen derselben Domäne enthalten.	zur Vergabe von Rechten und Berechtigungen in der lokalen Domäne; auf allen Domänencontrollern in der Domäne unter Windows 2000, Windows Server 2003, Windows Server 2008 (R2), Windows Server 2012 und Windows Server 2012 R2.
globale Gruppe	kann Benutzerkonten der eigenen Domäne enthalten; kann im einheitlichen Domänenmodus andere globale Gruppen derselben Domäne enthalten.	zur Vergabe von Rechten und Berechtigungen in allen Domänen innerhalb und auch zwischen vertrauenden Gesamtstrukturen; auf allen Domänencontrollern und Mitgliedsservern unter Windows NT, Windows 2000, Windows Server 2003, Windows Server 2008 (R2), Windows Server 2012 und Windows Server 2012 R2.
universelle Gruppe	kann Benutzerkonten sowie globale und auch universelle Gruppen einer beliebigen Domäne der Gesamtstruktur enthalten. steht erst im einheitlichen Domänenmodus ab Windows 2000 einheitlich zur Verfügung.	zur Vergabe von Rechten und Berechtigungen in allen Domänen innerhalb und auch zwischen vertrauenden Gesamtstrukturen; auf allen Domänencontrollern und Mitgliedsservern unter Windows 2000, Windows Server 2003, Windows Server 2008 (R2), Windows Server 2012 und Windows Server 2012 R2 und Windows Server 2012.

Tab. 8.2: *Mögliche Gruppenbereiche in Active Directory*

8.5.3.3 Vordefinierte Gruppen

Gleich nach der Installation der Active Directory-Domänendienste (*Active Directory Domain Services, AD DS*) unter von Windows Server 2012 R2 existieren eine Reihe von vordefinierten Gruppen. Diese werden im Container *Builtin* bzw. im Container *Users* gespeichert.

Domänen-lokale Gruppen

Standardgruppen im Builtin-Container Die im *Builtin*-Container vorhandenen Gruppen entsprechen in vielem denen auf Mitgliedsservern unter Windows Server 2012 R2 nach der Installation standardmäßig enthaltenen Gruppen. Eine Ausnahme stellt beispielsweise die Gruppe der *Kontenoperatoren* dar, welche zwar auf Domänencontrollern, nicht jedoch auf Mitgliedsservern existiert. Umgekehrt wiederum existiert die Gruppe der *Hauptbenutzer* nur auf Mitgliedsservern, jedoch nicht auf Domänencontrollern.

Die in diesem Container enthaltenen Gruppen gelten innerhalb der Active Directory-Domäne für alle darin enthaltenen Domänencontroller gleichermaßen einheitlich. Bei den vordefinierten Gruppen im *Builtin*-Container handelt es sich um domänenlokale Gruppen.

Nach der Installation der Active Directory-Domänendienste auf einem Domänencontroller unter Windows Server 2012 R2 sind im *Builtin*-Container standardmäßig die folgenden Gruppenobjekte enthalten:

Gruppenname	Beschreibung
Administratoren	Mitglieder dieser Gruppe besitzen uneingeschränkten Zugriff auf die Domänencontroller in der Domäne.
Benutzer	Mitglieder dieser Gruppe können keine zufälligen oder beabsichtigten Änderungen am betreffenden System durchführen, dürfen aber die meisten herkömmlichen Anwendungen ausführen.
Distributed COM-Benutzer	Mitglieder dieser Gruppe können Distributed-COM-Objekte auf den Domänencontrollern starten, aktivieren und verwenden.
Druck-Operatoren	Mitglieder dieser Gruppe können Drucker auf den Domänencontrollern der Domäne verwalten.
Ereignisprotokollleser	Mitglieder dieser Gruppe dürfen Ereignisprotokolle der Domänencontroller lesen.
Erstellungen eingehender Gesamtstrukturvertrauensstellung	Mitglieder dieser Gruppe können eingehende, unidirektionale Vertrauensstellungen zu dieser Gesamtstruktur erstellen.

Gruppenname	Beschreibung
Gäste	Mitglieder dieser Gruppe besitzen eingeschränkte Zugriffsrechte in der Domäne.
Hyper-V-Administratoren	Die Mitglieder dieser Gruppe erhalten uneingeschränkten Zugriff auf sämtliche Features von Hyper-V.
IIS_IUSRS	Von Internetinformationsdiensten verwendete integrierte Gruppe.
Konten-Operatoren	Mitglieder dieser Gruppe können Domänenbenutzer und -gruppen verwalten.
Kryptografie-Operatoren	Mitglieder dieser Gruppe sind berechtigt, kryptografische Vorgänge durchzuführen.
Leistungsprotokollbenutzer	Mitglieder dieser Gruppe können die Protokollierung von Leistungsindikatoren planen, Trace-Anbieter aktivieren und Ereignis-Traces sammeln, sowohl lokal als auch über Remotezugriff.
Leistungsüberwachungsbenutzer	Mitglieder dieser Gruppe können lokal oder remote auf Leistungszählerdaten zugreifen.
Netzwerkkonfigurations-Operatoren	Mitglieder dieser Gruppe verfügen über einige Administratorrechte zum Verwalten der Konfiguration von Netzwerkfunktionen.
Prä-Windows 2000 kompatibler Zugriff	Eine mit Vorgängerversionen kompatible Gruppe, die allen Benutzern und Gruppen in der Domäne Lesezugriff gewährt.
RDS-Endpunktserver	Auf den Servern dieser Gruppe werden virtuelle Computer ausgeführt und Sitzungen für RemoteApp-Programme und persönliche virtuelle Desktops der Benutzer gehostet. Die Gruppe muss auf denjenigen Servern aufgefüllt werden, die den RD-Verbindungsbroker ausführen. Bei der Bereitstellung verwendete RD-Sitzungshostserver und RD-Virtualisierungshostserver müssen dieser Gruppe angehören.

Gruppenname	Beschreibung
RDS-Remotezugriffs-server	Die Server dieser Gruppe bieten Benutzern von RemoteApp-Programmen und persönlichen virtuellen Desktops Zugriff auf diese Ressourcen. Bei Bereitstellungen mit Internetzugriff werden sie in der Regel einem Umkreisnetzwerk zugeordnet. Die Gruppe muss auf denjenigen Servern aufgefüllt werden, die den RD-Verbindungsbroker ausführen. Bei der Bereitstellung verwendete RD-Gatewayserver und Server mit RD-Web Access müssen dieser Gruppe angehören.
RDS-Verwaltungsserver	Auf den Servern dieser Gruppe werden administrative Routineaktionen für Server ausgeführt, auf denen die Remotedesktopdienste (RDS) installiert sind. Die Gruppe muss auf allen Servern aufgefüllt werden, die Teil der RDS-Bereitstellung sind. Server, auf denen der zentrale RDS-Verwaltungsdienst ausgeführt wird, müssen dieser Gruppe angehören.
Remotedesktop-benutzer	Mitglieder dieser Gruppe haben die Berechtigung, sich remote anzumelden.
Remoteverwaltungs-benutzer	Mitglieder dieser Gruppe können über Verwaltungsprotokolle auf WMI-Ressourcen zugreifen (z. B. WS-Verwaltung über den Windows-Remoteverwaltungsdienst). Dies gilt nur für WMI-Namespaces, die dem Benutzer Zugriff gewähren.
Replikations-Operator	Unterstützt Dateireplikationen in Domänen.
Server-Operatoren	Mitglieder dieser Gruppe können Domänenserver verwalten.
Sicherungs-Operatoren	Mitglieder dieser Gruppe können Daten sichern und wiederherstellen, sowie sich am System lokal anmelden.
Terminalserver-Lizenzserver	Mitglieder dieser Gruppe können Benutzerkonten in Active Directory für Nachverfolgungs- und Berichtszwecke mit Informationen zur Lizenzausstellung aktualisieren.
Windows-Autorisierungszugriffsgruppe	Mitglieder dieser Gruppe haben Zugriff auf das berechnete Attribut „tokenGroupsGlobalAndUniversal" für Benutzerobjekte.

Gruppenname	Beschreibung
Zertifikatdienst-DCOM-Zugriff	Mitglieder dieser Gruppe sind berechtigt, eine Verbindung mit den Zertifizierungsstellen im Unternehmen herzustellen.
Zugriffssteuerungs-Unterstützungsoperatoren	Mitglieder dieser Gruppe können remote Autorisierungsattribute und -berechtigungen für Ressourcen auf dem Computer abfragen.

Tab. 8.3: *Standardgruppen im Builtin-Container*

Standardgruppen im Users-Container Nach der Einrichtung der Active Directory-Domänendienste (*Active Directory Domain Services, AD DS*) finden sich auf den Domänencontrollern unter Windows Server 2012 im Container *Users* noch weitere, vordefinierte Gruppen. Diese Gruppen dienen zur Vergabe von Rechten und Berechtigungen in Active Directory und den darin enthaltenen Ressourcen.

Standardmäßig sind im Container ***Users*** nach der Einrichtung der Active Directory-Domänendienste die folgenden Gruppenobjekte enthalten:

Gruppenname	Beschreibung
Abgelehnte RODC-Kennwortreplikationsgruppe	Mitglieder, deren Kennwörter nicht auf schreibgeschützten Domänencontrollern (RODCs) repliziert werden.
DNSAdmins	Mitglieder dieser Gruppe können DNS-Objekte in der Domäne verwalten.
DNSUpdateProxy	Mitglieder dieser Gruppe (typischer Weise DHCP-Server) können im Namen anderer Clients dynamische Aktualisierungen in der DNS-Datenbank vornehmen.
Domänen-Admins	Mitglieder dieser Gruppe besitzen administrative Rechte und Berechtigungen innerhalb der Active Directory-Domäne.
Domänen-Benutzer	Alle Benutzerkonten in dieser Domäne.
Domänencomputer	Alle Arbeitsstationen und Mitgliedsserver in dieser Domäne.
Domänencontroller	Alle Domänencontroller in dieser Domäne.
Domänen-Gäste	Alle Gäste dieser Domäne.
Klonbare Domänencontroller	Mitglieder dieser Gruppe sind Domänencontroller, die geklont werden.

Gruppenname	Beschreibung
Organisations-Admins	Mitglieder dieser Gruppe besitzen administrative Rechte in der Active Directory-Gesamtstruktur.
Protected Users	Mitglieder dieser Gruppe erhalten zusätzlichen Schutz vor Sicherheitsbedrohungen.
RAS- und IAS-Server	Server in dieser Gruppe können auf die RAS-Eigenschaften von Benutzern zugreifen.
Richtlinien-Ersteller-Besitzer	Mitglieder dieser Gruppe können Gruppenrichtlinienobjekte in der Domäne erstellen oder ändern.
Schema-Admins	Mitglieder dieser Gruppe können Änderungen im Schema der Active Directory-Gesamtstruktur vornehmen.
Schreibgeschützte Domänencontroller	Mitglieder dieser Gruppe sind schreibgeschützte Domänencontroller in der Domäne.
Schreibgeschützte Domänencontroller der Organisation	Mitglieder dieser Gruppe sind schreibgeschützte Domänencontroller im Unternehmen.
WinRMRemoteWMI Users_	Mitglieder dieser Gruppe können über Verwaltungsprotokolle auf WMI-Ressourcen zugreifen (z. B. WS-Verwaltung über den Windows-Remoteverwaltungsdienst). Dies gilt nur für WMI-Namespaces, die dem Benutzer Zugriff gewähren.
Zertifikatherausgeber	Mitglieder dieser Gruppe können Zertifikate innerhalb von Active Directory veröffentlichen.
Zulässige RODC-Kennwortreplikationsgruppe	Mitglieder, deren Kennwörter auf schreibgeschützte Domänencontroller (RODCs) repliziert werden.

Tab. 8.4: *Standardgruppen im Users-Container*

Hinweis

Um Benutzern die Berechtigungen auf bestimmte Ressourcen innerhalb einer Active Directory-Gesamtstruktur oder -Domäne zu erteilen, sollte man die Verwendung der bereits vorhandenen Gruppen überprüfen. Nur wenn bestimmte, nicht mit den vorhandenen Gruppen übereinstimmende, oder gar eingeschränktere Rechte oder Berechtigungen vergeben werden sollen, sollte man das Anlegen weiterer Gruppen in Erwägung ziehen.

8.5.3.4 Gruppenstrategien

In Unternehmensnetzwerken müssen oft mehrere hundert bis zu mehreren tausend Ressourcen für die Benutzer bereitgestellt werden. Hierdurch ergibt sich für die verantwortlichen Administratoren zwangsläufig ein oft nicht unbedeutender Aufwand in der Steuerung der Zugriffsberechtigung auf die einzelnen Ressourcen. Um die in Active Directory-Gesamtstrukturen notwendigen Zugriffsberechtigungen, sowie auch Rechte effektiv einsetzen und verwalten zu können, wendet man in der Regel entsprechende Gruppenstrategien an, in denen man sich die Gruppenbereiche zu Nutze macht.

Auch in kleinen bis mittleren Netzwerken sinnvoll

Die zumeist verwendete Gruppenstrategie in einer Active Directory-Infrastruktur lautet dabei:

A - G - DL - P

Bei dieser Gruppenstrategie werden die Benutzerkonten (*Accounts, A*) in globalen Gruppen (*Global Groups, G*) zusammengefasst. Diese globalen Gruppen wiederum werden anschließend einer sogenannten domänenlokalen Gruppe (*Domain Local Group, DL*) zugeordnet (verknüpft), welcher die entsprechende Berechtigung (*Permission, P*) zugewiesen wird.

Durch die hierdurch entstehende Gruppenverschachtelung erhält jedes Mitglied der betreffenden, globalen Gruppen die jeweils bestimmte Berechtigung. Diese Art der Verwaltung erspart den Administratoren gerade in mittelgroßen, großen bis sehr großen Umgebungen unwahrscheinlich viele Administrationsschritte. Statt den Benutzern einzeln Berechtigungen zuzuweisen, geschieht dies zeitsparend und übersichtlich über die entsprechenden Gruppen.

Hinweis

Da die Gruppensymbole in der Active Directory-Verwaltung, beispielsweise dem MMC-Snap-In *Active Directory-Benutzer und -Computer* im Aussehen gleichen, empfiehlt es sich, den jeweiligen Gruppen einfach einen Kennzeichner für den jeweiligen Gruppenbereich im Namen voranzustellen. Somit wird die Übersichtlichkeit in der Gruppenverwaltung mitunter sogar um ein Vielfaches verbessert.

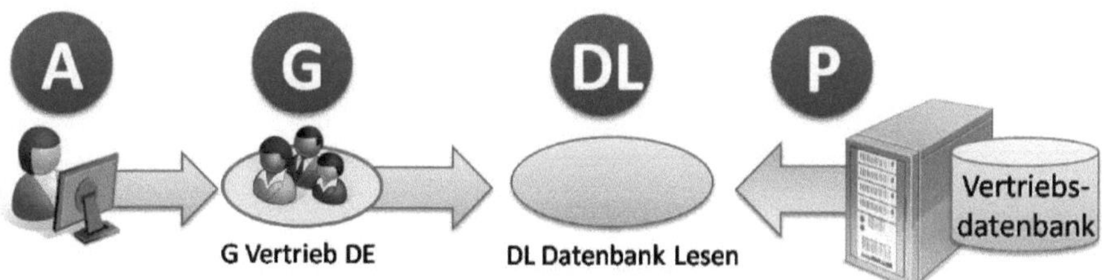

Abb. 8.45: *Gruppenstrategie für die effektive Zugriffssteuerung*

Neben der bereits benannten Gruppenstrategie bestehen noch weitere Strategien für die effektive und effiziente Zugriffs- und Rechteverwaltung in einer Active Directory-

Infrastruktur. So findet eine weitere Strategie ihre Verwendung, sobald man eine Arbeitsstation oder einen Mitgliedsserver zu einer bestehenden Domäne hinzufügt:

A - G - L - P

Hierbei wird während des Vorgangs eines Rechners als Mitglied zur einer Active Directory-Domäne die globale Gruppe (*G*) der Domänen-Administratoren automatisch zur lokalen Gruppe (*L*) der Administratoren des betreffenden Computersystems verknüpft und erhält auf diese Weise die Berechtigung (*P*) zur Verwaltung. Da das in der Domäne standardmäßig vorhandene Benutzerkonto Administrator (*A*) automatisch auch Mitglied der globalen Gruppe der Domänen-Administratoren (*G*) ist, vervollständigt sich hierdurch die Gruppenstrategie.

Natürlich existieren noch weitere Gruppenstrategien, die in den weltweit vorhandenen Active Directory-Infrastrukturen mehr oder weniger häufig zum Einsatz kommen. Zu diesen Gruppenstrategien zählen unter anderem:

A - G - G - U - DL - P

Diese Gruppenstrategie kommt mitunter bei sehr großen Active Directory-Infrastrukturen zum Einsatz. Sehen Sie hierzu ein Beispiel:

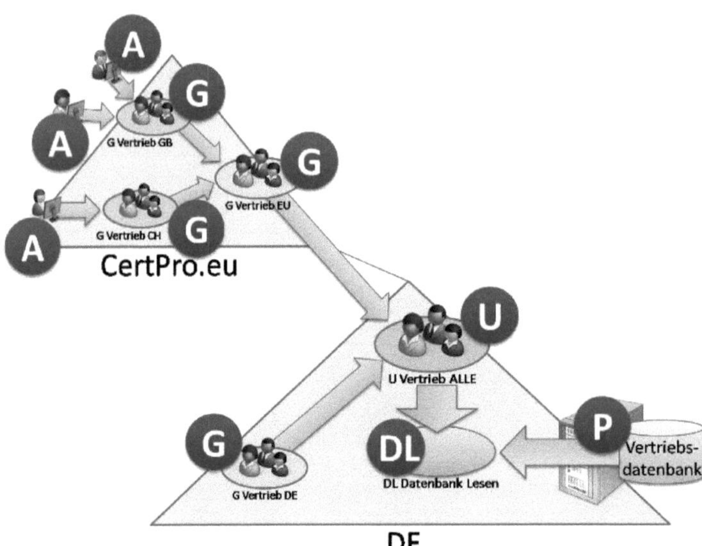

Abb. 8.46: *Beispiel für die Anwendung einer Gruppenstrategie in großen bis sehr großen Active Directory-Infrastrukturen*

In dem oben dargestellten Beispiel werden die Benutzerkonten der Mitarbeiter (*A*) der verschiedenen Vertriebsgruppen der einzelnen Domänen in jeweils eigene globale

Gruppen (*G*) verschachtelt. Diese globalen Gruppen (*G*) werden zum Teil nochmals in einer weiteren globalen (Haupt-) Gruppe (*G*) zusammengefasst. Um nun den einheitlichen Zugriff für alle Vertriebsmitarbeiter auf die vorhandene Vertriebsdatenbank zu ermöglichen, werden alle globalen (Haupt-) Gruppen gemeinsam in eine universelle Gruppe (*U*) verknüpft. Die Zugriffsberechtigung (*P*) wird letztlich durch die Gruppenverschachtelung der universellen Gruppe (*U*) in die dazu vorgesehene domänenlokale Gruppe (*DL*) ermöglicht.

Dieses Beispiel verdeutlicht die Möglichkeit der effizienten Zugriffsverwaltung über eine entsprechende Gruppenstrategie. Da die Zugriffsanforderungen in der Praxis jedoch oft völlig unterschiedlich sind, muss man sich für die jeweils effektivste und oft auch effizienteste Gruppenstrategie entscheiden. Es existieren jedoch noch viel einfachere Beispiele für die Gruppenverschachtelung:

A - G - P

Bei dieser Gruppenstrategie wird einer globalen Gruppe (*G*), in die ein oder mehrere Benutzer (*A*) verknüpft sind, direkt auch die Berechtigung (*P*) zugewiesen.

A - L - P

Bei dieser Gruppenstrategie erhält ein Benutzerkonto (*A*) durch die direkte Gruppenverschachtelung in die lokale Gruppe (*L*) die entsprechende Zugriffsberechtigung (*P*).

Nachvollziehbar und kontrollierbar

Für welche der Gruppenstrategien man sich in der Praxis auch immer entscheidet – wichtig ist es, diese ordnungsgemäß und vollständig zu dokumentieren. Damit wird eine Nachvollziehbarkeit und Kontrollierbarkeit bei möglichen Unstimmigkeiten im Bedarfsfall ermöglicht.

8.5.3.5 Tools zum Erstellen und Verwalten von Gruppenobjekten

Gruppenobjekte in einer Active Directory-Domäne können mit verschiedenen Tools erstellt, verwaltet und auch wieder gelöscht werden. Zu diesen Tools zählen unter anderem:

- **Active Directory-Verwaltungscenter**
- MMC-Snap-In ***Active Directory-Benutzer und -Computer***
- **dsadd.exe**
- **dsmod.exe**
- **dsrm.exe**
- **csvde.exe**
- **ldifde.exe**

- **net group**
- Windows Script Host (*WSH*)
- Windows PowerShell

Beispiel für das Erstellen von Gruppenobjekten Gruppenobjekte lassen sich auf einfache Weise mittels der Konsole *Active Directory-Veraltungscenter* erstellen.

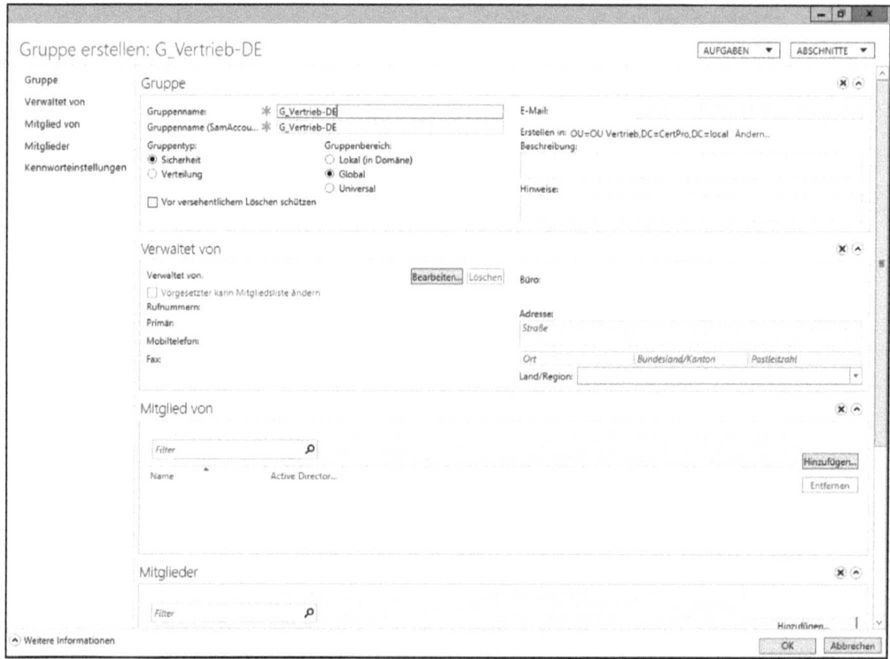

Abb. 8.47: *Erstellen eines neuen Gruppenobjekts im Active Directory-Verwaltungscenter*

Gehen Sie zum Erstellen von Gruppenobjekten in einer Active Directory-Domäne unter Windows Server 2012 R2 im *Active Directory-Verwaltungscenter* wie folgt vor:

1. Melden Sie sich als *Administrator* am Serversystem an.
2. Öffnen Sie das *Server-Manager* (soweit dies nicht automatisch geschieht) über einen Klick in der *Taskleiste* auf das **Symbol für den Server-Manager** bzw. im *Startbildschirm* auf die entsprechende **Kachel**.
3. Klicken Sie oben im *Server-Manager* auf **Tools**, und dann auf **Active Directory-Verwaltungscenter**.
4. Klicken Sie mit der rechten Maustaste auf den gewünschten Container, in dem das neue Benutzerobjekt erstellt werden soll, und wählen Sie im Kontextmenü den Eintrag **Neu** und dann **Gruppe**.

5. Geben Sie im Dialog *Gruppe erstellen:* die gewünschten Informationen ein und klicken Sie anschließend auf **OK**.

Das neue Gruppenobjekt wird angelegt.

Die vorhandenen Gruppenobjekte können in dem *Active Directory-Verwaltungscenter*, sowie auch in der Konsole *Active Directory-Benutzer und -Computer* verwaltet und bei Bedarf auch wieder entfernt werden.

8.6 Gruppenrichtlinien

Mit Gruppenrichtlinien, die man in Active Directory-Domänen zusammengefasst in Gruppenrichtlinienobjekten (engl. *Group Policy Objekts, GPOs*) bereitstellt, kann man für die darin enthaltenen Benutzer- und Computerobjekte zentral diverse Konfigurationen vornehmen. So lassen sich mit Gruppenrichtlinien zum Beispiel auch Werte in der Windows-Registry der davon betroffenen Computer modifizieren, um den Windows-Desktop eines Benutzers auf die Bedürfnisse des jeweiligen Unternehmens anpassen.

Optimale Verwaltungswerkzeuge nochmals verbessert

Die Verwaltung der dazu verwendeten Gruppenrichtlinienobjekte findet in der Regel mit der *Gruppenrichtlinienverwaltungskonsole* (engl. *Group Policy Management Console, GPMC*) statt, die unter Windows Server 2012 R2 beim Einrichten des Servers als Domänencontroller (standardmäßig) automatisch installiert wird.

Man startet diese Konsole anschließend einfach in der oberen Befehlsleiste des *Server-Managers* unter Windows Server 2012 R2 über einen Klick auf **Tools**, und dann auf **Gruppenrichtlinienverwaltung**.

Diese Konsole kann im Bedarfsfall mithilfe der *Remote-Server-Verwaltungstools* (engl. *Remote Server Administration Tools, RSAT*) beispielsweise auch auf einem Clientcomputer unter Windows 7, Windows 8 oder Windows 8.1 für die Remoteverwaltung der Gruppenrichtlinienobjekte innerhalb einer Active Directory-Domäne eingesetzt werden.

Abb. 8.48: Die Gruppenrichtlinienverwaltungskonsole auf einem Domänencontroller unter Windows Server 2012

8.6.1 Wichtige Neuerung: Gruppenrichtlinienupdate

Nach dem Aufruf der Gruppenrichtlinienverwaltungskonsole fallen die Neuerungen im Umfeld der Gruppenrichtlinienobjekte und der damit verbundenen -verwaltung sicher nicht auf den ersten Blick auf. Jedoch verbirgt sich hierin ein für die Praxis wichtiges Feature - das Gruppenrichtlinienupdate.

Bislang musste man - wenn man lediglich auf die *„Boardmittel"* von Windows zurückgreifen konnte - das Kommandozeilentool **gpupdate** (mit dem Schalter **/force**) jeweils lokal auf den Computersystemen zum Aktualisieren der zu verarbeitenden Gruppenrichtlinieneinstellungen verwenden. Dies geht in der Konsole *Gruppenrichtlinienverwaltung* seit Windows Server 2012 - zentral und direkt aus der grafischen Konsole aus.

Aktualisierung innerhalb von 10 Minuten

Mittels eines Rechtsklicks auf einen der Container in der Konsole *Gruppenrichtlinienverwaltung* lässt sich die Gruppenrichtlinienaktualisierung über die Option **Gruppenrichtlinienupdate** auf alle darin befindlichen Benutzer- und Computerkonten erzwingen. Die Aktualisierung von Gruppenrichtlinien wird für die betreffenden Objekte **innerhalb eines Zeitraumes von standardmäßig 10 Minuten erzwungen**. Hilfreich ist diese Funktion in der Praxis sicher in vielen möglichen Situationen - und nicht nur aus der Sicht der IT-Sicherheit.

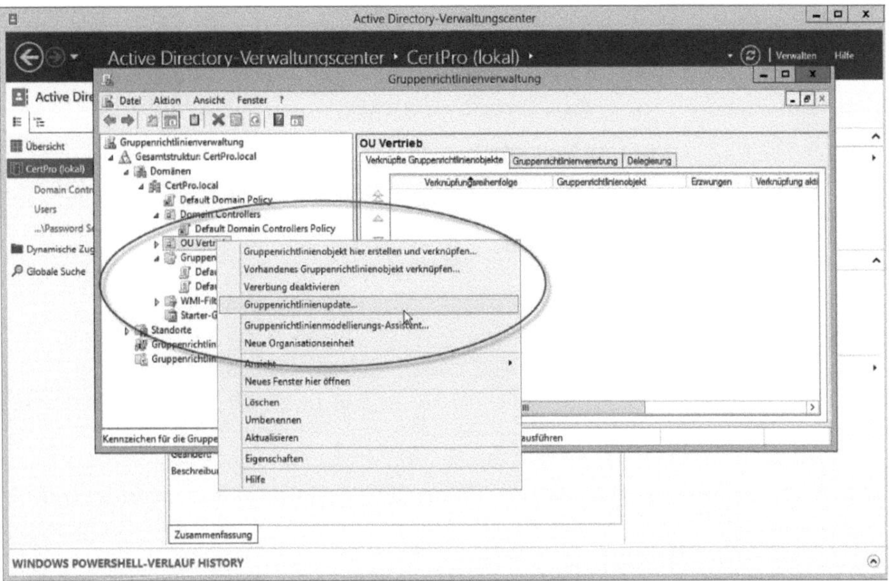

Abb. 8.49: *Gruppenrichtlinienaktualisierung aus der Konsole Gruppenrichtlinienverwaltung*

Gehen Sie wie folgt vor, um die Gruppenrichtlinienaktualisierung auf einem Container in einer Active Directory-Domäne mithilfe der Konsole *Gruppenrichtlinienverwaltung* unter Windows Server 2012 R2 auf alle darin gespeicherten Benutzer- und Computerobjekte zu erzwingen:

1. Melden Sie sich als *Administrator* am Serversystem an.
2. Öffnen Sie das *Server-Manager* (soweit dies nicht automatisch geschieht) über einen Klick in der *Taskleiste* auf das **Symbol für den Server-Manager** bzw. im *Startbildschirm* auf die entsprechende **Kachel**.
3. Klicken Sie oben im *Server-Manager* auf **Tools**, und dann auf **Gruppenrichtlinienverwaltung**.
4. Erweitern Sie die *Konsolenstruktur* bis zu dem gewünschten *Container*, auf den die Aktualisierung von Gruppenrichtlinien angewendet werden soll.
5. Klicken Sie mit der rechten Maustaste auf den betreffenden *Container*, und wählen Sie im Kontextmenü die Option **Gruppenrichtlinienupdate...**
6. Bestätigen Sie die Meldung zur Aktualisierung der Richtlinien mit einem Klick auf **Ja**.

Abb. 8.50: *Aktualisierungsvorgang von Gruppenrichtlinien in der Konsole Gruppenrichtlinienverwaltung*

Die Ergebnisse der Gruppenrichtlinien-Remoteaktualisierung werden in einem Dialog angezeigt. Das Ergebnis kann bei Bedarf als CSV-Datei gespeichert werden.

Hinweis

Sollten sich in dem für die Aktualisierung ausgewählten Container in der Active Directory-Domäne kein zu aktualisierendes Computer- oder Benutzerobjekt enthalten sein, so wird dies durch den Aktualisierungsvorgang in einer entsprechenden Meldung angezeigt.

Einstellungen werden kopiert

Neben der Möglichkeit zur zentralen Gruppenrichtlinienaktualisierung existieren aber noch weitere Neuerungen und Verbesserungen im Umfeld der Gruppenrichtlinienobjekte unter Windows Server 2012 sowie Windows Server 2012 R2. So wurden insbesondere die für die Verwaltung von Windows 8 bzw. Windows 8.1 und der darin installierbaren Apps, aber auch der Kacheln bereits in die Gruppenrichtlinien von Windows Server 2012 eingearbeitet, und stehen somit auch unter Windows Server 2012 R2 zur Verfügung.

Insgesamt umfasst das neue Windows Server 2012 R2 über 4.500 Richtlinien, die sich als Werkzeuge zentral verwalten und auf die in Computernetzwerken von Unternehmen vorhandenen Computersysteme und Benutzer u. a. auch zur Steuerung der Ressourcenzugriffe anwenden lassen.

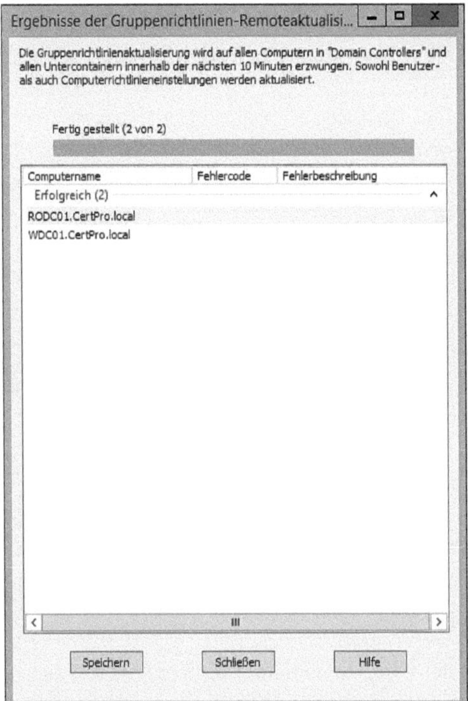

Abb. 8.51: *Bericht über die erfolgreiche Aktualisierung von Gruppenrichtlinienobjekten*

Jedoch nicht alle Features oder auch Sicherheitseinstellungen lassen sich anhand von Gruppenrichtlinienobjekten definieren. Dies wird deutlich, wenn man sich mit den unter Windows Server 2008 erstmalig im Serverbetriebssystem enthaltenen *abgestimmten Kennwortrichtlinien* (auch *Richtlinien für Kennwörter* genannt) befasst.

8.7 Abgestimmte Kennwortrichtlinien

Einer der Wünsche vieler Domänenadministratoren weltweit wurde von Microsoft bereits erhört: Unter Windows Server 2008 war es erstmalig möglich, unterschiedliche *Richtlinien für Benutzerkontenkennwörter* als sogenannte *„abgestimmte Kennwortrichtlinien"* (engl. *Fine Grained Password Policies, FGPP*) innerhalb der Grenzen einer Active Directory-Domäne zu definieren. Hiermit kann man beispielsweise den Administratoren andere Kennwortvorgaben machen, als den übrigen, einfachen Benutzern der gleichen Active Directory-Domäne.

Unterschiedliche Kennwortrichtlinien innerhalb einer Domäne

Zwar ist in der Definition hierbei der Begriff „Richtlinie" enthalten, jedoch werden diese nicht innerhalb von Gruppenrichtlinienobjekten definiert. Für das Einrichten von unterschiedlichen Richtlinien für Benutzerkontenkennwörter hat Microsoft unter Windows Server 2008 einen neuen Active Directory-Container erstellt, den „**Password Settings**

Domänenfunktionsebene Windows Server 2008 vorausgesetzt

Container". Diesen findet man im Container **System** der jeweiligen Domänenpartition der Active Directory-Datenbank.

Dieser Umstand lässt sicher bereits ableiten, dass die abgestimmten Kennwortrichtlinien (auch *Richtlinien für Benutzerkontenkennwörter* genannt) sich frühestens ab Windows Server 2008 realisieren lassen. Es wird deshalb auch mindestens die Domänenfunktionsebene *Windows Server 2008* vorausgesetzt.

Hinweis

Anders als noch unter Windows Server 2008 und Windows Server 2008 R2 lassen sich die abgestimmten Kennwortrichtlinien unter Windows Server 2012 R2 im *Active Directory-Verwaltungscenter* bequem und übersichtlich verwalten. Die dazu notwendigen Konfigurationsschritte werden in den nächsten Seiten detailliert dargestellt.

8.7.1 Funktionsweise

Verknüpfung mit Benutzern und Sicherheitsgruppen möglich

Die *abgestimmten Kennwortrichtlinien* (auch *Richtlinien für Kennwörter* genannt) werden jeweils als Active Directory-Objekte (*ms-DS-Password-Settings*-Objekte) erstellt und lassen sich anschließend auf Ebene von Benutzerobjekten, InetOrgPerson-Objekten und globalen Sicherheitsgruppen verknüpfen. Eine Verknüpfung auf Ebenen von Organisationseinheiten (engl. *Organizational Units, OUs*) ist hierbei nicht möglich.

Die Objekte der abgestimmten Kennwortrichtlinien (*Richtlinien für Kennwörter)* besitzen ein Attribut mit dem Namen *ms-DS-Password-Settings-Precedence* und der Klasse *ms-DS-Password-Settings*. Anhand des Zahlenwertes, der diesem Attribut zugewiesenen ist, wird eine Priorisierung ermöglicht. Das ist wichtig, falls mehrere Richtlinienobjekte auf ein und dasselbe Active Directory-Objekt, wie ein Benutzerobjekt, verknüpft sind. Das Richtlinienobjekt mit dem niedrigeren Wert für das Attribut *ms-DS-Password-Settings-Precedence* setzt sich im Konfliktfall gegenüber allen anderen Kennwortrichtlinienobjekten durch. Auch stehen die explizit erstellten Richtlinienobjekte der „abgestimmten Kennwortrichtlinien" in der Priorisierung über der „**Default Domain Policy**" (oder einem eigens erstellten, vergleichbaren Gruppenrichtlinienobjekt), mit welcher bislang die Kennwortrichtlinie einheitlich für alle Benutzer in einer Domäne definiert wurde. Sobald einem Benutzer in einer Active Directory-Domäne eine Richtlinie für Kennwörter zugewiesen wird, setzt diese die eigentliche „**Default Domain Policy**" (oder das vergleichbar auf der Ebene der Domäne definierte Gruppenrichtlinienobjekt) für diesen Benutzer außer Kraft.

Reihenfolge durch Priorität

Sollten mehrere abgestimmte Kennwortrichtlinien mit jeweils gleicher Priorität mit einem Benutzerobjekt verknüpft sein, so setzt sich die Richtlinie durch, welche die kleinere GUID (*Global Unique Identifier* - einzigartige Kennung) besitzt. Da dieser Umstand nicht sonderlich transparent erscheint, empfiehlt Microsoft die Verwendung von eindeutigen Prioritätswerten für die Richtlinien für Kennwörter.

8.7.2 Konfigurierbare Werte

Vergleichbar mit den lokal einstellbaren Kennwortrichtlinien kann man mit abgestimmten Kennwortrichtlinien die folgenden Kennwortvorgaben definieren:

- Kennwortrichtlinienpriorität
- Option: Kennwort mit umkehrbarer Verschlüsselung speichern
- Option: Kennwort muss Komplexitätsvoraussetzungen erfüllen
- Minimale Kennwortlänge
- Minimales Kennwortalter
- Maximales Kennwortalter
- Kontosperrungsschwellenwert
- Zurücksetzungsdauer des Kontosperrungszählers
- Kontosperrungsdauer

Detaillierte Informationen zu den einzelnen Attributen findet man in der (Online-)Hilfe von Windows Server 2012 R2.

8.7.3 Auswertelogik

Auswertungsvorgang klar definiert

Da es möglich ist, einem Objekt mitunter gleich mehrere Richtlinien zuzuweisen, geht Windows Server 2012 R2 (sowie zuvor auch Windows Server 2008, Windows Server 2008 R2 und Windows Server 2012) nach einem vordefinierten Auswerteschema vor. Die nachfolgende Grafik zeigt Ihnen die Auswertelogik beim Verarbeiten der Richtlinien für Kennwörter auf Ebene der Domänencontroller unter Windows Server 2012 R2:

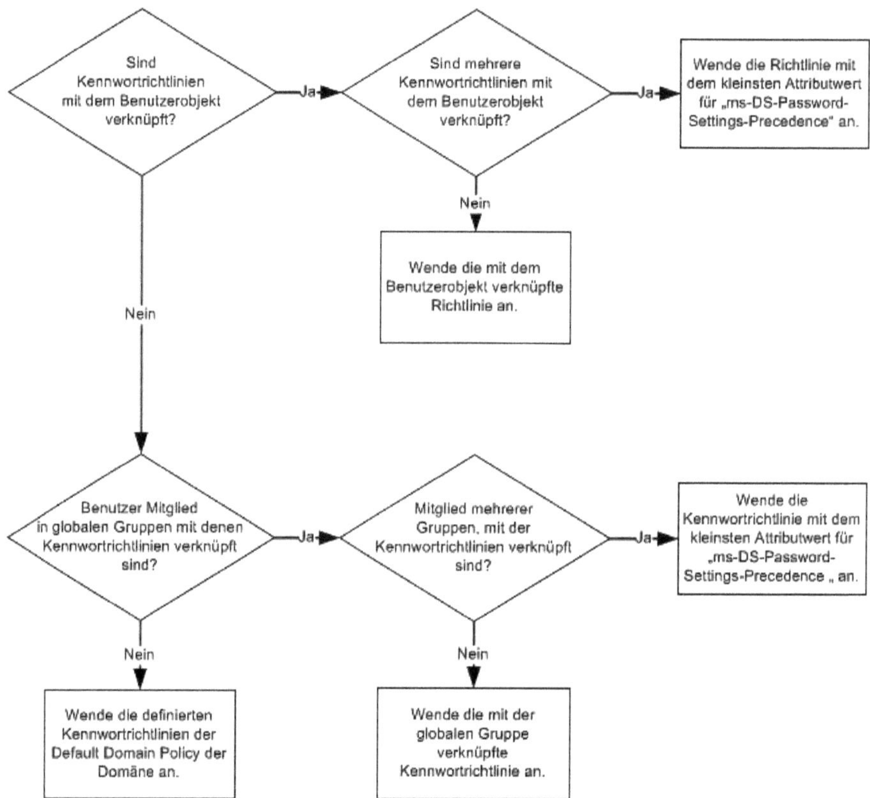

Abb. 8.52: *Auswertelogik bei der Verarbeitung von abgestimmten Kennwortrichtlinien*

Wie in der Grafik oben zu sehen, setzt sich die abgestimmten Kennwortrichtlinien mit dem niedrigsten Attributwert für „**ms-DS-Password-Settings-Precedence**" gegenüber anderen verknüpften Kennwortrichtlinien, insbesondere auch gegenüber den Kennwortrichtlinien der standardmäßigen „**Default Domain Policy**", durch.

Anwendung der Kennwortrichtlinien ohne Verzug

Da die Richtlinienobjekte direkt auf dem jeweiligen Domänencontroller als Active Directory-Objekte angelegt werden, können diese nach der Replikation auf alle anderen Domänencontroller einer Active Directory-Domäne sofort angewendet werden. Eine zeitliche Verzögerung, wie sie standardmäßig bei der Verarbeitung von domänenbasierten Gruppenrichtlinienobjekten auftritt, kommt hier nicht zur Anwendung. Wenn beispielsweise eine neue Kennwortrichtlinie für einen Benutzer oder ein Sicherheitsgruppe mit veränderten Werten erstellt und auf die betreffenden Objekte verknüpft wird, so können diese anschließend sofort auf diese angewendet werden.

8.7.4 Schritte zum Erstellen abgestimmter Kennwortrichtlinien

Unter Windows Server 2008 und auch Windows Server 2008 R2 musste man, wenn man lediglich auf die „*Onboard*"-befindlichen Tools und Programme zurückgreifen konnte, die *abgestimmten Kennwortrichtlinien* noch recht umständlich mit der Konsole **ADSIEdit.exe** erstellen und konfigurieren. Erst seit Windows Server 2012 hat Microsoft das ***Active Directory-Verwaltungscenter*** für die Verwaltung der abgestimmten Kennwortrichtlinien entsprechend erweitert.

Gehen Sie wie folgt vor, um abgestimmte Kennwortrichtlinien für Benutzer im *Active Directory-Verwaltungscenter* unter Windows Server 2012 R2 zu erstellen und zu konfigurieren:

1. Melden Sie sich als *Administrator* am Serversystem an.
2. Öffnen Sie das *Server-Manager* (soweit dies nicht automatisch geschieht) über einen Klick in der *Taskleiste* auf das **Symbol für den Server-Manager** bzw. im *Startbildschirm* auf die entsprechende **Kachel**.
3. Klicken Sie oben im *Server-Manager* auf **Tools**, und dann auf **Active Directory-Verwaltungscenter**.
4. Doppelklicken Sie auf den *Domänennamen*, den Container *System*, und dann auf *Password Settings Container.*
5. Klicken Sie in der *Aufgabenleiste* auf **Neu**, und dann auf **Kennworteinstellungen**.

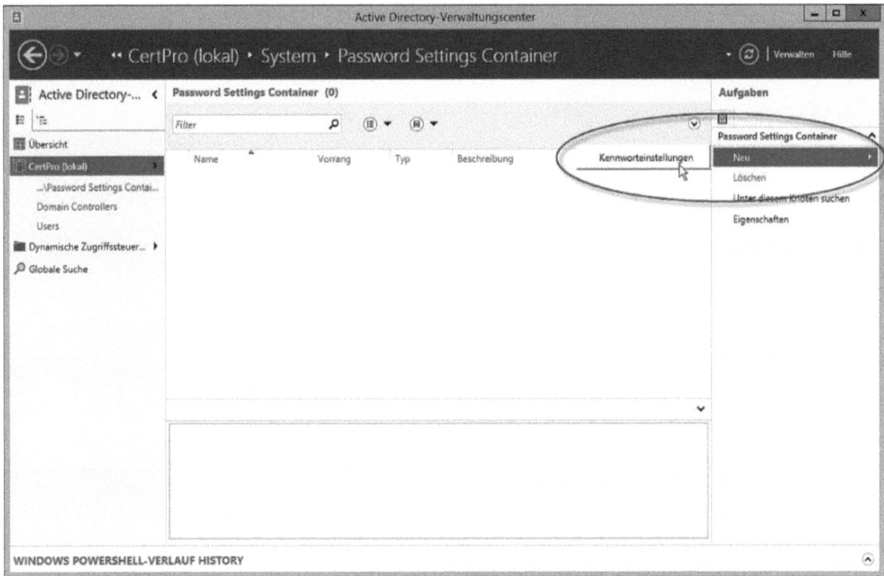

Abb. 8.53: *Erstellen eines neuen Kennwortrichtlinienobjekts im Active Directory-Verwaltungscenter*

6. Geben Sie die gewünschten Konfigurationsdaten für das neu zu erstellende Kennwortrichtlinienobjekt in die entsprechenden Felder ein. Klicken Sie anschließend auf **Hinzufügen**, um das Passwortrichtlinienobjekt nach dem Erstellen auf bestimmte Benutzer oder Sicherheitsgruppen anzuwenden, und klicken Sie anschließend auf **OK**.

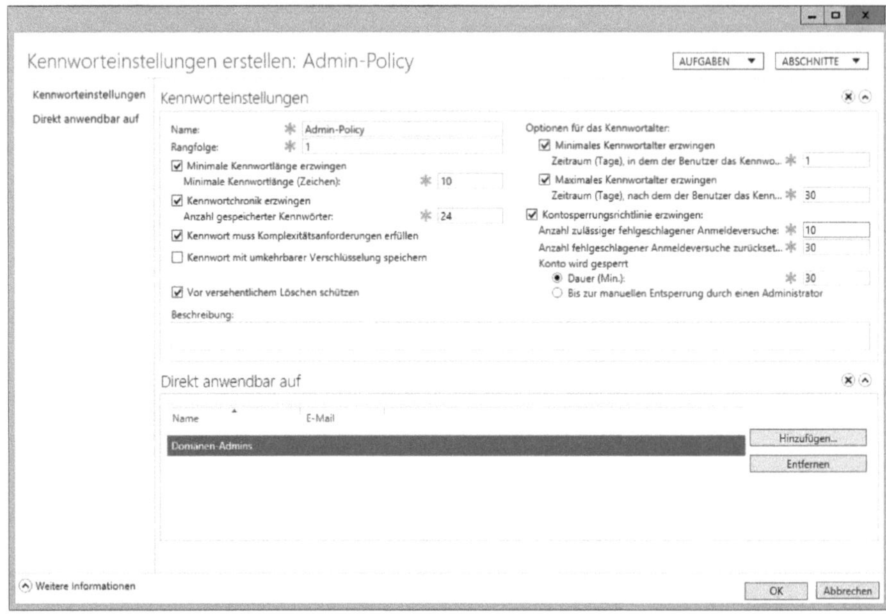

Abb. 8.54: *Konfiguration von Kennworteinstellungen während der Erstellung eines neuen Kennwortrichtlinienobjekts*

Nach dem Erstellen wird das neue Kennwortrichtlinienobjekt (engl. *Password Settings Object, PSO*) innerhalb des *Active Directory-Verwaltungscenter* im Container ***Password Settings Container (PSC)*** angezeigt. Die darin definierten Kennwortrichtlinien werden unverzüglich auf die davon betroffenen Benutzerkonten angewendet.

8.7.5 Anzeigen der auf einen Benutzer angewandten abgestimmten Kennwortrichtlinien

Kontroll-möglichkeit

Im Bedarfsfall kann man im *Active Directory-Verwaltungscenter* unter Windows Server 2012 R2 problemlos kontrollieren, ob und welche der vorhandenen Kennwortrichtlinienobjekte auf ein bestimmtes Benutzerkonto angewendet werden. Dies kann auch im Einzelfall sehr hilfreich sein, wenn Probleme beim Ändern von Benutzerkontenkennwörtern auftreten sollten.

Gehen Sie wie folgt vor, um die auf ein bestimmtes Benutzerkonto in den Active Directory-Domänendiensten unter Windows Server 2012 R2 angewendeten Kennwortrichtlinien eines abgestimmten Kennwortrichtlinienobjekts im Active Directory-Verwaltungscenter anzeigen zu lassen:

1. Melden Sie sich als *Administrator* am Serversystem an.
2. Öffnen Sie das *Server-Manager* (soweit dies nicht automatisch geschieht) über einen Klick in der *Taskleiste* auf das **Symbol für den Server-Manager** bzw. im *Startbildschirm* auf die entsprechende **Kachel**.
3. Klicken Sie oben im *Server-Manager* auf **Tools**, und dann auf **Active Directory-Verwaltungscenter**.
4. Klicken Sie mit der rechten Maustaste auf den *Domänennamen*, und wählen Sie im Kontextmenü den Eintrag **Unter diesem Knoten suchen**.
5. Geben Sie im Feld *Suchen* den gewünschten Benutzernamen (oder einen Teil davon) ein, und klicken Sie auf **Suchen**.
6. Klicken Sie auf das gewünschte *Benutzerkonten*, und dann in der Aufgabenleiste auf **Resultierende Kennworteinstellungen anzeigen...**

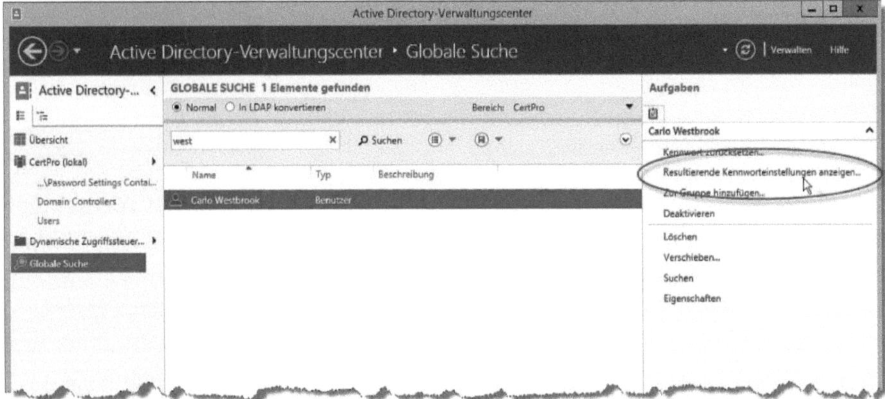

Abb. 8.55: *Filterergebnis bei der Suche nach bestimmten Benutzerobjekten, um resultierende Kennworteinstellungen anzeigen zu lassen*

7. Die auf das Benutzerobjekt angewendeten Kennwortrichtlinien werden angezeigt.

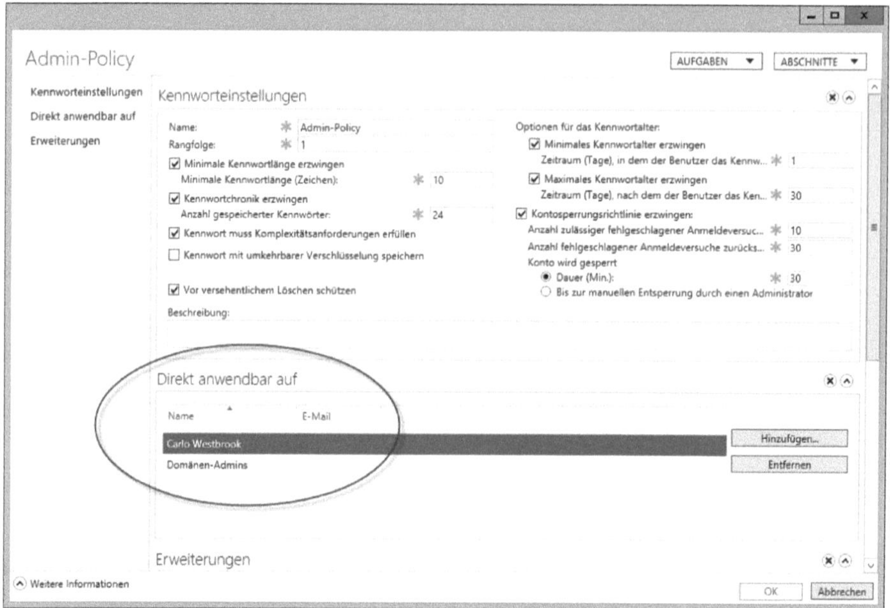

Abb. 8.56: *Effektive Kennwortrichtlinien für ein Benutzerkonto*

Hinweis

Sollten mehrere Kennwortrichtlinienobjekte auf ein einzelnes Benutzerkonto angewendet werden, so wird dennoch lediglich das letzte Objekt geöffnet, das sich am Ende gegenüber den anderen Kennwortrichtlinienobjekten durchgesetzt hat.

Wie Sie in den vorangegangenen Schritten erkennen konnten, ist das Anlegen von Richtlinienobjekten für die Definition von abgestimmten Kennwortrichtlinien (*Richtlinien für Kennwörter)* bereits unter Windows Server 2012 durch die direkte Implementierung in das Active Directory-Verwaltungscenter transparent geworden. Dieser Umstand wird in absehbarer Zeit sicher dafür sorgen, dass noch mehr Administratoren sich dazu entscheiden, die abgestimmten Kennwortrichtlinien in den Computernetzwerken von Unternehmen einzusetzen.

Weitere Informationen zu den abgestimmten Kennwortrichtlinien (*Fine Grained Password Policies, FGPP*) finden Sie in der Windows-Hilfe von Windows Server 2012 R2, sowie in der Microsoft-Website im Internet unter:

https://technet.microsoft.com/de-de/library/cc770394.aspx

Nach der Exkursion zu den Active Directory-Domänendiensten, sowie einer damit verbundenen Vielzahl an den in Windows Server 2012 R2 enthaltenen Neuerungen und Aktualisierungen, geht es im nächsten Kapitel nun über zur Datenträger- und Speicherverwaltung.

KAPITEL 9

Datenträger- und Speicherverwaltung

Für die Praxis wichtige Neuerungen und Verbesserungen

Datenträger werden in Windows Server 2012 R2 zum Speichern von Daten, wie zum Beispiel Textdateien und Bildern verwendet. Microsoft hat in Windows Server 2012, sowie parallel auch in Windows 8 die Datenträgerstrukturen und -verwaltung völlig neu konzipiert. Durch die Einführung sogenannter Speicherpools in Verbindung mit physikalischen und auch virtuellen Datenträgern ist die Datenträgerverwaltung nunmehr gänzlich flexibel geworden. Darüber hinaus unterstützte der Windows Server 2012 u. a. erstmalig auch ReFS (*Resilient File System*) als das neue, „unverwüstliche" Dateisystem. In den nachfolgenden Seiten werden einige der Neuerungen und Verbesserungen rund um die Datenträger und Speicherverwaltung vorgestellt.

9.1 Neuerungen und Verbesserungen

Gegenüber den vorherigen Serverbetriebssystemen hat sich bereits in Windows Server 2012 vieles verändert. Auch in der Datenträger und Speicherverwaltung hat Microsoft einige, für die Praxis sicher relevante Neuerungen und Verbesserungen bereits in Windows Server 2012 eingebracht, die auch unter Windows Server 2012 R2 zur Verfügung stehen. Die sicher wichtigsten Neuerungen sind in den nächsten Seiten aufgeführt.

9.1.1 Alternatives Dateisystem: ReFS

Parallel zu dem FAT (*File Allocation Table*)- und NTFS- (*New Technology File System*)-Dateisystem hat Microsoft in Windows Server 2012 erstmalig ReFS (*Resilient File System*) als „unverwüstliches" und „robustes" Dateisystem integriert. Dieses neue Dateisystem speichert Daten innerhalb der Datenträgerstruktur so, dass diese vor möglichen Datenverlusten (bspw. defekte Speichercluster) geschützt sind. ReFS besitzt einen Datenintegritätsscanner, der das jeweilige Volume regelmäßig nach verborgenen Beschädigungen untersucht, und dann proaktiv eine Reparatur dieser beschädigten Daten auslöst. Darüber hinaus ist ReFS auch für die Bereitstellung großer Datenträger bis zu 18 EB ausgelegt. Die Rechtevergabe auf Datei- und Ordnerebene innerhalb eines mit ReFS-formatierten Volumes ist beispielsweise konform mit der in NTFS-Laufwerken.

Weitere Informationen zu ReFS in Windows Server 2012 bzw. Windows Server 2012 R2 erhalten Sie im Internet auf der Website von Microsoft unter:

https://technet.microsoft.com/de-de/library/hh831724.aspx

9.1.2 Speicherpools und Storage Spaces

Völlig neu konzipiert hat Microsoft die Verwaltung von Datenträgern und Volumes ebenso bereits in Windows Server 2012. Mit sogenannten Speicherpools fasst man die Datenträgerkapazitäten von physikalischen Datenträgern als gemeinsamen Speicherplatz zusammen und legt darauf nach Bedarf Volumes an. Die Anzahl der dabei verwendeten, physikalischen Datenträger ist hierbei nicht begrenzt. Auch lassen sich beispielsweise problemlos IDE- mit SCSI-Festplatten gemeinsam zu einem großen Speicherplatz (engl. *Storage Space*) als logische Einheit in Form eines virtuellen Datenträgers zusammenfassen. Ausfallsicherheit und die Spiegelung von Daten sind bei der Verwendung von Speicherpools ebenso möglich. Die Verwaltung von Speicherpools, Storage Spaces und Volumes erfolgt in Windows Server 2012 R2 entweder im grafischen Server-Manager oder aber mithilfe der Windows PowerShell.

Nähere Informationen zu Speicherpools und Storage Spaces finden Sie in den nachfolgenden Seiten dieses Buches, sowie auch im Internet auf der Website von Microsoft unter:

https://technet.microsoft.com/de-de/library/hh831487.aspx

9.1.3 Einsatz als iSCSI-Zielserver

Erstmalig direkt integriert ist seit Windows Server 2012 auch die Option, diesen als direktes iSCSI-Target (*iSCSI-Zielserver*) zu konfigurieren und einzusetzen. Somit kann ein solches Serversystem problemlos auch als Ersatz für NAS-Speicher (*Network Attached Storage*) oder gar als SAN (*Storage Area Network*) eingesetzt werden.

Weitere Informationen zum Einsatz von Windows Server 2012 sowie Windows Server 2012 R2 als iSCSI-Zielserver finden Sie in den nachfolgenden Seiten dieses Buches, sowie im Internet unter:

https://technet.microsoft.com/de-de/library/hh848272.aspx

9.1.4 Datendeduplizierung

Mithilfe des in Windows Server 2012 erstmals integrierten Rollendienstes, der Datendeduplizierung, lässt sich Speicherplatz insbesondere auf Dateiservern sparen. Die Datendeduplizierung ermittelt Duplikate vorhandener Daten und sorgt dafür, dass lediglich eine einzige Kopie davon innerhalb eines Volumes gespeichert wird.

Weitere Informationen zur Datendeduplizierung in Windows Server 2012 sowie Windows Server 2012 R2 findet man in den nächsten Seiten dieses Buches, sowie auch im Internet unter:

https://technet.microsoft.com/de-de/library/hh831602.aspx

9.2 Verwendbare Datenträgertypen

Unterschiedlichste Datenträger nutzbar

Wie auch in den vorherigen Windows-Betriebssystemen unterstützt auch Windows Server 2012 R2 verschiedene Datenträgertypen. Zu diesen zählen beispielsweise IDE-, SATA oder auch SCSI-Festplatten. Hinzukommen beispielsweise natürlich auch USB-Laufwerke, die das Serversystem bei Bedarf nunmehr sogar zur Erweiterung der auf den im Serversystem eingebauten Laufwerken (*DAS, Direct Attached Storage*) verfügbaren Speicherplatzes vermischen kann.

9.3 Unterstützte Software-RAID-Datenträger unter Windows Server 2012

„Konventionelle“ Unterstützung von softwarebasiertem RAID

Wenn auf Serversystemen kein passender RAID-Controller vorhanden ist, mit dem man die darin eingesetzten Datenträger optimieren kann, besteht die Möglichkeit auf „Altbewährtes“ zurückzugreifen. Wie bereits auch die vorherigen Server-Betriebssystemversionen unterstützt Windows Server 2012 R2 in der *Datenträgerverwaltung* weiterhin die folgenden Software-RAID-Stufen:

- **Stripeset-Volume** (RAID0 - mit mindestens 2 und höchstens 32 Datenträgern) - hierbei werden die Daten in 64 KB kleinen Teilstreifen über die Festplatten verteilt, was zu einem schnelleren Schreib-/Leseverhalten des Datenträgers führt. Dieser Datenträger verwendet keinerlei Fehlertoleranz, so dass die Daten bei Ausfall eines einzelnen Datenträgers unweigerlich verloren gehen.
- **Gespiegeltes Volume** (RAID1 - mit 2 Datenträgern) - hierbei werden die Daten des einen auf den zweiten Datenträger in einer 1-zu-1-Kopie gespeichert. Bei Ausfall eines der Datenträger stehen die Daten auf dem anderen Datenträger noch

komplett zur Verfügung, jedoch kann lediglich die Hälfte des eigentlichen Speicherplatzes zur Speicherung von Daten verwendet werden.

- **RAID5-Volume** (Stripeset mit Parität - mit mindestens 3 und höchstens 32 Datenträgern) - hierbei werden die Daten in 64 KB kleine Teilstreifen über die verwendeten Festplatten verteilt. In jeweils einem der Teilstreifen werden die Paritätsinformationen zu den anderen Teilstreifen gespeichert, so dass selbst der Ausfall eines einzelnen Datenträgers keinen Datenverlust mit sich zieht. Außerdem nimmt die Redundanz der Daten bei jeder zusätzlichen Festplatte ab (3 Festplatten 33,3% Redundanz, 4 Festplatten 25% Redundanz etc.)

Alternativ bietet es sich in Windows Server 2012 R2 an, für die Konfiguration von Datenträgern und Volumes die neuen Speicherpools und Storage Spaces (*Speicherplätze*) zu verwenden.

9.4 Bereitstellen von Speicherpools

Flexible Bereitstellung von Datenspeicher

Die Speicherverwaltung wurde - beginnend mit Windows Server 2012, sowie parallel auch in Windows 8 - völlig neu konzipiert. Physikalische Datenträger kann man zu Containern zusammenfassen, die als Speicherpools bezeichnet werden. Es ist dabei völlig unerheblich, ob es sich bei den verwendeten Festplatten um SATA (*Serial Advanced Technology Attachment*), IDE (*Integrated Drive Electronics*), SCSI (*Small Computer System Interface*) oder auch USB (*Universal Serial Bus*)-Laufwerke handelt. Innerhalb des jeweiligen Speicherpools als Container kann der verfügbare Speicher zu einem Speicherplatz (engl. *Storage Space*) in Form eines virtuellen Datenträgers gruppiert werden, ohne jeden physikalischen Datenträger einzeln verwalten zu müssen. Durch diese Aggregation lässt sich die verfügbare Datenträgerkapazität effizienter nutzen.

Nach dem Anlegen eines virtuellen Datenträgers erstellt man auf diesem - wie sonst auch auf physikalischen Datenträgern - Volumes, die man mit dem NTFS- oder dem ReFS-Dateisystem formatieren und anschließend mittels Laufwerksbuchstaben für die Speicherung von Daten bereitstellen kann. Wenn der Speicherplatz in einem Pool erschöpft ist, fügt man einfach weitere Datenträger hinzu.

Optimierte Speichernutzung mittels „Thin Provisioning"

Unabhängig vom eigentlich verfügbaren, physikalischen Speicherplatz kann man beim Einrichten von virtuellen Datenträgern durch die sogenannte „schlanke Speicherzuweisung" (engl. *„Thin Provisioning"*) mit einer Kapazität von 20 TB angelegt werden, welcher beim Speichern von nur wenigen Dateien zu Beginn mitunter vielleicht gerade einmal 100 MB an realem Speicherplatz beansprucht. Erst durch das Speichern weiterer Dateien wird dann weiteren physikalischer Speicherplatz belegt.

9.4.1 Verwaltung von Datenträgern, Speicherpools und Volumes

Datenträger, Speicherpools und Volumes lassen sich in Windows Server 2012 R2 bequem im neuen Server-Manager verwalten. Gleich nach der Installation des Betriebssystems findet man darin einen eigenen Abschnitt mit der Bezeichnung *Datei-/Speicherdienste.*

Abb. 9.1: *Integration der Datei- und Speicherverwaltung im grafischen Server-Manager*

Mit einem Klick auf **Datei-/Speicherdienste** wechselt man in die Verwaltungsebene für Volumes, Datenträger und Speicherpools.

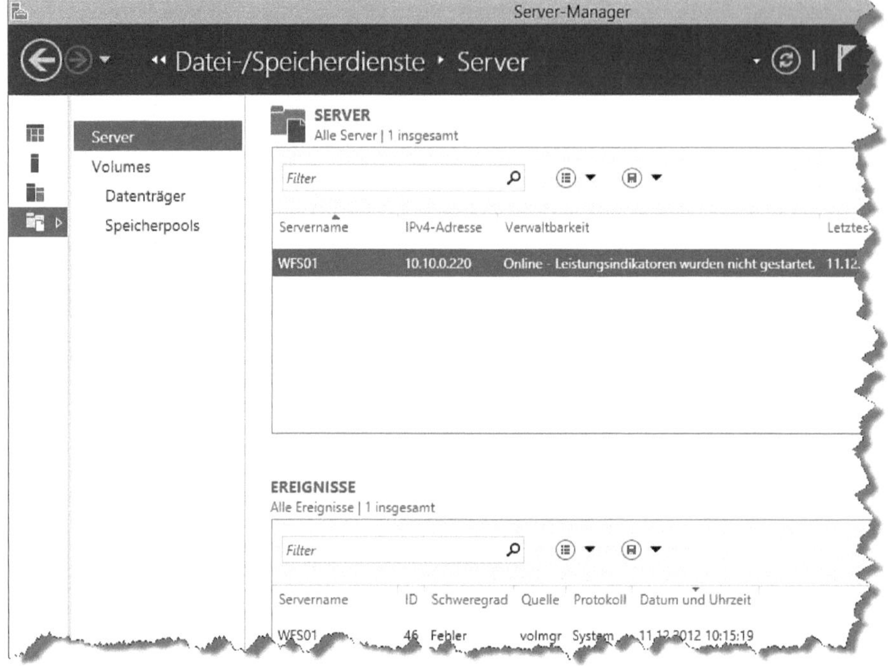

Abb. 9.2: *Datei-/Speicherdienste im grafischen Server-Manager*

9.4.1.1 Erstellen eines neuen Speicherpools

Im Server-Manager unter Windows Server 2012 R2 lassen sich Speicherpools völlig bequem und übersichtlich erstellen. Gehen Sie dazu wie folgt vor:

1. Starten Sie den *Server-Manager*.
2. Klicken Sie auf **Datei-/Speicherdienste**, und dann auf **Speicherpools**.
3. Klicken Sie im Abschnitt *SPEICHERPOOLS* auf **AUFGABEN**, und wählen Sie **Neuer Speicherpool...**
4. Klicken Sie im Dialog *Vorbemerkungen* auf **Weiter**.
5. Geben Sie den Namen für den neuen Speicherpool im Feld *Name:* an, und klicken Sie auf **Weiter**.
6. Wählen Sie die physikalischen Laufwerke für den Speicherpool aus, und klicken Sie auf **Weiter**.

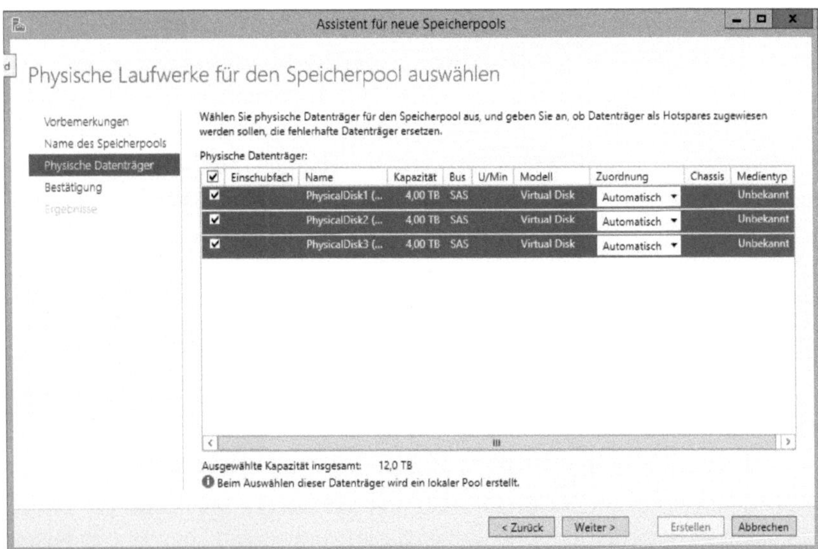

Abb. 9.3: *Auswahl der für den Speicherpool zu verwendenden Festplatten*

7. Klicken Sie im Dialog *Auswahl bestätigen* auf **Erstellen**.
8. Klicken Sie im Dialog *Ergebnisse anzeigen* auf **Schließen**.

Der neue Speicherpool wird im Server-Manager im Abschnitt *SPEICHERPOOLS* angezeigt.

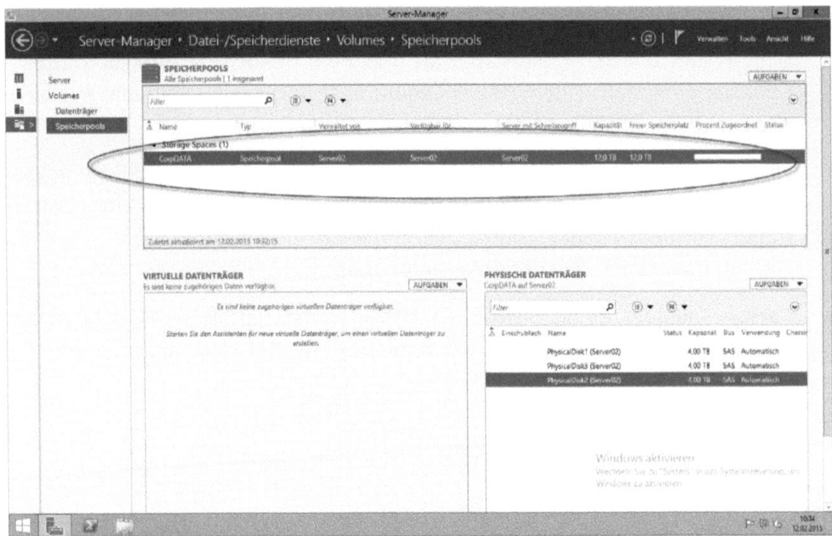

Abb. 9.4: *Neu erstellter Speicherpool im Server-Manager*

9.4.1.2 Hinzufügen weiterer Datenträger zu einem Speicherpool

Bei Bedarf völlig einfach erweiterbar

Nach dem Erstellen kann man dem Speicherpool problemlos weitere Datenträger hinzufügen. Dazu klickt man einfach mit der rechten Maustaste auf den *Speicherpool*, und wählt im Kontextmenü den Eintrag **Physikalischen Datenträger hinzufügen...** Im nächsten Dialog wählt man lediglich noch die betreffende Festplatte aus, die zum Speicherpool hinzugefügt werden soll, und klickt anschließend auf **OK**.

9.4.1.3 Erstellen eines neuen virtuellen Datenträgers

Nach dem Erstellen eines Speicherpools kann man daraus einen neuen virtuellen Datenträger für die Bereitstellung von Volumes für die Datenspeicherung erstellen. Gehen Sie dazu wie folgt vor:

1. Starten Sie den *Server-Manager* (soweit noch nicht geschehen).
2. Klicken Sie auf **Datei-/Speicherdienste**, und dann auf **Speicherpools**.
3. Klicken Sie im Abschnitt *SPEICHERPOOLS* mit der rechten Maustaste auf den zu verwendenden Speicherpool, und wählen Sie im Kontextmenü den Eintrag **Neuer virtueller Datenträger...**
4. Klicken Sie im Dialog *Vorbemerkungen* auf **Weiter**.
5. Wählen Sie den zu verwendenden *Speicherpool* aus, und klicken Sie auf **Weiter**.
6. Geben Sie den *Namen des virtuellen Datenträgers*, sowie optional eine Beschreibung an, und klicken Sie dann auf **Weiter**.
7. Wählen Sie die gewünschte *Speicheranordnung* aus:
    - **Simple** - Erstellt einen Stripeset-Datenträger über eine oder mehrere Festplatten, um die maximale Kapazität und Performance zu erreichen. Dieser Speicher entspricht einem RAID0-Datenträger und besitzt keinerlei Ausfallsicherheit beim Ausfall von einem oder mehreren Datenträgern.
    - **Mirror** - Erstellt einen auf zwei oder drei Festplatten duplizierten Datenträger (Mirroring), der die darauf gespeicherten Daten auch bei Ausfall eines Datenträgers vor dem Verlust schützt. Dies entspricht einem RAID1-Datenträger. Es werden mindestens zwei Festplatten benötigt.
    - **Parity** - Erstellt einen Stripset-Datenträger mit Parität (entspricht einem RAID5-Datenträger). Hierbei werden mindestens drei Festplatten benötigt.

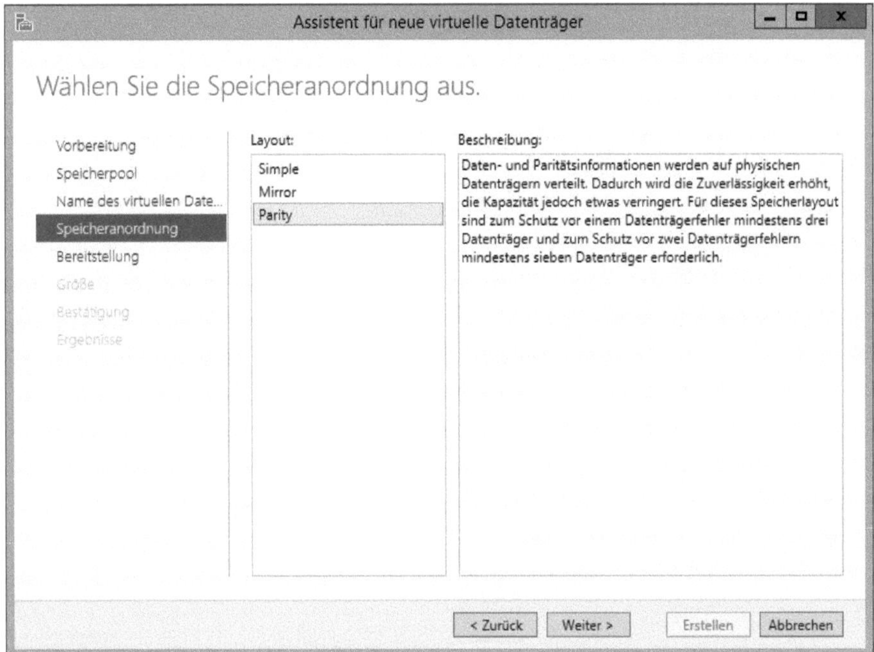

Abb. 9.5: *Auswahl der Speicheranordnung*

Klicken Sie anschließend auf **Weiter**.

8. Geben Sie den *Bereitstellungstyp* an:
    - **Dünn** - Vom Volume wird je nach Bedarf Speicher (bis zur Größe des Volumes) aus dem Speicherpool verwendet. (entspricht dem „Thin Provisioning")
    - **Fest** - Vom Volume wird Speicher aus dem Speicherpool entsprechend der Volumegröße verwendet. (der angegebene Speicherplatz wird komplett verwendet)

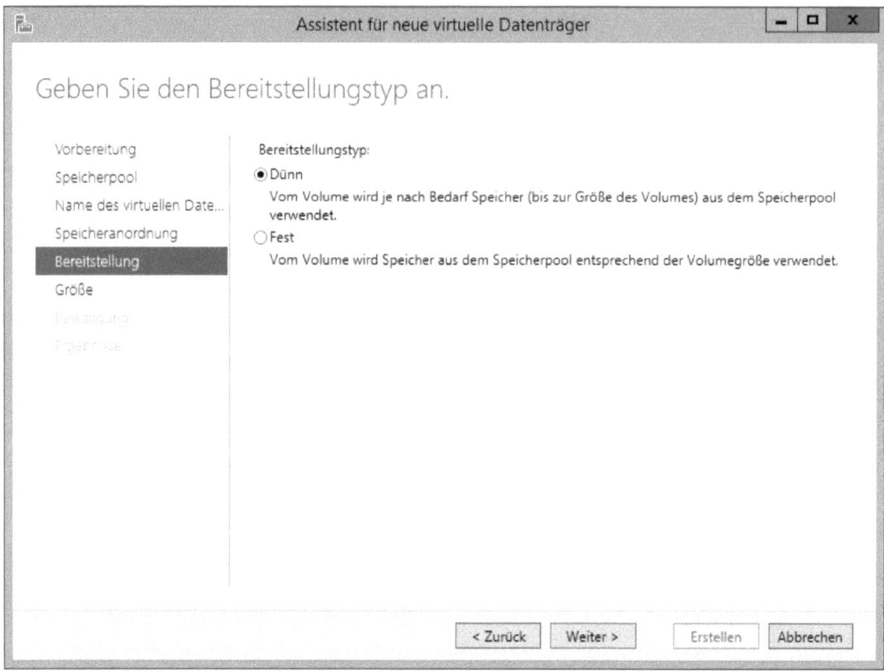

Abb. 9.6: *Auswahl des Bereitstellungstyps*

Klicken Sie anschließend auf **Weiter**.

9. Geben Sie die Größe des virtuellen Datenträgers an, und klicken Sie auf **Weiter**.
10. Klicken Sie im Dialog *Auswahl bestätigen* auf **Erstellen**.
11. Klicken Sie im Dialog *Ergebnisse anzeigen* auf **Schließen**.

Wenn Sie die Option *Volume erstellen, wenn dieser Assistent geschlossen wird* im *Ergebnisse*-Dialog aktiviert lassen, wird im Anschluss der *Assistent zum Erstellen eines neuen Volumes* automatisch gestartet. Die notwendigen Konfigurationsschritte sind die gleichen wie beim manuellen Aufruf des Assistenten.

9.4.1.4 Erstellen eines neuen Volumes

Nach dem Erstellen eines virtuellen Datenträgers im dem zuvor angelegten Speicherpool kann man für die eigentliche Datenspeicherung eines oder mehrere Volumes anlegen. Gehen Sie dazu wie folgt vor:

1. Starten Sie den *Server-Manager* (soweit noch nicht geschehen).
2. Klicken Sie auf **Datei-/Speicherdienste**, und dann auf **Speicherpools**.
3. Klicken Sie im Abschnitt *VIRTUELLE DATENTRÄGER* mit der rechten Maustaste auf den zu verwendenden Datenträger, und wählen Sie im Kontextmenü den Eintrag **Neues Volume...**

4. Klicken Sie im Dialog *Vorbemerkungen* auf **Weiter**.
5. Wählen Sie den betreffenden *Server* sowie den für das Anlegen des neuen Volumes zu verwendenden *Datenträger*, und klicken Sie auf **Weiter**.

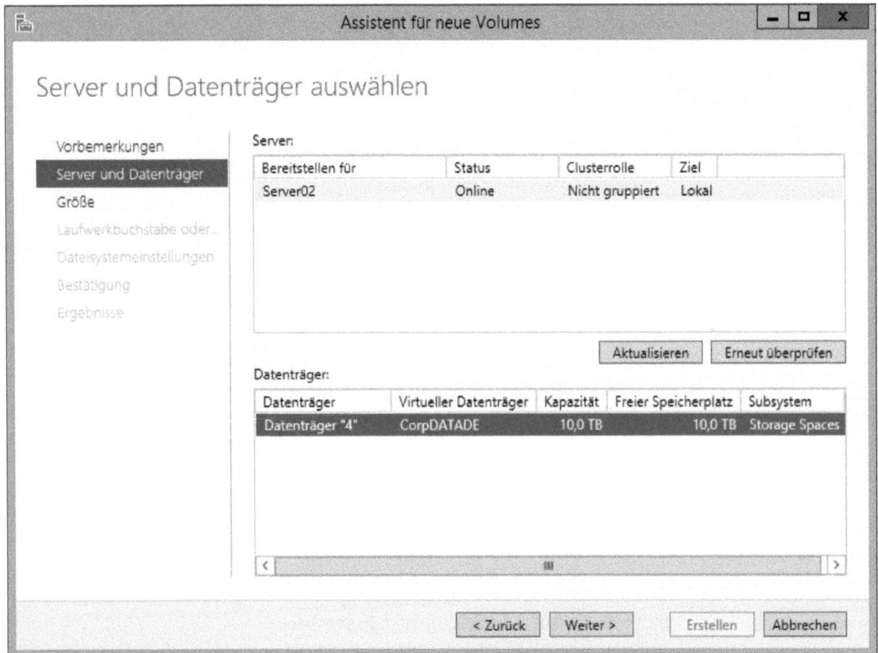

Abb. 9.7: *Auswahl des zu verwendenden Servers und des Datenträgers*

6. Geben Sie die *Größe des Volumes* an, und klicken Sie auf **Weiter**.
7. Wählen Sie einen *Laufwerksbuchstaben* für das neue Volume aus, bzw. einen *Ordner*, dem das neue Volume zugewiesen werden soll. Alternativ können Sie den Laufwerksbuchstaben oder Ordner auch später zuordnen. Klicken Sie auf **Weiter**.
8. Wählen Sie im Dialog *Dateisystemeinstellungen auswählen* das gewünschte Dateisystem (*NTFS* oder *ReFS*), bei Bedarf noch die Größe der Zuordnungseinheit (*Blockgröße*) aus, geben Sie eine *Volumebezeichnung* ein, und klicken Sie auf **Weiter**.

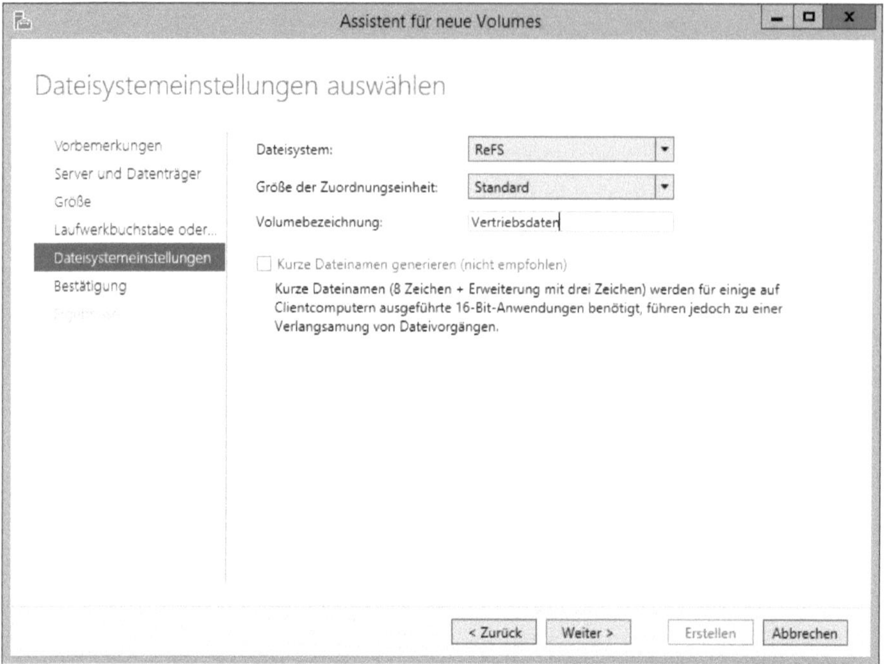

Abb. 9.8: *Auswahl des Dateisystems für das neue Volume*

9. Klicken Sie im Dialog *Auswahl bestätigen* auf **Erstellen**.
10. Klicken Sie im Dialog *Fertigstellung* auf **Schließen**.

Das neu angelegte Volume steht nun zur Datenspeicherung auf dem betreffenden Serversystem zur Verfügung.

Die in Windows Server 2012 R2 angelegten Volumes lassen sich bei Bedarf problemlos auch zu einem späteren Zeitpunkt erweitern oder auch verkleinern. Nähere Informationen hierzu finden Sie u. a. in der Windows-Hilfe.

9.5 iSCSI-Zielserver (iSCSI Target)

Unter Windows Server 2012 R2 steht die Möglichkeit, diesen als iSCSI-Zielserver (engl. *iSCSI Target*) zu verwenden, direkt im Umfang der Rollendienste der Datei- und Speicherdienste zur Verfügung. Bislang war dieses Feature lediglich in den vorherigen Windows Storage Server-Editionen von Windows Server 2008 bzw. 2008 R2 enthalten. Ein iSCSI-Zielserver kann in Unternehmen als SAN (Storage Area Network) z. B. für die Bereitstellung von Speicher für Failover-Clusterserver verwendet werden. von einem iSCSI-Initiator (quasi: einem Serversystem als „Client“) kann man sich dann anschließend auf den vom iSCSI-Zielserver bereitgestellten Speicher verbinden.

Hinweis

iSCSI-Target entspricht bei der Speicherbereitstellung der Serverkomponente, wogegen *iSCSI-Initiator* das Gegenstück, sprich: den Client darstellt. Letzterer war bereits auch in den vorherigen Versionen des Windows Server-Betriebssystems enthalten.

9.5.1 Bereitstellen eines iSCSI-Target (iSCSI-Zielservers)

Zum Konfigurieren eines Serversystems unter Windows Server 2012 bzw. Windows Server 2012 R2 als iSCSI-Target (iSCSI-Zielserver) muss man den im Umfang des Betriebssystems enthaltenen Rollendienst „iSCSI-Zielserver" installieren.

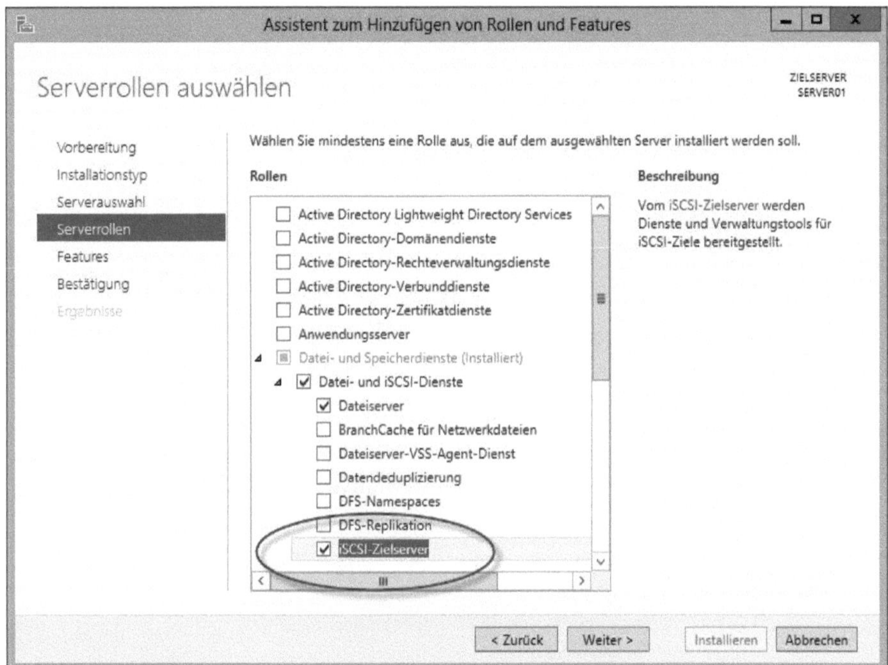

Abb. 9.9: *Installation von iSCSI-Zielserver als Rollendienst*

Anschließend steht der Rollendienst iSCSI-Zielserver für die entsprechende Konfiguration im *Server-Manager* unter Windows Server 2012 R2 unter *Datei-/Speicherdienste* über einen Klick auf **iSCSI** bereit.

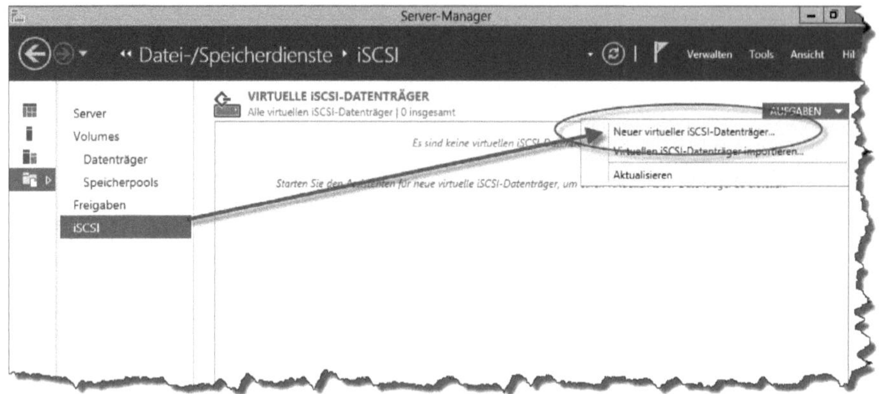

Abb. 9.10: *Konfigurationsmöglichkeit als iSCSI-Zielserver im Server-Manager*

Nach der Installation des Rollendienstes kann man nun den gewünschten Speicher für iSCSI-Initiatoren bereitstellen. Gehen Sie unter Windows Server 2012 R2 dabei wie folgt vor:

1. Klicken Sie im Server-Manager unter *Datei-/Speicherdienste* auf **iSCSI**, und dann auf **Neuer virtueller iSCSI-Datenträger...**
2. Wählen Sie den Speicherort des virtuellen Datenträgers, und klicken Sie auf **Weiter**.

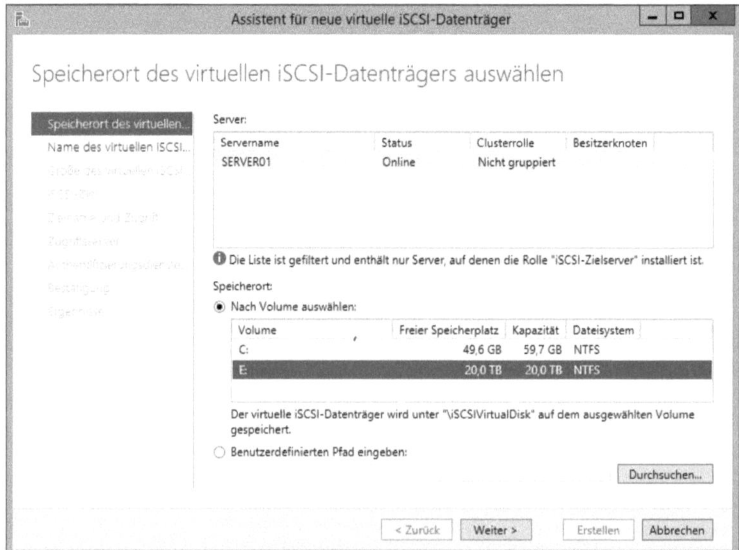

Abb. 9.11: *Auswahl des Speicherorts für den neuen virtuellen iSCSI-Datenträger*

3. Geben Sie den Namen des neuen virtuellen iSCSI-Datenträgers, sowie bei Bedarf noch eine entsprechende Beschreibung ein, und klicken Sie dann auf **Weiter**.

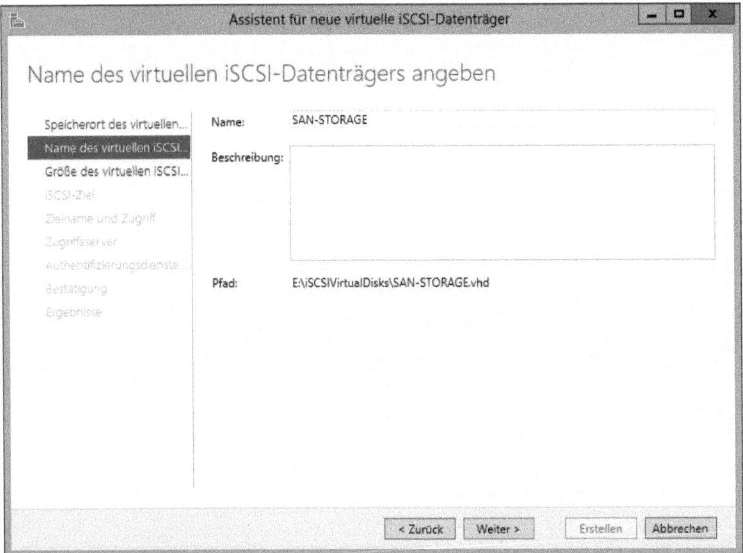

Abb. 9.12: *Festlegen des Namens des neuen virtuellen iSCSI-Datenträgers*

4. Wählen Sie die Größe des virtuellen iSCSI-Datenträgers, und klicken Sie dann auf **Weiter**.

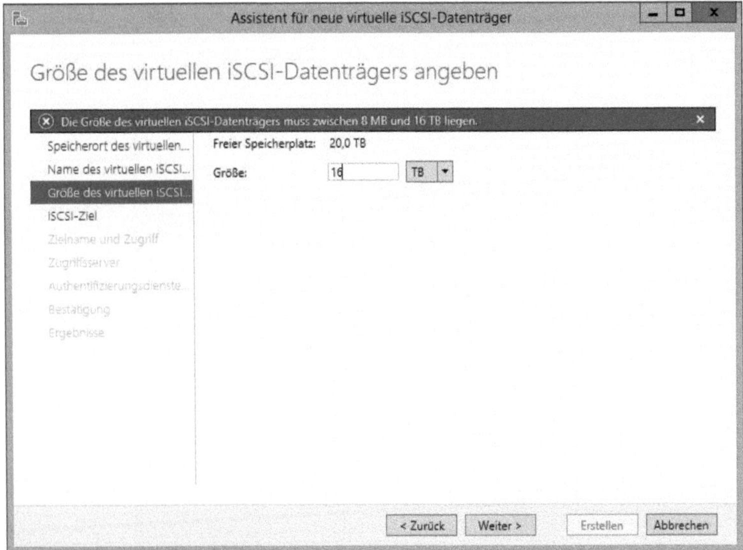

Abb. 9.13: *Angabe der Größe des neuen virtuellen iSCSI-Datenträgers*

5. Wählen Sie *Neues iSCSI-Ziel*, und klicken Sie auf **Weiter**.

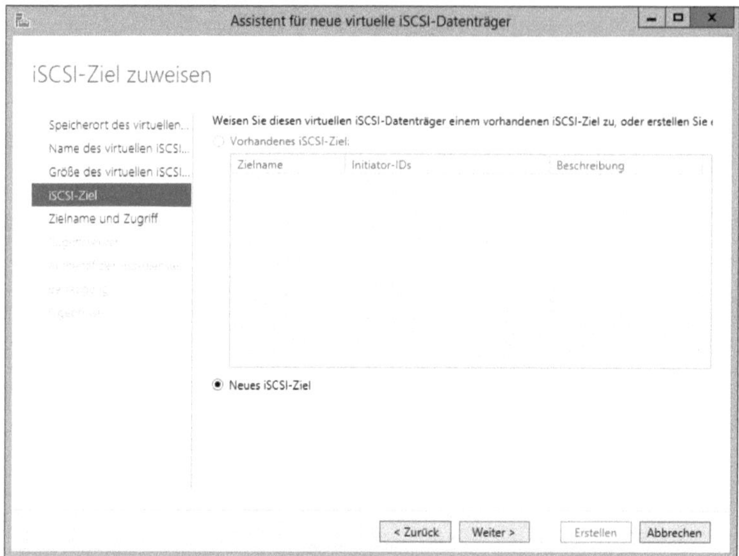

Abb. 9.14: *Zuweisung des iSCSI-Ziels*

6. Geben Sie im Dialog *Zielname angeben* einen entsprechenden Namen, sowie bei Bedarf noch eine Beschreibung ein, und klicken Sie auf **Weiter**.

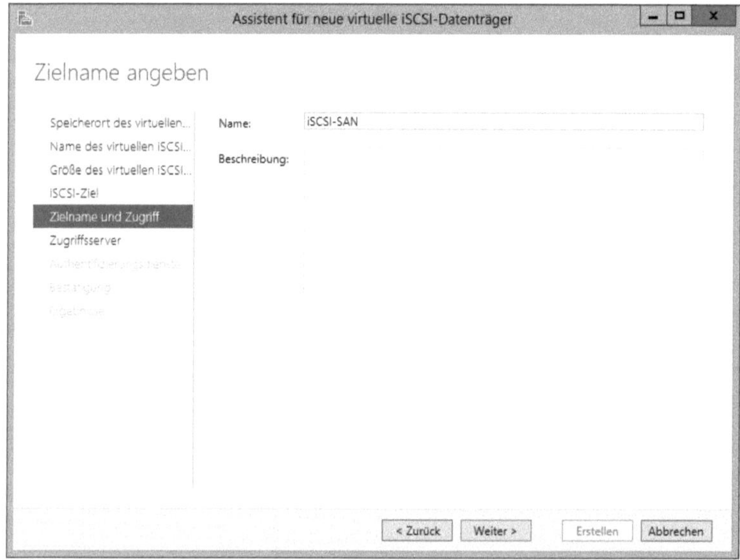

Abb. 9.15: *Angabe des Zielnamens für das neu anzulegende iSCSI-Ziel*

7. Klicken Sie im Dialog *Zugriffsserver angeben* auf **Hinzufügen...**, und fügen Sie die notwendigen Informationen (z. B. die „IP-Adresse" der gewünschten Zugriffsserver hinzu. Klicken Sie anschließend auf **Weiter**.

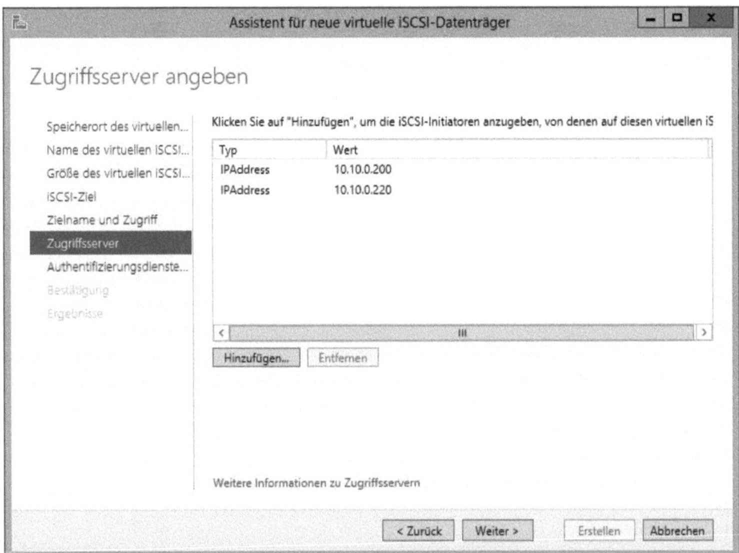

Abb. 9.16: *Festlegen der iSCSI-Initiatoren (iSCSI-Zielserver)*

8. Geben Sie im Dialog *Authentifizierung aktivieren* bei Bedarf die entsprechenden Authentifizierungsinformationen ein, und klicken Sie anschließend auf **Weiter**.

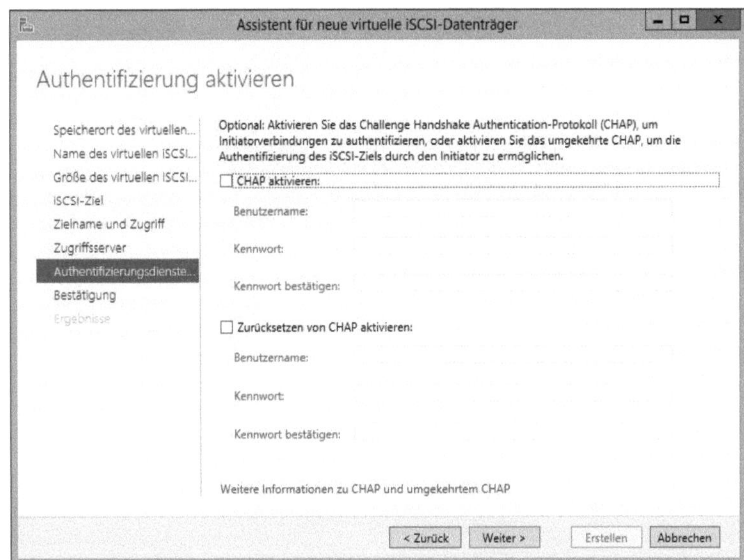

Abb. 9.17: *Möglichkeit zur Aktivierung der optionalen Authentifizierung*

9. Klicken Sie im Dialog *Auswahl bestätigen* auf **Erstellen**.

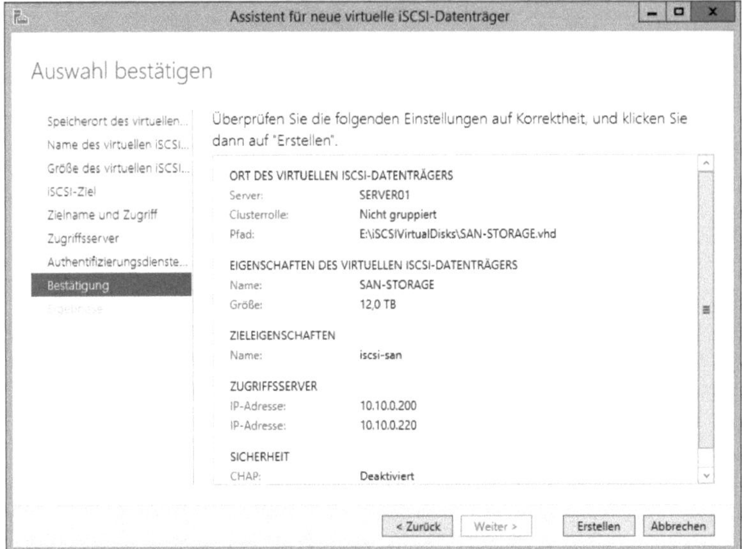

Abb. 9.18: *Bestätigung der Auswahl*

10. Klicken Sie nach Abschluss der Konfiguration auf **Schließen**.

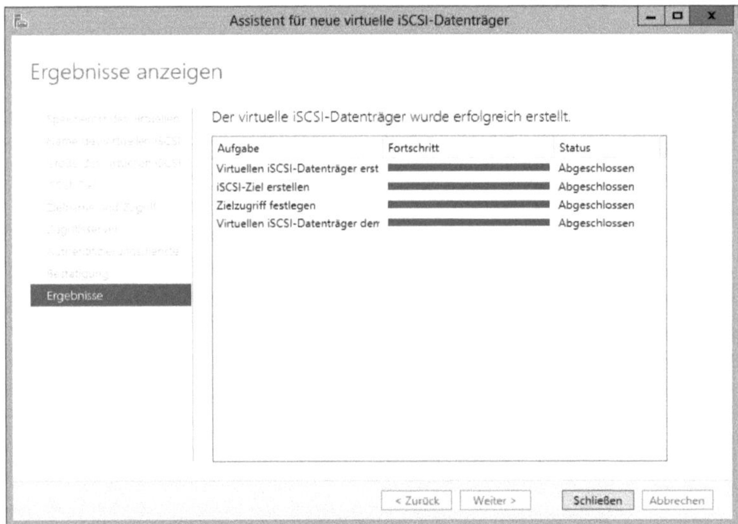

Abb. 9.19: *Ergebnisanzeige nach dem Erstellen*

Der virtuelle iSCSI-Datenträger wird im Server-Manager unter *VIRTUELLE iSCSI-DATENTRÄGER* angezeigt.

9.5.2 Verwendung von iSCSI-Targets

Nach dem Bereitstellen von Speicher als iSCSI-Target kann man sich von iSCSI-Initiatoren (quasi dem „iSCSI-Client") unter Windows Server 2012 R2 (oder auch Windows 8 bzw. Windows 8.1) auf diesen verbinden. Auch hierzu enthält ein Serversystem unter Windows Server 2012 R2 bereits die notwendigen Komponenten.

Gehen Sie zum Verbinden mit dem auf einem iSCSI-Target bereitgestellten Speichers unter Windows Server 2012 R2 wie folgt vor:

1. Klicken Sie im Server-Manager unter Windows Server 2012 R2 in der oberen Befehlsleiste auf **Tools**, und dann auf **iSCSI-Initiator**.

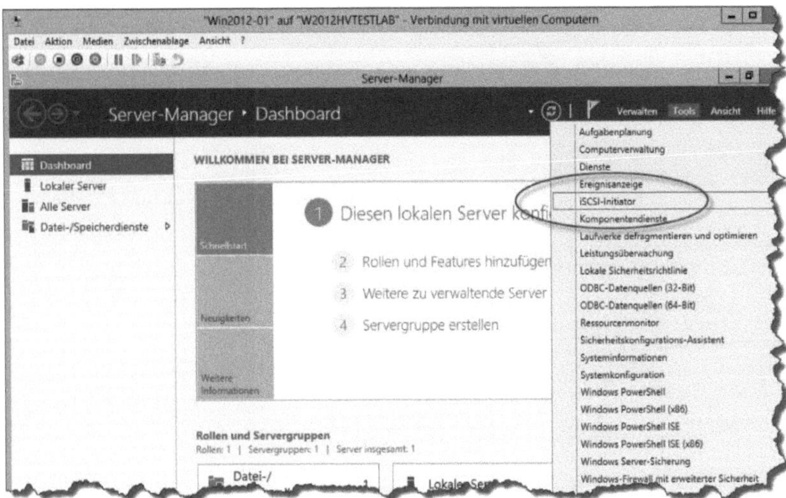

Abb. 9.20: *Aufruf des iSCSI-Initiator im Server-Manager*

2. Klicken Sie im Dialog *Microsoft iSCSI* auf **Ja**, um den Dienst bei jedem Neustart des Computers automatisch zu starten.

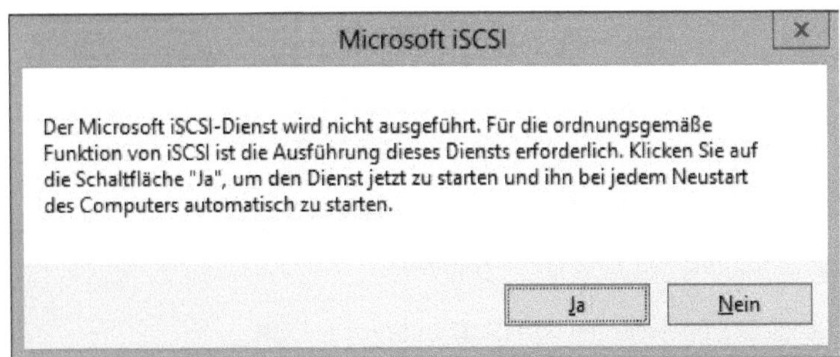

Abb. 9.21: *Festlegen des automatischen Starts für den iSCSI-Dienst*

3. Geben Sie im Dialog *Eigenschaften von iSCSI-Initiator* im Feld *Ziel* die IP-Adresse des iSCSI-Targets an, und klicken Sie dann auf **Schnell verbinden...**

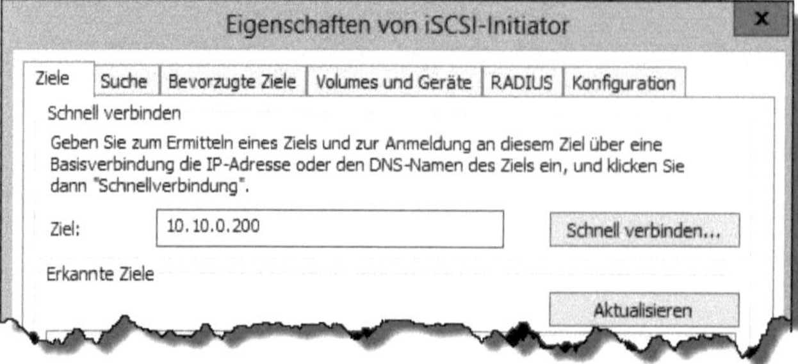

Abb. 9.22: *Auswahl des iSCSI-Target*

4. Klicken Sie unter *Schnellverbindung* auf **Fertig**.

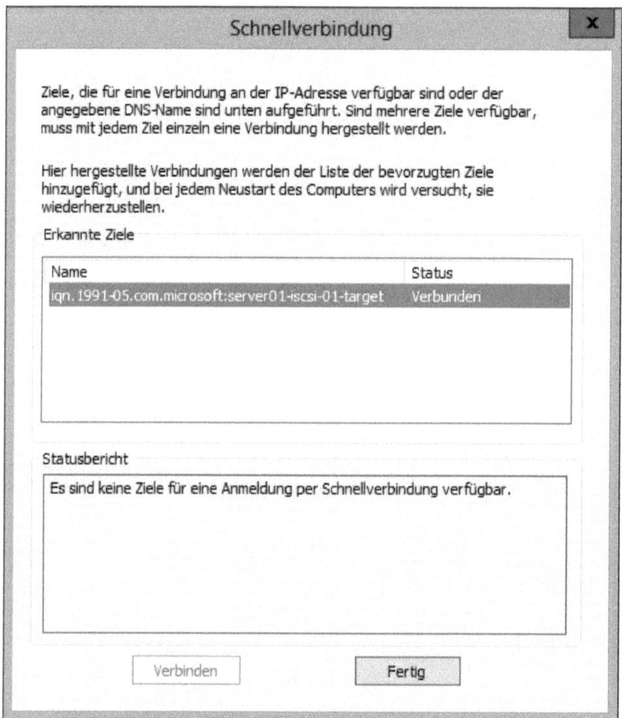

Abb. 9.23: *Schnellverbindung mit dem iSCSI-Target*

5. Klicken Sie im Dialog *Eigenschaften von iSCSI-Initiator* auf **OK**.

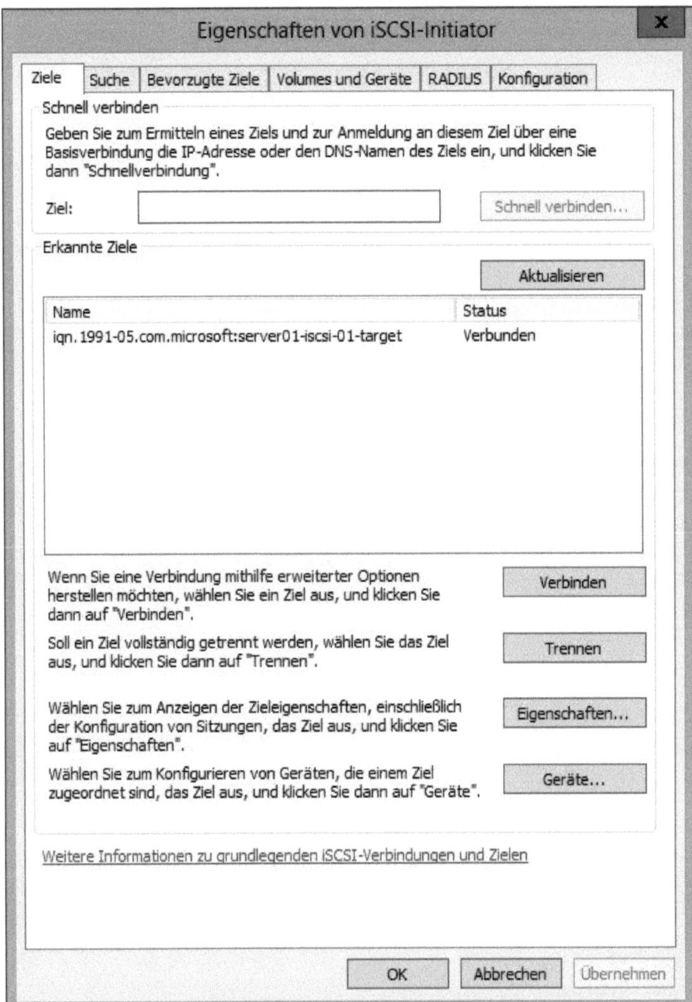

Abb. 9.24: *Fertigstellen der Verbindung zum iSCSI-Target*

6. Der über das iSCSI-Target bereitgestellte Speicherplatz steht im lokalen Serversystem in der Datenträgerverwaltung als *„normaler" (vergleichbar mit einem lokalen) Datenträger"* zum Erstellen von Volumes zur Verfügung.

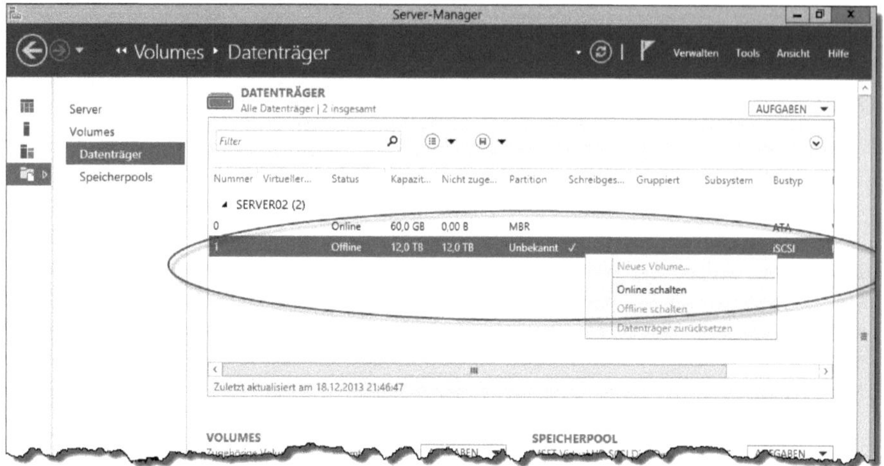

Abb. 9.25: *Der zuvor mittels iSCSI-Target neu hinzugefügte Datenträger*

Weitere Informationen zum Bereitstellen von iSCSI-Targets finden Sie in der (Online-)Hilfe von Windows Server 2012 R2.

9.6 Datendeduplizierung

Speicher- und Kostenersparnis möglich

Die erstmalig in Windows Server 2012 integrierte Datendeduplizierung empfiehlt sich insbesondere für den Einsatz auf Dateiservern in Unternehmen. Als Rollendienst der Datei und Speicherdienste ermöglicht diese die Reduzierung des verwendeten Speicherplatzes für die Speicherung von Dateien. Die Datendeduplizierung untersucht ein Volume auf mögliche Dateiduplikate und entfernt diese automatisch. Hierzu führt der Vorgang eine Umstrukturierung innerhalb des Datenträgers und anschließend eine anhand von Zeitplänen steuerbare Optimierung durch. Die Standardeinstellungen in den vordefinierten Deduplizierungsrichtlinien reichen in der Regel völlig aus, um ausgezeichnete Einsparungsergebnisse ohne Auswirkung auf die Serverarbeitsauslastung zu erzielen.

9.6.1 Voraussetzungen

Klare Bedingungen für die Unterstützung

Volumes unter Windows Server 2012 R2, die für eine Datendeduplizierung in Betracht kommen, müssen die folgenden Anforderungen erfüllen:

- **müssen NTFS-formatiert sein - ReFS wird nicht unterstützt,**
- **dürfen nicht als Wechseldatenträger verfügbar gemacht werden,**
- **dürfen kein System- oder Startvolume sein,**
- **können sich in Speicherfreigaben, wie z.B. einem iSCSI-SAN befinden, Microsoft Failover-Clustering wird vollständig unterstützt,**

- **können MBR- oder GPT-Datenträger sein.**

Das Serversystem unter Windows Server 2012 R2 sollte für die Durchführung der Datendeduplizierung über mindestens 4 GB Arbeitsspeicher verfügen. Weitere Anforderungen für die Verwendung der Datendeduplizierung bestehen nicht.

9.6.2 Installation der Datendeduplizierung

Die Datendeduplizierung steht in Windows Server 2012 R2 als Rollendienst der Datei- und Speicherdienste zur Verfügung und kann bei Bedarf beispielsweise im grafischen Server-Manager mit einfachen Schritten hinzugefügt werden. Gehen Sie dazu wie folgt vor:

1. Starten Sie den *Server-Manager*.
2. Klicken Sie in der oberen Befehlsleiste auf **Verwalten**, und dann auf **Rollen und Features hinzufügen**.
3. Klicken Sie im Dialog *Vorbemerkungen* auf **Weiter**.
4. Wählen Sie im Dialog *Installationstyp auswählen* die Option **Rollenbasierte oder featurebasierte Installation**, und klicken Sie auf **Weiter**.
5. Wählen Sie den gewünschten *Zielserver* aus, und klicken Sie auf **Weiter**.
6. Erweitern Sie im Dialog *Serverrollen auswählen* die **Datei- und Speicherdienste**, sowie die **Datei- und iSCSI-Dienste**, und aktivieren Sie das Kontrollkästchen für **Datendeduplizierung**.
7. Bestätigen Sie den Dialog zum *Hinzufügen von Features* mit einem Klick auf **Features hinzufügen**.
8. Klicken Sie im Dialog *Serverrollen auswählen* auf **Weiter**.
9. Klicken Sie im Dialog *Features auswählen* auf **Weiter**.
10. Klicken Sie im Dialog *Installationsauswahl bestätigen* auf **Installieren**.
11. Klicken Sie im Dialog *Installationsstatus* auf **Schließen**.

Nach der Installation der Datendeduplizierung steht diese als konfigurierbare Option in der Datei- und Speicherverwaltung in Windows Server 2012 R2 zur Verfügung. Alternativ zur Installation mit dem grafischen Server-Manager kann man hierzu auch die Windows-PowerShell verwenden.

9.6.3 Konfigurieren der Datendeduplizierung

Nach der Installation der Datendeduplizierung in Windows Server 2012 R2 kann man diese für einzelne Volumes konfigurieren. Gehen Sie dazu wie folgt vor:

1. Starten Sie den *Server-Manager* (soweit noch erforderlich).
2. Klicken Sie auf **Datei-/Speicherdienste**, und dann auf **Volumes**.

3. Klicken Sie im Abschnitt *VOLUMES* mit der rechten Maustaste auf das gewünschte *Volume*, und wählen Sie im Kontextmenü den Eintrag **Datendeduplizierung konfigurieren**.

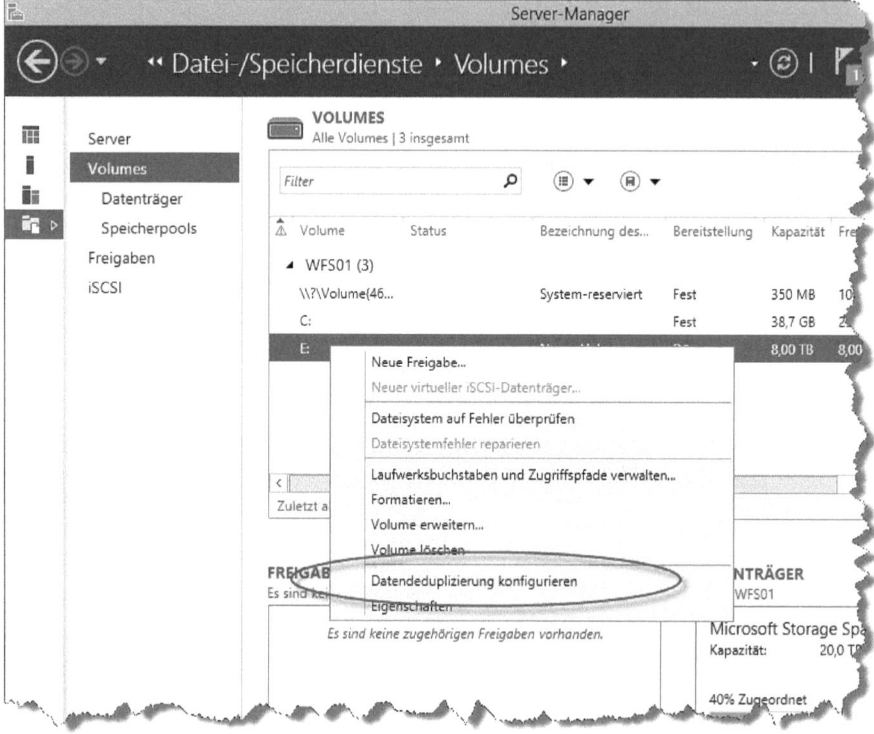

Abb. 9.26: *Konfiguration der Datendeduplizierung für ein Volume*

4. Aktivieren Sie die Option **Datendeduplizierung aktivieren**. Konfigurieren Sie das *Alter* von Dateien, ab dem diese dedupliziert werden sollen. Geben Sie bei Bedarf von der Datendeduplizierung auszuschließende *Dateierweiterungen* an. Klicken Sie, falls erforderlich, auf die Schaltfläche **Hinzufügen**, um ausgewählte *Ordner* von der Datendeduplizierung auszuschließen. Legen Sie einen *Zeitplan* für die Datendeduplizierung fest, und klicken Sie anschließend auf **OK**.

Die Datendeduplizierung findet anschließend gemäß den konfigurierten Zeitplänen statt. Auf gleichem Wege kann man die Datendeduplizierung bei Bedarf wiederum deaktivieren.

9.6.4 Auswertung des Einsparpotentials

Bei der Installation der Datendeduplizierung unter Windows Server 2012 R2 wird das Kommandozeilentool **DDPEval.exe** automatisch ebenso auf dem betreffenden Serversystem installiert. Mit diesem Tool lässt sich noch *vor* der Aktivierung der Datendeduplizierung ermitteln, ob und welche Einsparungen durch die Aktivierung zu erwarten sind.

Geben Sie beim Aufruf des Tools einfach das zu überprüfenden Volume in der *Eingabeaufforderung* von Windows Server 2012 R2 an, und drücken Sie anschließend die [↵]-Taste:

```
DDPEval.exe E:
```

Nähere Informationen zur Planung und Bereitstellung der Datendeduplizierung unter Windows Server 2012 sowie Windows Server 2012 R2 findet man in der Windows-Hilfe sowie auf der Website von Microsoft im Internet unter:

https://technet.microsoft.com/de-de/library/hh831700.aspx

9.7 Schattenkopien

Möglichkeit zur Wiederherstellung gelöschter oder überschriebener Dateien

Ein weiteres, eigentlich bereits seit Windows Server 2003 bekanntes Feature stellen die Schattenkopien dar. Anhand dieses Features konnte jeder normale Anwender die auf dem betreffenden Serversystem vorhandenen und im Netzwerk freigegebenen Dateien und Ordner nach versehentlichem Löschen oder Verändern anhand einer Schattenkopie in kürzester Zeit wieder herstellen – und das alles, ohne dafür die Bandsicherung verwenden zu müssen. Ein Administrator musste dafür nicht bemüht werden.

Im Hintergrund bediente sich die Funktion der Schattenkopien (im damaligen Betriebssystem wie auch zur heutigen Zeit) der *Volume Shadow Copy Service* (*VSS*). Bereits zur damaligen Zeit basierte das Prinzip auf einer Versionierung, welche die Speicherung von maximal 64 verschiedenen Versionen von den in den vorhandenen und für Schattenkopien aktivierten Freigaben gespeicherten Dateien und Ordnern ermöglichte. Auch unter Windows Server 2012 R2 können die Schattenkopien auf den im Serversystem vorhandenen Festplatten verwendet werden, um versehentlich gelöschten oder geänderten Dateien und/oder Ordner im Bedarfsfall in einer vorherigen Version wieder herzustellen.

Keine Echtzeitsicherung von Daten

Seit Windows Vista kann man versehentlich gelöschte oder veränderte Dateien und Ordner statt über eine Netzwerkfreigabe mithilfe der Schattenkopien des betreffenden Festplattenlaufwerks im Bedarfsfall sogar lokal im Windows-Explorer des betreffenden Serversystems wieder herzustellen. Da es sich im Rahmen der Schattenkopien nicht um Echtzeitsicherungen handelt, wird lediglich vorausgesetzt, dass die wiederherzustellenden Dateien oder Ordner vorweg wenigstens einmal durch den Volume Shadow Copy Service (*VSS*) in Form einer Schattenkopie erfasst werden konnten.

Hinweis

Die Funktion der Schattenkopien werden in einen standardmäßig ausgeblendeten Bereich der vorhandenen, lokalen Festplattenlaufwerke (Ordner *„System Volume Information"*)geschrieben. Bei Ausfall der physikalischen Festplattenlaufwerke gehen somit auch die vorweg erstellten Schattenkopien verloren. Beachten Sie deshalb unbedingt, dass Schattenkopien die eigentlich notwendige Datensicherung nicht ersetzen können.

Die Konfiguration der Schattenkopien führt man unter Windows Server 2012 R2 im *Windows-Explorer* direkt in den *Eigenschaften* des betreffenden Festplattenlaufwerks durch.

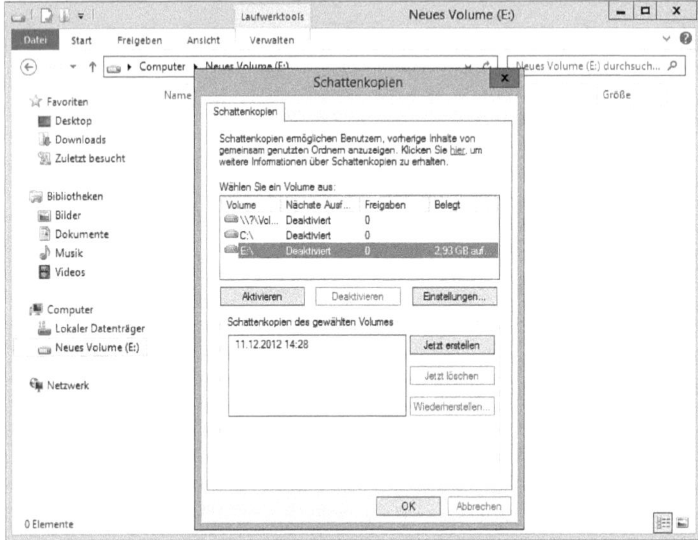

Abb. 9.27: *Konfiguration von Schattenkopien in den Eigenschaften eines Festplattenlaufwerks im Windows-Explorer*

Zum Wiederherstellen von gelöschten oder versehentlich überschriebenen Dateien muss man lediglich mit der rechten Maustaste auf den entsprechenden *Ordner* klicken, und die Option **Vorgängerversionen wiederherstellen** auswählen. Im *Eigenschaften-*Dialog kann man bei Bedarf dann die Wiederherstellung durchführen.

Weitere Informationen zur Datenträger- und Speicherverwaltung unter Windows Server 2012 R2 finden Sie in der Windows-Hilfe sowie auch im Internet in der Website von Microsoft unter:

https://technet.microsoft.com/de-de/library/hh831487.aspx

Nach dem doch umfangreicheren Einblick in die Datenträger und Speicherverwaltung geht es im nächsten Kapitel nun hin zur Konfiguration und Verwaltung der Datei- und Speicherdienste unter Windows Server 2012 R2.

KAPITEL 10
Konfiguration und Verwaltung der Datei- und Speicherdienste

Verbesserungen auch durch SMB 3.0

Der Zugriff auf Dateien zählt in modernen Computernetzwerken sicher zu den wichtigsten Aktivitäten der Anwender. In Windows Server 2012 R2 sind die Datei- und Speicherdienste für die Bereitstellung und Verwaltung von Dateien als Serverrolle enthalten. Im Vergleich zu früheren Betriebssystemversionen wurden diese jedoch nochmals optimiert. Insbesondere auch die Implementierung von SMB 3.0 (Server Message Block), welches i.d.R. primär für die Zugriffe auf Dateifreigaben in Windows-Netzwerken verwendet wird, birgt einige wichtige Verbesserungen für die Praxis. Unter anderem erlaubt das neue Protokoll bei Bedarf auch mehrere, parallele Zugriffe auf Dateifreigaben, was einem besseren Zugriffsverhalten zugutekommt.

10.1 Neuerungen und Verbesserungen

Die Datei- und Speicherdienste wurden um einige, für die Praxis sicher wichtige Features erweitert. Zu den Neuerungen zählen hierbei u. a.:

- **Datendeduplizierung** - hilft als Rollendienst beim Einsparen von Speicherplatz, indem lediglich nur eine einzige Kopie identischer Daten auf einem Volume gespeichert wird.

- **iSCSI-Zielserver** - ermöglicht das zentralisierte, softwarebasierte Bereitstellen von iSCSI-Datenträgersubsystemen als Alternative zu kostspieligen Storage Area Networks (SANs).
- **Einheitliche Remoteverwaltung** - ermöglicht im Server-Manager die zentralisierte Verwaltung der im Netzwerk auf verschiedenen Servern vorhandenen Datei- und Speicherdienste.
- **Windows PowerShell-Cmdlets für Datei- und Speicherdienste** - ermöglichen die Skriptbasierte Verwaltung der Datei- und Speichertechnologien.

Weitere Informationen rund um die Neuerungen und Verbesserungen in den Datei- und Speicherdiensten unter Windows Server 2012 sowie Windows Server 2012 R2 findet man in der Windows-Hilfe, sowie u. a. im Internet auf der Website von Microsoft unter:

https://technet.microsoft.com/de-de/library/hh831487.aspx

10.2 SMB 1.0-Unterstützung lediglich optional

Ein Serversystem unter Windows Server 2012 R2 verwendet standardmäßig das SMB (*Server Message Block*)-Protokoll in der aktuellen Version 3.0 für Zugriffe auf Dateifreigaben. Abwärtskompatibel kann ein solches Serversystem auch mit älteren Systemen für SMB in der Version 2.0 (*SMBv2*) kommunizieren, die das neue SMB 3.0 (*SMBv3*) nicht unterstützen. Eine Abwärtskompatibilität zum noch älteren SMB in der Version 1.0 (*SMBv1*) ist unter dem neuen Serverbetriebssystem standardmäßig nicht mehr vorgesehen, und steht lediglich optional (sprich: *nach einer expliziten Aktivierung!*) zur Verfügung.

Insbesondere auf *Domänencontrollern* unter Windows Server 2012 R2 (mit den darauf vorhandenen Standardfreigaben ***SYSVOL*** und ***Netlogon***) stellt die fehlende SMBv1-Unterstützung gegenüber älteren Clientcomputern ein Problem z.B. beim Abruf von Anmeldeskripts, sowie Gruppenrichtlinieneinstellungen dar.

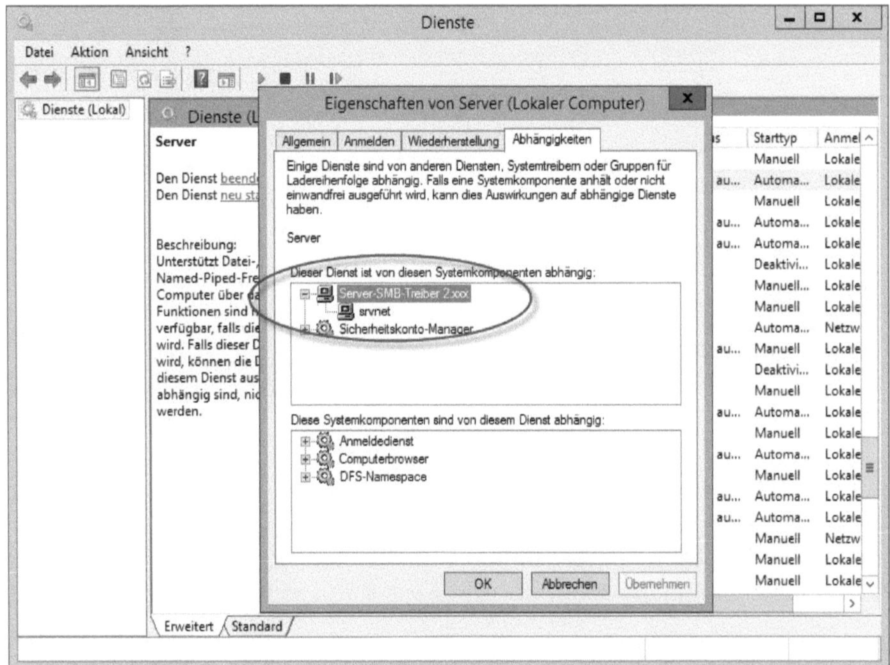

Abb. 10.1: *SMBv2 (und somit auch SMBv3) - mit fehlender Unterstützung für SMBv1 - in den Eigenschaften des Server-Dienstes*

Falls die Notwendigkeit besteht, Dateifreigaben auf einem Serversystem unter Windows Server 2012 R2 basierend auf SMB in der Version 1.0 (*SMBv1*) für ältere Anwendungen oder auch ältere Clientsysteme (z. B. Windows XP oder Windows Server 2003 und älter) im Netzwerk bereitzustellen, so kann man dieses in der Windows-Registry des betreffenden Servers bei Bedarf aktivieren. Gehen Sie dazu wie folgt vor:

Jede Änderung in der Windows-Registry muss mit großer Sorgfalt durchgeführt werden, da sonst mitunter schwerwiegende Probleme am betreffenden Computersystem auftreten können! Im Bedarfsfall sichern Sie das Computersystem zuvor, um es im Problemfall wieder herstellen zu können.

1. Melden Sie sich als *Administrator* am betreffenden Server unter Windows Server 2012 R2 an, und öffnen Sie den ***Registry-Editor*** (**regedit.exe**).

2. Wechseln Sie zu **HKEY_LOCAL_MACHINE\SYSTEM\CurrentControlSet\Services \LanmanServer**, und doppelklicken Sie mit der Maus auf **DependOnService.**

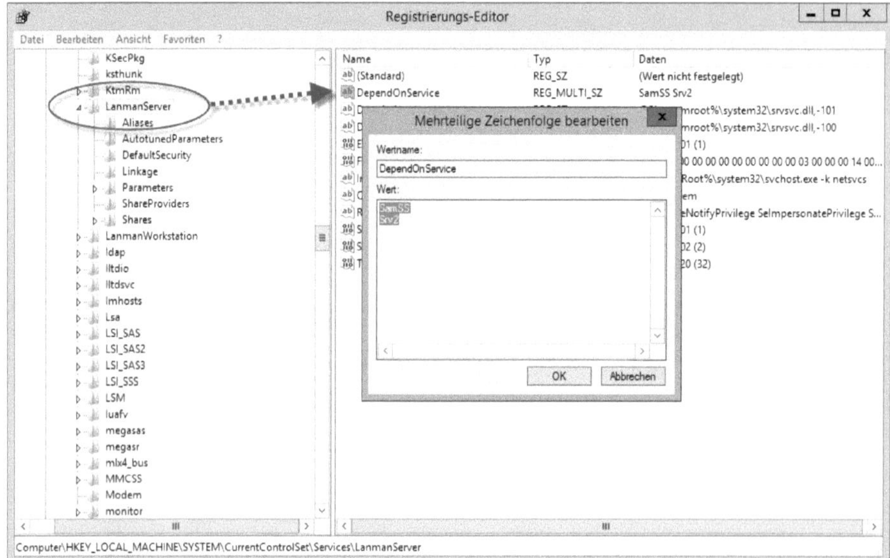

Abbildung 10.2: *Windows-Registry-Schlüssel mit aktivierter SMBv1-Unterstützung*

3. Ändern Sie den unter *DependOnService* den Wert ***Srv2*** auf **Srv**, und klicken Sie dann auf **OK**.

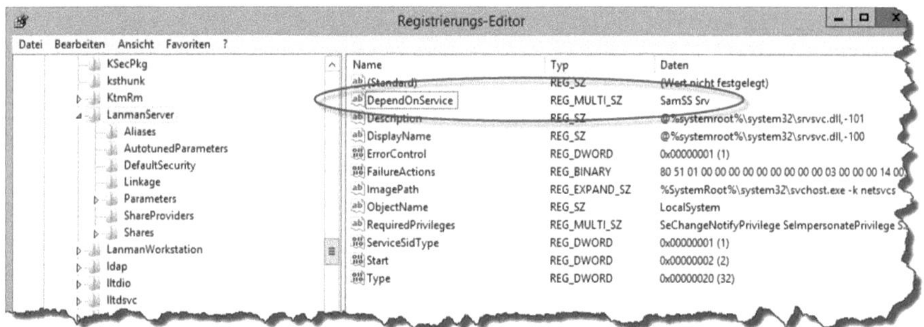

Abbildung 10.3: *Windows-Registry-Schlüssel mit aktivierter SMBv1-Unterstützung*

Um SMBv1 zu einem späteren Zeitpunkt bei Bedarf wieder zu deaktivieren, ändern Sie unter ***DependOnService*** in der Windows-Registry den Wert **Srv** wiederum zurück auf **Srv2**.

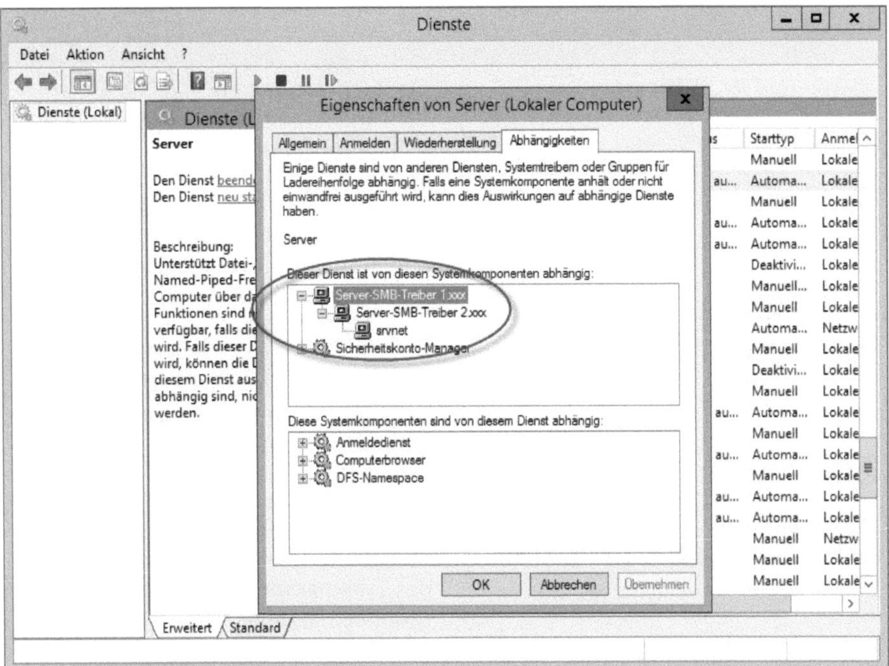

Abbildung 10.4: Aktivierte SMBv1- und *SMBv2 (und somit auch SMBv3)- Unterstützung in den Eigenschaften des Server-Dienstes*

Weitere Informationen zur SMB (Server Message Block)-Unterstützung in Windows Server 2012 R2 erhalten Sie u. a. im Internet unter:

http://blogs.technet.com/b/josebda/archive/2013/10/02/windows-server-2012-r2-which-version-of-the-smb-protocol-smb-1-0-smb-2-0-smb-2-1-smb-3-0-or-smb-3-02-you-are-using.aspx

10.3 Rollendienste für Datei- und Speicherdienste

In Windows Server 2012 R2 können die folgenden Rollendienste in Verbindung mit der Rolle „Datei- und Speicherdienste" installiert werden:

Rollendienst	Beschreibung
Datei- und iSCSI-Dienste	Stellt im Zusammenhang mit Dateiservern und iSCSI eine Gruppierung für Rollendienste bereit.
Dateiserver	Dient zum Verwalten von Dateifreigaben und ermöglicht Benutzern den Zugriff auf Dateien auf dem jeweiligen Computer über das Netzwerk.
Arbeitsordner	Ermöglichen die Verwendung von Arbeitsdateien auf verschiedenen Computern, einschließlich unternehmenseigenen oder gar Privatgeräten. Mithilfe von Arbeitsordnern kann man Benutzerdateien hosten und synchronisieren.
BranchCache für Netzwerkdateien	Ermöglicht Computern in Zweigstellen das Zwischenspeichern häufig heruntergeladener Dateien aus Dateifreigaben, für welche BranchCache aktiviert ist.
Dateiserver-VSS-Agent-Dienst	Ermöglicht das Erstellen von Volumeschattenkopien der Anwendungen, von denen Datendateien auf dem betreffenden Dateiserver gespeichert sind.
Datendeduplizierung	Spart Speicherplatz auf Datenträgern ein, indem Duplikate von Dateien aufgespürt und entfernt werden.
DFS-Namespaces	Ermöglicht das Gruppieren von Dateifreigaben, die sich auf unterschiedlichen Servern befinden, in logisch strukturierten Namensräumen (*Namespaces*).
DFS-Replikation	Repliziert Daten zwischen mehreren Servern über Netzwerkverbindungen mit eingeschränkter Bandbreite und über LAN-Verbindungen.
iSCSI-Zielserver	Stellt Tools zum Erstellen und Verwalten von iSCSI-Zielen und virtuellen Datenträgern bereit.

Ressourcen-Manager für Dateiserver	Unterstützt als grafische Verwaltungskonsole das Verwalten von Dateien und Ordnern auf einem Dateiserver.
Server für NFS (Network File System)	Ermöglicht dem Computer die gemeinsame Verwendung von Dateien mit UNIX-basierten Computern.
Speicherdienste	Stellt Speicherverwaltungsfunktionen, einschließlich Speicherpools und Storage Spaces bereit.

Tab. 10.1: *Rollendienste der Datei- und Speicherdienste unter Windows Server 2012 R2*

10.3 Installation der Rollendienste

Auch unter Server Core verfügbar

Die Dateidienste stehen unter Windows Server 2012 R2, wie bereits auch unter Windows Server 2012, in Verbindung mit den Speicherdiensten als Serverrolle automatisch bereits nach der Betriebssysteminstallation zur Verfügung. Dies kann man auf einem Serversystem mit einer vollständigen oder auch der Server Core-Installation von Windows Server 2012 R2 verwenden.

Bei Bedarf lassen sich die weiteren, in der oberen Tabelle aufgeführten, und für die Praxis oft notwendigen Rollendienste der Datei- und Speicherverwaltung auf einem Serversystem unter Windows Server 2012 sowie auch unter Windows Server 2012 R2 installieren. Gehen Sie auf einem Server-system als vollständige Installation von Windows Server 2012 R2 dazu wie folgt vor:

1. Starten Sie den *Server-Manager*.
2. Klicken Sie in der oberen Befehlsleiste auf **Verwalten**, und dann auf **Rollen und Features hinzufügen**.
3. Klicken Sie im Dialog *Vorbemerkungen* auf **Weiter**.
4. Wählen Sie im Dialog *Installationstyp auswählen* die Option **Rollenbasierte oder featurebasierte Installation**, und klicken Sie auf **Weiter**.
5. Wählen Sie den gewünschten *Zielserver* aus, und klicken Sie auf **Weiter**.
6. Erweitern Sie im Dialog *Serverrollen auswählen* die **Datei- und Speicherdienste**, sowie die **Datei- und iSCSI-Dienste**, und aktivieren Sie das Kontrollkästchen für den oder die zu installierenden Rollendienst(e).

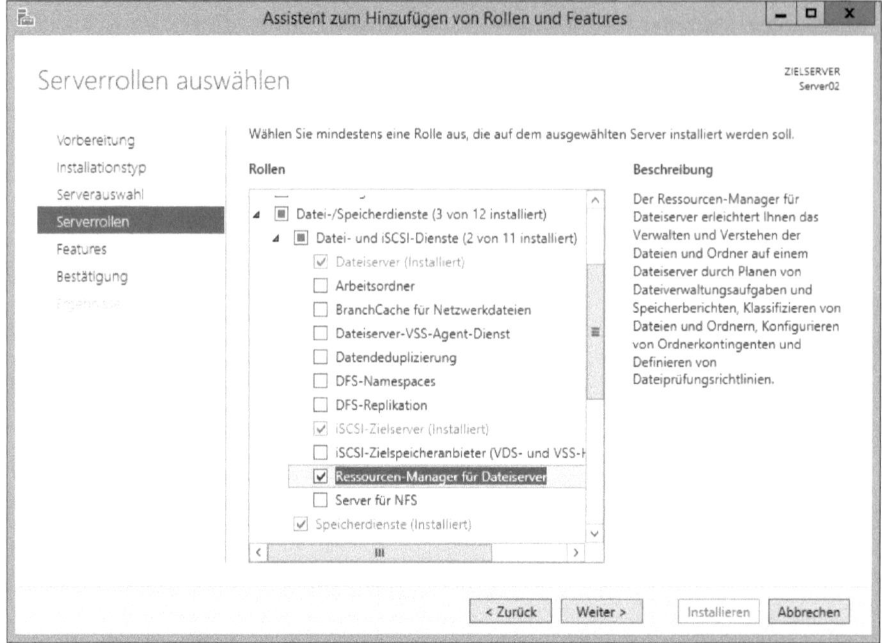

Abb. 10.1: *Auswahl der Rollendienste für die Datei- und Freigabeverwaltung*

7. Bestätigen Sie den Dialog zum *Hinzufügen von Features* mit einem Klick auf **Features hinzufügen**.
8. Klicken Sie im Dialog *Serverrollen auswählen* auf **Weiter**.
9. Klicken Sie im Dialog *Features auswählen* auf **Weiter**.
10. Klicken Sie im Dialog *Installationsauswahl bestätigen* auf **Installieren**.
11. Klicken Sie im Dialog *Installationsstatus* auf **Schließen**.

Je nachdem, welche der Rollendienste installiert wurden, stehen diese anschließend entweder direkt im grafischen Server-Manager im Abschnitt **Datei-/Speicherdienste**, oder aber über die Auswahl der **Tools** in der oberen Befehlsleiste des *Server-Managers* als eigenständige Verwaltungskonsole zur Verfügung.

10.4 Verwaltung von Dateifreigaben

Zentrale Verwaltung von Dateifreigaben im Server-Manager

Nach der Installation des Rollendienstes *Dateiserver* unter Windows Server 2012 R2 führt der erste Weg zur Verwaltung von *Dateifreigaben*. Diese findet man im *Server-Manager* nach einem Klick auf **Datei-/Speicherdienste** und dann auf **Freigaben**.

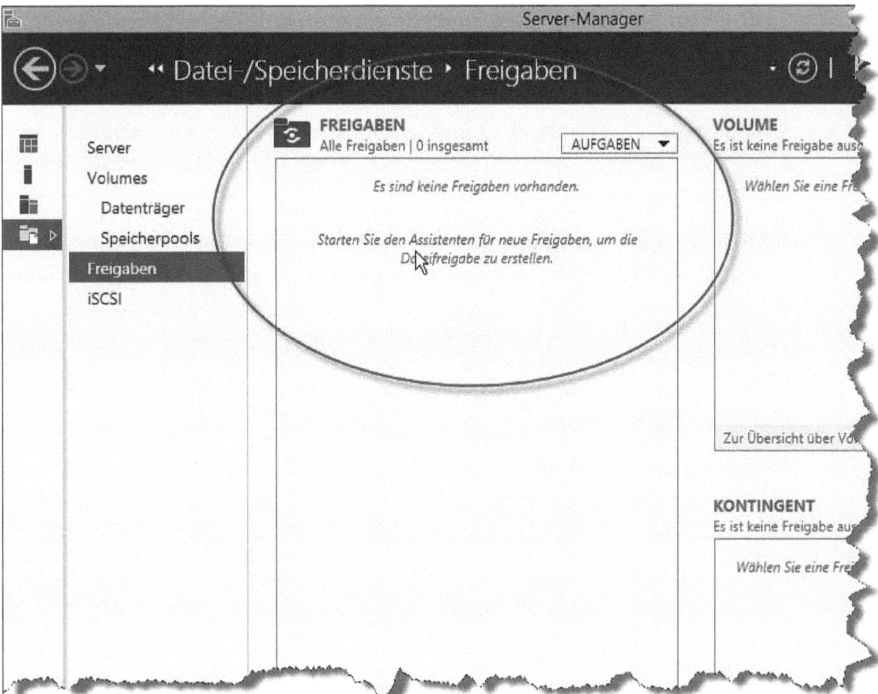

Abb. 10.2: *Verwaltung von Freigaben im grafischen Server-Manager*

Wie der Name dieses Verwaltungsabschnitts es bereits erahnen lässt, werden hier die Freigaben und der für die Datenbereitstellung zu nutzende Speicher des jeweiligen Serversystems verwaltet. Dazu steht im grafischen *Server-Manager* ein entsprechender *Assistent für neue Freigaben* zur Verfügung. Diesen Assistenten startet man entweder über einen Klick auf die entsprechende *Verknüpfung*, oder aber über einen Klick im Abschnitt *FREIGABEN* auf **AUFGABEN**, und dann auf **Neue Freigabe...**.

10.4.1 Einrichten einer neuen Dateifreigabe

Gehen Sie wie folgt vor, um eine neue erweiterte Dateifreigabe im grafischen Server-Manager unter Windows Server 2012 R2 einzurichten:

1. Öffnen Sie den *Server-Manager* (soweit erforderlich).
2. Klicken Sie auf **Datei-/Speicherdienste**, und dann auf **Freigaben**.
3. Klicken Sie im Abschnitt *FREIGABEN* auf **AUFGABEN**, und dann auf **Neue Freigabe...**
4. Wählen Sie das gewünschte *Dateifreigabeprofil* aus:

- **SMB-Freigabe - Schnell** - geeignet für allgemeine Dateifreigaben. Erweiterte Optionen können später mithilfe des Dialogfelds „Eigenschaften" konfiguriert werden.
- **SMB-Freigabe - Erweitert** - bietet zusätzliche Optionen zum Konfigurieren einer SMB-basierten Dateifreigabe, wie z. B. die Möglichkeit zum Aktivieren von Kontingenten.
- **SMB-Freigabe - Anwendungen** - erstellt eine SMB-Dateifreigabe mit Einstellungen für Hyper-V, bestimmte Datenbanken und andere Serveranwendungen.
- **NFS-Freigabe - Schnell** - geeignet für allgemeine Dateifreigaben für UNIX-basierte Computersysteme im Netzwerk. Setzt die Installation des Rollendienstes für NFS voraus.
- **NFS-Freigabe - Erweitert** - bietet zusätzliche Optionen zum Konfigurieren einer NFS-basierten Dateifreigabe, wie z. B. die Möglichkeit zum Aktivieren von Kontingenten. Setzt die Installation des Rollendienstes für NFS voraus.

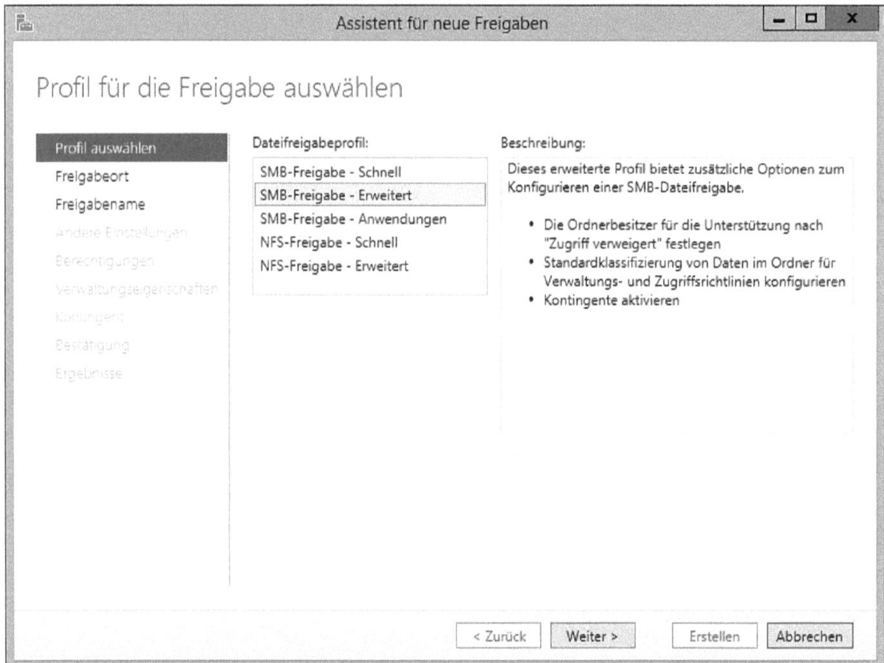

Abb. 10.3: *Auswahl des Dateifreigabeprofils*

Klicken Sie anschließend auf **Weiter**.

5. Wählen Sie den *Server*, sowie den *Pfad für die Freigabe* aus, und klicken Sie auf **Weiter**.

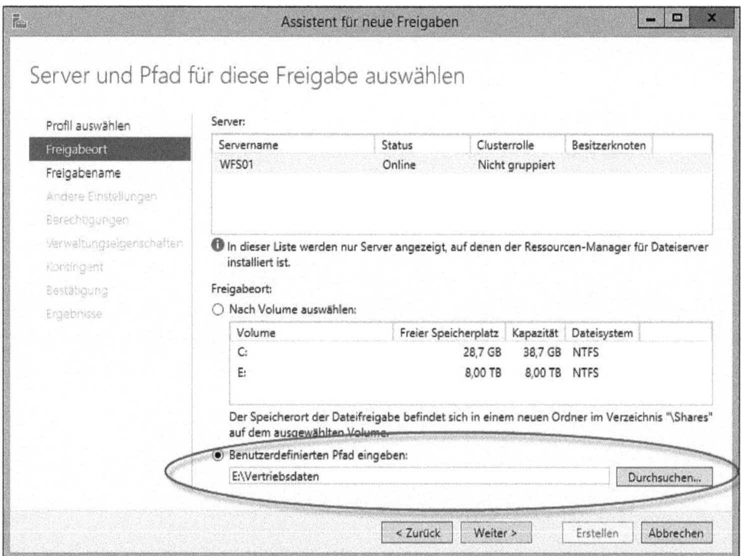

Abb. 10.4: *Auswahl des freizugebenden Dateipfades*

6. Geben Sie den *Freigabenamen* an, und klicken Sie auf **Weiter**.

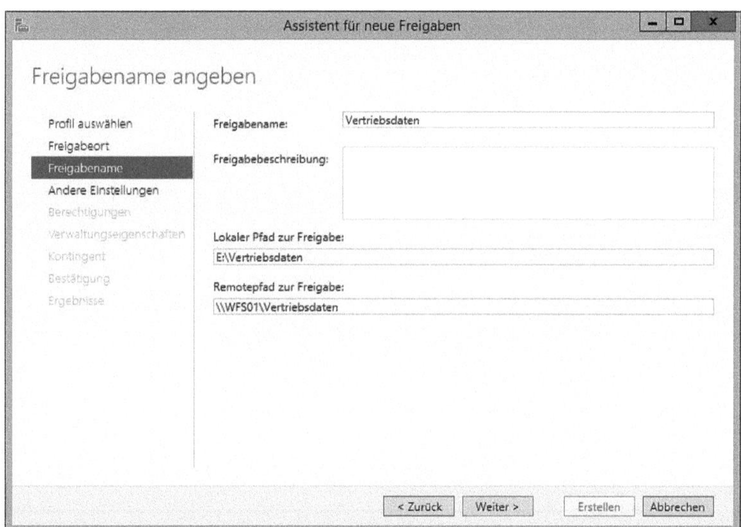

Abb. 10.5: *Festlegen des Freigabenamens*

7. Konfigurieren Sie bei Bedarf noch weitere *Freigabeeinstellungen*, und klicken Sie anschließend auf **Weiter**.

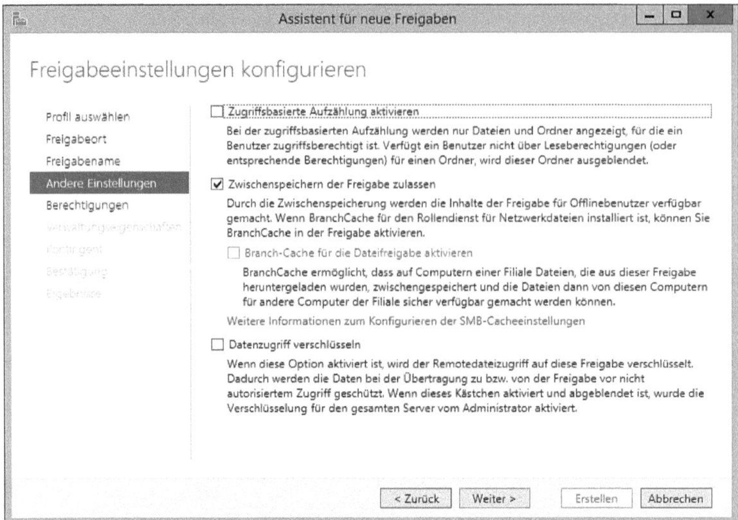

Abb. 10.6: *Möglichkeit zur Konfiguration weiterer Freigabeeinstellungen*

8. Passen Sie die *Berechtigungen zur Zugriffssteuerung* bei Bedarf entsprechen an, und klicken Sie dann auf **Weiter**.

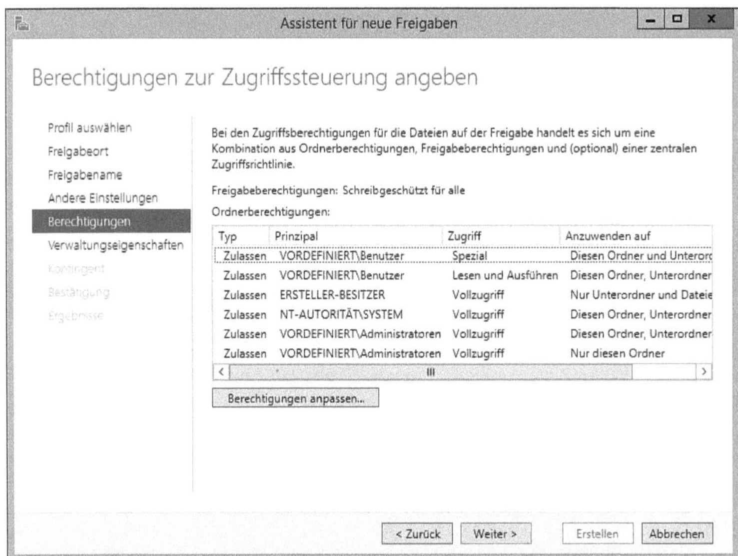

Abb. 10.7: *Anpassungsmöglichkeit der Zugriffsberechtigungen*

9. Geben Sie – wenn erforderlich – noch *Ordnerverwaltungseigenschaften* an, und klicken Sie auf **Weiter**.

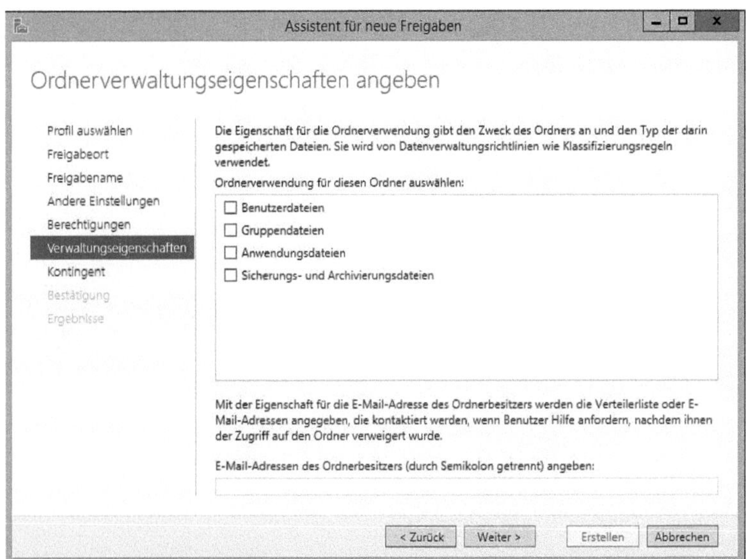

Abb. 10.8: *Möglichkeit zum Festlegen von Ordnerverwaltungseigenschaften*

10. Wählen Sie bei Bedarf eine Vorlage für die Anwendung eines *Kontingentes* auf die Dateifreigabe, und klicken Sie dann auf **Weiter**.

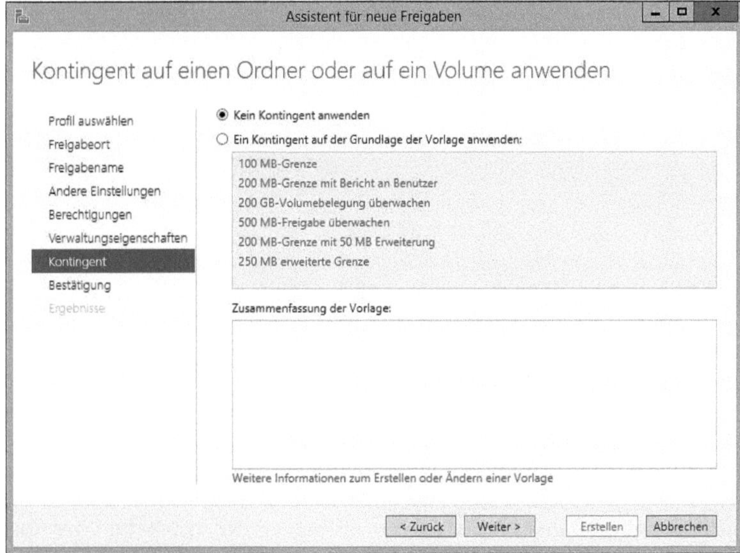

Abb. 10.9: *Möglichkeit zur Auswahl einer Kontingentvorlage während des Einrichtens einer Dateifreigabe*

11. Klicken Sie im Dialog *Auswahl bestätigen* auf **Erstellen**.

12. Klicken Sie im Dialog *Ergebnisse anzeigen* auf **Schließen**.

Die zuvor neu erstellte Dateifreigabe wird im Abschnitt *FREIGABEN* angezeigt. Bei Bedarf kann man diese über einen Klick mit der rechten Maustaste auf die *Freigabe*, und der Auswahl der **Eigenschaften** entsprechend anpassen, oder auch durch die Auswahl der Option **Freigabe beenden** wieder entfernen.

Die Einrichtung und Verwaltung von Dateifreigaben sollte in Windows Server 2012 sowie in Windows Server 2012 R2 nicht mehr direkt im *Windows-Explorer* sondern grundsätzlich beispielsweise im grafischen *Server-Manager* erfolgen. Wenn die Freigabe von Dateien und Ordnern direkt im Windows-Explorer erfolgt, so wird diese - wie bereits auch unter Windows Server 2008 R2 - im Anschluss darin nicht sichtbar angezeigt. Auch stehen auf diesem Wege nicht alle möglichen, im *Server-Manager* zusätzlich noch enthaltenen Optionen für die Konfiguration von Dateifreigaben zur Verfügung. Alternativ können Freigaben noch über die Kommandozeile bzw. mit der Windows-PowerShell eingerichtet und konfiguriert werden.

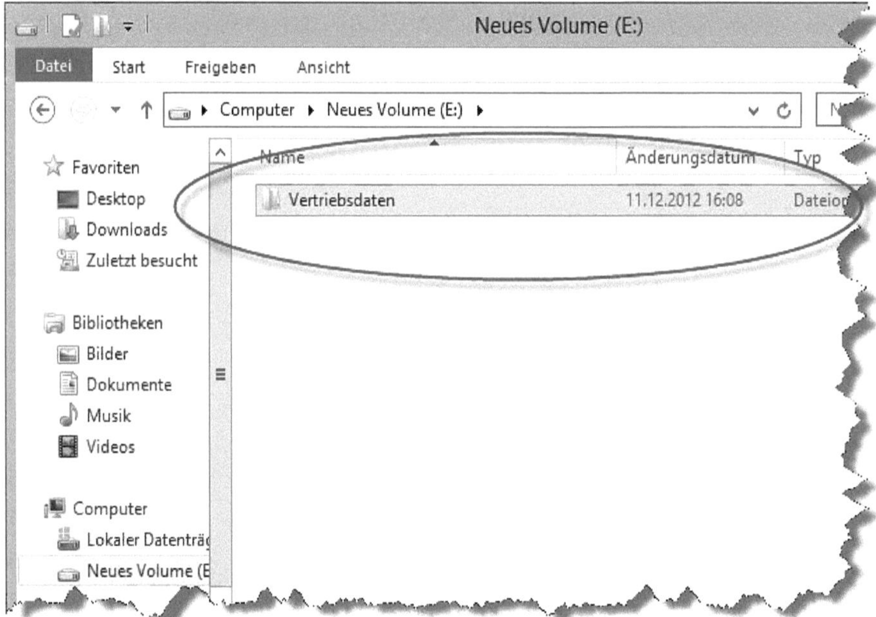

Abb. 10.10: *Zuvor freigegebener Ordner im Windows-Explorer*

Wenn Sie den *Ressourcen-Manager für Dateiserver* im Verlauf der Installation der Rollendienste für die *Datei- und Speicherdienste* (oder im späteren Verlauf) ausgewählt haben, so steht Ihnen dieser im Server-Manager über einen Klick auf **Tools** in der oberen Befehlsleiste als grafische Verwaltungskonsole zur Verfügung.

10.5 Ressourcen-Manager für Dateiserver

Der *Ressourcen-Manager für Dateiserver* (engl. *File System Ressource Manager, FSRM*) bietet im Rahmen der Bereitstellung der Dateidienste noch weitere Verwaltungsmöglichkeiten. Zu diesen zählen:

Erweiterte Konfiguration möglich

- **Kontingentverwaltung** bietet Möglichkeiten zum Erstellen von Kontingenten, anhand deren man „harte" (erzwungen) oder „weiche" (nur Benachrichtigungen) Speicherplatzgrenzen für Volumes oder Ordnerstrukturen festlegen kann.
- **Dateiprüfungsverwaltung** bietet die Möglichkeit zum Erstellen von Dateiprüfungsregeln, mit denen man das Speichern bestimmter Dateien auf Volumes oder in Ordnerstrukturen verbieten kann.
- **Speicherberichteverwaltung** dient dem Generieren von Speicherberichten, um die Datenträgerverwendung zu überwachen, doppelt vorhandene oder ruhende Dateien zu identifizieren, den Kontingentbedarf nachzuverfolgen und die Dateiprüfung zu überwachen.
- **Klassifizierungsverwaltung** bietet die Möglichkeit zum Erstellen und Anwenden von Dateiklassifizierungseigenschaften, die man zum Kategorisieren von Dateien verwenden kann.
- **Dateiverwaltungsaufgaben** dient dem Automatisieren der Suche nach Teilmengen von Dateien auf einem Server sowie das Anwenden einfacher Befehle.

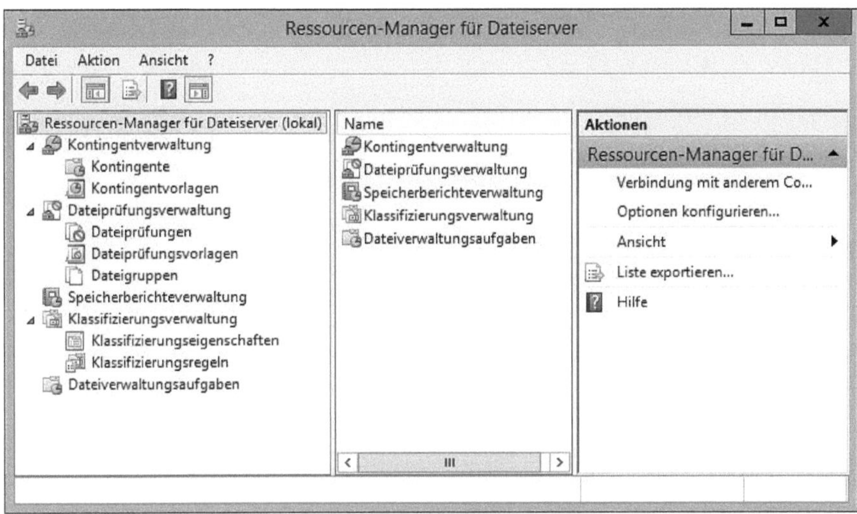

Abb. 10.11: *Verwaltungsmöglichkeiten im Ressourcen-Manager für Dateiserver*

10.5.1 Kontingentverwaltung

Speicherkontingente auf Ordnerebene

Im Rahmen der Kontingentverwaltung kann ein Administrator den, durch Benutzer auf dem betreffenden Serversystem für die Speicherung von Daten zu nutzenden, Speicherplatz beschränken. Dies geschieht mithilfe einer vorweg zu definierenden und auf Regeln basierten Kontingentvorlage. Anders als die bereits auch in vorherigen Betriebssystemen nutzbaren Quotas auf Laufwerksebene wendet man die Kontingente im Ressourcenmanager für Dateiserver auf Ordnerebene an. Somit können Vorlagen problemlos mehrfach verwendet werden.

Gleich nach der Installation des *Ressourcen-Manager für Dateiserver* findet man auf dem Serversystem unter Windows Server 2012 R2 mehrere, vordefinierte Kontingentvorlagen. Diese kann man auf die eigenen Bedürfnisse anpassen, sowie auch jederzeit neue Kontingentvorlagen erstellen.

Aktionen beim Erreichen der definierten Schwellenwerte

Innerhalb der Kontingentvorlagen kann man die Speichergrenze, sowie auch mögliche Aktionen beim Erreichen oder gar dem Überschreiten des definierten Speicherwerts, festlegen. Es ist zudem möglich, E-Mail-Nachrichten bei Erreichen eines bestimmten, definierten Schwellenwertes an den jeweiligen Benutzer oder optional sogar an einen oder gleich mehrere Administratoren zu senden. Für die Gestaltung des Nachrichtentextes stehen im Ressourcen-Manager für Dateiserver rund 30 Variablen zur Verfügung.

Die Speicherplatzbeschränkung in einer Kontingentvorlage kann man festlegen als:

- **„Harte" Kontingentgrenze:** Überschreiten der Grenze nicht zulassen
- **„Weiche" Kontingentgrenze:** Überschreiten der Grenze gestatten (für Überwachungszwecke)

Hinweis Die Dateidienste werden ebenso auch von einem Serversystem unter Windows Server 2012 R2 als Server Core unterstützt. Die Schritte zur Implementierung der Serverrolle auf solchen Systemen werden im späteren Verlauf dieses Buches erklärt.

Darüber hinaus kann man entsprechende Benachrichtigungsschwellenwerte (beispielsweise bei 85%, 95% oder auch bei 100% der Speicherauslastung) festlegen, wie dies bereits auch in der oberen Grafik zu sehen ist.

Bei Erreichen dieser Schwellenwerte kann man in den Eigenschaften der jeweiligen Benachrichtigungsschwellenwerte eine gewünschte Aktion festlegen, wie zum Beispiel:

- **E-Mail-Nachricht** löst eine E-Mail-Nachricht an den Benutzer und je nach Einstellung auch an den/die Administratoren aus.
- **Ereignisprotokoll** sendet einen Ereignisprotokolleintrag im Ereignisprotokoll des betreffenden Serversystems.

- **Befehl** dient dem Festlegen eines Befehls oder Skripts, welcher bei Erreichen des definierten Schwellenwerts ausgeführt werden soll.
- **Bericht** generiert beim Erreichen des Schwellenwerts einen vorweg ausgewählten Bericht und sendet diesen bei Bedarf an den Benutzer oder Administrator.

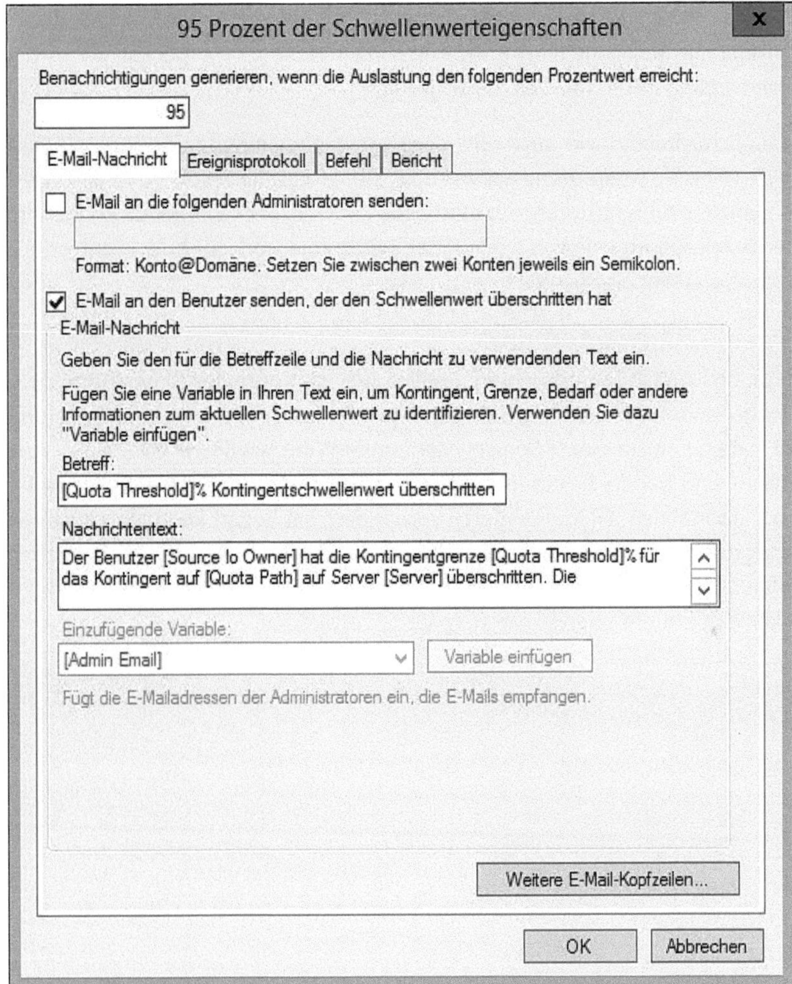

Abb. 10.12: *Dialog zum Festlegen der Schwellenwerteigenschaften*

10.5.1.1 Kontingent erstellen

Im *Ressourcen-Manager für Dateiserver* auf einem Serversystem unter Windows Server 2012 R2 können Sie jederzeit ein neues Kontingent anhand einer vordefinierten Vorlage auf einen Ordner anwenden. Gehen Sie dazu wie folgt vor:

1. Erweitern Sie im *Ressourcen-Manager für Dateiserver* die *Kontingentverwaltung.*

2. Klicken Sie mit der rechten Maustaste auf **Kontingente** und wählen Sie im Kontextmenü den Eintrag **Kontingent erstellen...**
3. Geben Sie im Feld *Kontingentpfad:* den gewünschten Ordnerpfad an (alternativ können Sie auf die Schaltfläche **Durchsuchen...** klicken, um den gewünschten Ordnerpfad auszuwählen). Legen Sie anschließend die gewünschten Kontingenteigenschaften fest, und klicken Sie dann auf **Erstellen**.

Das soeben erstellte Kontingent wird im *Ressourcen-Manager für Dateiserver* in der *Kontingentverwaltung* unter *Kontingente* angezeigt.

Prinzipiell ähnlich effektiv, wie auch die Kontingentverwaltung, zeigt sich Verwendungsmöglichkeit der Dateiprüfungsverwaltung. Sie ist vielleicht nicht ganz so konsequent, wie mancher Administrator sich dies vielleicht wünschen würde, da sie sich im Rahmen der Dateiprüfung lediglich anhand der Dateinamenserweiterung, nicht jedoch am eigentlichen Dateiinhalt orientiert.

10.5.2 Dateiprüfungsverwaltung

Verhindern der Speicherung unerwünschter Dateitypen

Die Dateiprüfungsverwaltung verwendet, ähnlich wie die Kontingentverwaltung, auch Vorlagen (sogenannte *Dateiprüfungsvorlagen)*, um ihrerseits jedoch die Speicherung bestimmter Dateitypen auf einem Serversystem unter Windows Server 2012 R2 zu verhindern. Hierzu sind bereits bestimmte, anpassbare Dateigruppen (beispielsweise für Audio- und Videodateien, Bilddateien etc.) vorhanden. Bei Bedarf kann man jederzeit weitere Dateigruppen erstellen, um diese anschließend in den Dateiprüfungsvorlagen für die Konfiguration von Dateiprüfungen auf bestimmte Verzeichnisse in den Festplattenlaufwerken des betreffenden Serversystems zu verwenden.

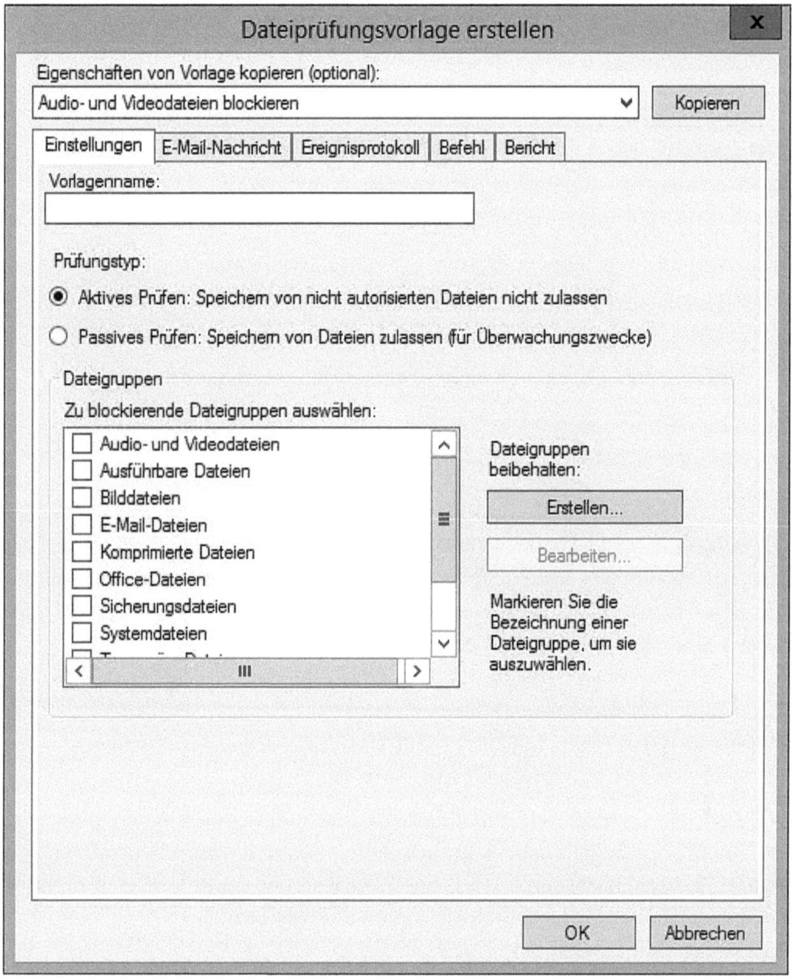

Abb. 10.13: *Dateiprüfungsverwaltung im Ressourcenmanager für Dateiserver*

Basiert auf Vorlagen

Prinzipiell ähnlich, wie auch die *Kontingentvorlagen*, definiert man im Rahmen der *Dateiprüfungsverwaltung* entsprechende *Dateiprüfungsvorlagen*. In diesen legt man fest, auf welche Dateigruppen sich die Vorlage bezieht. Zudem muss man sich in den Einstellungen der jeweiligen Vorlage für einen der möglichen Prüfungstypen entscheiden.

Für eine Dateiprüfungsvorlage kann man den Prüfungstyp festlegen auf:

- **Aktives Prüfen:** Speichern von nicht autorisierten Dateien nicht zulassen (hierbei wird das Speichern der festgelegten Dateitypen verweigert)
- **Passives Prüfen:** Speichern von Dateien zulassen (für Überwachungszwecke)

Zusätzlich kann man, wie dies auch im Rahmen der Definition von Kontingenten möglich ist, beim Speicherversuch der definierten Dateigruppen folgende Aktionen festlegen:

- **E-Mail-Nachricht** bietet die Möglichkeit, eine E-Mail-Nachricht mit Hinweis auf den Speicherversuch/-vorgang an den jeweiligen Benutzer und optional auch an den/die Administratoren zu versenden.
- **Ereignisprotokoll** sendet eine Warnung an das Ereignisprotokoll des betreffenden Serversystems und dokumentiert somit den jeweiligen Speicherversuch/-vorgang.
- **Befehl** ermöglicht es, einen definierten Befehl oder Skript auszuführen.
- **Bericht** generiert entsprechende Dateiberichte und sendet diese auf Wunsch an den jeweiligen Benutzer oder einen Administrator.

10.5.2.1 Dateiprüfung erstellen

Im *Ressourcen-Manager für Dateiserver* kann man jederzeit eine Dateiprüfung erstellen, um das Speichern bestimmter Dateigruppen in bestimmten Verzeichnissen auf einem Serversystem unter Windows Server 2012 R2 durch Benutzer entweder zu verweigern und/oder zu dokumentieren. Gehen Sie dazu wie folgt vor:

1. Erweitern Sie im *Ressourcen-Manager für Dateiserver* die *Dateiprüfungsverwaltung.*
2. Klicken Sie mit der rechten Maustaste auf **Dateiprüfungen** und wählen Sie im Kontextmenü den Eintrag **Dateiprüfung erstellen**
3. Geben Sie im Feld *Dateiprüfungspfad:* den gewünschten Ordnerpfad an (alternativ können Sie auf die Schaltfläche **Durchsuchen...** klicken, um den gewünschten Ordnerpfad auszuwählen). Legen Sie anschließend die gewünschten Dateiprüfungseigenschaften fest und klicken Sie dann auf **Erstellen**.

Hinweis Zusätzlich zu den Dateiprüfungen lassen sich über die Auswahl im Kontextmenü des Eintrages *Dateiprüfungen* in der *Dateiprüfungsverwaltung* auch *Dateiprüfungsausnahmen* erstellen. Diese ermöglichen einem Administrator, die Dateiprüfungen optimal an die eigenen Bedürfnisse anzupassen.

10.5.2.2 Aktives Prüfen zum Verhindern der Speicherung

Wenn eine aktive Dateiprüfung zum Verhindern der Speicherung bestimmter Dateitypen auf einen Ordner angewendet wird, so erhält man beim Speicherversuch eine entsprechende Meldung.

Hinweis

Die Speicherung bestimmter Dateigruppen lässt sich im Rahmen der Dateiprüfungen im Ressourcenmanager für Dateiserver lediglich auf Dateinamen bzw. Teile davon, sowie auf bestimmte Dateinamenserweiterungen anwenden. Wenn ein Benutzer beispielsweise eine zur Speicherung nicht erlaubte MP3-Datei (`.mp3`) seitens der Dateinamenserweiterung in eine für die Speicherung womöglich zugelassene ZIP-Datei (`.zip`) umbenennt, so wird dies durch die Dateiprüfungen im Ressourcenmanager für Dateiserver nicht erkannt. Die Speicherung der „vermeintlichen" ZIP-Datei wäre in diesem Fall möglich. Dies sollten Sie im Rahmen der Dateiprüfungsverwaltung beachten.

Eine weitere Möglichkeit der Dateiverwaltung auf einem Serversystem unter Windows Server 2012 R2 stellt die Speicherberichteverwaltung dar.

10.5.3 Speicherberichteverwaltung

Dokumentierte Übersicht über die Speichernutzung

Die Speicherberichteverwaltung ermöglicht einem Administrator das Generieren verschiedener Speicherberichte, um beispielsweise Dateiduplikate oder auch den Kontingentbedarf von Benutzern zu ermitteln. Die Speicherberichte können in verschiedenen Dateiformaten gespeichert und bei Bedarf auch automatisch per E-Mail an die Administratoren versandt werden.

10.5.3.1 Speicherberichte erstellen

Speicherberichte können als Berichtsaufgabe zeitlich wiederkehrend geplant oder auf Bedarf hin sofort generiert werden. Gehen Sie wie folgt vor, um Speicherberichte zu generieren:

1. Klicken Sie im *Ressourcen-Manager für Dateiserver* mit der rechten Maustaste auf **Speicherberichteverwaltung** und wählen Sie im Kontextmenü den Eintrag **Berichte jetzt generieren...**
2. Wählen Sie die zu generierenden Berichtsdaten sowie das gewünschte Berichtsformat aus.
3. Klicken Sie unter *Bereich* auf die Schaltfläche **Hinzufügen** und wählen Sie das Laufwerk oder den gewünschten Ordner für das Erstellen der Speicherberichte aus.
4. Soweit gewünscht, können Sie im Register *Zustellung* noch die Option zum Senden der Berichte per E-Mail an einen bestimmten Adressaten aktivieren.
5. Klicken Sie zum Erstellen der Speicherberichte auf **OK**.
6. Wählen Sie im Dialog *Speicherberichte generieren* aus, ob die Speicherberichte im Vorder- oder Hintergrund erstellt werden sollen, und klicken Sie dann auf **OK**.

Die manuell erstellten oder mithilfe der Berichtsplanung generierten Speicherberichte werden auf dem Serversystem unter Windows Server 2012 R2 standardmäßig im Ordner **C:\StorageReports** gespeichert.

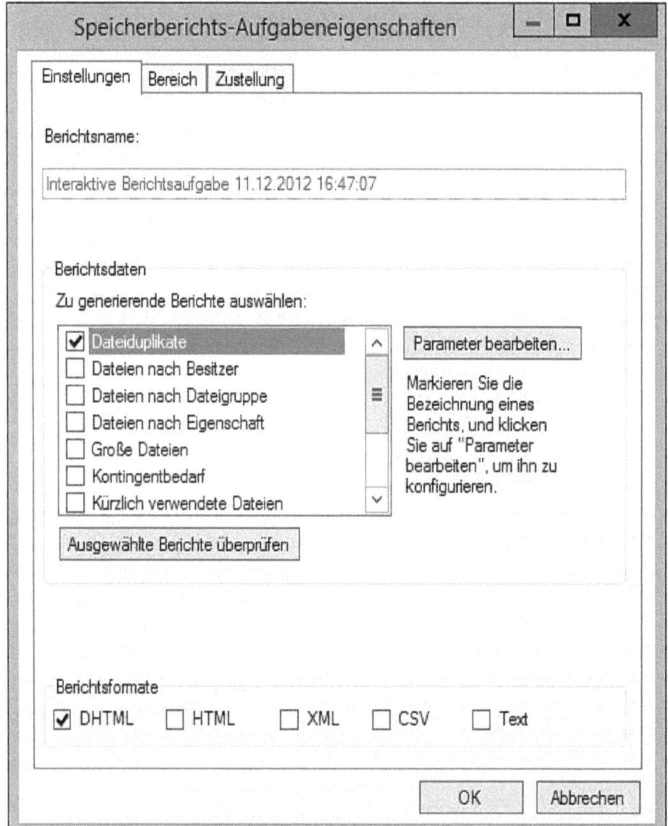

Abb. 10.14: *Speicherberichteverwaltung im Ressourcenmanager für Dateiserver*

10.5.3 Klassifizierungsverwaltung und Dateiverwaltungsaufgaben

Wie zu Beginn dieses Abschnitts bereits erwähnt, befinden sich im *Ressourcen-Manager für Dateiserver* unter Windows Server 2012 R2 die Klassifizierungsverwaltung und die Dateiverwaltungsaufgaben.

10.5.3.1 Klassifizierungsverwaltung

Im Rahmen der *Klassifizierungsverwaltung* werden *Klassifizierungsregeln* erstellt und zum automatischen Klassifizieren von Dateien verwendet. Anschließend kann man diese für die Ausführung von *Dateiverwaltungsaufgaben* verwenden.

Bestimmen des Ablaufdatums von Dateien

10.5.3.2 Dateiverwaltungsaufgaben

Diese Art der Dateiverwaltung ermöglicht es einem Administrator, die in einem Ordner gespeicherten Dateien, welche bestimmten Klassifizierungen entsprechen, anhand weiterführender Regelwerke zu verwalten. So kann man beispielsweise mögliche Nutzungszeiträume für bestimmte Dateien planen, die nach dem Erreichen des definierten Ablaufdatums automatisch in einen anderen Ordner verschoben und dort womöglich automatisch gelöscht oder gesichert werden. Hierbei kann man sich beispielsweise auch dem Zeitpunkt seit dem letzten Zugriff oder der Tage seit der letzten Änderung bestimmter Dateien bedienen und dies in die *Dateiverwaltungsaufgaben* einbeziehen. Insgesamt stellt sich diese Art der Dateiverwaltung mitunter sehr komplex dar, was den Rahmen dieses Buches sprengen würde.

Bei Bedarf finden Sie weitere Informationen zur Planung, Konfiguration und Realisierung von Dateiverwaltungsaufgaben direkt in der Website von Microsoft-TechNet unter:

https://technet.microsoft.com/de-de/library/dd759227.aspx

10.6 Befehlszeilentools für die Dateiverwaltung

Alternativ zum grafischen *Ressourcenmanager für Dateiserver* stehen unter Windows Server 2012 R2 neben verschiedenen Windows PowerShell-Cmdlets auch die folgenden Kommandozeilenprogramme für die Datei- und Speicherverwaltung zur Verfügung:

- **Dirquota.exe** dient dem Erstellen und Verwalten von Kontingenten und Kontingentvorlagen.
- **Filescrn.exe** dient dem Erstellen und Verwalten von Dateiprüfungen, Dateiprüfungsausnahmen, Dateiprüfungsvorlagen und Dateigruppen.
- **Storrept.exe** wird für das Konfigurieren von Berichtsparametern und das Generieren von Speicherberichten bei Bedarf verwendet. Der Befehl kann mit dem Befehl **Schtasks.exe** kombiniert werden, um Berichtsaufgaben zu planen.

Diese Tools werden gemeinsam mit dem *Ressourcenmanager für Dateiserver* auf dem betreffenden Serversystem unter Windows Server 2012 R2 installiert, und stehen anschließend für die Verwendung zur Verfügung.

Weitere Informationen zur Datei- und Speicherverwaltung unter Windows Server 2012 R2 sowie auch zu den dargestellten Tools finden Sie auf der Website von Microsoft-TechNet im Internet unter:

https://technet.microsoft.com/de-de/library/hh831487.aspx

Neben den dargestellten Verwaltungsmöglichkeiten bieten die Datei- und Speicherdienste unter Windows Server 2012 R2 natürlich auch die Möglichkeit der Verwendung des *Distributed File System* (*DFS*) und die *Dienste für NFS* (*Network File System*). Ausreichende Informationen hierzu finden Sie in der Windows-Hilfe, sowie ebenso in der oben benannten Website von Microsoft.

Bevor wir zum nächsten Kapitel gelangen, lassen Sie mich nochmals kurz auf die Möglichkeiten der Berechtigungsvergabe im Zugriff auf Dateien und Ordner unter Windows Server 2012 R2 eingehen.

10.7 Berechtigungen für Dateien und Ordner

Dateien und Ordner können mithilfe der Dateidienste unter Windows Server 2012 R2 nicht nur einfach bereitgestellt werden. Auch die Zugriffsberechtigungen lassen sich hiermit gezielt verwalten. Man unterscheidet dabei jedoch zwischen:

- **Datei- und Ordner-Berechtigungen** (zuvor NTFS-Berechtigungen)
- **Berechtigungen für freigegebene Ordner**

Im Idealfall setzt man im Rahmen der Vergabe von Zugriffsberechtigungen beides ein.

10.7.1 Datei- und Ordner-Berechtigungen

Bereits unter Windows NT konnte man innerhalb eines NTFS-formatierten Datenträgers entsprechende Zugriffsrechte für die darauf gespeicherten Dateien und Ordner definieren. Prinzipiell hat sich an diesem Konzept auch unter Windows Server 2012 R2 nicht viel verändert. Da die in NTFS-formatierten Volumes konfigurierbaren Berechtigungen in Windows Server 2012 bzw. Windows Server 2012 R2 jedoch auch in ReFS-formatierten Volumes unterstützt werden, kann man diese nicht einfach mehr als NTFS-Berechtigungen bezeichnen. Die Datei- und Ordner-Berechtigungen können auch unter Windows Server 2012 R2 direkt im *Windows-Explorer* festgelegt werden. Dies kann jedoch unter Windows Server 2012 R2 im Rahmen der Dateifreigabe auch im grafischen Server-Manager erfolgen.

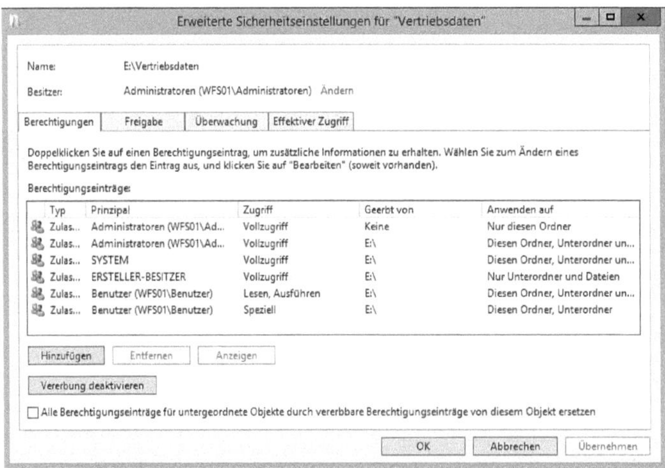

Abb. 10.15: *Möglichkeit zur Konfiguration von Datei- und Ordnerberechtigungen*

Die Datei- und Ordner-Berechtigungen der auf den NTFS- oder ReFS-formatierten Datenträgern unter Windows Server 2012 R2 gespeicherten Dateien und Ordner werden in einer jeweiligen *Zugriffssteuerungsliste* (engl. *Access Control List, ACL)* gespeichert. In dieser Liste werden *Zugriffssteuerungseinträge* (engl. *Access Control Entries, ACEs*) geführt, die aus der *Sicherheitskennung* (engl. *Security Identifier, SID*) der Benutzer bzw. der Sicherheitsgruppen und der jeweils zugeordneten Zugriffsberechtigung bestehen. Die einem Benutzer direkt zugewiesenen Datei- und Ordner-Berechtigungen kumulieren mit denen der Sicherheitsgruppen, denen der Benutzer als Mitglied zugeordnet ist.

Zugewiesene Datei- und Ordnerberechtigungen kumulieren

Hinweis

Datei- und Ordner-Berechtigungen gelten bei lokalen Dateizugriffen sowie auch bei Remote-Zugriffen über Netzwerkfreigaben auf die betreffenden Dateien und Ordner.

10.7.1.1 Ein Beispiel für die Zugriffsberechtigung

Wenn einem Benutzer die Berechtigung *Lesen* für eine bestimmte Datei zugewiesen wurde, und dieser gleichzeitig auch Mitglied einer Sicherheitsgruppe ist, welcher die Berechtigung *Vollzugriff* für die selbe Datei zugewiesen wurde, so ergibt sich eine effektive Berechtigung aus beidem: aus *Lesen* und *Vollzugriff* wird somit *Vollzugriff*. Anders sieht es aus, wenn die Zugriffsberechtigung auf die betreffende Datei explizit verweigert würde. **Eine Zugriffsverweigerung setzt sich gegenüber der Zugriffsberechtigung grundsätzlich durch.**

Verweigern geht über Berechtigung

10.7.1.2 Ein Beispiel für die Zugriffsverweigerung

Wenn einem Benutzer die Berechtigung *Lesen* für eine bestimmte Datei zugewiesen wurde, er gleichzeitig aber auch Mitglied einer Sicherheitsgruppe ist, welcher der Zugriff auf die betreffende Datei explizit verweigert wurde, so setzt sich die Zugriffsverweigerung gegenüber der Zugriffsgenehmigung durch.

Hinweis

Wenden Sie die explizite Zugriffsverweigerung nur mit großer Vorsicht und nur im wirklichen Bedarfsfall an und dokumentieren Sie dies unbedingt. Nur so können Sie bei späteren Zugriffsproblemen eine mögliche Problemlösung herbeiführen. Alternativ kann man den Zugriff auf Dateien und Ordner implizit verweigern, indem man den betreffenden Benutzer oder die betreffende Sicherheitsgruppe nicht in die Zugriffssteuerungsliste (*ACL*) aufnimmt.

10.7.1.3 Festlegen, Anzeigen oder Ändern von Berechtigungen für Dateien und Ordner

Standardmäßig erhält (erbt) eine neu erstellte Datei bzw. ein neu erstellter Ordner auf einem NTFS- oder ReFS-formatierten Laufwerk die dem jeweiligen Speicherort vorweg bereits zugewiesenen Zugriffsberechtigungen. Die Vererbung von Berechtigungen eines übergeordneten Ordners kann in den erweiterten Berechtigungen des jeweiligen Objekts bei Bedarf deaktiviert werden.

Standardmäßig wird vererbt

Gehen Sie wie folgt vor, um die Berechtigungen einer Datei oder einem Ordner unter Windows Server 2012 R2 explizit zuzuweisen bzw. diese zu ändern oder zu entfernen:

1. Klicken Sie im *Windows-Explorer* mit der rechten Maustaste auf die Datei oder den Ordner, für die bzw. den Berechtigungen festgelegt werden sollen. Klicken Sie dann auf **Eigenschaften**.
2. Klicken Sie auf *Bearbeiten*, um das Dialogfeld *Berechtigungen für <Objekt>* zu öffnen.
3. Führen Sie die gewünschte Konfiguration durch und klicken Sie dann auf **OK**.
4. Klicken Sie dann nochmals auf **OK**, um den *Eigenschaften*-Dialog zu schließen.

Hinweis

Wenn Sie einem Benutzer die Datei- und Ordner-Berechtigung *Vollzugriff* für einen Ordner oder eine Datei erteilen, so kann dieser Benutzer den Besitz an dem Objekt übernehmen und die Zugriffsberechtigungen dann seinerseits auch verändern.

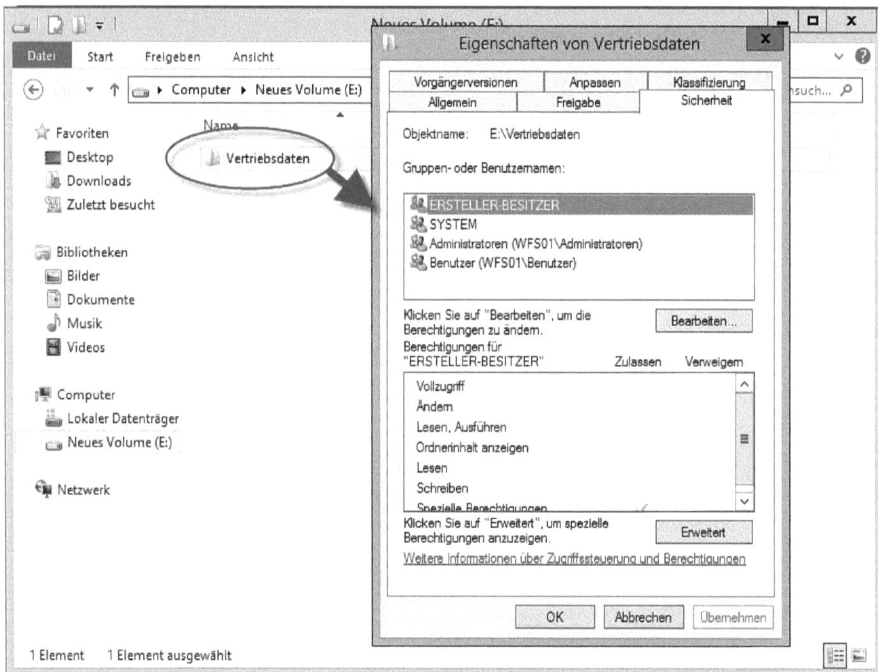

Abb. 10.16: *Konfiguration von Zugriffsberechtigungen im Windows-Explorer*

In Windows Server 2012 R2 besteht, wie auch bereits in den vorangegangenen Betriebssystemen, die Möglichkeit der Ermittlung sogenannter effektiver Berechtigungen.

10.7.1.4 Anzeigen der effektiven Berechtigungen

Schafft Transparenz

Nicht in allen Fällen kann man innerhalb einer *Zugriffskontrollliste* (engl. *Access Control List, ACL*) einer Datei oder eines Ordners erkennen, welche Datei- und Ordner-Berechtigungen für bestimmte Benutzer festgelegt wurden. Dies wird insbesondere dann sehr undurchsichtig, wenn Benutzer verschiedenen Sicherheitsgruppen mit jeweils unterschiedlichen Zugriffsrechten auf Dateien und Ordner angehören. Hier hilft die Möglichkeit der Abfrage der effektiven Berechtigungen in den *Eigenschaften* der jeweiligen Datei bzw. des jeweiligen Ordners.

Gehen Sie wie folgt vor, um die effektiven Berechtigungen von Dateien oder Ordnern im *Windows-Explorer* unter Windows Server 2012 R2 anzeigen zu lassen:

1. Öffnen Sie *Windows-Explorer* und wechseln Sie zur Datei bzw. zu dem Ordner, für die bzw. den Sie die effektiven Berechtigungen anzeigen möchten.
2. Klicken Sie mit der rechten Maustaste auf die *Datei* bzw. den *Ordner* und klicken Sie anschließend auf **Eigenschaften**.
3. Klicken Sie auf die Registerkarte **Sicherheit**.
4. Klicken Sie auf **Erweitert** und dann auf **Effektiver Zugriff**.
5. Klicken Sie auf **Einen Benutzer auswählen**.
6. Geben Sie den *Namen* des zu überprüfenden Benutzers oder einer Sicherheitsgruppe an, und klicken Sie auf **OK**.
7. Klicken Sie auf die Schaltfläche **Effektiven Zugriff anzeigen**
8. Die *effektiven Berechtigungen* werden im Dialogfenster *Erweiterte Sicherheitseinstellungen für <Objekt>* angezeigt.

Neben den Datei- und Ordner-Berechtigungen kann man die auf einem Serversystem unter Windows Server 2012 R2 gespeicherten Dateien und Ordner auch im Rahmen der Freigabe im Netzwerk vor unbefugten Zugriffen schützen – durch *Berechtigungen für freigegebene Ordner.*

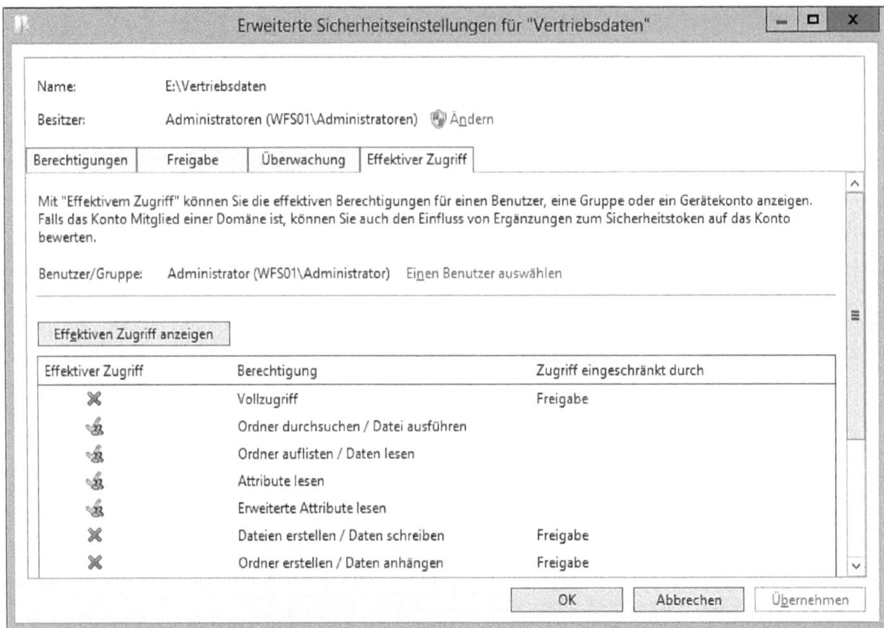

Abb. 10.17: *Liste der effektiven Berechtigungen für einen Ordner im Windows-Explorer*

10.8.2 Berechtigungen für freigegebene Ordner

Kein Schutz vor lokalen Zugriffen

Mithilfe von *Berechtigungen für freigegebene Ordner* kann man die auf einem Serversystem unter Windows Server 2012 R2 gespeicherten Dateien und Ordner für bestimmte Benutzer oder Sicherheitsgruppen im Netzwerk freigeben. Hiermit ist es jedoch nicht möglich, Dateien und Ordner vor unberechtigten Zugriffen von den lokal am betreffenden System angemeldeten Benutzern zu schützen. Dies sollte man insbesondere bei der Planung der Bereitstellung von Terminalservern beachten.

Freigaben von Dateien und Ordnern lassen sich unter Windows Server 2012 R2 bequem im grafischen *Server-Manager* einrichten. Die Details hierzu finden sich weiter vorne in diesem Kapitel.

Freigabeberechtigungen stellen eine einfache Möglichkeit zur Zugriffsregelung dar. Häufig werden diese jedoch noch mit den Datei- und Ordner-Berechtigungen der in den Freigaben gespeicherten Dateien und Ordner kombiniert.

10.8.3 Kombination von Datei- und Ordner-Berechtigungen und Freigabeberechtigungen

Wird in der Praxis einfacher gehandhabt

In der Praxis werden Dateien häufig pauschal für die Gruppe *Benutzer* bzw. *Domänen-Benutzer* mit *Vollzugriff* als Berechtigung für den freigegebenen Ordner konfiguriert. Die eigentliche Zugriffsreglementierung findet nach dem Zugriff über die Freigabe letztlich anhand der für die darin enthaltenen Dateien und Ordner definierten Datei- und Ordner-Berechtigungen statt. Im Zugriffsverhalten auf die Freigabe im Netzwerk haben dabei erst einmal nur die erwähnten Sicherheitsgruppen uneingeschränkten Zugriff auf diese. Anschließend kann man die eigentlichen Zugriffsrechte sehr granular anhand von Datei- und Ordner-Berechtigungen im Speicherort festlegen.

Nicht kumulativ

Im Gegensatz zu der Zuordnung verschiedener Datei- und Ordner-Berechtigungen oder Freigabeberechtigungen kumulieren diese unterschiedlichen Berechtigungsebenen jedoch nicht miteinander. Hierbei setzt sich die jeweils höchste Einschränkung am Ende durch.

Wenn man einem Benutzer beispielsweise über die *Freigabeberechtigung* den *Vollzugriff* auf die darin gespeicherten Dateien und Ordner erteilt, jedoch anhand der jeweiligen Datei- und Ordner-Berechtigungen der Zugriff lediglich mit der Berechtigung *Lesen* zugewiesen wird, so erhält der Benutzer letztlich die am höchsten eingeschränkte Berechtigung. In diesem Beispiel wäre dies die Berechtigung *Lesen*. Dies gilt auch im umgekehrten Fall.

Hinweis

Beachten Sie, dass die Zugriffsverweigerung sich auch in der Kombination von Freigabeberechtigungen mit Datei- und Ordner-Berechtigungen auf dieselben Dateien bzw. Ordner letztlich gegenüber allen anderen Berechtigungen durchsetzt.

In den vorangegangenen Seiten haben Sie eine Einführung in die Datei- und Speicherdienste unter Windows Server 2012 R2 erhalten. In den Computernetzwerken werden aber auch noch andere Serverrollen eingesetzt, beispielsweise die *Druck- und Dokumentdienste*. Eine Einführung hierzu erfahren Sie gleich im nächsten Kapitel.

KAPITEL 11
Druck- und Dokumentdienste unter Windows Server 2012 R2

Druck- und Scanverwaltung vereint

In Windows Server 2012 wie auch in Windows Server 2012 R2 stehen die Druck- und Dokumentdienste wie auch bereits unter Windows Server 2008 R2 als eigene Serverrolle zur Verfügung. Die Erweiterung der Druckdienste um die Dokumentdienste bezieht sich hierbei auf die zusätzliche, zentrale Verwaltungsmöglichkeit von Scannern in einem Netzwerk. Die Verwaltung der Serverrolle findet hierbei in der Regel im Server-Manager, mithilfe von grafische MMC-Snap-Ins in der Druckerverwaltung und in der Scanverwaltung statt.

Hinweis

Die Serverrolle *Druck- und Dokumentdienste* kann auch auf einem Serversystem unter Windows Server 2012 R2 als Server Core-Installation betrieben werden. Nähere Infos hierzu erhalten Sie im Kapitel 13 dieses Buches.

11.1 Rollendienste der Druck- und Dokumentdienste

Bevor Sie die Druck- und Dokumentdienste als Serverrolle zu einem Serversystem unter Windows Server 2012 R2 hinzufügen, sollten Sie sich eine Übersicht über die darin unterstützten Rollendienste schaffen. Je nach Bedarf können Sie diese gleich während der Installation der Druck- und Dokumentdienste als Serverrolle oder auch später noch zu dem betreffenden Serversystem hinzufügen.

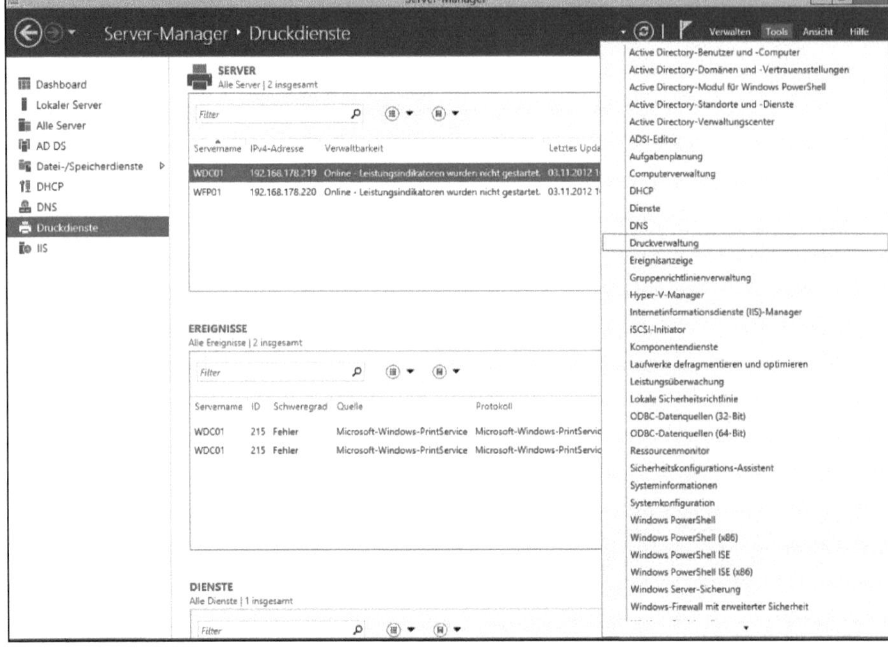

Abb. 11.1: *Druckdienste im grafischen Server-Manager*

Die Druck- und Dokumentdienste unter Windows Server 2012 R2 unterstützen die folgenden vier relevanten Rollendienste für das Verwalten von Druck- und Scanressourcen:

- *Druckerserver* installiert das Verwaltungs-Snap-In *Druckverwaltung*, mit dem man mehrere Netzwerkdrucker- oder -druckerserver verwalten und Drucker von und zu anderen Windows-Druckerservern migrieren kann.
- *LDP-Dienst* (*Line Printer Deamon*) installiert und startet den TCP/IP-Druckerserverdienst (*LPDSVC*) für UNIX-basierte oder andere Computer.
- *Internetdrucken* erstellt eine von den Internet Informationsdiensten (*Internet Information Services, IIS*) gehostete Website, welche das Herstellen und Drucken mit freigegebenen Druckern auf diesem Server über einen Webbrowser und das Internet Printing Protocol (*IPP*) ermöglicht.
- *Server für verteilte Scanvorgänge* installiert das Verwaltungs-Snap-In *Scanverwaltung*, mit der man mehrere Netzwerkscanner überwachen, Scanserver konfigurieren sowie gescannte Dokumente verarbeiten und diese anschließend im Netzwerk weiterleiten kann.

Weitere Informationen zu den Druck- und Dokumentdiensten unter Windows Server 2012 sowie Windows Server 2012 R2 finden Sie im Internet auf der Website von Microsoft unter:

https://technet.microsoft.com/de-de/library/hh831468.aspx

11.2 Installation der Druck- und Dokumentdienste

Gehen Sie wie folgt vor, um die Druck- und Dokumentdienste auf einem Serversystem unter Windows Server 2012 R2 als vollwertige Installation zu implementieren:

1. Melden Sie sich als *Administrator* am Serversystem an.
2. Öffnen Sie den *Server-Manager* (soweit dies nicht automatisch geschieht) über einen Klick in der *Taskleiste* auf das **Symbol für den Server-Manager** bzw. im *Startbildschirm* auf die entsprechende **Kachel**.
3. Klicken Sie oben im *Server-Manager* auf **Verwalten**, und dann auf **Rollen und Features hinzufügen**.
4. Klicken Sie im Dialog *Vorbemerkungen* auf **Weiter**.
5. Wählen Sie im Dialog *Installationstyp auswählen* die Option **Rollenbasierte oder featurebasierte Installation**, und klicken Sie auf **Weiter**.
6. Klicken Sie im Dialog *Zielserver auswählen* auf den Namen des gewünschten Servers, und klicken Sie dann auf **Weiter**.
7. Aktivieren Sie das Kontrollkästchen vor *Druck- und Dokumentdienste*, und klicken Sie auf **Features hinzufügen**, um die Installation der Rollenverwaltungstools zu bestätigen. Klicken Sie anschließend auf **Weiter**.

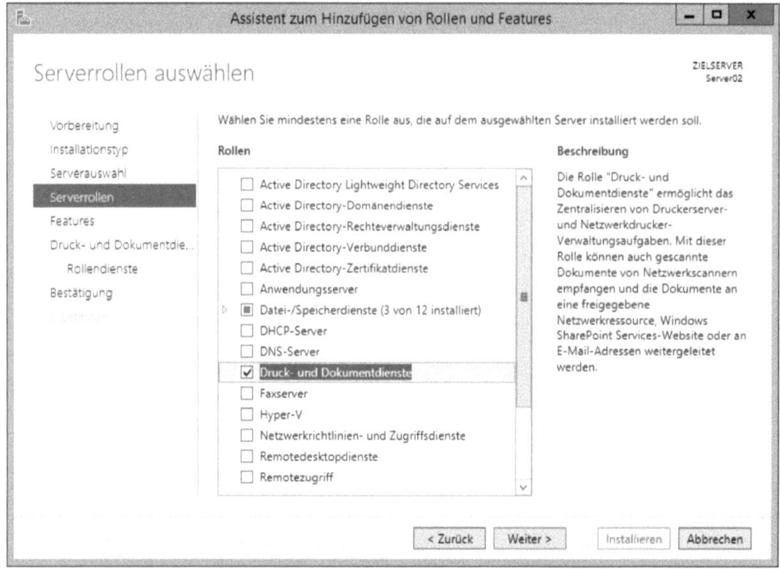

Abb. 11.2: *Auswahl der Druck- und Dokumentdienste-Serverrolle*

8. Klicken Sie im Dialog *Features auswählen* auf **Weiter**.
9. Klicken Sie im Dialog *Druck- und Dokumentdienste* auf **Weiter**.
10. Aktivieren Sie im Dialog *Rollendienste auswählen* die zu installierenden Rollendienste, und klicken Sie anschließend auf **Weiter**.
11. Klicken Sie auf **Installieren**, um die Installationsauswahl zu bestätigen.
12. Klicken Sie auf **Schließen**, um den Dialog *Assistent zum Hinzufügen von Rollen und Features* zu schließen.

Die erfolgreiche Installation der Druck- und Dokumentdienste-Serverrolle wird Ihnen in der oberen *Befehlsleiste* des Server-Managers durch einen Klick auf das **Fahnensymbol** angezeigt.

11.3 Die Druckverwaltung

Druckverwaltung auch unter Windows 8.1 möglich

Bereits unter Windows Server 2003, Windows Server 2008 und Windows Server 2008 R2 (Release 2) hatte Microsoft die Konfiguration und Verwaltung der Druckumgebung in der grafischen Verwaltungskonsole *Druckverwaltung* zusammengefasst. Die Verwaltungskonsole ist nach der Installation des Rollendienstes *Druckerserver* auf einem Server unter Windows Server 2012 bzw. Windows Server 2012 R2, ebenso beispielsweise mittels Remoteserver-Verwaltungstools (engl. *Remote Server Administration Tools, RSAT*) auch unter Windows 8 bzw. Windows 8.1, verfügbar, so dass die Druckerverwaltung durch den Administrator ohne großes Zutun problemlos vom eigenen Computer aus im Netzwerk erfolgen kann.

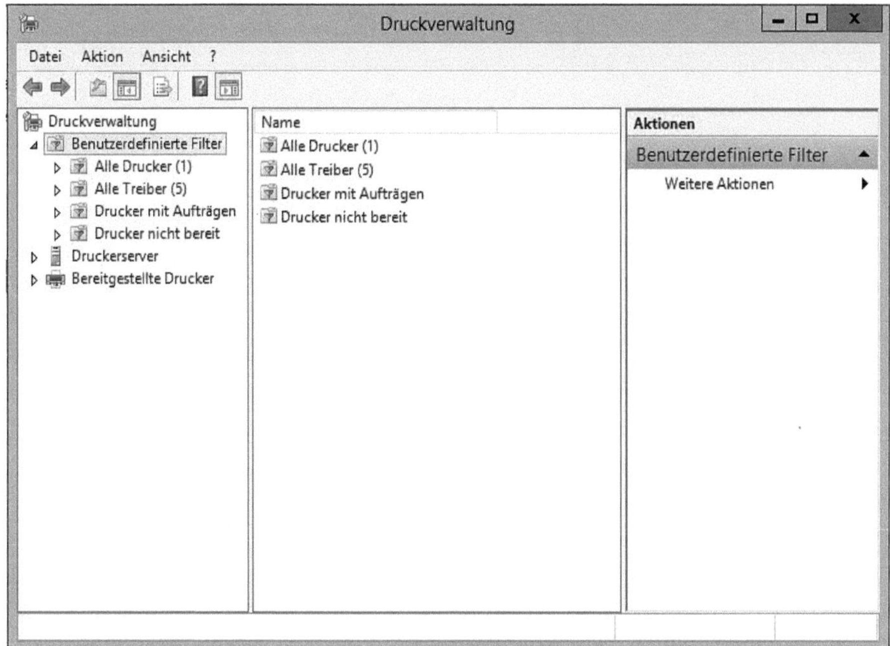

Abb. 11.3: *Verwaltungskonsole „Druckverwaltung"*

Die Konsole *Druckverwaltung* kann auf einem Serversystem unter Windows Server 2012 R2 u. a. direkt im *Server-Manager* über einen Klick auf **Tools** und dann auf **Druckverwaltung** aufgerufen werden.

11.3.1 Windows PowerShell-Cmdlets für die Druckverwaltung

Möglichkeit zur Automatisierung

Bereits in Windows Server 2012 hatte Microsoft erstmalig auch eine Vielzahl an Windows Power-Shell-Cmdlets für die Druckverwaltung integriert. Diese können manuell oder bei Bedarf auch für die automatisierte Verwaltung von Druckservern mittels Windows PowerShell-Skripts eingesetzt werden.

Die in Windows Server 2012 R2 enthaltenen Windows PowerShell-Cmdlets für die Druckverwaltung umfassen u. a.:

Windows PowerShell-Cmdlet	Beschreibung
Add-Printer	Hinzufügen eines Druckers auf einem Computer.
Add-PrinterDriver	Installation eines Druckertreibers auf einem Computer.
Add-PrinterPort	Installation eines Druckerports auf einem Computer.
Get-PrintConfiguration	Abrufen der Druckerkonfiguration.
Get-Printer	Auflisten der installierten Drucker.
Get-PrintDriver	Auflisten der installierten Druckertreiber.
Get-PrinterPort	Auflisten der installierten Druckerports.
Get-PrintJob	Auflisten der Druckaufträge für einen spezifischen Drucker.
Remove-Printer	Entfernen eines Druckers von einem Computer.
Remove-PrintDriver	Löschen eines Druckertreibers auf einem Computer.
Remove-PrinterPort	Löschen eines Druckerports auf einem Computer.
Rename-Printer	Umbenennen eines Druckers.
Restart-PrintJob	Neustart eines Druckauftrages.
Resume-PrintJob	Fortsetzen eines Druckauftrages.
Set-PrintConfiguration	Konfiguration eines spezifischen Druckers.
Set-Printer	Aktualisierung eines vorhandenen Druckers.
Set-PrinterProperty	Änderungen der Eigenschaften eines Druckers.
Suspend-PrintJob	Druckauftrag unterbrechen.

Tab. 11.1: *Verfügbare Windows PowerShell-Cmdlets für die Druckverwaltung*

Für weitere Informationen zu den einzelnen Windows PowerShell-Cmdlets für die Druckerverwaltung unter Windows Server 2012 R2 können Sie den folgenden Befehl verwenden:

```
Get-Help <Cmdlet-Name>
```

Weitere Informationen zu den Windows PowerShell-Cmdlets für die Druckverwaltung unter Windows Server 2012 sowie Windows Server 2012 R2 finden Sie auch im Internet auf der Webseite von Microsoft TechNet unter:

https://technet.microsoft.com/en-us/library/hh918357.aspx

11.3.2 Die Verwaltungskonsole Druckverwaltung

Zentrale Verwaltung von Druckservern im Netzwerk

In der Verwaltungskonsole *Druckverwaltung* findet man *Benutzerdefinierte Filter*, mit denen man sich auf Anhieb eine Übersicht über alle installierten Drucker, die installierten Treiber sowie auch über den Zustand von Druckern verschaffen kann. Darüber hinaus bietet die Konsole einen Verwaltungsknoten für die vorhandenen Druckserver. Im Bedarfsfall kann man über diesen Verwaltungsknoten weitere Druckserver zur zentralen Druckverwaltung hinzufügen. Außerdem finden Sie in der Verwaltungskonsole noch eine Übersicht aller bereitgestellten Drucker.

11.3.3 Drucker installieren

Nach der Installation der Druck- und Dokumentdienste findet man auf dem betreffenden Serversystem lediglich einen standardmäßig installierten Treiber für den *Microsoft XPS Document Writer*. Weitere Drucker kann man im nächsten Schritt ganz nach Bedarf zu dem Serversystem hinzufügen.

Gehen Sie wie folgt vor, um auf dem Serversystem unter Windows Server 2012 R2 als Druckserver einen neuen Drucker zu installieren:

1. Erweitern Sie in der Konsole *Druckverwaltung* den Knoten für *Druckerserver* sowie den Knoten des für die Installation zu verwendenden Serversystems.
2. Klicken Sie mit der rechten Maustaste auf **Drucker** und wählen Sie im Kontextmenü den Eintrag **Drucker hinzufügen.**

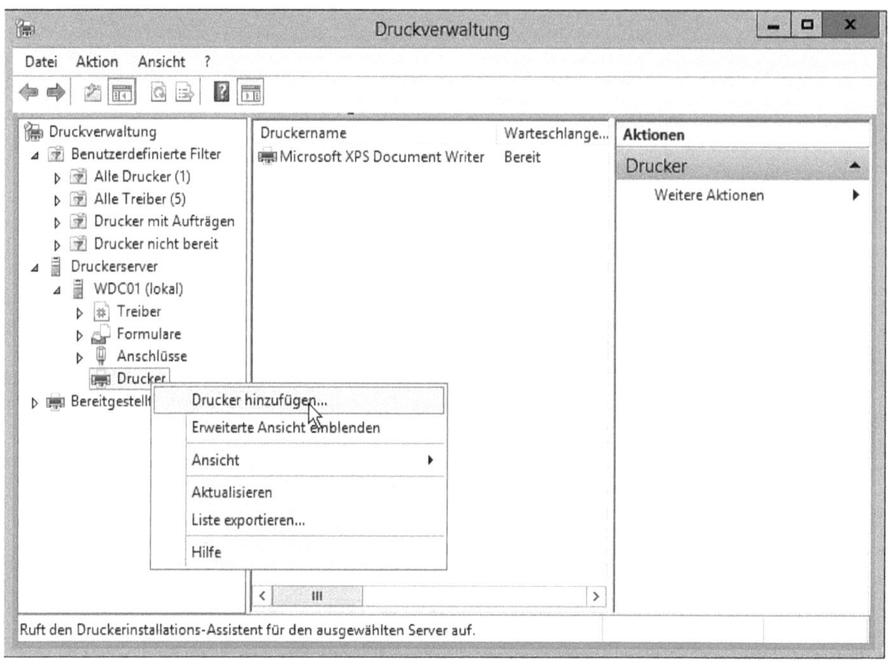

Abb. 11.4: *Hinzufügen eines neuen Druckers in der Druckverwaltung*

3. Wählen Sie die gewünschte Installationsmethode aus und klicken Sie auf **Weiter**.
4. Je nach ausgewählter Installationsmethode werden Ihnen nachfolgend weitere Dialogfenster angezeigt. Folgen Sie den Anweisungen des Installationsassistenten.

11.4 Treiber installieren

Bereitstellung von Treibern für Clientcomputer

Nach der Installation von neuen Druckern auf dem Druckserver unter Windows Server 2012 R2 ist es notwendig, die von den Clientcomputern im Netzwerk benötigten Druckertreiber ebenso auf dem betreffenden Serversystem bereitzustellen. Wenn sich ein Clientcomputer anschließend mit einem der auf dem Server unter Windows Server 2012 R2 freigegebenen Druckern verbindet, so wird ihm der passende Druckertreiber innerhalb dieses Vorgangs gleich auch installiert – vorausgesetzt, der für den Clientcomputer passende Druckertreiber ist auf dem Serversystem bereits installiert.

Plattformunabhängige Treiber bereitstellen

Ein Serversystem unter Windows Server 2012 R2 installiert während des Hinzufügens neuer Drucker lediglich den für dieses System notwendigen x64-Bit-Druckertreiber. Um einem Clientcomputer, beispielsweise unter Windows XP oder Windows 7 als x86-basiertes System den passenden Druckertreiber gleich auch während des Verbindens mit dem freigegebenen Drucker installieren zu können, muss dieser Treiber auf dem Serversystem unter Windows Server 2012 R2 vorweg als zusätzlicher Treiber installiert werden.

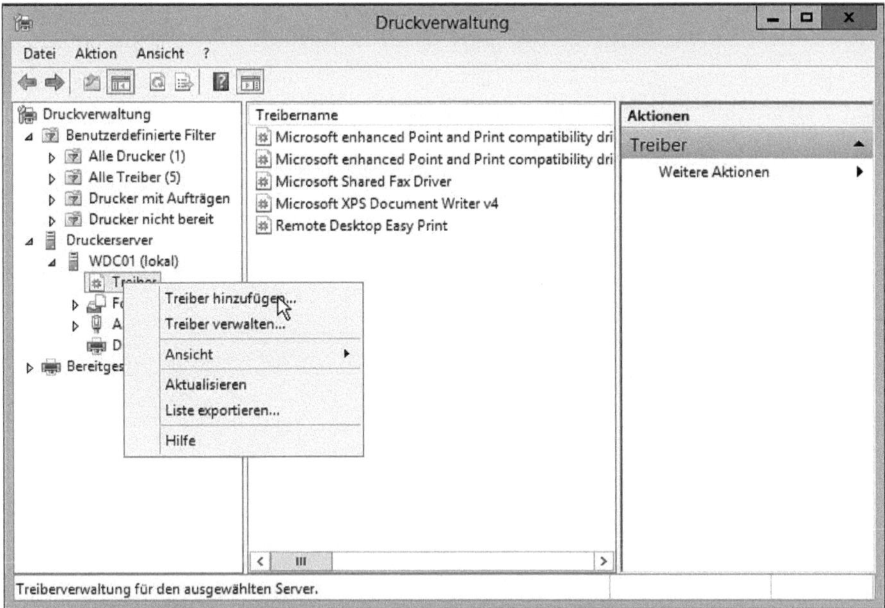

Abb. 11.5: *Hinzufügen eines zusätzlichen Treibers für einen auf dem Serversystem freigegebenen Drucker*

Gehen Sie auf einem Druckserver unter Windows Server 2012 R2 wie folgt vor, um in der Konsole *Druckverwaltung* einen zusätzlichen Treiber für einen bereits installierten Drucker hinzuzufügen:

1. Erweitern Sie in der Konsole *Druckverwaltung* den Knoten für *Druckerserver* sowie den Knoten des für die Installation zu verwendenden Serversystems.
2. Klicken Sie mit der rechten Maustaste auf *Treiber* und wählen Sie im Kontextmenü den Eintrag **Treiber hinzufügen.**
3. Klicken Sie im *Willkommensdialog* auf **Weiter**.
4. Wählen Sie im Dialog *Prozessorauswahl* den gewünschten Prozessortyp aus und klicken Sie dann auf **Weiter**.

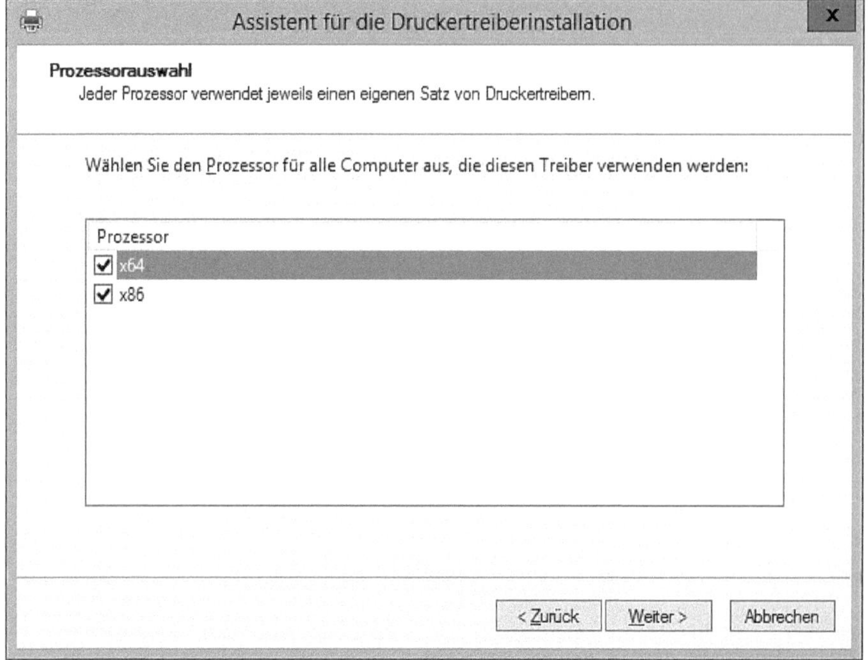

Abb. 11.6: *Prozessorauswahl während der Installation eines weiteren Druckertreibers*

5. Wählen Sie im Dialog *Druckertreiberauswahl* den gewünschten Druckertreiber aus. Sollte der gewünschte Druckertreiber nicht aufgelistet sein, so klicken Sie auf die Schaltfläche **Datenträger** und wechseln Sie zum Speicherort bzw. Datenträger, der den benötigten Druckertreiber enthält. Klicken Sie dann auf **Öffnen**.
6. Klicken Sie nach der Auswahl des gewünschten Druckertreibers auf **Weiter**.
7. Klicken Sie auf die Schaltfläche **Fertig stellen**, um die Installation des zusätzlichen Druckertreibers abzuschließen.

Der Druckertreiber steht für die Installation auf den sich nachfolgend mit der Druckerfreigabe verbindenden Clientcomputern zur Verfügung.

11.5 Druckserver konfigurieren

Speicherort des Spoolordners und mehr

In der Verwaltungskonsole *Druckverwaltung* existiert auch die Möglichkeit, den jeweils zu verwaltenden Druckserver anhand dessen *Eigenschaften*-Dialog auf die notwendigen Bedürfnisse anzupassen. So lässt sich hierüber beispielsweise auch der *Spoolordner* vom vordefinierten Standardpfad bei Bedarf auf einen anderen Datenträger ändern. Dies wird gerade dann wichtig, wenn man beispielsweise für die redundante Bereitstellung der Druckerwarteschlange einen eigenen RAID-Datenträger im Druckserver vorgesehen hat.

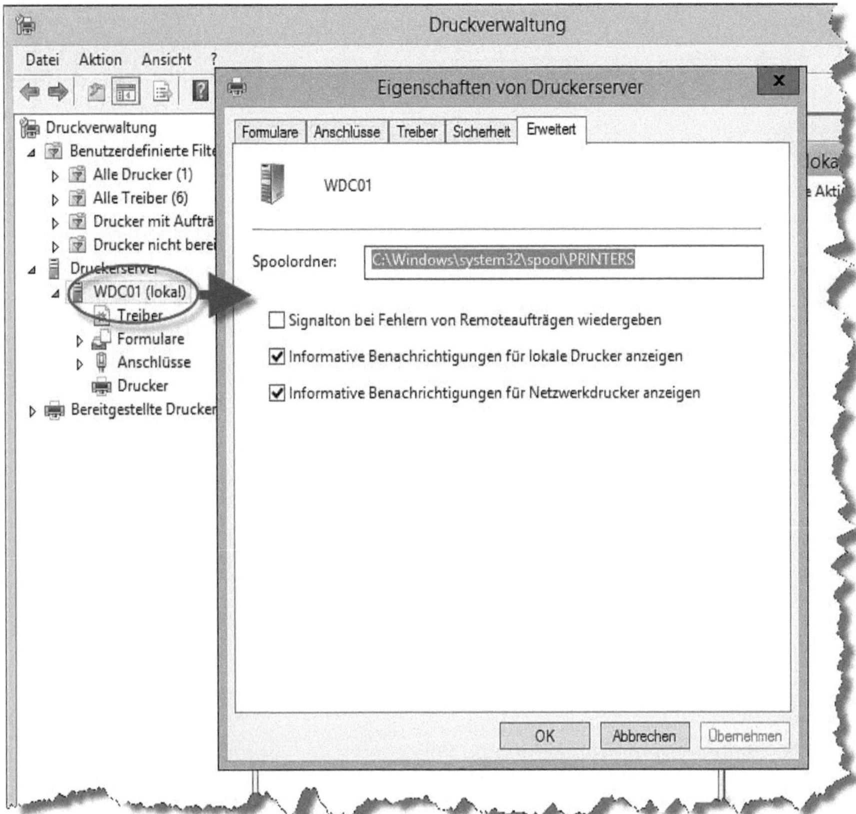

Abb. 11.7: *Eigenschaften eines Druckservers in der Druckverwaltung*

Nach der Konfiguration und Anpassung kann man den Server unter Windows Server 2012 R2 als Druckserver im Netzwerk betreiben.

11.6 Konfiguration exportieren oder importieren

Optimale Unterstützung bei der Migration

Sollte zukünftig der Fall eintreten, dass die vorhandene Druckkonfiguration des Druckservers unter Windows Server 2012 R2 auf einem anderen als dem eigentlichen Server ausgeführt werden soll (beispielsweise, um den „alten" Druckserver durch einen „neuen" zu ersetzen), so stehen die für die damit verbundene Migration notwendigen Verwaltungsschritte in der Konsole *Druckverwaltung* zur Verfügung. Die vorhandene Konfiguration kann auf dem Quellserver (dem alten Server) in eine Datei exportiert und auf dem Zielserver (dem neuen Server) aus der Datei wiederum importiert werden.

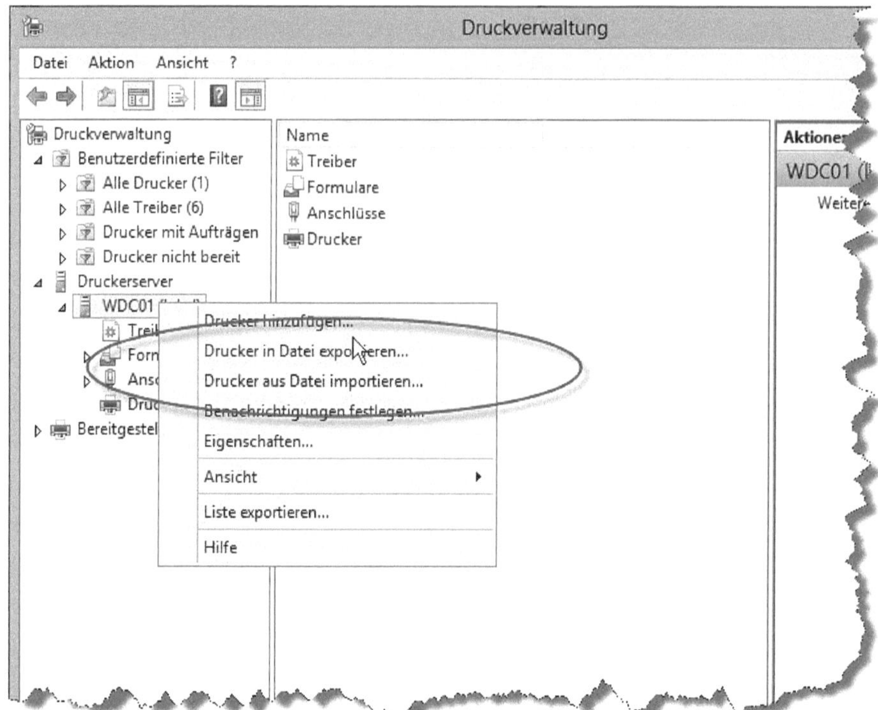

Abb. 11.8: *Optionen zum Exportieren und Importieren der vorhandenen Konfiguration des Druckservers in der Konsole Druckverwaltung*

Unterstützung ab Windows 2000

Die Verwaltungskonsole *Druckverwaltung* unter Windows Server 2012 R2 unterstützt für die Migration die Serverbetriebssysteme ab Windows 2000, so dass es problemlos möglich ist, ältere Druckserver durch einen neuen unter Windows Server 2012 R2 abzulösen.

Jetzt bleibt einzig noch die Frage nach der Bereitstellung der Drucker für Clientcomputer. Die Zeiten, in denen man bei der Bereitstellung neuer Drucker erst einmal die Turnschuhe überstreifte, sich die Druckertreiberdiskette schnappte und die darauf befindlichen Druckertreiber von Hand auf alle vorhandenen Clientcomputer installieren musste, ist lange vorbei. Es geht – insbesondere unter Windows Server 2012 R2 – zeitlich und auch vom Aufwand her viel sparsamer.

11.7 Drucker im Netzwerk bereitstellen

Wie bereits vor langer Zeit lassen sich Drucker manuell in der Benutzeroberfläche der Clientcomputer und Server bereitstellen, wenn man den Namen des freigegebenen Druckers im Netzwerk kennt. Auch setzen manche Administratoren dazu angefertigte Anmeldeskripts für Benutzer im Netzwerk ein, um die vorhandenen Drucker zuzuordnen. Viel effektiver allerdings lässt sich dies in einer Umgebung der Active Directory-

Domänendienste (engl. *Active Directory Domain Services, AD DS*) vollziehen. Hierbei können die freigegebenen Drucker entweder im Verzeichnis (dem *Active Directory*) veröffentlicht werden oder aber man ordnet diese einfach anhand von Gruppenrichtlinien zu.

11.7.1 Drucker im Verzeichnis veröffentlichen

Schon seit Windows 2000 möglich

Die Möglichkeit zum Veröffentlichen von Druckern im Verzeichnis (dem *Active Directory*) besteht bereits seit Windows 2000. Hierbei wird für den betreffenden Drucker ein Druckerobjekt in der Active Directory-Datenbank der jeweiligen Active Directory-Domäne erstellt und mit allen relevanten Eigenschaften des Druckers beschrieben. Die Veröffentlichung kann einfach im Kontextmenü eines installierten Druckers bzw. in den Eigenschaften des betreffenden Druckers durchgeführt werden. In der Konsole *Druckverwaltung* unter Windows Server 2012 R2 heißt die Option *In Verzeichnis auflisten*.

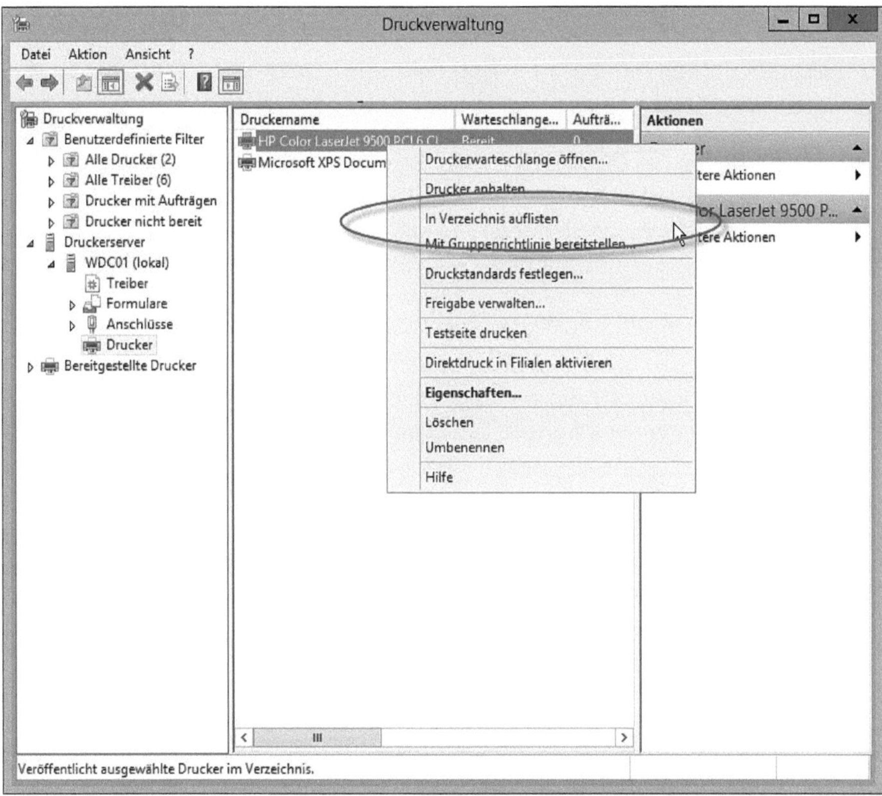

Abb. 11.9: *Veröffentlichung eines Druckers im Verzeichnis (Active Directory)*

Nach der Veröffentlichung kann ein Benutzer manuell anhand bestimmter Kriterien (beispielsweise nach Standort des Druckers oder aber nach druckbarer Seitenzahl usw.) im Active Directory nach dem Drucker suchen.

Manuelle Schritte durch den Benutzer erforderlich

Wenn der passende Drucker in den Suchergebnissen angezeigt wird, so kann man mit der rechten Maustaste auf den angezeigten Druckernamen klicken und im Kontextmenü den Eintrag *Verbinden* auswählen. Der passende Druckertreiber wird (soweit er vorweg auf dem Druckserver installiert wurde) in diesem Vorgang auch gleich auf dem Clientcomputer installiert, so dass der Drucker anschließend unter *Geräte und Drucker* angezeigt wird. Der Drucker steht dem Benutzer auf dem Clientcomputer anschließend für Ausdrucke zur Verfügung.

Hinweis

Die Veröffentlichung von Druckern im Verzeichnis kann für die Anwender eine große Hilfe darstellen, insbesondere, wenn diese über wechselnde Arbeitsplätze im Unternehmen verfügen. Andererseits jedoch kann es ein womöglich undurchsichtiges Unterfangen werden, wenn in Active Directory gar eine Vielzahl von Druckern als Abfrageergebnis zurückgeliefert wird. Man sollte dies bei der Planung der Bereitstellung von Druckern im Netzwerk unbedingt bedenken.

Die Veröffentlichung von Druckern im Verzeichnis erfordert noch immer auch manuelle Schritte, die ein Anwender durchführen muss, um einen Drucker anschließend nutzen zu können. Die Bereitstellung von Druckern im Netzwerk lässt sich jedoch auch für den Anwender viel bequemer durchführen – beispielsweise mithilfe von Gruppenrichtlinien.

11.7.2 Drucker mithilfe von Gruppenrichtlinien bereitstellen

Zentrale und unternehmensweite Druckerbereitstellung

Die Verwaltungskonsole *Druckverwaltung* unter Windows Server 2012 R2 kann verwendet werden, um Drucker mithilfe von Gruppenrichtlinien im Computernetzwerk bereitzustellen. Hierbei kann die Veröffentlichung von Druckern entweder innerhalb eines bereits vorhandenen oder auch anhand eines neuen Gruppenrichtlinienobjekts in Active Directory erfolgen.

Gehen Sie wie folgt vor, um einen Drucker auf einem Druckserver unter Windows Server 2012 R2 mithilfe eines Gruppenrichtlinienobjekts im Netzwerk bereitzustellen:

1. Erweitern Sie in der Konsole *Druckverwaltung* den Knoten für *Druckerserver* sowie den Knoten des für die Installation zu verwendenden Serversystems.
2. Klicken Sie auf **Drucker** und klicken Sie dann mit der rechten Maustaste auf den zu veröffentlichenden Druckernamen. Wählen Sie im Kontextmenü den Eintrag **Mit Gruppenrichtlinie bereitstellen...**

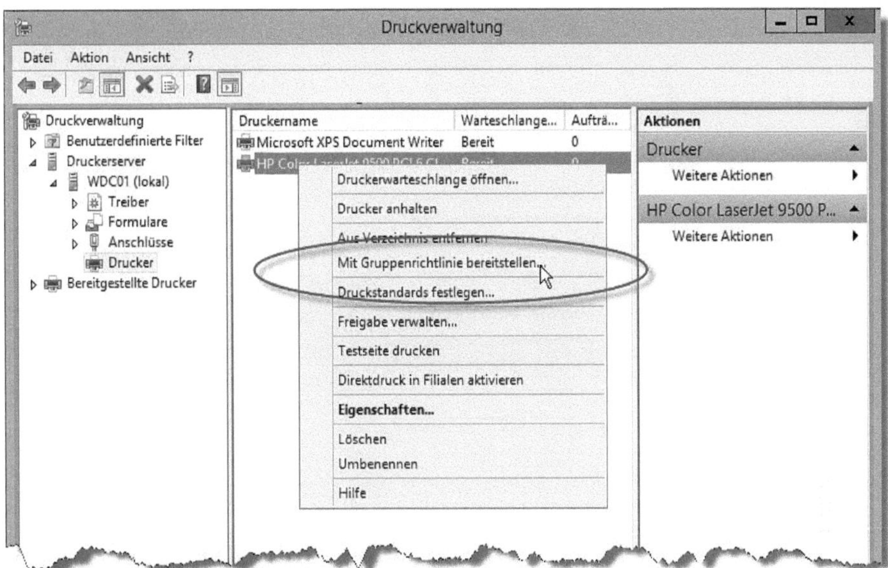

Abb. 11.10: *Option zur Bereitstellung eines Druckers mithilfe einer Gruppenrichtlinie im Kontextmenü eines bereits installierten Druckers*

3. Klicken Sie im Dialog *Mit Gruppenrichtlinie bereitstellen* auf die Schaltfläche **Durchsuchen...**
4. Klicken Sie mit der rechten Maustaste in das Dialogfenster *Gruppenrichtlinienobjekt suchen* und wählen Sie den Kontextmenüeintrag **Neu**.
5. Geben Sie den Namen des neu zu erstellenden Gruppenrichtlinienobjekts an und klicken Sie dann auf **OK**.
6. Legen Sie durch Auswahl fest, ob diese Druckerverbindung im Gruppenrichtlinienobjekt auf Ebene der *Benutzer-* und/oder der *Computerkonfiguration* bereitgestellt werden soll. Klicken Sie dann auf **Hinzufügen** und anschließend auf **OK**.

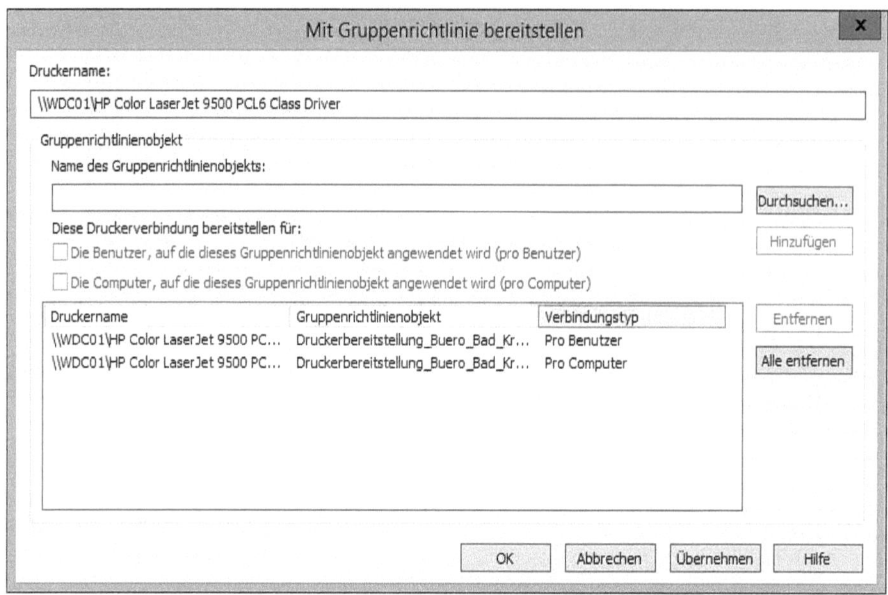

Abb. 11.11: *Festlegen der Option für das Bereitstellen eines Druckers in einem Gruppenrichtlinienobjekt*

7. Bestätigen Sie die Meldung über die erfolgreiche Bereitstellung mit einem Klick auf die Schaltfläche **OK**.

Änderungen in der Konsole Gruppenrichtlinienverwaltung möglich

Das neu erstellte Gruppenrichtlinienobjekt wird in der Konsole *Gruppenrichtlinienverwaltung* angezeigt. Je nachdem, wo Sie das neue Gruppenrichtlinienobjekt erstellt haben (mitunter direkt auf der Active Directory-Domäne), so ist dieses womöglich bereits aktiv mit der Domäne oder einer der vorhandenen Organisationseinheiten (engl. *Organizational Units, OUs*) verknüpft. Im Bedarfsfall kann man die Verknüpfungen in der Konsole *Gruppenrichtlinienverwaltung* an die notwendige Konfiguration anpassen.

Nach dem Öffnen des neu erstellten und für die Bereitstellung des Druckers verwendeten Gruppenrichtlinienobjekts mit dem *Gruppenrichtlinienobjekt-Editor* wird dieser darin angezeigt.

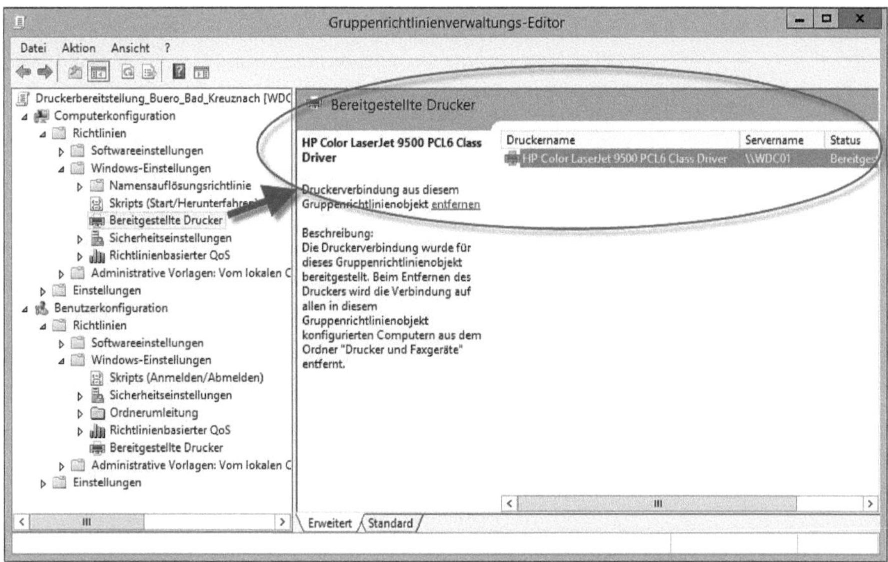

Abb. 11.12: *Bereitgestellter Drucker im neu erstellten Gruppenrichtlinienobjekt*

Nachdem das Gruppenrichtlinienobjekt auf die betreffenden Benutzer oder Computer angewendet wurde, steht der mithilfe des Gruppenrichtlinienobjekts bereitgestellte Drucker für die Verwendung zur Verfügung.

Weitere Informationen zu den Druck- und Dokumentdiensten unter Windows Server 2012 sowie Windows Server 2012 R2 finden Sie im Internet auf der Website von Microsoft-TechNet unter:

https://technet.microsoft.com/de-de/library/hh831468.aspx

11.7.3 Direktdruck in Filialen aktivieren

Reduzierung der Last auf Remoteverbindungen

Die Druckverwaltung in Windows Server 2012 R2 ermöglicht Administratoren die individuelle, druckerseitige Aktivierung des Features Direktdruck in Filialen. Diese Funktion kann in Unternehmen mit mehreren Standorten mitunter dazu beitragen, die über die WAN-Verbindungen (*Wide Area Network*) zu übertragenden Daten zu reduzieren - und somit mitunter Kosten sparen. Nach der Aktivierung rendert der Clientcomputer den Druckauftrag selbst, bevor er ihn direkt zum betreffenden Druckgerät sendet. Im Gegensatz zum standardmäßigen Drucken im Netzwerk übermittelt der Clientcomputer den Druckauftrag von einer entfernten Zweigstelle nicht erst zu einem zentral im Hauptstandort installierten Druckserver, sondern im jeweiligen Standort direkt an das Druckgerät.

Hinweis

Direktdruck in Filialen wird lediglich von Windows Server 2012, Windows Server 2012 R2, Windows 8 sowie Windows 8.1 unterstützt.

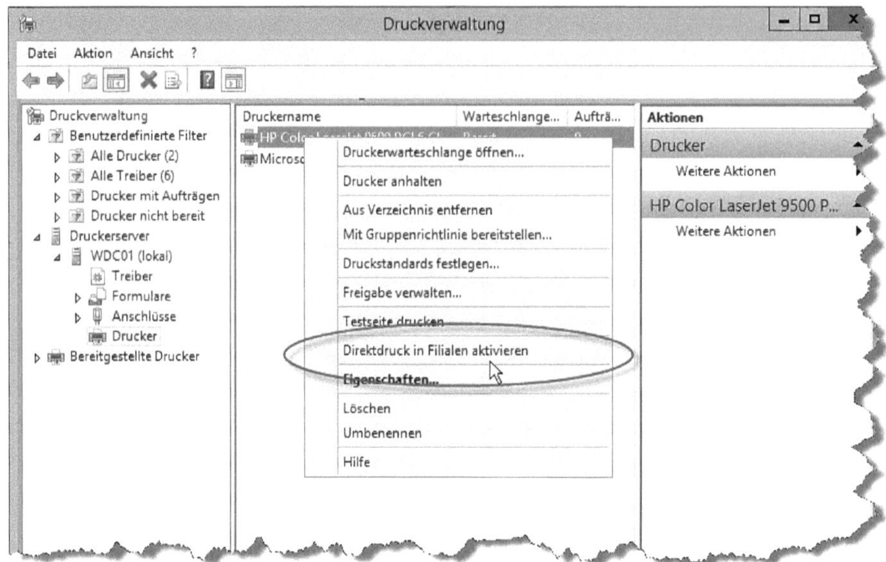

Abb. 11.13: *Aktivierung von Direktdruck in Filialen in der Druckverwaltung*

Die Aktivierung von *Direktdruck in Filialen* erfolgt in der Druckverwaltung individuell für den jeweiligen Drucker auf einem Druckserver unter Windows Server 2012 R2. So einfach wie die Aktivierung lässt sich Direktdruck in Filialen für einen einzelnen Drucker in der Druckverwaltung bei Bedarf wiederum deaktivieren.

Weitere Informationen zum Direktdruck in Filialen in Windows Server 2012 sowie Windows Server 2012 R2 findet man in der Microsoft Website im Internet unter:

https://technet.microsoft.com/de-DE/library/jj134156.aspx

Nach der Einführung in die Druck- und Dokumentdienste dreht sich im nächsten Kapitel alles um die Möglichkeit der Virtualisierung von Computersystemen mit Hyper-V 4.0 unter Windows Server 2012 R2.

KAPITEL 12
Einführung in die Virtualisierung mit Hyper-V 4.0

Ressourcen bei geringem Energieverbrauch optimal nutzen

Die Virtualisierung von Computersystemen wird in Unternehmen bereits seit Jahren praktiziert. In erster Linie resultiert dies aus der möglichen Ersparnis bei der Hardware-Beschaffung, aber auch aus der durch die Virtualisierung mögliche Flexibilität bei der Bereitstellung von Computersystemen. Ein weiteres Ziel der Virtualisierung ist es, die vorhandenen Ressourcen bei geringerem Energieverbrauch möglichst optimal auszunutzen und gleichzeitig die Wartungskosten für die dabei eingesetzte Hardware zu reduzieren.

Nach Vmware hat auch Microsoft dies vor Jahren bereits für sich entdeckt und in den Anfangszeiten das *Microsoft VirtualPC 2004* (später 2007) sowie den *Microsoft Virtual Server 2005* (später als R2) als Virtualisierungslösungen für Unternehmen veröffentlicht. In Windows Server 2008 wurde dann erstmalig Hyper-V als serverseitige Virtualisierungslösung für Unternehmen angeboten. Parallel zu Windows Server 2008 entwickelte Microsoft sogar noch eine weitere, kostenfrei erhältliche und als reine Virtualisierungsplattform gedachte Edition mit dem Namen *Microsoft Hyper-V Server 2008*. Mit Windows Server 2008 R2 (*Release 2*) veröffentlichte Microsoft dann die Version 2.0 von Hyper-V, in dem bereits einige, in der Praxis sicher notwendige Verbesserungen enthalten waren. Unter Windows Server 2012 fand man die in ihren Funktionen nochmals erweiterte Hyper-V-Serverrolle in der Version 3.0. Die nun in Windows Server 2012 R2

(Release 2) enthaltene Version 4.0 von Hyper-V stellt die aktuell umfangreichste, erhältliche Version dar. Zwischenzeitlich hat sich Hyper-V auch in Unternehmen fest als mögliche Virtualisierungsplattform für den Aufbau von privaten Cloud-Umgebungen, sowie auch zum Aufbau oder der Erweiterung von virtuellen Desktopinfrastrukturen (*Virtual Desktop Infrastructure, VDI*) etabliert.

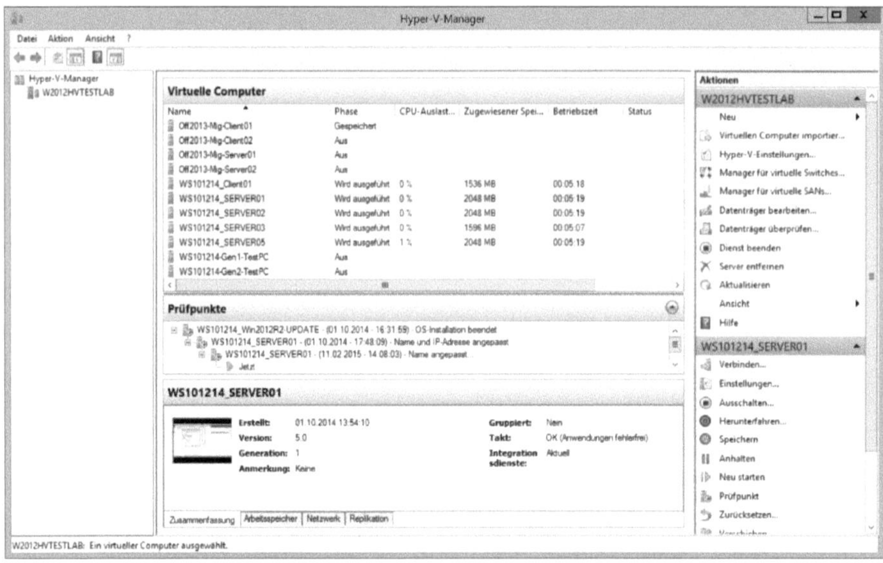

Abb. 12.1: *Verwaltung virtueller Maschinen im Hyper-V-Manager*

Wie bereits bei dem Vorgänger steht Hyper-V als Serverrolle auch unter Windows Server 2012 R2 als vollständige, sowie auch als Server Core-Installation zur Verfügung.

Parallel zu den kostenpflichtigen Editionen steht Hyper-V 4.0 auch als kostenfreie Edition, der Microsoft Hyper-V Server 2012 R2, zur Verfügung. Dieser kann als kostenfreier Download von der folgenden Webseite von Microsoft im Internet heruntergeladen werden:

http://www.microsoft.com/en-us/server-cloud/hyper-v-server/default.aspx

12.1 Neuerungen und Verbesserungen

Wichtige Neuerungen und Verbesserungen

Microsoft verbessert die Funktionalitäten rund um Hyper-V mit jeder neuen Version des Windows-Serverbetriebssystems. Windows Server 2012 R2 setzt nochmals auf den Neuerungen und Erweiterungen von Windows Server 2012 auf, besitzt jedoch auch grundlegend schon dessen Eigenschaften und Funktionen in Hyper-V. Da die beiden Betriebssysteme in der Praxis oft parallel zueinander eingesetzt werden, hier nochmals die umfangreiche Auflistung der Neuerungen und Verbesserungen im Unterschied von Windows Server 2012 zu Windows Server 2012 R2:

12.1.1 Neuerungen und Verbesserungen in Hyper-V 4.0 unter Windows Server 2012 R2

In Hyper-V 4.0 unter Windows Server 2012 R2 wurden nochmals viele Neuerungen und Verbesserungen eingebaut. Zu diesen zählt man u. a.:

- **Freigegebene virtuelle Festplatten** - ermöglichen u. a. das Clustern virtueller Computer mithilfe von Dateien für freigegebene virtuelle Festplatten (engl. Virtual Hard Disk, VHDX). Die freigegebenen virtuellen Festplatten ermöglichen den Zugriff mehrerer virtueller Computer auf dieselbe VHDX-Datei, wodurch freigegebener Speicher für das Windows-Failoverclustering bereitgestellt werden kann.

- **Ändern der Größe virtueller Festplatten** - während der Ausführung des virtuellen Computers.

- **Versionsübergreifende Livemigrationen** - Hyper-V-Livemigration unterstützt nun auch die Migration von virtuellen Computern in Windows Server 2012 zu Windows Server 2012 R2.

- **Generation 1 und 2 virtueller Computer** - ermöglicht eine effizientere Nutzung virtueller Computer unter Windows Server 2012, Windows Server 2012 R2, Windows 8 (64-bit), sowie Windows 8.1 (64-bit) als Generation 2-VM, u. a. durch den Start von einer virtuellen SCSI-Festplatte, Unterstützung für den sicheren Start (Secure Boot), sowie UEFI-Firmware-Unterstützung.

- **Exportieren von virtuellen Computern** - nun auch während der Ausführung der virtuellen Computer möglich, ohne diese zuvor herunterfahren zu müssen

- **Erweiterter Sitzungsmodus** - Die Verbindung mit virtuellen Computern unter Windows 8.1 sowie Windows Server 2012 R2 in Hyper-V ermöglicht die Umleitung lokaler Ressourcen des Host-Systems in die Sitzung - ähnlich wie dies seitlangem bereits mittels Remotedesktopverbindungen möglich ist.

- **Hyper-V-Replikat** - lässt sich seitens des Replikationsintervalls nun zeitlich steuern.

- **Automatische Aktivierung virtueller Computer (AVMA)** - auf der Datacenter Edition von Windows Server 2012 R2 als Hyper-V-Host für virtuelle Serversysteme auf der Basis von Windows Server 2012 R2 Standard, Windows Server 2012 R2 Datacenter und Windows Server 2012 R2 Essentials

Eine Übersicht aller in Hyper-V enthaltenen Neuerungen und auch Verbesserungen in Hyper-V 4.0 findet man direkt auf der Webseite von Microsoft im Internet unter:

https://technet.microsoft.com/de-de/library/dn282278.aspx

12.1.2 Neuerungen und Verbesserungen in Hyper-V 3.0 unter Windows Server 2012

Bereits unter Windows Server 2012 in der Version 3.0 von Hyper-V fanden sich einige, für den praktischen Einsatz wichtige Neuerungen und auch Verbesserungen. Zu diesen zählen unter anderem:

- **Hyper-V-Modul für Windows PowerShell** - die in Windows Server 2012 erstmalig integrierten Hyper-V-Cmdlets für die Windows PowerShell vereinfachen im Vergleich zu früheren Hyper-V-Versionen die Automatisierung von Verwaltungsaufgaben.
- **Hyper-V-Replica** - dieses neue Feature dient der einfacheren Kompensation von möglichen Hardware-Ausfällen und ermöglicht die asynchrone Replikation von virtuellen Maschinen zwischen Hyper-V-Servern - ohne dass dafür ein Failover-Cluster bereitgestellt werden muss.
- **Hyper-V-Client** - der neue Hyper-V 3.0 ist als Clientlösung nun auch in Windows 8 Pro integriert.
- **Speicher auf SMB 3.0-Dateifreigaben** - dieses Feature ermöglicht die Bereitstellung von freigegebenem Speicher für virtuelle Computer ohne den Einsatz von SAN (*Storage Area Network*)-Lösungen. Nähere Informationen hierzu finden Sie unter: **https://technet.microsoft.com/de-de/library/jj134187.aspx**
- **Format der virtuellen Festplatten** - die virtuellen Festplatten können in Hyper-V 3.0 im vhdx-Format nun bis zu einer Größe von 64 Terabyte bereitgestellt werden. Darüber hinaus besitzen diese u. a. auch einen integrierten Schutz vor möglichen Schäden durch Stromausfälle.
- **Speichermigration** - die virtuellen Festplatten von aktiven virtuellen Computersystemen können ohne „Downtime" zu anderen Speicherorten verlagert werden.
- **Verbesserung in der Live-Migration** - die Migration von aktiven, virtuellen Computersystemen zwischen Hyper-V-Servern ist in Hyper-V 3.0 nun auch ohne den Einsatz eines Failover-Clusters möglich. Ebenso lassen sich bei Bedarf auch mehrere virtuelle Computersysteme zwischen Hyper-V-Hosts parallel migrieren. Detaillierte Informationen zu Live-Migration findet man im Internet unter: **https://technet.microsoft.com/de-de/library/jj134199.aspx**

Neben den hier aufgeführten Neuerungen finden sich auch noch einige, für die Praxis sicher wichtige Verbesserungen im neuen Hyper-V 3.0 unter Windows Server 2012. In den nächsten Seiten werden einige der Neuerungen noch im Detail vorgestellt.

Eine Übersicht aller in Hyper-V enthaltenen Neuerungen und auch Verbesserungen findet man direkt auf der Webseite von Microsoft im Internet unter:

https://technet.microsoft.com/de-de/library/hh831410.aspx

12.2 Unterstützte Gast-Betriebssysteme

Umfangreiche Unterstützung

Hyper-V 4.0 unterstützt unter Windows Server 2012 R2 eine Vielzahl an installierbaren Gast-Betriebssystemen, wie beispielsweise:

- **Windows Server 2012 R2**
- **Windows Server 2012**
- **Windows 8.1**
- **Windows 8**
- **Windows Server 2008 R2** (Release 2) mit Service Pack 1 (SP1)
- **Windows Server 2008 R2** (Release 2)
- **Windows Server 2008** mit Service Pack 2 (SP2)
- **Windows Server 2008**
- **Windows 7** mit Service Pack 1 (SP1)
- **Windows 7**
- **Windows Vista** mit Service Pack 2 (SP2)
- **Windows Home Server 2011**
- **Windows Small Business Server 2011**
- **Windows Server 2003 R2** (Release 2) mit Service Pack 2 (SP2)
- **Windows Server 2003** mit Service Pack 2 (SP2)
- **Windows XP** mit Service Pack 3 (SP3)
- **Windows XP x64 Edition** mit Service Pack 2 (SP2)
- **CentOS 6.0 - 6.2**
- **Red Hat Enterprise Linux 7**
- **SUSE Linux Enterprise Server 12**

Weitere Informationen zu den unterstützten Gast-Betriebssystemen findet man im Internet unter anderem auf der Microsoft-Website unter:

http://technet.microsoft.com/de-de/library/hh831531.aspx

12.3 Limits für virtuelle Computer

Für eine optimale Planung des Einsatzes von virtuellen Computern ist es wichtig, die Anforderungen, sowie die Maximalkonfiguration von virtuellen Computern zu kennen. Diese finden Sie in der nachfolgenden Tabelle:

Komponente	Maximalwert	Anmerkung
Virtuelle Prozessoren	64	Maximale Zahl ist abhängig vom jeweiligen Gastbetriebssystem und kann niedriger sein.
Arbeitsspeicher	1 Terabyte	Abhängig von dem im virtuellen Computer eingesetzten Betriebssystem.
Virtuelle IDE-Datenträger	4	Der Startdatenträger muss an eines der IDE-Geräte angeschlossen sein. Dabei kann es sich um einen virtuellen oder einen physikalischen Datenträger handeln. Unterstützung nur durch Gen1-VMs.
Virtuelle SCSI-Controller	4	Für die Verwendung von virtuellen SCSI-Controllern müssen die Integrationsdienste für das Gastbetriebssystem installiert sein.
Virtuelle SCSI-Datenträger	256	Maximal 64 Datenträger pro virtuellem SCSI-Controller (davon werden maximal 4 unterstützt)
Kapazität virtueller Festplatten (VHDX-Format)	64 Terabyte	Beachten Sie, dass jede virtuelle Festplatte als VHD-Datei auf dem physikalischen Datenträger gespeichert wird.
Kapazität virtueller Festplatten (VHD-Format)	2 Terabyte	Beachten Sie, dass jede virtuelle Festplatte als VHD-Datei auf dem physikalischen Datenträger gespeichert wird.
Virtuelle Diskettenlaufwerke		Unterstützung nur durch Gen1-VMs.

Komponente	Maximalwert	Anmerkung
Serielle (COM-) Schnittstellen		8 ist als maximale Anzahl als Typ „Netzwerkkarte möglich. Dieser Typ erfordert einen in den Integrationsdienstpaketen enthaltenen Treiber. Unterstützung von PXE-Boot nur unter Gen2-VMs integriert. 4 ist als maximale Anzahl als Typ „ältere Netzwerkkarte" möglich. Hierbei wird eine bestimmte Netzwerkkarte (Boot eXecution Environment) emuliert und PXE (Pre-unterstützt, um eine netzwerkbasierte Installation eines Betriebssystems zu ermöglichen) - nur für Gen1-VMs.
Virtuelle Netzwerkkarten		Unterstützung nur durch Gen1-VMs.
Snapshots	50	Die tatsächliche, maximale Anzahl kann geringer sein, abhängig vom physikalisch zur Verfügung stehenden Speicher. Snapshots werden als AVHD-Dateien gespeichert.

Tab. 12.1: *Maximalkonfiguration für virtuelle Computer unter Hyper-V 4.0 in Windows Server 2012 R2*

Die minimale Hardware-Anforderung bestimmter Betriebssysteme entnehmen Sie bitte der jeweiligen Herstellerdokumentation.

12.4 Serverseitige Hardware-Unterstützung

Bis zu 4.000 Hosts im Cluster

Nicht nur für virtuelle Computer gelten maximale Konfigurationswerte. Auch Hyper-V besitzt als Host-System bestimmte Obergrenzen in der Unterstützung der Hardware. Diese sind für Hyper-V 4.0 unter Windows Server 2012 R2 in der folgenden Tabelle aufgeführt:

Komponente	Maximalwert	Anmerkung
Logische Prozessoren	320	Intel-VT- oder AMD-V-Technologie muss durch die Prozessoren unterstützt werden. Die Datenausführungsverhinderung (*Data Execution Prevention, DEP*) muss im BIOS des Systems unterstützt und aktiviert sein.
Virtuelle Prozessoren	2.048	Keine
Arbeitsspeicher	4 Terabyte	Keine
Aktive, virtuelle Computer pro Server	1.024	Keine
Maximale Anzahl an Clusterknoten	64	Keine
Maximale virtuelle Maschinen pro Cluster	4.000	Keine
Speicher	Begrenzt durch den vom Host-Betriebssystem unterstützten Speicher, jedoch keine Begrenzung durch Hyper-V.	Keine
Physikalische Netzwerkkarten	Keine Begrenzung durch Hyper-V.	Keine
Virtuelle Netzwerke (Switches)	Unterschiedlich; keine Begrenzung durch Hyper-V.	Der Maximalwert hängt in der Praxis von den verfügbaren Computerressourcen ab.
Virtuelle Netzwerk-Switchports pro Server	Unterschiedlich; keine Begrenzung durch Hyper-V.	Der Maximalwert hängt in der Praxis von den verfügbaren Computerressourcen ab.

Tab. 12.2: *Maximale Hardware-Unterstützung von Hyper-V 4.0*

12.5 Integrationsdienste unter Hyper-V

In Hyper-V ist ein Softwarepaket, die sogenannten *Integrationsdienste für unterstützte Gastbetriebssysteme* enthalten, welches die Integration zwischen dem physikalischen Computer und den darauf ausgeführten, virtuellen Computern verbessert. Die Installation der Integrationsdienste ist auf neueren Windows-Betriebssystemen nicht notwendig, da diese die Integrationsdienste bereits enthalten.

Für die Unterstützung diverser Linux-Derivate stellt Microsoft eigens die dafür angepassten, optional downloadbaren Integrationsdienste auf der Website im Internet bereit. Auch unter Hyper-V 4.0 wurde die Linux-Unterstützung nochmals verbessert.

Eine Übersicht der unterstützten Betriebssysteme und den Versionen, für die Integrationsdienste installiert werden müssen, finde man in der Technischen Bibliothek zu Windows Server 2012 R2 im Internet unter:

https://technet.microsoft.com/de-de/library/hh831531.aspx

12.6 Voraussetzungen

Ohne Unterstützung durch CPU und BIOS nicht verwendbar

Hyper-V 4.0 setzt, wie dies bereits auch für den Einsatz von Windows Server 2012 R2 erforderlich ist, eine 64-Bit-Plattform voraus. Zudem muss im BIOS des physikalischen Hostsystems für Hyper-V die Intel VT- oder AMD-V-Technologie aktiviert sowie das Intel XD-Bit (*Execute Disable Bit*) bzw. AMD NX-Bit (*No Execute Bit*) vorhanden und ebenso aktiviert sein. Erst dann lässt sich Hyper-V auf dem betreffenden Serversystem betreiben.

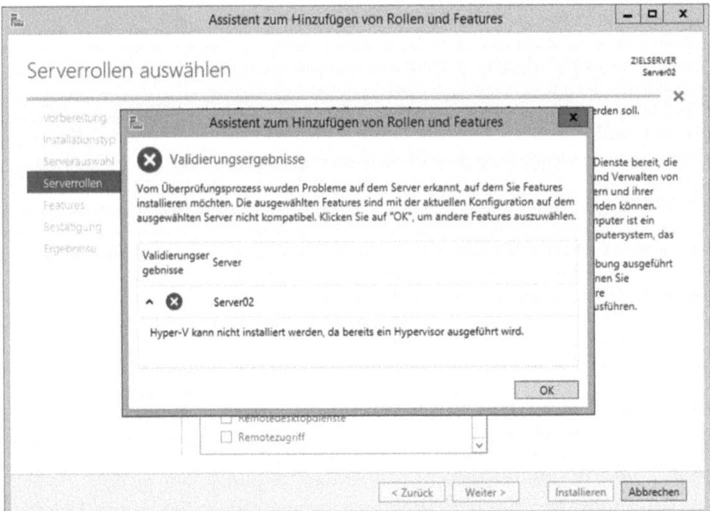

Abb. 12.2: *Hinweis zu fehlender Kompatibilität beim Hinzufügen von Hyper-V*

Hyper-V als Serverrolle

Hyper-V steht unter der Standard, sowie der Datacenter Edition von Windows Server 2012 R2 als Serverrolle zur Verfügung. In der Foundation sowie der Essentials Edition von Windows Server 2012 R2 ist Hyper-V hingegen nicht enthalten. Hyper-V kann als Virtualisierungslösung auf einem vollwertig installierten Serversystem unter Windows Server 2012 R2 oder im Bedarfsfall auch unter Server Core installiert und betrieben werden.

12.7 Installation von Hyper-V als Serverrolle

Im Lieferumfang bereits enthalten

Wie bereits vorweg beschrieben, ist Hyper-V unter Windows Server 2012 R2 bereits im Lieferumfang enthalten und kann demnach problemlos als installierbare Serverrolle implementiert werden. Gehen Sie auf einem Serversystem mit einer vollwertigen Installation von Windows Server 2012 R2 wie folgt vor, um Hyper-V als Serverrolle zu installieren:

1. Melden Sie sich als *Administrator* am Serversystem an.
2. Öffnen Sie den *Server-Manager* (soweit dies nicht automatisch geschieht) über einen Klick in der *Taskleiste* auf das **Symbol für den Server-Manager** bzw. im *Startbildschirm* auf die entsprechende **Kachel**.
3. Klicken Sie oben im *Server-Manager* auf **Verwalten**, und dann auf **Rollen und Features hinzufügen**.
4. Klicken Sie im Dialog *Vorbemerkungen* auf **Weiter**.
5. Wählen Sie im Dialog *Installationstyp auswählen* die Option **Rollenbasierte oder featurebasierte Installation**, und klicken Sie auf **Weiter**.
6. Klicken Sie im Dialog *Zielserver auswählen* auf den Namen des gewünschten Servers, und klicken Sie dann auf **Weiter**.

Hinweis

Wenn Sie bei der Auswahl des Zielservers ein Serversystem für die Remoteinstallation von Rollen oder Features auswählen, so muss auf diesem als Betriebssystem Windows Server 2012 R2 ausgeführt werden. Zusätzlich muss auf dem Zielsystem die Remoteverwaltung für den Server-Manager aktiviert sein (Standardeinstellung unter Windows Server 2012 bzw. Windows Server 2012 R2).

7. Wählen Sie **Hyper-V** als die zu installierende Rolle aus, und klicken Sie auf **Weiter**.
8. Wählen Sie bei Bedarf die zu installierenden Features aus, und klicken Sie anschließend auf **Weiter**.
9. Aktivieren Sie auf der Seite *Installationsauswahl bestätigen* die Option *Zielserver bei Bedarf automatisch neu starten*, und klicken Sie dann auf **Installieren**.
10. Sie können auf die Schaltfläche **Schließen** klicken, um das Dialogfenster zu schließen. Der Vorgang wird im Hintergrund ohne Unterbrechung weitergeführt. Den Status der Installation können Sie sich anzeigen lassen, indem Sie in der Befehlsleiste des Server-Managers auf **Benachrichtigungen** (*Fähnchen-Symbol*) klicken.

Alternativ zur Installation der Hyper-V-Serverrolle mithilfe des grafischen Server-Managers kann man hierzu auch die Windows PowerShell unter Windows Server 2012 R2 verwenden. Nähere Informationen hierzu finden Sie im Kapitel 4 dieses Buches.

Hinweis

Die Installation von Hyper-V auf einem Serversystem unter Windows Server 2012 R2 als Server Core stellt sich ebenso nicht viel komplizierter dar. Nähere Informationen hierzu sind im nächsten Kapitel enthalten.

Nach der erfolgreichen Installation von Hyper-V unter Windows Server 2012 R2 kann nunmehr die Konfiguration der Grundeinstellungen vorgenommen werden. Dies geschieht im grafischen Hyper-V-Manager.

12.8 Konfiguration von Hyper-V

Einfache Anpassungen möglich

Gleich nach der Installation sowie auch im späteren Verlauf können Sie bestimmte (Grund-)Einstellungen auf dem betreffenden Serversystem unter Windows Server 2012 R2 in und um Hyper-V vornehmen.

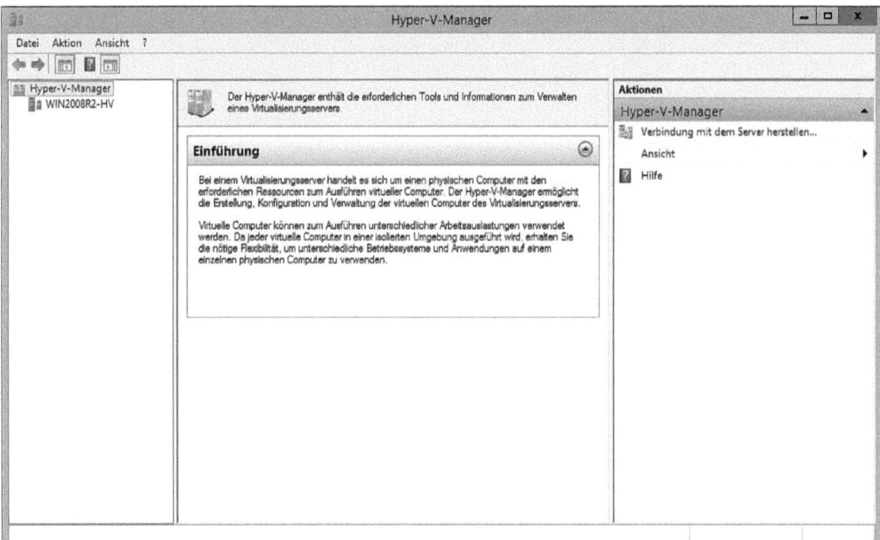

Abb. 12.3: *Verwaltungskonsole Hyper-V-Manager*

Den Hyper-V-Manager öffnen Sie im Server-Manager unter Windows Server 2012 R2 über einen Klick auf **Tools** und dann auf **Hyper-V-Manager**.

12.8.1 Grundeinstellungen

Die Grundeinstellungen umfassen beispielsweise die standardmäßigen Speicherpfade für virtuelle Computer und auch virtuelle Festplatten. Bei Bedarf kann man den jeweiligen Speicherpfad entsprechend anpassen.

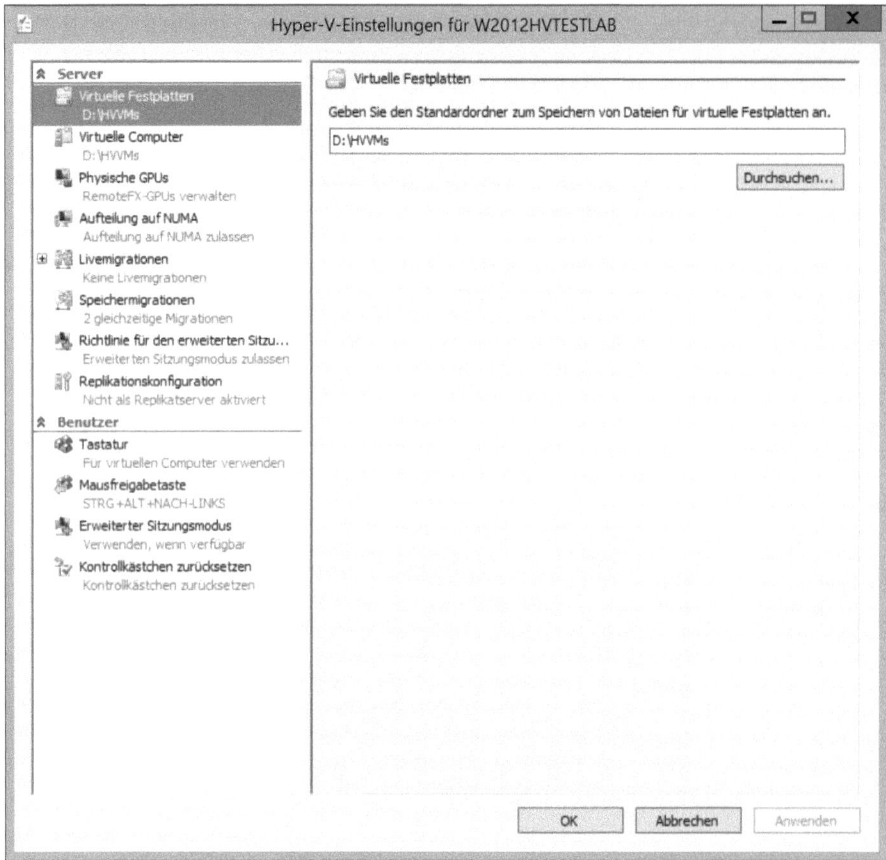

Abb. 12.4: *Dialog für die Konfiguration der Grundeinstellungen von Hyper-V 4.0 unter Windows Server 2012 R2*

Hier können auch bestimmte, benutzerbezogene Einstellungen in dem Konfigurationsdialog vorgenommen werden, wie zum Beispiel der Standardordner zum Speichern der Dateien für virtuelle Festplatten, aber u. a. auch die Einstellungen für die Live-Migration von virtuellen Computern.

Den Konfigurationsdialog finden Sie im *Hyper-V-Manager* durch einen Klick mit der rechten Maustaste auf das zu konfigurierenden Serversystem und der Auswahl der *Hyper-V-Einstellungen...* im Kontextmenü des Servers.

12.8.2 Netzwerkeinstellungen

Virtuelle Switches - ganz nach Bedarf

Gleich nach der Konfiguration der Grundeinstellungen von Hyper-V sollten Sie die Netzwerkeinstellungen für die anschließende Servervirtualisierung vornehmen. Die Konfigurationsmöglichkeit der Netzwerkeinstellungen finden Sie beispielsweise, wie bereits vorweg auch die Grundeinstellungen, im Kontextmenü des zu konfigurierenden Serversystems unter *Manager für virtuelle Switches...*

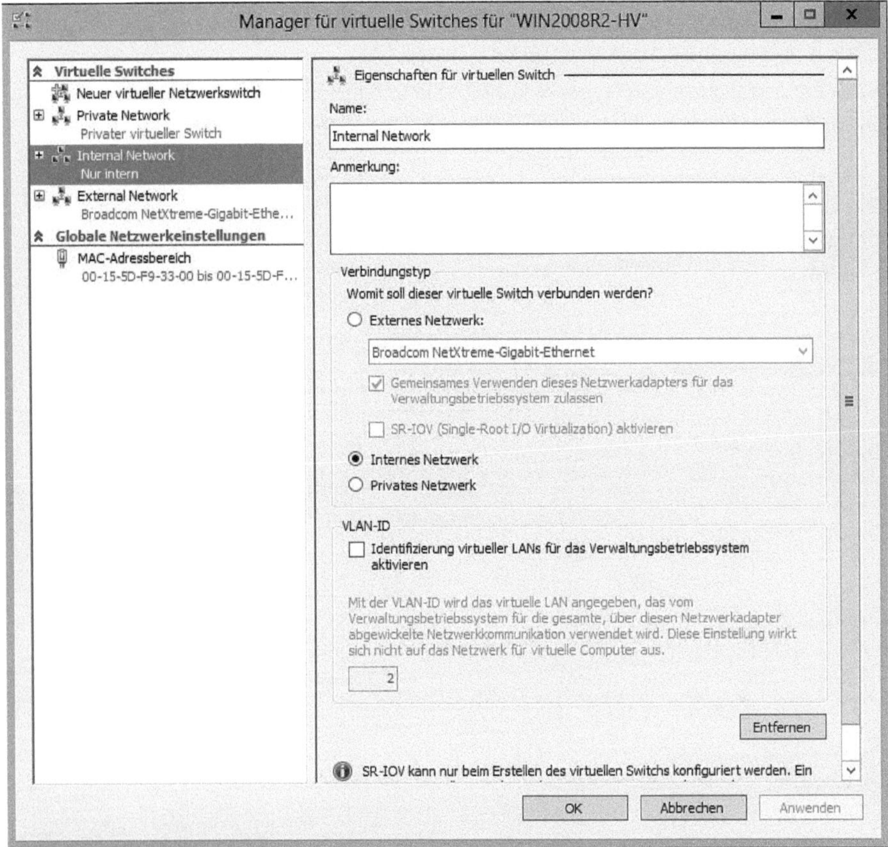

Abb. 12.5: *Konfiguration der Netzwerkeinstellungen unter Hyper-V*

In Hyper-V unter Windows Server 2012 R2 können Sie die folgenden Arten von virtuellen Netzwerken erstellen:

- **Extern** – ist mit einer der im Hostsystem vorhandenen, physikalischen Netzwerkkarten verbunden.
- **Intern** – ermöglicht lediglich die interne Kommunikation von virtuellen Computersystemen auf und mit dem betreffenden Host-System.
- **Privat** – dient der rein internen Kommunikation vorhandener, virtueller Computersysteme.

Beliebig viele, virtuelle Netzwerke möglich

Prinzipiell können Sie in Hyper-V unter Windows Server 2012 R2 beliebig viele, virtuelle Netzwerke einrichten. Auch lassen sich die verschiedenen Arten von virtuellen Netzwerken - je nach Anforderung - quasi beliebig miteinander kombinieren.

12.8.3 Erstellen neuer virtueller Computer

Nach der Installation von Hyper-V können Sie anhand der darin enthaltenen Assistenten problemlos Ihre ersten virtuellen Computer erstellen.

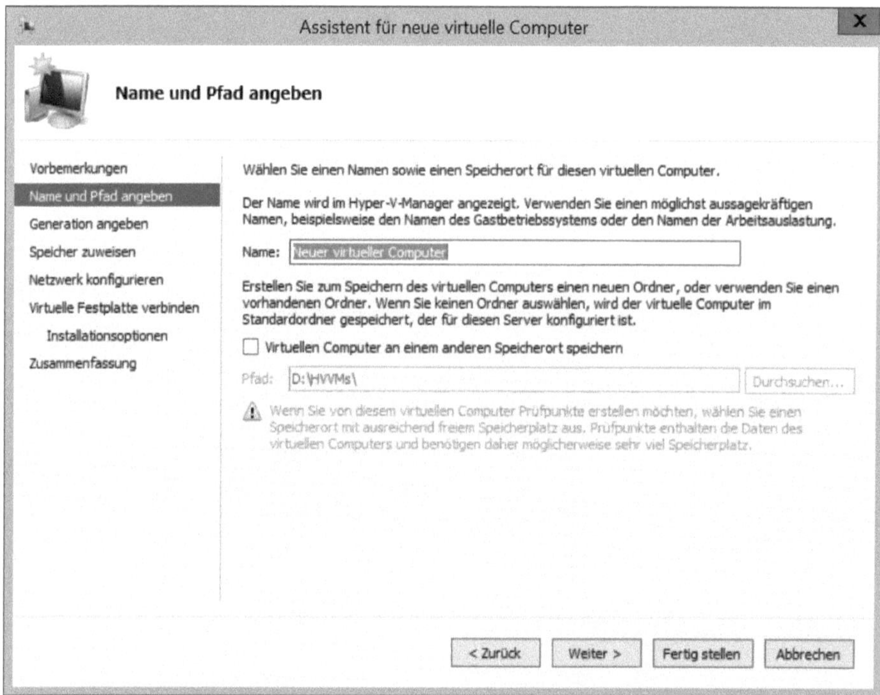

Abb. 12.6: *Assistent zum Erstellen eines neuen, virtuellen Computers im Hyper-V-Manager unter Windows Server 2012 R2*

Bedenken Sie, dass der Lizenzerwerb der Standard- sowie der Datacenter-Edition von Windows Server 2012 bzw. Windows Server 2012 R2 das Virtualisierungsrecht für eine jeweils bestimmte Anzahl an virtuellen Serversystemen umfasst. Der Erwerb der Standard Edition von Windows Server 2012 bzw. Windows Server 2012 R2 erlaubt beispielsweise den Einsatz von zwei virtuellen Servern unter Hyper-V, die Datacenter Edition ist seitens des Einsatzes von virtuellen Servern unter Hyper-V sogar unlimitiert. Weitere Informationen sowie auch Hinweise auf die Lizenzbedingungen von Hyper-V hierzu erhalten Sie im Internet unter:

http://www.microsoft.com/de-de/licensing/produktlizenzierung/windows-server-2012.aspx

Gehen Sie wie folgt vor, um einen neuen, benutzerdefinierten Computer im Hyper-V-Manager unter Windows Server 2012 R2 zu erstellen:

1. Klicken Sie im *Hyper-V-Manager* mit der rechten Maustaste auf das zu verwendende Serversystem und wählen Sie im Kontextmenü den Eintrag **Neu/Virtueller Computer...**
2. Klicken sie im Dialog *Vorbemerkungen* auf **Weiter**.
3. Geben Sie den *Namen* des neuen, virtuellen Computers an, bestimmen Sie den *Speicherort* für den virtuellen Computer, und klicken Sie auf **Weiter**.
4. Wählen Sie die gewünschte *Generation (1 oder 2)* für den virtuellen Computer, und klicken Sie dann auf **Weiter**.

> **Hinweis**
> Beachten Sie, dass die Generation eines virtuellen Computers nach dem Erstellen nicht mehr geändert werden kann.

5. Folgen Sie den Anweisungen des Assistenten.
6. Klicken Sie zum Ende auf **Fertig stellen**, um den virtuellen Computer mit den vorgenommenen Einstellungen zu erstellen.

> **Hinweis**
> Für die eigentliche Installation des Betriebssystems des virtuellen Computers können Sie - je nach gewählter Generation des virtuellen Computers - entweder ein CD-/DVD-ROM-Laufwerk, eine ISO-Datei als Abbilddatei oder (soweit vorbereitet) eine startfähige Diskette als VFD-Datei verwenden. Die Installation eines Betriebssystems für den neu zu erstellenden, virtuellen Computer kann gleich an-schließend oder auch zu einem späteren Zeitpunkt erfolgen.

12.8.4 Generation 1 und 2 - der Unterschied

Gen2 - Secure Boot und UEFI-Unterstützung

In früheren Versionen von Hyper-V gab es nur eine einzige Generation von virtuellen Computern. Die nutzbare, virtuelle Hardware war hierbei für alle virtuellen Computersysteme gleich. In Hyper-V 4.0 unter Windows Server 2012 R2 unterscheidet Microsoft die darin installierten, virtuellen Computersysteme erstmalig zwischen der Generation 1 und 2 - und damit im Schwerpunkt zwischen der vom virtuellen Computer verwendbaren, virtuellen Hardware.

> **Hinweis**
> Beachten Sie, dass sich ein virtuelles Computersystem seitens der bei der Einrichtung gewählten Generation (1 oder 2) im späteren Verlauf nicht mehr ändern lässt.

Der Unterschied zwischen den Generationen ergibt sich durch die Nutzungsmöglichkeit der Hardwareumgebung der jeweiligen, virtuellen Maschinen. Detailliert erklärt sich dies wie folgt:

12.8.4.1 Virtuelle Maschinen der Generation 1

Für virtuelle Maschinen der Generation 1 steht die gleiche, virtuelle Hardwareumgebung bereit wie in früheren Hyper-V-Versionen.

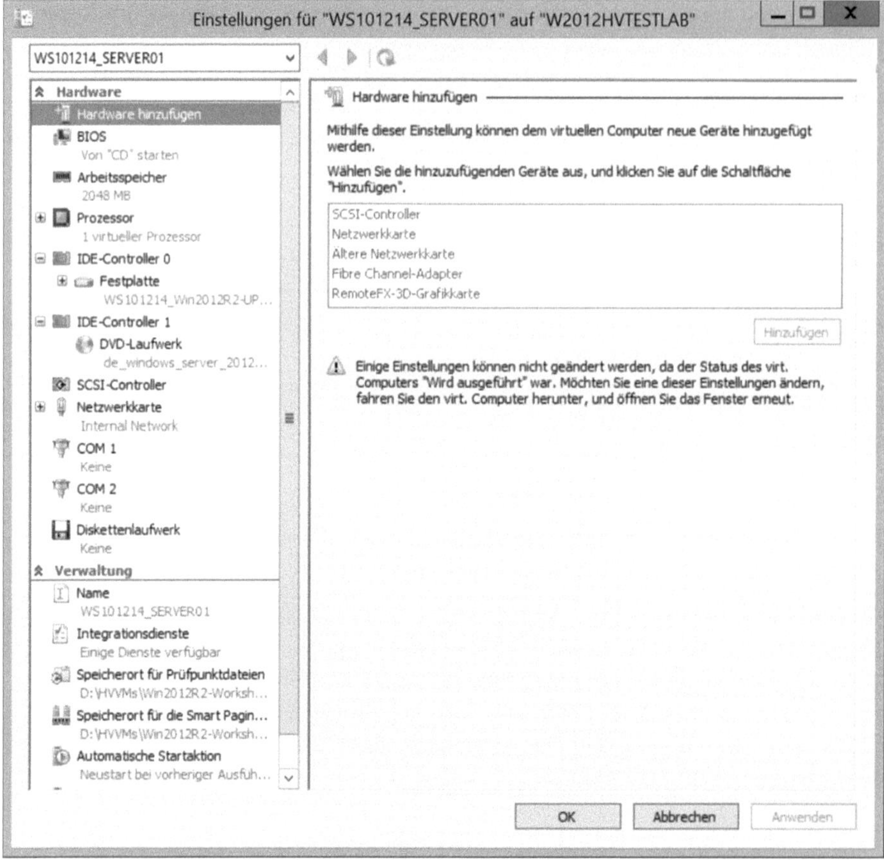

Abb. 12.7: *Einstellungen eines virtuellen Computers der Generation 1*

12.8.4.2 Virtuelle Maschinen der Generation 2

Für virtuelle Computer der Generation 2 gelten die folgenden Eigenschaften:

- PXE-Start mithilfe der standardmäßigen Netzwerkkarte
- Starten des Betriebssystems von einer virtuellen SCSI-Festplatte
- Starten von einer virtuellen SCSI-DVD (physikalische CD/DVD-ROM-Laufwerke werden von den virtuellen Maschinen der Generation 2 nicht mehr unterstützt)
- Sicherer Start (Secure Boot) - standardmäßig aktiviert
- UEFI-Firmwareunterstützung
- IDE-Laufwerke und ältere Netzwerkkarten werden *nicht* mehr unterstützt

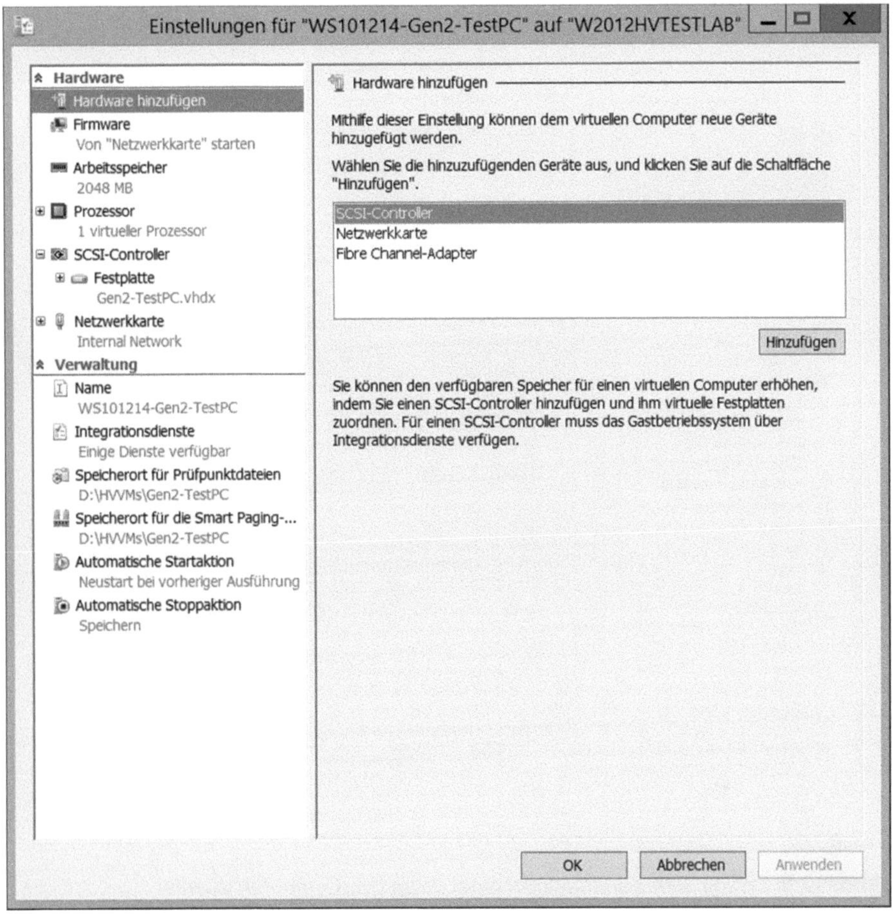

Abb. 12.8: *Einstellungen eines virtuellen Computers der Generation 2*

Weitere Informationen rund um die Generationen virtueller Computer in Hyper-V 4.0 finden Sie in der Windows-Hilfe von Windows Server 2012 R2 sowie im Internet auf der Website von Microsoft unter:

https://technet.microsoft.com/de-de/library/dn282285.aspx

12.8.4 Konfigurieren virtueller Computer

Hinzufügen und/oder Entfernen virtueller Hardware

Die neu erstellten, virtuellen Computersysteme können seitens der jeweiligen Konfiguration im Hyper-V-Manager unter Windows Server 2012 R2 angepasst werden. Beispielsweise kann man hier neue, virtuelle Hardware zum betreffenden System hinzufügen, die zugeordnete Arbeitsspeicherkapazität verändern und vieles mehr.

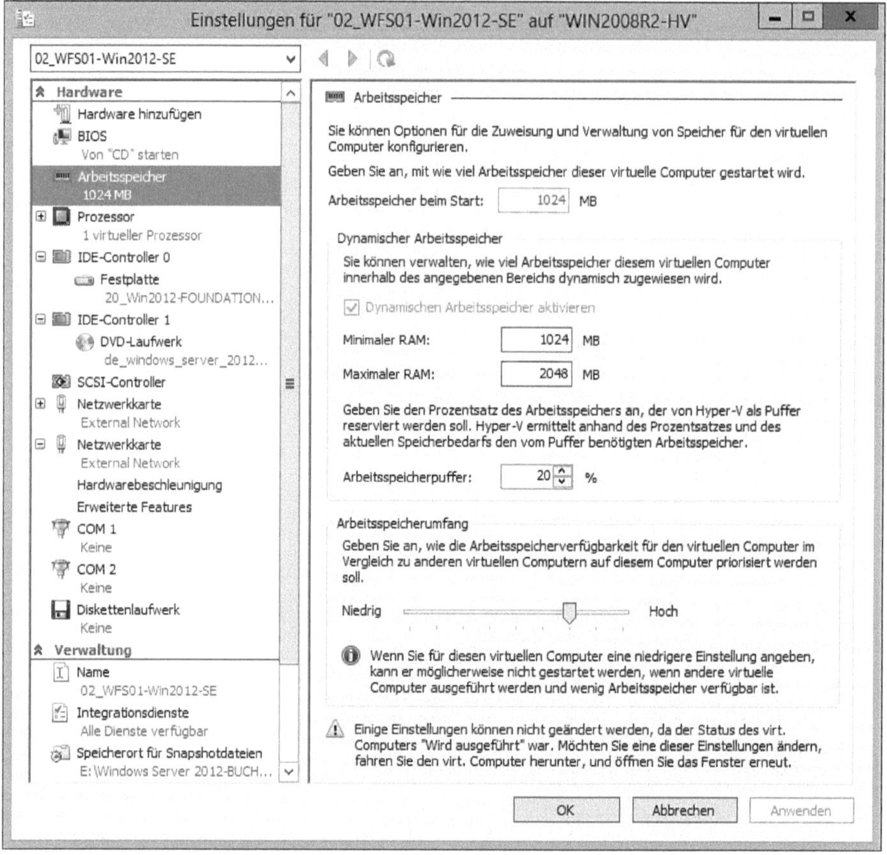

Abb. 12.9: *Dialog zum Konfigurieren eines virtuellen Computersystems*

Gehen Sie wie folgt vor, um ein virtuelles Computersystem im Hyper-V-Manager unter Windows Server 2012 R2 zu konfigurieren:

1. Klicken Sie im *Hyper-V-Manager* im Abschnitt *Virtuelle Computer* mit der rechten Maustaste auf den zu konfigurierenden, virtuellen Computer und wählen Sie im Kontextmenü den Eintrag **Einstellungen...**
2. Nehmen Sie die gewünschten Konfigurationsschritte vor und klicken Sie dann auf **OK**.

Ggf. zuerst herunterfahren

Beachten Sie, dass das betreffende, virtuelle Computersystem für einige der Konfigurationsschritte (beispielsweise das Verändern der zugeordneten Arbeitsspeicherkapazität) womöglich erst heruntergefahren werden muss.

12.8.5 Erstellen und Verwalten von Prüfpunkten (ehemals Snapshots)

Ideal für Testumgebungen

Während der Ausführung eines virtuellen Computersystems in Hyper-V unter Windows Server 2012 R2 können im Bedarfsfall sogenannte *Prüfpunkte* (ehemals *„Snapshots"* genannt) angefertigt werden. Diese speichern den zum betreffenden Zeitpunkt vorhandenen Zustand des jeweiligen, virtuellen Serversystems, zu dem man beispielsweise nach anschließenden Änderungen am System wiederum zurückkehren kann. Typischerweise finden Prüfpunkte ihre Verwendung häufig in Testumgebungen oder auch in Entwicklungslabors. Ein weiteres Einsatzgebiet stellen mitunter auch (natürlich vorweg entsprechend vorbereitete) Vorführungen dar, bei denen man lange Installationsphasen durch einen Sprung zu einem zeitlich späteren Prüfpunkt verkürzen kann.

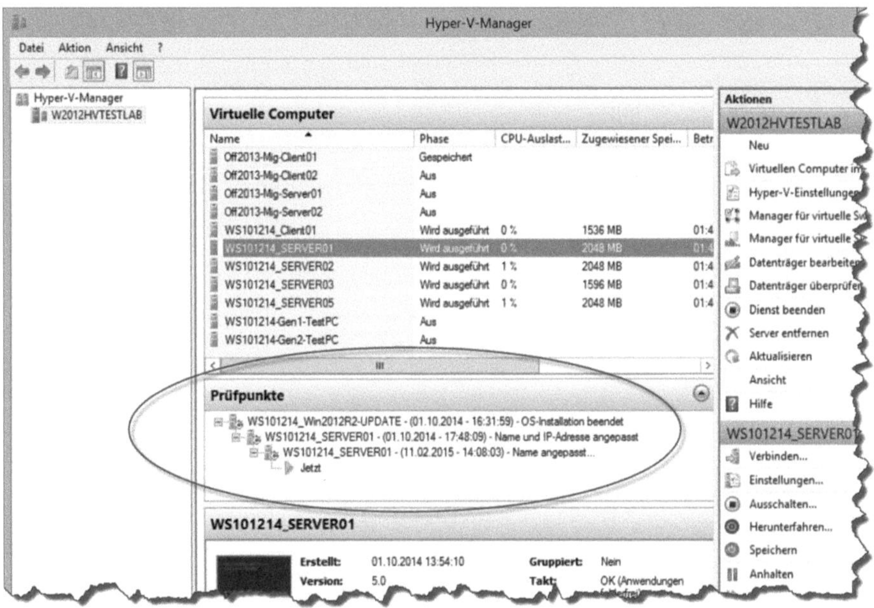

Abb. 12.7: *Prüfpunkte eines virtuellen Computersystems im Hyper-V-Manager*

Problemlos mehrere Snapshots anlegen

Es ist problemlos möglich, mehrere Prüfpunkte eines virtuellen Computersystems anzulegen. Diese können anschließend ebenso problemlos wieder gelöscht werden, wenn diese nicht mehr benötigt werden. Hierdurch wird dann auch der durch den jeweiligen Prüfpunkt belegte Speicherplatz auf dem Hostsystem wieder freigegeben.

Gehen Sie wie folgt vor, um einen Prüfpunkt eines virtuellen Computersystems im Hyper-V-Manager unter Windows Server 2012 R2 zu erstellen:

1. Klicken Sie im *Hyper-V-Manager* im Abschnitt *Virtuelle Computer* mit der rechten Maustaste auf den zu konfigurierenden, virtuellen Computer und wählen Sie im Kontextmenü den Eintrag **Prüfpunkt**.

Der Prüfpunkt (Snapshot) des virtuellen Computersystems wird erstellt und anschließend im Abschnitt *Prüfpunkte* des Hyper-V-Managers angezeigt.

Vorsicht sollte man beim Verwenden von Prüfpunkten (Snapshots) von virtuellen Domänencontrollern walten lassen. Beim Zurücksetzen eines solchen Serversystems auf einen früheren Zeitpunkt mittels eines zuvor erstellten Prüfpunkts (Snapshots) können beim Einsatz älterer Windows-Betriebssysteme (z. B. Windows Server 2008 oder Windows Server 2008 R2) Inkonsistenzen der Active Directory-Datenbank auftreten. Nähere Informationen hierzu findet man im Internet unter:

https://technet.microsoft.com/de-de/library/virtual_active_directory_domain_controller_virtualization_hyperv.aspx

12.8.6 Anwenden von Prüfpunkten

Änderungen werden verworfen

Virtuelle Computersysteme können durch die Anwendung von Prüfpunkten jederzeit auf den zuvor erfassten Zustand zurückgesetzt werden. Alle Änderungen, die nach der Erstellung des Prüfpunkts an dem betreffenden, virtuellen Computersystem vorgenommen wurden, gehen bei diesem Vorgang - wenn nicht während dieses Vorgangs ein neuer Prüfpunkt erstellt wird - verloren.

Gehen Sie wie folgt vor, um ein virtuelles Computersystem im Hyper-V-Manager unter Windows Server 2012 R2 auf den Zustand eines vorweg erstellten Prüfpunkts zurückzusetzen:

1. Klicken Sie im *Hyper-V-Manager* im Abschnitt *Virtuelle Computer* auf das betreffende Computersystem.
2. Klicken Sie im Abschnitt *Prüfpunkte* mit der rechten Maustaste auf den gewünschten Prüfpunkts und wählen Sie im Kontext den Eintrag **Anwenden...**

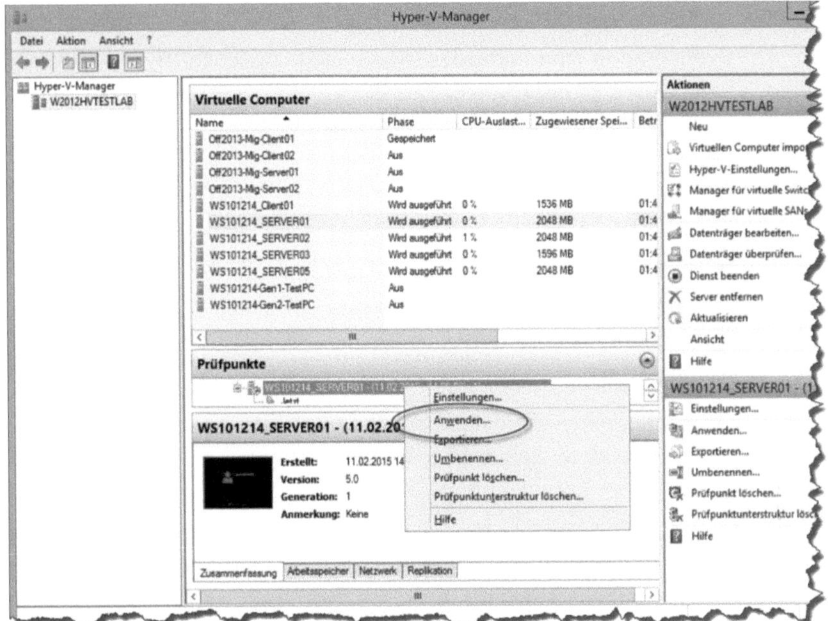

Abb. 12.8: *Anwenden eines Prüfpunkts auf ein virtuelles Computersystem im Hyper-V-Manager unter Windows Server 2012 R2*

3. Klicken Sie im Dialog *Snapshot anwenden* auf die Schaltfläche **Anwenden**.

Aktuellen Zustand sichern

Alternativ können Sie im Dialog *Prüfpunkt anwenden* auf die Schaltfläche *Prüfpunkt erstellen und anwenden* klicken. Wie es die Beschriftung bereits erklärt, wird dann zuerst ein neuer *Prüfpunkt* des aktuellen Zustands des Systems erstellt und dieses anschließend auf den Zustand des ursprünglich ausgewählten Prüfpunkts zurückgesetzt.

12.9 Konfigurieren und Verwenden der Live-Migration

Seit Hyper-V 3.0 auch ohne Failover-Cluster möglich

Bereits in Hyper-V unter Windows Server 2008 R2 (Release 2) hatte Microsoft die Live-Migration zum Verschieben von virtuellen Maschinen zwischen Hyper-V-Hosts eingeführt. Der Verschiebevorgang mittels Live-Migration findet dabei ohne wahrnehmbare Ausfallzeit statt. Die damalige Version von Hyper-V setzte für die Verwendung der Live-Migration jedoch voraus, dass die Hyper-V-Hosts als Clusterknoten eines Failover-Clusters konfiguriert waren. Unter Windows Server 2012 sowie Windows Server 2012 R2 lässt sich die Livemigration nunmehr auch ohne die Verwendung der Failover-Clusterunterstützung realisieren. Seit Hyper-V 4.0 wird die Migration auch zwischen Hyper-V-Host-Computern unter Windows Server 2012 und Windows Server 2012 R2 unterstützt.

12.9.1 Voraussetzungen

Um die Livemigration von virtuellen Maschinen zwischen Hyper-V-Hosts unter Windows Server 2012 R2 ohne den Einsatz eines Failover-Clusters zu realisieren, müssen die folgenden Voraussetzungen erfüllt werden:

- Hyper-V-Rolle ist auf dem Quell- und Zielserver unter Windows Server 2012 bzw. Windows Server 2012 R2 installiert.
- Quellserver verfügt über mindestens einen aktiven virtuellen Computer.
- Quell- und Zielserver sind Mitglieder derselben Active Directory-Domäne, oder gehören zu Domänen, die sich gegenseitig vertrauen - Domänenmitgliedschaft wird ***vorausgesetzt***!
- Das zum Konfigurieren der eingeschränkten Delegierung (zur Kerberos-Authentifizierung) verwendete Benutzerkonto muss Mitglied der Gruppe *„Domänen-Admins"* sein.
- Das zum Konfigurieren und Durchführen der Live-Migration verwendete Benutzerkonto *muss* Mitglied der lokalen Gruppe *„Hyper-V-Administratoren"* oder der *„Administratoren"* auf den Quell- und Zielservern sein.

12.9.2 Konfigurationsschritte

In 2 Schritten zum Ziel

Die Konfiguration der Live-Migration von virtuellen Maschinen zwischen Hyper-V-Hosts unter Windows Server 2012 R2 ohne den Einsatz eines Failover-Clusters lässt sich in wenigen Schritten durchführen.

Schritt 1: Konfiguration der eingeschränkten Delegierung

Bei der Verwendung der Kerberos-Authentifizierung im Rahmen der Live-Migration muss die eingeschränkte Delegierung für die Hyper-V-Hosts in den Active Directory-Domänendiensten konfiguriert werden. Gehen Sie dazu wie folgt vor:

1. Öffnen Sie die Konsole *Active Directory-Benutzer und Computer.*
2. Erweitern Sie die *Domäne*, und doppelklicken Sie den Container **Computers**.
3. Klicken Sie im Container *Computers* mit der rechten Maustaste auf das *Computerkonto des Quellservers*, und klicken Sie dann auf **Eigenschaften**.
4. Klicken Sie im Dialogfeld *Eigenschaften* auf die Registerkarte **Delegierung**.
5. Wählen Sie auf der Registerkarte *Delegierung* die Option **Computer nur bei Delegierungen angegebener Dienste vertrauen** aus. Wählen Sie unter dieser Option **Nur Kerberos verwenden** aus.
6. Klicken Sie auf **Hinzufügen...**, dann auf **Benutzer oder Computer**, geben Sie den *Namen des Zielservers* ein, und klicken Sie auf **OK**.

7. Wählen Sie **Microsoft Virtual System Migration Service**, und bei Bedarf noch **cifs** aus (falls der Speicher des virtuellen Computers mittels SMB-Freigabe bereitgestellt wurde), und klicken Sie dann auf **OK**.
8. Klicken Sie im *Eigenschaften*-Dialog auf **OK**, um die Konfiguration abzuschließen.

Wählen Sie im Container *Computers* das *Computerkonto des Zielservers* aus, und wiederholen Sie die vorherigen Schritte. Verwenden Sie im Verlauf der Konfiguration der Delegierung dann den *Namen des Quellservers.*

Schritt 2: Konfigurieren der Quell- und Zielserver für die Live-Migration

Im zweiten Schritt müssen der ***Quell-*** und ***Zielserver*** für das Senden und Empfangen von Live-Migrationen konfiguriert werden. Während der Konfiguration der Server wird festgelegt, ob für den Datenverkehr bei der Live-Migration ein beliebiges verfügbares Netzwerk zulässig ist, oder ob dieser Datenverkehr nur in angegebenen Netzwerken erfolgen darf. Gehen Sie dazu wie folgt vor:

1. Öffnen Sie den *Hyper-V-Manager* (soweit noch nicht geschehen).
2. Klicken Sie im *Navigationsbereich* mit der rechten Maustaste auf den ***Quellserver***, den Sie für Livemigration konfigurieren möchten, und wählen Sie im Kontextmenü die Option **Hyper-V-Einstellungen**.
3. Klicken Sie im Dialogfeld *Hyper-V-Einstellungen* auf **Livemigrationen**.
4. Aktivieren Sie im Bereich *Livemigrationen* die Option **Ein- und ausgehende Livemigrationen ermöglichen**, und geben Sie unter *Gleichzeitige Livemigrationen* bei Bedarf einen entsprechenden Wert an..
5. Wenn spezielle Netzwerkverbindungen den Datenverkehr für die Livemigration akzeptieren sollen, klicken Sie unter *Eingehende Livemigrationen* auf **Hinzufügen**, um die IP-Adressinformationen einzugeben. Klicken Sie anderenfalls auf **Beliebiges Netzwerk für Livemigrationen verwenden**.
6. Erweitern Sie den Abschnitt *Livemigrationen*, und klicken Sie auf **Erweiterte Features**.
7. Wählen Sie unter *Authentifizierungsprotokoll* **Kerberos** aus, für das zuvor die eingeschränkte Delegierung konfiguriert wurde.
7. Wählen Sie die gewünschten *Leistungskonfigurationsoptionen* aus, und klicken Sie dann auf **OK**, um die Konfiguration abzuschließen.

Wählen Sie im *Hyper-V-Manager* den Server aus, den Sie als *Zielserver* verwenden möchten, und wiederholen Sie die vorangegangenen Schritte.

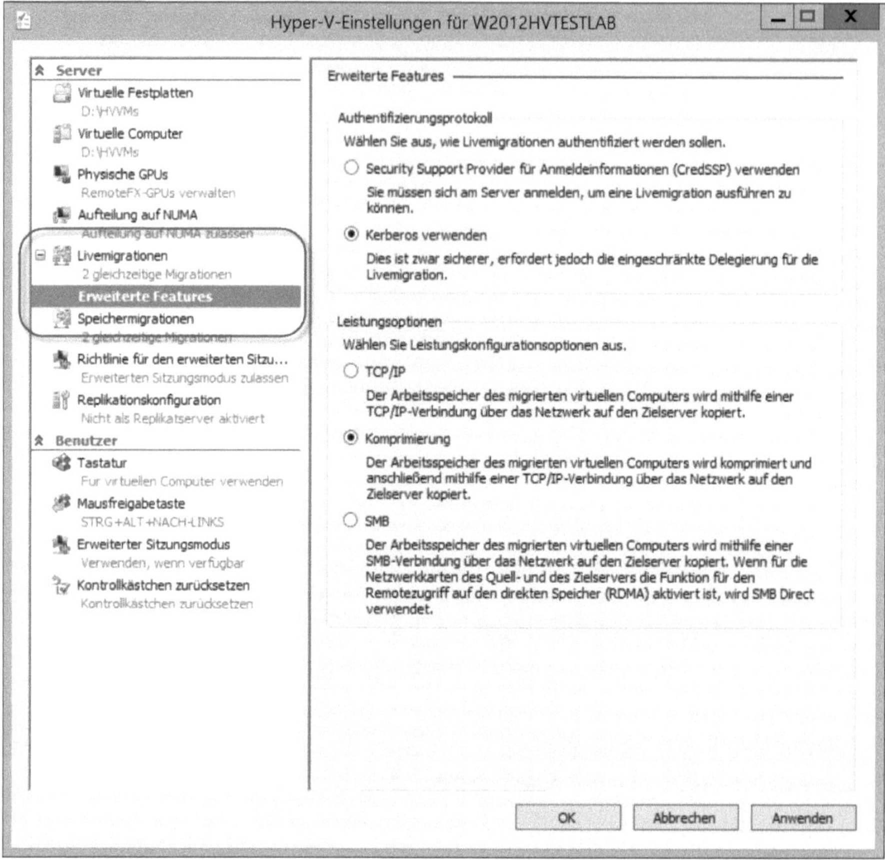

Abb. 12.9: *Konfiguration der Livemigration im Hyper-V-Manager unter Windows Server 2012 R2*

Alternativ kann man die Konfiguration von Live-Migration auch in der Windows PowerShell von Windows Server 2012 bzw. Windows Server 2012 R2 durchführen. Verwenden Sie dazu die folgenden Befehlszeilen:

```
Enable-VMMigration

Set-VMMigrationNetwork 172.20.0.200

Set-VMHost -VirtualMachineMigrationAuthenticationType
Kerberos
```

In diesem Beispiel wird mit dem Cmdlet **Enable-VMMigration** die Live-Migration aktiviert. Mit dem Befehl **Set-VMMigrationNetwork** wird das für die Livemigration zu verwendende Netzwerk (*172.20.0.200 als IP-Adresse des zu verwendenden Netzwerkadapters*) auf dem zu konfigurierenden Serversystem bestimmt. Mit dem letzten Befehl wird *Kerberos* als Authentifizierungsprotokoll für die Livemigration festgelegt.

12.9.3 Verschieben von aktiven virtuellen Computern mittels Live-Migration

Verschieben ohne Ausfallzeit

Nach der Konfiguration der Live-Migration zwischen den Quell- und Zielservern lassen sich die auf dem Quellserver aktiv ausgeführten, virtuellen Computer in einfachen Schritten - ohne wahrnehmbare Ausfallzeit - zu einem Zielserver verschieben. Gehen Sie dazu wie folgt vor:

1. Starten Sie den *Hyper-V-Manager* auf dem Quellserver.
2. Klicken Sie im Bereich *Virtuelle Computer* mit der rechten Maustaste auf den virtuellen Computer, und klicken Sie dann auf **Verschieben**.
3. Wählen Sie auf der Seite *Verschiebungstyp auswählen* die Option **Virtuellen Computer verschieben** aus, und klicken Sie auf **Weiter**.
4. Geben Sie auf der Seite *Ziel angeben* den Namen des Zielcomputers ein, oder navigieren Sie zum Zielcomputer. Klicken Sie dann auf **Weiter**.
5. Wählen Sie auf der Seite *Optionen für Verschieben auswählen* aus, ob verschiedene Elemente verschoben werden sollen, die für den virtuellen Computer gespeichert wurden (bspw. virtuelle Festplatten, Prüfpunkte und Auslagerungsdateien), und klicken Sie auf **Weiter**.
6. Überprüfen Sie auf der Seite *Zusammenfassung* die ausgewählten Einstellungen, und klicken Sie dann auf **Fertig stellen**.

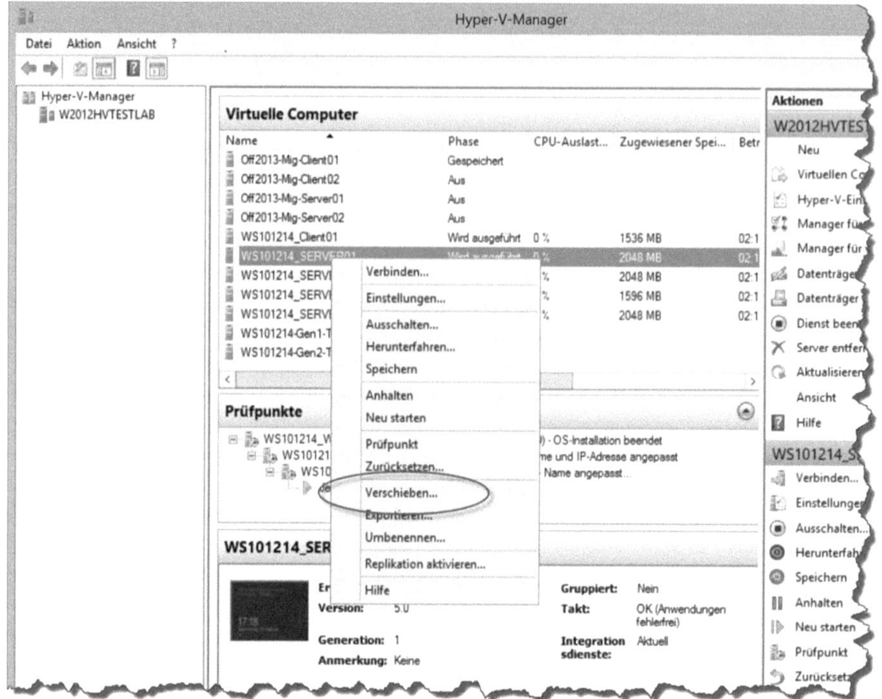

Abb. 12.10: *Verschieben von aktiven virtuellen Maschinen mittels Livemigration im Hyper-V-Manager unter Windows Server 2012 R2*

Alternativ kann man das Verschieben von aktiven virtuellen Computersystemen mittels Live-Migration auch in der Windows PowerShell von Windows Server 2012 R2 durchführen. Verwenden Sie dazu die folgende Befehlszeile:

```
Move-VM VPC01 HV02 -IncludeStorage
-DestinationStoragePath D:\VPC01
```

In diesem Beispiel würde ein virtueller Computer mit dem Namen `VPC01` (inklusive virtueller Festplatte und bei Bedarf auch anderen Dateien, wie Prüfpunkte) auf einen Zielserver mit der Bezeichnung `HV02` in das Verzeichnis `D:\VPC01` verschoben.

12.10 Replikation von virtuellen Maschinen

(Mögliche) Alternative zu teuren Failover-Clusterlösungen

Bereits seit Windows Server 2012 mit Hyper-V 3.0 besteht die die Möglichkeit zur Replikation virtueller Maschinen zwischen Hyper-V-Hosts unter Windows Server 2012 bzw. Windows Server 2012 R2 mittels *Hyper-V-Replica*. Hierbei wird eine Kopie einer virtuellen Maschine von einem auf einen anderen Hyper-V-Host unter Windows Server 2012 repliziert und anschließend standardmäßig alle 5 Minuten auf Änderungen hin aktualisiert. Dieses Replikationsintervall lässt sich in Hyper-V 4.0 unter Windows Server 2012

R2 bei Bedarf zeitlich noch weiter anpassen - auf ***30 Sekunden, 5 Minuten oder 15 Minuten***. Die Replikation ermöglicht eine gewisse Ausfallsicherheit für virtuelle Maschinen - völlig ohne die Investition in teure Clusterlösungen - und ist daher sogar für kleinere Unternehmen interessant. Die Replikation ist völlig flexibel und kann im Rahmen des Hyper-V-Replica problemlos z. B. innerhalb oder außerhalb von Active Directory-Domänen, sowie auch innerhalb oder außerhalb von Failover-Clustern, oder gar völlig eigenständig zwischen Hyper-V-Servern eingerichtet werden.

Hyper-V-Replica erfordert die folgenden Konfigurationsschritte:

1. **Aktivierung des Hyper-V-Hosts als Replikatserver**
2. **Aktivieren von Firewall-Regeln**
3. **Aktivierung der Replikation für die zu replizierende, virtuelle Maschine**

Diese Schritte werden in den folgenden Seiten detailliert beschrieben.

12.10.1 Aktivieren des Replikatservers

Einrichten des Replikatziels

Die Replikation von virtuellen Maschinen zwischen Hyper-V-Hosts unter Windows Server 2012 R2 erfordert im ersten Schritt zunächst die Aktivierung des Zielservers als Replikatempfänger. Gehen Sie dazu wie folgt vor:

1. Öffnen Sie den *Hyper-V-Manager* (soweit noch nicht geschehen).
2. Klicken Sie im *Navigationsbereich* mit der rechten Maustaste auf den als *Replikatserver* zu aktivierenden Server, und wählen Sie im Kontextmenü die Option **Hyper-V-Einstellungen**.
3. Klicken Sie im Dialogfeld *Hyper-V-Einstellungen* auf **Replikationskonfiguration**.
4. Aktivieren Sie das Kontrollkästchen **Diesen Computer als Replikatserver aktivieren**, sowie die Option **Kerberos (HTTP) verwenden:** (setzt voraus, dass die Server Mitglied von vertrauenswürdigen Domänen bzw. derselben Domäne sind) bzw. **Zertifikatbasierte Authentifizierung verwenden (HTTS):** (setzt voraus, dass auf den Serversystemen alternativ zu Kerberos ein digitales Zertifikat für die SSL-Verschlüsselung installiert ist).
5. Wählen Sie unter *Autorisierung und Speicherung* die gewünschte Option aus, und klicken Sie anschließend auf **OK**.

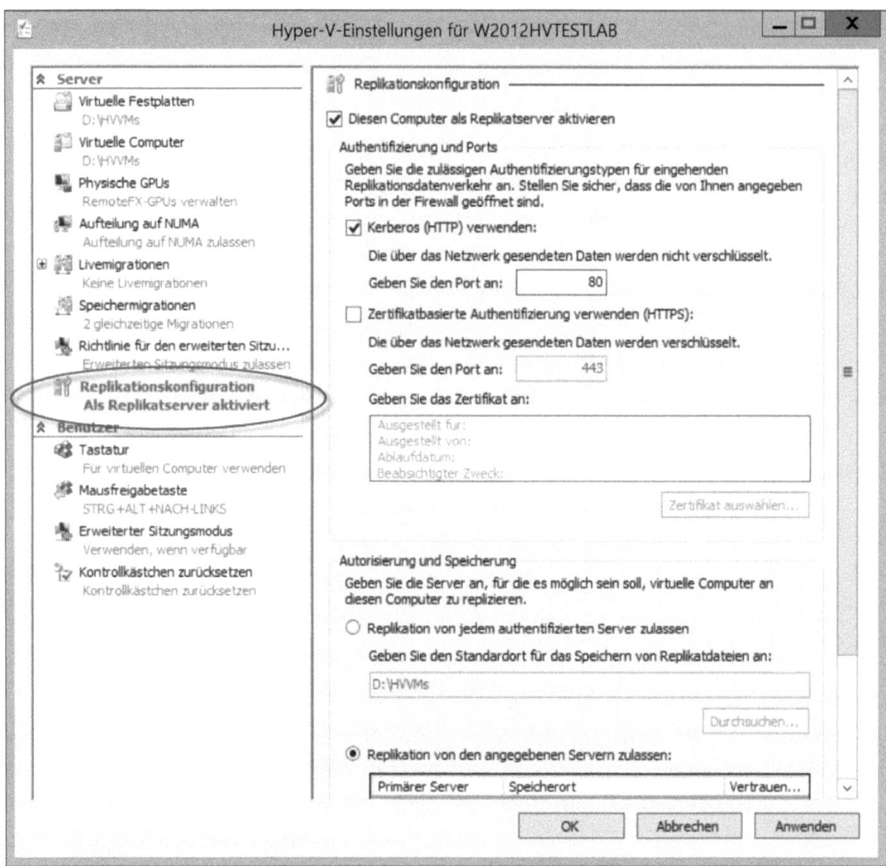

Abb. 12.11: *Aktivierung eines Hyper-V-Hosts unter Windows Server 2012 R2 als Replikatserver*

12.10.2 Aktivieren von Firewall-Regeln

Regeln müssen manuell aktiviert werden

Nach der Aktivierung von Hyper-V-Hosts als Replikatserver muss man in einem nächsten Schritt die entsprechenden Firewall-Regeln aktivieren. Dies geschieht i.d.R. nicht automatisch. Gehen Sie - je nach ausgewählter Authentifizierungsmethode - dazu wie folgt vor:

a) aktivieren der Firewall-Regeln für die Kerberos-Authentifizierung:

1. Öffnen Sie *Windows-Firewall mit erweiterter Sicherheit*, und klicken Sie auf **Eingehende Regeln**.

2. Klicken Sie mit der rechten Maustaste auf **Hyper-V-Replikat - HTTP-Listener (TCP eingehend)**, und klicken Sie anschließend auf **Regel aktivieren**.

b) aktivieren der Firewall-Regeln für die zertifikatbasierte Authentifizierung:

1. Öffnen Sie *Windows-Firewall mit erweiterter Sicherheit*, und klicken Sie auf **Eingehende Regeln**.

2. Klicken Sie mit der rechten Maustaste auf **Hyper-V-Replikat - HTTPS-Listener (TCP eingehend)**, und klicken Sie anschließend auf **Regel aktivieren**.

Damit ist die Windows-Firewall für die Hyper-V-Replikation entsprechend vorbereitet.

12.10.3 Aktivieren von virtuellen Maschinen für Hyper-V-Replica

Individuelle Aktivierung der VMs für die Replikation

Nach der Aktivierung von Hyper-V-Hosts als Replikatserver, sowie der Konfiguration der Windows-Firewall muss man in einem nächsten Schritt die zu replizierenden, virtuellen Maschinen für Hyper-V-Replica aktivieren. Gehen Sie dazu wie folgt vor:

1. Öffnen Sie den *Hyper-V-Manager* (soweit noch nicht geschehen).
2. Klicken Sie im Abschnitt **Virtuelle Computer** mit der rechten Maustaste auf den für die Hyper-V-Replikation zu aktivierenden, virtuellen Computer, und wählen Sie im Kontextmenü den Eintrag **Replikation aktivieren...**
3. Klicken Sie im Dialog *Vorbemerkungen* auf **Weiter**.
4. Geben Sie den *Namen des Replikatservers* an, und klicken Sie auf **Weiter**.
5. Wählen Sie - passend zu der zuvor durchgeführten Konfiguration des Replikatservers - den zuvor ausgewählten Authentifizierungstyp **Kerberos-Authentifizierung (HTTP) verwenden** bzw. **Zertifikatbasierte Authentifizierung verwenden (HTTPS)**, achten Sie darauf, dass die Option **Über das Netzwerk übertragene Daten komprimieren** aktiviert ist, und klicken Sie auf **Weiter**.

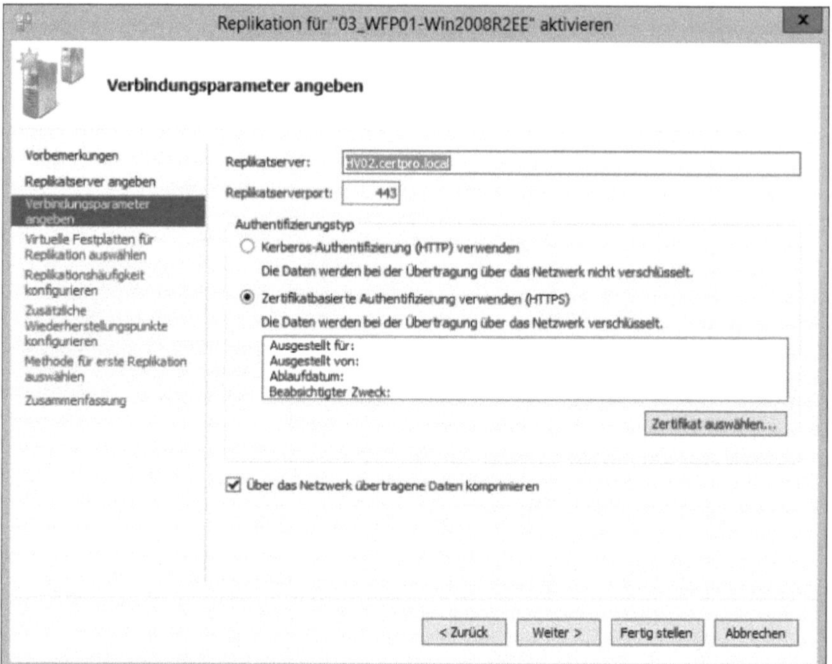

Abb. 12.12: *Konfiguration des Authentifizierungstyps für Hyper-V-Replica*

6. Wählen Sie bei Bedarf explizit die virtuellen Festplatten für die Replikation aus (soweit Änderungen erwünscht sind), und klicken Sie auf **Weiter**.
7. Legen Sie die *Replikationshäufigkeit* (alle 30 Sekunden, 5 Minuten, 15 Minuten) fest, und klicken Sie auf **Weiter**.

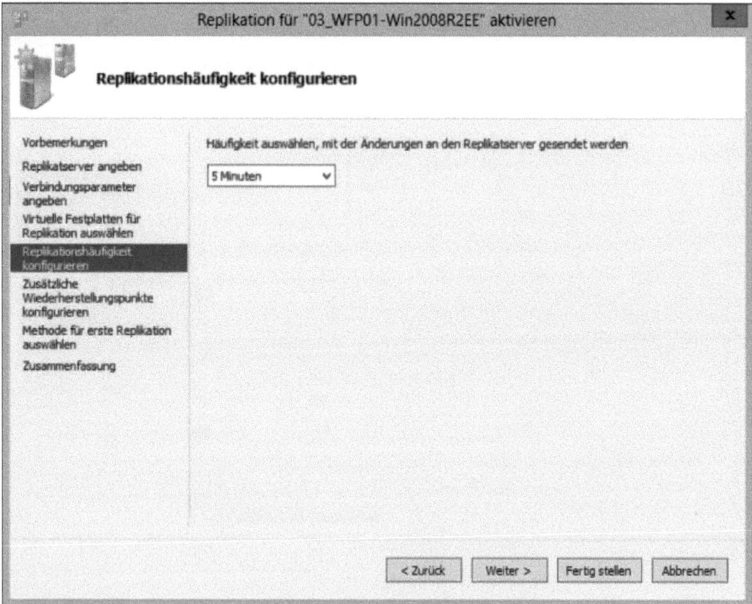

Abb. 12.13: *Konfiguration der Replikationshäufigkeit*

8. Wählen Sie im Dialog Zusätzliche *Wiederherstellungspunkte konfigurieren* die gewünschte Anzahl der zu speichernden Wiederherstellungspunkte, und klicken Sie dann auf **Weiter**.

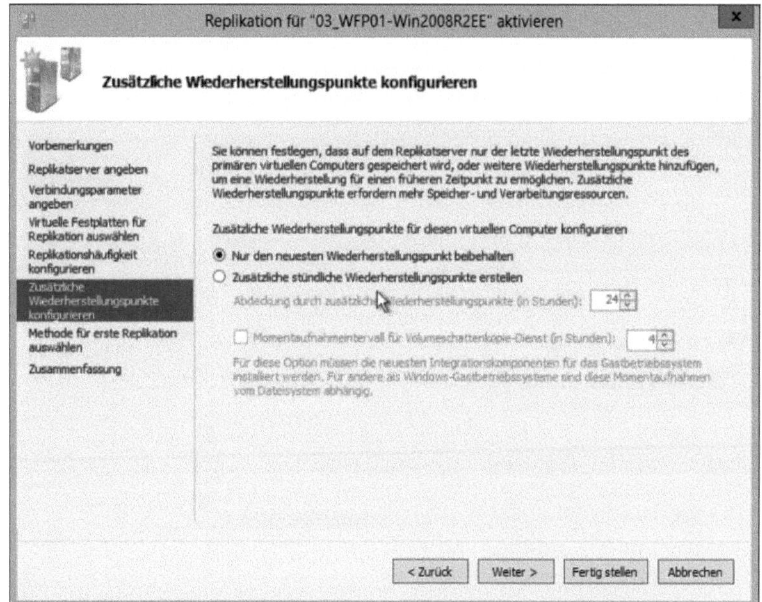

Abb. 12.134: *Auswahl der Anzahl an Wiederherstellungspunkten*

7. Konfigurieren Sie die gewünschte *Methode für die erste Replikation*, geben Sie den *Zeitpunkt für die erste Replikation* an, und klicken Sie dann auf **Weiter**.

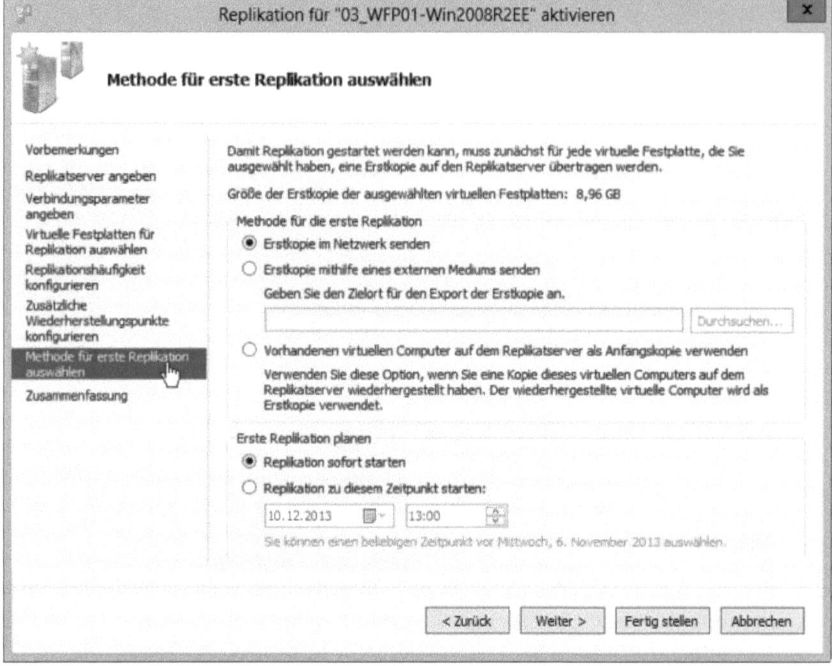

Abb. 12.145: *Konfiguration der Methode und des Starts der Erstreplikation*

8. Klicken Sie in Dialog *Zusammenfassung* auf **Fertig stellen**.

Je nach konfiguriertem Replikationsstart wird die betreffende, virtuelle Maschine über das Netzwerk zum angegebenen Speicherort auf dem Replikatserver übertragen. Dieser Vorgang kann - insbesondere bei der ersten Replikation - einige Zeit in Anspruch nehmen. Anschließend wird der virtuelle Computer im Hyper-V-Manager des Replikatservers angezeigt.

Weitere Informationen zur Verwendung von Hyper-V unter Windows Server 2012 bzw. Windows Server 2012 R2 finden Sie in der Windows-Hilfe, sowie auch im Internet auf der Website von Microsoft unter:

https://technet.microsoft.com/de-de/library/hh831531.aspx

In diesem Kapitel wurde Ihnen der Hyper-V 4.0 unter Windows Server 2012 R2 mitsamt der darin enthaltenen Neuerungen und Verbesserungen vorgestellt. Wie es den vorangegangenen Seiten zu entnehmen war, kann man beim Einrichten eines neuen virtuellen Computers für diesen auch gleich die gewünschte Generation (1 oder 2) festlegen.

Entscheidend ist hierbei die in der jeweiligen Generation enthaltene, virtuelle Hardwareumgebung, die dem virtuellen Computer anschließend zur Verfügung steht. Zudem wurden neben dem Einrichten und Konfigurieren von virtuellen Computern u. a. auch Details zur Konfiguration und Verwendung der Hyper-V-Replikation und Livemigration gezeigt. Nach der Einführung in Hyper-V unter Windows Server 2012 R2 ist es nunmehr an der Zeit, sich mit einem weiteren Thema rund um das neue Serverbetriebssystem zu befassen – dem möglichen Einsatz von Windows Server 2012 R2 als Server Core.

KAPITEL 13
Windows Server 2012 R2 als Server Core

Wie auch in den vorangegangenen Serverbetriebssystemen wie Windows Server 2008 und Windows Server 2008 R2 (Release 2) kann man Windows Server 2012 R2 wie zuvor auch Windows Server 2012 auf Unternehmensservern als Server Core-Installation bereitstellen. Hierdurch wird das Windows-basierte Serversystem (fast) ohne Grafikumgebung installiert und eingesetzt. Aus der Sicht der IT-Sicherheit beispielsweise reduziert dies die mögliche Angriffsfläche der Serversysteme gegenüber potentiellen Angreifern.

Windows (quasi) ohne Fenster

Die Vorteile von Windows Server 2012 R2 als Server Core-Installation liegen klar auf der Hand:

- **Verminderter Verwaltungsaufwand** Auf einem Server Core werden in der Regel weniger Dienste und Anwendungen ausgeführt, sodass sich hierdurch auch der notwendige Verwaltungsaufwand reduziert.
- **Kleinere Angriffsfläche** Durch die Reduzierung der auszuführenden Dienste und Anwendungen auf einem Serversystem unter Server Core beschränkt sich gleichzeitig auch die Angriffsfläche gegenüber Hackern.
- **Reduzierter Wartungsaufwand** Durch den Wegfall der Grafikumgebung sowie der, im Gegensatz zu einer vollwertigen Installation von Windows Server 2012 R2,

installierten Dienste und Anwendungen reduziert sich auch der notwendige Wartungsaufwand mitunter erheblich. Für nicht vorhandene Komponenten müssen beispielsweise auch keine Updates oder Patches eingespielt werden.

- **Geringere Speicheranforderungen** Die Installation eines Windows Server 2012 R2 als Server Core belegt, je nach installierten Serverrollen und -funktionen, im Vergleich zu vollwertig installierten Serversystemen etwa 4 GB weniger an Speicherplatz auf der Festplatte des betreffenden Serversystems.

Die grafischen Tools zur Verwaltung eines Server Core unter Windows Server 2012 R2 sind hierbei auf ein Minimum beschränkt. So ist es zwar möglich, den Task-Manager, den Registrierungseditor und das Notepad grafisch zu starten, jedoch stehen sonst kaum mehr Tools zur Verfügung.

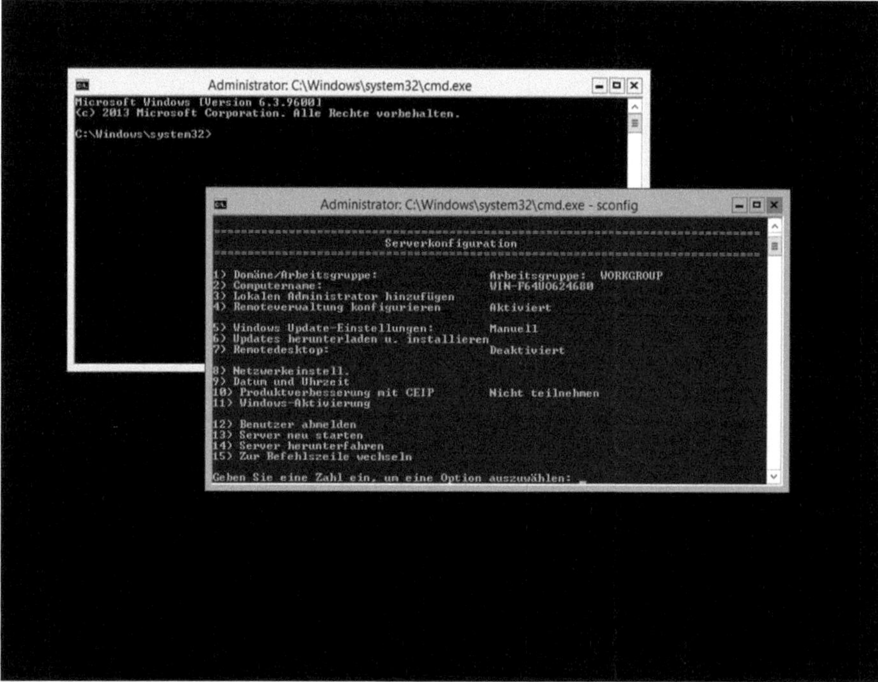

Abb. 13.1: *Oberfläche von Windows Server 2012 R2 als Server Core-Installation*

So kann beispielsweise über den Aufruf des folgenden Befehls die Konfiguration für die *internationalen Einstellungen* aufgerufen werden: **control intl.cpl**. Die Konfiguration der *Zeitzone* wiederum wird über die Eingabe des folgenden Befehls aufgerufen und konfiguriert: **control timedate.cpl**

Hinweis

Eine Übersicht der gebräuchlichsten Befehle unter Windows Server 2012 R2 als Server Core erhalten Sie, indem Sie den folgenden Befehl in der Kommandozeile eingeben:

cscript %windir%\system32\scregedit.wsf /CLI

Den Task-Manager erreichen Sie über die Tasten Strg + Alt und Entf. Wählen Sie im darauf folgenden Dialog die Verknüpfung zum Task-Manager aus.

Eingabeaufforderung statt Explorer-Shell

Die Explorer-Shell wird bei einer Server Core-Installation standardmäßig nicht installiert. Stattdessen steht auf einem solchen System die **Eingabeaufforderung** für die Verwaltung der Serverrollen und -funktionen zur Verfügung. Diese lässt sich entweder lokal oder über eine Terminalserververbindung auch im Remotezugriff nutzen.

Wenn man die Eingabeaufforderung geschlossen hat, so kann man im Task-Manager des Server Core unter Windows Server 2012 R2 über die Menüpunkte ***Datei/Ausführen*** und der nachfolgenden Eingabe von **cmd.exe** eine neue Eingabeaufforderung öffnen.

Im neuen Windows Server 2012 R2 steht neben der *Eingabeaufforderung* zusätzlich auch die ***Windows Power-Shell 4.0*** mit den darin verfügbaren PowerShell-Cmdlets zur Verwaltung von Rollen, Features und Ressourcen bereit.

13.1 Neuerungen

SQL-Server jetzt auch unterstützt

Gegenüber Windows Server 2008 R2 hat Microsoft bereits in Windows Server 2012 einige, für die Praxis sicher interessante Neuerungen und Verbesserungen in das Betriebssystem als Server Core-Installation integriert. Diese sind in Windows Server 2012 R2 natürlich ebenso enthalten. Zu diesen Neuerungen und Verbesserungen zählen unter anderem:

- **Unterstützung weiterer Rollen** - Die Server Core-Installation unterstützt nochmals mehr Serverrollen, wie Remotezugriff (Routing and Remote Access Service, RRAS), Windows Server Update Services (WSUS), sowie eine Vielzahl weiterer Rollendienste der Remotedesktopdienste (Remote Desktop Services, RDS).
- **Unterstützung für Microsoft SQL Server** - als sicher eine der wichtigsten Neuerungen zählt die Unterstützung von Microsoft SQL Server 2012 (R2) unter Server Core.
- **Grafische Benutzeroberfläche nachträglich installierbar** - die grafische Benutzeroberfläche kann bei Bedarf jederzeit nachträglich installiert, und anschließend auch wieder entfernt werden.

13.2 Installation von Server Core

Die Installation eines Serversystems unter Windows Server 2012 R2 als Server Core gestaltet sich als der einfachere Teil, die nachfolgende Erstkonfiguration hingegen stellt sich für viele Windows-Administratoren sicherlich im ersten Moment etwas ungewohnt dar.

Hinweis Die Installation von Windows Server 2012 R2 unter Server Core kann nicht verwendet werden, um damit einen bereits vorhandenen, vollwertigen Server unter Windows 2000 Server, Windows Server 2003, Windows Server 2003 R2, Windows Server 2008 oder Windows Server 2008 R2 zu aktualisieren.

Wenden wir uns zuerst einmal den üblichen Anforderungen sowie der vorbereitenden Schritte für die Installation des Betriebssystems zu.

13.2.1 Hardware-Anforderungen

Anforderung einzelner Serverrollen bedenken

Vor der eigentlichen Installation eines Serversystems unter Windows Server 2012 R2 als Server Core müssen die von Microsoft vorgegebenen Hardware-Voraussetzungen erfüllt werden. Die Hardware-Anforderungen orientieren sich im Praxiseinsatz an der Vielzahl der in Windows Server 2012 R2 enthaltenen und darauf genutzten Serverrollen, Rollendienste und Funktionen (*Features*). Die reelle Hardware-Anforderung für den Servereinsatz kann somit von den hier angegebenen Daten abweichen.

Die folgende Tabelle umreißt die minimale sowie die empfohlene Hardware-Ausstattung eines Serversystems zur Installation von Windows Server 2012 R2:

- **1,4 GHz 64-Bit-Prozessor**, oder besser
- **512 MByte Arbeitsspeicher** (RAM), oder besser
- **32 GByte Festplattenspeicher**, oder mehr)

Wenn das zu installierende Serversystem unter Windows Server 2012 R2 über mehr als 16 Gigabyte Arbeitsspeicher verfügen sollte, so muss dies in Bezug auf die Größe der Auslagerungsdatei von Windows Server 2012 R2 bei der Kalkulation der Festplattenkapazität berücksichtigt werden.

13.2.2 Schritte zur Vorbereitung der Installation

Um Windows Server 2012 R2 als Server Core zu installieren, müssen Sie, vergleichbar mit der Installation eines vollständig installierten Servers, bestimmte Schritte zur Vorbereitung der Installation ausführen.

Führen Sie noch vor der Installation von Windows Server 2012 R2 als Server Core die folgenden, wichtigen Schritte aus:

- **Trennen von USV-Geräten** Sollte das Serverbetriebssystem, auf welchem Windows Server 2012 R2 installiert werden soll, mit Geräten für die unterbrechungsfreie Stromversorgung (USV-Geräte) verbunden sein, so trennen Sie das serielle Kabel dieser Geräte unbedingt noch vor dem Start der Installation vom Server-system. Der Setup-Prozess versucht u.a. die seriellen Schnittstellen an dem betreffenden Serversystem zu ermitteln. Ein angeschlossenes USV-Gerät kann hierbei zu Problemen führen.

- **Bereitlegen der notwendigen Treiber** Legen Sie die für die Installation notwendigen und vom jeweiligen Hersteller bereitgestellten Treiber (beispielsweise für die Installation eines speziellen SCSI-Controllers) vor der Installation auf Diskette, CD oder einem USB-Flashlaufwerk (Universal Serial Bus) bereit.
- **Windows-Speicherdiagnosetool ausführen** Nach dem Einlegen der Installations-DVD für Windows Server 2012 R2 kann während des Installationsverlaufs das darauf befindliche Windows-Speicherdiagnosetool ausgeführt werden. Dieses Tool überprüft den Arbeitsspeicher des betreffenden Serversystems auf mögliche Probleme, die sonst vielleicht erst während oder gar nach der Installation des Betriebssystems auftreten würden.

Wenn die Schritte zur Vorbereitung abgeschlossen sind, kann man mit der eigentlichen Installation von Windows Server 2012 R2 als Server Core beginnen.

13.2.3 Installationsschritte

Prinzipiell einfache Installationsschritte

Die Installation von Windows Server 2012 R2 als Server Core startet wie die Installation eines vollwertigen Servers. Lediglich die nachfolgenden Schritte sowie die anschließende Erstkonfiguration des Serversystems weichen hiervon ab. Gehen Sie zur Installation von Windows Server 2012 R2 als Server Core wie folgt vor:

1. Legen Sie das Installations-Medium in das DVD-Laufwerk des zu installierenden Serversystems ein und starten Sie den Server neu.
2. Die Installationsroutine von Windows Server 2012 R2 wird automatisch gestartet. Es erscheint der Bildschirm zur Sprachauswahl für die Installation. Klicken Sie auf **Weiter** um fortzuführen.
3. Klicken Sie im darauf folgenden Bildschirm auf **Jetzt installieren**, um die Installation zu starten.
4. Im nächsten Dialog müssen Sie den Produkt-Key von Windows Server 2012 R2 eingeben. Klicken sie anschließend auf **Weiter**.
5. Der Dialog für die Auswahl des zu installierenden Betriebssystems wird angezeigt. Wählen Sie als Installationsmodus *Windows Server 2012 R2 Standard bzw. Datacenter (Server Core-Installation)* aus, und klicken Sie dann auf **Weiter**.

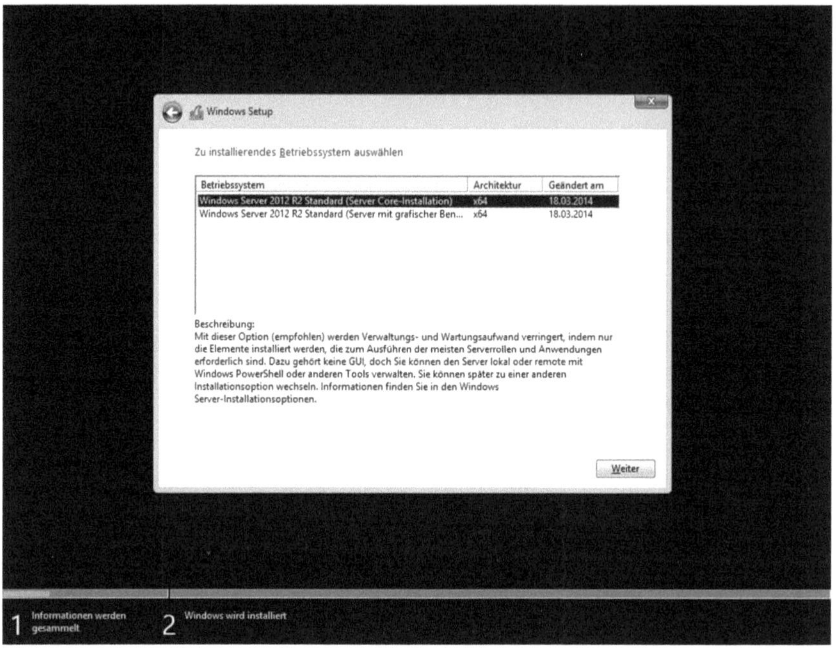

Abb. 13.2: *Auswahl der Server Core-Installation*

6. Akzeptieren Sie im folgenden Dialog die Lizenzbedingungen für die Nutzung von Windows Server 2012 R2, und klicken Sie dann auf **Weiter**.
7. Klicken Sie im Dialog *Wählen Sie eine Installationsart aus* auf **Benutzerdefiniert: nur Windows installieren (für fortgeschrittene Benutzer)**.
8. Legen Sie den Datenträger für die Installation von Windows Server 2012 R2 als Server Core fest und klicken Sie dann auf **Weiter**.

Im Bedarfsfall können Sie über die Auswahl *Laufwerksoptionen (erweitert)* vorweg noch Partitionen anlegen. Sollte in diesem Dialogfenster keinerlei Festplattenpartition angezeigt werden, so können Sie über die Option *Treiber laden* einen womöglich für den im Serversystem vorhandenen Festplattencontroller notwendigen Treiber von einer CD/DVD-ROM, einer Diskette oder einem USB-Laufwerk laden.

9. Der Installationsprozess installiert Windows Server 2012 R2 nunmehr völlig selbständig auf dem betreffenden Computersystem. Der Fortschritt wird dabei auf dem Bildschirm angezeigt.

90. Nach Beendigung der Installation wird der Server automatisch neu gestartet. Anschließend erscheint ein Hinweis, dass das Benutzerkennwort vor der ersten Anmeldung geändert werden muss. Klicken Sie auf **OK**.

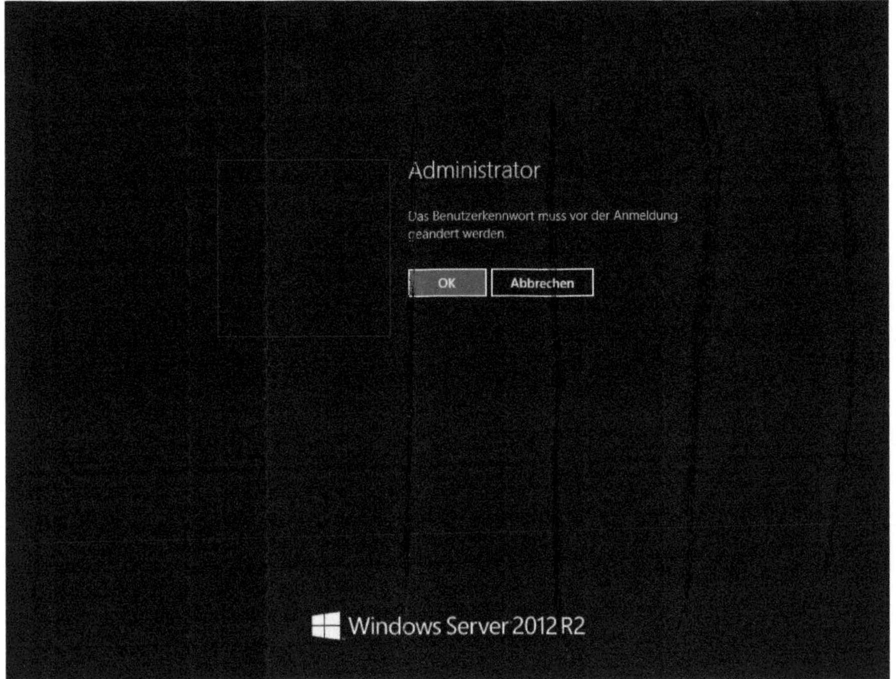

Abb. 13.3: *Aufforderung zum Ändern des Administrator-Kennworts nach der Installation von Windows Server 2012 R2 als Server Core-Installation*

11. Geben Sie anschließend ein *Benutzerkennwort* für das Administratorkonto des neu installierten Serversystems unter Windows Server 2012 R2 ein, wiederholen Sie dies und klicken Sie dann auf die **blaue Pfeiltaste**.
12. Bestätigen Sie den Hinweis für das erfolgreiche Ändern des Kennworts mit einem Klick auf die Schaltfläche **OK**.
13. Die „Benutzeroberfläche" von Server Core unter Windows Server 2012 R2 wird geladen und auf dem Bildschirm angezeigt.

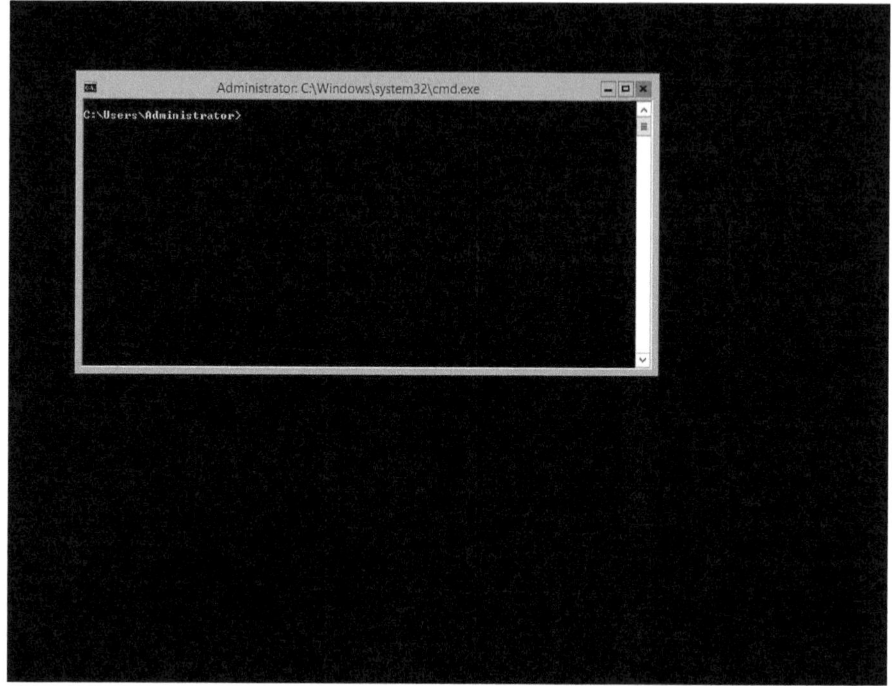

Abb. 13.4: *Die Oberfläche von Windows Server 2012 R2 als Server Core-Installation*

Wie Sie in den vorangegangenen Schritten sicher bemerkt haben, lässt sich die Installation eines Serversystems unter Windows Server 2012 R2 als Server Core mit einfachen Schritten durchführen. Der eigentliche Aufwand ergibt sich erst anschließend im Rahmen der Erstkonfiguration sowie der Installation und Konfiguration der zu implementierenden Serverrollen, Rollendienste und Funktionen (*Features*). Auch lässt sich die grafische Benutzeroberfläche, wie zuvor bereits erwähnt, bei Bedarf nachträglich noch installieren. Dazu jedoch später mehr.

13.2.4 Unbeaufsichtigte Installation

Installation inklusive Erstkonfiguration

Alternativ zur vorweg beschriebenen, manuellen Installation und zu den Schritten der Erstkonfiguration, können Sie Windows Server 2012 R2 als Server Core auch mittels einer unbeaufsichtigten Installation auf einem Serversystem installieren. Hierbei können die meisten Aufgaben der Erstkonfiguration des Servers gleich während der Installation durchgeführt werden.

13.2.4.1 Vorteile der unbeaufsichtigten Installation

Die Durchführung einer unbeaufsichtigten Installation von Windows Server 2012 R2 als Server Core bringt die folgenden Vorteile mit sich:

- Die Schritte zur Erstkonfiguration können weitgehend alle bereits während der Installation durchgeführt werden. Eine manuelle Konfiguration dieser notwendigen Einstellungen entfällt damit.
- Die Aktivierung der Remoteverwaltung kann in den Vorgang der unbeaufsichtigten Installation gleich mit einbezogen werden, so dass auch diese Konfigurationsschritte nachfolgend entfallen.
- Bestimmte Einstellungen, wie zum Beispiel die Konfiguration der Bildschirmauflösung, können während der unbeaufsichtigten Installation bereits konfiguriert werden.

Rechtfertigung des Aufwands

Der Aufwand der Aufbereitung bzw. Erstellung einer Datei für die unbeaufsichtigte Installation lohnt sich zeitlich sicher dann, wenn gleich mehrere Serversysteme unter Windows Server 2012 R2 als Server Core installiert werden sollen.

Detaillierte Informationen über die unbeaufsichtigte Installation von Windows Server 2012 R2 als Server Core sowie die Konfiguration der dazu notwendigen Datei **Unattend.xml** erhalten Sie im Internet auf der Microsoft-Webseite im Internet unter:

https://technet.microsoft.com/de-de/library/jj574135.aspx

13.3 Erstkonfiguration

Notwendige Anpassung nach der Installation

Nach der erfolgreichen Installation eines Serversystems unter Windows Server 2012 R2 als Server Core erfolgen die Schritte zur Erstkonfiguration. Da beispielsweise der Servername oder die IP-Konfiguration, wie man sie gleich während der Installation eines Serversystems unter Windows Server 2003 definiert, bei einem Server unter Windows Server 2012 R2 erst nach der Installation vorgegeben werden kann, müssen diese Anpassungen nun durchgeführt werden.

Zu den Schritten der Erstkonfiguration von Windows Server 2012 R2 als Server Core zählen die folgenden:

- **Festlegen des Administratorkennworts**
- **Konfiguration einer statischen IP-Adresse**
- **Umbenennen des Servers**
- **Beitreten zu einer Active Directory-Domäne**
- **Aktivieren von Windows Server 2012 auf dem Server**
- **Konfigurieren der Windows-Firewall**
- **Aktivieren der Remoteverwendung von Windows PowerShell**
- **Hinzufügen von Serverrollen und -funktionen**

Die notwendigen Schritte zur Erstkonfiguration müssen in der Regel über die Eingabeaufforderung erfolgen. Diese wird nach dem ersten Anmelden am Serversystem unter Windows Server 2012 R2 als Server Core automatisch angezeigt.

13.3.1 Festlegen des Administratorkennworts

Hohe Sicherheitsanforderungen an das Kennwort

Bereits im Anschluss an die Installation von Windows Server 2012 R2 als Server Core wird man zur Eingabe eines Kennworts für das Administratorkennwort aufgefordert. Bei Bedarf kann man dieses Kennwort später jederzeit ändern, indem man die Tasten Strg, Alt und Entf drückt, und im Menü *Windows-Sicherheit* auf **Kennwort ändern** klickt.

Abb. 13.5: *Aufforderung zum Ändern des Administrator-Kennworts unter Windows Server 2012 R2 nach der Server Core-Installation*

13.3.2 Konfiguration einer statischen IP-Adresse

Dynamische IP-Adresse mittels DHCP

Nachdem man sich am Serversystem unter Windows Server 2012 R2 als Server Core-Installation als Administrator angemeldet hat, muss man die IP-Adresse des betreffenden Servers konfigurieren. Dies kann entweder mithilfe der ***Windows PowerShell***, unter Verwendung von **sconfig** oder anhand des Kommandozeilenbefehls **netsh** erfolgen.

Der neue Server kann die für die Netzwerkkommunikation notwendige IP-Adresse auch über einen *DHCP-Server* (*Dynamic Host Configuration Protocol*) dynamisch beziehen. In diesem Fall ist es nicht notwendig, die folgenden Konfigurationsschritte für die Definition einer festen IP-Adresse durchzuführen, da ein Server als Server Core bereits nach der Installation für die dynamische IP-Adressvergabe konfiguriert ist. Dies empfiehlt sich jedoch nicht für Server, die in festen Rollen, wie die eines Domänencontrollers, eingesetzt werden sollen.

13.3.2.1 Konfiguration mithilfe der Windows PowerShell

Gehen sie zur Konfiguration der Netzwerkeinstellungen auf einem Serversystem unter Windows Server 2012 R2 als Server Core mithilfe der Windows PowerShell wie folgt vor:

1. Geben Sie **PowerShell** in der Eingabeaufforderung ein, und drücken Sie die ↵ -Taste.
2. Geben Sie **Get-NetIPInterface** in der Windows PowerShell ein, und drücken Sie die ↵ -Taste.

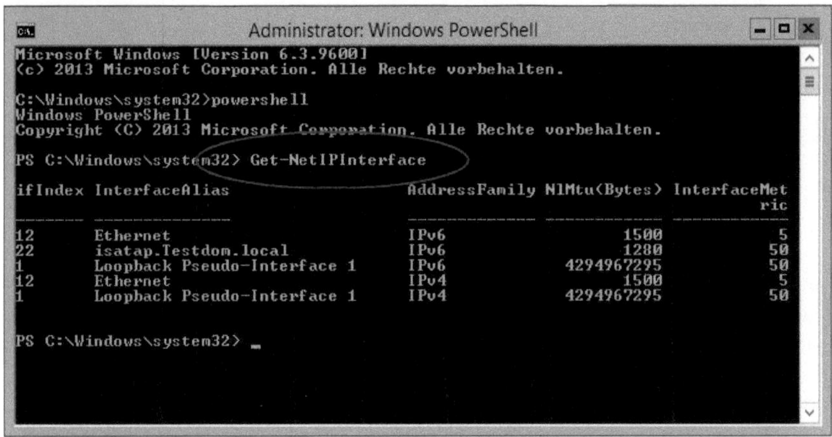

Abbildung 13.6: *Ermitteln der vorhandenen Netzwerkkarten*

3. Notieren Sie die in der Spalte *IfIndex* der Ausgabe für die zu konfigurierende IP-Schnittstelle angezeigte Zahl.
4. Geben Sie den folgenden Befehl in der *Windows PowerShell* ein, und drücken Sie anschließend die ↵ -Taste:

   New-NetIPAdress -InterfaceIndex *<Wert>* **-IPAddress** *<IP-Adresse>* **-PrefixLength** *<Wert>* **-DefaultGateway** *<IP-Adresse>*

```
Administrator: Windows PowerShell
PS C:\Windows\system32> New-NetIPAddress -InterfaceIndex 12 -IPAddress 10.10.0.2
25 -PrefixLength 24 -DefaultGateway 10.10.0.1

IPAddress         : 10.10.0.225
InterfaceIndex    : 12
InterfaceAlias    : Ethernet
AddressFamily     : IPv4
Type              : Unicast
PrefixLength      : 24
PrefixOrigin      : Manual
SuffixOrigin      : Manual
AddressState      : Tentative
ValidLifetime     : Infinite ([TimeSpan]::MaxValue)
PreferredLifetime : Infinite ([TimeSpan]::MaxValue)
SkipAsSource      : False
PolicyStore       : ActiveStore

IPAddress         : 10.10.0.225
InterfaceIndex    : 12
InterfaceAlias    : Ethernet
AddressFamily     : IPv4
Type              : Unicast
PrefixLength      : 24
PrefixOrigin      : Manual
SuffixOrigin      : Manual
AddressState      : Invalid
ValidLifetime     : Infinite ([TimeSpan]::MaxValue)
PreferredLifetime : Infinite ([TimeSpan]::MaxValue)
SkipAsSource      : False
PolicyStore       : PersistentStore


PS C:\Windows\system32> _
```

Abbildung 13.7: *Konfiguration der statischen IP-Adresskonfiguration in der Windows PowerShell unter Windows Server 2012 R2*

Erläuterung:

InterfaceIndex steht für den Wert aus der Spalte *IfIndex* für die zu konfigurierende Netzwerkkarte;

IPAddress steht für die zu konfigurierende, statische IP-Adresse (bspw. *192.168.1.200*);

PrefixLength steht für die Länge der Subnet-Maske (bspw. der Wert *24* für 255.255.255.0);

DefaultGateway steht für die IP-Adresse des zu verwendenden Standardgateway (bspw. *192.168.1.254*).

5. Führen Sie den folgenden Befehl in der *Windows PowerShell* zur Konfiguration der DNS-Serveradresse aus, und drücken Sie anschließend die [↵] -Taste :

   Set-DNSClientServerAddress -InterfaceIndex *<Wert>* **-ServerAddresses** *<IP-Adresse(n) des/der DNS-Servers>*

Abbildung 13.8: *Konfiguration der IP-Adresse von DNS-Servern*

Um zu einem späteren Zeitpunkt wieder zur Verwendung eines DHCP-Servers zur Adressvergabe zu wechseln, geben Sie den folgenden Befehl in der *Windows PowerShell* ein, und drücken Sie anschließend die [↵] -Taste:

```
Set-NetIPInterface -InterfaceIndex <Wert> -Dhcp Enabled
```

13.3.2.2 Konfiguration mithilfe von sconfig

Gehen Sie zur Konfiguration der Netzwerkeinstellungen auf einem Serversystem unter Windows Server 2012 R2 als Server Core mithilfe von **sconfig** wie folgt vor:

1. Geben Sie **sconfig** in der Eingabeaufforderung ein und drücken Sie die [↵] -Taste.
2. Geben Sie die Zahl **8** für die Auswahl der ***8) Netzwerkeinstell.*** ein und drücken Sie die [↵] -Taste.

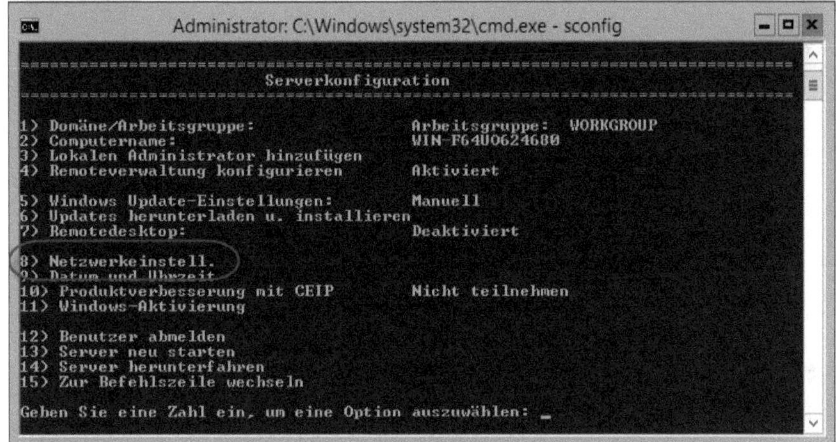

Abbildung 13.9: *Konfiguration der Netzwerkeinstellungen in sconfig unter Windows Server 2012 R2 als Server Core-Installation*

3. Folgen Sie nun dem Konfigurationsassistenten bis die gewünschte Konfiguration abgeschlossen ist.

Alternativ zur Konfiguration mithilfe von **sconfig** können Sie die Netzwerkeinstellungen mit dem Kommandozeilenbefehl **netsh** vornehmen.

13.3.2.3 Konfiguration mithilfe von netsh

Gehen Sie zur Konfiguration einer statischen IP-Adresse (IPv4) für ein Serversystem unter Windows Server 2012 R2 Server Core wie folgt vor:

1. Geben Sie in der Eingabeaufforderung des Servers die folgende Befehlszeile ein, und drücken Sie anschließend die [↵] -Taste:

```
netsh interface ipv4 show interfaces
```

2. Merken Sie sich nachfolgend den Zahlenwert, der in der Spalte *IDx* der Netzwerkkarte angezeigt wird. Wenn der Server über mehrere Netzwerkkarten verfügt, so merken Sie sich die Zahl, die der zu konfigurierenden Netzwerkkarte entspricht.
3. Geben Sie die folgende Befehlszeile in der Eingabeaufforderung des Serversystems ein, und drücken Sie anschließend die [Enter]-Taste:

   ```
   netsh interface ipv4 set address name=<ID>
   source=static address=<IP-Adresse> mask=<SubnetMask>
   gateway=<DefaultGateway>
   ```

   In diesem Beispiel entspricht die *<ID>* dem Zahlenwert der zu konfigurierenden Netzwerkkarte.
4. Geben Sie anschließend den folgenden Befehl in der Eingabeaufforderung ein, und drücken Sie anschließend die [Enter]-Taste:

   ```
   netsh interface ipv4 add dnsserver name=<ID>
   address=<DNS-IP-Adresse> index=1
   ```

Auch in diesem Beispiel entspricht die *<ID>* dem Zahlenwert der zu konfigurierenden Netzwerkkarte. Wiederholen Sie diesen Schritt für jede weitere IP-Adresse eines DNS-Servers, die Sie zu der Konfiguration der betreffenden Netzwerkkarte hinzufügen möchten.

Dynamische IP-Adressen verwenden Wenn Sie für die Netzwerkkarte eines Serversystems unter Windows Server 2012 R2 als Server Core nach der Konfiguration einer statischen IP-Adresse wiederum die dynamische IP-Adressvergabe aktivieren möchten, so geben Sie hierzu den folgenden Befehl in der Eingabeaufforderung des betreffenden Serversystems ein:

```
netsh interface ipv4 set address name=<ID> source=dhcp
```

Die *<ID>* steht auch in diesem Beispiel für die ermittelte Zahl der betreffenden Netzwerkkarte.

13.3.2.4 Umbenennen des Servers

Standardmäßiger Name oft nicht passend

Bei der Installation wurde für den neuen Server unter Windows Server 2012 R2 als Server Core ein zufälliger Computername vergeben. Dieser passt in aller Regel nicht in das Namensschema vorhandener Active Directory-Domänen. Es besteht die Möglichkeit, den Computernamen entweder mithilfe der **Windows PowerShell**, unter Verwendung von **sconfig** oder mittels des Kommandozeilenbefehls **netdom** zu ändern.

13.3.2.5 Ändern des Servernamens mithilfe der Windows PowerShell

Gehen Sie zum Ändern des Servernamens auf einem Serversystem unter Windows Server 2012 R2 als Server Core mithilfe der Windows PowerShell folgt vor:

1. Geben Sie zum Ermitteln des aktuellen Servernamens den Befehl **hostname** in der Windows PowerShell ein, und drücken Sie die [↵]-Taste.
2. Geben Sie **Rename-Computer** in der Eingabeaufforderung ein und drücken Sie die [↵] -Taste.
3. Geben Sie hinter *NewName:* den gewünschten Namen ein, und drücken Sie die [↵] -Taste.
4. Starten Sie den Computer neu, damit die Änderung des Namens wirksam wird. Hierzu können Sie den folgenden Befehl verwenden: **shutdown /r /t 0**

Alternativ zur Konfiguration mithilfe der Windows PowerShell können Sie Änderung des Computernamens auch mithilfe von **sconfig** vornehmen.

13.3.2.6 Ändern des Servernamens mithilfe von sconfig

Gehen Sie zum Ändern des Servernamens auf einem Serversystem unter Windows Server 2012 als Server Core mithilfe von **sconfig** wie folgt vor:

1. Geben Sie **sconfig** in der Eingabeaufforderung ein und drücken Sie die [↵] -Taste.
2. Geben Sie die Zahl **2** für die Auswahl von *2) Computername* ein und drücken Sie die [↵] -Taste.
3. Folgen Sie nun den Anweisungen des Konfigurationsassistenten.

Alternativ zur Konfiguration mithilfe von **sconfig** können Sie Änderung des Computernamens auch mit dem Kommandozeilenbefehl **netdom** vornehmen.

13.3.2.7 Ändern des Servernamens mithilfe von netdom

Gehen Sie zum Ändern des Computernamens eines Servers unter Windows Server 2012 R2 als Server Core mithilfe des Kommandozeilenbefehls **netdom** wie folgt vor:

1. Geben Sie den folgenden Befehl in der *Eingabeaufforderung* des betreffenden Servers ein, um den aktuellen Servernamen anzeigen zu lassen: **hostname**
2. Geben Sie zum Umbenennen des Servers die folgende Befehlszeile in der *Eingabeaufforderung* ein, und drücken Sie anschließend die [↵] -Taste:

   ```
   netdom renamecomputer <Computername(alt)>
   /NewName:<Computername(neu)>
   ```

3. Der Computer muss nach dem Umbenennen neu gestartet werden. Hierzu können Sie den folgenden Befehl verwenden:

   ```
   shutdown /r /t 0
   ```

Nach dem Neustart steht der Server mit dem neuen Namen zur Verfügung.

13.3.3 Beitreten zu einer Active Directory-Domäne

Als nächsten Schritt fügen Sie den neu installierten Server unter Windows Server 2012 R2 Server Core als Mitgliedsserver zu einer bereits bestehenden Active Directory-Domäne hinzu. Dies kann entweder mithilfe der Windows PowerShell, unter Verwendung von **sconfig** oder mittels des Kommandozeilenbefehls **netdom** erfolgen.

13.3.3.1 Beitritt zu einer Active Directory-Domäne mithilfe der Windows PowerShell

Gehen Sie zum Beitreten des Serversystems unter Windows Server 2012 R2 als Server Core als Mitglied zu einer vorhandenen Active Directory-Domäne mithilfe der Windows PowerShell folgt vor:

1. Geben Sie **`Add-Computer`** *`<Domänenname>`* in der *Windows PowerShell* ein und drücken Sie die [↵]-Taste.
2. Geben Sie bei Aufforderung die für den Beitritt zur Active Directory-Domäne zu verwendenden Anmeldeinformationen mitsamt dem zugehörigen Kennwort ein, und klicken Sie auf **OK**.

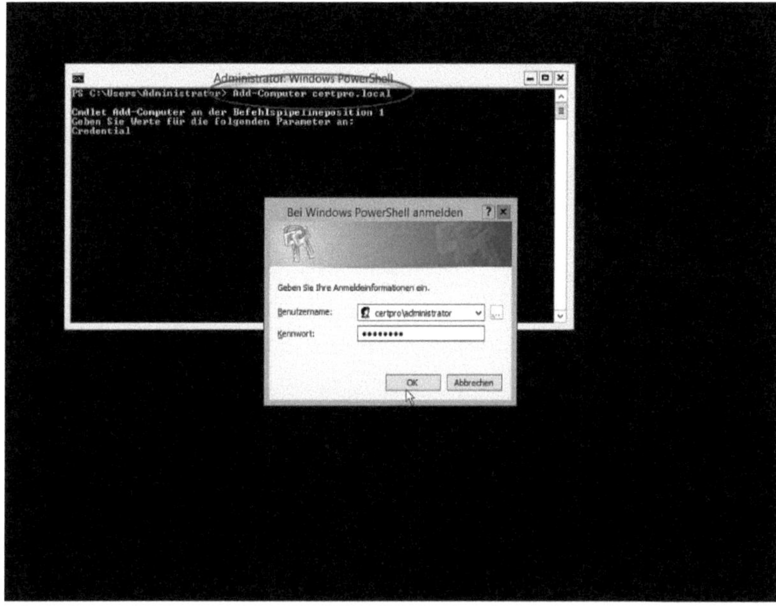

Abb. 13.10: *Aufforderung zur Eingabe von Anmeldedaten während des Hinzufügens eines Servers als Server Core-Installation zu einer vorhandenen Active Directory-Domäne*

3. Starten Sie den Computer neu, damit die Änderung wirksam wird. Hierzu können Sie den folgenden Befehl verwenden: **`shutdown /r /t 0`**

Alternativ zur Konfiguration mithilfe der Windows PowerShell können Sie den Beitritt des Computersystems unter Windows Server 2012 R2 auch mithilfe von **sconfig** vornehmen.

13.3.3.2 Beitritt zu einer Active Directory-Domäne mithilfe von sconfig

Gehen Sie zum Beitreten des Serversystems unter Windows Server 2012 R2 als Server Core als Mitglied zu einer vorhandenen Active Directory-Domäne mithilfe von **sconfig** wie folgt vor:

1. Geben Sie **sconfig** in der Eingabeaufforderung ein und drücken Sie anschließend die ↵ -Taste:
2. Geben Sie die Zahl **1** für die Auswahl von ***1) Domäne/Arbeitsgruppe*** ein und drücken Sie anschließend die ↵ -Taste:
3. Folgen Sie nun den Anweisungen des Konfigurationsassistenten.

Alternativ zu **sconfig** können Sie auch mit dem Kommandozeilenbefehl **netdom** als Mitglied zu einer vorhandenen Active Directory-Domäne beitreten.

13.3.3.3 Beitritt zu einer Active Directory-Domäne mithilfe von netdom

Gehen Sie wie folgt vor, um ein Computersystem unter Windows Server 2012 R2 als Server Core mithilfe des Kommandozeilenbefehls **`netdom`** als Mitglied zu einer vorhandenen Active Directory-Domäne hinzuzufügen:

1. Geben Sie in der Eingabeaufforderung des Windows Server 2012 R2 als Server Core die folgende Befehlszeile ein:

   ```
   netdom join <Computername> /domain:<Domänenname>
   /userd: <Benutzername> /passwordd:*
   ```

> **Hinweis**
> Verwenden Sie als Benutzername den Namen eines Domänenbenutzerkontos, welches die Berechtigung besitzt, den Server zu der betreffenden Domäne hinzuzufügen.

2. Geben Sie bei Aufforderung das Kennwort für das betreffende Domänenbenutzerkonto ein.
3. Der Computer muss nach dem Beitritt zur Active Directory-Domäne neu gestartet werden. Hierzu können Sie den folgenden Befehl verwenden:

   ```
   shutdown /r /t 0
   ```

Nach dem Neustart steht der Server als Mitgliedsserver der betreffenden Active Directory-Domäne zur Verfügung.

Hinweis

> Das Computerkonto des neu zur betreffenden Active Directory-Domäne hinzugefügten Servers wird standardmäßig im Container ***Computers*** erstellt. Sie können mittels des Schalters **/OU** den vollständig qualifizierten DNS-Namen einer Organisationseinheit (OU) innerhalb der Domäne angeben, um das Computerkonto in einem anderen Container zu erstellen.

13.3.4 Aktivieren von Windows Server 2012 R2 auf dem Server

Nach der Installation des Windows Server 2012 R2 als Server Core muss dieser seitens des Betriebssystems noch aktiviert werden, um ihn dauerhaft nutzen zu können. Die Aktivierung des Server Core kann hierbei einfach über das Internet oder auch telefonisch durchgeführt werden.

Um einen Server unter Windows Server 2012 R2 als Server Core zu aktivieren, gehen Sie wie folgt vor:

1. Geben Sie in der Eingabeaufforderung des betreffenden Servers die folgende Befehlszeile zur Konfiguration des Produkt-Keys ein, und drücken Sie anschließend die ↵ -Taste:

   ```
   slmgr.vbs -ipk<Produkt-Key>
   ```

2. Geben Sie in der Eingabeaufforderung des betreffenden Servers die folgende Befehlszeile zur Aktivierung des Betriebssystems ein, und drücken Sie anschließend die ↵ -Taste:

   ```
   slmgr.vbs -ato
   ```

   Wenn die Aktivierung des Betriebssystems des betreffenden Servers erfolgreich verlief, so erscheint hierbei keine Meldung.

13.3.4.1 Remoteaktivierung

Ein Serversystem unter Windows Server 2012 R2 Server Core kann über die Befehlszeile auch von einem anderen Serversystem unter Windows Server 2012 R2 remote aktiviert werden. Geben Sie hierzu einfach die folgende Befehlszeile in der Eingabeaufforderung des Remote-Servers ein:

```
cscript windows\system32\slmgr.vbs <Servername>
<Benutzername> <Kennwort> -ato
```

13.3.5 Konfigurieren der Remoteverwaltung

Damit der neu installierte Server unter Windows Server 2012 R2 als Server Core von anderen Computersystemen im Netzwerk remote verwaltet werden kann, muss die auf dem Server vorhandene Windows-Firewall entsprechend konfiguriert sein.

Standardmäßig ist die Remoteverwaltung auf einem Serversystem unter Windows Server 2012 R2 - auch auf einer Installation als Server Core - bereits ***aktiviert***.

Im Bedarfsfall kann man die Remoteverwaltung entweder mithilfe von **sconfig** oder aber mittels des Kommandozeilenbefehls **netsh** deaktivieren oder später wieder aktivieren.

13.3.5.1 Remoteverwaltung mithilfe von sconfig zulassen

Gehen Sie auf einem Server unter Windows Server 2012 R2 als Server Core wie folgt vor, um die Remoteverwaltung in der Windows-Firewall mithilfe von **sconfig** zuzulassen:

1. Geben Sie **sconfig** in der Eingabeaufforderung ein und drücken Sie anschließend die ⏎ -Taste.
2. Geben Sie die Zahl **4** für die Auswahl von ***4) Remoteverwaltung konfigurieren*** ein und drücken Sie anschließend die ⏎ -Taste.

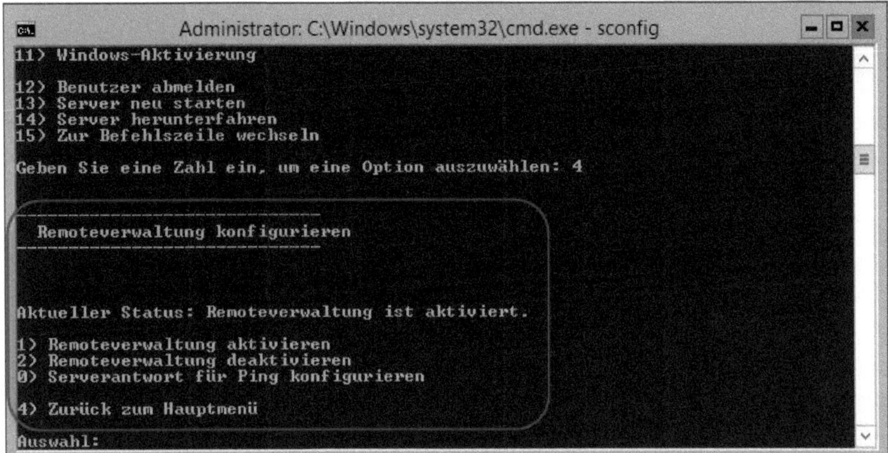

Abb. 13.11: *Konfiguration der Remoteverwaltung mithilfe von sconfig unter Windows Server 2012 R2 als Server Core*

3. Geben Sie die Zahl für die gewünschte Option ein, und drücken Sie anschließend die ⏎ -Taste.
4. Bestätigen Sie den Dialog über die erfolgreiche Aktivierung mit einem Klick auf die Schaltfläche **OK**.

Alternativ zu **sconfig** können Sie die Remoteverwaltung auch durch die Konfiguration mit dem Kommandozeilenbefehl **netsh** zulassen.

13.3.5.2 Remoteverwaltung der Firewall-Konfiguration

Sie können den Server Core so konfigurieren, dass die Einstellungen der vorhandenen Windows-Firewall von einem Remotesystem aus verwaltet werden können. Dies bietet

Grafische Verwaltung der Windows-Firewall möglich

sich an, wenn Sie mehr als nur die Remoteverwaltung, beispielsweise bestimmte Firewall-Regeln für spezielle Anwendungen, konfigurieren möchten.

Um die Remoteverwaltung der Firewall-Konfiguration eines Server Core unter Windows Server 2012 R2 zu ermöglichen, geben Sie auf dem betreffenden Server die folgende Befehlszeile ein:

```
netsh advfirewall set rule group="Windows-
Firewallremoteverwaltung" new enable=yes
```

Anschließend können Sie sich mit der Verwaltungskonsole für die Windows-Firewall mit erweiterter Sicherheit z. B. von Windows 7, Windows 8, Windows 8.1 oder einem anderen Serversystem unter Windows Server 2012 R2 auf das betreffende Serversystem unter Server Core verbinden und die Einstellungen remote verwalten.

13.4 Hinzufügen der grafischen Benutzeroberfläche unter Server Core

Verschiedene Installationsoptionen für die Benutzeroberfläche

Anders als noch bei den vorangegangenen Serverbetriebssystemen kann man die grafische Benutzeroberfläche unter Windows Server 2012 sowie Windows Server 2012 R2 als Server Core bei Bedarf „nachinstallieren". Die dazu notwendigen Elemente werden in Windows Server 2012 R2 als Windows-Features bereitgestellt. Man unterscheidet jedoch grundlegend zwischen der reinen *Server Core-Installation*, der Installation mit *„minimaler Serverbenutzeroberfläche"* und der Installation als *„Server mit grafischer Benutzeroberfläche"*. Zusätzlich besteht die Möglichkeit, das Feature *„Desktopdarstellung"* zu installieren, was für den Einsatz von Windows Server 2012 R2 z. B. als Remotedesktopservice-Host (sprich: als *Terminalserver*) gedacht ist. Die Unterschiede der verschiedenen Installationsoptionen von Windows Server 2012 und Windows Server 2012 R2 werden in der nächsten Tabelle verdeutlicht:

	Server Core-Installationsoption	Minimale Serverbenutzeroberfläche	Installation als „Server mit grafischer Benutzeroberfläche	Installiertes Feature „Desktopdarstellung"
Eingabeaufforderung	verfügbar	verfügbar	verfügbar	verfügbar
Windows PowerShell/ Microsoft .NET	verfügbar	verfügbar	verfügbar	verfügbar
Server-Manager	nicht verfügbar	verfügbar	verfügbar	verfügbar

	Server Core-Installationsoption	Minimale Serverbenutzeroberfläche	Installation als „Server mit grafischer Benutzeroberfläche	Installiertes Feature „Desktopdarstellung"
Microsoft Management Console (MMC)	nicht verfügbar	verfügbar	verfügbar	verfügbar
Systemsteuerung	nicht verfügbar	nicht verfügbar	verfügbar	verfügbar
Windows-Explorer	nicht verfügbar	nicht verfügbar	verfügbar	verfügbar
Taskleiste	nicht verfügbar	nicht verfügbar	verfügbar	verfügbar
Infobereich	nicht verfügbar	nicht verfügbar	verfügbar	verfügbar
Internet Explorer	nicht verfügbar	nicht verfügbar	verfügbar	verfügbar
Integriertes Hilfesystem	nicht verfügbar	nicht verfügbar	verfügbar	verfügbar
Designs	nicht verfügbar	nicht verfügbar	nicht verfügbar	verfügbar
Windows 8-Shell	nicht verfügbar	nicht verfügbar	nicht verfügbar	verfügbar
Windows Store und Unterstützung für Windows Store-Apps	nicht verfügbar	nicht verfügbar	nicht verfügbar	verfügbar
Windows Media Player	nicht verfügbar	nicht verfügbar	nicht verfügbar	verfügbar

Tab. 13.1: *Auflistung verfügbarer Features der einzelnen Installationsoptionen*

13.4.1 Wechsel von der Server Core-Installation zu einer Serverinstallation mit grafischer Benutzeroberfläche

Gehen Sie wie folgt vor, um auf einem Server unter Windows Server 2012 R2 von einer Server Core-Installation zu einer Serverinstallation mit grafischer Benutzeroberfläche zu wechseln:

1. Geben Sie in der *Windows PowerShell* den folgenden Befehl ein, um die verfügbaren, grafischen Features auflisten zu lassen, und drücken Sie anschließend die [↵] -Taste:

   `Get-WindowsFeature *GUI*`

Hinweis

Server-Gui-Shell steht hierbei für die ***Minimale Serverbenutzeroberfläche***, ***Server-GUI-Mgmt-Infra*** für die ***grafische Benutzeroberfläche***. Nach der Installation beider Features wechselt das Serversystem von der *Server Core-* zu einem Server mit *vollständiger Installation* von Windows Server 2012 R2.

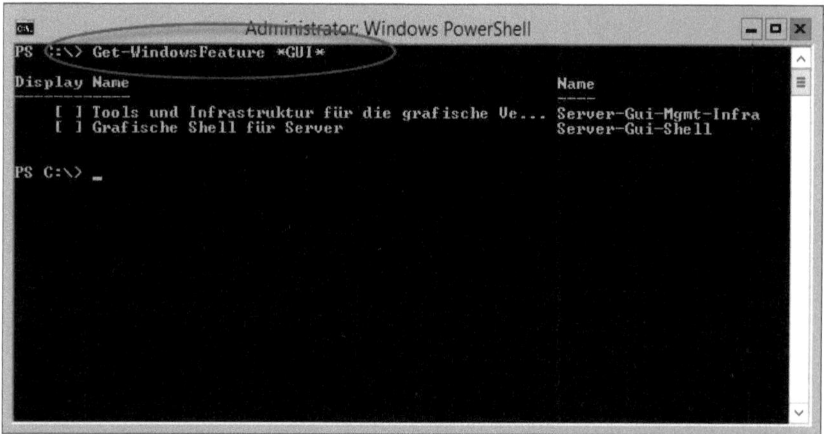

Abb. 13.12: *Ermitteln der für die grafische Benutzeroberfläche notwendigen Windows-Features*

2. Geben Sie in der Windows PowerShell den folgenden Befehl ein, um die Indexnummer der passenden Edition (*SERVERDATACENTER* oder *SERVERSTANDARD*) mit darin verfügbaren, grafischen Features auf der Installations-DVD-ROM von Windows Server 2012 R2 zu ermitteln, und drücken Sie anschließend die [↵]-Taste:

   Get-WindowsImage -ImagePath *<Quellpfad>*

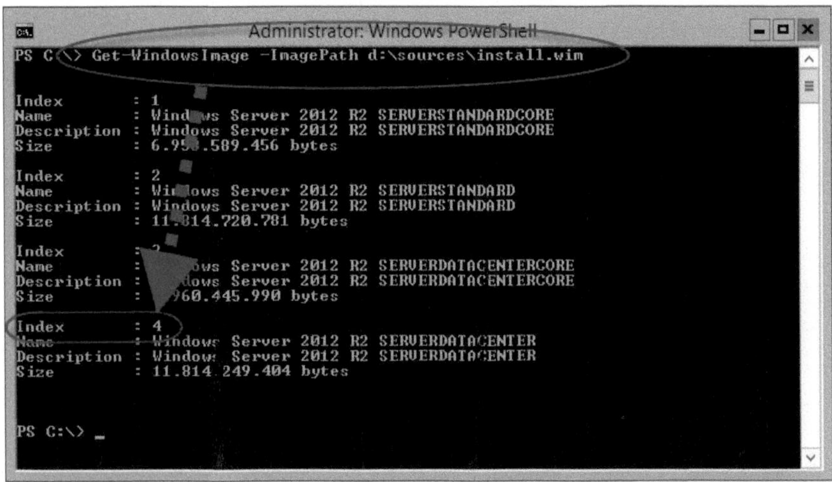

Abbildung 13.13: *Ermitteln der Indexnummer zur Auswahl der für die Installation von grafischen Features notwendigen Betriebssystem-Edition*

Hinweis

Als Quellpfad für die Installation kann hierbei die auf der Installations-DVD-ROM von Windows Server 2012 R2 enthaltene Datei ***install.wim*** verwendet werden (bspw. **`D:\Sources\Install.wim`**).

3. Geben Sie in der *Windows PowerShell* den folgenden Befehl ein, um die *grafische Benutzeroberfläche* zu installieren, und drücken Sie die [↵]-Taste:

```
Install-WindowsFeature Server-GUI-Mgmt-Infra,Server-
Gui-Shell -Source
wim:<Quellpfad\Quelldatei>:<Indexnummer>
```

Hinweis

Als Quellpfad für die Installation kann hierbei die auf der Installations-DVD-ROM von Windows Server 2012 R2 enthaltene Datei ***install.wim*** gefolgt von der zuvor ermittelten Indexnummer verwendet werden, wie z. B.: **`-Source wim:D:\Sources\Install.wim:4`**

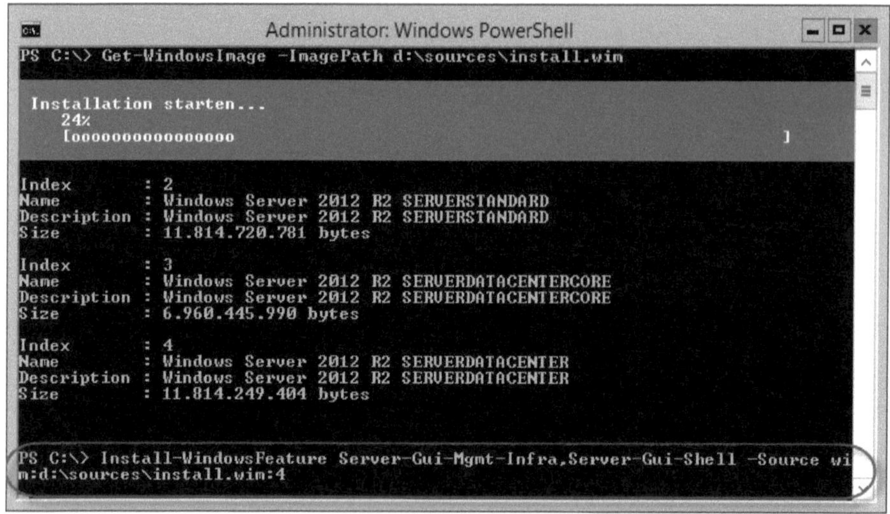

Abbildung 13.12: *Hinzufügen der grafischen Benutzeroberfläche unter Windows Server 2012 R2 als Server Core-Installation*

Der Server muss nach dem Hinzufügen neuer Features neu gestartet werden, um den Vorgang abschließen zu können. Sie können für den Neustart den folgenden Befehl in der Windows PowerShell unter Windows Server 2012 R2 verwenden: **`shutdown /r /t 0`** oder **`Restart-Computer`**

Wenn Sie die Quelle (**-Source**) bei der Installation von zusätzlichen Windows-Features nicht angeben, versucht der Installationsprozess womöglich fehlende Dateien direkt von ***Windows Update*** aus dem Internet zu laden. Als Quelle kann man beispielsweise die Datei ***Install.wim*** aus dem Ordner ***\Sources*** der Installations-DVD-ROM von Windows Server 2012 R2 verwenden. Nähere Informationen zum Hinzufügen und Entfernen von Windows-Features erhalten Sie u. a. auch im Internet unter:

https://technet.microsoft.com/en-us/library/jj574158.aspx

13.4.2 Entfernen der grafischen Benutzeroberfläche zum Ändern des Servers zu einer Server Core-Installation

Entfernen bei Bedarf möglich

Ebenso einfach, wie das Hinzufügen der grafischen Benutzeroberfläche zu einem Server unter Windows Server 2012 R2 als Server Core-Installation, so einfach lässt sich diese bei Bedarf wiederum entfernen. Diese Wechselmöglichkeiten erlauben auch weniger erfahreneren Administratoren mitunter den Einsatz von Serversystemen unter Server Core - in der Vergangenheit hat man sich aufgrund der kommandozeilenlastigen Verwaltung oft gegen den Einsatz solcher Serversysteme gewehrt.

Zum Entfernen von Windows-Features für die grafische Benutzeroberfläche steht in der Windows PowerShell das PowerShell-Cmdlet **Uninstall-WindowsFeature** zur Verfügung. Darüber hinaus kann man die Features der grafischen Benutzeroberfläche ebenso einfach direkt im ***Server-Manager*** über ***Verwaltung / Rollen und Features entfernen*** unter Windows Server 2012 R2 entfernen.

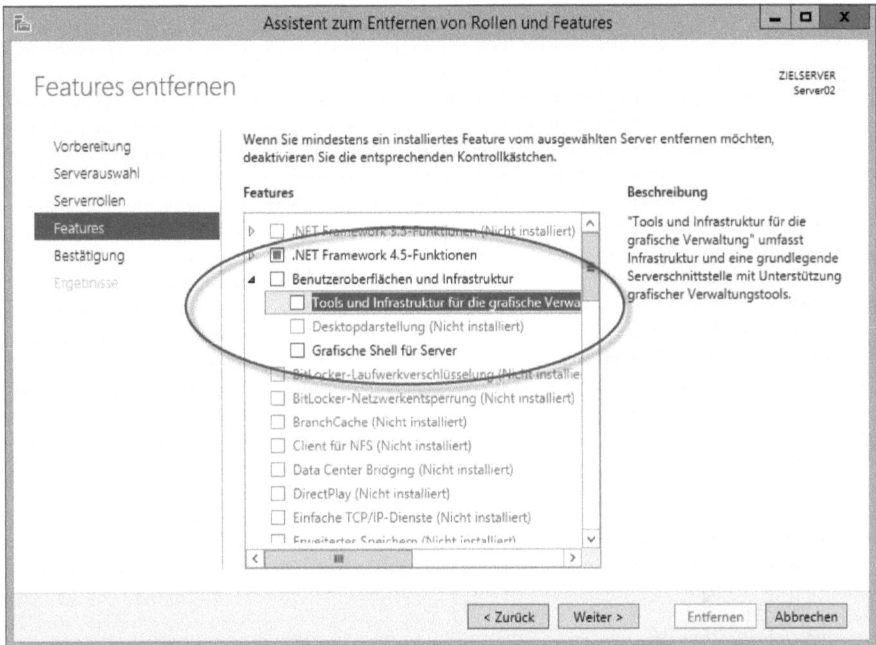

Abb. 13.13: *Entfernen der grafischen Benutzeroberfläche im Server-Manager unter Windows Server 2012 R2*

Nähere Informationen zum Hinzufügen und Entfernen von Windows-Features unter Windows Server 2012 sowie Windows Server 2012 R2 erhalten Sie u. a. auch im Internet unter:

http://technet.microsoft.com/en-us/library/jj574158.aspx

Nach der Erstkonfiguration folgen nun die notwendigen Schritte, um die in der Praxis notwendigen Serverrollen, Rollendienste und Funktionen auf einem Serversystem unter Windows Server 2012 R2 als Server Core-Installation hinzuzufügen.

13.5 Hinzufügen von Serverrollen, Rollendiensten und Funktionen

Ein Serversystem unter Windows Server 2012 R2 als Server Core-Installation kann verschiedene Serverrollen, Rollendienste und Funktionen ausführen. Erst damit erhält ein solches Serversystem in der Regel auch die notwendigen Funktionen im Netzwerk.

13.5.1 Unterstützte Serverrollen

Standardmäßig nichts installiert

Windows Server 2012 R2 unterstützt in der Server Core-Installation die folgenden Serverrollen:

- **Active Directory-Domänendienste (AD DS)**
- **Active Directory-Zertifikatdienste (AD CS)**
- **Active Directory Lightweight Directory Services (AD LDS)**
- **Active Directory-Rechteverwaltungsdienste (AD RMS)**
- **DHCP-Server**
- **DNS-Server**
- **Dateidienste**
- **Druck- und Dokumentdienste**
- **Streaming Media Dienste**
- **Webserver (IIS)**
- **Hyper-V**
- **Windows Server Update Services (WSUS)**
- **Routing- und RAS-Dienste, einschließlich der folgenden Unterrollen:**
    - **Verbindungsbroker für Remotedesktopdienste**
    - **Lizenzierung**
    - **Virtualisierung**

Kombination verschiedener Rollen möglich

Natürlich können die möglichen Serverrollen auch gemeinsam auf einem Server Core ausgeführt werden. Es empfiehlt sich beispielsweise neben der Rolle der Active Directory-Domänendienste (*AD DS*) auch die Rolle als DNS-Server auszuführen. Somit können domänenbezogene Namensauflösungsvorgänge beispielsweise gleich auch auf demselben Server durchgeführt werden.

Hinweis

Durch die Eingabe von **Get-WindowsFeature *** in der Windows PowerShell von Windows Server 2012 R2 als Server Core-Installation werden alle installierbaren Serverrollen, Rollendienste und Funktionen aufgelistet.

```
Administrator: Windows PowerShell
PS C:\> Get-WindowsFeature *

Display Name                                            Name
------------                                            ----
[ ] Active Directory Lightweight Directory Services     ADLDS
[ ] Active Directory-Domänendienste                     AD-Domain-Services
[ ] Active Directory-Rechteverwaltungsdienste           ADRMS
    [ ] Active Directory-Rechteverwaltungsserver        ADRMS-Server
    [ ] Unterstützung für Identitätsverbund             ADRMS-Identity
[ ] Active Directory-Verbunddienste                     ADFS-Federation
[ ] Active Directory-Zertifikatdienste                  AD-Certificate
    [ ] Zertifizierungsstelle                           ADCS-Cert-Authority
    [ ] Online-Responder                                ADCS-Online-Cert
    [ ] Registrierungsdienst für Netzwerkgeräte         ADCS-Device-Enrollment
    [ ] Zertifikatregistrierungsrichtlinien-Webdienst   ADCS-Enroll-Web-Pol
    [ ] Zertifikatregistrierungs-Webdienst              ADCS-Enroll-Web-Svc
    [ ] Zertifizierungsstellen-Webregistrierung         ADCS-Web-Enrollment
[ ] Anwendungsserver                                    Application-Server
    [ ] .NET Framework 4.5                              AS-NET-Framework
    [ ] COM+-Netzwerkzugriff                            AS-Ent-Services
    [ ] TCP-Portfreigabe                                AS-TCP-Port-Sharing
    [ ] Unterstützung des Aktivierungsdienstes für W... AS-WAS-Support
        [ ] HTTP-Aktivierung                            AS-HTTP-Activation
        [ ] Message Queuing-Aktivierung                 AS-MSMQ-Activation
        [ ] Named Pipes-Aktivierung                     AS-Named-Pipes
        [ ] TCP-Aktivierung                             AS-TCP-Activation
    [ ] Unterstützung von Webservern (IIS)              AS-Web-Support
    [ ] Verteilte Transaktionen                         AS-Dist-Transaction
        [ ] WS-Atomic-Transaktionen                     AS-WS-Atomic
        [ ] Ausgehende Netzwerktransaktionen            AS-Outgoing-Trans
        [ ] Eingehende Netzwerktransaktionen            AS-Incoming-Trans
[X] Datei-/Speicherdienste                              FileAndStorage-Services
    [ ] Datei- und iSCSI-Dienste                        File-Services
        [ ] Dateiserver                                 FS-FileServer
        [ ] Arbeitsordner                               FS-SyncShareService
        [ ] BranchCache für Netzwerkdateien             FS-BranchCache
        [ ] Dateiserver-VSS-Agent-Dienst                FS-VSS-Agent
        [ ] Datendeduplizierung                         FS-Data-Deduplication
        [ ] DFS-Namespaces                              FS-DFS-Namespace
        [ ] DFS-Replikation                             FS-DFS-Replication
        [ ] iSCSI-Zielserver                            FS-iSCSITarget-Server
```

Abbildung 13.145: *Auflistung der verfügbaren Rollen, Rollendienste und Features*

Da auf einem Serversystem unter Windows Server 2012 R2 als Server Core der grafische Server-Manager - standardmäßig nicht enthalten ist, gestaltet sich das lokale Implementieren von Serverrollen auf solchen Servern für die meisten Administratoren sicher erst einmal ungewohnt. Die folgende Serverrolle dient als Beispiel für die dabei notwendigen Konfigurationsschritte.

13.5.2 Hinzufügen von Serverrollen und Features mittels Server-Manager

Einfach, übersichtlich und bequem

Wie dies zuvor bereits in den vorangegangenen Kapiteln dieses Buches beschrieben wurde, kann man die verfügbaren Serverrollen und Features unter Windows Server 2012 R2 problemlos zentral aus dem neuen Server-Manager auch auf Remotesystemen hinzufügen, verwalten oder bei Bedarf auch entfernen.

Um neue Serverrollen und Features auf einem Serversystem unter Windows Server 2012 R2 als Server Core hinzufügen oder entfernen zu können, müssen Sie dieses lediglich als „weiteren Server" in den Server-Manager eines bereits vorhandenen Serversystems unter Windows Server 2012 bzw. Windows Server 2012 R2 aufnehmen. Anschließend können Sie mit den im Server-Manager enthaltenen Assistenten zum Hinzufügen oder auch Entfernen von Rollen und Features nach Bedarf agieren.

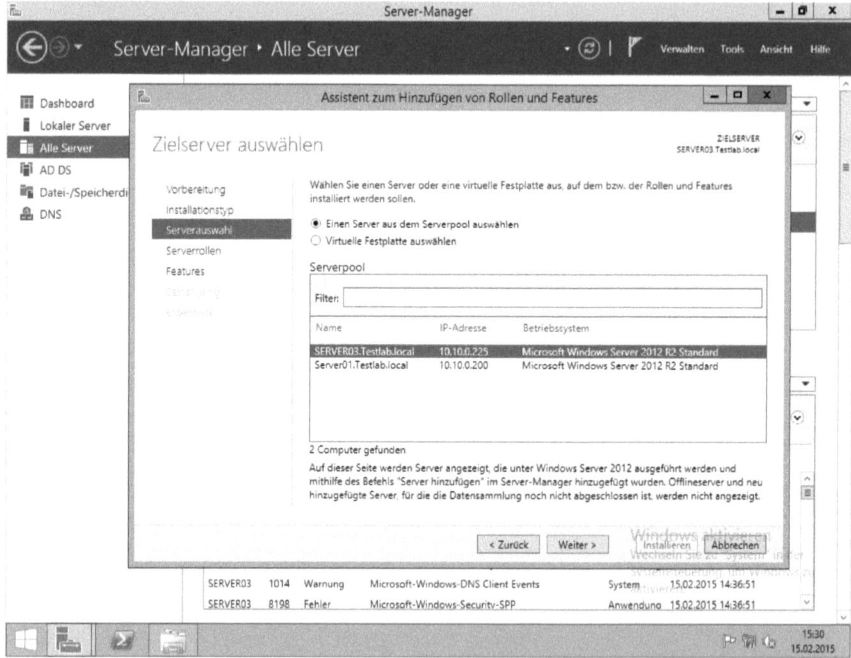

Abb. 13.15: *Hinzufügen von Serverrollen, Rollendiensten und Features im Server-Manager von Windows Server 2012 R2 auf einem Remotesystem als Server Core-Installation*

13.5.3 Server Core als DNS-Server

Die Serverrolle als DNS-Server kann bequem mithilfe des grafischen Server-Managers von einem Remotecomputer unter Windows Server 2012 bzw. Windows Server 2012 R2 oder beispielswiese auch lokal mithilfe der Windows PowerShell einfach auf dem Serversystem unter Windows Server 2012 R2 Server Core installiert werden. Letzteres kann beispielsweise bei der Verwaltung von Servern mittels Windows PowerShell-Scripts Verwendung finden. Für die Installation von Serverrollen und Funktionen mittels Windows PowerShell wird der PowerShell-Befehl **Install-WindowsFeature** verwendet.

Hinweis

Die Serverrolle eines DNS-Servers kann auf einem Serversystem unter Windows Server 2012 R2 Server Core auch im Rahmen der Installation der Active Directory-Domänendienste-Rolle integriert werden. Hierzu steht ein entsprechender Abschnitt für die Datei **Unattend.txt** zur Verfügung.

13.5.3.1 Installation der DNS-Serverrolle

Gehen Sie zur Installation der Serverrolle eines DNS-Servers auf einem Serversystem unter Windows Server 2012 R2 Server Core mithilfe der Windows PowerShell wie folgt vor:

1. Geben Sie in der Windows PowerShell den folgenden Befehl ein, um die Indexnummer der passenden Edition (*SERVERDATACENTER* oder *SERVERSTANDARD*) mit darin verfügbaren, grafischen Features auf der Installations-DVD-ROM von Windows Server 2012 R2 zu ermitteln, und drücken Sie die ↵ -Taste:

```
Get-WindowsImage -ImagePath <Quellpfad>
```

Hinweis

Als Quellpfad für die Installation kann hierbei die auf der Installations-DVD-ROM von Windows Server 2012 R2 enthaltene Datei ***install.wim*** verwendet werden (bspw. **D:\Sources\Install.wim**).

2. Geben Sie in der Windows PowerShell den folgenden Befehl ein, um die DNS-Serverrolle zu installieren, und drücken Sie die ↵ -Taste:

```
Install-WindowsFeature DNS -Source
wim:<Quellpfad\Quelldatei>:<Indexnummer>
```

Hinweis

Als Quellpfad für die Installation kann hierbei die auf der Installations-DVD-ROM von Windows Server 2012 R2 enthaltene Datei ***install.wim*** gefolgt von der zuvor ermittelten Indexnummer verwendet werden, wie z. B.:

```
-Source wim:D:\Sources\Install.wim:4
```

13.5.3.2 Verwaltung des Server Core als DNS-Server

Kommandozeile oder DNS-Snap-In

Nachdem die Serverrolle *DNS-Server* auf dem Server Core installiert wurde, kann diese wiederum entweder lokal auf dem Server mittels des Kommandozeilentools **dnscmd.exe** oder per Remoteverwaltung von einem anderen Computer aus mittels des *DNS-MMC-Snap-Ins* verwaltet werden.

Die Remoteverwaltung erfolgt mittels des *MMC-Snap-Ins* ***DNS-Manager*** so problemlos einfach wie bei jedem anderen DNS-Server.

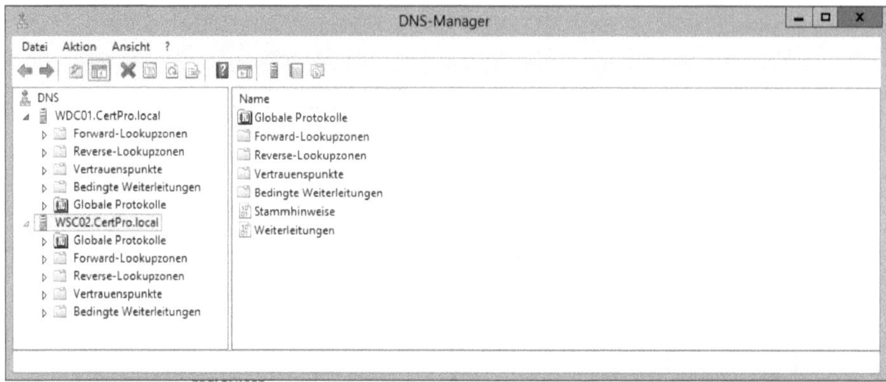

Abb. 13.16: *Remoteverwaltung eines DNS-Server unter Server Core*

Die Remoteverwaltung erfolgt mittels des *MMC-Snap-Ins* **DNS-Manager** so problemlos einfach wie bei jedem anderen DNS-Server.

13.5.3.3 Alternative Verwaltung mittels dnscmd.exe

Eine Alternative besteht in der lokalen oder auch Remoteverwaltung über die Eingabeaufforderung mittels des Kommandozeilenbefehls **dnscmd.exe**.

Die notwendige Syntax wird Ihnen nach Eingabe des folgenden Befehls auf dem Bildschirm angezeigt:

```
dnscmd /?
```

13.5.3.4 Entfernen der DNS-Serverrolle

Um die Serverrolle eines DNS-Servers von einem Serversystem unter Windows Server 2012 R2 Server Core zu entfernen, kann man wiederum entweder den grafischen Server-Manager von einem Remotecomputer aus, oder aber lokal auf dem Server die Windows PowerShell verwenden.

Geben Sie zum Entfernen der DNS-Serverrolle auf dem betreffenden Server unter Windows Server 2012 R2 als Server Core-Installation die folgende Befehlszeile in der *Windows PowerShell* ein, und drücken Sie anschließend die [↵]-Taste:

```
Uninstall-WindowsFeature DNS
```

Nach der Eingabe des Befehls muss das betreffende Serversystem zum Abschluss des Entfernens der Serverrolle neu gestartet werden.

Bei den weiteren, unter Windows Server 2012 R2 als Server Core-Installation verfügbaren Serverrollen, Rollendiensten und Features verhält es sich in der Regel ebenso einfach, wie dies am Beispiel von DNS dargestellt wurde. Insbesondere die mögliche, zentrale Verwaltung von Serversystemen als Server Core-Installation mithilfe des neuen

Server-Managers unter Windows Server 2012 R2 ermöglicht einen einfacheren, sowie auch effizienteren Einsatz solcher Serversysteme.

In diesem Kapitel wurde Ihnen Windows Server 2012 R2 als Server Core-Installation vorgestellt. Interessant ist die Möglichkeit, dass man - wie dies bereits auch unter Windows Server 2012 der Fall war - die grafische Benutzeroberfläche zu einem Serversystem unter Windows Server 2012 R2 bei Bedarf hinzufügen oder entfernen kann. Dieser Umstand macht den neuen Server als Server Core-Installation für viele Administratoren „praxistauglicher".

Im nächsten Kapitel dieses Fachbuchs dreht sich nun alles um die Systemüberwachung und Fehlerbehebung rund um Windows Server 2012 R2.

KAPITEL 14
Systemüberwachung und Fehlerbehebung

Wie Sie bereits in den vorangegangenen Modulen erfahren haben, lassen sich Serversysteme unter Windows Server 2012 R2 in vielfältiger Weise einsetzen. Viele der vom Betriebssystem unterstützten Serverrollen sind in heutigen Computernetzwerken prinzipiell unverzichtbar. Umso wichtiger ist es für die verantwortlichen Administratoren, diese Systeme in Ihrer Funktionalität und Verfügbarkeit der darauf bereitgestellten Dienste und Ressourcen zu überwachen und eintretende Fehler umgehend zu beseitigen.

14.1 Enthaltene Tools & Programme

In Windows Server 2012 R2 findet man verschiedene Tools und Programme, um die Funktionalität zu überwachen oder auch die Problembehandlung durchzuführen. Hierzu zählen u.a.:

- **Server-Manager**
- **Leistungsüberwachung**
- **Ereignisanzeige**
- **Wartungscenter**
- **Zuverlässigkeitsüberwachung**
- **Problembehandlung**

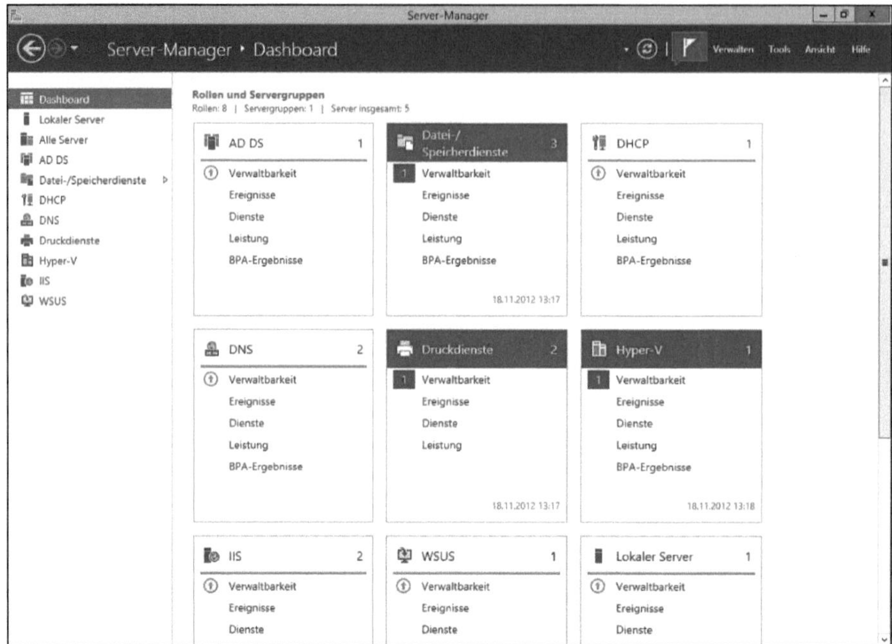

Abb. 14.1: *Problemmeldungen im Dashboard des grafischen Server-Managers*

Während einige der Tools und Programme für die Diagnose und Leistungsüberwachung für die Echtzeitüberwachung gedacht sind, lässt sich ein Serversystem unter Windows Server 2012 R2 mit den anderen Tools im Bedarfsfall sogar längere Zeit überwachen und das Leistungs- und Zuverlässigkeitsverhalten zu dokumentieren. Diese Tools werden in den nächsten Seiten genauer vorgestellt.

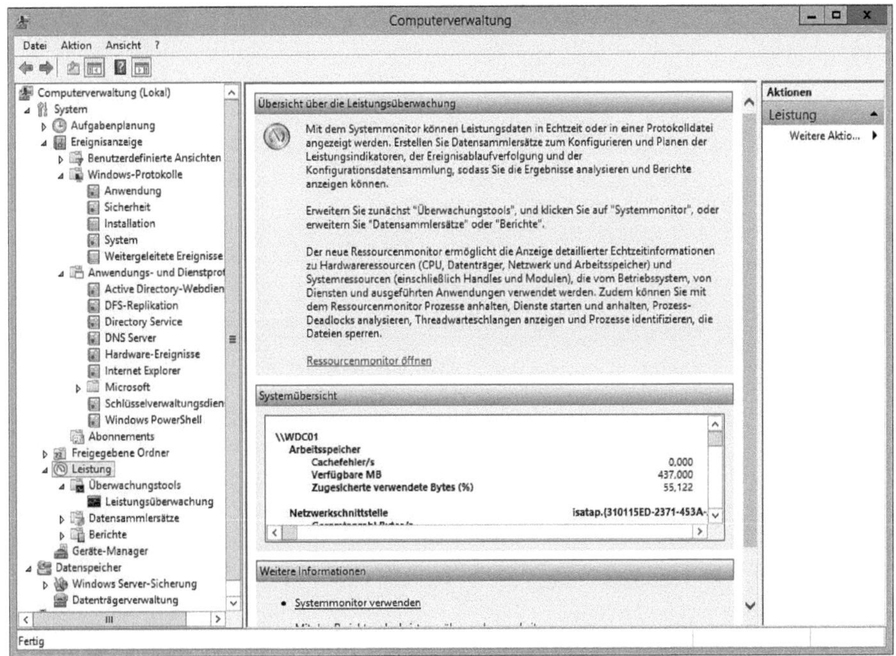

Abb. 14.2: *Tools in der Computerverwaltung für die Überwachung und Diagnose*

14.1.1 Leistungsüberwachung

Schnelle Suche nach dem Flaschenhals

Die Leistungsüberwachung erfolgt unter Windows Server 2012 R2, wie bereits auch in den vorangegangenen Windows-Betriebssystemen, mithilfe der Konsole *Leistungsüberwachung*. In dieser kann man eine Echtzeitüberwachung, im Bedarfsfall aber auch eine protokollierte Überwachung zur Bewertung der Leistung und zum Erkennen möglicher Leistungsengpässe (dem sogenannten *„Flaschenhals“*), durchführen.

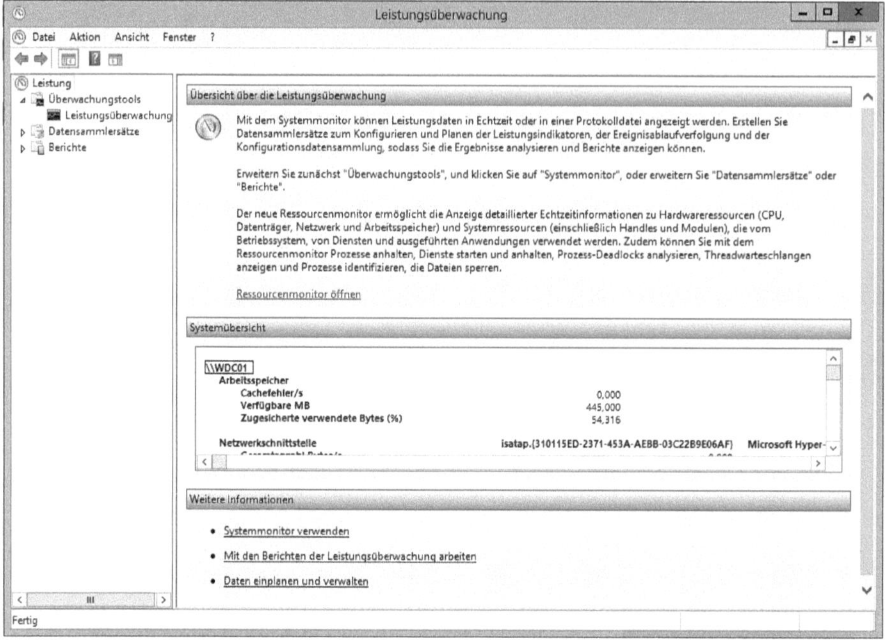

Abb. 14.3: *Übersicht über die Leistungsüberwachung*

Die Konsole finden Sie beispielsweise direkt über die Eingabe des Begriffs **Leistungsüberwachung** im *Startbildschirm* von Windows Server 2012 R2, oder alternativ auch in der *Computerverwaltung*.

14.1.1.1 Ermittlung eines grundlegenden Leistungsbilds

Um ein Serversystem seitens der möglichen Systemleistung bewerten zu können, bedient man sich bestimmter, vordefinierter Leistungsindikatoren für die im System vorhandenen Komponenten. Ein grundlegendes Leistungsbild, quasi als „Basislinie" (engl. *Base Line*), erhalten Sie, indem Sie zumindest die folgenden Komponenten anhand deren Leistungsindikatoren überwachen:

- **Prozessor** (*CPU*), dabei den Leistungsindikator „Prozessorzeit (%)"
- **Arbeitsspeicher** (*RAM*), dabei die Leistungsindikatoren „Seiten /s" und „Seitenfehler/s"
- **Physikalischer Datenträger** (*Festplatten*), dabei die Leistungsindikatoren „Mittlere Bytes/Übertragung", sowie „Durchschnittl. Warteschlangenlänge des Datenträgers"
- **Netzwerkschnittstelle** (*Netzwerkkarte*), dabei den Leistungsindikator „Gesamtanzahl Bytes/s"

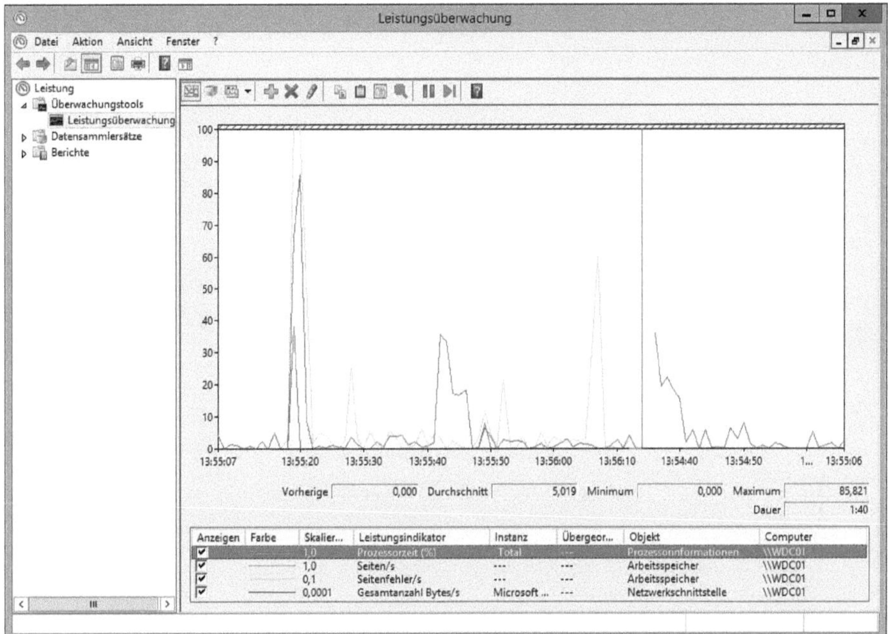

Abb. 14.4: *Leistungsermittlung eines Serversystems mithilfe der Leistungsüberwachung*

Im Bedarfsfall lassen sich mithilfe der Konsole ***Leistungsüberwachung*** auch Leistungsprotokolle erstellen und für eine spätere Auswertung oder auch einen möglichen Vergleich abspeichern.

Erstellen von Leistungsprotokollen möglich

Die für die Leistungsermittlung zu verwendenden Leistungsindikatoren sind abhängig von den auf dem betreffenden Serversystem eingesetzten Serverrollen und Rollendiensten.

Weitere Informationen für die Verwendung von Leistungsindikatoren für die Leistungsüberwachung finden Sie in der Hilfe von Windows Server 2012 R2.

Hinweis

Die Konsole *Leistungsüberwachung* kann für die Überwachung des lokalen Serversystems unter Windows Server 2012 R2 sowie auch für die Überwachung bestimmter Leistungsindikatoren auf anderen Systemen im Netzwerk verwendet werden.

14.2 Ereignisanzeige und -überwachung

Um die Leistung eines Serversystems detailliert bemessen zu können, ist es mitunter auch wichtig, die Vorgänge auf dem System genauer zu betrachten. Mit der *Ereignisanzeige* und den darin enthaltenen Ereignisprotokollen ist es möglich, bereits vergangene Vorgänge im System zu ermitteln. Im Problemfall dokumentiert das Betriebssystem diesen in Form von Ereignisprotokolleinträgen im dem jeweiligen Protokoll.

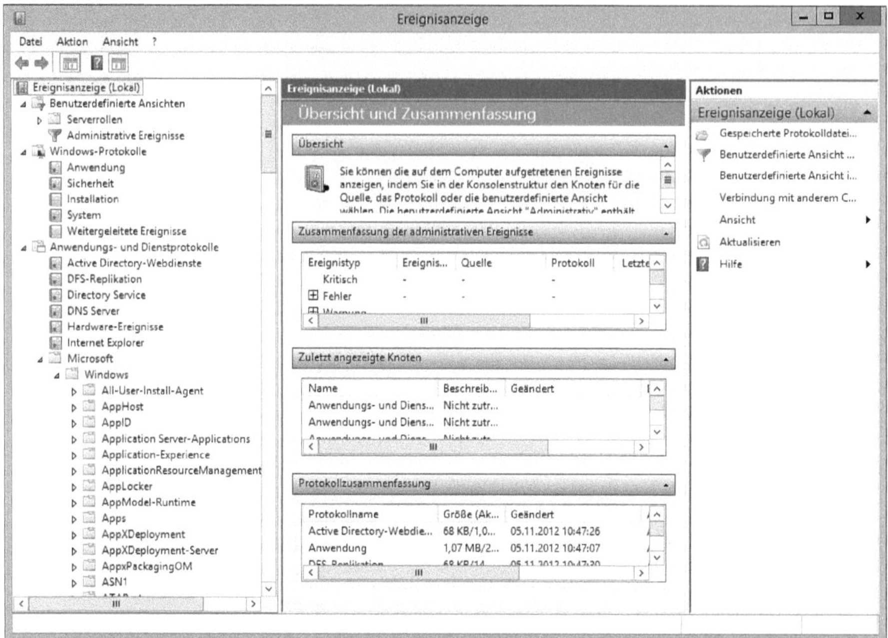

Abb. 14.5: *Protokollierungsvielfalt in der Ereignisanzeige*

Informationen, Warnungen und Fehler

Bereits unter Windows Vista bzw. Windows Server 2008 hat Microsoft eine Vielzahl neuer Ereignisprotokolle in das Betriebssystem implementiert. Hierdurch wird es einem Administrator ermöglicht, mitunter sogar fehlgeschlagene Vorgänge oder auch Leistungsengpässe anhand von Ereignisprotokolleinträgen zu erkennen. Die Protokolle enthalten Ereigniseinträge als ***Information, Warnung*** oder ***Fehler***.

Die *Ereignisanzeige* finden Sie unter Windows Server 2012 R2 in der *Computerverwaltung* bzw. alternativ direkt auch über die Eingabe von **Ereignisanzeige** im *Startbildschirm* von Windows Server 2012 R2.

Um die in den Protokollen erfassten Einträge anzuzeigen, müssen Sie mit der Maus lediglich auf das betreffende Ereignis doppelklicken. Den Inhalt eines Ereignisprotokolleintrages können Sie auch im XML-Format anzeigen lassen oder aber zur weiteren Verwendung in die Zwischenablage kopieren.

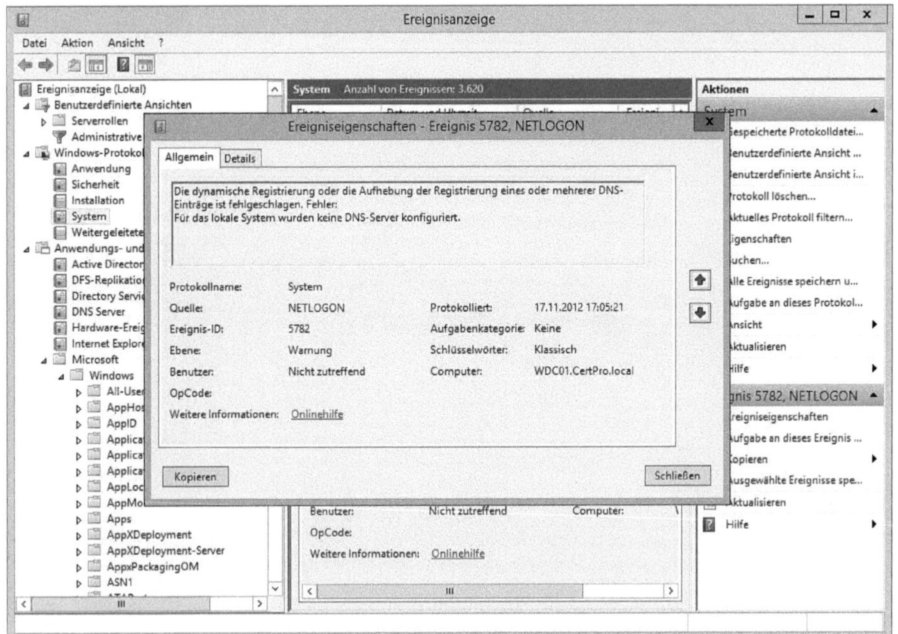

Abb. 14.6: *Ereignisprotokolleintrag aus dem Systemprotokoll*

Die Ereignisprotokolle eines Serversystems unter Windows Server 2012 R2 können für spätere Verwendungszwecke (beispielsweise wegen rechtlicher Belange) als Dateien (u.a. im CSV-Format) gespeichert werden.

Speicherung als Datei möglich

14.2.1 Abonnements

Mithilfe von Abonnements lassen sich bestimmte, auswählbare Ereignisse anderer Computer im Netzwerk abfragen und in der *Ereignisanzeige* anzeigen. Hierzu dient die Funktion *Abonnements* in der Konsole. Nähere Informationen hierzu finden Sie in der Hilfe zu Windows Server 2012 R2.

14.3 Wartungscenter

Zur besseren Wartung des Serversystems wurde unter Windows Server 2012 R2 das Wartungscenter implementiert. In diesem werden vorhandene Meldungen zur Sicherheit, sowie im Rahmen der notwendigen Wartung des Serversystems angezeigt.

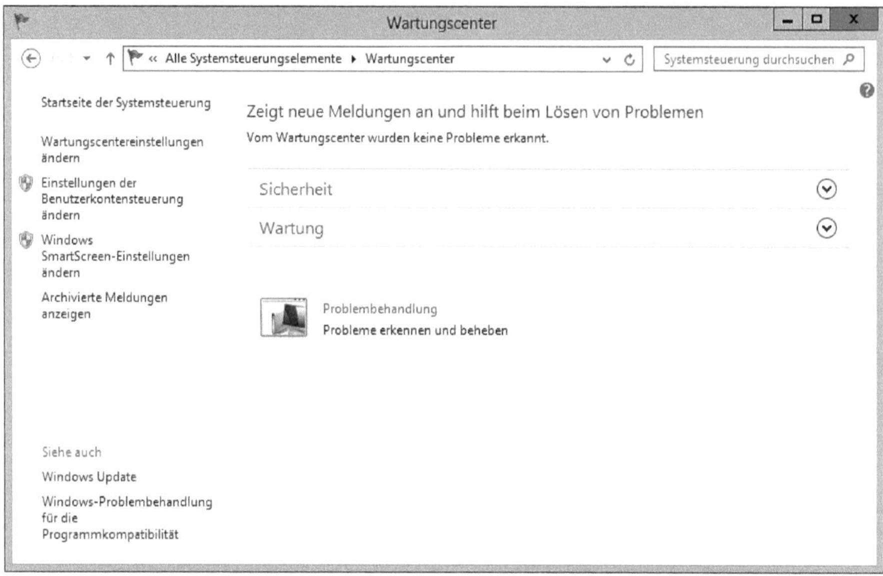

Abb. 14.7: *Das Wartungscenter für die Problembehandlung*

Das Wartungscenter kann man sich unter Windows Server 2012 R2 anzeigen lassen, indem man im *Startbildschirm* einfach **Wartungscenter** eingibt, und nachfolgend mit der Maus auf **Wartungscenter** klickt.

Archivierte Meldungen anzeigen

Die im *Wartungscenter* angezeigten Meldungen können im Bedarfsfall archiviert und somit auch zu späteren Zeitpunkten angezeigt werden. Auch kann man in der Konfiguration des Wartungscenters über die Option *Wartungscentereinstellungen ändern* festlegen, welche Elemente des Serversystems vom Wartungscenter überwacht und entsprechende Meldungen darin angezeigt werden sollen.

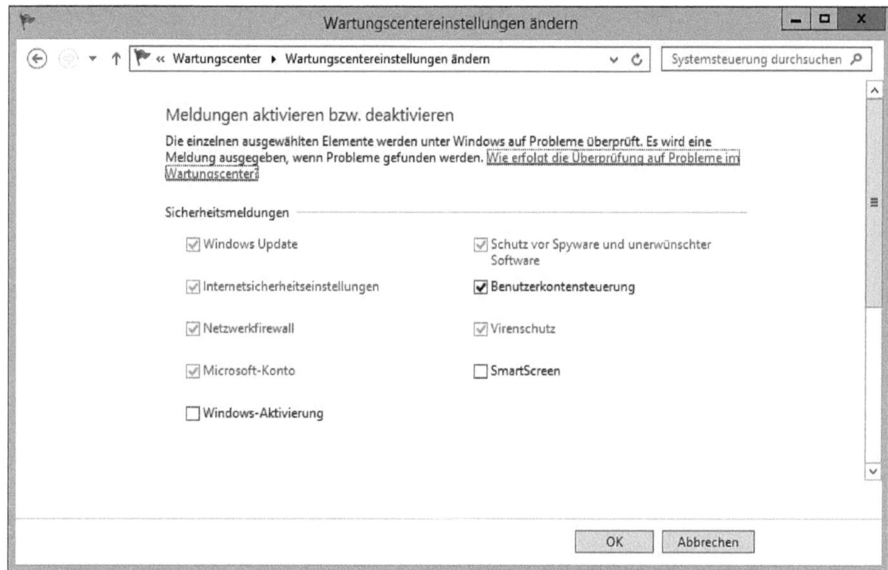

Abb. 14.8: *Anpassungen der Überwachung in den Wartungscentereinstellungen*

Innerhalb des Wartungscenters besteht die Möglichkeit, ein weiteres, für die Zuverlässigkeit des Serversystems unter Windows Server 2012 R2 wichtiges Tool aufzurufen – die ***Zuverlässigkeitsüberwachung***.

14.4 Zuverlässigkeitsüberwachung

Ab dem Zeitpunkt der Installation

Neben der Überwachung mithilfe der *Ereignisanzeige* oder der Leistungsüberwachung lässt sich unter Windows Server 2012 R2 auch die Zuverlässigkeit des Serverbetriebssystems überwachen – mithilfe des Tools ***Zuverlässigkeitsüberwachung***. Hiermit wird es ermöglicht, auch zeitlich bereits lange zurückliegende, sich auf die Zuverlässigkeit des Systems auswirkende Ereignisse sowie auch Fehler bereits schon ab dem Zeitpunkt der Installation des Betriebssystems nachzuverfolgen.

Der Zuverlässigkeits- und Problemverlauf in der *Zuverlässigkeitsüberwachung* wird unterteilt in:

- **Anwendungsfehler**
- **Windows-Fehler**
- **Verschiedene Fehler**
- **Warnungen**
- **Informationen**

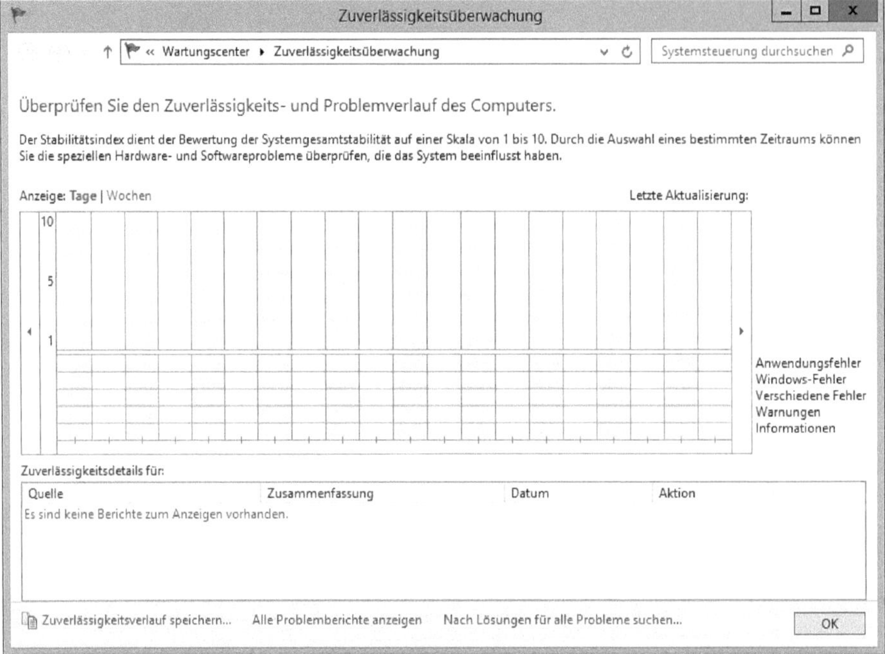

Abb. 14.9: *Konsole für die Zuverlässigkeitsüberwachung*

Nach dem Eintritt eines entsprechenden Ereignisses wird dieses zeitgemäß angezeigt. Durch einen Klick auf das jeweilige Ereignis werden die dazu gehörigen Details in der darunter liegenden Tabelle angezeigt und geben dazu einen detaillierten Aufschluss.

Zum Öffnen der Zuverlässigkeitsüberwachung geben Sie im *Startbildschirm* von Windows Server 2012 R2 einfach **Zuverlässigkeit** ein, und klicken Sie dann auf **Zuverlässigkeitsverlauf anzeigen**.

Weitere Informationen zur Zuverlässigkeitsüberwachung erhalten Sie in der Hilfe von Windows Server 2012 R2.

14.5 Problembehandlung

Erkennen und Beheben allgemeiner Probleme

Ein weiteres Tool, welches man unter Windows Server 2012 R2 u. a. über das Wartungscenter aufrufen kann, ist die *Problembehandlung*. Hinter diesem Tool finden sich verschiedene Assistenten, die im Bedarfsfall durch einen einfachen Mausklick aufgerufen und genutzt werden können.

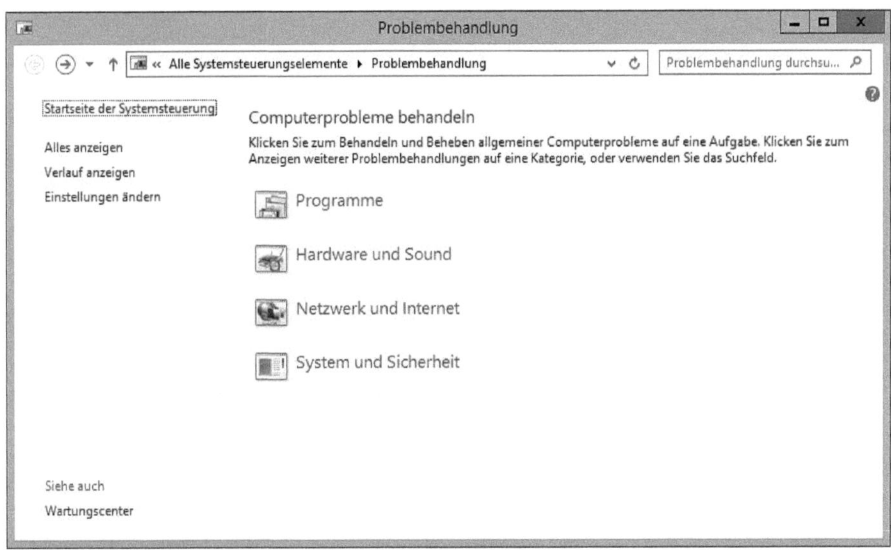

Abb. 14.10: *Konsole für die Problembehandlung*

Die *Problembehandlung* kann über das Wartungscenter gestartet werden. Alternativ geben starten Sie die Problembehandlung beispielsweise über die Eingabe des Begriffs *Problembehandlung* im Startbildschirm von Windows Server 2012 R2, einem Klick auf **Einstellungen**, sowie dem Klick auf **Problembehandlung**.

Sie dient, wie es der Name auch ableiten lässt, dem Behandeln und Beheben allgemeiner Computerprobleme. Dazu wurde sie in die folgenden Kategorien unterteilt:

- **Programme**
- **Hardware und Sound**
- **Netzwerk und Internet**
- **Darstellung und Anpassung**
- **System und Sicherheit**

Je nach Problem klickt man auf eine der Kategorien, hinter der sich entsprechende Verknüpfungen zu den unter Windows Server 2012 R2 enthaltenen Problembehandlungsassistenten befinden.

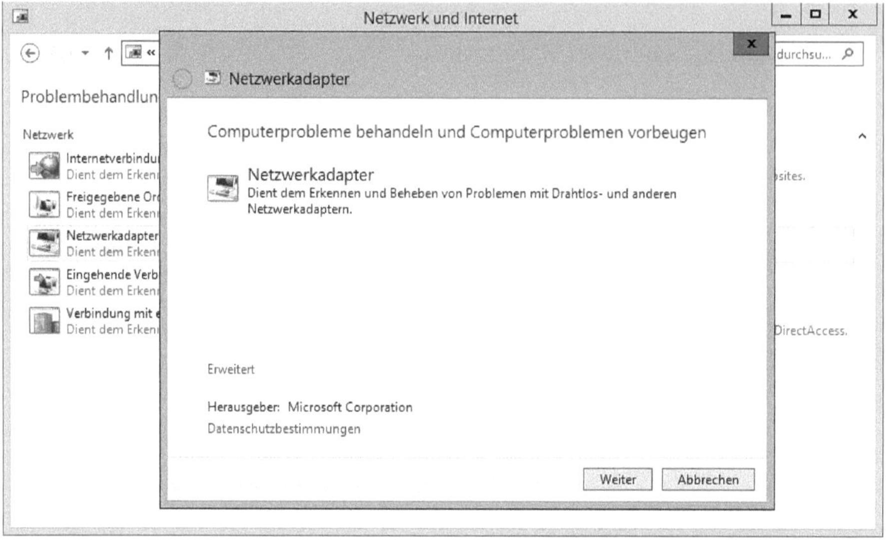

Abb. 14.11: *Verwendung des Problembehandlungsassistenten bei Problemen mit dem Netzwerkadapter*

Weitere Informationen zur Problembehandlung findet man in der Windows-Hilfe unter Windows Server 2012 R2.

14.6 Weitere Tools und Programme

Zur Systemüberwachung, -analyse und Problembehebung enthält ein Serversystem unter Windows Server 2012 R2 noch weitere, wichtige Tools. Zu diesen zählen u.a.:

- **Auditpol** – dient der Anzeige und Konfiguration der Überwachungsrichtlinien.
- **Dcdiag** – dient der Analyse von Domänencontrollern sowie der Gesamt- oder Domänenstrukturen und zum Anzeigen entsprechender Berichte.
- **Gpresult** – dient der Analyse von Richtlinieninformationen im Rahmen der Anwendung von Gruppenrichtlinienobjekten.
- **Nltest** – dient der Überprüfung der Konfiguration des Betriebssystems.
- **Nslookup** – dient der Diagnose der Namensauflösungsumgebung im Rahmen der DNS-Infrastruktur.
- **Problemaufzeichnung (PSR)** - dient der Aufzeichnung von Problemen auf dem lokalen Computersystem.
- **Repadmin** – dient der Überprüfung und Diagnose von Replikationsproblemen zwischen Domänencontrollern.
- **Sc** – dient dem Testen sowie dem Problembeheben in Verbindung mit Diensten.

Neben diesen und auch noch weiteren in Windows Server 2012 R2 enthaltenen Tools und Programmen sollte man nicht vergessen, dass im *Server-Manager* auch noch *Best Practice Analyzer* (*BPA*) enthalten sind, die man für die darauf installierten Serverrollen individuell aufrufen kann.

Best Practice Analyzer (BPA)

Es soll nicht unerwähnt bleiben, dass Microsoft mit den ***Sysinternals***-Tools eine Vielzahl weiterer Werkzeuge kostenfrei zum Download im Internet bereitstellt. Diese findet man auf der Website von Microsoft-Technet unter:

https://technet.microsoft.com/de-de/sysinternals/bb545021.aspx

In diesem Modul wurden Ihnen verschiedene Tools und Werkzeuge für die Systemanalyse, sowie die mögliche Problembehebung unter Windows Server 2012 R2 vorgestellt. Zu den turnusmäßigen Aufgaben eines Administrators gehört neben der Systemwartung, -überwachung und -pflege auch noch eine passende Sicherungs- und Wiederherstellungsstrategie für die auf den Serversystemen gespeicherten Daten. Mehr hierzu erfahren Sie im nächsten Kapitel.

KAPITEL 15

Sichern und Wiederherstellen

Sicherung: Lokal oder sogar online möglich...

Nach dem erfolgreichen Einzug der Computernetzwerke in den weltweit angesiedelten Unternehmen, werden Daten oft lediglich noch in elektronischer Form gespeichert. Die in früheren Zeiten oftmals dazu genutzten Karteikarten haben in vielen Fällen bereits lange schon ausgedient. Kritisch wirkt sich dies mitunter dann aus, wenn die gespeicherten Daten beispielsweise durch einen Datenträgerausfall auf einem der für die Speicherung verwendeten Serversysteme verloren gehen. Froh ist dann derjenige Administrator, welcher die betreffenden Daten vorweg an einem anderen Speicherort gesichert hatte. Dies ermöglicht ihm, diese in der Regel völlig unproblematisch wieder herstellen zu können.

Nochmals verbessert

Für den Zweck der Datensicherung und -wiederherstellung hat Microsoft das alte *NTBackup*-Programm bereits unter Windows Server 2008 durch die neue *Windows Server-Sicherung* als einfache Datensicherungslösung für kleinere und mittlere Firmen sowie große Unternehmen ersetzt. Dieses Backup-Tool wurde von Microsoft bereits in Windows Server 2008 R2, und in Windows Server 2012 im Funktionsumfang nochmals verbessert und bereichert. In Windows Server 2012 R2 steht dieses Sicherungswerkzeug ebenso grafisch, sowie auch als Kommandozeilentool und als Windows PowerShell-Cmdlets zur Verfügung.

Die Auswahl einzelner Dateien und/oder Ordner für die Sicherung ist – vergleichbar wie ehemals unter dem *NTBackup*-Programm noch unter Windows Server 2003 – auch unter Windows Server 2012 R2 möglich.

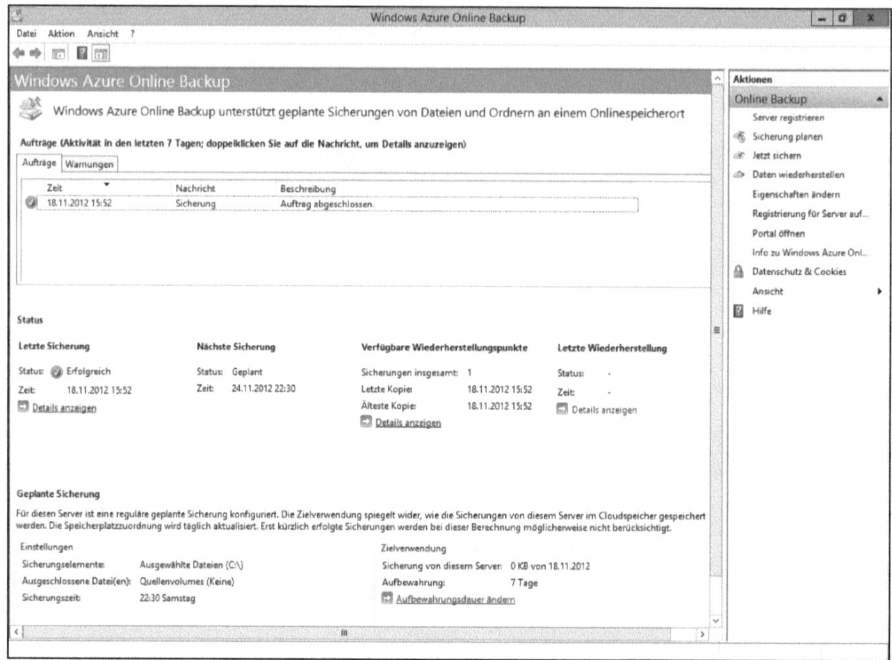

Abb. 15.1: *Grafische Verwaltungsoberfläche der Windows Server-Sicherung*

15.1 Neuerungen und Verbesserungen

Unterstützt mehr als 2 TB an Datei- oder Ordnergröße

Wie zuvor bereits erwähnt, wurde die ursprüngliche Version der Windows Server-Sicherung nochmals überarbeitet und erweitert. Microsoft hat u. a. die folgenden Neuerungen und Verbesserungen in die bereits unter Windows Server 2012 enthaltene Windows Server-Sicherung einfließen lassen:

- **Möglichkeit zum Sichern von Volumes mit einer Größe von mehr als 2 TByte,**
- **Möglichkeit zum Sichern und Wiederherstellen individueller, virtueller Maschinen von einem Hyper-V-Hostcomputer,**
- **Möglichkeit der Online-Sicherung von Daten in der Microsoft Azure-Cloud als Alternative zur lokalen Datensicherung.**

Insbesondere die Möglichkeit zur Online-Sicherung richtet sich im Schwerpunkt an kleine und mittelständische Unternehmen, und erfordert eine entsprechende Online-Registrierung.

Mit der neuen Windows Server-Sicherung unter Windows Server 2012 R2 kann man einen vollständigen Server (sprich: *alle darauf vorhandenen Volumes*), ausgewählte Volumes, den Systemstatus oder bestimmte Dateien und Ordner sichern. Auch lässt sich damit eine Sicherung erstellen, die für die Bare-Metal-Recovery eines Serversystems verwendet werden kann. Für die Sicherung bzw. Wiederherstellung werden unter Windows Server 2012 R2 ebenso auch Datei- oder Ordnergrößen bzw. Volumegrößen von mehr als 2 TB (Terabyte) unterstützt. Beachten Sie darüber hinaus, dass mit der Windows Server-Sicherung lediglich Daten von lokalen, NTFS- bzw. ReFS-formatierten Volumes gesichert werden können. Die Sicherung auf Bandlaufwerke wird hierbei nicht unterstützt.

Unter Bare-Metal-Recovery versteht man das Wiederherstellen der Sicherung eines ausgefallenen Serversystems auf einem anderen (neuen) Computersystem, auf dem noch kein Betriebssystem installiert ist, sprich: auf *„nacktem Metall"*. Die Windows Server-Sicherung von Windows Server 2012 sowie Windows Server 2012 R2 unterstützt ein solches, bislang nur Drittherstellern vorbehaltenes Wiederherstellungsverfahren. Weitere Informationen zur Sicherung sowie zum „Bare-Metal-Recovery" finden Sie in der Windows-Hilfe von Windows Server 2012 R2 oder auch im Internet unter:

https://technet.microsoft.com/de-de/library/jj614621.aspx

15.2 Sicherungstools

Die Sicherung und/oder Wiederherstellung von Daten kann unter Windows Server 2012 R2 anhand verschiedener Tools erfolgen. Diese umfassen:

- MMC-Snap-In ***Windows Server-Sicherung***
- Kommandozeilenprogramm **Wbadmin.exe**
- **Windows PowerShell**-Cmdlets

Welches der Werkzeuge Sie für die Sicherung bzw. Wiederherstellung von Daten unter Windows Server 2012 R2 einsetzen, wird sich letztlich wohl innerhalb der jeweiligen Situation ergeben.

Beispiele sowie auch die Befehlssyntax der Windows PowerShell-Cmdlets für die Windows Server-Sicherung finden Sie in der Windows PowerShell-Referenz im Internet unter:

https://technet.microsoft.com/de-de/library/jj902428.aspx

15.3 Installation der Windows Server-Sicherung

Als Feature nachinstallierbar

Die Windows Server-Sicherung wird bei der Betriebssysteminstallation von Windows Server 2012 R2 nicht automatisch installiert. Man kann diese jedoch jederzeit als Feature (*Funktion*) nachinstallieren. Lediglich die Installationsschritte unterscheiden sich zwischen einem Serversystem unter Windows Server 2012 R2 als vollständige Installation und der Server Core-Installation.

Gehen Sie wie folgt vor, um die Windows Server-Sicherung mithilfe des Server-Managers auf einem Serversystem unter Windows Server 2012 R2 als vollständige Installation zu installieren:

1. Starten Sie den *Server-Manager.*
2. Klicken Sie in der oberen Befehlsleiste auf Verwalten, und dann auf **Rollen und Features hinzufügen**.

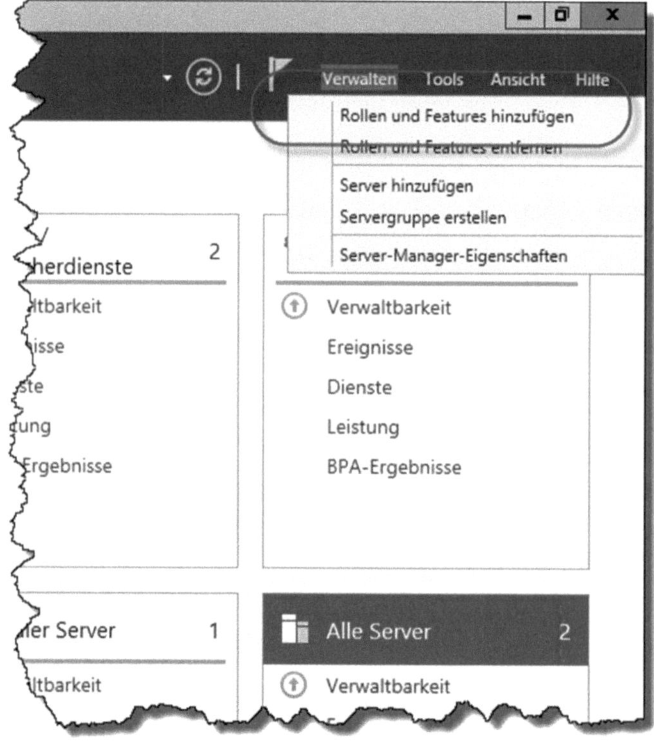

Abb. 15.2: *Server-Manager zum Hinzufügen der Windows Server-Sicherung*

3. Klicken Sie im Dialog *Vorbemerkungen* auf **Weiter**.
4. Wählen Sie die Option *Rollenbasierte oder featurebasierte Installation*, und klicken Sie auf **Weiter**.

5. Wählen Sie den Server aus, auf dem das Sicherungsfeature installiert werden soll, und klicken Sie auf **Weiter**.
6. Klicken Sie im Dialog *Serverrollen auswählen* auf **Weiter**.
7. Aktivieren Sie im Dialog *Features auswählen* das Kontrollkästchen vor *Windows Server-Sicherung*, und klicken Sie auf **Weiter**.

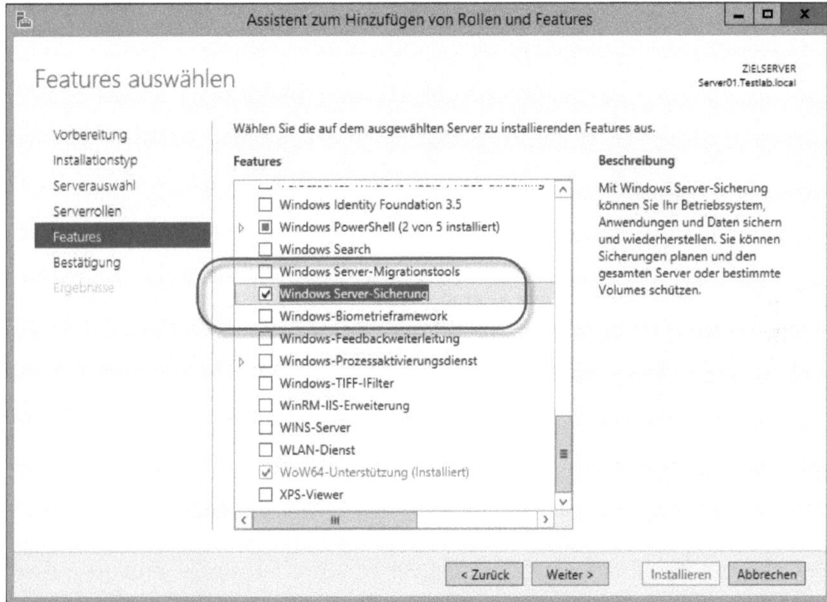

Abb. 15.3: *Auswahl des Features für die Windows Server-Sicherung*

8. Klicken Sie auf **Installieren**, um die Windows Server-Sicherung auf dem betreffenden Server zu installieren.
9. Klicken Sie auf **Schließen**, um den Dialog *Assistent zum Hinzufügen von Rollen und Features* zu schließen.

Die erfolgreiche Installation der Windows Server-Sicherung wird Ihnen in der oberen *Befehlsleiste* des Server-Managers durch einen Klick auf das **Fahnensymbol** angezeigt.

15.4 Datensicherung

Sicherung auch auf virtuelle Volumes möglich

Mit der Windows Server-Sicherung können Datensicherungen des Betriebssystems, der Systemstatusdaten, von Volumes sowie Dateien und Ordnern erstellt werden. Die Sicherungen können entweder auf einem lokal angeschlossenen (*physikalischen oder virtuellen*) Volume, auf DVDs, Wechselmedien oder in freigegebenen Remote-Ordnern gespeichert werden. Die Sicherungsvorgänge können hierbei entweder manuell oder auch automatisch ausgeführt werden.

Hinweis

Beachten Sie bei der Sicherung auf Volumes oder Wechselmedien, dass diese vor der Sicherung mitunter formatiert werden müssen. Die darauf womöglich gespeicherten Daten gehen bei diesem Vorgang verloren. Die Sicherung auf USB-Flashlaufwerken oder USB-Sticks wird von der Windows Server-Sicherung nicht unterstützt.

15.4.1 Durchführung einer manuellen Sicherung

Manuelle Sicherung als Einmalsicherung

In der Praxis ergibt sich schnell einmal die Situation, dass man bestimmte Daten – unabhängig von der eigentlichen Sicherungsstrategie – beispielsweise vor bestimmten Änderungen an einem Serversystem sichern möchte. Wenn sich der Moment ergibt, so kann man diese Daten dann aus der Sicherung wieder herstellen. Auch mit der grafischen Windows Server-Sicherung unter Windows Server 2012 R2 kann man eine solche, manuelle Sicherung als Einmalsicherung durchführen. Auf der Ebene der Kommandozeile dient hierzu der Befehl **Wbadmin start backup**.

Hinweis

Beachten Sie, dass Sicherungen, die mit der Windows Server-Sicherung auf einer DVD, anderen optischen Medien oder einem Wechselmedium erstellt wurden, nur vollständig als Volume wiederhergestellt werden können. Einzelne Dateien und Ordner, der Systemstatus oder auch Anwendungsdaten lassen sich aus Sicherungen von solchen Medientypen nicht wieder herstellen. Beachten Sie dies ***vor*** der Durchführung einer Einmalsicherung

Gehen Sie wie folgt vor, um eine Einmalsicherung in der grafischen Windows Server-Sicherung unter Windows Server 2012 R2 durchzuführen:

1. Klicken Sie im *Server-Manager* auf den betreffenden Server. Klicken Sie dann in der oberen Befehlsleiste auf **Tools**, und dann auf **Windows Server-Sicherung**.
2. Klicken Sie im linken Konsolenmenü auf **Lokale Sicherung**.
3. Klicken Sie im *Aktionsbereich* auf **Einmalsicherung**.
4. Klicken Sie im Dialog *Sicherungsoptionen* auf **Weiter**.

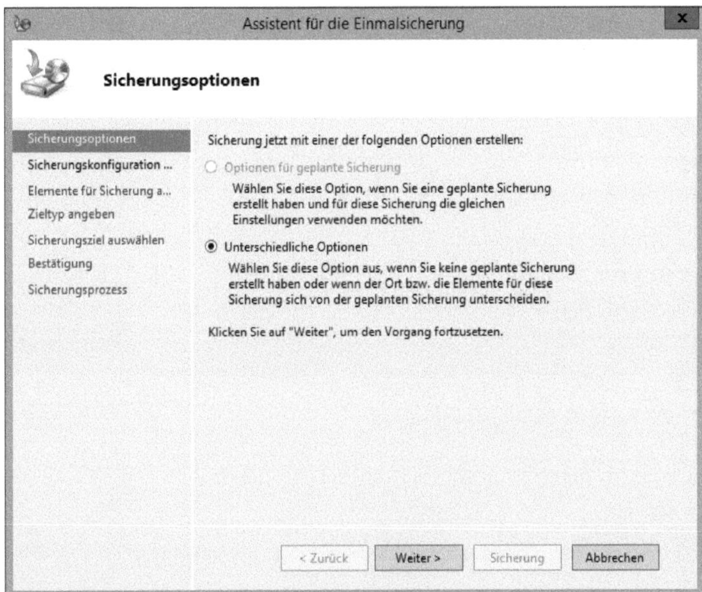

Abb. 15.4: *Auswahl der Sicherungsoptionen*

5. Wählen Sie im Dialog *Sicherungskonfiguration auswählen* den gewünschten *Konfigurationstyp.*

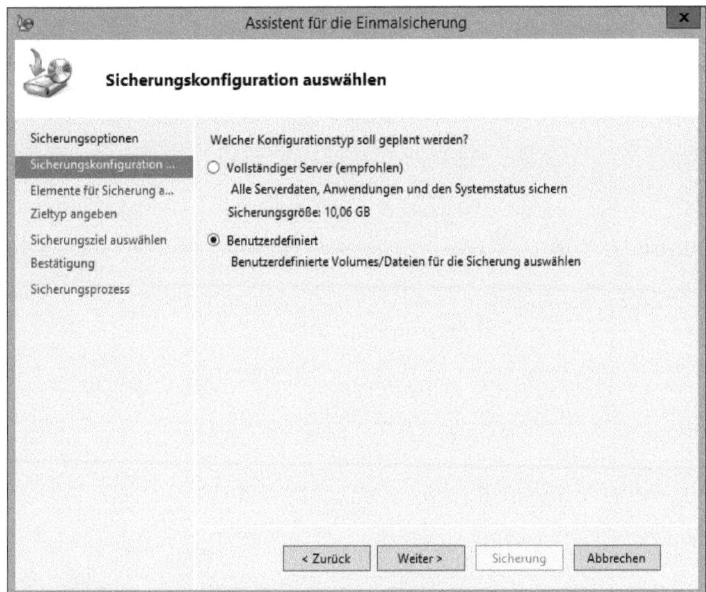

Abb. 15.5: *Auswahl der Sicherungskonfiguration*

Zur Auswahl stehen:

- **Vollständig (empfohlen)**, um alle Serverdaten, Anwendungen und den Systemstatus auf dem Serversystem zu sichern.
- **Benutzerdefiniert**, um nur bestimmte Volumes bzw. Dateien oder auch Daten für eine mögliche Bare-Metal-Recovery des Serversystems zu sichern.

Wählen Sie die gewünschten Elemente und Optionen aus und klicken Sie dann auf **Weiter**.

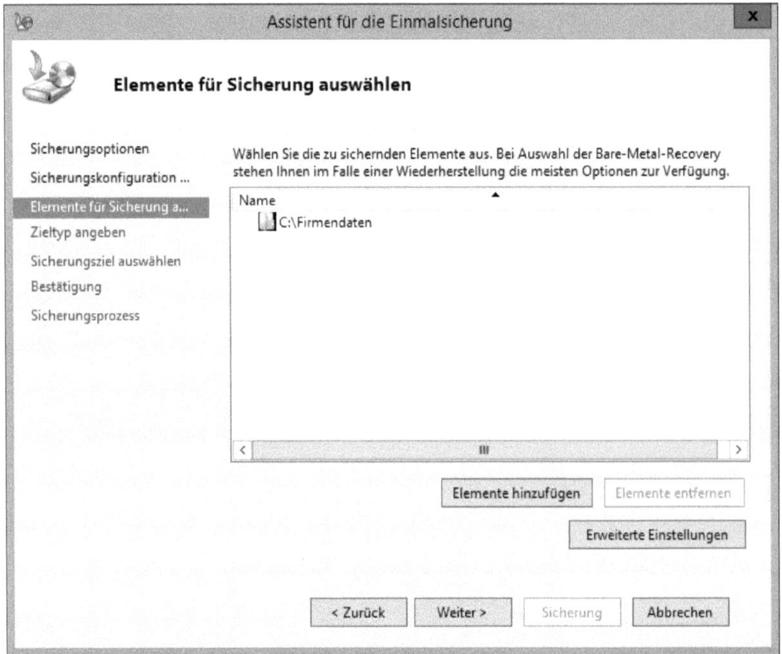

Abb. 15.6: *Auswahl der zu sichernden Elemente - nur bei benutzerdefinierter Sicherung*

7. Wählen Sie im Dialog *Zieltyp angeben* den gewünschten Speicherort für die Sicherung aus und klicken Sie dann auf **Weiter**.

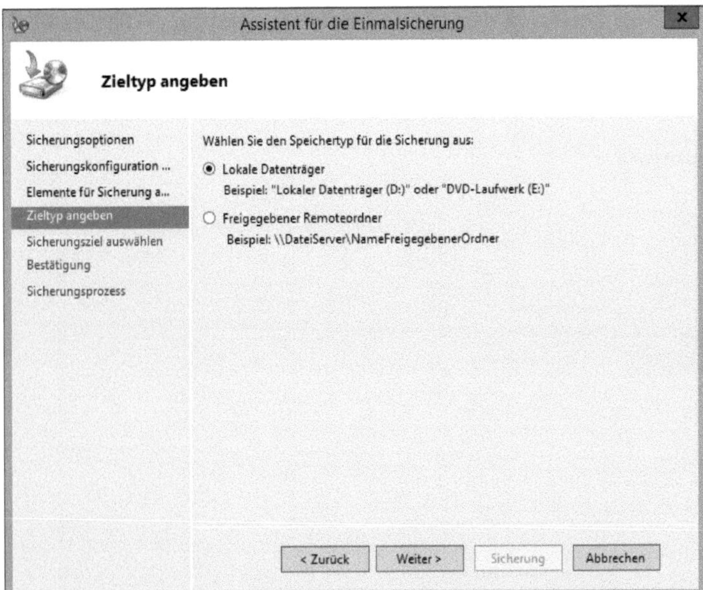

Abb. 15.7: *Auswahl des Speicherorts für die Einmalsicherung*

8. Wählen Sie das *Sicherungsziel* aus, und klicken Sie auf **Weiter**.

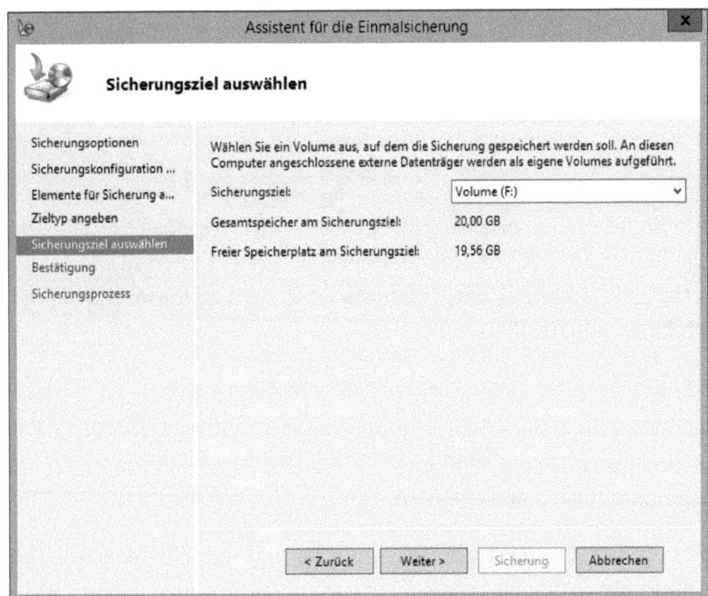

Abb. 15.8: *Auswahl des Speicherorts für die Einmalsicherung*

9. Überprüfen Sie im Dialog *Bestätigung* die Konfiguration und klicken Sie dann auf **Sicherung**.

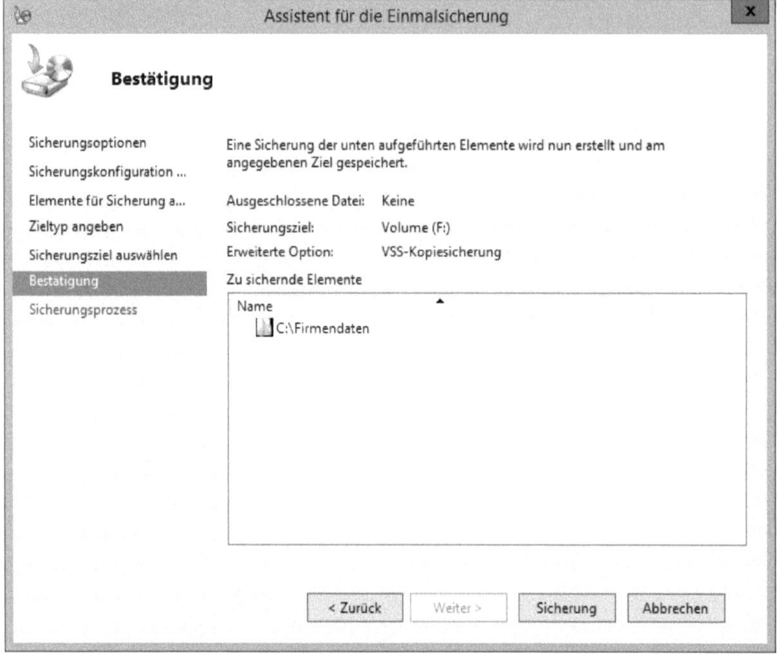

Abb. 15.9: *Zusammenfassung und Bestätigung einer Einmalsicherung*

Die Einmalsicherung der ausgewählten Dateien wird auf den angegebenen Zielspeicher gesichert.

Alternativ zur manuellen Einmalsicherung besteht in der Windows Server-Sicherung unter Windows Server 2012 R2 die Möglichkeit, die Sicherung von Daten (beispielsweise für die tägliche Sicherung der Unternehmensdaten) zeitgesteuert mithilfe von Sicherungszeitplänen durchzuführen.

15.4.2 Konfiguration einer automatischen Sicherungen

Tägliche Sicherung von Unternehmensdaten möglich

Für die tägliche Sicherung eines Serversystems unter Windows Server 2012 R2 sowie der darauf gespeicherten Daten, kann in der Windows Server-Sicherung ein entsprechender Sicherungszeitplan erstellt werden.

Gehen Sie wie folgt vor, um die automatische Sicherung mithilfe der grafischen Verwaltungsoberfläche der Windows Server-Sicherung unter Windows Server 2012 R2 auf einen angeschlossenen Datenträger zu planen:

1. Klicken Sie im *Server-Manager* auf den betreffenden Server. Klicken Sie dann in der oberen Befehlsleiste auf **Tools**, und dann auf **Windows Server-Sicherung**.

2. Klicken Sie im linken Konsolenmenü auf **Lokale Sicherung**.
3. Klicken Sie im *Aktionsbereich* auf **Sicherungszeitplan**.
4. Klicken Sie im Dialog *Erste Schritte* auf **Weiter**.
5. Wählen Sie im Dialog *Sicherungskonfiguration auswählen* den gewünschten *Konfigurationstyp*.

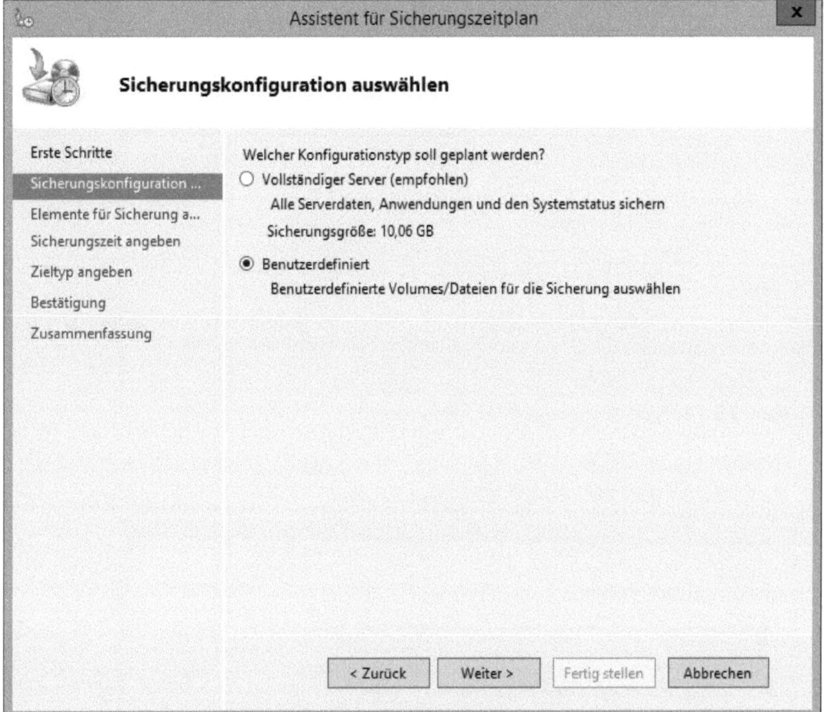

Abb. 15.10: *Auswahl der Sicherungskonfiguration*

Zur Auswahl stehen:

- **Vollständig (empfohlen)**, um alle Serverdaten, Anwendungen und den Systemstatus auf dem Serversystem zu sichern.
- **Benutzerdefiniert**, um nur bestimmte Volumes bzw. Dateien oder auch Daten für eine mögliche Bare-Metal-Recovery des Serversystems zu sichern.

Wählen Sie die gewünschten Elemente und Optionen aus und klicken Sie dann auf **Weiter**.

6. Wählen Sie im weiteren Verlauf im Dialogfenster *Sicherungszeit angeben* fest, wie häufig die ausgewählten Daten gesichert werden sollen. Klicken Sie anschließend auf **Weiter**.

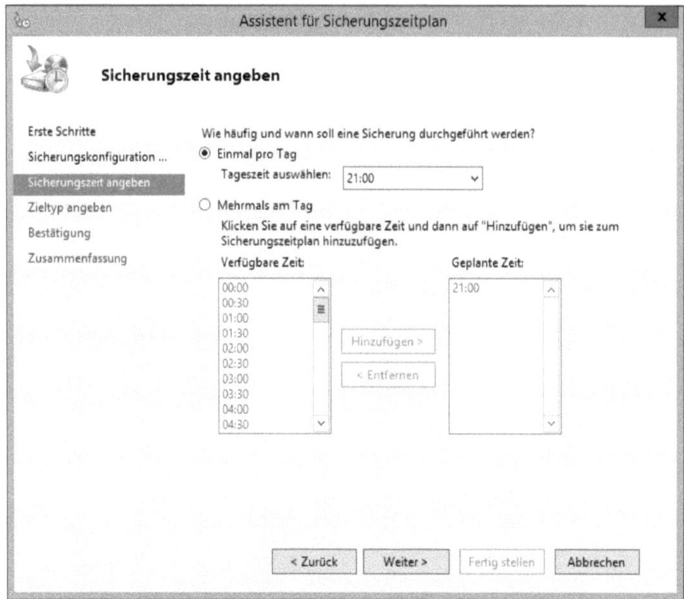

Abb. 15.11: Sicherungszeitplan definieren

7. Wählen Sie im Dialog *Zieltyp angeben* den gewünschten Speicherort für die Sicherungsdaten und klicken Sie dann auf **Weiter**.

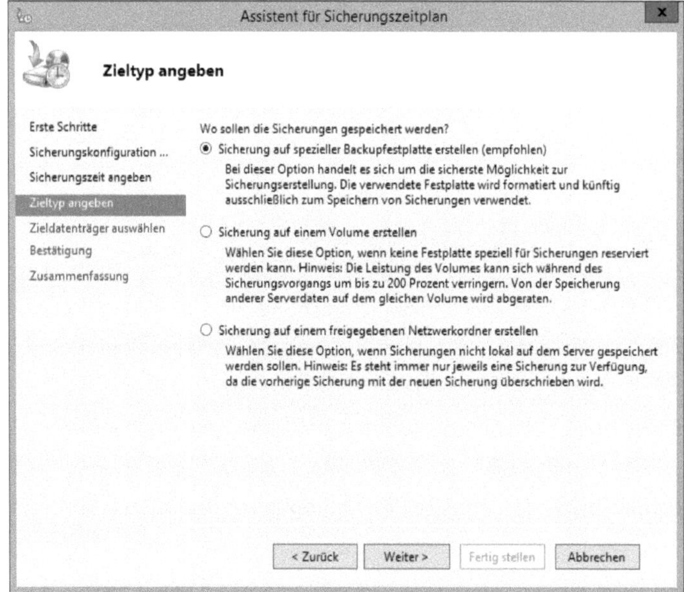

Abb. 15.12: *Konfiguration des Speicherortes für die Datensicherung*

8. Wählen Sie den gewünschten Zieldatenträger aus, und klicken Sie auf **Weiter**.

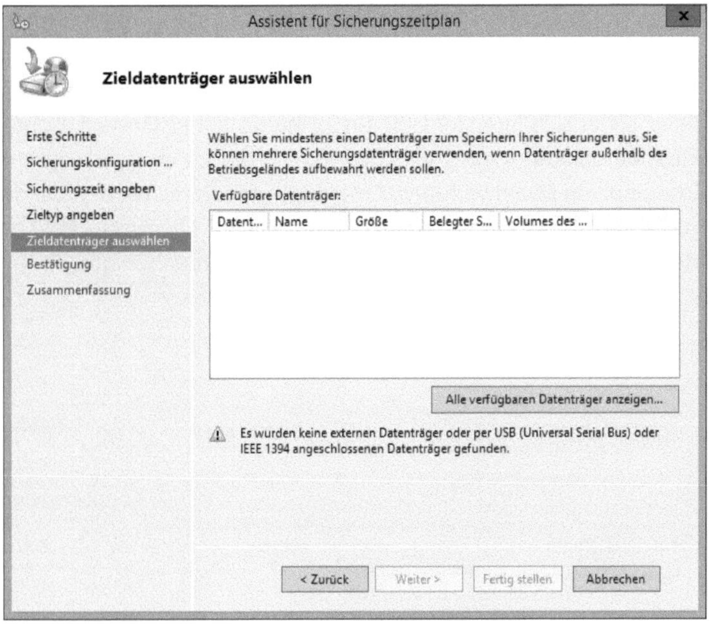

Abb. 15.13: *Konfiguration des Speicherortes für die Datensicherung*

9. Überprüfen Sie im Dialog *Bestätigung* die Konfiguration und klicken Sie dann auf **Fertig stellen**.

Die geplante Sicherung wird zu den angegebenen Zeitpunkten durchgeführt.

15.4.3 Sicherung mit Wbadmin.exe

Alternative zur grafischen Konsole

Alternativ zur Sicherung mithilfe des MMC-Snap-In der Windows Server-Sicherung besteht die Möglichkeit, diese mit dem Befehl **Wbadmin.exe** auf Ebene der Befehlszeile durchzuführen. Dies birgt u.a. den Vorteil, dass man Sicherungsvorgänge beispielsweise in Skriptdateien erfassen und ausführen lassen kann. Das Befehlszeilenprogramm `Wbadmin.exe` umfasst die gleichen Funktionen, wie sie auch in der grafischen Oberfläche der Windows Server-Sicherung enthalten sind.

Hinweis

Weitere Informationen zur Befehlssyntax von ***Wbadmin.exe*** erhalten Sie nach Eingabe des folgenden Befehls in der Kommandozeile:

Wbadmin.exe /?

Neue Windows PowerShell-Cmdlets

Eine weitere Möglichkeit der Sicherung besteht durch die Verwendung der neuen Windows PowerShell-Cmdlets unter Windows Server 2012 R2. Nähere Informationen hierzu finden Sie in der Online-Hilfe von Windows Server 2012 R2.

15.5 Online-Sicherung

Für kleine und mittelständische Unternehmen

Neu eingeführt hatte Microsoft mit dem Windows Server 2012 auch die Möglichkeit zur direkten Online-Sicherung in der Microsoft Azure-Cloud im Internet. Auch unter Windows Server 2012 R2 ist die Sicherung in die Cloud von Microsoft ebenso möglich. Diese Möglichkeit bietet sich in erster Linie für kleine bis mittelständische Unternehmen und kleinere Büros oder Kanzleien an, die über lediglich wenige Möglichkeiten der lokalen Sicherung von Daten verfügen. Die gesicherten Daten werden bei der Online-Sicherung in verschlüsselter Form auf den Servern in der Microsoft-Cloud gespeichert, und durch den Einsatz eines starken Kennworts gegen unbefugten Zugriff geschützt.

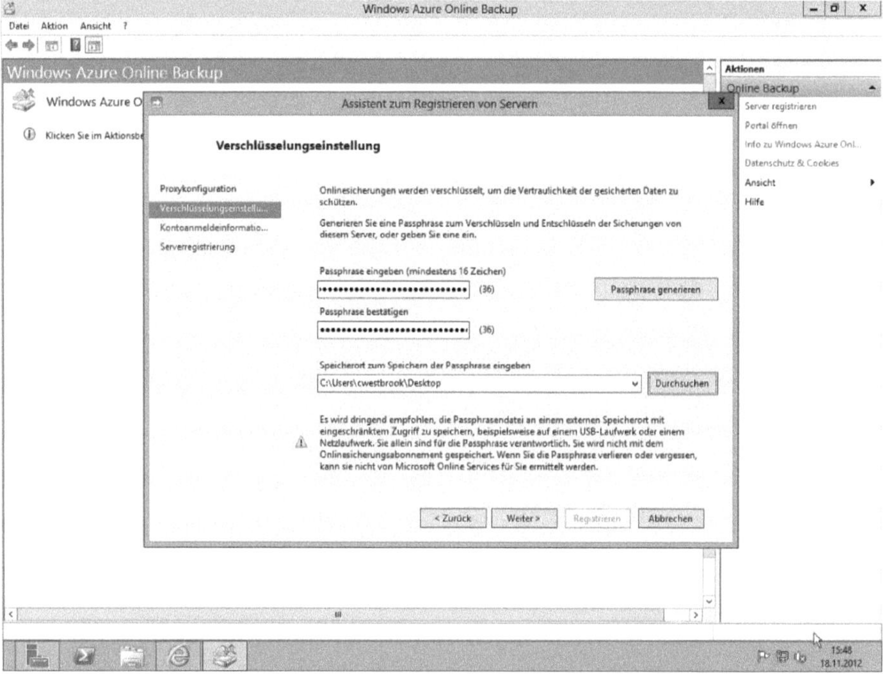

Abb. 15.74: *Absicherung der Onlinesicherung durch ein starkes Kennwort zum Verschlüsseln der Daten.*

Um die Online-Sicherung unter Windows Server 2012 R2 verwenden zu können, muss man sich zuerst bei Microsoft Azure anmelden und für die Benutzung des Online-Backup registrieren. Am einfachsten geschieht dies über die Schaltfläche ***Registrieren*** in der Verwaltungskonsole für die *Windows Server-Sicherung*.

Beachten Sie, dass die Windows Server-Sicherung nach der Registrierung des Serversystems unter Windows Server 2012 R2 für die Online-Sicherung im grafischen Assistenten keine Möglichkeit der lokalen Sicherung mehr bietet. Alle Backups werden nach der Einrichtung der Online-Sicherung in die Microsoft Azure-Cloud geschrieben.

Das Windows Azure Online Backup steht nach der Registrierung zum Testen bereit. Die Nutzung über den Testzeitraum hinaus ist kostenpflichtig. Genaue Details zu den Nutzungsmöglichkeiten, sowie die dabei anfallenden Gebühren erhalten Sie direkt in der Microsoft Azure Website im Internet unter:

http://www.windowsazure.com/de-de/

Nach erfolgreicher Registrierung kann man den Online-Backupagent für Windows Server 2012 R2 aus dem Online-Portal von Microsoft auf den lokalen Rechner herunterladen und installieren. Anschließend muss man den jeweils zu sichernden Server einzeln noch im Online-Portal registrieren.

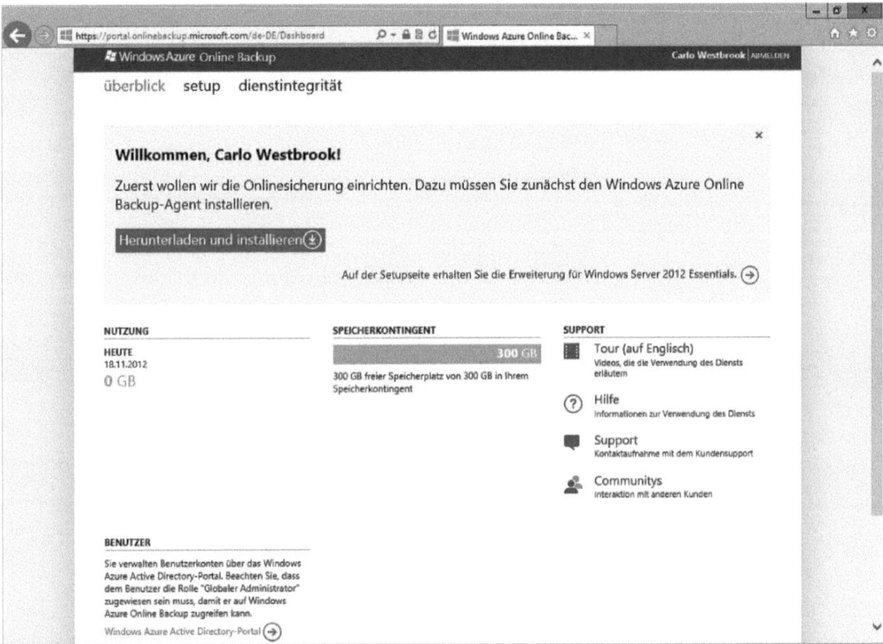

Abb. 15.85: *Online-Portal zur Verwaltung für das Windows Azure Online Backup im Internet*

Gleich nach erfolgter Registrierung des Servers kann man einen entsprechenden Zeitplan für die Online-Sicherungen erstellen, und bei Bedarf sogleich auch eine manuelle Sicherung von Daten in die Microsoft Azure-Cloud durchführen.

Im Verlauf der Konfiguration kann man einen Aufbewahrungszeitraum für die Online-Sicherungen festlegen. Standardmäßig sieht Microsoft hierzu einen Zeitraum von 7 Tage vor, den man nach eigenem Bedarf jeweils problemlos anpassen kann.

Detaillierte Informationen zur Registrierung sowie zur Verwendung der Microsoft Online-Sicherung finden Sie im Internet unter:

https://technet.microsoft.com/library/hh831419.aspx

Nachdem wir uns einen Überblick über die Möglichkeiten der Datensicherung unter Windows Server 2012 R2 verschafft haben, ist es nunmehr an der Zeit, sich auch mit den möglichen Methoden für die Datenwiederherstellung zu befassen.

15.6 Wiederherstellen von Dateien und Ordnern

Der Ausfall eines Datenträgers eines in Unternehmen eingesetzten Serversystems führt oft direkt auch zu Datenverlust. Wohl dem, der vorweg eine passende Sicherungsstrategie geplant und umgesetzt hat.

Verschiedene Tools zur Wiederherstellung

Die Wiederherstellung, beispielsweise von Dateien und Ordnern, Volumes oder auch den Systemstatusdaten, kann, wie auch die Sicherung selbst, mit den verschiedenen Tools der Windows Server-Sicherung entweder grafisch oder aber auf der Kommandozeilenebene mit dem Befehl **Wbadmin.exe** und alternativ den neu in Windows Server 2012 R2 enthaltenen Windows PowerShell-Cmdlets erfolgen.

Die in früheren Betriebssystemen mithilfe des *NTBackup*-Programms gesicherten Dateien können mithilfe der Windows Server-Sicherung unter Windows Server 2012 bzw. Windows Server 2012 R2 nicht wieder hergestellt werden. Für diesen Zweck stellt Microsoft eine auch bereits für Windows Vista verfügbare, kostenfrei downloadbare Version des *NTBackup.exe*-Programms im Internet zur Verfügung. Dieses Tool dient jedoch lediglich der Wiederherstellung der vorweg ebenso mit *NTBackup.exe* gesicherten Dateien. Eine Datensicherung ist mit dem Programm nicht möglich.

Das Tool *NTBackup.exe* können Sie im Internet unter der folgenden Adresse kostenfrei herunterladen:

http://www.microsoft.com/downloads/details.aspx?displaylang=de&FamilyID=7da725e2-8b69-4c65-afa3-2a53107d54a7

15.6.1 Wiederherstellen mithilfe der grafischen Windows Server-Sicherung

Gehen Sie wie folgt vor, um vorweg gesicherte Dateien und Ordner, Systemstatusdaten oder Volumes mit der grafischen Windows Server-Sicherung von Windows Server 2012 R2 wiederherzustellen:

1. Klicken Sie im *Server-Manager* auf den betreffenden Server. Klicken Sie dann in der oberen Befehlsleiste auf **Tools**, und dann auf **Windows Server-Sicherung**.
2. Klicken Sie im linken Konsolenmenü auf **Lokale Sicherung**.
3. Klicken Sie im *Aktionsbereich* auf **W**.
4. Wählen Sie auf der Seite *Erste Schritte* eine der gewünschten Aktionen aus:
    - Klick auf ***Dieser Server***.
    - Klick auf ***Eine an einem anderen Speicherort gespeicherte Sicherung*** – folgen Sie den Anweisungen des Assistenten.

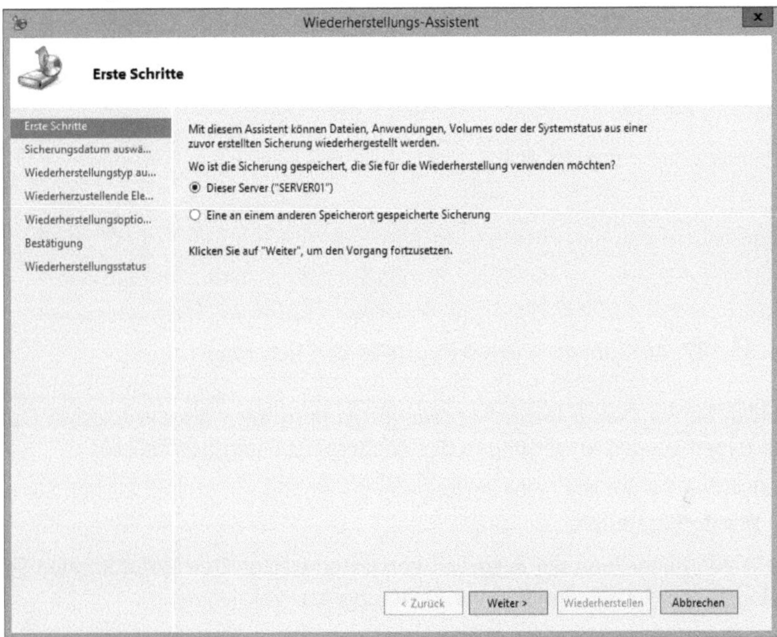

Abb. 15.96: *Auswahl des Speicherorts der Sicherung der wiederherzustellenden Daten*

5. Wählen Sie auf der Seite *Sicherungsdatum auswählen* im Kalender das Datum und in der Dropdownliste die Uhrzeit der Sicherung aus, die für die Wiederherstellung von Daten verwendet werden soll. Klicken Sie dann auf **Weiter**.

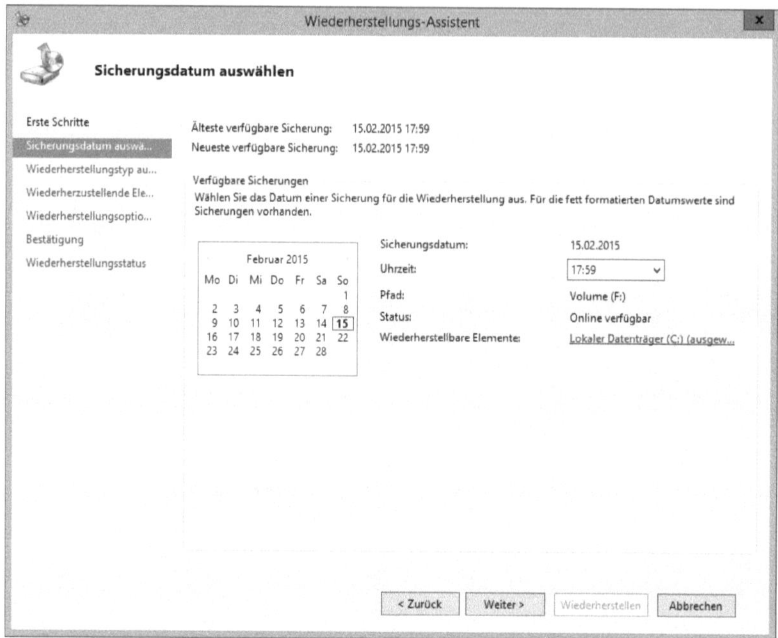

Abb. 15.107: *Auswahl der wiederherzustellenden Sicherung*

6. Wählen Sie im Dialog *Wiederherstellungstyp auswählen* die gewünschte Option und folgen Sie den Anweisungen des Wiederherstellungsassistenten.
7. Überprüfen Sie auf der Seite *Bestätigung* die Konfiguration und klicken Sie dann auf **Wiederherstellen.**

   Die Wiederherstellung der ausgewählten Daten erfolgt. Den Status können Sie im Dialogfenster der Windows Server-Sicherung nachvollziehen.

8. Klicken Sie nach Abschluss der Wiederherstellung auf **Schließen**.

15.6.2 Wiederherstellung mit Wbadmin.exe

Alternative zur grafischen Konsole

Alternativ zur Wiederherstellung mithilfe des MMC-Snap-In der Windows Server-Sicherung besteht die Möglichkeit, diese mit dem Befehl **Wbadmin.exe** auf Ebene der Befehlszeile durchzuführen. Dies birgt u.a. den Vorteil, dass man Wiederherstellungsvorgänge beispielsweise in Skriptdateien erfassen und ausführen lassen kann. Das Befehlszeilenprogramm **Wbadmin.exe** umfasst prinzipiell die gleichen Funktionen, wie sie auch in der grafischen Oberfläche der Windows Server-Sicherung enthalten sind.

Hinweis

Weitere Informationen zur Befehlssyntax von ***Wbadmin.exe*** erhalten Sie nach Eingabe des folgenden Befehls in der Kommandozeile:

Wbadmin.exe /?

Eine weitere Möglichkeit der Wiederherstellung von Daten aus einer Sicherung besteht durch die Verwendung der neuen ***Windows PowerShell-Cmdlets*** (wie z. B. **Start-WBBackup**, usw.) unter Windows Server 2012 R2.

Nähere Informationen zu den Windows PowerShell-Cmdlets für die Datensicherung und Wiederherstellung unter Windows Server 2012 R2 findet man im Internet unter:

https://technet.microsoft.com/de-de/library/jj902428.aspx

15.7 Vollständige Client-Sicherung und -Wiederherstellung mittels Essentials Experience

Der Windows Server 2012 R2 umfasst das *optional* installierbare ***Essentials Experience***-Feature als Serverrolle, worin u. a. nicht nur eine kompaktere Verwaltungskonsole (*Dashboard*) für kleinere Unternehmen enthalten ist, sondern darüber hinaus die der vollständigen Clientsicherung im Netzwerk besteht. Der Umfang entspricht seitens dieser Funktionen denen der eigens dafür angebotenen ***Windows Server 2012 R2 Essentials-Edition***.

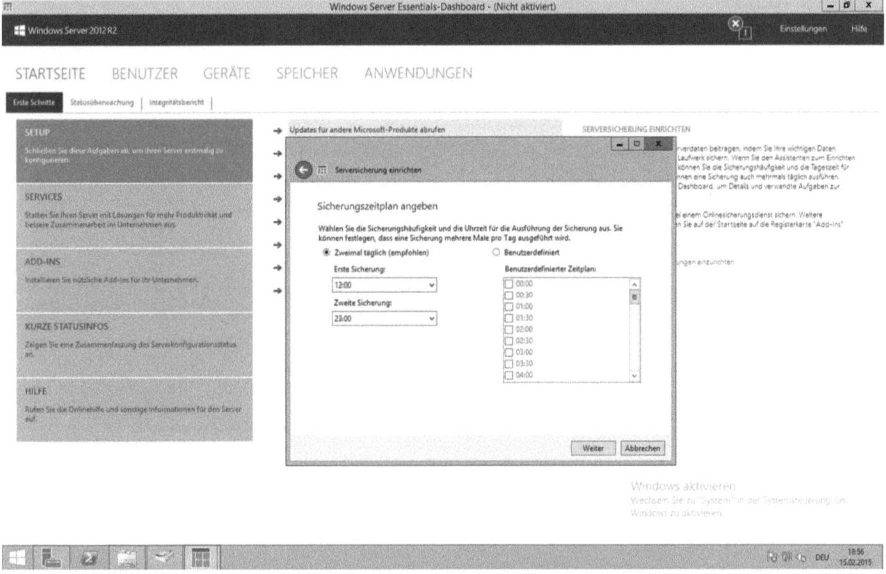

Abb. 15.18: *Konfiguration der Sicherung im Windows Server Essentials-Dashboard unter Windows Server 2012 R2*

Beim Anbinden eines Clientcomputers an ein Serversystem mit aktiviertem *Essentials Experience*-Feature wird die vollständige Clientsicherung standardmäßig automatisch aktiviert, und die Daten der Clientcomputer auf dem Sicherungsziel gespeichert.

Nähere Informationen zur Clientsicherung mithilfe des Essentials Experience-Features unter Windows Server 2012 R2 findet man im Internet unter:

https://technet.microsoft.com/de-de/library/dn551157.aspx

Stichwortverzeichnis

B

C

D

E

F

G

H

O

P

Q

R

S